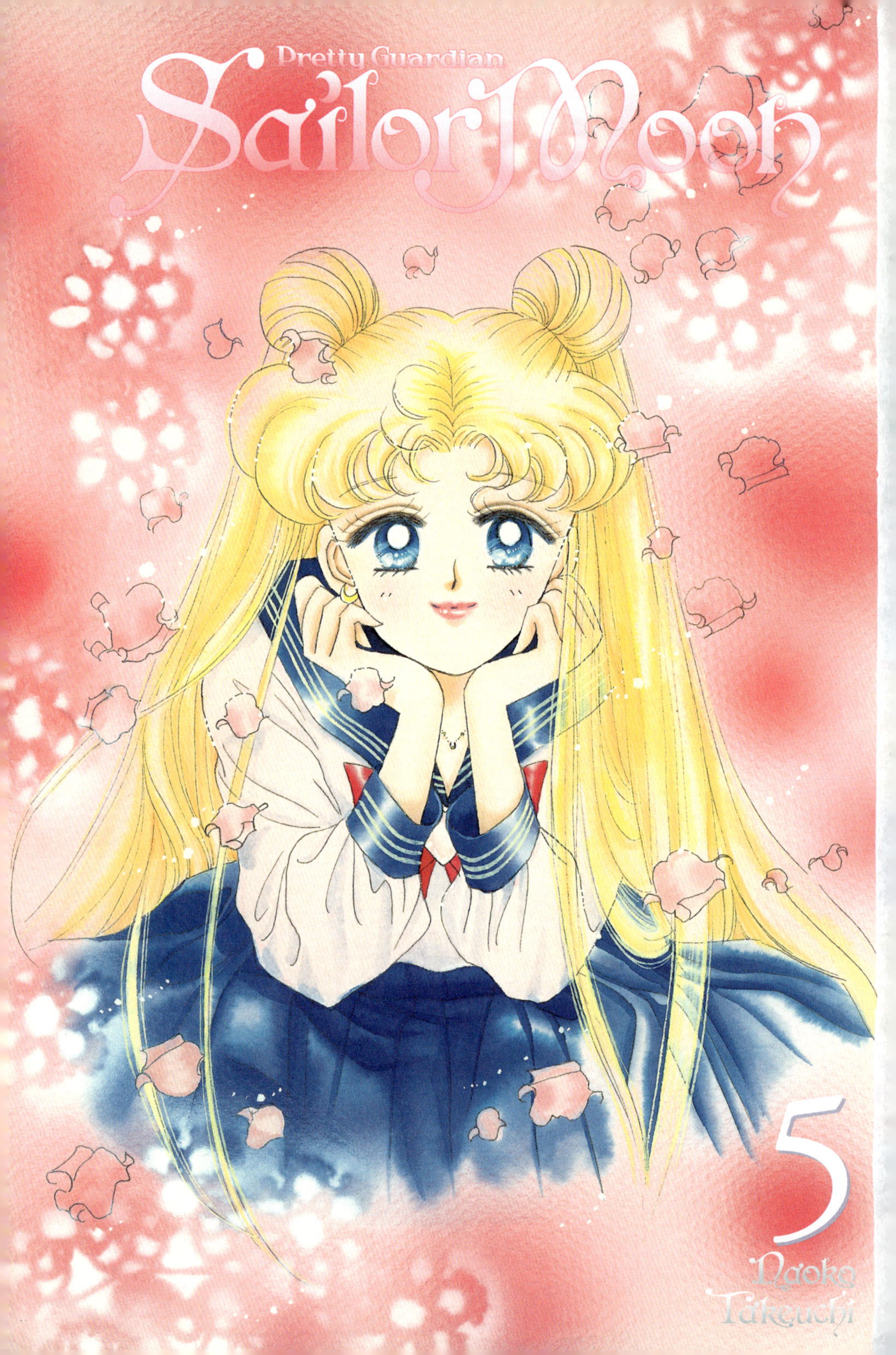
Pretty Guardian
Sailor Moon
5
Naoko
Takeuchi

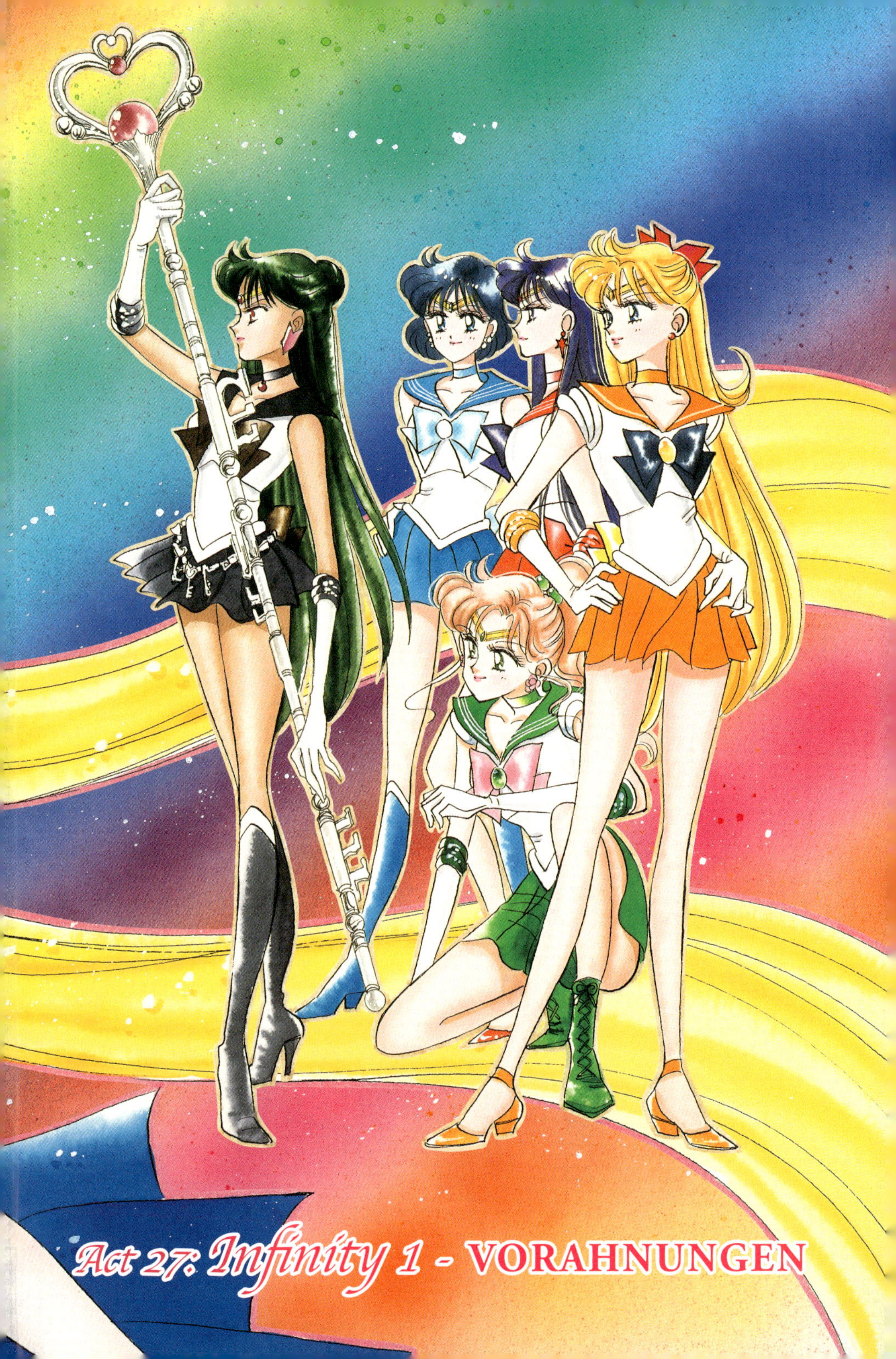

Act 27: Infinity 1 - VORAHNUNGEN

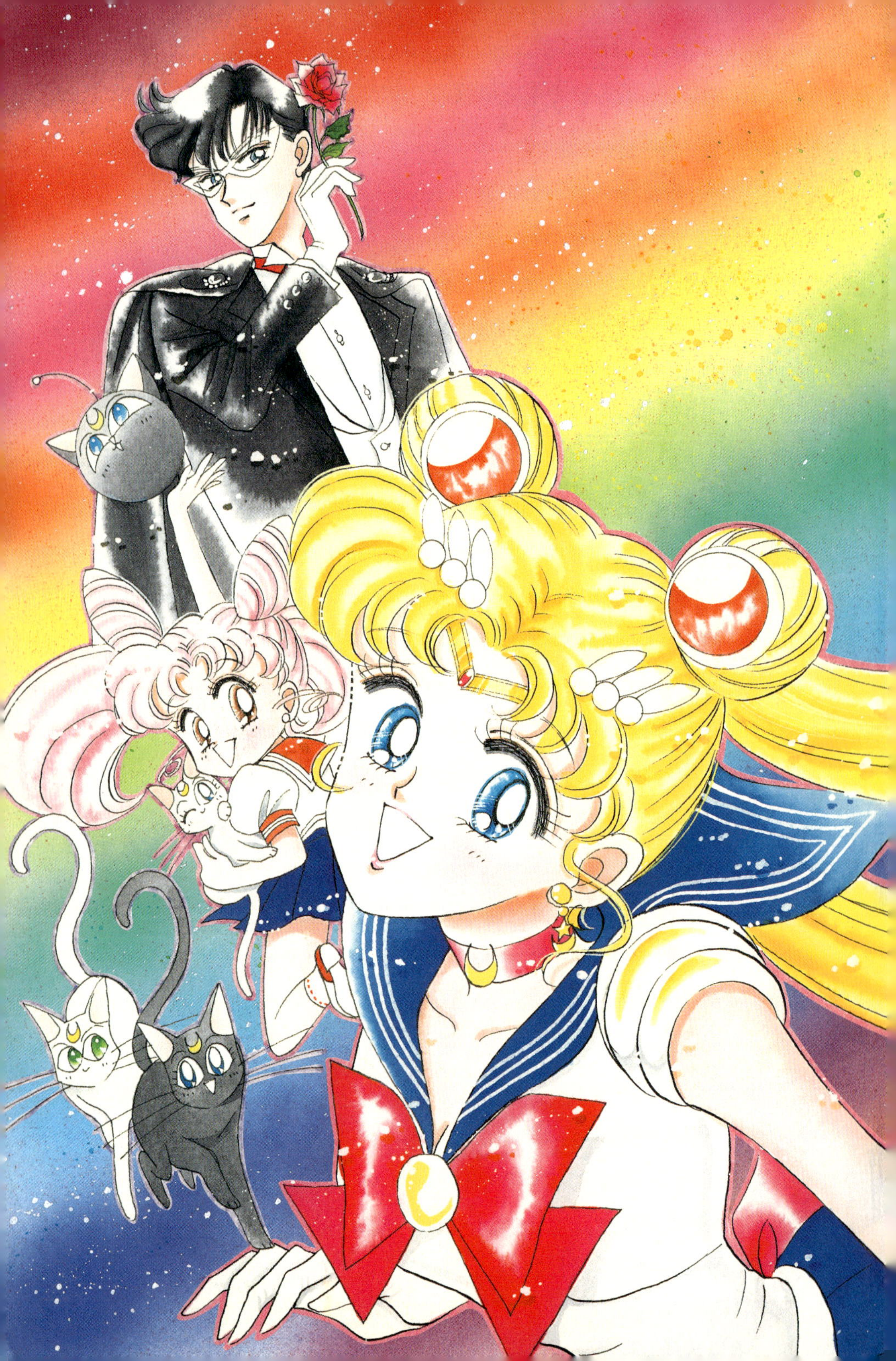

CONTENTS

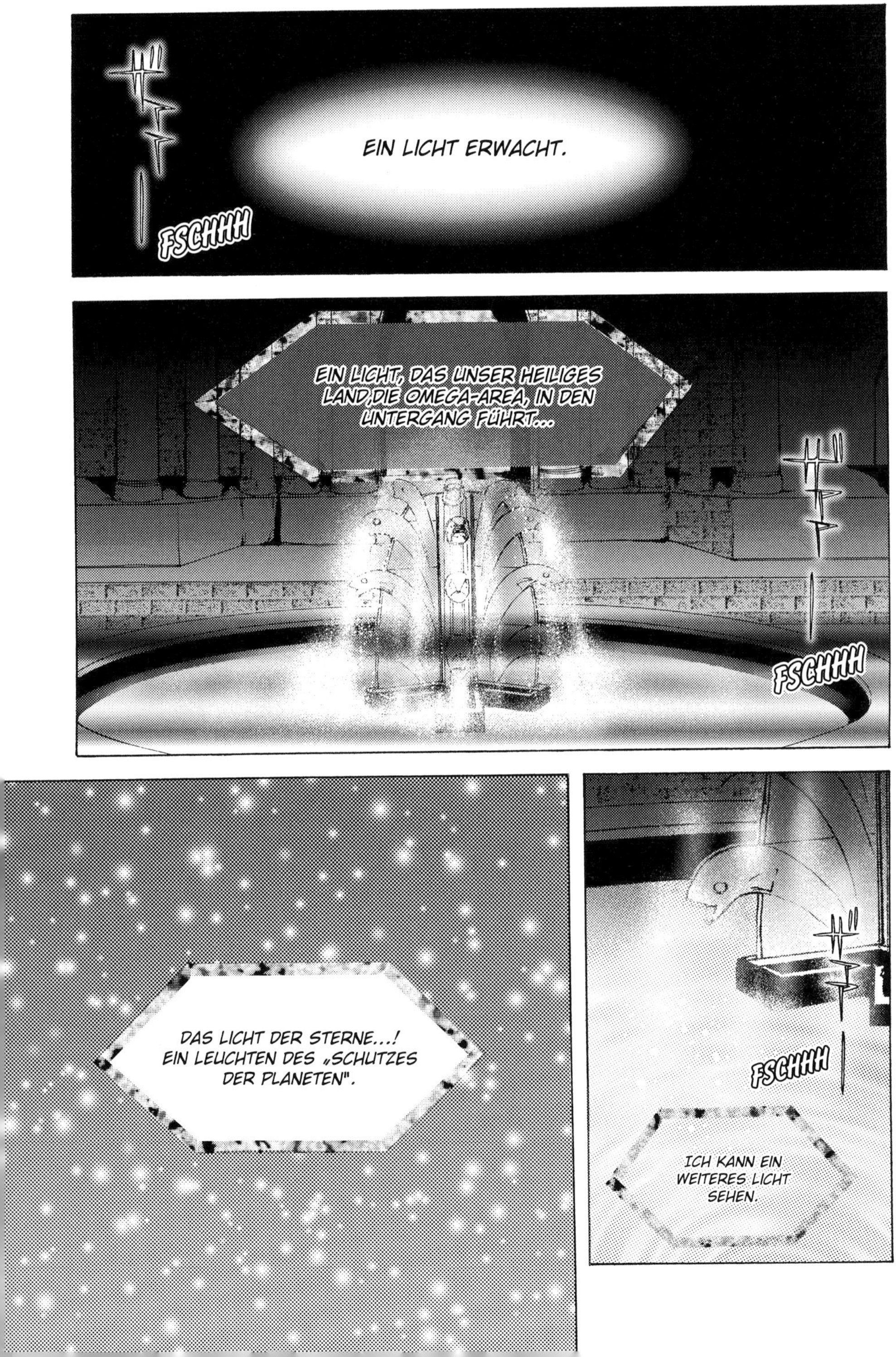

ザッ
ーー
FSCHHH
EIN LICHT ERWACHT.
EIN LICHT, DAS UNSER HEILIGES LAND,DIE OMEGA-AREA, IN DEN UNTERGANG FÜHRT...
ザッ
ーー
FSCHHH
DAS LICHT DER STERNE...! EIN LEUCHTEN DES „SCHUTZES DER PLANETEN".
ザッ
ーー
FSCHHH
ICH KANN EIN WEITERES LICHT SEHEN.

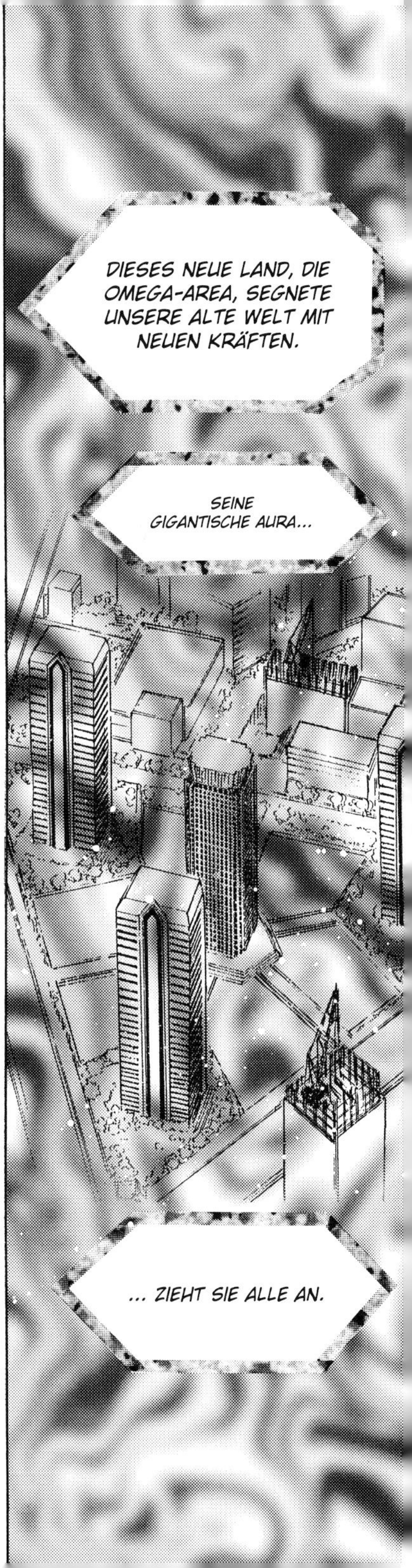
DIESES NEUE LAND, DIE OMEGA-AREA, SEGNETE UNSERE ALTE WELT MIT NEUEN KRÄFTEN.
SEINE GIGANTISCHE AURA...
... ZIEHT SIE ALLE AN.

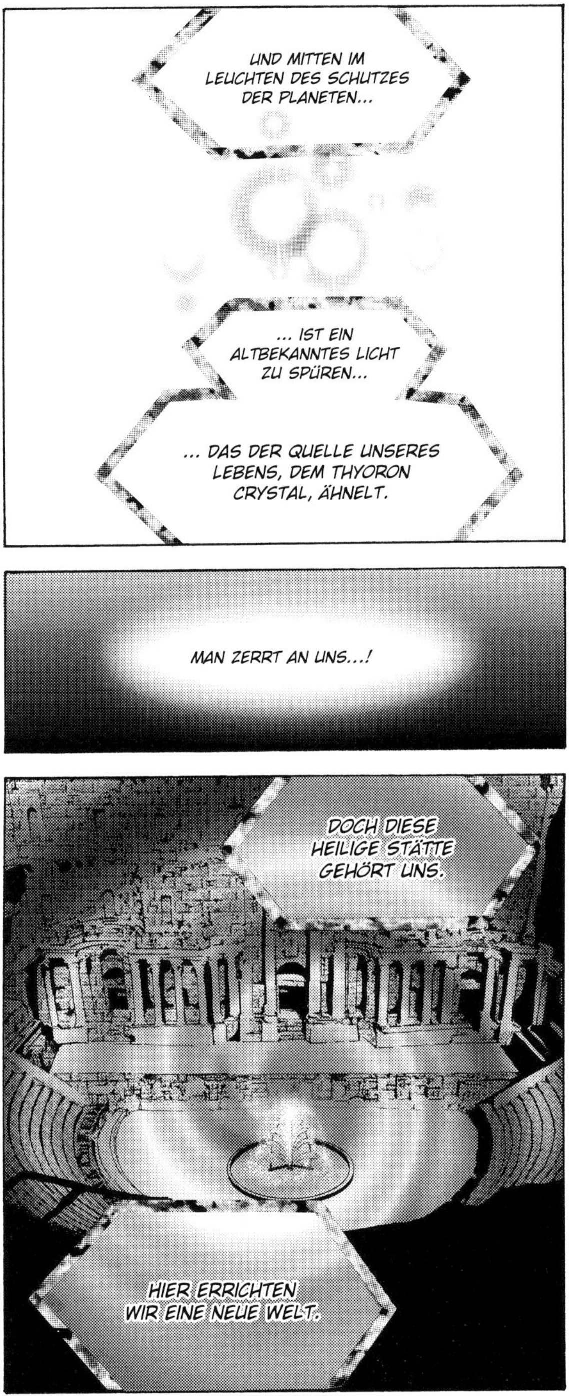
UND MITTEN IM LEUCHTEN DES SCHUTZES DER PLANETEN...
... IST EIN ALTBEKANNTES LICHT ZU SPÜREN...
... DAS DER QUELLE UNSERES LEBENS, DEM THYORON CRYSTAL, ÄHNELT.
MAN ZERRT AN UNS...!
DOCH DIESE HEILIGE STÄTTE GEHÖRT UNS.
HIER ERRICHTEN WIR EINE NEUE WELT.

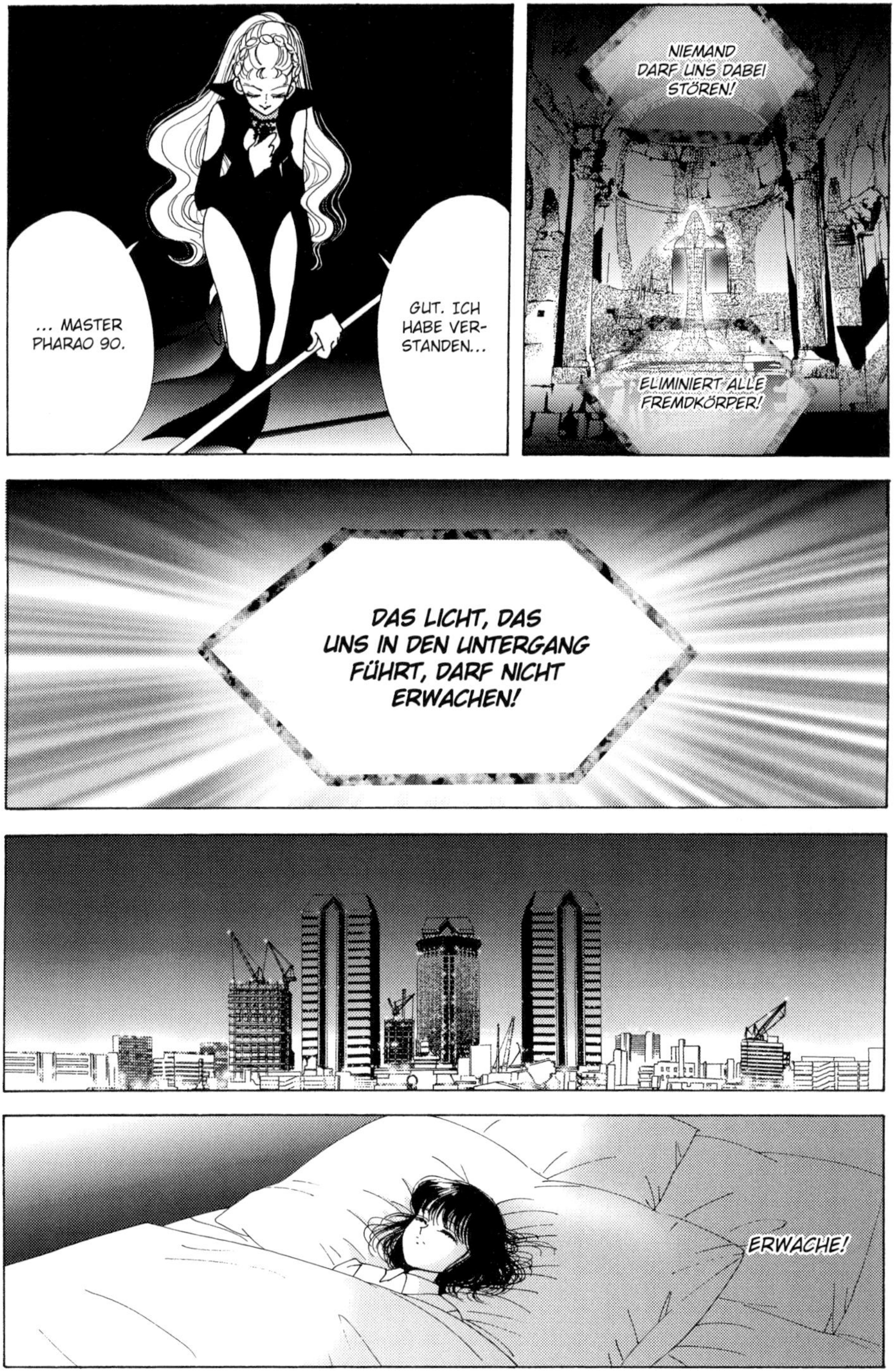
NIEMAND DARF UNS DABEI STÖREN!
ELIMINIERT ALLE FREMDKÖRPER!
GUT. ICH HABE VER-STANDEN...
... MASTER PHARAO 90.
DAS LICHT, DAS UNS IN DEN UNTERGANG FÜHRT, DARF NICHT ERWACHEN!
ERWACHE!

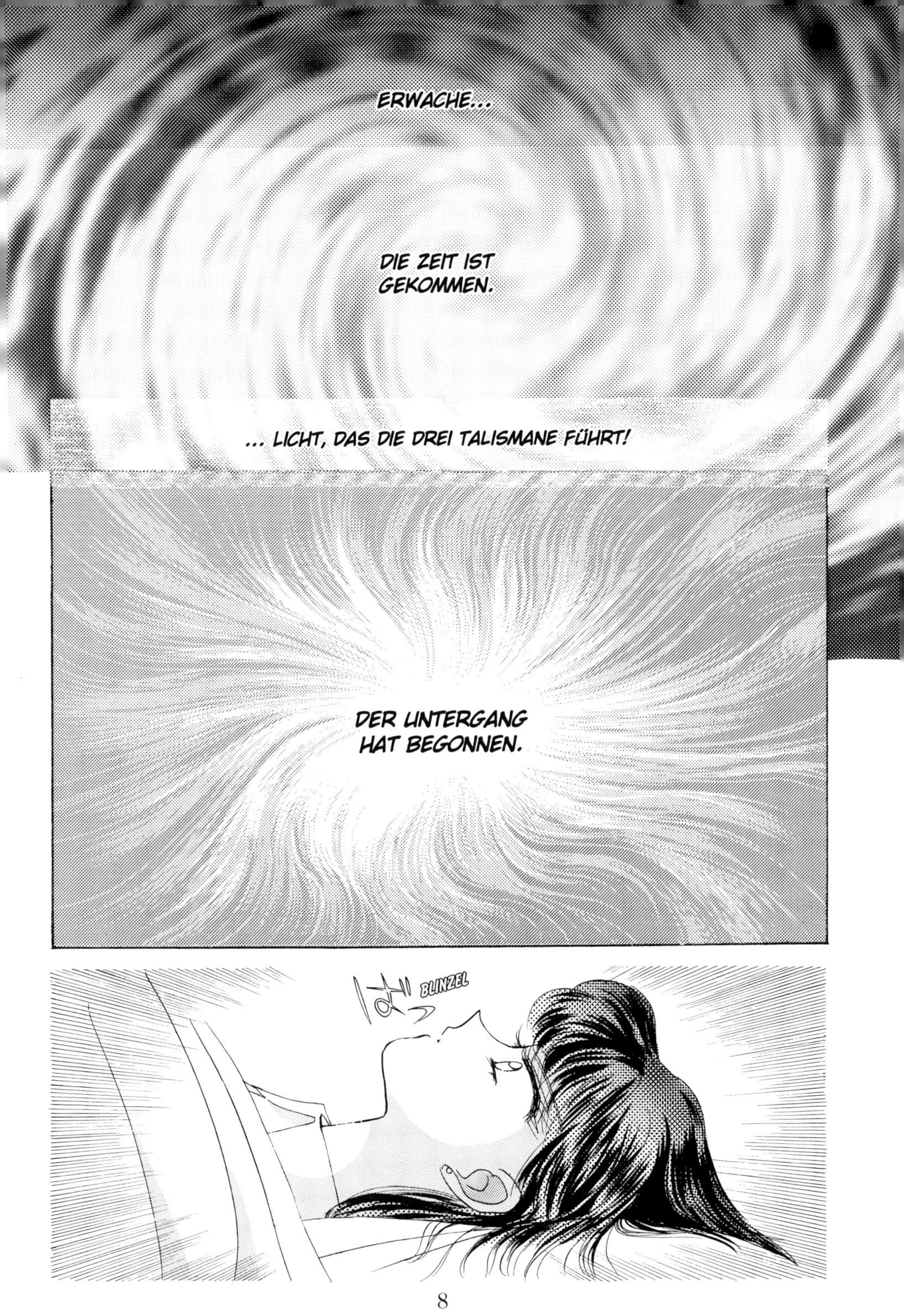
ERWACHE...
DIE ZEIT IST GEKOMMEN.
... LICHT, DAS DIE DREI TALISMANE FÜHRT!
DER UNTERGANG HAT BEGONNEN.
BLINZEL

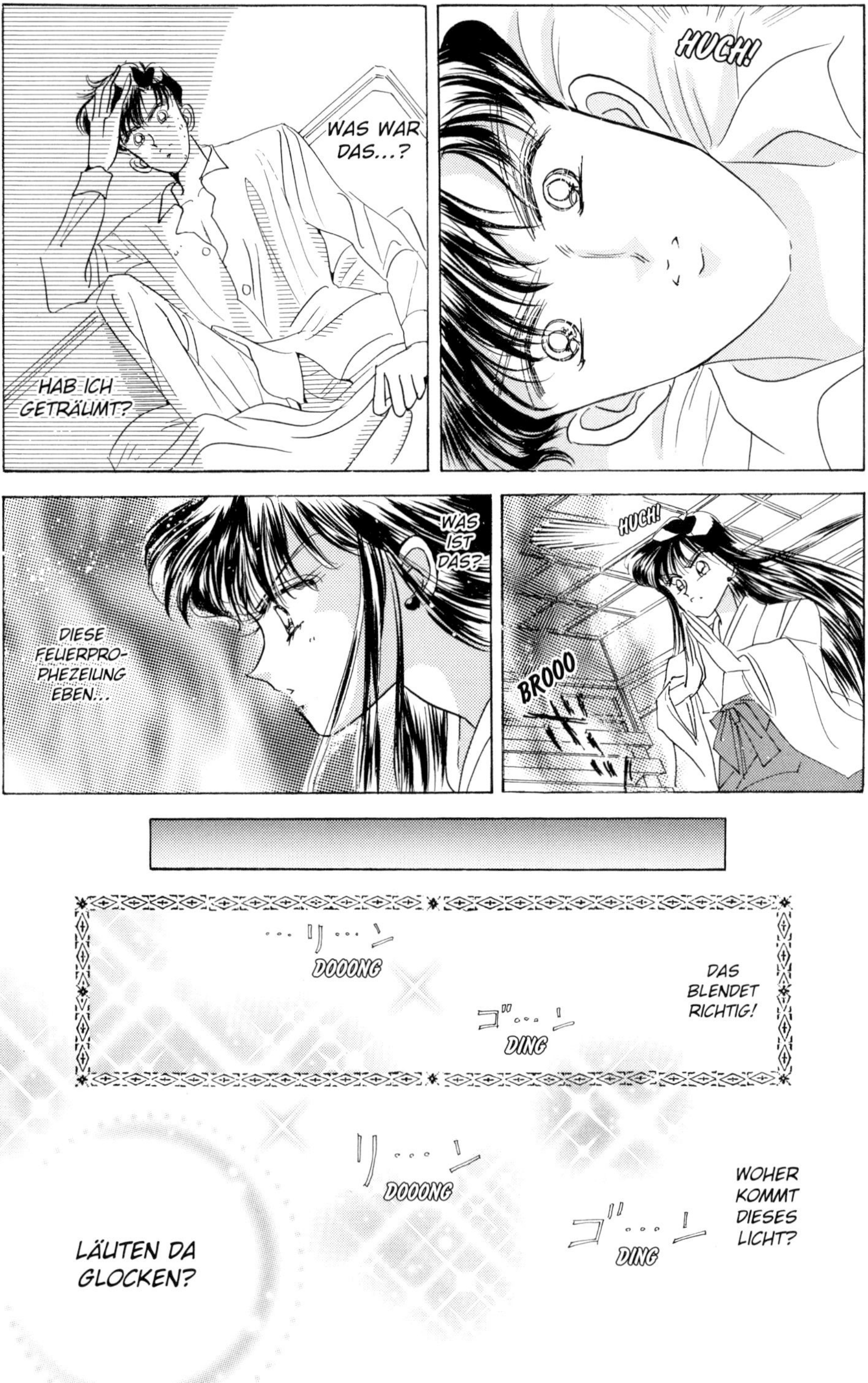
HUCH!
WAS WAR DAS...?
HAB ICH GETRÄUMT?
HUCH!
BROOO
WAS IST DAS?
DIESE FEUERPRO-PHEZEIUNG EBEN...
DAS BLENDET RICHTIG!
…リ…ン
DOOONG
ゴ…ン
DING
WOHER KOMMT DIESES LICHT?
リ…ン
DOOONG
ゴ…ン
DING
LÄUTEN DA GLOCKEN?

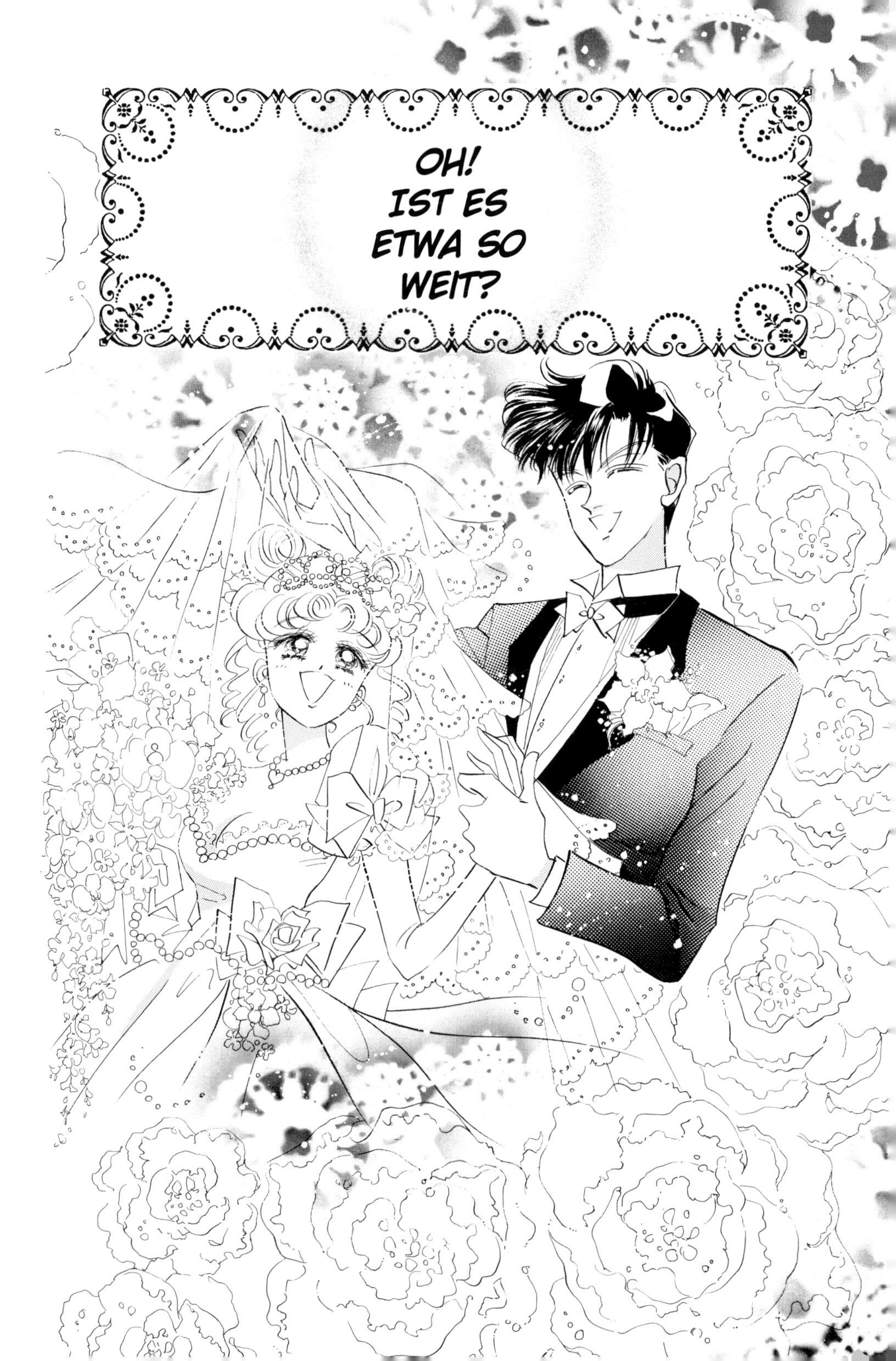
OH!
IST ES
ETWA SO
WEIT?

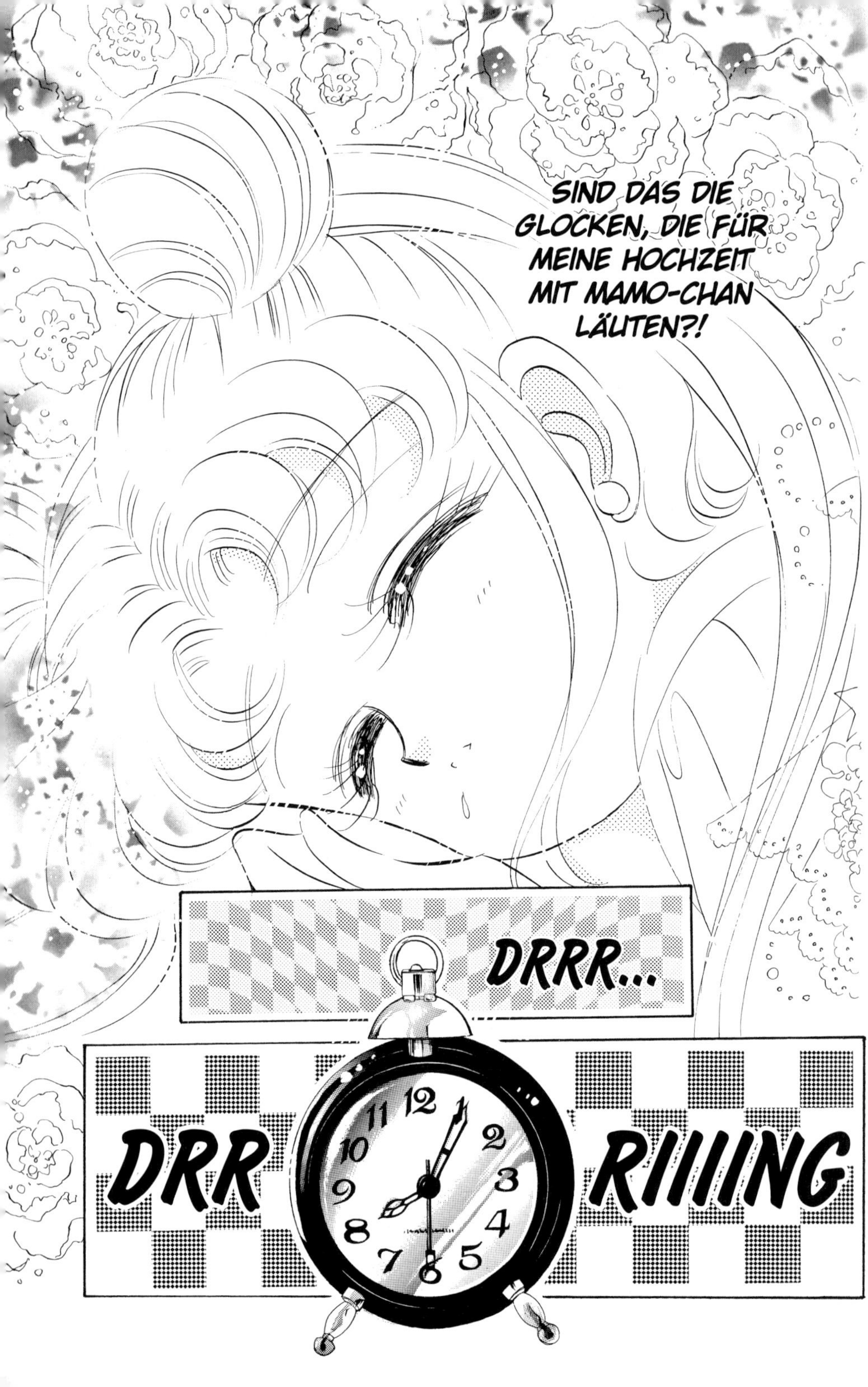
SIND DAS DIE GLOCKEN, DIE FÜR MEINE HOCHZEIT MIT MAMO-CHAN LÄUTEN?!
DRRR...
DRR RIIIING

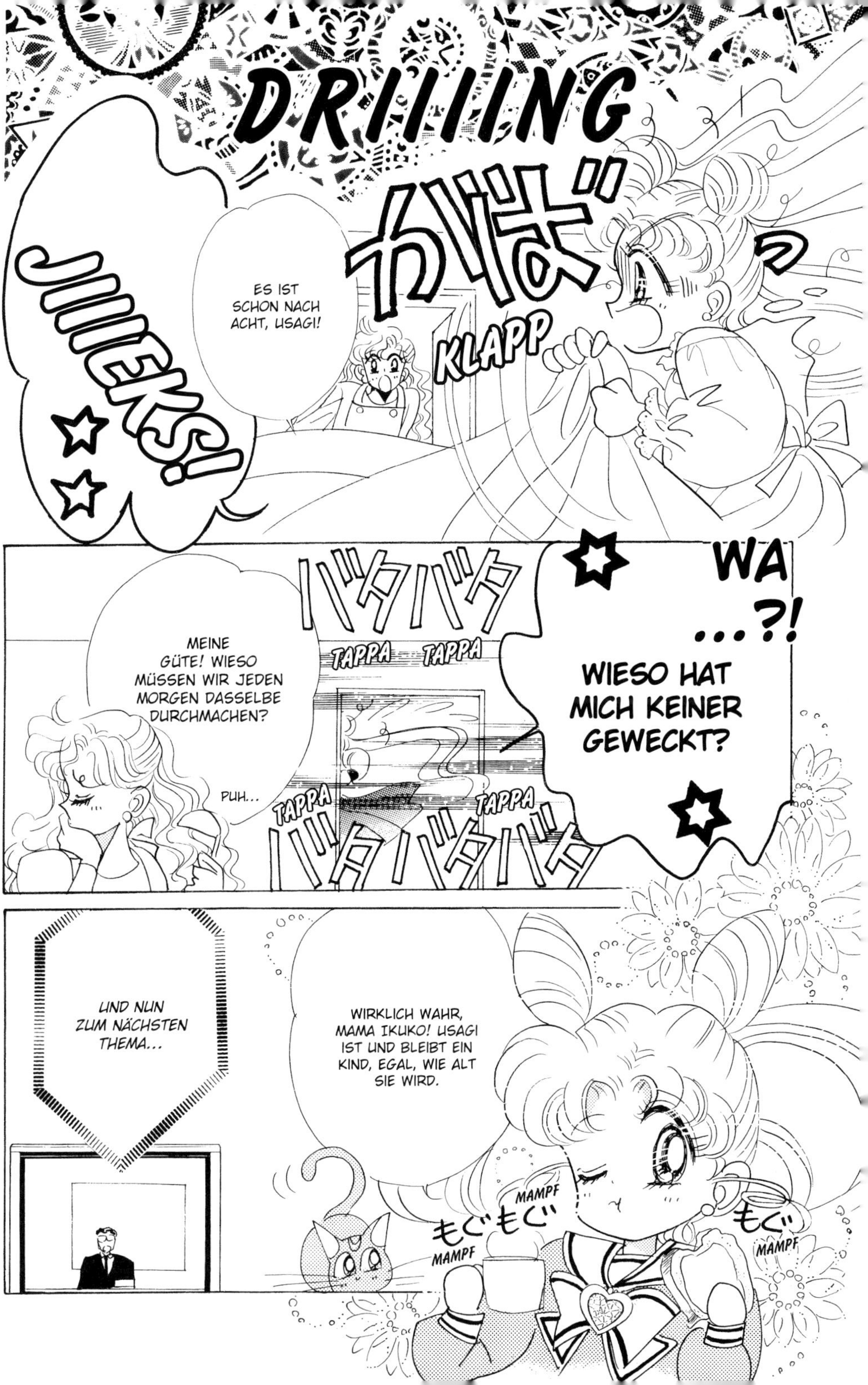
DRIIIING
かばっ
JIIIEKS!
KLAPP
ES IST SCHON NACH ACHT, USAGI!
WA ...?!
WIESO HAT MICH KEINER GEWECKT?
バタバタ
TAPPA TAPPA
バタバタバタ
TAPPA TAPPA
MEINE GÜTE! WIESO MÜSSEN WIR JEDEN MORGEN DASSELBE DURCHMACHEN?
PUH...
WIRKLICH WAHR, MAMA IKUKO! USAGI IST UND BLEIBT EIN KIND, EGAL, WIE ALT SIE WIRD.
もぐ
MAMPF
もぐもぐ
MAMPF MAMPF
UND NUN ZUM NÄCHSTEN THEMA...

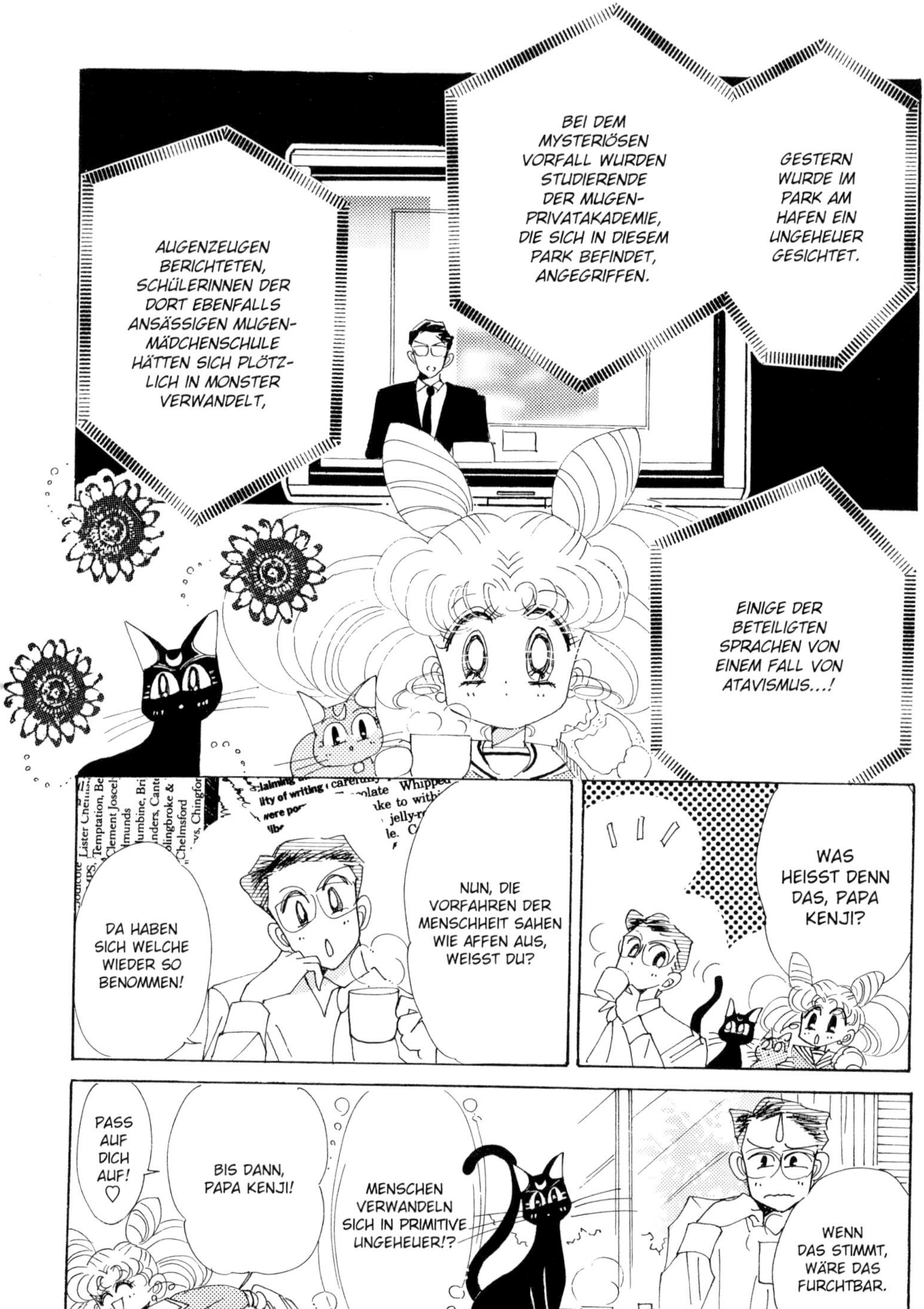
GESTERN WURDE IM PARK AM HAFEN EIN UNGEHEUER GESICHTET.
BEI DEM MYSTERIÖSEN VORFALL WURDEN STUDIERENDE DER MUGEN-PRIVATAKADEMIE, DIE SICH IN DIESEM PARK BEFINDET, ANGEGRIFFEN.
AUGENZEUGEN BERICHTETEN, SCHÜLERINNEN DER DORT EBENFALLS ANSÄSSIGEN MUGEN-MÄDCHENSCHULE HÄTTEN SICH PLÖTZLICH IN MONSTER VERWANDELT,
EINIGE DER BETEILIGTEN SPRACHEN VON EINEM FALL VON ATAVISMUS...!
WAS HEISST DENN DAS, PAPA KENJI?
NUN, DIE VORFAHREN DER MENSCHHEIT SAHEN WIE AFFEN AUS, WEISST DU?
DA HABEN SICH WELCHE WIEDER SO BENOMMEN!
WENN DAS STIMMT, WÄRE DAS FURCHTBAR.
MENSCHEN VERWANDELN SICH IN PRIMITIVE UNGEHEUER!?
BIS DANN, PAPA KENJI!
PASS AUF DICH AUF! ♡

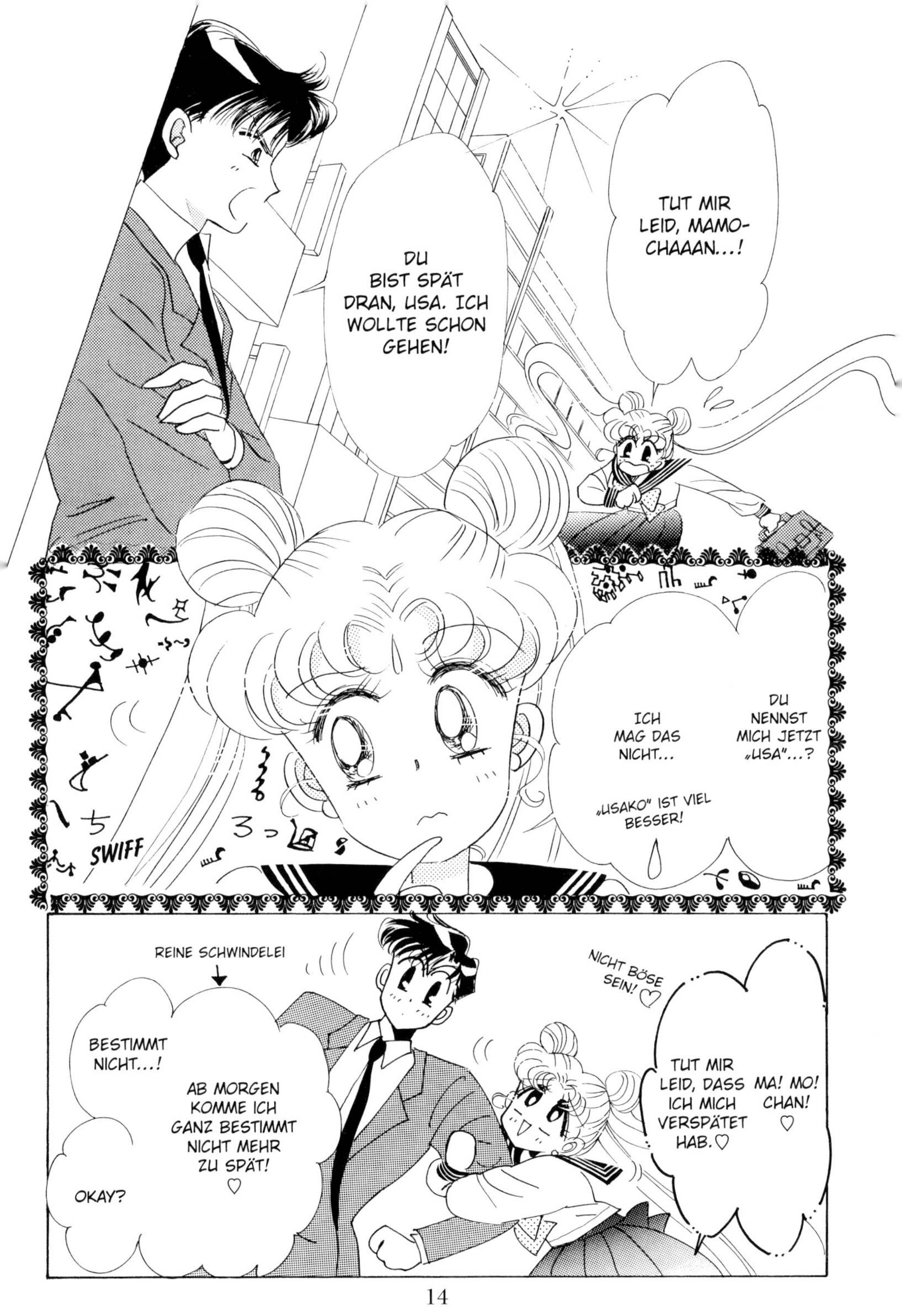
TUT MIR LEID, MAMO-CHAAAN...!
DU BIST SPÄT DRAN, USA. ICH WOLLTE SCHON GEHEN!
DU NENNST MICH JETZT „USA"...?
ICH MAG DAS NICHT...
„USAKO" IST VIEL BESSER!
SWIFF
NICHT BÖSE SEIN! ♡
MA! MO! CHAN! ♡
TUT MIR LEID, DASS ICH MICH VERSPÄTET HAB. ♡
REINE SCHWINDELEI
BESTIMMT NICHT...!
AB MORGEN KOMME ICH GANZ BESTIMMT NICHT MEHR ZU SPÄT! ♡
OKAY?

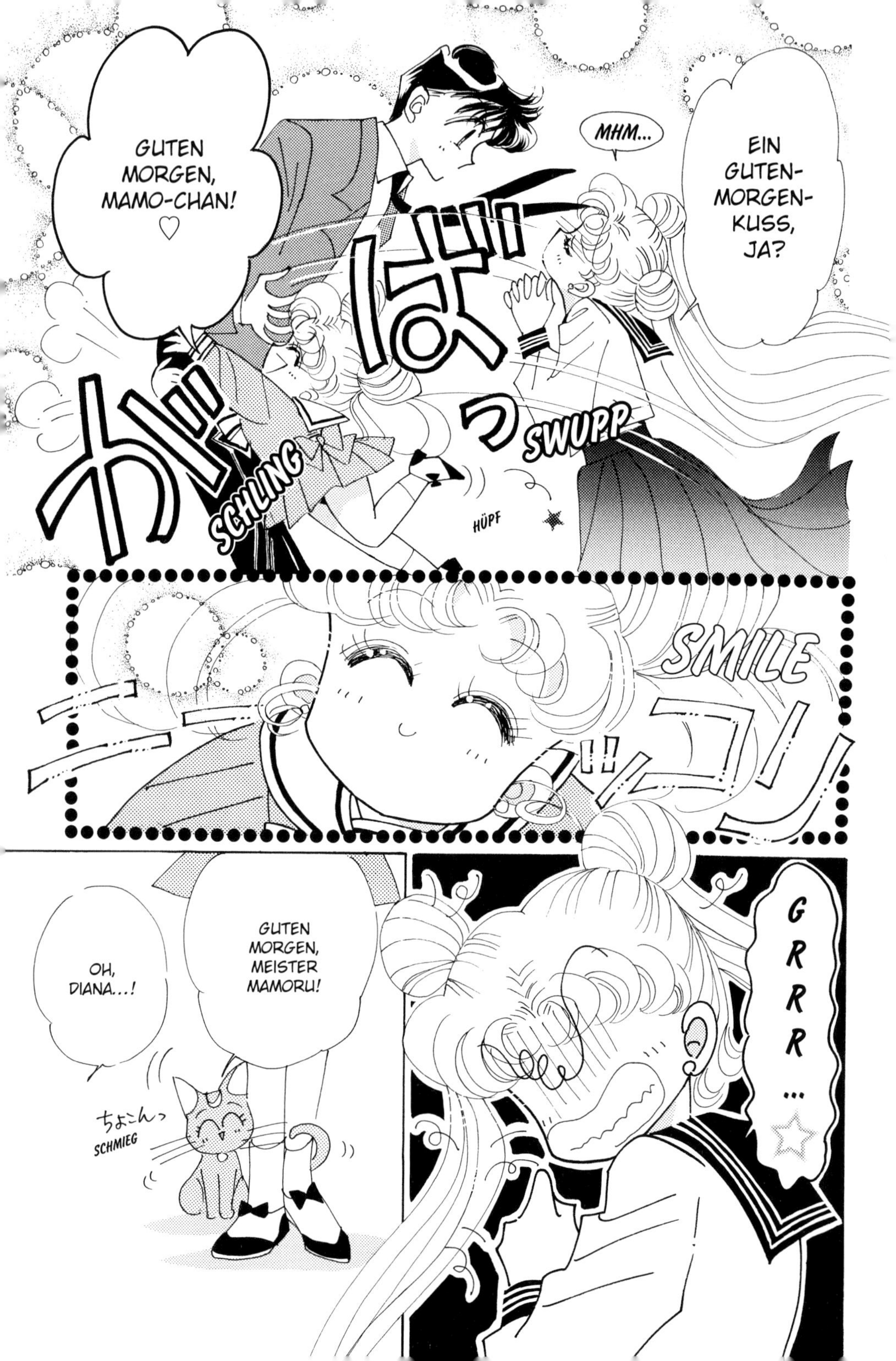

EIN GUTEN-MORGEN-KUSS, JA?
MHM...
GUTEN MORGEN, MAMO-CHAN! ♡
ばっ
SWUPP
ガシ
SCHLING
HÜPF
SMILE
ニコッ
GRRR...
GUTEN MORGEN, MEISTER MAMORU!
OH, DIANA...!
ちょこんっ
SCHMIEG

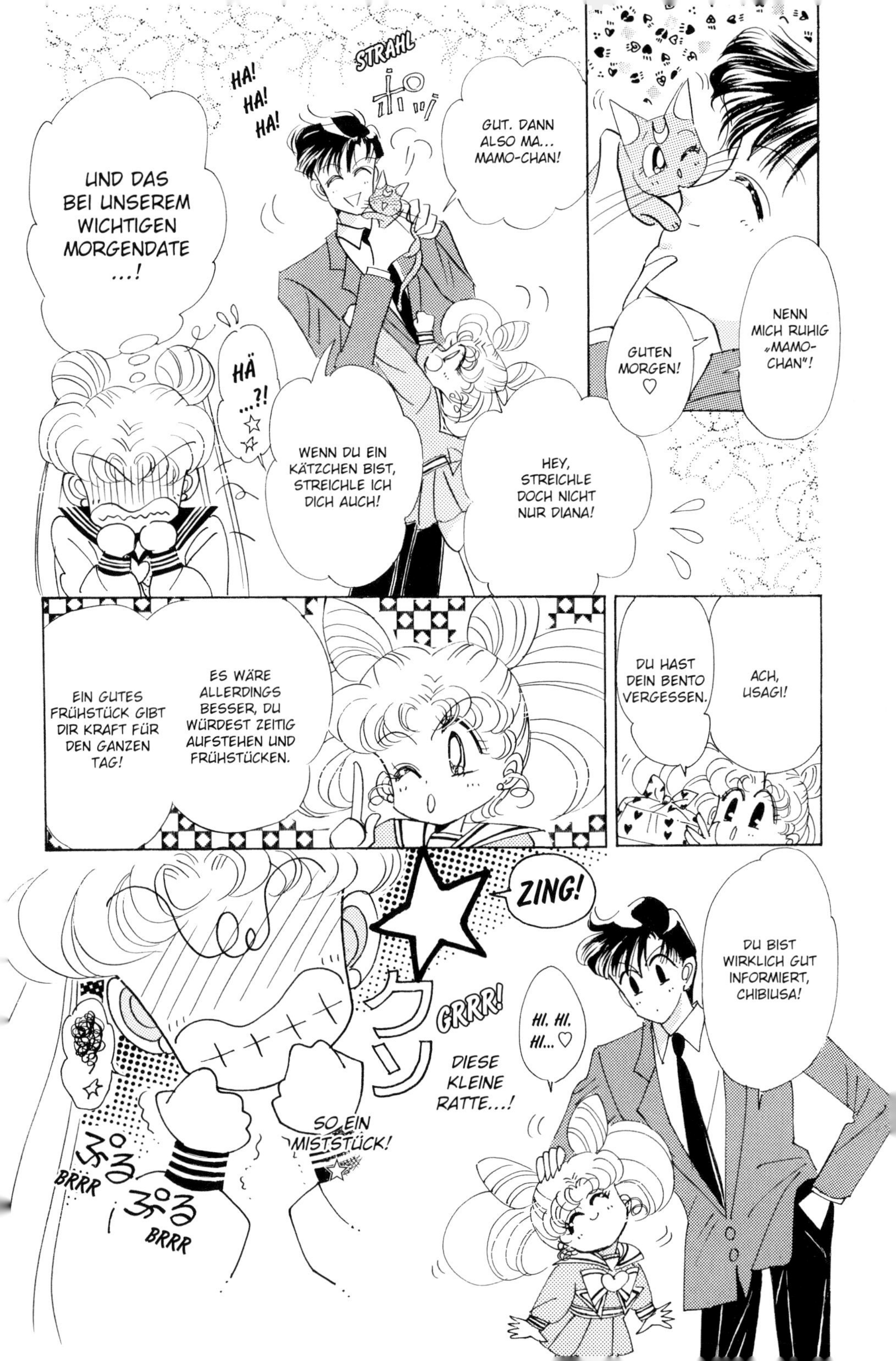
GUTEN MORGEN! ♡
NENN MICH RUHIG „MAMO-CHAN"!
STRAHL
HA! HA! HA!
GUT. DANN ALSO MA... MAMO-CHAN!
HEY, STREICHLE DOCH NICHT NUR DIANA!
WENN DU EIN KÄTZCHEN BIST, STREICHLE ICH DICH AUCH!
HÄ ...?!
UND DAS BEI UNSEREM WICHTIGEN MORGENDATE ...!
ACH, USAGI!
DU HAST DEIN BENTO VERGESSEN.
ES WÄRE ALLERDINGS BESSER, DU WÜRDEST ZEITIG AUFSTEHEN UND FRÜHSTÜCKEN.
EIN GUTES FRÜHSTÜCK GIBT DIR KRAFT FÜR DEN GANZEN TAG!
DU BIST WIRKLICH GUT INFORMIERT, CHIBIUSA!
HI. HI. HI... ♡
ZING!
GRRR!
DIESE KLEINE RATTE...!
SO EIN MISTSTÜCK!
ぷる
BRRR
ぷる
BRRR

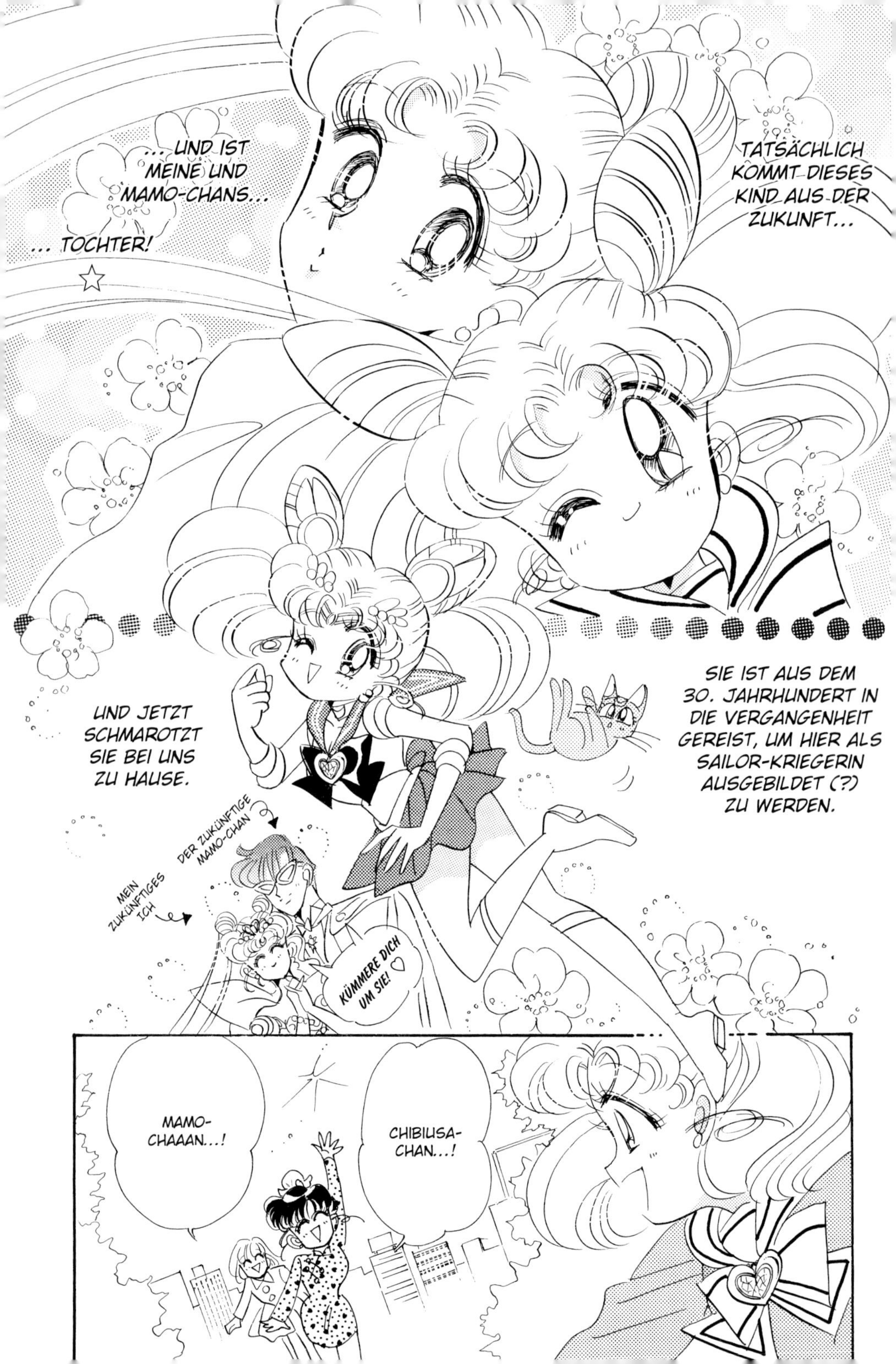
TATSÄCHLICH KOMMT DIESES KIND AUS DER ZUKUNFT...
... UND IST MEINE UND MAMO-CHANS...
... TOCHTER!
SIE IST AUS DEM 30. JAHRHUNDERT IN DIE VERGANGENHEIT GEREIST, UM HIER ALS SAILOR-KRIEGERIN AUSGEBILDET (?) ZU WERDEN.
UND JETZT SCHMAROTZT SIE BEI UNS ZU HAUSE.
DER ZUKÜNFTIGE MAMO-CHAN
MEIN ZUKÜNFTIGES ICH
KÜMMERE DICH UM SIE! ♡
CHIBIUSA-CHAN...!
MAMO-CHAAAN...!

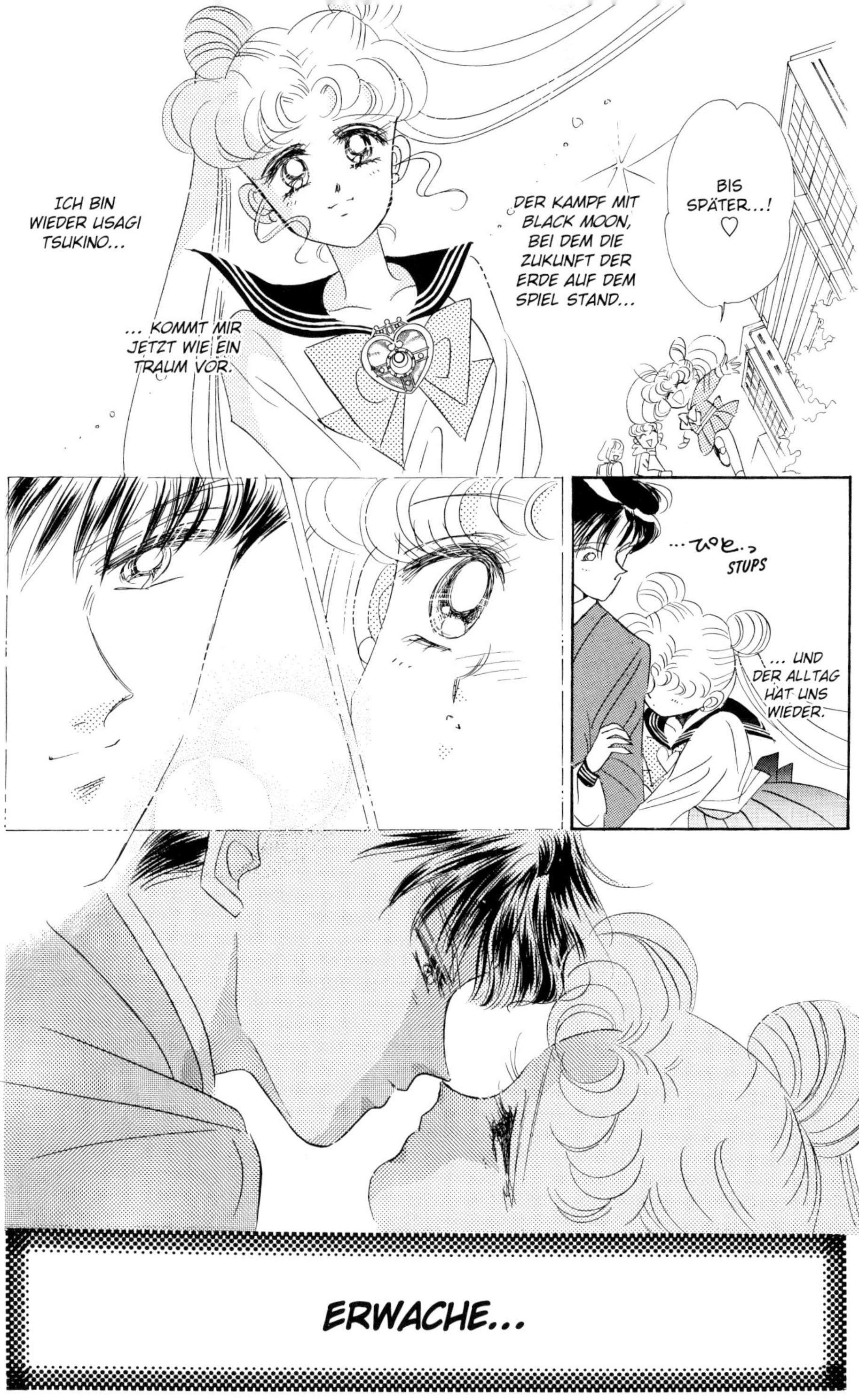
BIS SPÄTER...! ♡
DER KAMPF MIT BLACK MOON, BEI DEM DIE ZUKUNFT DER ERDE AUF DEM SPIEL STAND...
ICH BIN WIEDER USAGI TSUKINO...
... KOMMT MIR JETZT WIE EIN TRAUM VOR.
...ぴと
STUPS
... UND DER ALLTAG HAT UNS WIEDER.
ERWACHE...

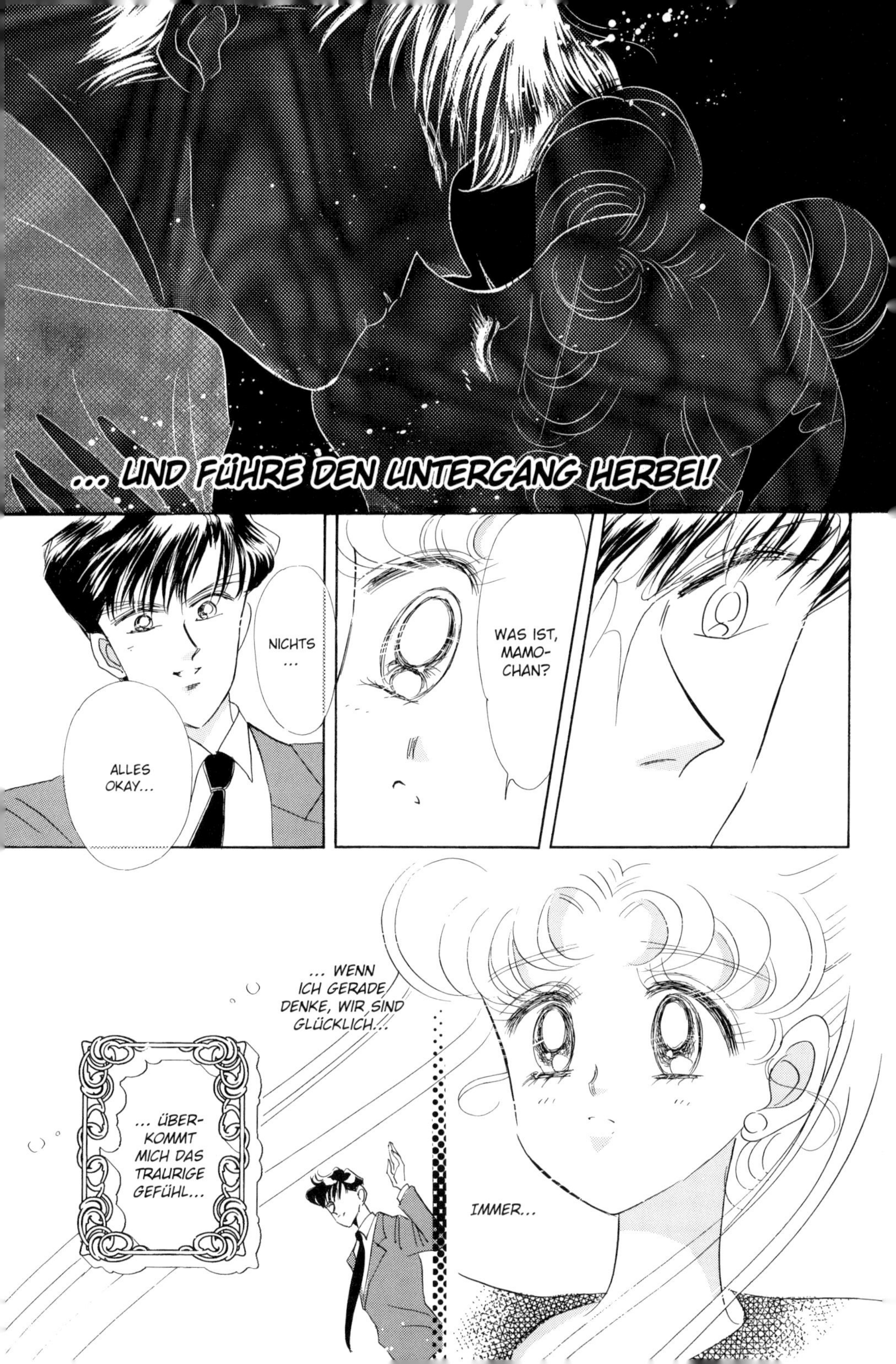
... UND FÜHRE DEN UNTERGANG HERBEI!
WAS IST, MAMO-CHAN?
NICHTS ...
ALLES OKAY...
... WENN ICH GERADE DENKE, WIR SIND GLÜCKLICH...
IMMER...
... ÜBER-KOMMT MICH DAS TRAURIGE GEFÜHL...

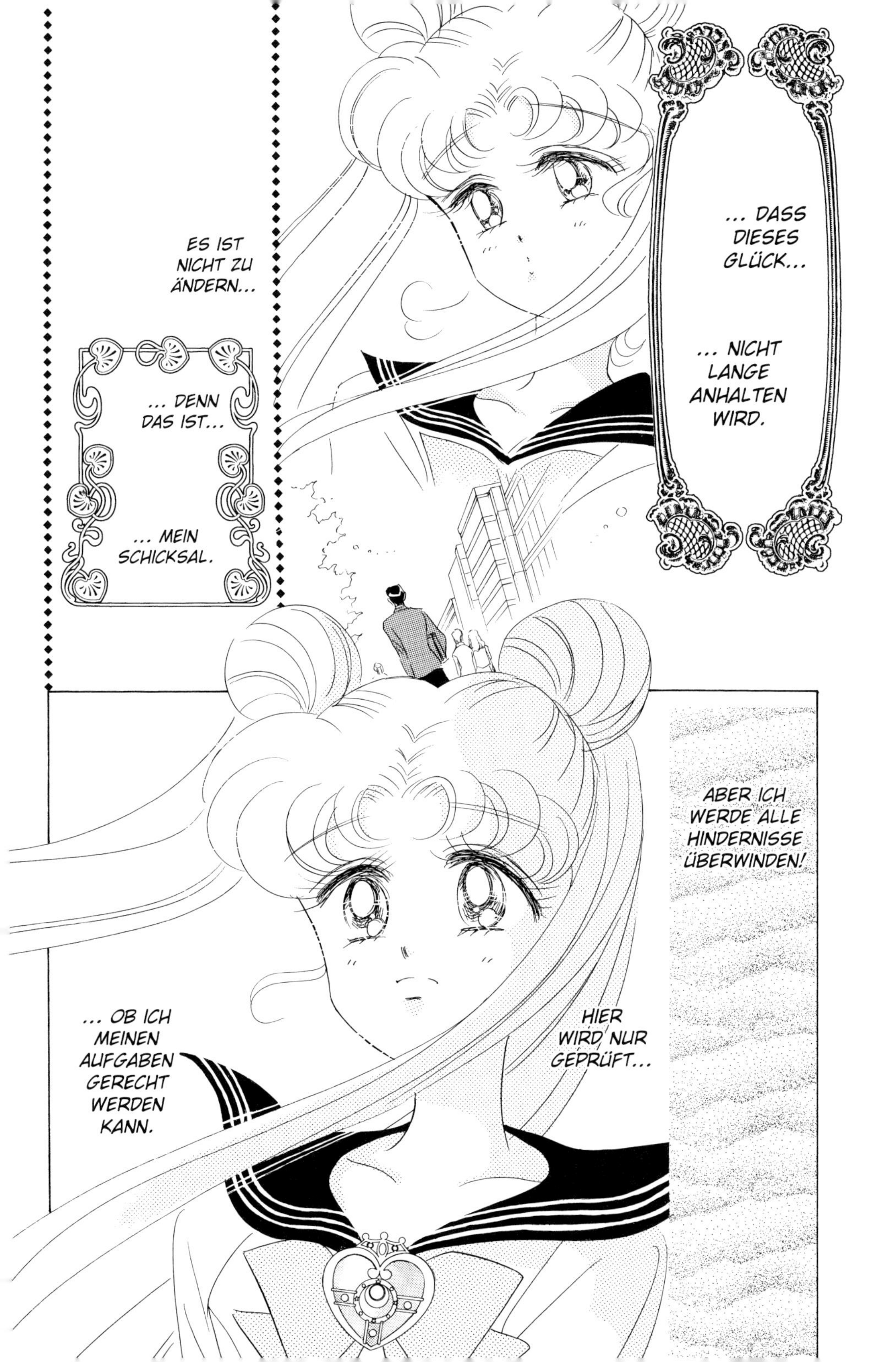
... DASS DIESES GLÜCK...
... NICHT LANGE ANHALTEN WIRD.
ES IST NICHT ZU ÄNDERN...
... DENN DAS IST...
... MEIN SCHICKSAL.
ABER ICH WERDE ALLE HINDERNISSE ÜBERWINDEN!
HIER WIRD NUR GEPRÜFT...
... OB ICH MEINEN AUFGABEN GERECHT WERDEN KANN.

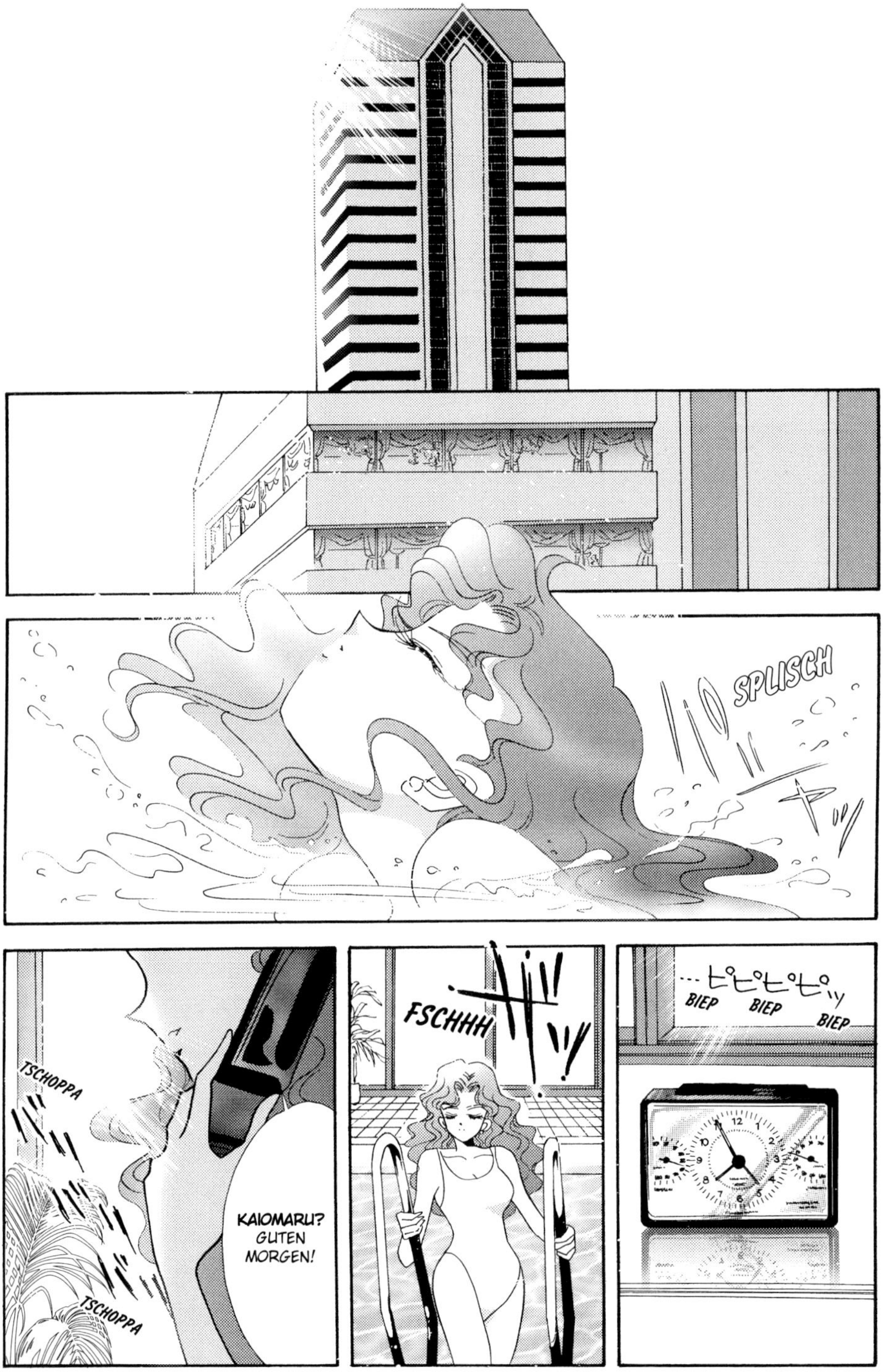
SPLISCH
…ピピピピッ
BIEP
BIEP
BIEP
FSCHHH
KAIOMARU? GUTEN MORGEN!
TSCHOPPA
TSCHOPPA

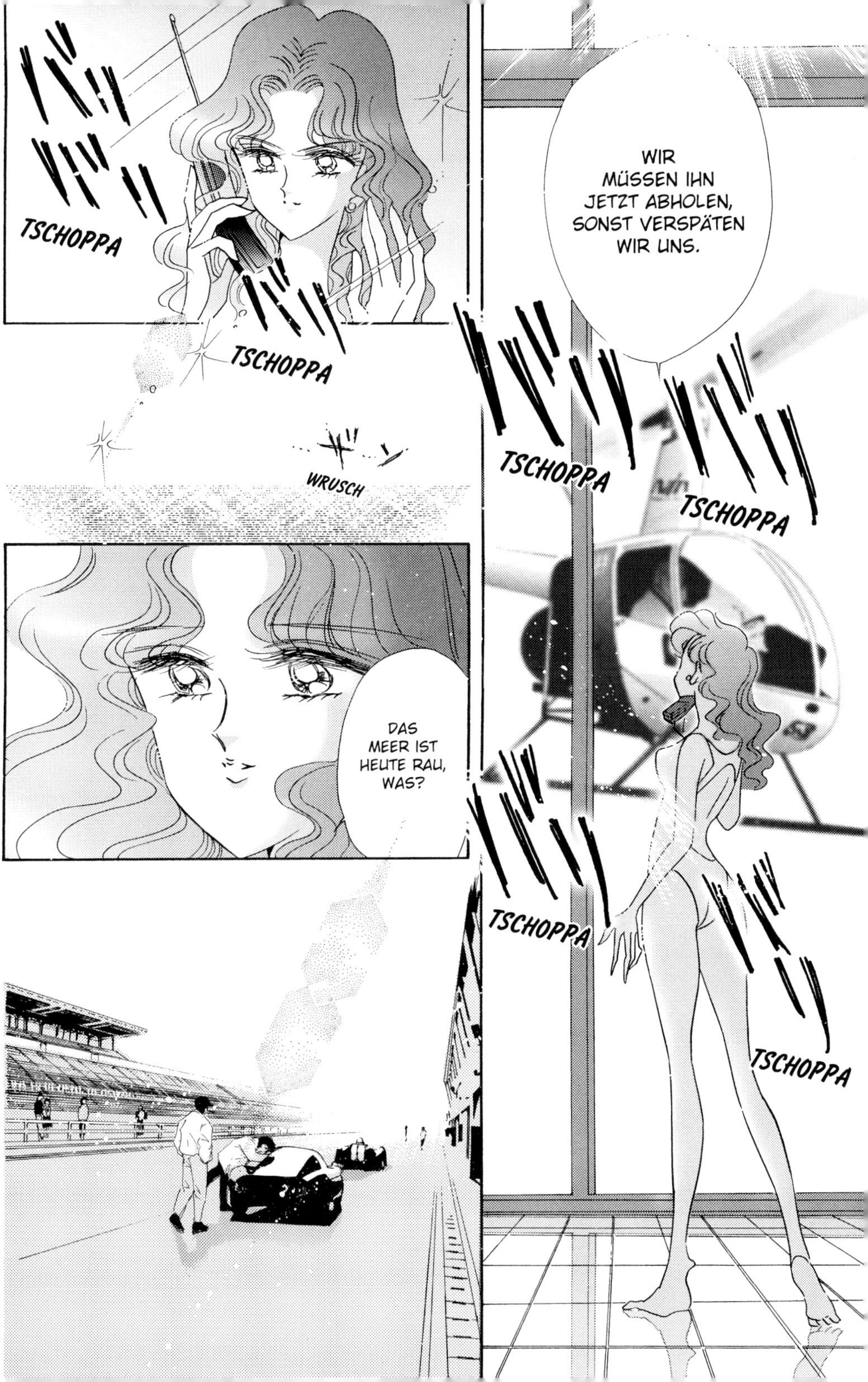

WIR MÜSSEN IHN JETZT ABHOLEN, SONST VERSPÄTEN WIR UNS.
TSCHOPPA
TSCHOPPA
TSCHOPPA
TSCHOPPA
TSCHOPPA
TSCHOPPA
WRUSCH
DAS MEER IST HEUTE RAU, WAS?

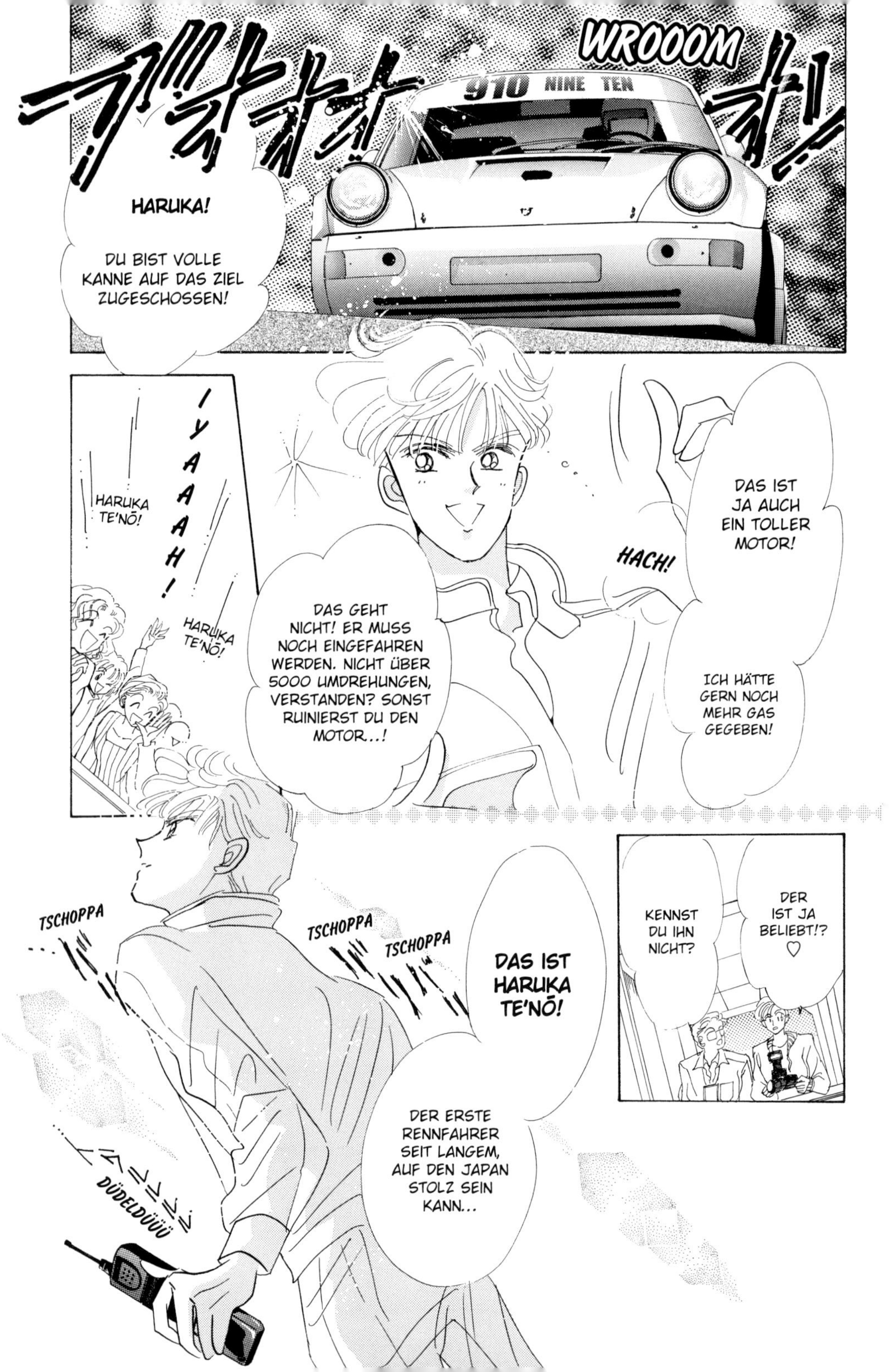
WROOOM
910 NINE TEN
HARUKA!
DU BIST VOLLE KANNE AUF DAS ZIEL ZUGESCHOSSEN!
DAS IST JA AUCH EIN TOLLER MOTOR!
HACH!
ICH HÄTTE GERN NOCH MEHR GAS GEGEBEN!
DAS GEHT NICHT! ER MUSS NOCH EINGEFAHREN WERDEN. NICHT ÜBER 5000 UMDREHUNGEN, VERSTANDEN? SONST RUINIERST DU DEN MOTOR…!
IYAAAAH!
HARUKA TE'NŌ!
HARUKA TE'NŌ!
DER IST JA BELIEBT!? ♡
KENNST DU IHN NICHT?
DAS IST HARUKA TE'NŌ!
DER ERSTE RENNFAHRER SEIT LANGEM, AUF DEN JAPAN STOLZ SEIN KANN…
TSCHOPPA
TSCHOPPA
TSCHOPPA
DÜDELDÜÜÜ

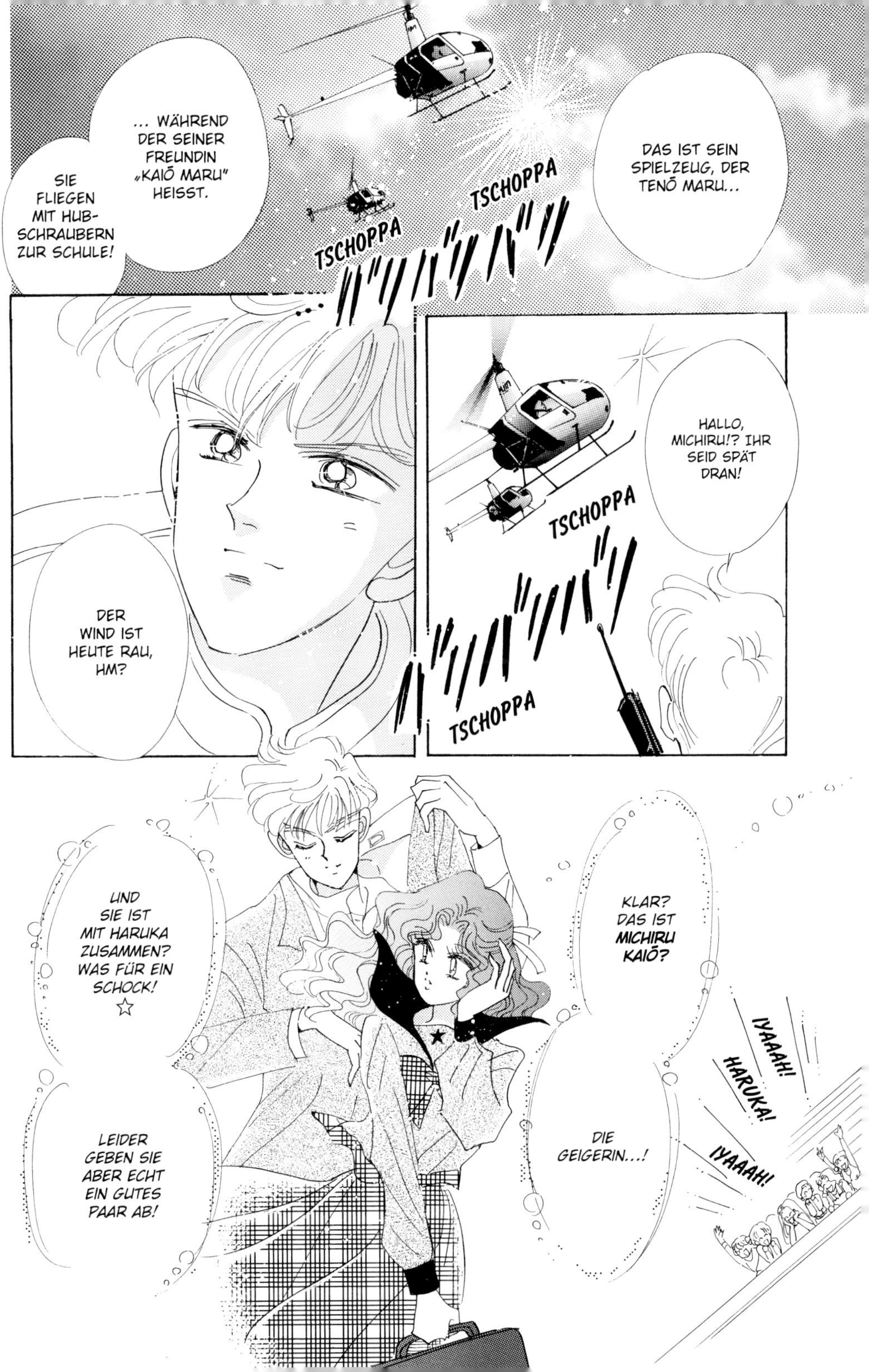
DAS IST SEIN SPIELZEUG, DER TENŌ MARU...
... WÄHREND DER SEINER FREUNDIN „KAIŌ MARU" HEISST.
SIE FLIEGEN MIT HUBSCHRAUBERN ZUR SCHULE!
TSCHOPPA
TSCHOPPA
HALLO, MICHIRU!? IHR SEID SPÄT DRAN!
TSCHOPPA
TSCHOPPA
DER WIND IST HEUTE RAU, HM?
IYAAAH!
HARUKA!
IYAAAH!
KLAR? DAS IST MICHIRU KAIŌ?
DIE GEIGERIN...!
UND SIE IST MIT HARUKA ZUSAMMEN? WAS FÜR EIN SCHOCK! ☆
LEIDER GEBEN SIE ABER ECHT EIN GUTES PAAR AB!

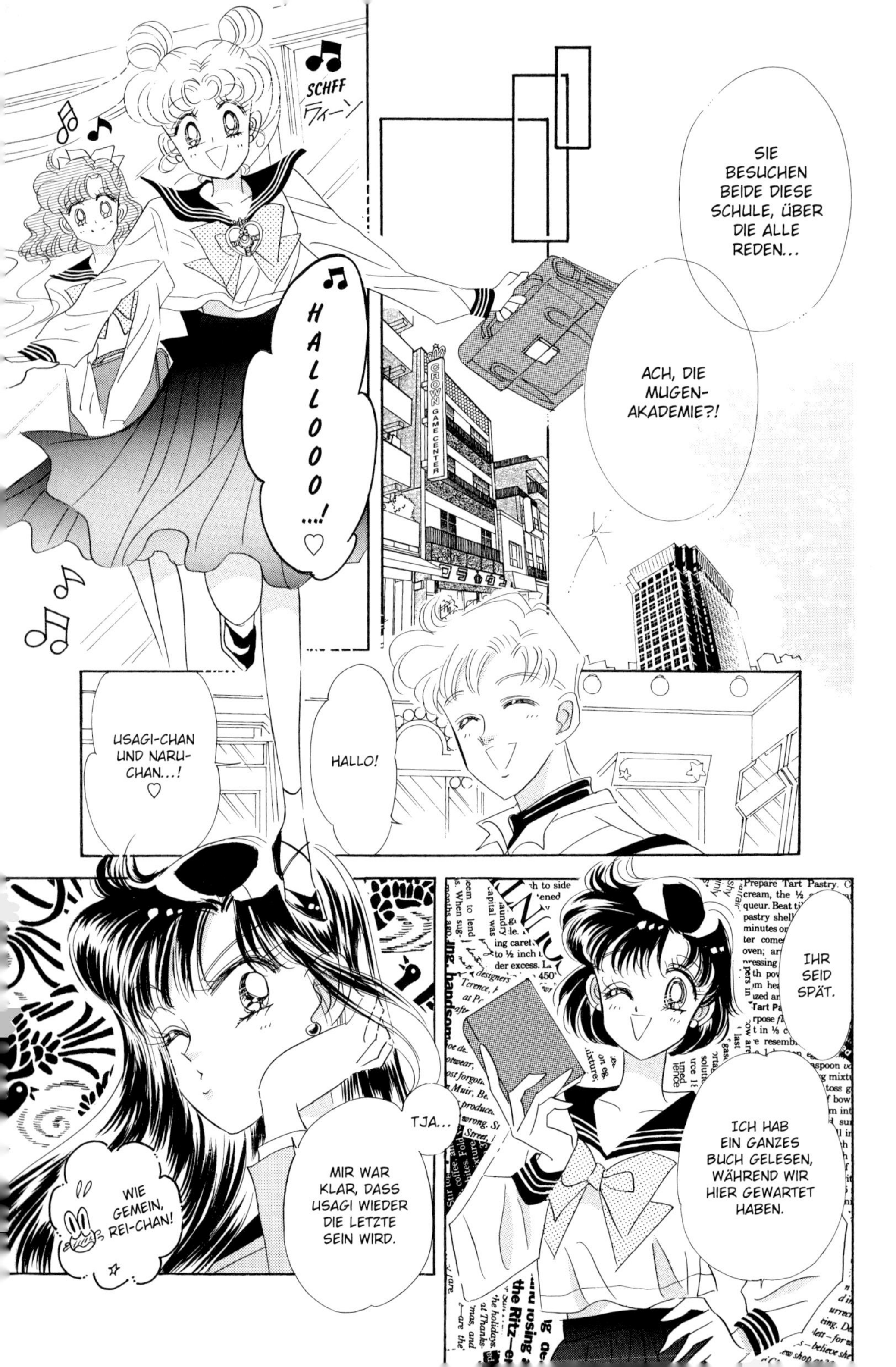
SIE BESUCHEN BEIDE DIESE SCHULE, ÜBER DIE ALLE REDEN...
ACH, DIE MUGEN-AKADEMIE?!
CROWN GAME CENTER
SCHFF
HALLOOO...! ♡
HALLO!
USAGI-CHAN UND NARU-CHAN...! ♡
IHR SEID SPÄT.
ICH HAB EIN GANZES BUCH GELESEN, WÄHREND WIR HIER GEWARTET HABEN.
TJA...
MIR WAR KLAR, DASS USAGI WIEDER DIE LETZTE SEIN WIRD.
WIE GEMEIN, REI-CHAN!

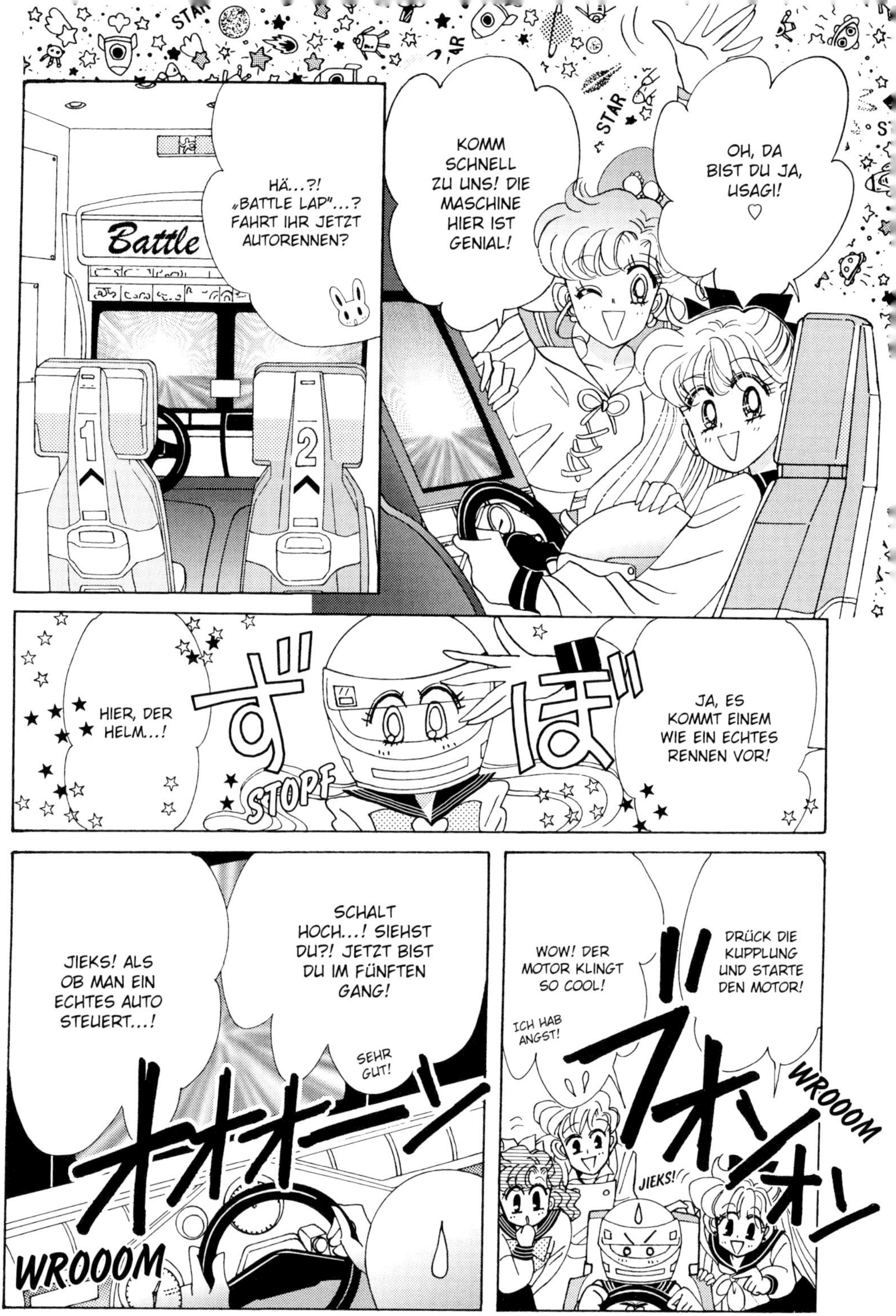
OH, DA BIST DU JA, USAGI! ♡
KOMM SCHNELL ZU UNS! DIE MASCHINE HIER IST GENIAL!
HÄ…?! „BATTLE LAP"…? FAHRT IHR JETZT AUTORENNEN?
Battle
JA, ES KOMMT EINEM WIE EIN ECHTES RENNEN VOR!
STOPF
HIER, DER HELM…!
DRÜCK DIE KUPPLUNG UND STARTE DEN MOTOR!
WOW! DER MOTOR KLINGT SO COOL!
ICH HAB ANGST!
WROOOM
JIEKS!
SCHALT HOCH…! SIEHST DU?! JETZT BIST DU IM FÜNFTEN GANG!
SEHR GUT!
JIEKS! ALS OB MAN EIN ECHTES AUTO STEUERT…!
WROOOM

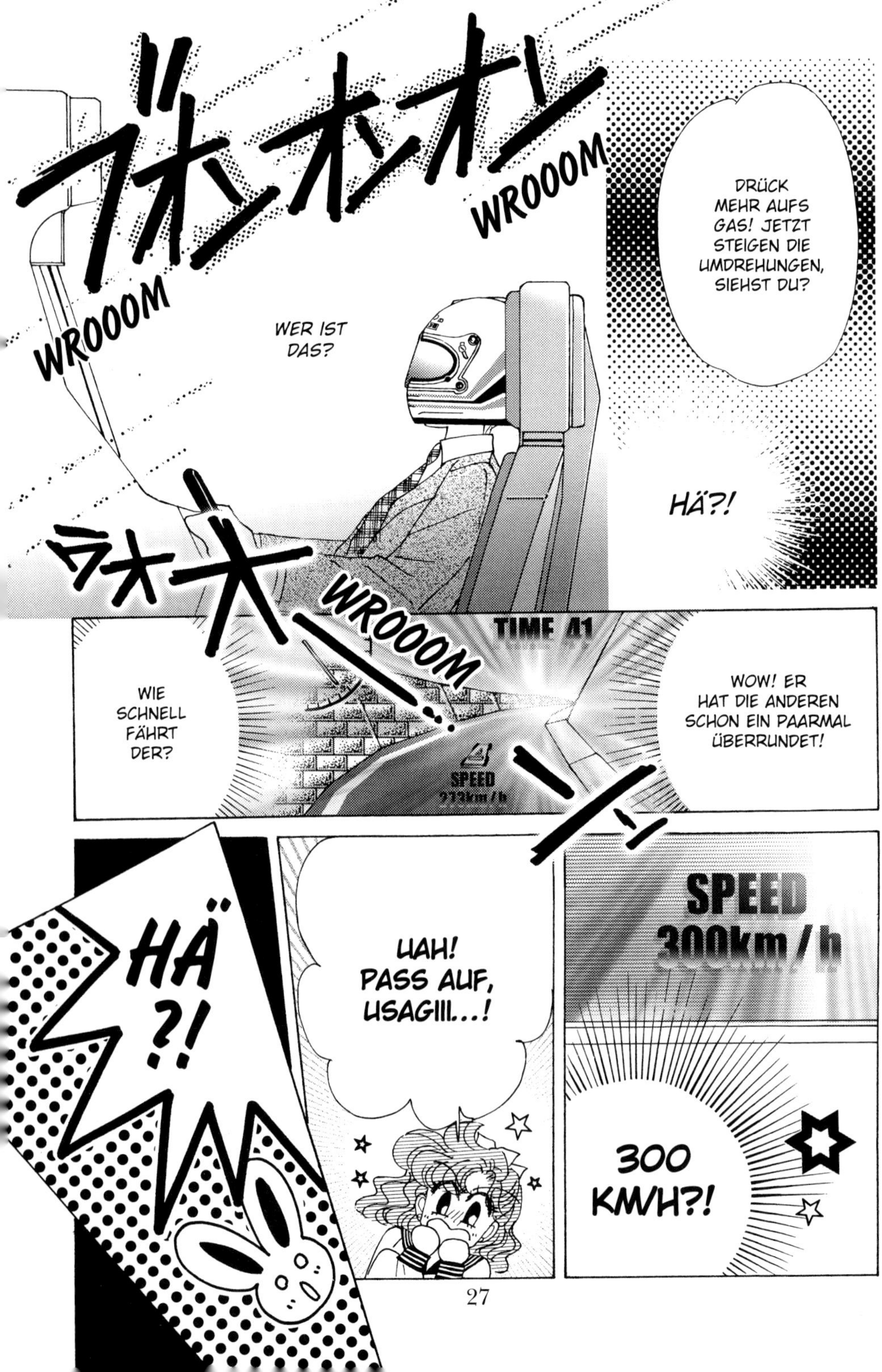
DRÜCK MEHR AUFS GAS! JETZT STEIGEN DIE UMDREHUNGEN, SIEHST DU?
WROOOM
WROOOM
WER IST DAS?
HÄ?!
WROOOM
TIME 41
WOW! ER HAT DIE ANDEREN SCHON EIN PAARMAL ÜBERRUNDET!
WIE SCHNELL FÄHRT DER?
SPEED
SPEED 300km / h
300 KM/H?!
UAH! PASS AUF, USAGIII...!
HÄ ?!

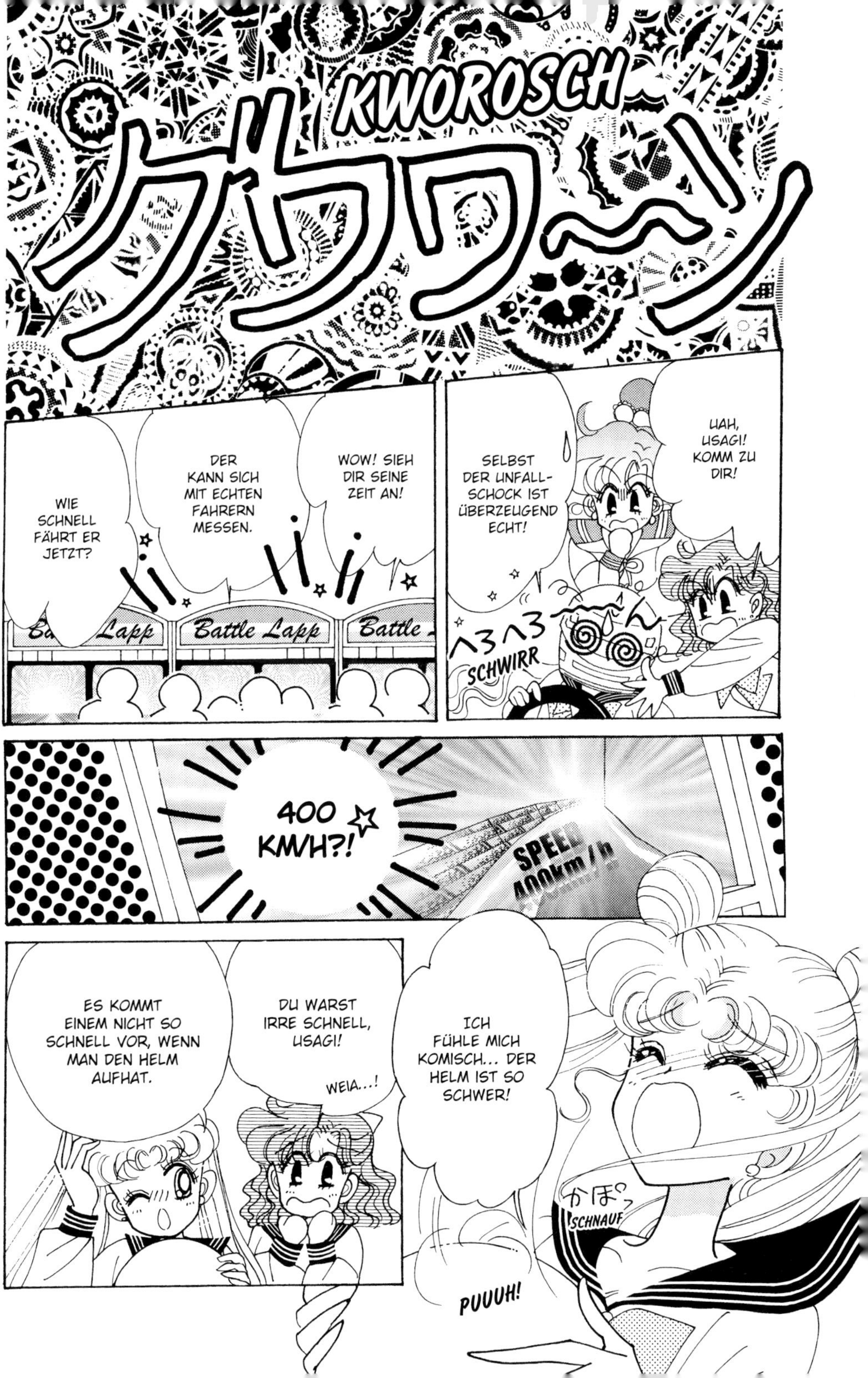
KWOROSCH
ゲウワ〜ン
UAH, USAGI! KOMM ZU DIR!
SELBST DER UNFALL-SCHOCK IST ÜBERZEUGEND ECHT!
へろへろ
SCHWIRR
WOW! SIEH DIR SEINE ZEIT AN!
DER KANN SICH MIT ECHTEN FAHRERN MESSEN.
WIE SCHNELL FÄHRT ER JETZT?
Battle Lapp
400 KM/H?!
SPEED 400km/h
ICH FÜHLE MICH KOMISCH... DER HELM IST SO SCHWER!
かぽっ
SCHNAUF
PUUUH!
DU WARST IRRE SCHNELL, USAGI!
WEIA...!
ES KOMMT EINEM NICHT SO SCHNELL VOR, WENN MAN DEN HELM AUFHAT.

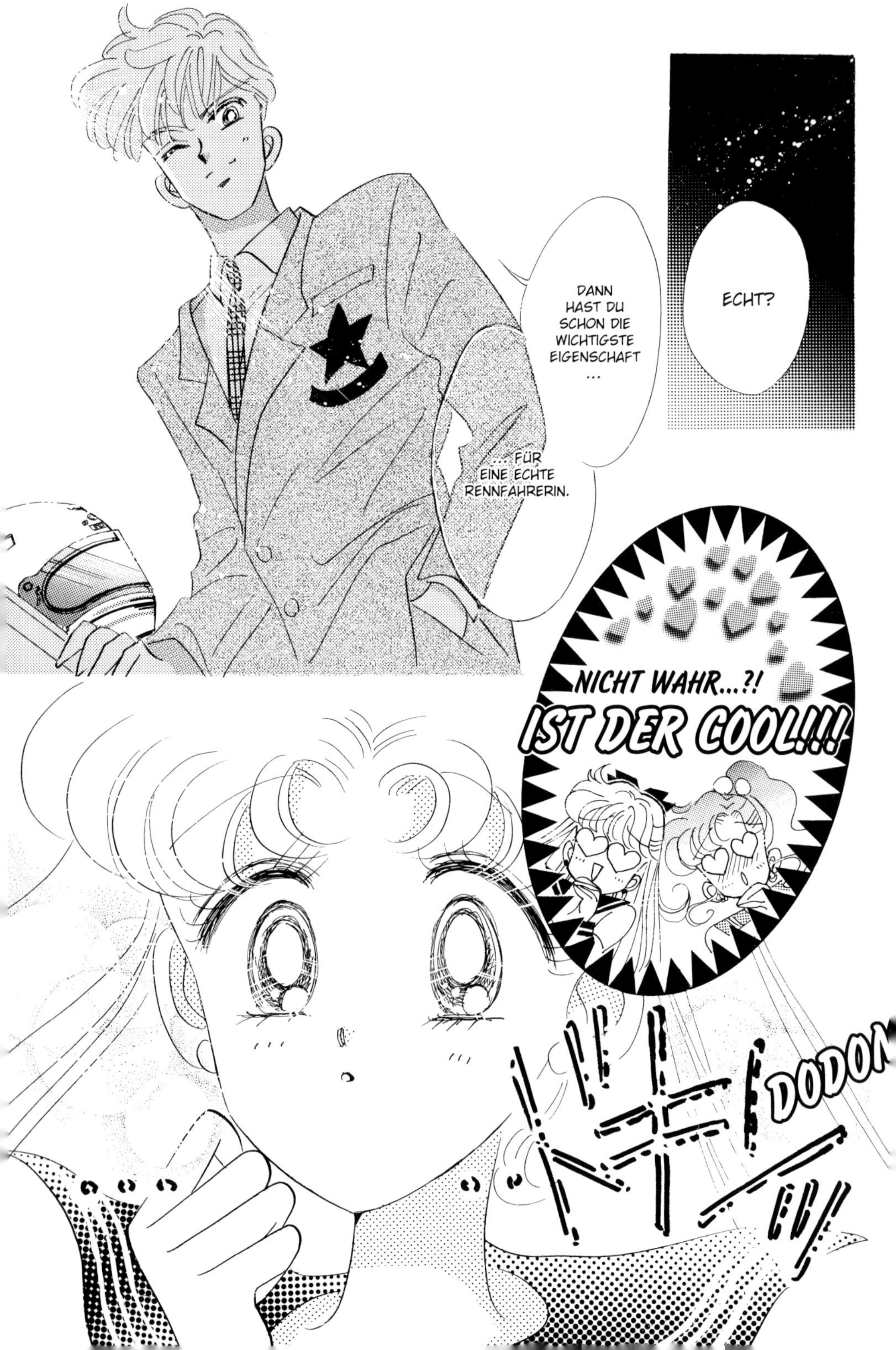

ECHT?
DANN HAST DU SCHON DIE WICHTIGSTE EIGENSCHAFT …
… FÜR EINE ECHTE RENNFAHRERIN.
NICHT WAHR…?!
IST DER COOL!!!
DODON

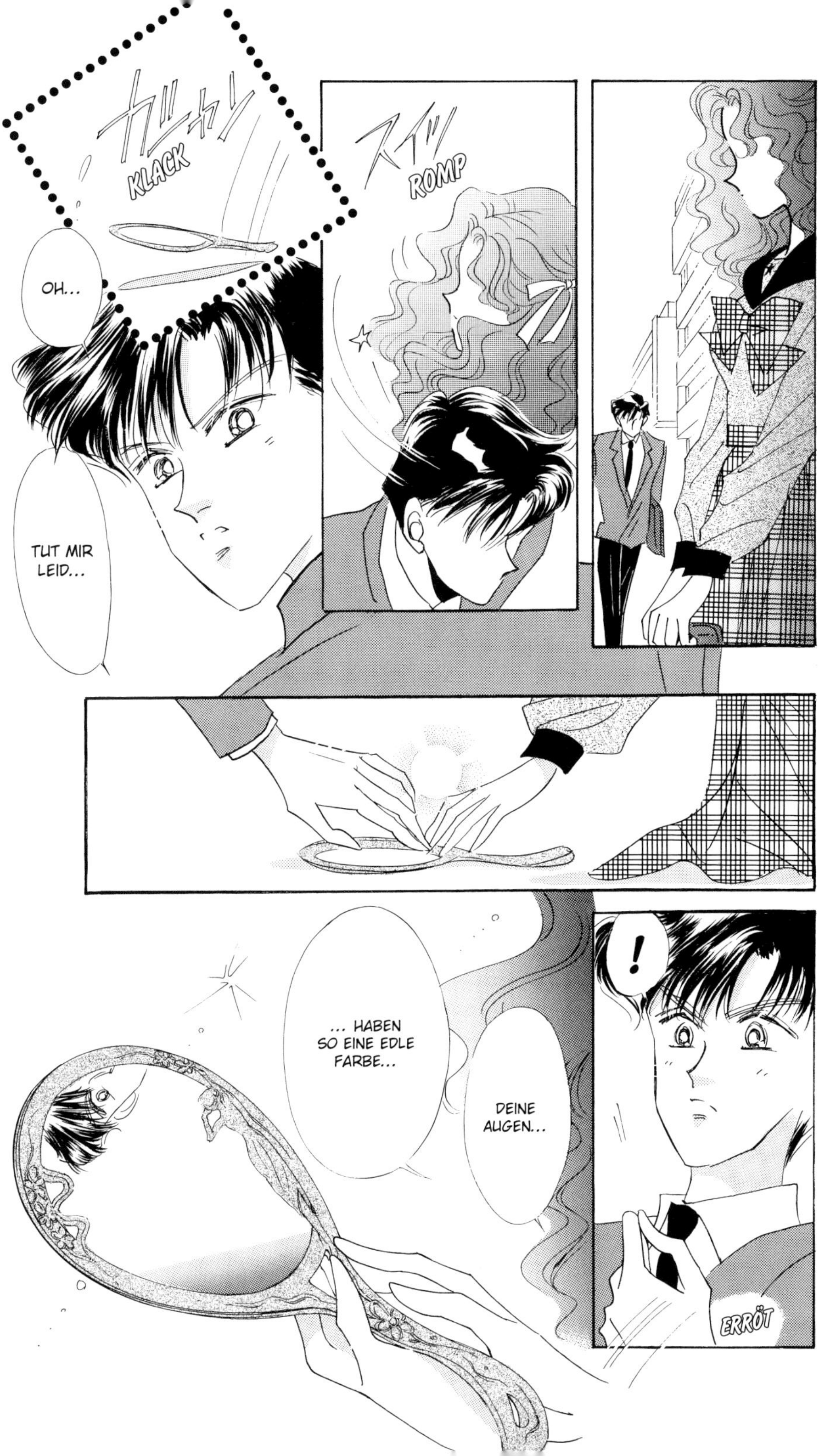

ROMP
KLACK
OH...
TUT MIR LEID...
!
ERRÖT
DEINE AUGEN...
... HABEN SO EINE EDLE FARBE...

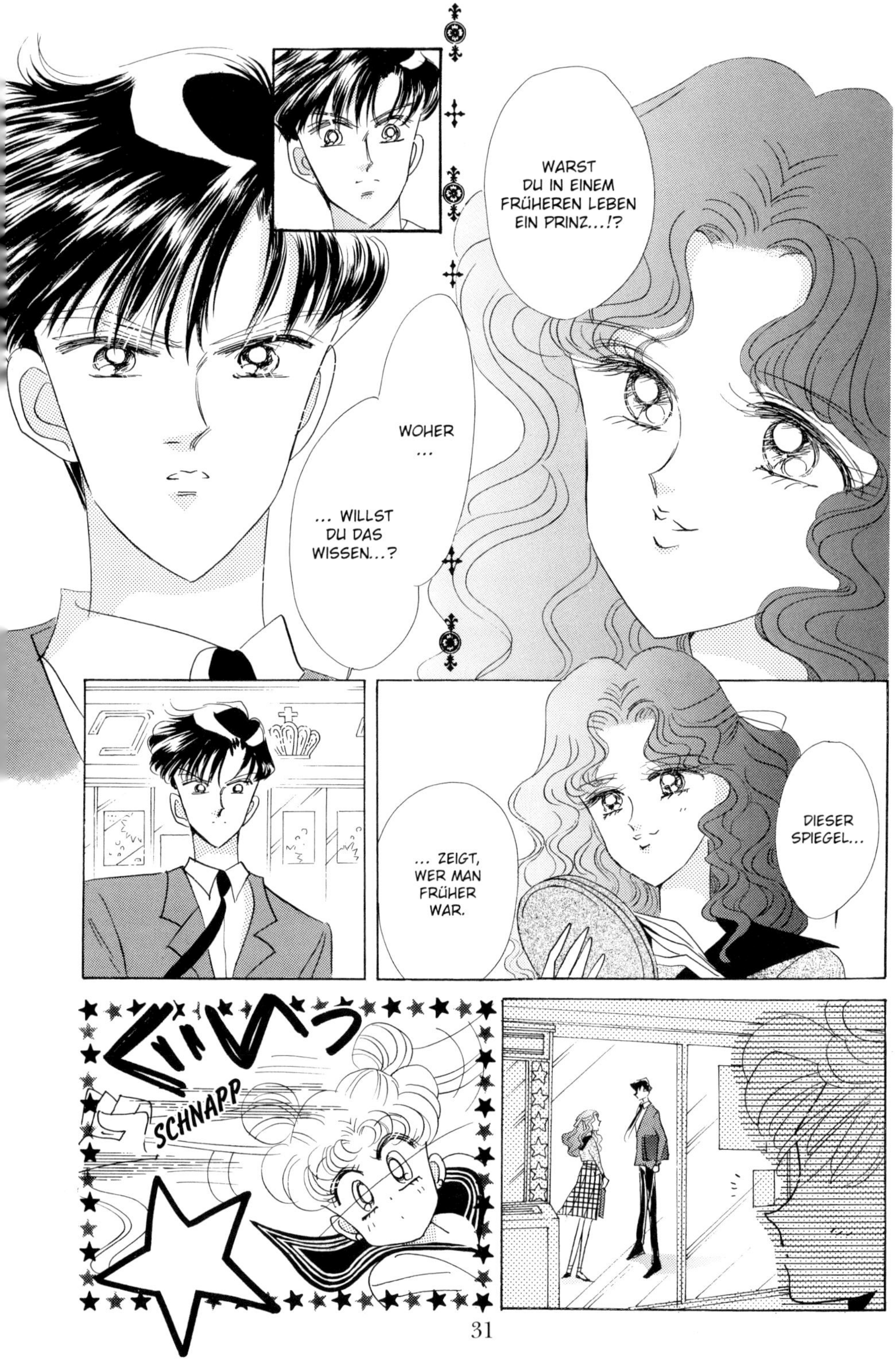
WARST DU IN EINEM FRÜHEREN LEBEN EIN PRINZ…!?
WOHER …
… WILLST DU DAS WISSEN…?
DIESER SPIEGEL…
… ZEIGT, WER MAN FRÜHER WAR.
SCHNAPP

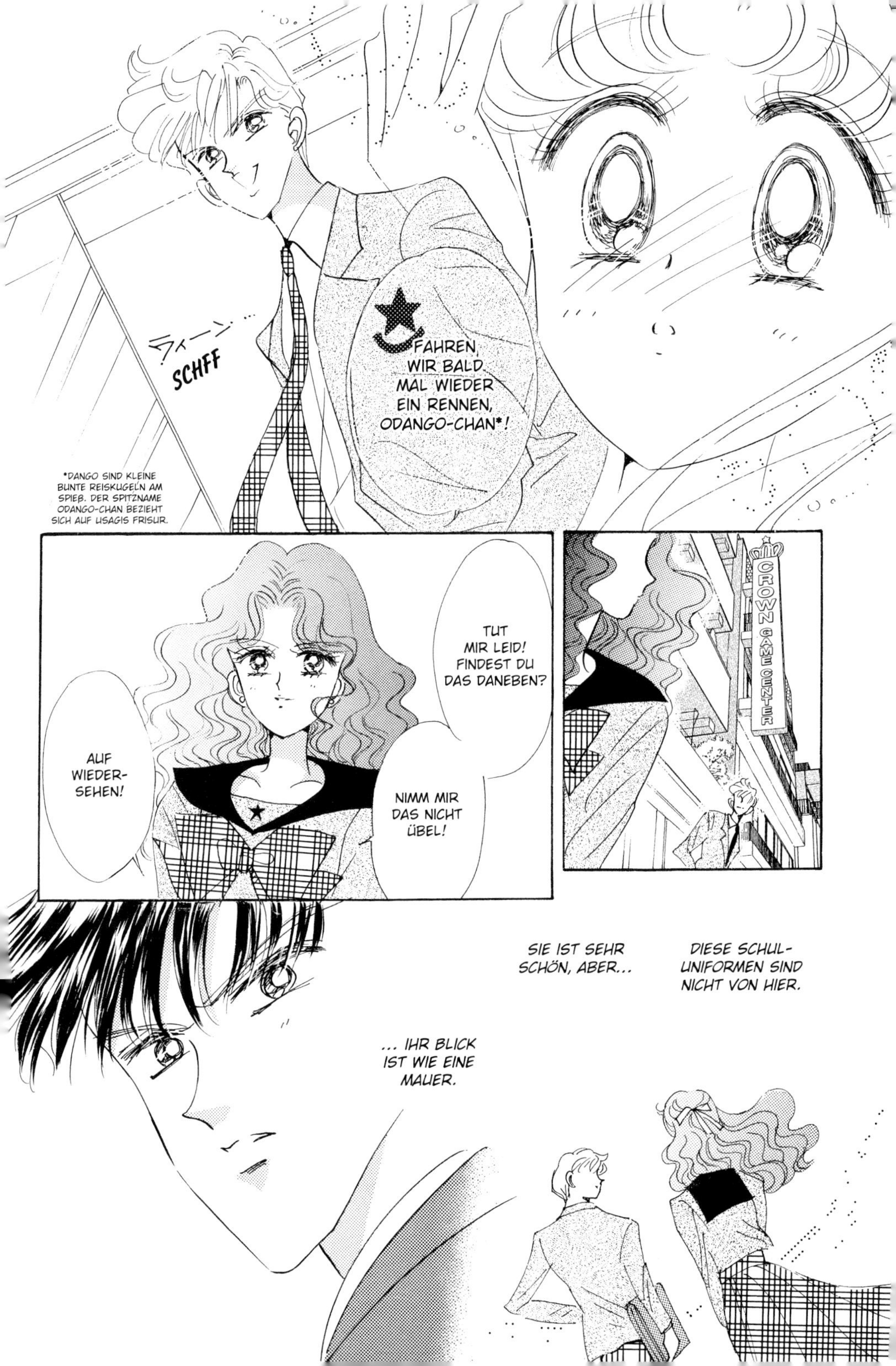

*DANGO SIND KLEINE BUNTE REISKUGELN AM SPIEß. DER SPITZNAME ODANGO-CHAN BEZIEHT SICH AUF USAGIS FRISUR.

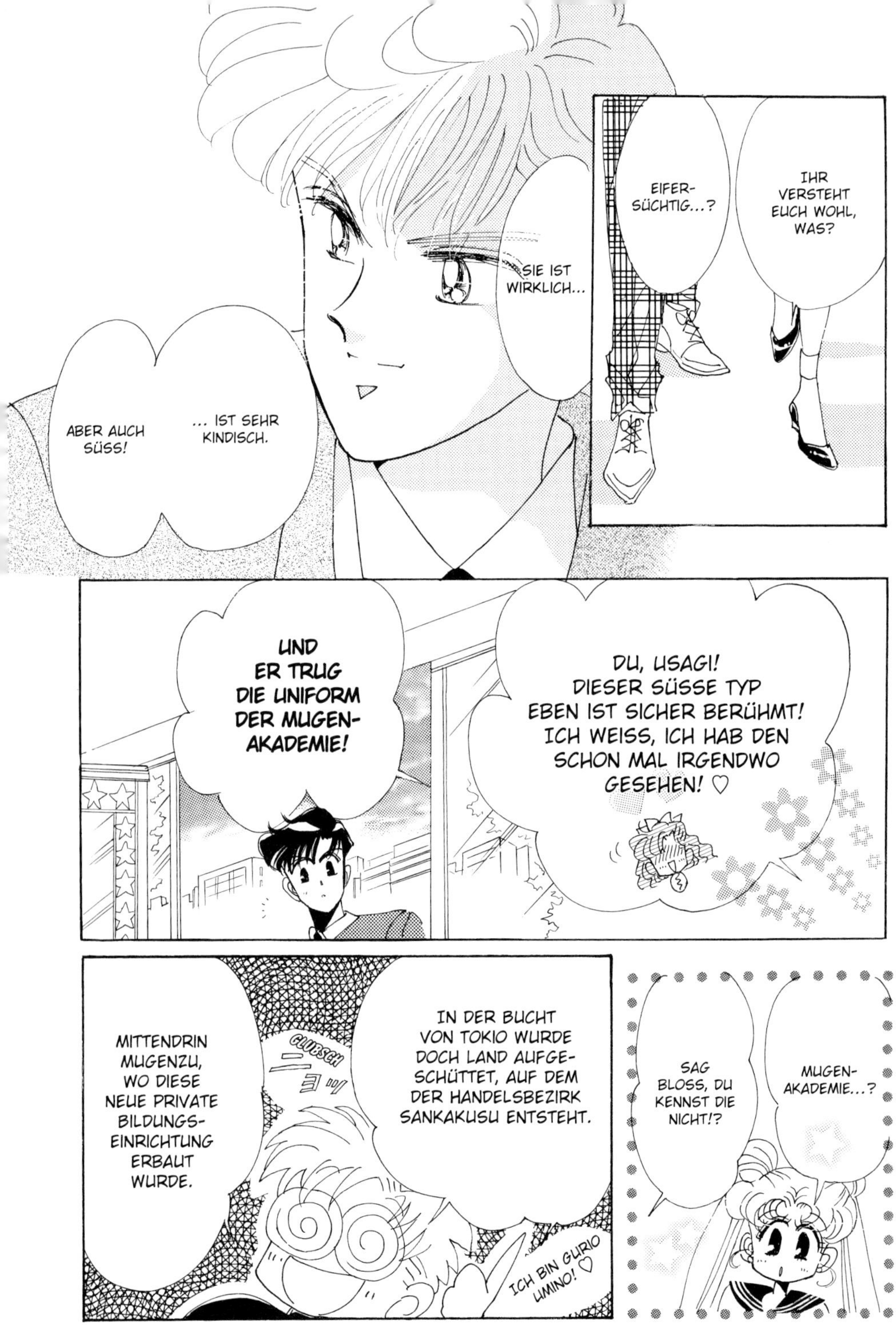

IHR VERSTEHT EUCH WOHL, WAS?
EIFER-SÜCHTIG...?
SIE IST WIRKLICH...
... IST SEHR KINDISCH.
ABER AUCH SÜSS!
DU, USAGI! DIESER SÜSSE TYP EBEN IST SICHER BERÜHMT! ICH WEISS, ICH HAB DEN SCHON MAL IRGENDWO GESEHEN! ♡
UND ER TRUG DIE UNIFORM DER MUGEN-AKADEMIE!
MUGEN-AKADEMIE...?
SAG BLOSS, DU KENNST DIE NICHT!?
IN DER BUCHT VON TOKIO WURDE DOCH LAND AUFGE-SCHÜTTET, AUF DEM DER HANDELSBEZIRK SANKAKUSU ENTSTEHT.
MITTENDRIN MUGENZU, WO DIESE NEUE PRIVATE BILDUNGS-EINRICHTUNG ERBAUT WURDE.
GLUBSCH
ICH BIN GURIO UMINO! ♡

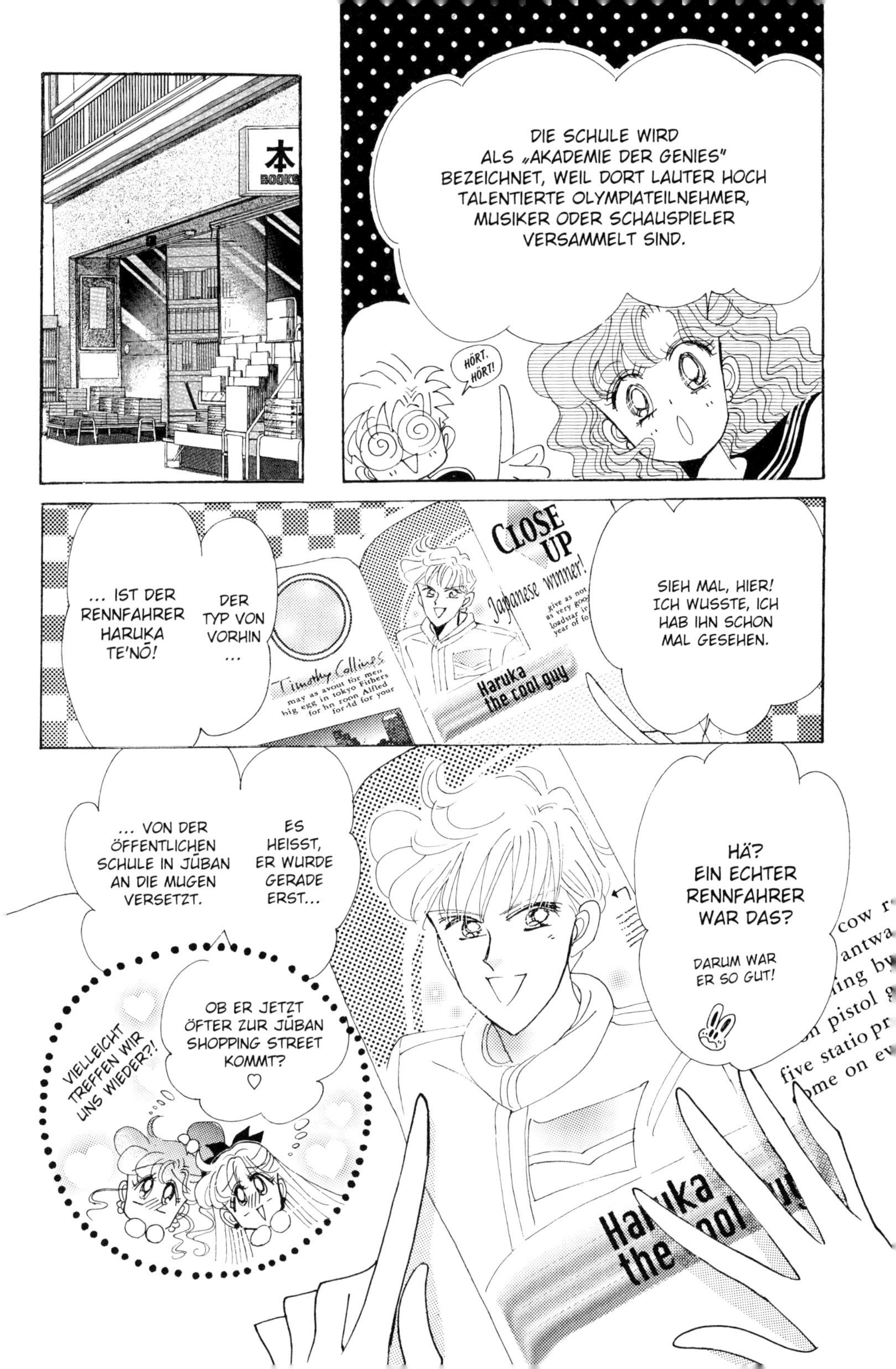
DIE SCHULE WIRD ALS „AKADEMIE DER GENIES" BEZEICHNET, WEIL DORT LAUTER HOCH TALENTIERTE OLYMPIATEILNEHMER, MUSIKER ODER SCHAUSPIELER VERSAMMELT SIND.
HÖRT, HÖRT!
本
BOOKS
SIEH MAL, HIER! ICH WUSSTE, ICH HAB IHN SCHON MAL GESEHEN.
CLOSE UP
Japanese winner!
Haruka the cool guy
DER TYP VON VORHIN ...
... IST DER RENNFAHRER HARUKA TE'NŌ!
HÄ? EIN ECHTER RENNFAHRER WAR DAS?
DARUM WAR ER SO GUT!
ES HEISST, ER WURDE GERADE ERST...
... VON DER ÖFFENTLICHEN SCHULE IN JŪBAN AN DIE MUGEN VERSETZT.
OB ER JETZT ÖFTER ZUR JŪBAN SHOPPING STREET KOMMT? ♡
VIELLEICHT TREFFEN WIR UNS WIEDER?!

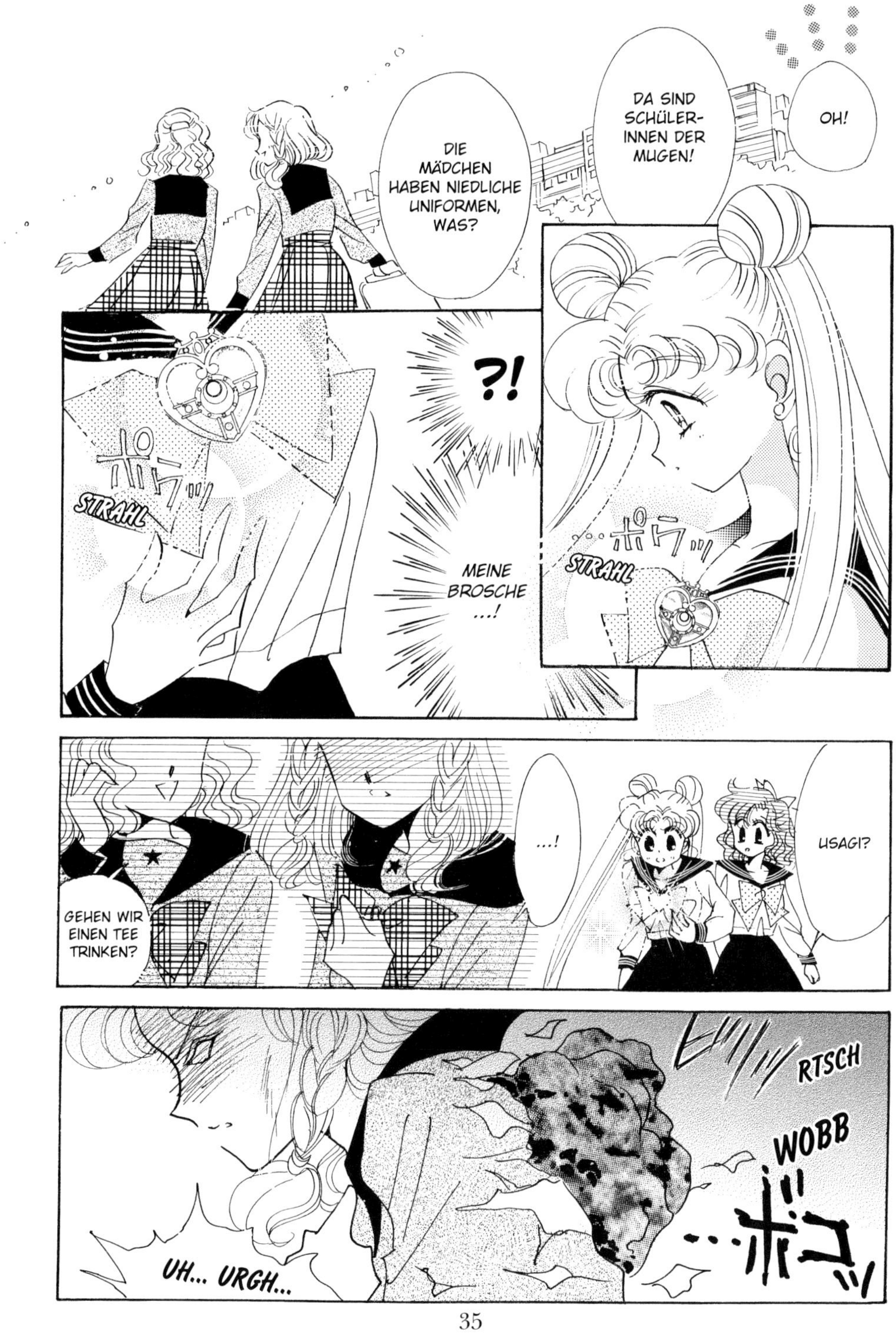
OH!
DA SIND SCHÜLER-INNEN DER MUGEN!
DIE MÄDCHEN HABEN NIEDLICHE UNIFORMEN, WAS?
STRAHL
?!
MEINE BROSCHE ...!
STRAHL
USAGI?
...!
GEHEN WIR EINEN TEE TRINKEN?
RTSCH
WOBB
UH... URGH...

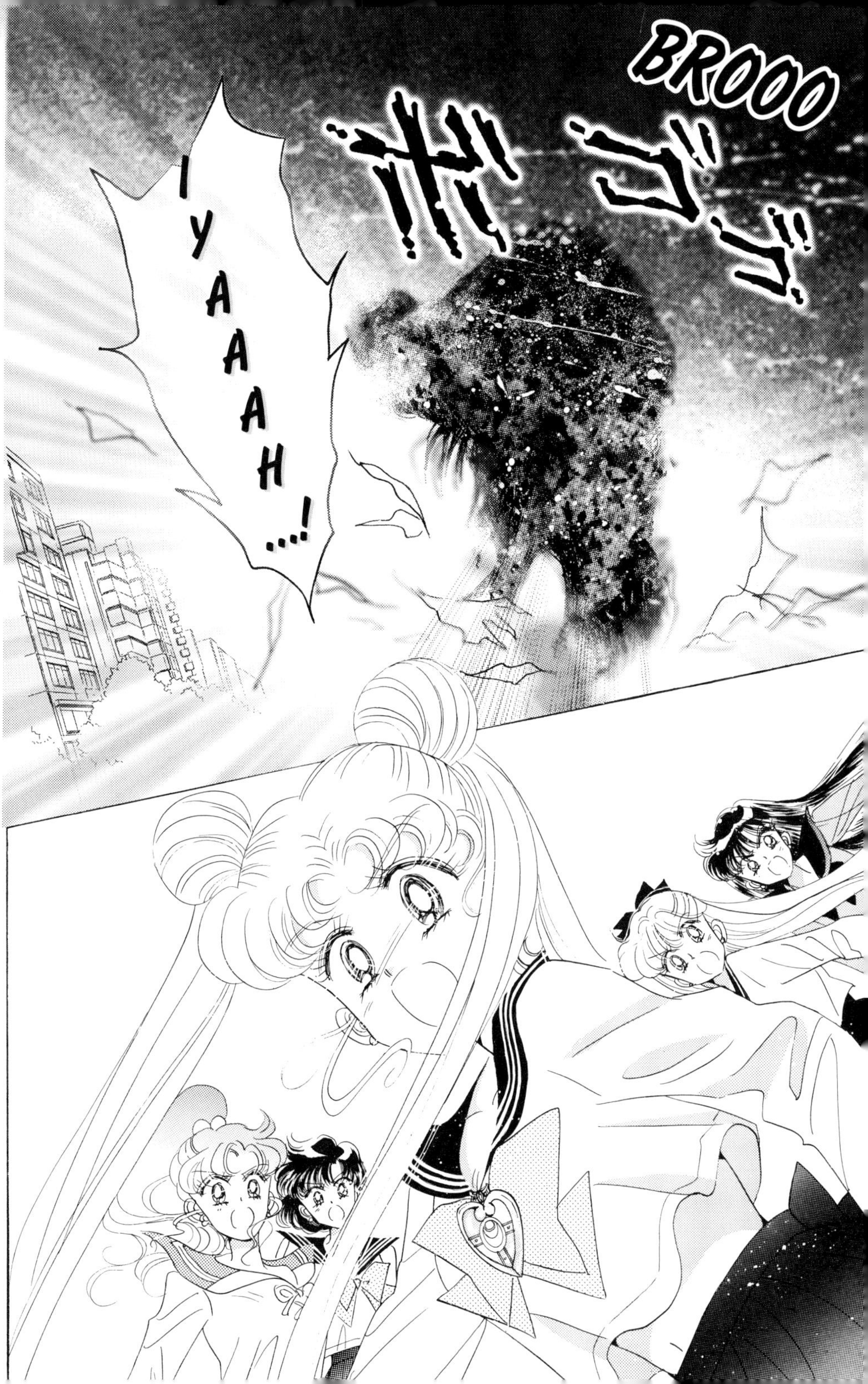
BROOO
ボゴ
IYAAAH...!

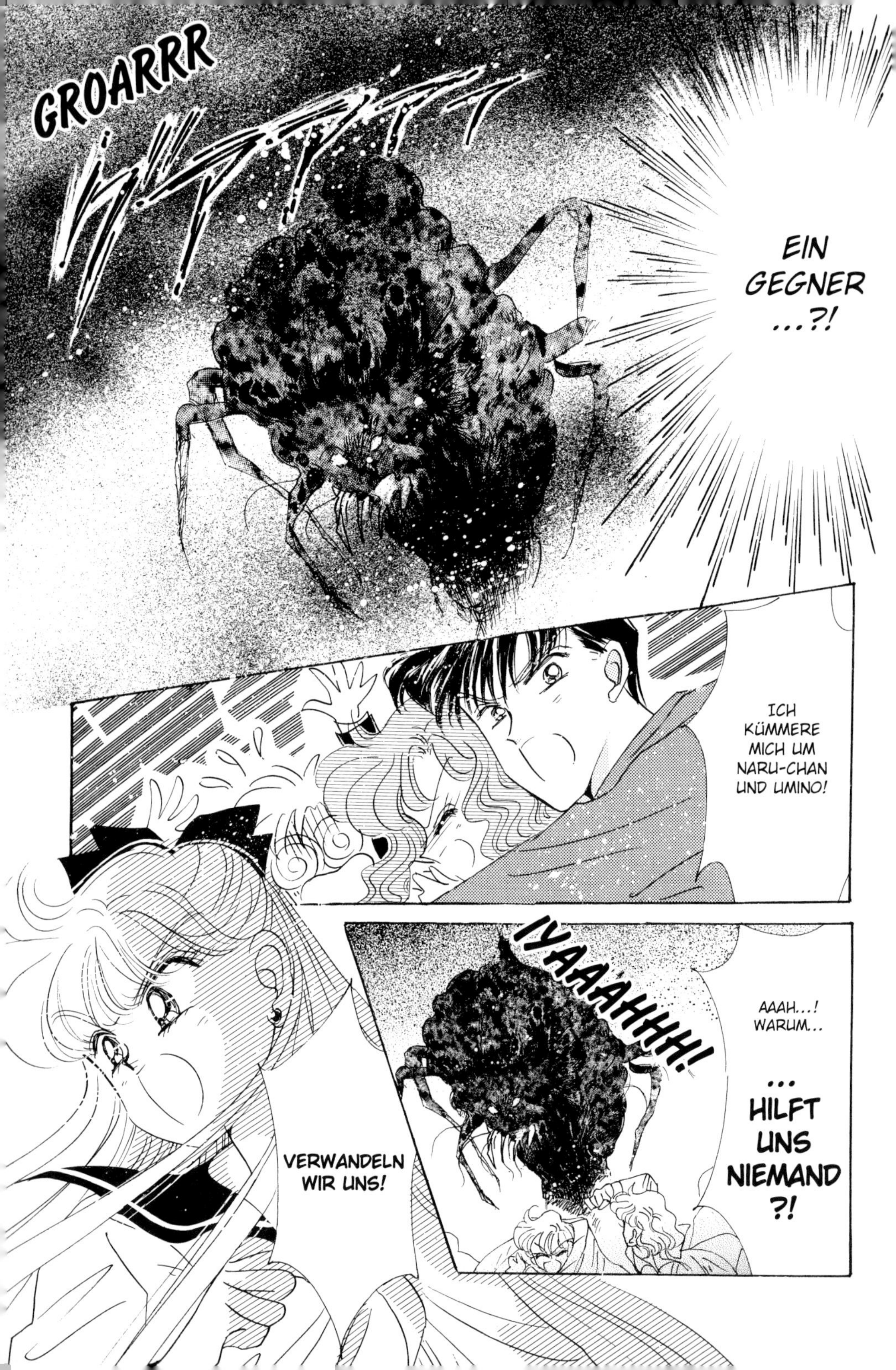
GROOARRR
EIN GEGNER ...?!
ICH KÜMMERE MICH UM NARU-CHAN UND UMINO!
AAAH...! WARUM...
... HILFT UNS NIEMAND ?!
IYAAAAHHHH!
VERWANDELN WIR UNS!

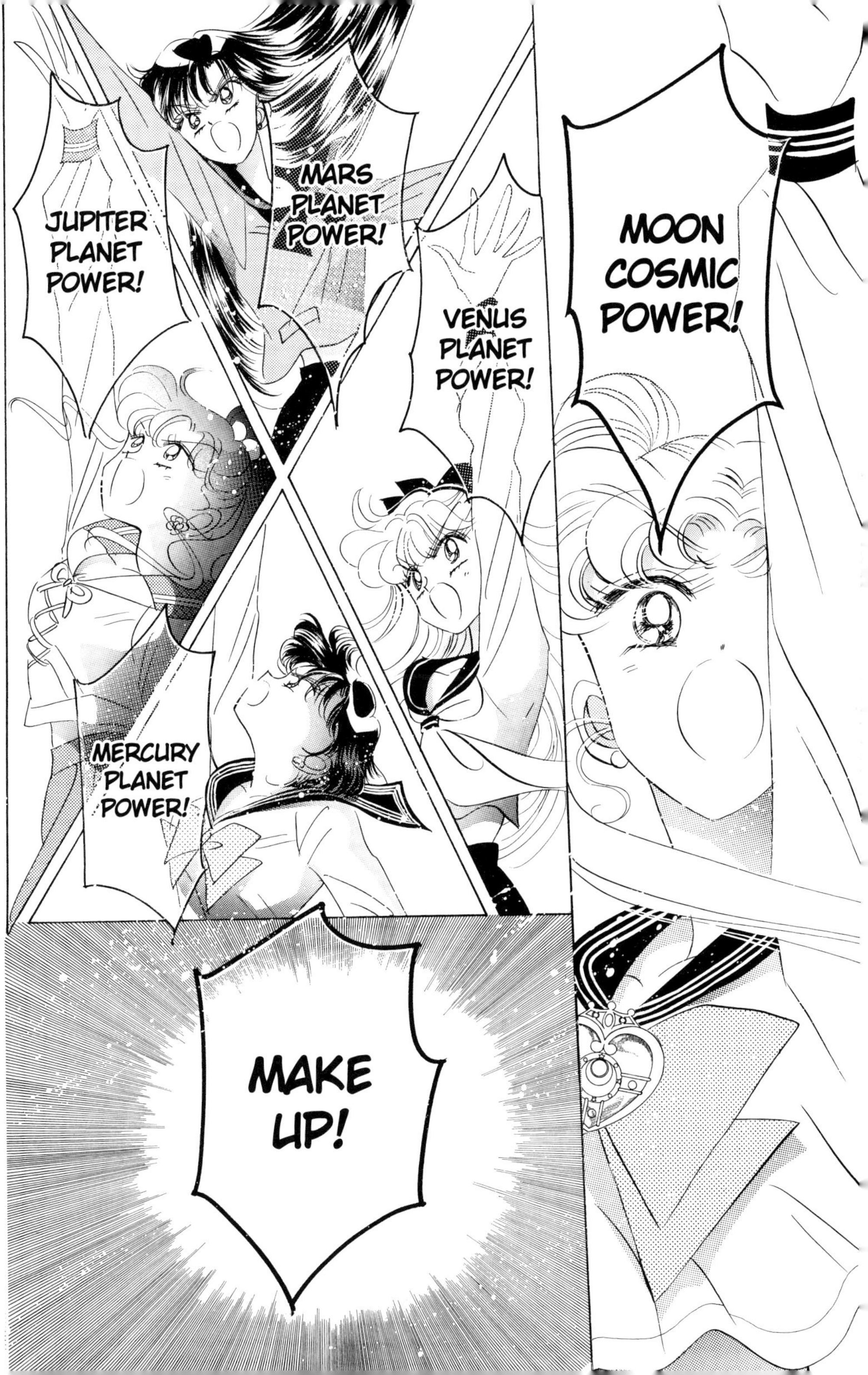
MOON COSMIC POWER!
MARS PLANET POWER!
VENUS PLANET POWER!
JUPITER PLANET POWER!
MERCURY PLANET POWER!
MAKE UP!

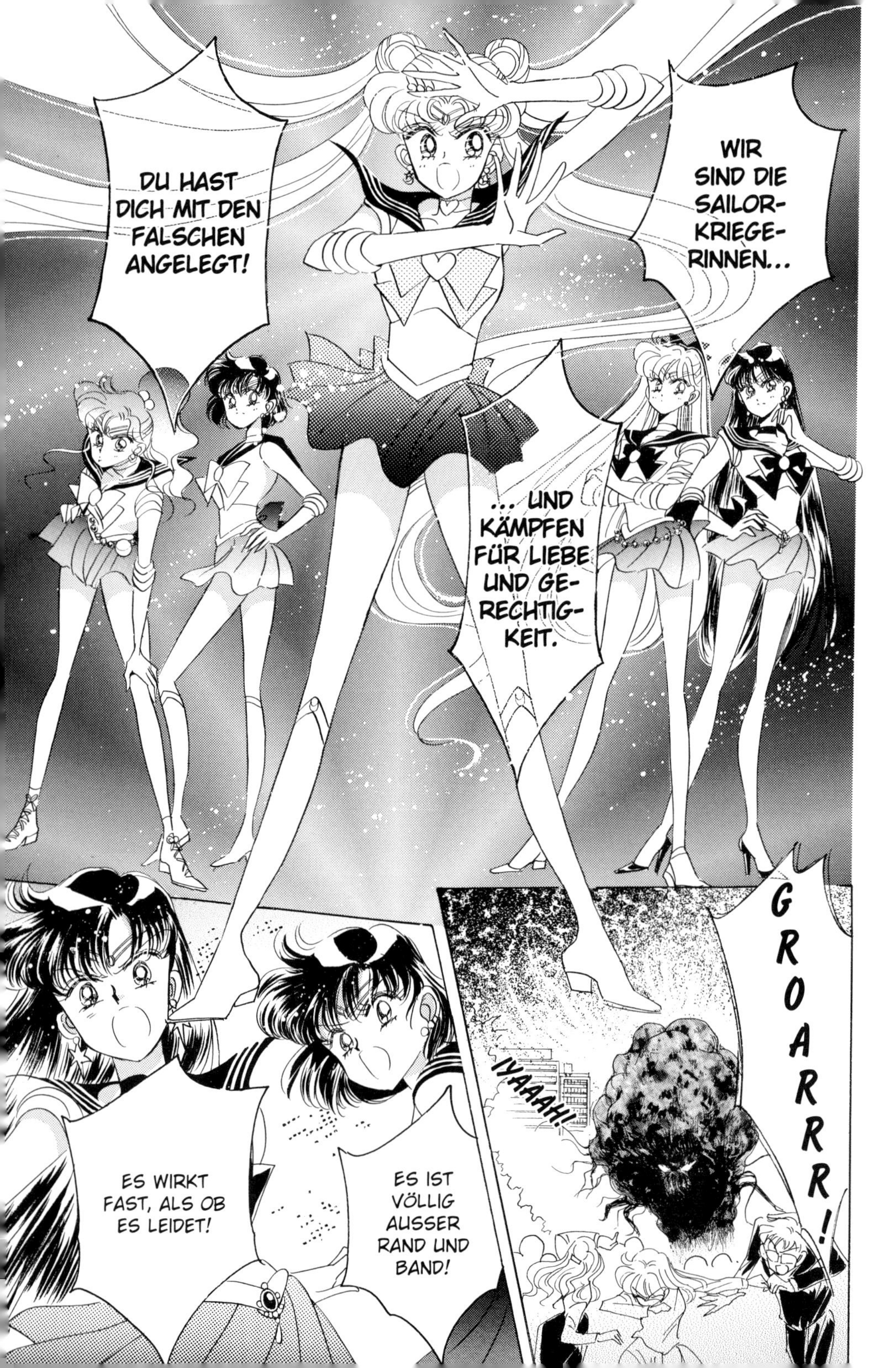

WIR SIND DIE SAILOR-KRIEGE-RINNEN...
DU HAST DICH MIT DEN FALSCHEN ANGELEGT!
... UND KÄMPFEN FÜR LIEBE UND GE-RECHTIG-KEIT.
GROARRRR!
IYAAAH!
ES IST VÖLLIG AUSSER RAND UND BAND!
ES WIRKT FAST, ALS OB ES LEIDET!

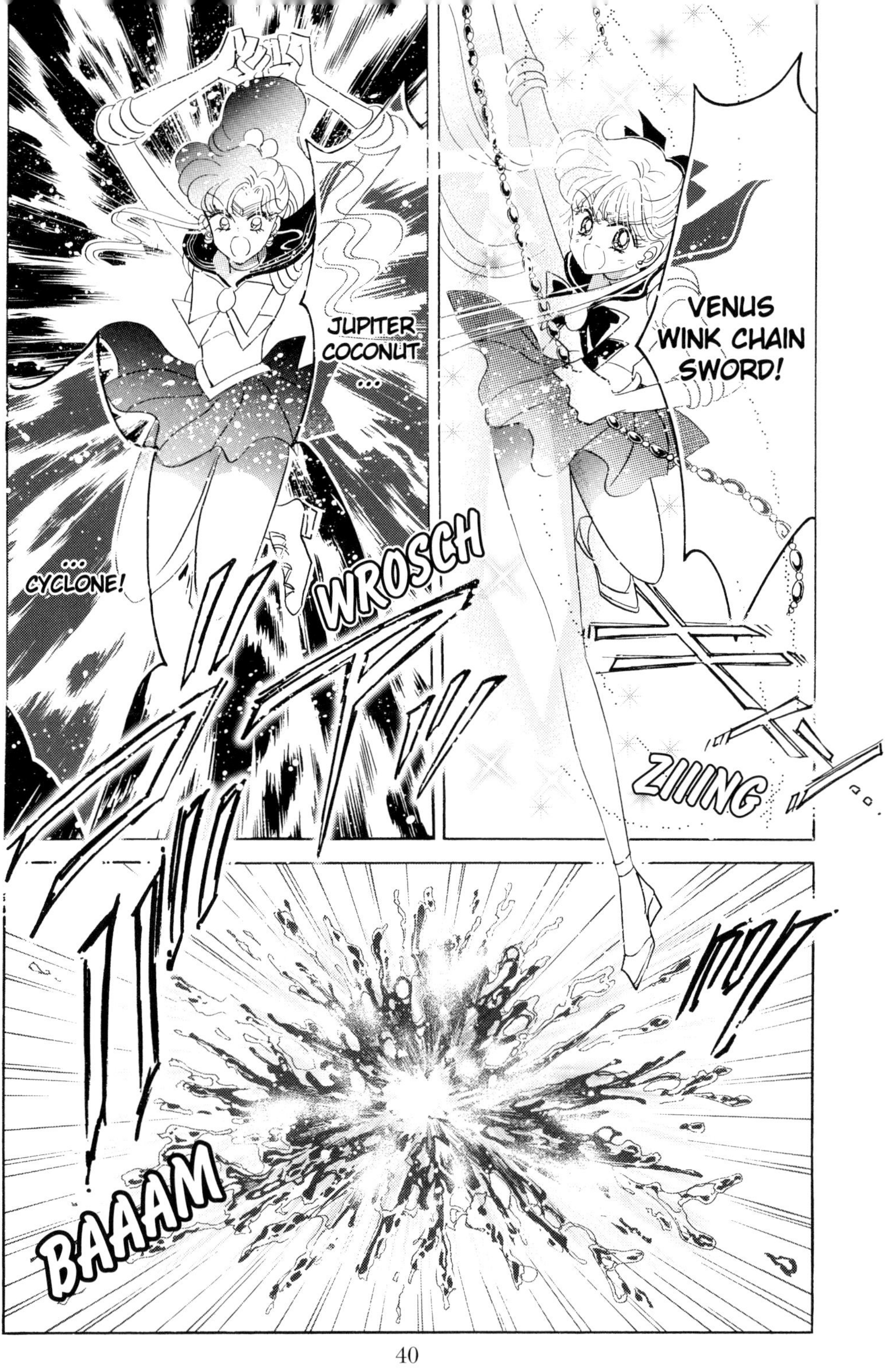

VENUS WINK CHAIN SWORD!
ZIIING
JUPITER COCONUT ...
... CYCLONE!
WROSCH
BAAAM

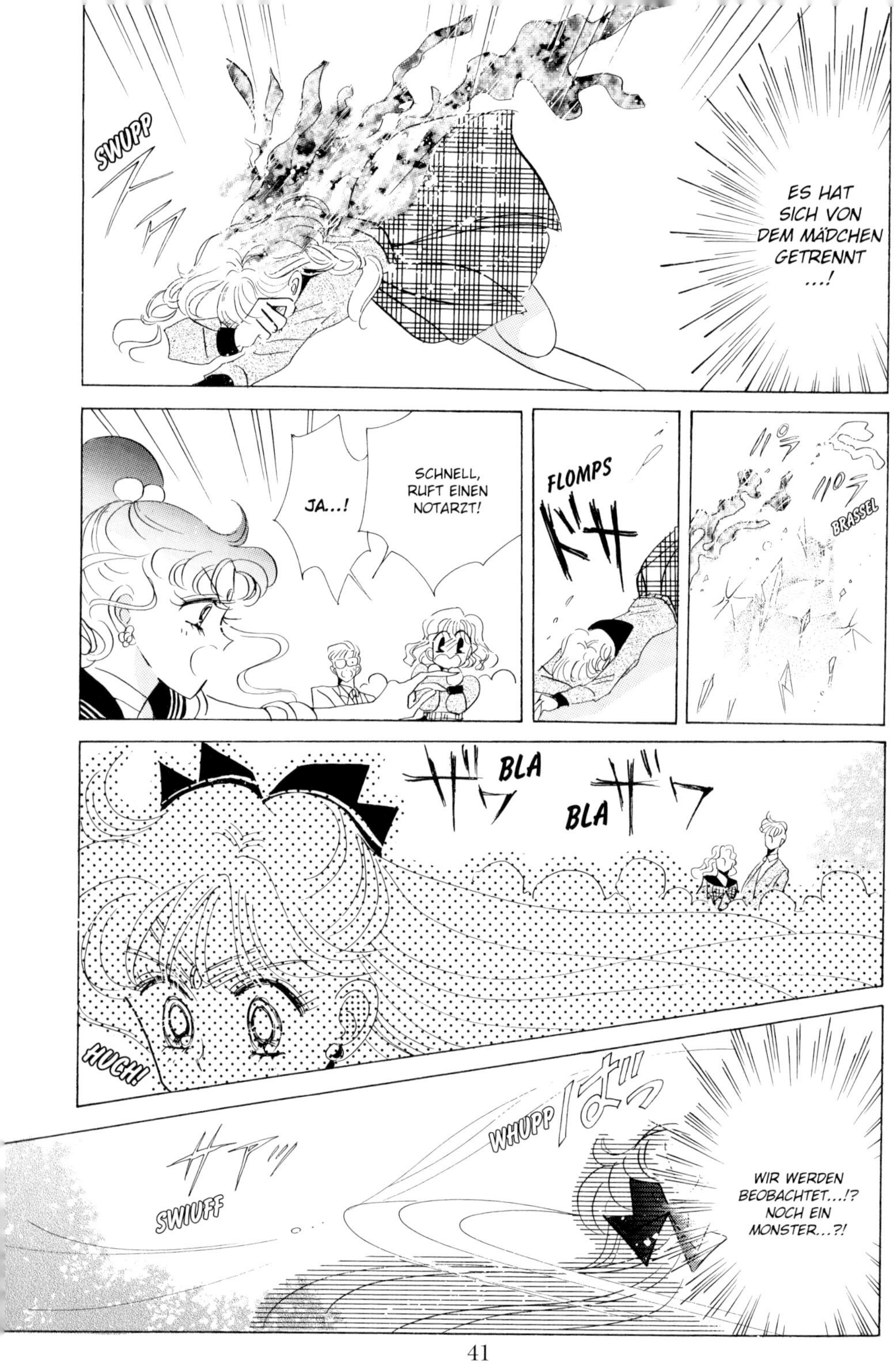
SWUPP
ES HAT SICH VON DEM MÄDCHEN GETRENNT ...!
SCHNELL, RUFT EINEN NOTARZT!
JA...!
FLOMPS
BRASSEL
BLA
BLA
HUCH!
WHUPP
SWIUFF
WIR WERDEN BEOBACHTET...!? NOCH EIN MONSTER...?!

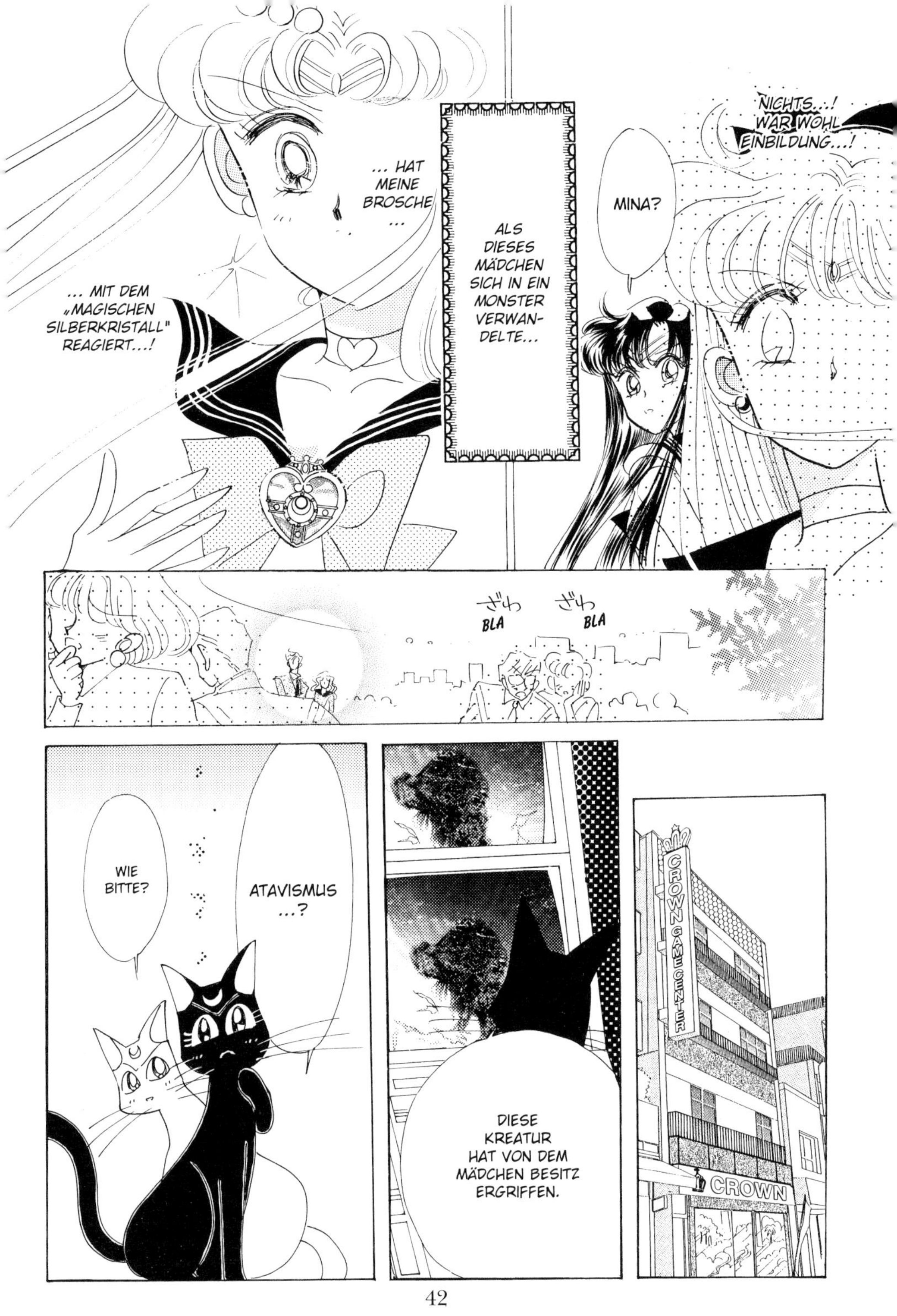
MINA?
NICHTS...! WAR WOHL EINBILDUNG...!
ALS DIESES MÄDCHEN SICH IN EIN MONSTER VERWAN-DELTE...
... HAT MEINE BROSCHE ...
... MIT DEM „MAGISCHEN SILBERKRISTALL" REAGIERT...!
ざわ ざわ
BLA BLA
CROWN GAME CENTER
CROWN
DIESE KREATUR HAT VON DEM MÄDCHEN BESITZ ERGRIFFEN.
ATAVISMUS ...?
WIE BITTE?

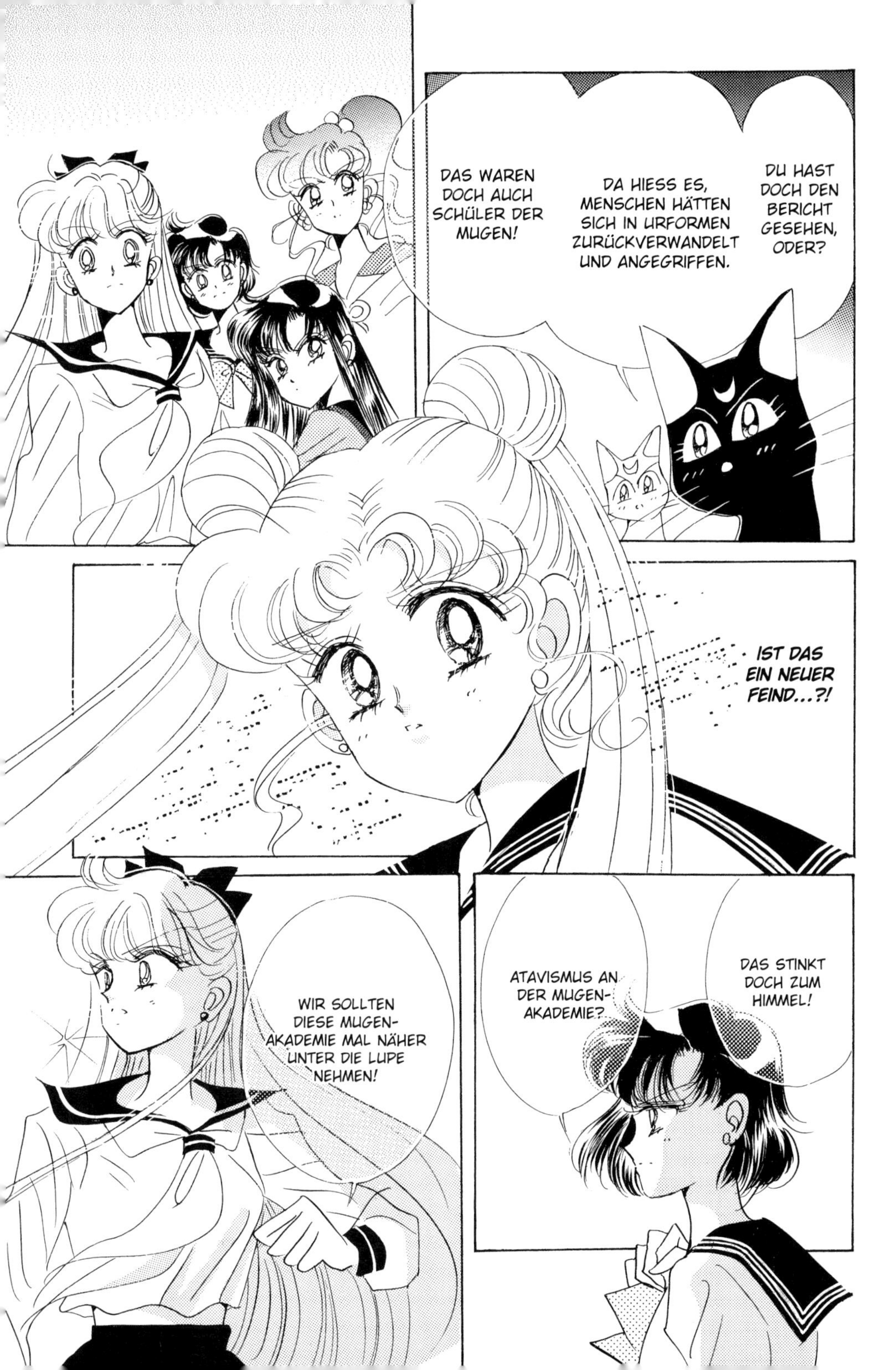
DU HAST DOCH DEN BERICHT GESEHEN, ODER?
DA HIESS ES, MENSCHEN HÄTTEN SICH IN URFORMEN ZURÜCKVERWANDELT UND ANGEGRIFFEN.
DAS WAREN DOCH AUCH SCHÜLER DER MUGEN!
IST DAS EIN NEUER FEIND...?!
DAS STINKT DOCH ZUM HIMMEL!
ATAVISMUS AN DER MUGEN-AKADEMIE?
WIR SOLLTEN DIESE MUGEN-AKADEMIE MAL NÄHER UNTER DIE LUPE NEHMEN!

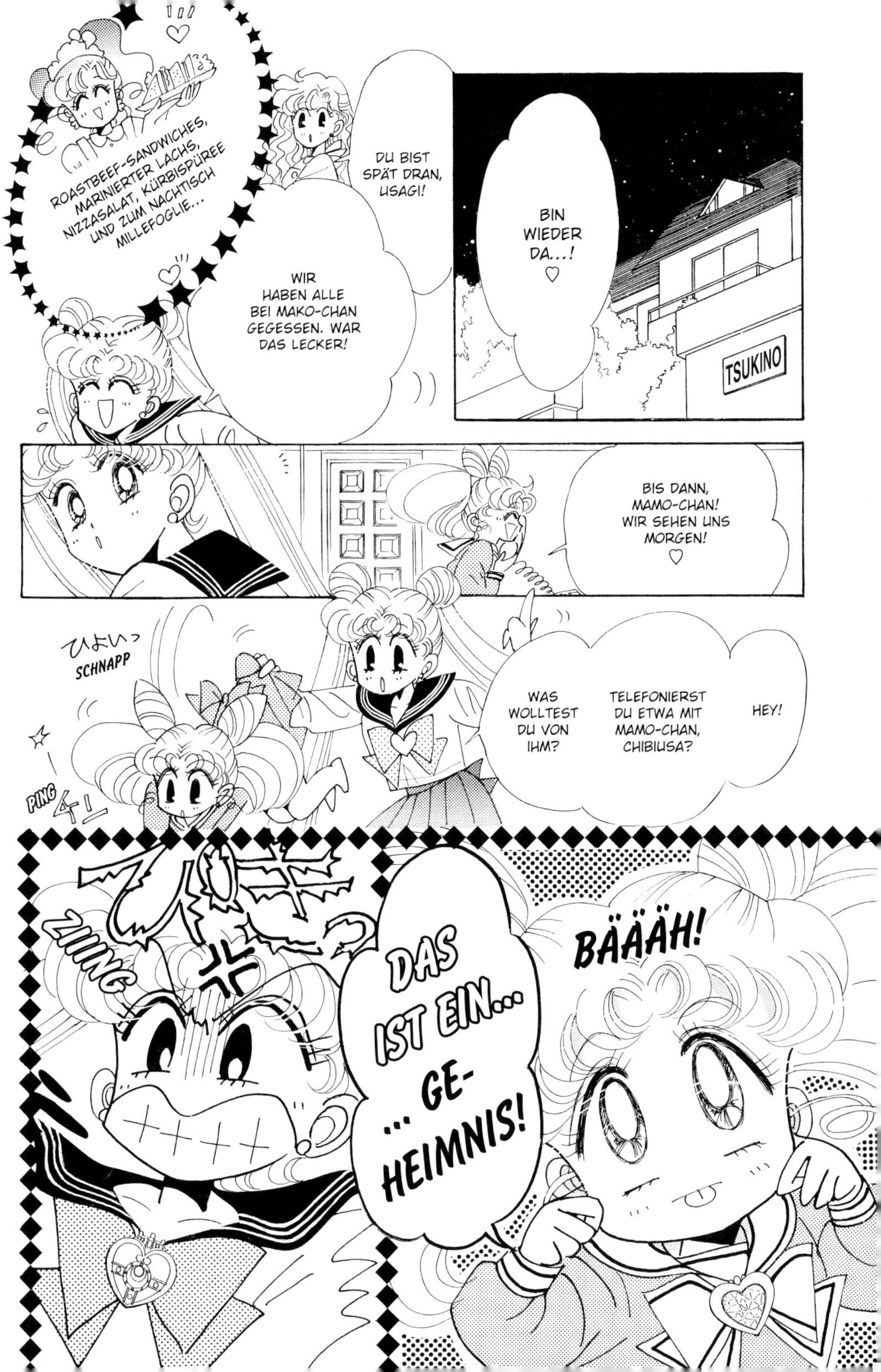
BIN WIEDER DA...! ♡
DU BIST SPÄT DRAN, USAGI!
WIR HABEN ALLE BEI MAKO-CHAN GEGESSEN. WAR DAS LECKER!
ROASTBEEF-SANDWICHES, MARINIERTER LACHS, NIZZASALAT, KÜRBISPÜREE UND ZUM NACHTISCH MILLEFOGLIE...
BIS DANN, MAMO-CHAN! WIR SEHEN UNS MORGEN! ♡
HEY!
TELEFONIERST DU ETWA MIT MAMO-CHAN, CHIBIUSA?
WAS WOLLTEST DU VON IHM?
SCHNAPP
PING
BÄÄÄH!
DAS IST EIN... ... GE-HEIMNIS!
ZIIING

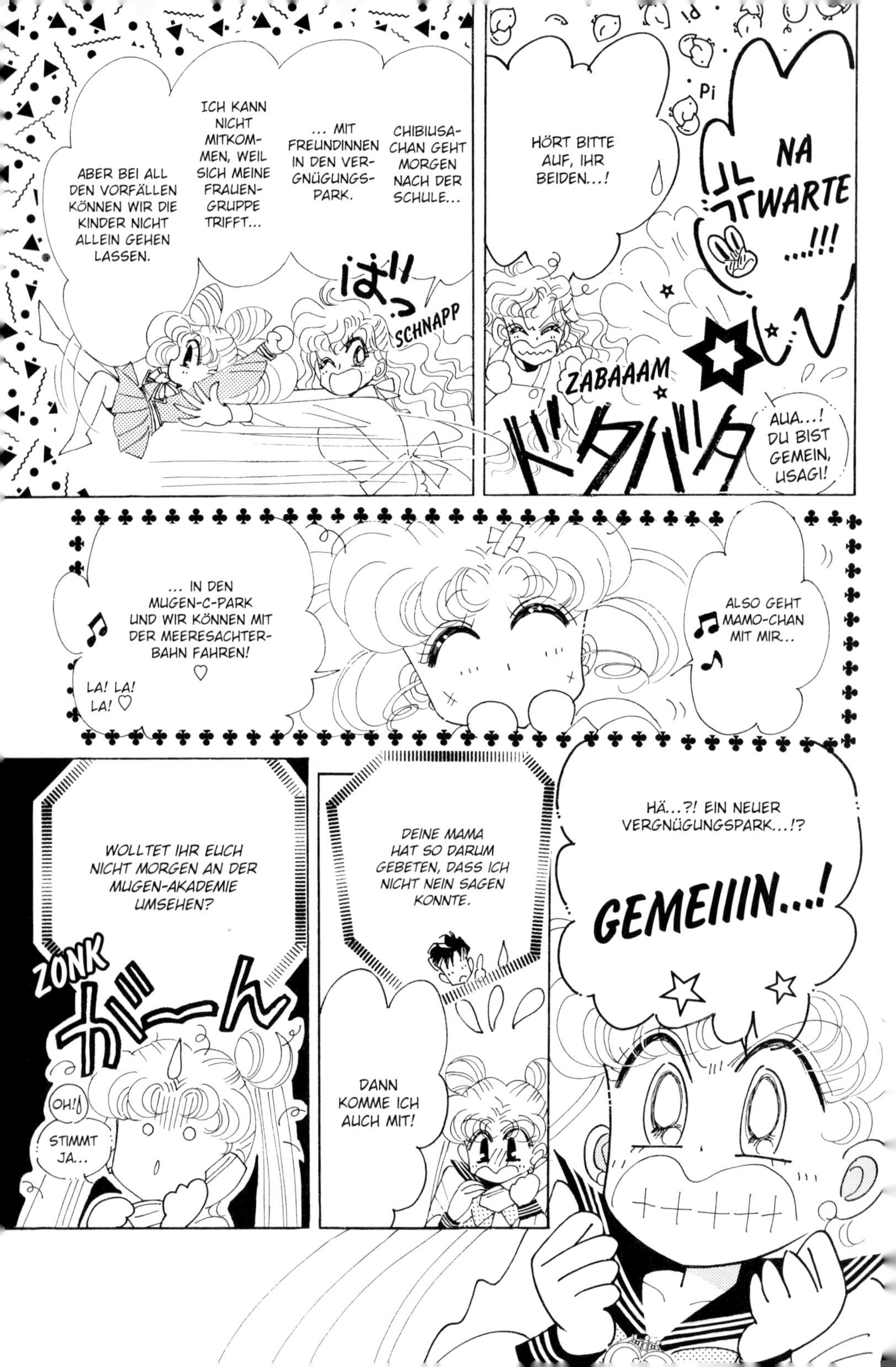
Pi
HÖRT BITTE AUF, IHR BEIDEN...!
NA WARTE ...!!!
ZABAAAM
AUA...! DU BIST GEMEIN, USAGI!
CHIBIUSA-CHAN GEHT MORGEN NACH DER SCHULE...
... MIT FREUNDINNEN IN DEN VERGNÜGUNGSPARK.
ICH KANN NICHT MITKOMMEN, WEIL SICH MEINE FRAUENGRUPPE TRIFFT...
ABER BEI ALL DEN VORFÄLLEN KÖNNEN WIR DIE KINDER NICHT ALLEIN GEHEN LASSEN.
ぱっ
SCHNAPP
ドタバタ
ALSO GEHT MAMO-CHAN MIT MIR...
... IN DEN MUGEN-C-PARK UND WIR KÖNNEN MIT DER MEERESACHTERBAHN FAHREN! ♡
LA! LA! LA! ♡
HÄ...?! EIN NEUER VERGNÜGUNGSPARK...!?
GEMEIIIN...!
DEINE MAMA HAT SO DARUM GEBETEN, DASS ICH NICHT NEIN SAGEN KONNTE.
DANN KOMME ICH AUCH MIT!
WOLLTET IHR EUCH NICHT MORGEN AN DER MUGEN-AKADEMIE UMSEHEN?
ZONK
がーん
OH!
STIMMT JA...

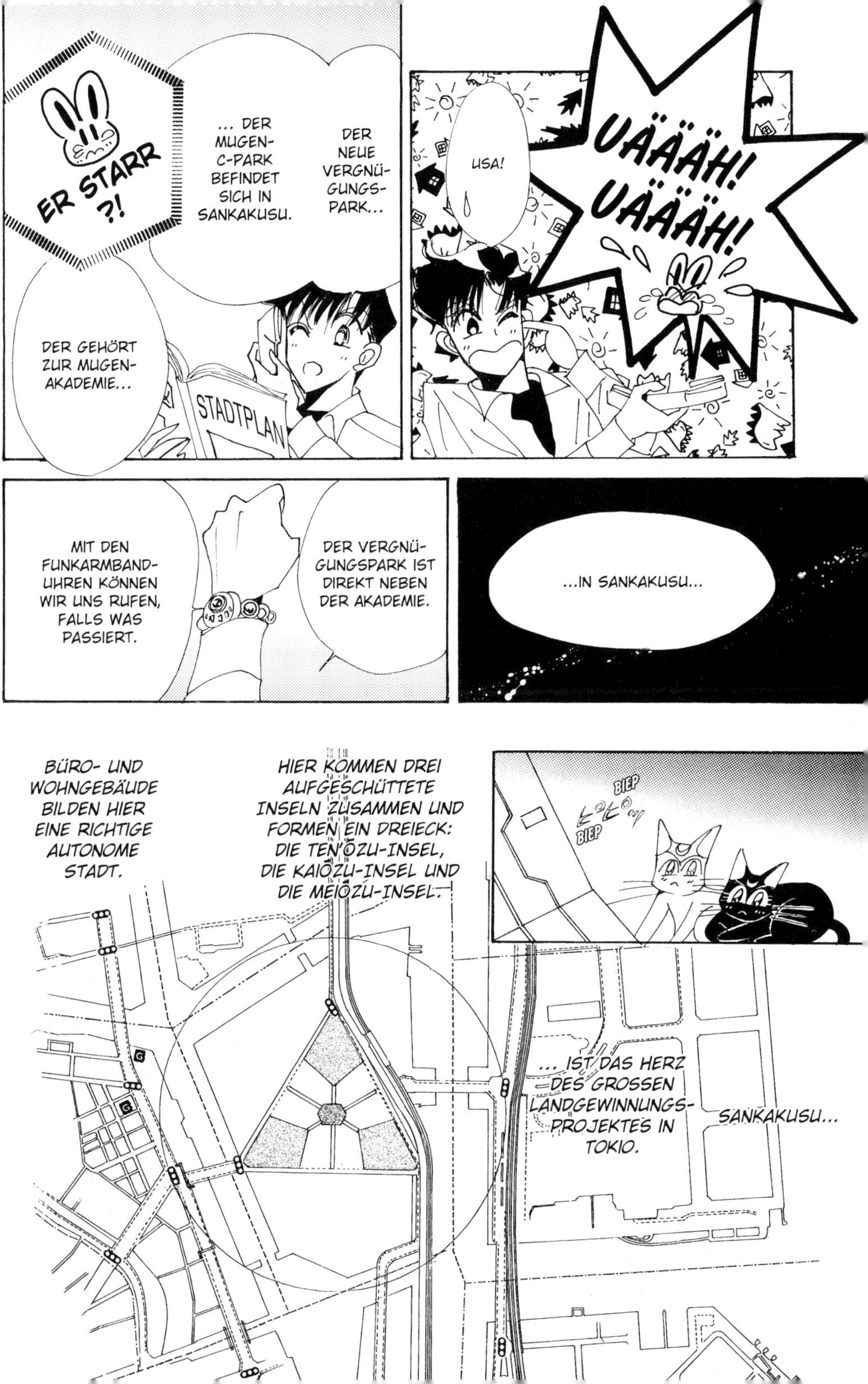
DER NEUE VERGNÜGUNGSPARK...
... DER MUGEN-C-PARK BEFINDET SICH IN SANKAKUSU.
DER GEHÖRT ZUR MUGEN-AKADEMIE...
STADTPLAN
ER STARR ?!
USA!
UÄÄÄH! UÄÄÄH!
DER VERGNÜGUNGSPARK IST DIREKT NEBEN DER AKADEMIE.
MIT DEN FUNKARMBANDUHREN KÖNNEN WIR UNS RUFEN, FALLS WAS PASSIERT.
...IN SANKAKUSU...
BIEP
BIEP
SANKAKUSU...
... IST DAS HERZ DES GROSSEN LANDGEWINNUNGSPROJEKTES IN TOKIO.
HIER KOMMEN DREI AUFGESCHÜTTETE INSELN ZUSAMMEN UND FORMEN EIN DREIECK: DIE TEN'ÔZU-INSEL, DIE KAIÔZU-INSEL UND DIE MEIÔZU-INSEL.
BÜRO- UND WOHNGEBÄUDE BILDEN HIER EINE RICHTIGE AUTONOME STADT.

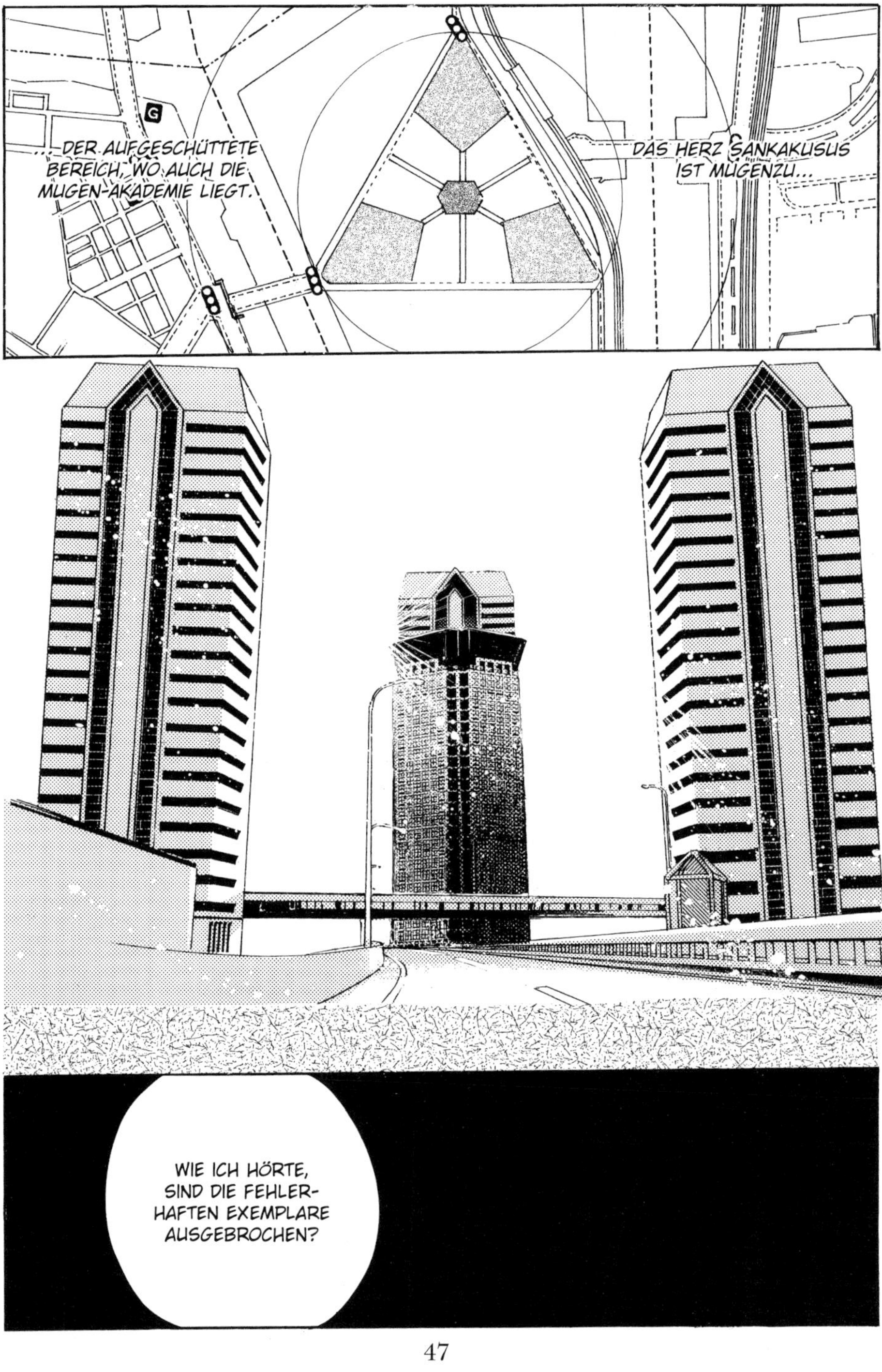
...DER AUFGESCHÜTTETE BEREICH, WO AUCH DIE MUGEN-AKADEMIE LIEGT.
DAS HERZ SANKAKUSUS IST MUGENZU...
WIE ICH HÖRTE, SIND DIE FEHLER-HAFTEN EXEMPLARE AUSGEBROCHEN?

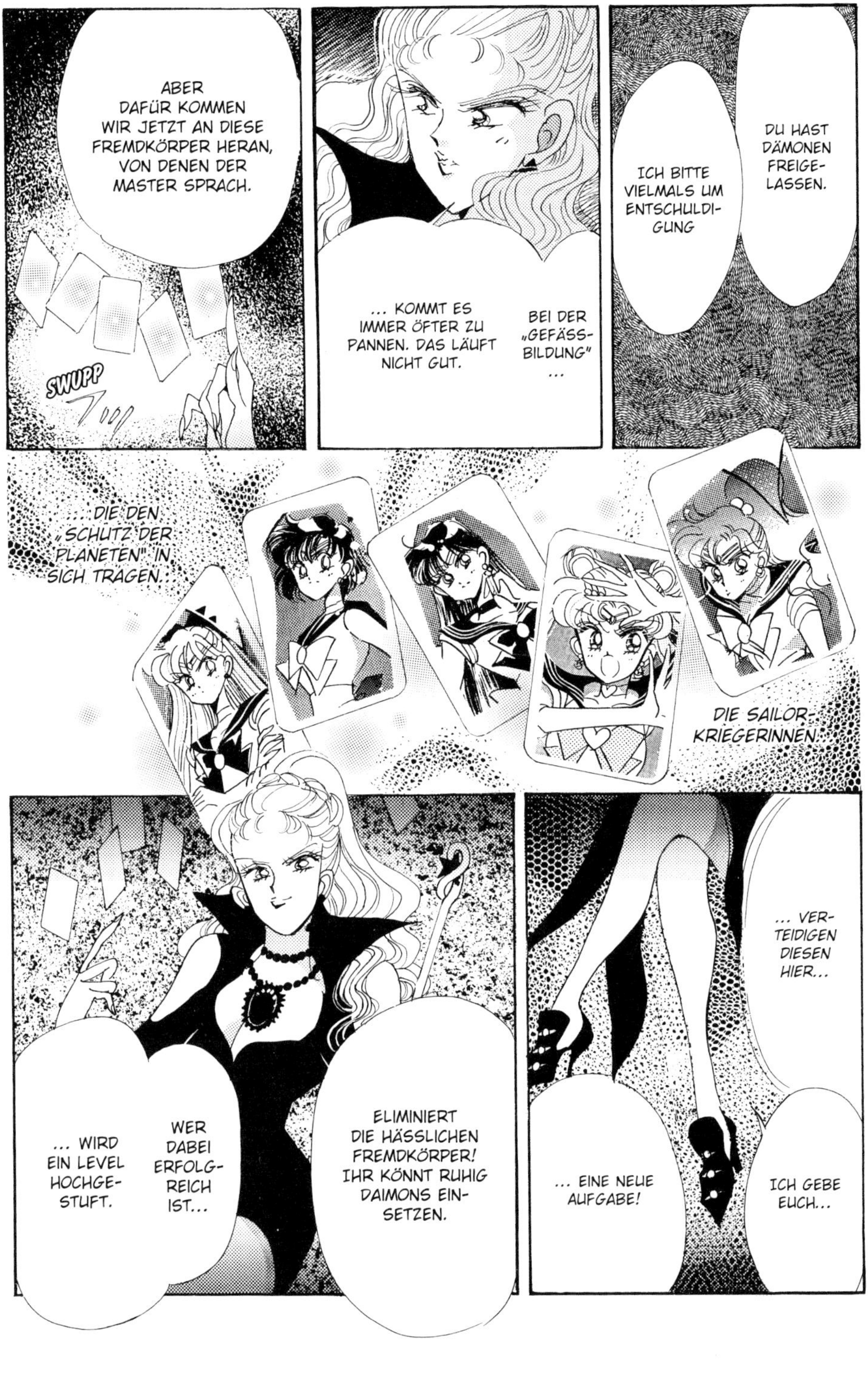
DU HAST DÄMONEN FREIGE-LASSEN.
ICH BITTE VIELMALS UM ENTSCHULDI-GUNG
BEI DER „GEFÄSS-BILDUNG“ …
… KOMMT ES IMMER ÖFTER ZU PANNEN. DAS LÄUFT NICHT GUT.
ABER DAFÜR KOMMEN WIR JETZT AN DIESE FREMDKÖRPER HERAN, VON DENEN DER MASTER SPRACH.
SWUPP
DIE SAILOR-KRIEGERINNEN.
… DIE DEN „SCHUTZ DER PLANETEN“ IN SICH TRAGEN.
… VER-TEIDIGEN DIESEN HIER …
ICH GEBE EUCH …
… EINE NEUE AUFGABE!
ELIMINIERT DIE HÄSSLICHEN FREMDKÖRPER! IHR KÖNNT RUHIG DAIMONS EIN-SETZEN.
WER DABEI ERFOLG-REICH IST …
… WIRD EIN LEVEL HOCHGE-STUFT.

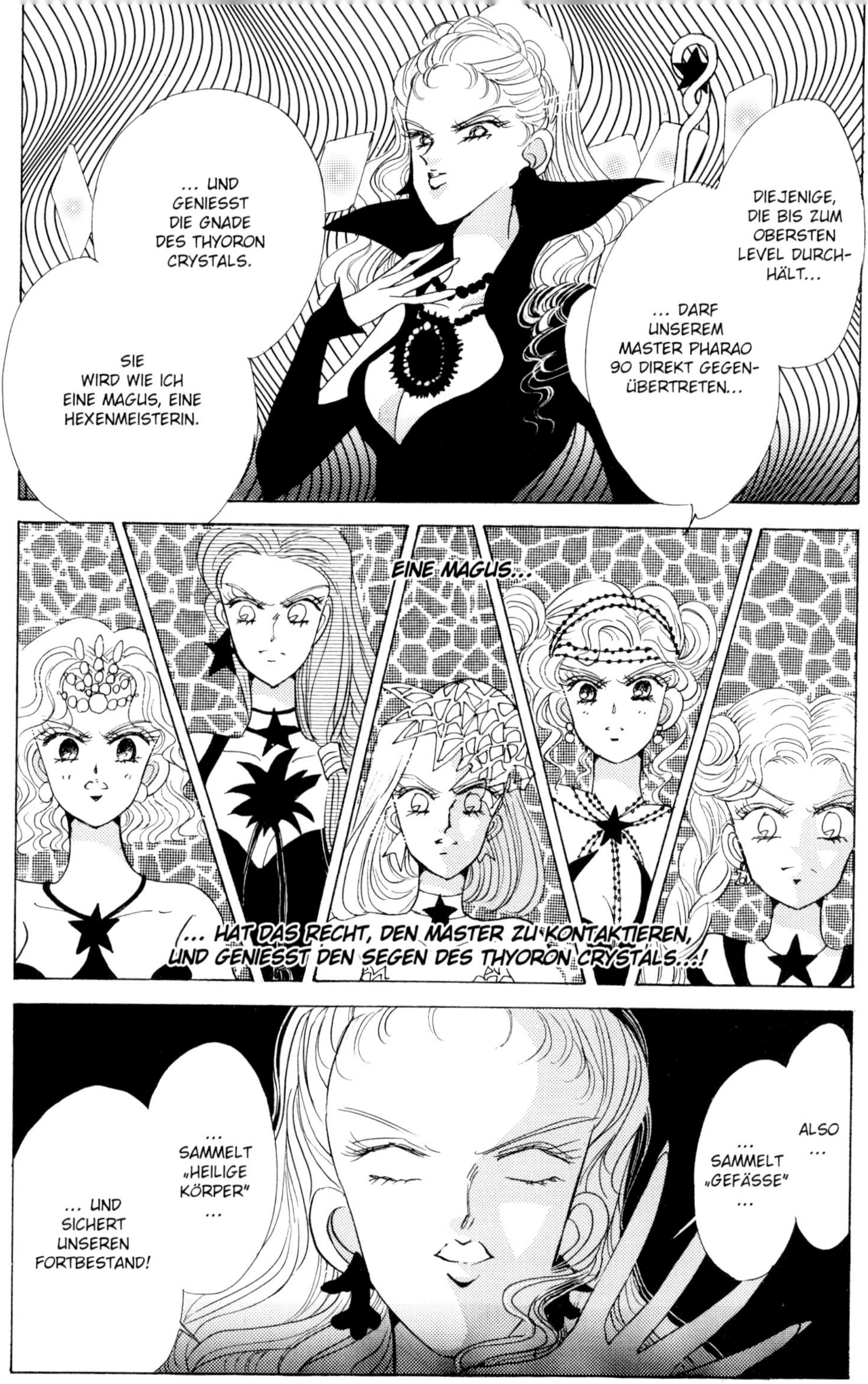

DIEJENIGE, DIE BIS ZUM OBERSTEN LEVEL DURCH-HÄLT…
… DARF UNSEREM MASTER PHARAO 90 DIREKT GEGEN-ÜBERTRETEN…
… UND GENIESST DIE GNADE DES THYORON CRYSTALS.
SIE WIRD WIE ICH EINE MAGUS, EINE HEXENMEISTERIN.
EINE MAGUS…
… HAT DAS RECHT, DEN MASTER ZU KONTAKTIEREN, UND GENIESST DEN SEGEN DES THYORON CRYSTALS…!
ALSO …
… SAMMELT „GEFÄSSE" …
… SAMMELT „HEILIGE KÖRPER" …
… UND SICHERT UNSEREN FORTBESTAND!

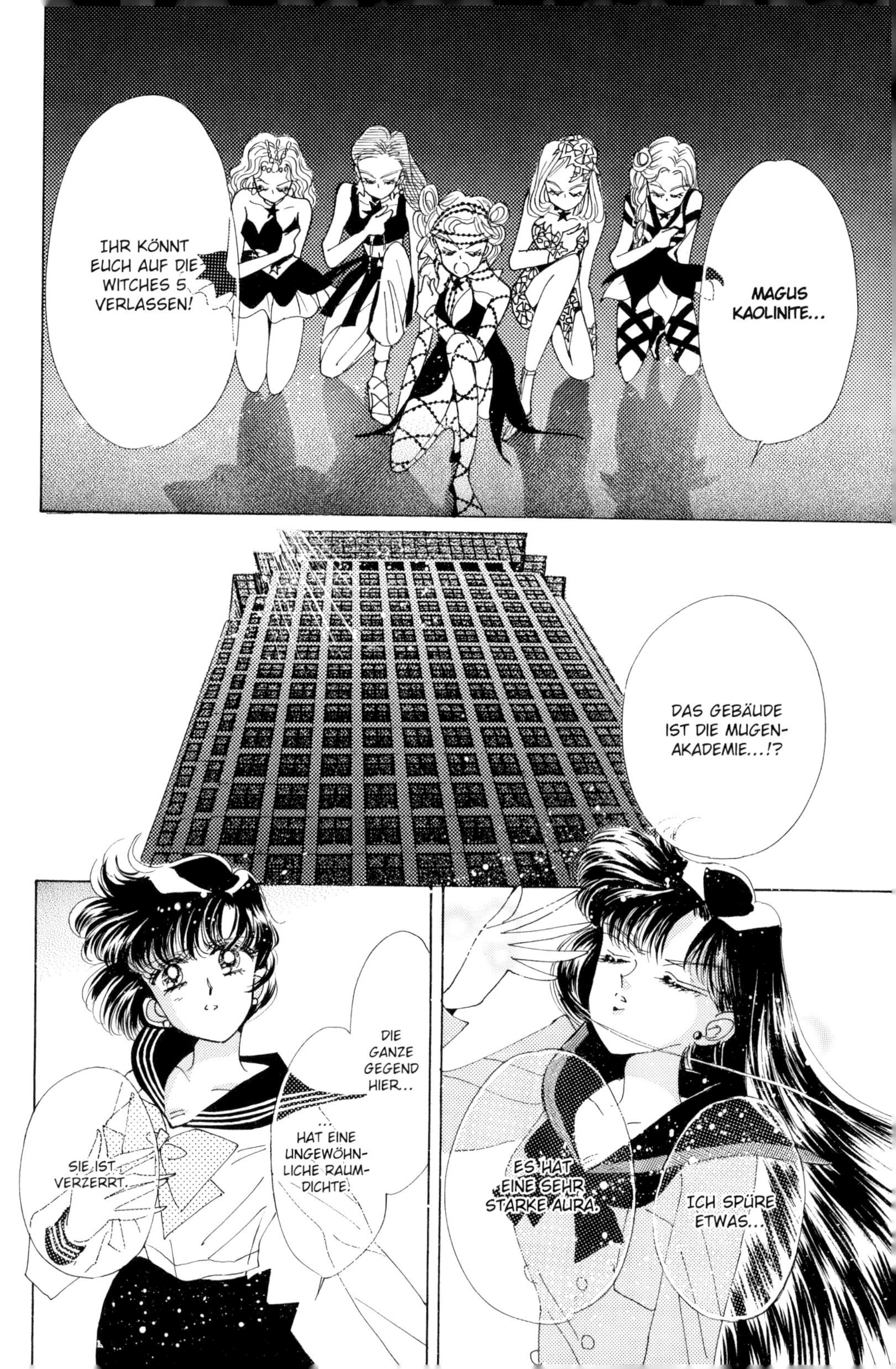
MAGUS KAOLINITE...
IHR KÖNNT EUCH AUF DIE WITCHES 5 VERLASSEN!
DAS GEBÄUDE IST DIE MUGEN-AKADEMIE...!?
ICH SPÜRE ETWAS...
ES HAT EINE SEHR STARKE AURA.
DIE GANZE GEGEND HIER..
...HAT EINE UNGEWÖHNLICHE RAUMDICHTE.
SIE IST VERZERRT.

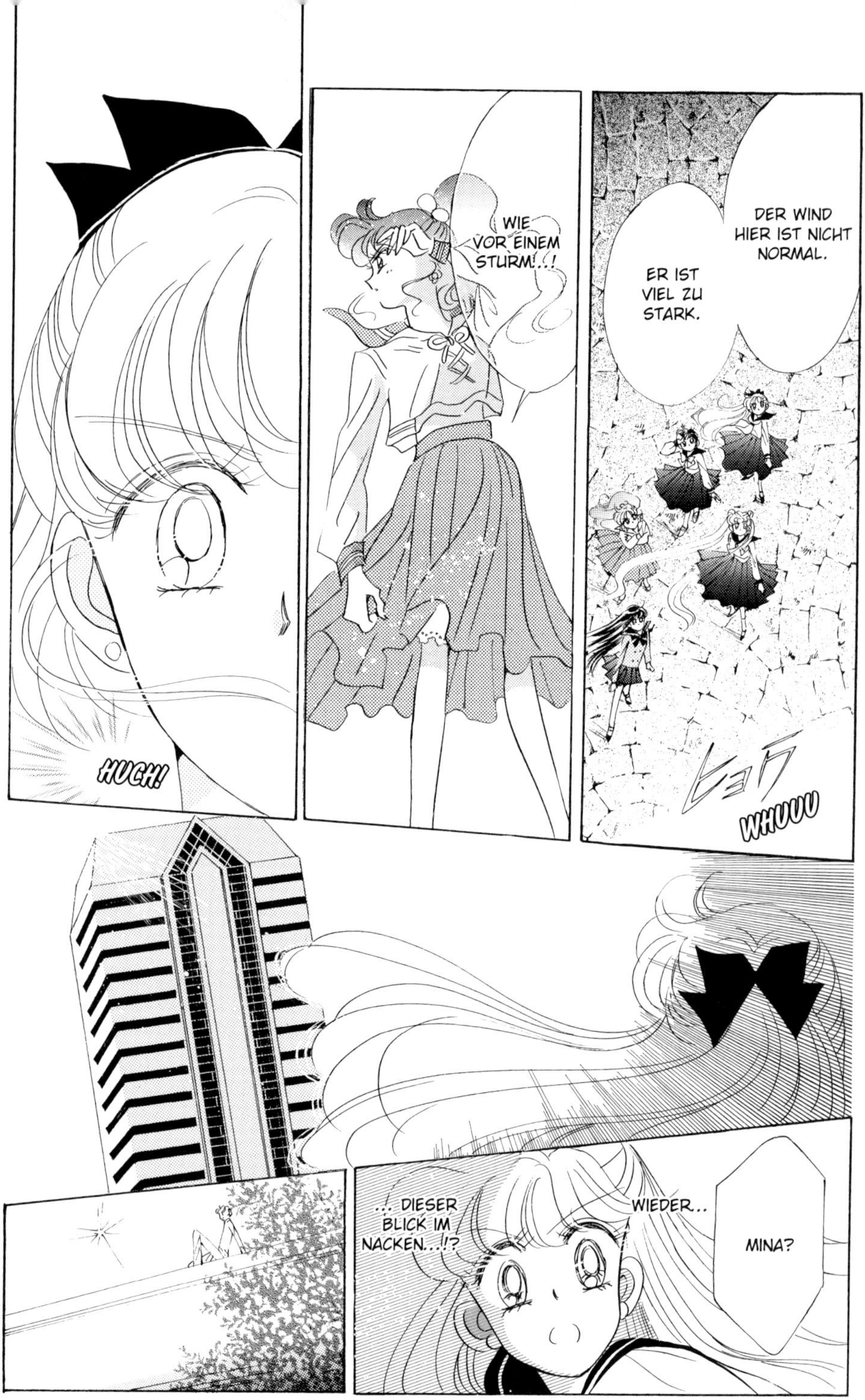
DER WIND HIER IST NICHT NORMAL.
ER IST VIEL ZU STARK.
WHUUU
WIE VOR EINEM STURM...!
HUCH!
MINA?
WIEDER...
... DIESER BLICK IM NACKEN...!?

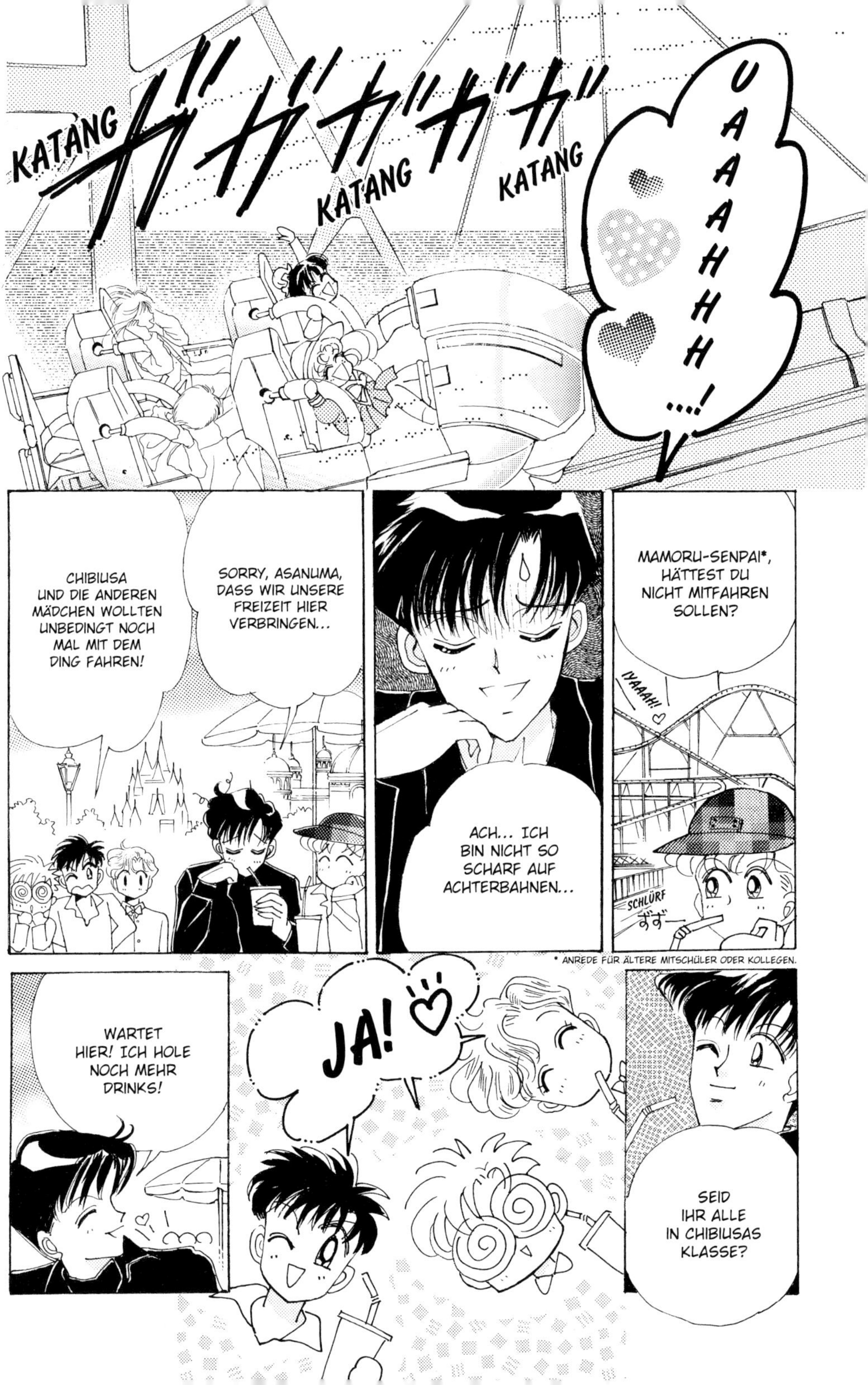

* Anrede für ältere Mitschüler oder Kollegen.

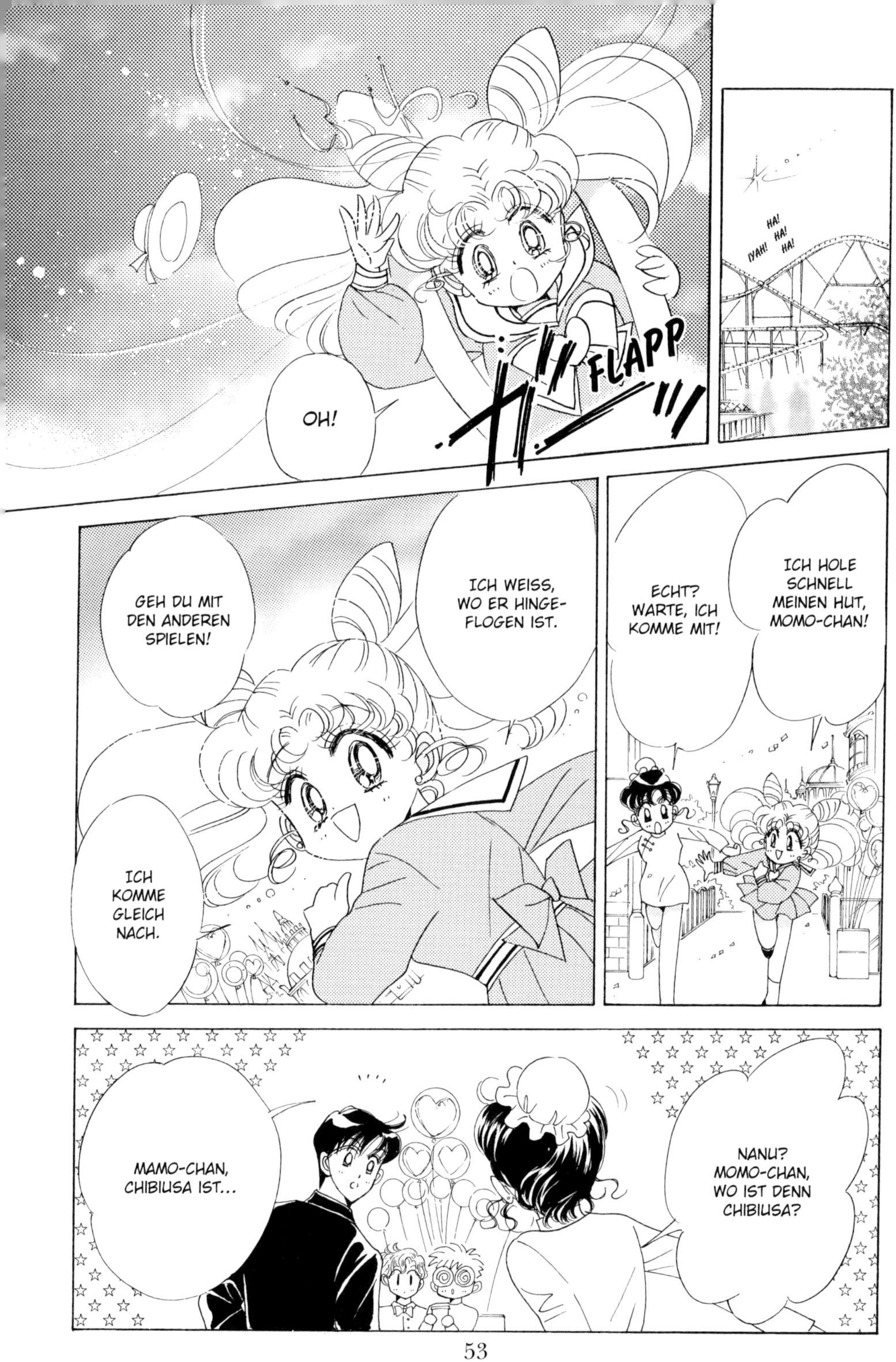
HA! HA! IYAH! HA!
FLAPP
OH!
ICH HOLE SCHNELL MEINEN HUT, MOMO-CHAN!
ECHT? WARTE, ICH KOMME MIT!
ICH WEISS, WO ER HINGE-FLOGEN IST.
GEH DU MIT DEN ANDEREN SPIELEN!
ICH KOMME GLEICH NACH.
NANU? MOMO-CHAN, WO IST DENN CHIBIUSA?
MAMO-CHAN, CHIBIUSA IST…

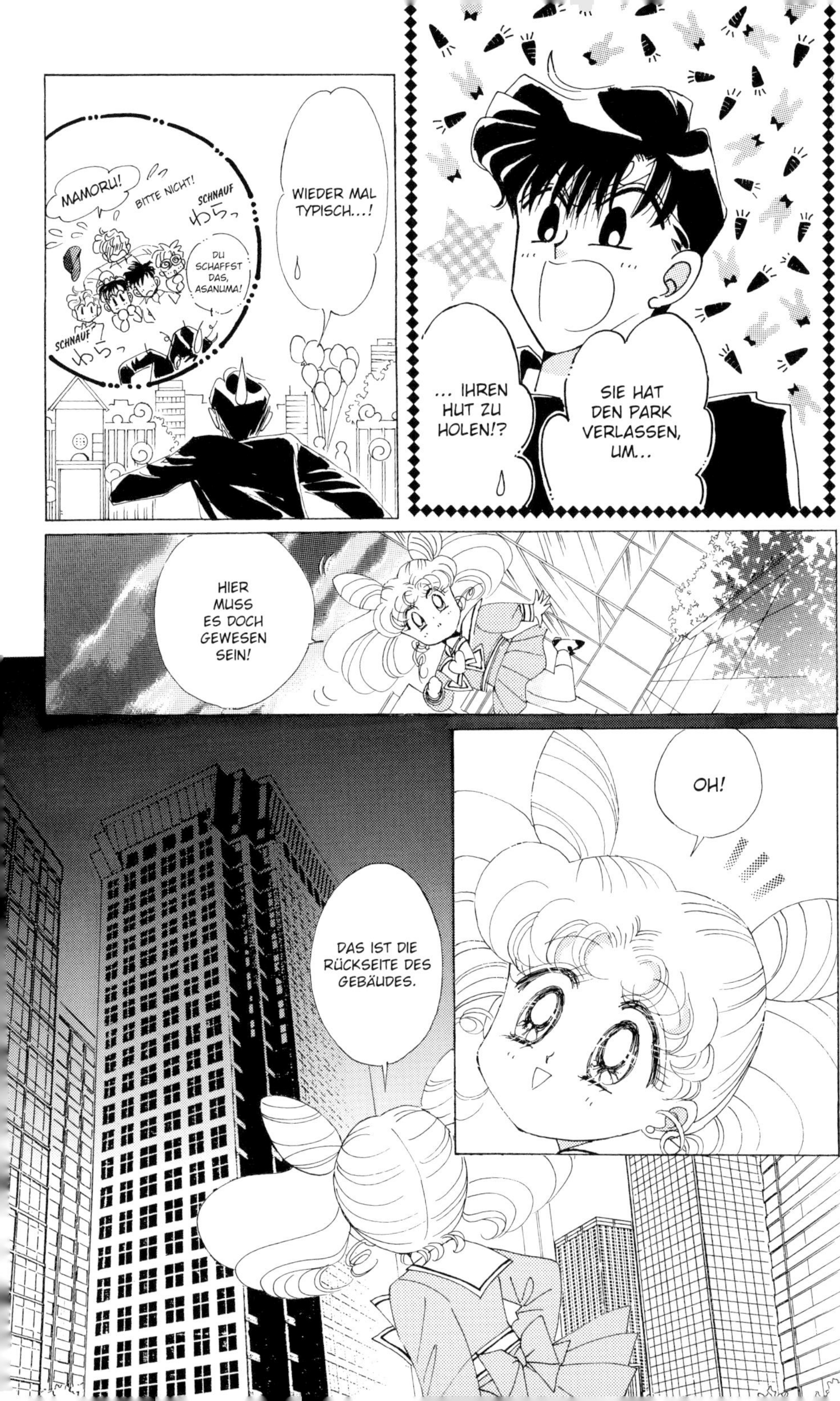
SIE HAT DEN PARK VERLASSEN, UM…
… IHREN HUT ZU HOLEN!?
WIEDER MAL TYPISCH…!
DU SCHAFFST DAS, ASANUMA!
SCHNAUF
BITTE NICHT!
MAMORU!
SCHNAUF
HIER MUSS ES DOCH GEWESEN SEIN!
OH!
DAS IST DIE RÜCKSEITE DES GEBÄUDES.

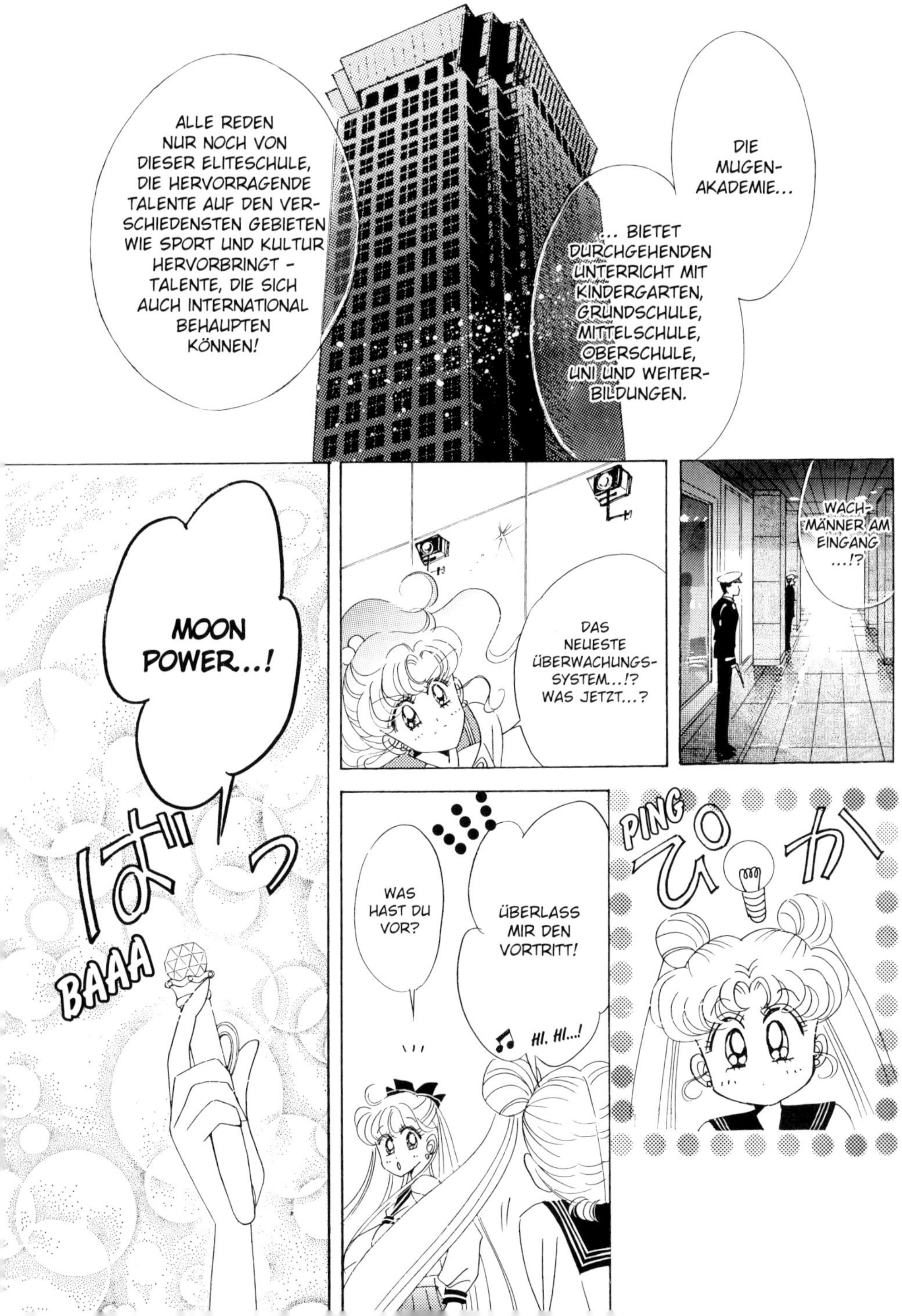
DIE MUGEN-AKADEMIE...
... BIETET DURCHGEHENDEN UNTERRICHT MIT KINDERGARTEN, GRUNDSCHULE, MITTELSCHULE, OBERSCHULE, UNI UND WEITERBILDUNGEN.
ALLE REDEN NUR NOCH VON DIESER ELITESCHULE, DIE HERVORRAGENDE TALENTE AUF DEN VERSCHIEDENSTEN GEBIETEN WIE SPORT UND KULTUR HERVORBRINGT - TALENTE, DIE SICH AUCH INTERNATIONAL BEHAUPTEN KÖNNEN!
WACHMÄNNER AM EINGANG ...!?
DAS NEUESTE ÜBERWACHUNGSSYSTEM...!? WAS JETZT...?
PING
ぴか
ÜBERLASS MIR DEN VORTRITT!
HI. HI...!
WAS HAST DU VOR?
MOON POWER...!
ばっ
BAAA

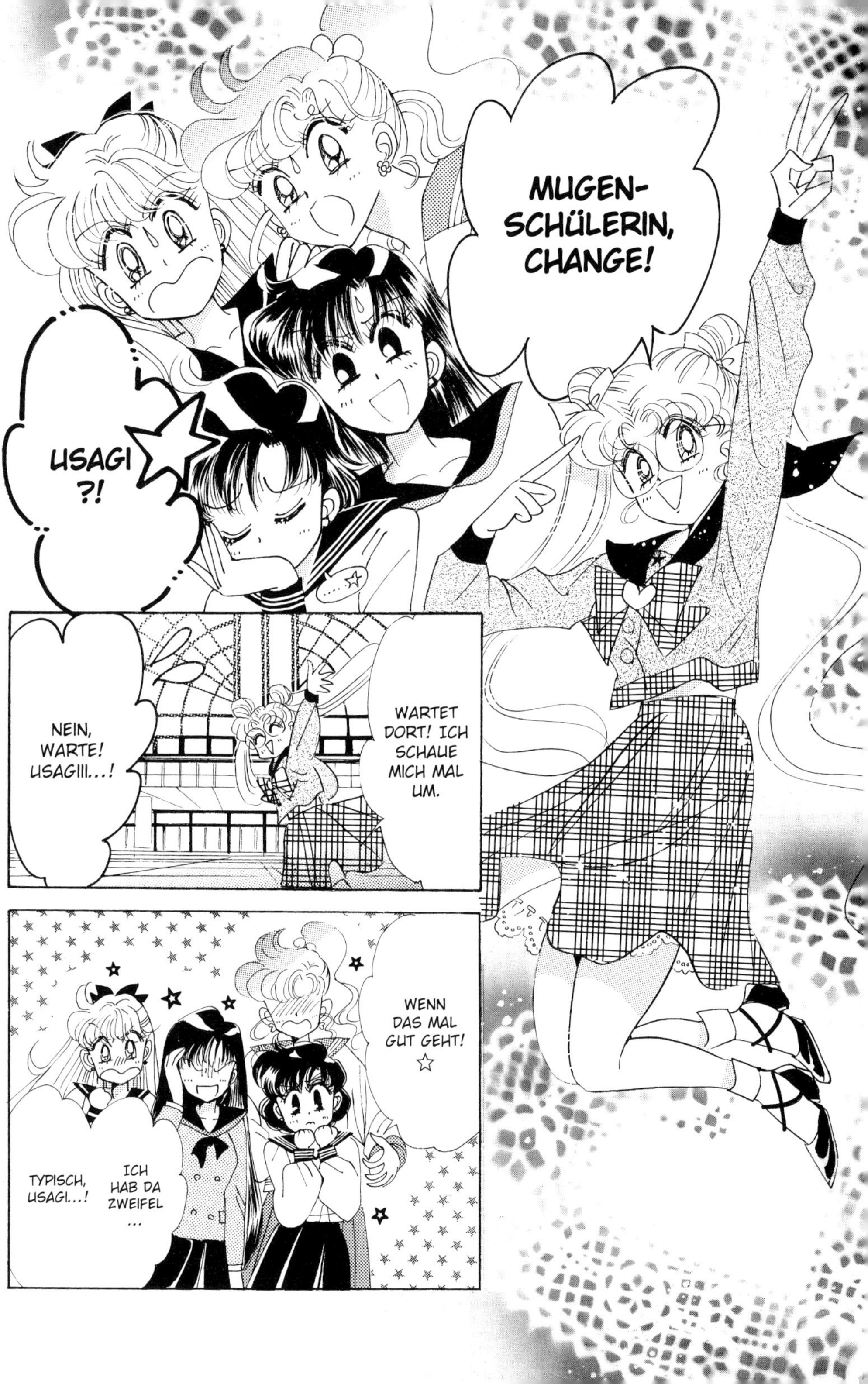
MUGEN-SCHÜLERIN, CHANGE!
USAGI ?!
WARTET DORT! ICH SCHAUE MICH MAL UM.
NEIN, WARTE! USAGIII…!
WENN DAS MAL GUT GEHT! ☆
ICH HAB DA ZWEIFEL …
TYPISCH, USAGI…!

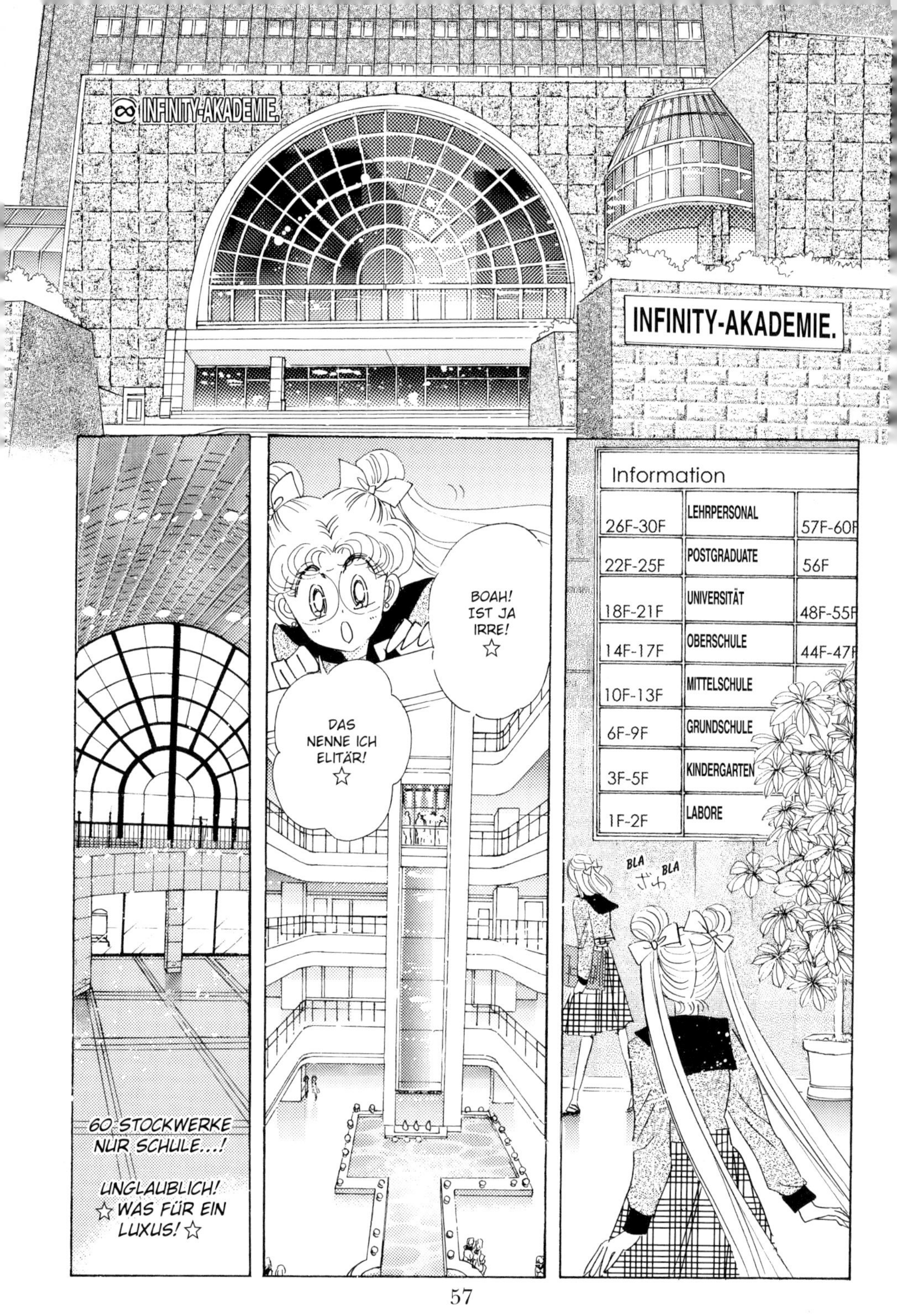
INFINITY-AKADEMIE.
INFINITY-AKADEMIE.
Information
26F-30F LEHRPERSONAL
22F-25F POSTGRADUATE
18F-21F UNIVERSITÄT
14F-17F OBERSCHULE
10F-13F MITTELSCHULE
6F-9F GRUNDSCHULE
3F-5F KINDERGARTEN
1F-2F LABORE
BLA BLA
BOAH! IST JA IRRE! ☆
DAS NENNE ICH ELITÄR! ☆
60 STOCKWERKE NUR SCHULE...!
UNGLAUBLICH! ☆ WAS FÜR EIN LUXUS! ☆

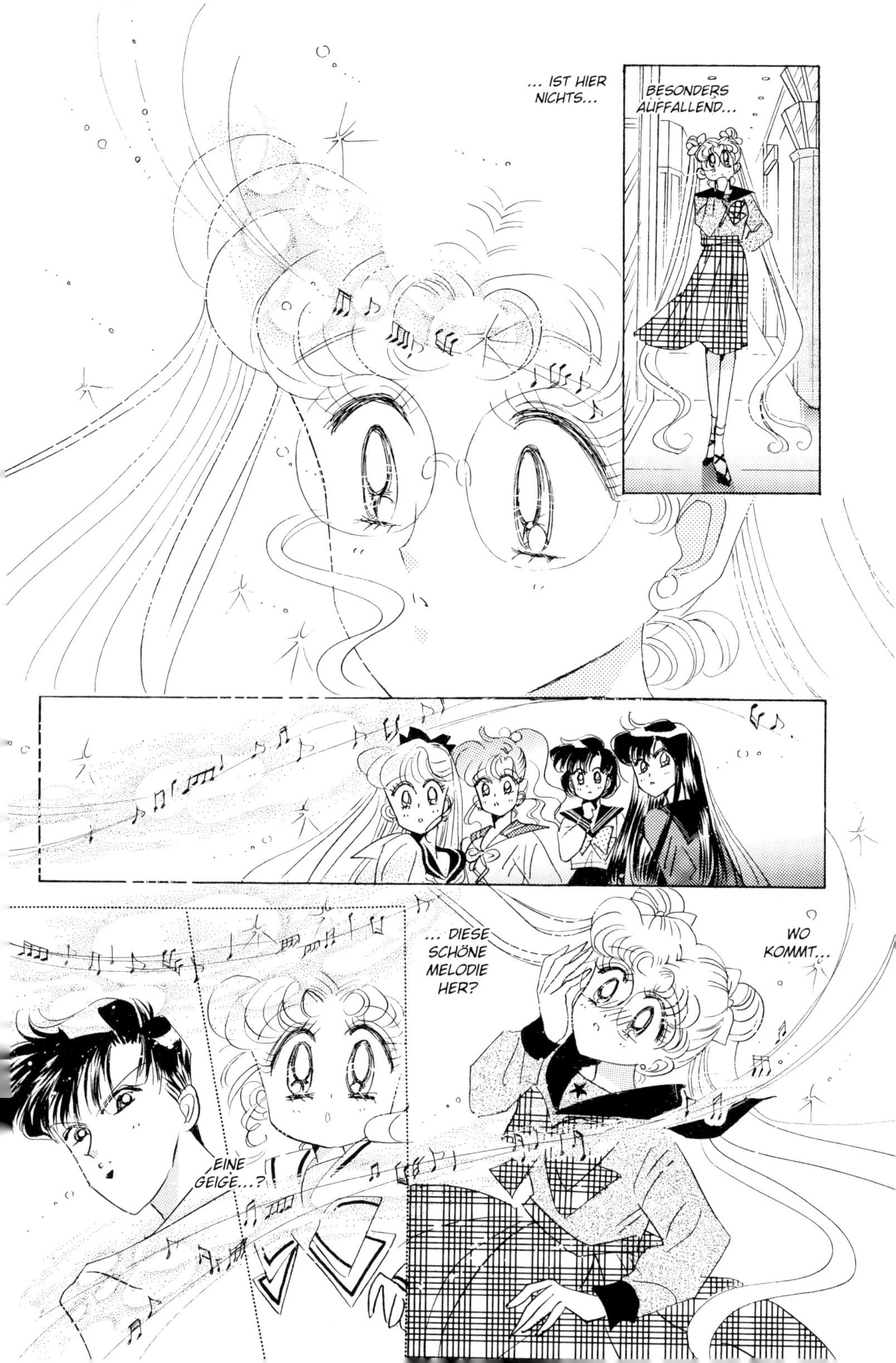
... IST HIER NICHTS...
BESONDERS AUFFALLEND...
WO KOMMT...
... DIESE SCHÖNE MELODIE HER?
EINE GEIGE...?

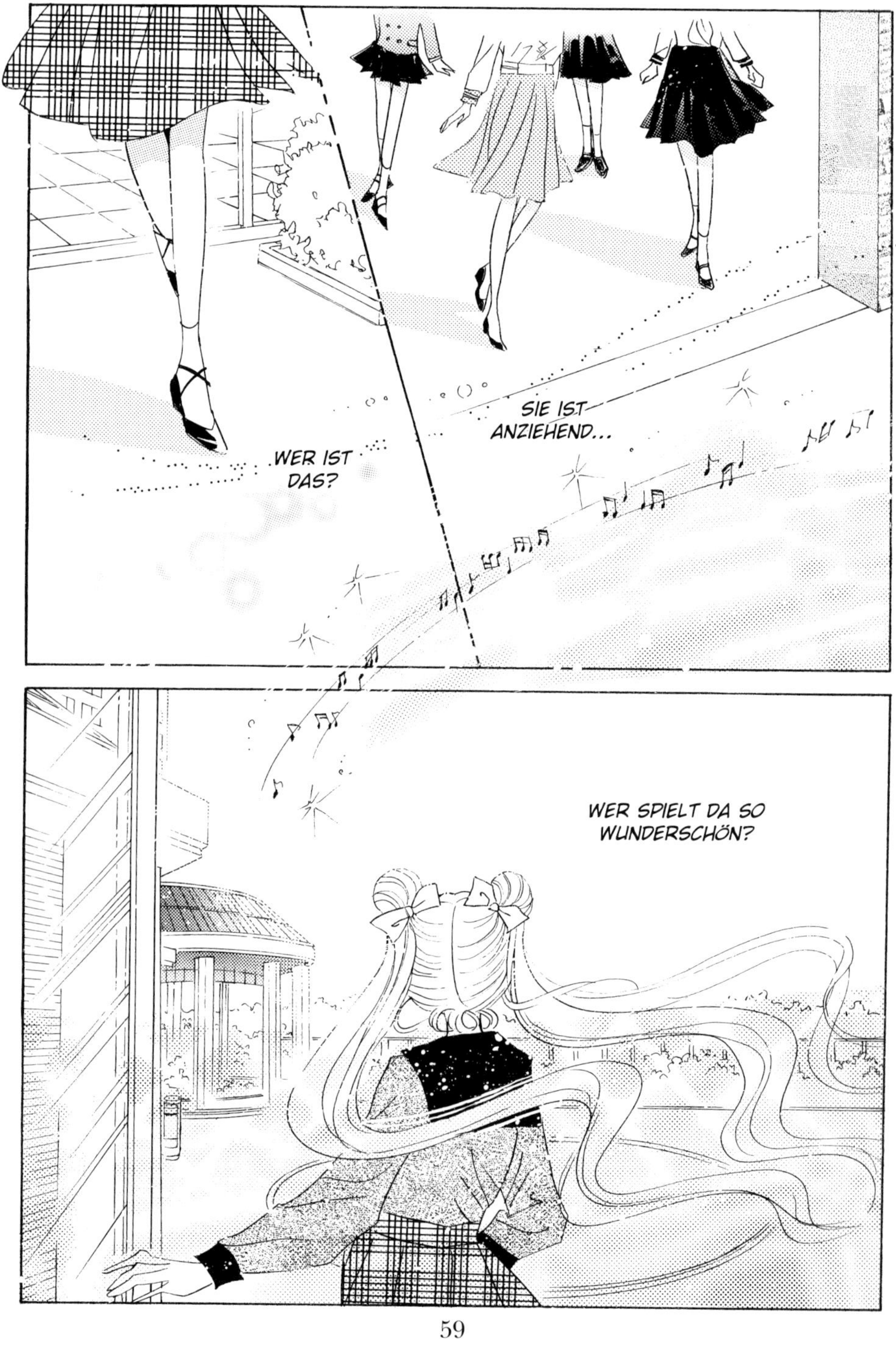
SIE IST ANZIEHEND...
WER IST DAS?
WER SPIELT DA SO WUNDERSCHÖN?

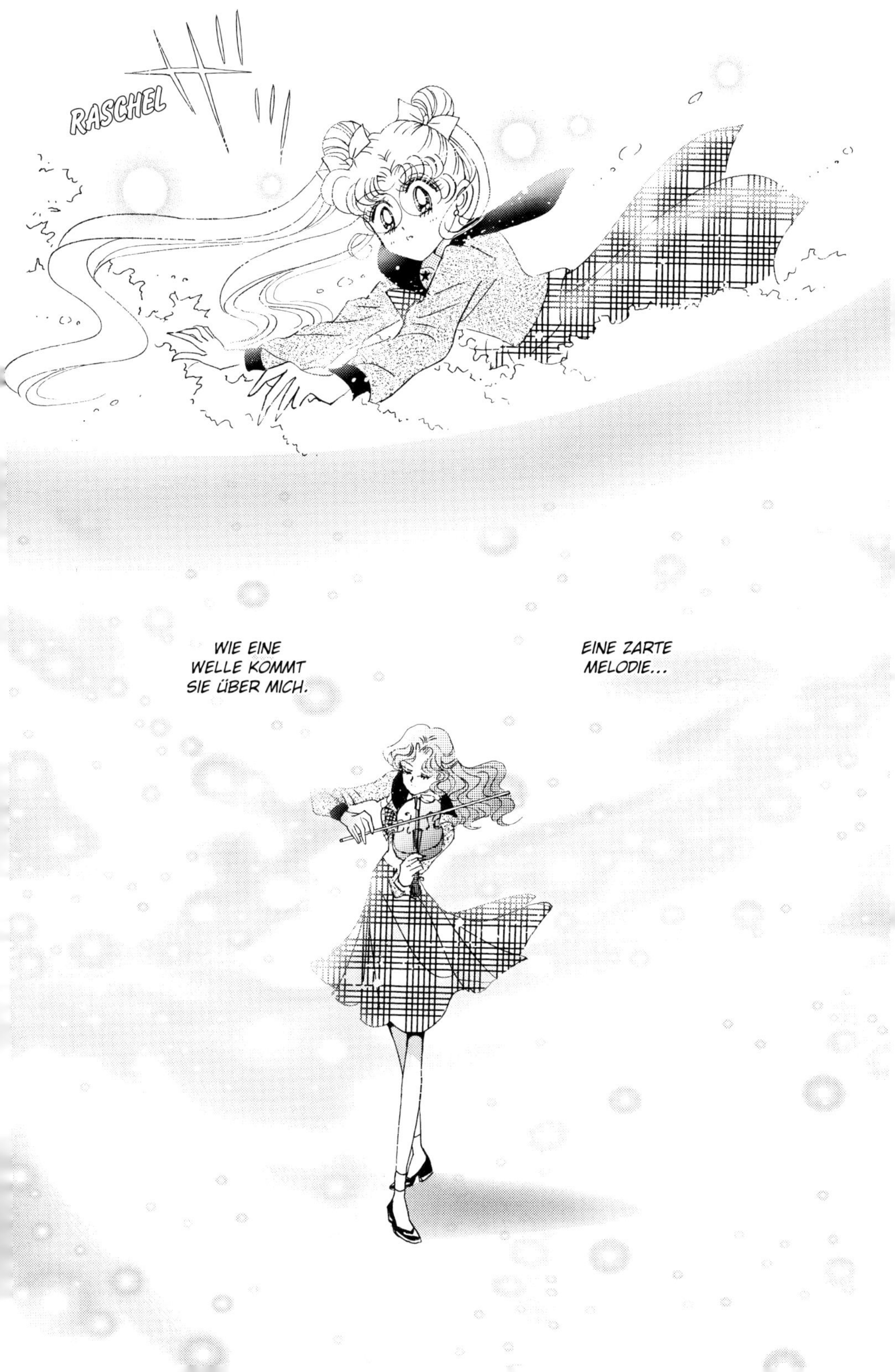
RASCHEL
EINE ZARTE MELODIE...
WIE EINE WELLE KOMMT SIE ÜBER MICH.

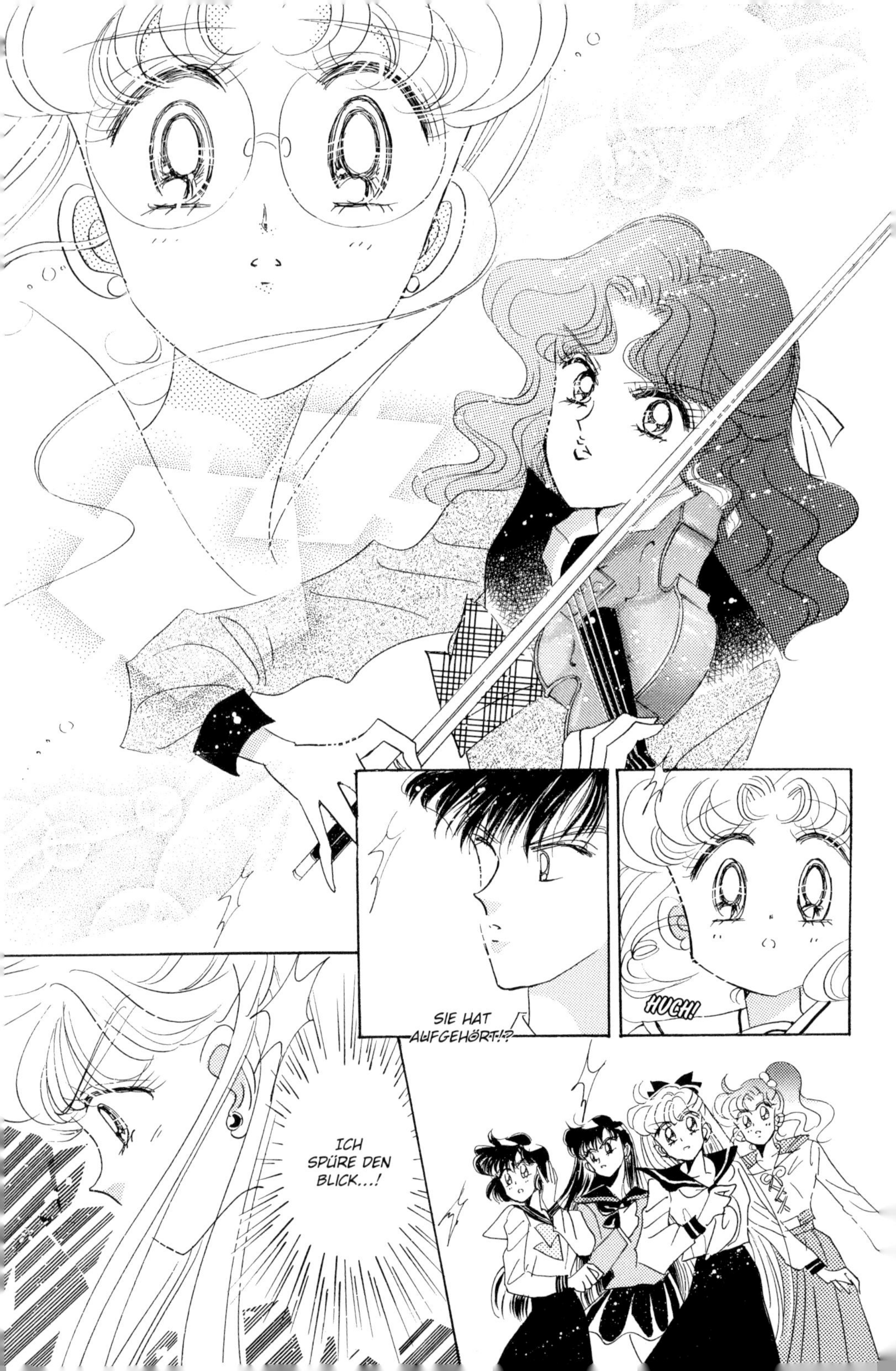
SIE HAT AUFGEHÖRT!?
HUCH!
ICH SPÜRE DEN BLICK...!

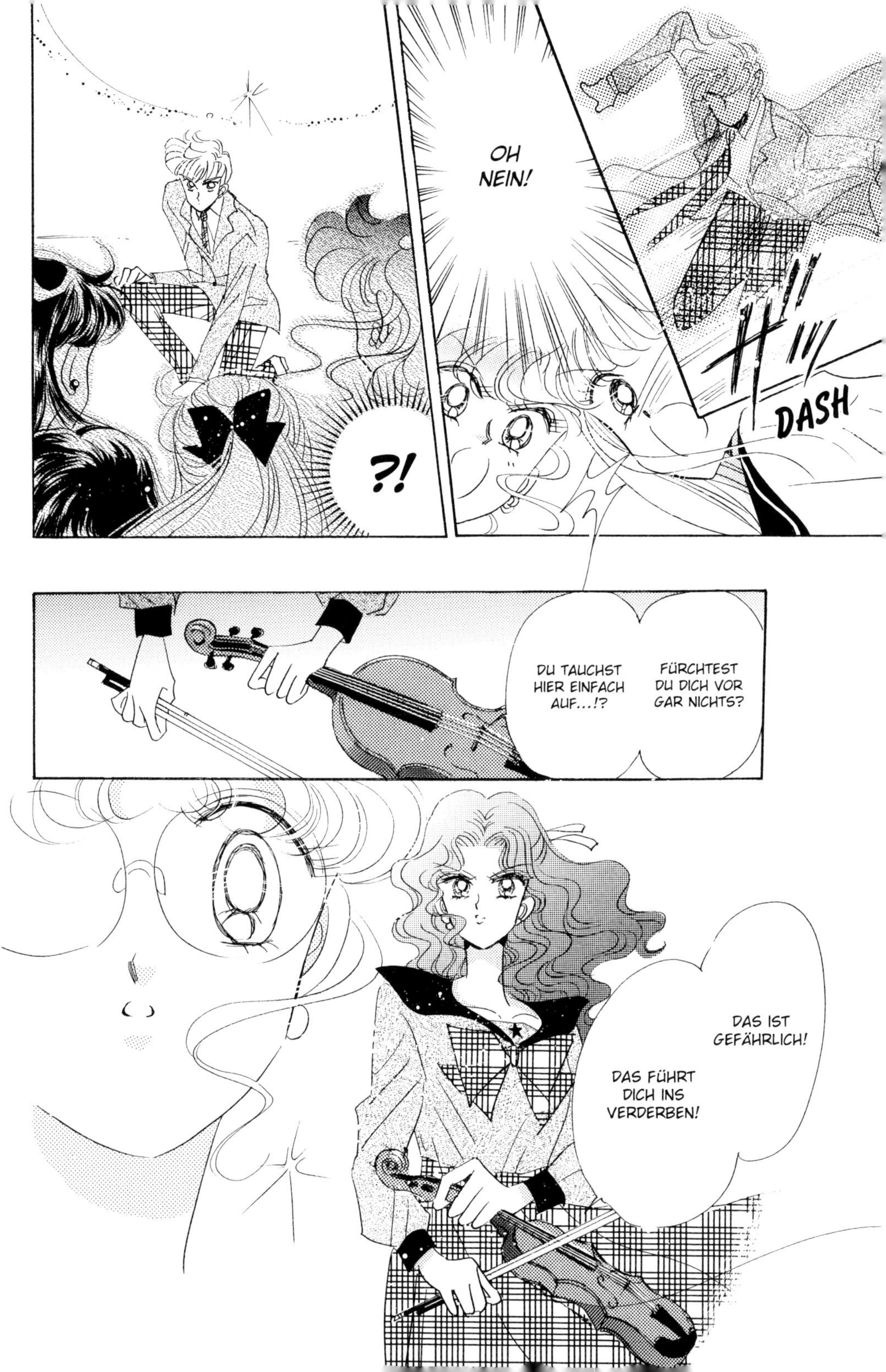
DASH
OH NEIN!
?!
FÜRCHTEST DU DICH VOR GAR NICHTS?
DU TAUCHST HIER EINFACH AUF...!?
DAS IST GEFÄHRLICH!
DAS FÜHRT DICH INS VERDERBEN!

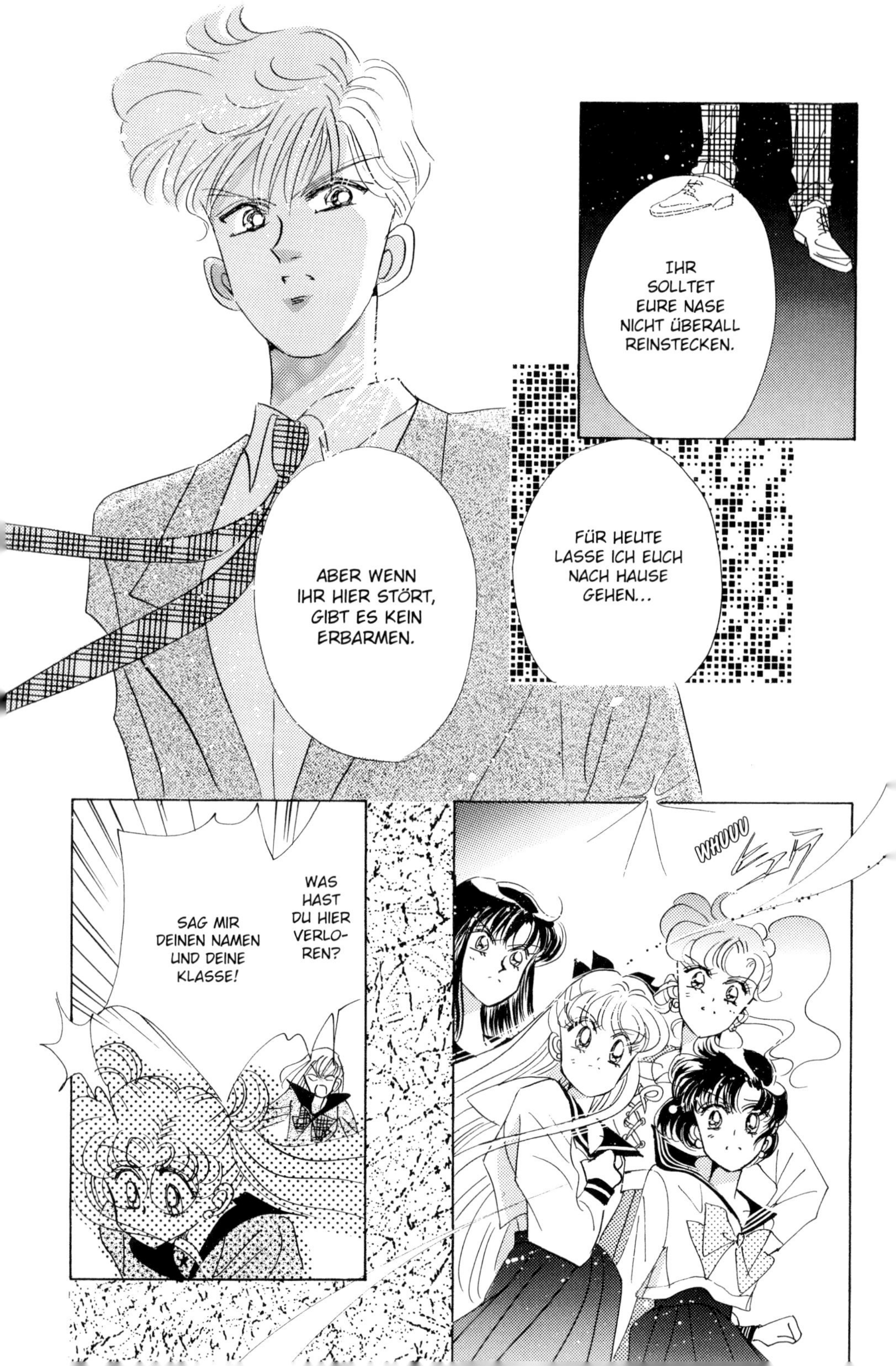
IHR SOLLTET EURE NASE NICHT ÜBERALL REINSTECKEN.
FÜR HEUTE LASSE ICH EUCH NACH HAUSE GEHEN...
ABER WENN IHR HIER STÖRT, GIBT ES KEIN ERBARMEN.
WHUUU
WAS HAST DU HIER VERLO-REN?
SAG MIR DEINEN NAMEN UND DEINE KLASSE!

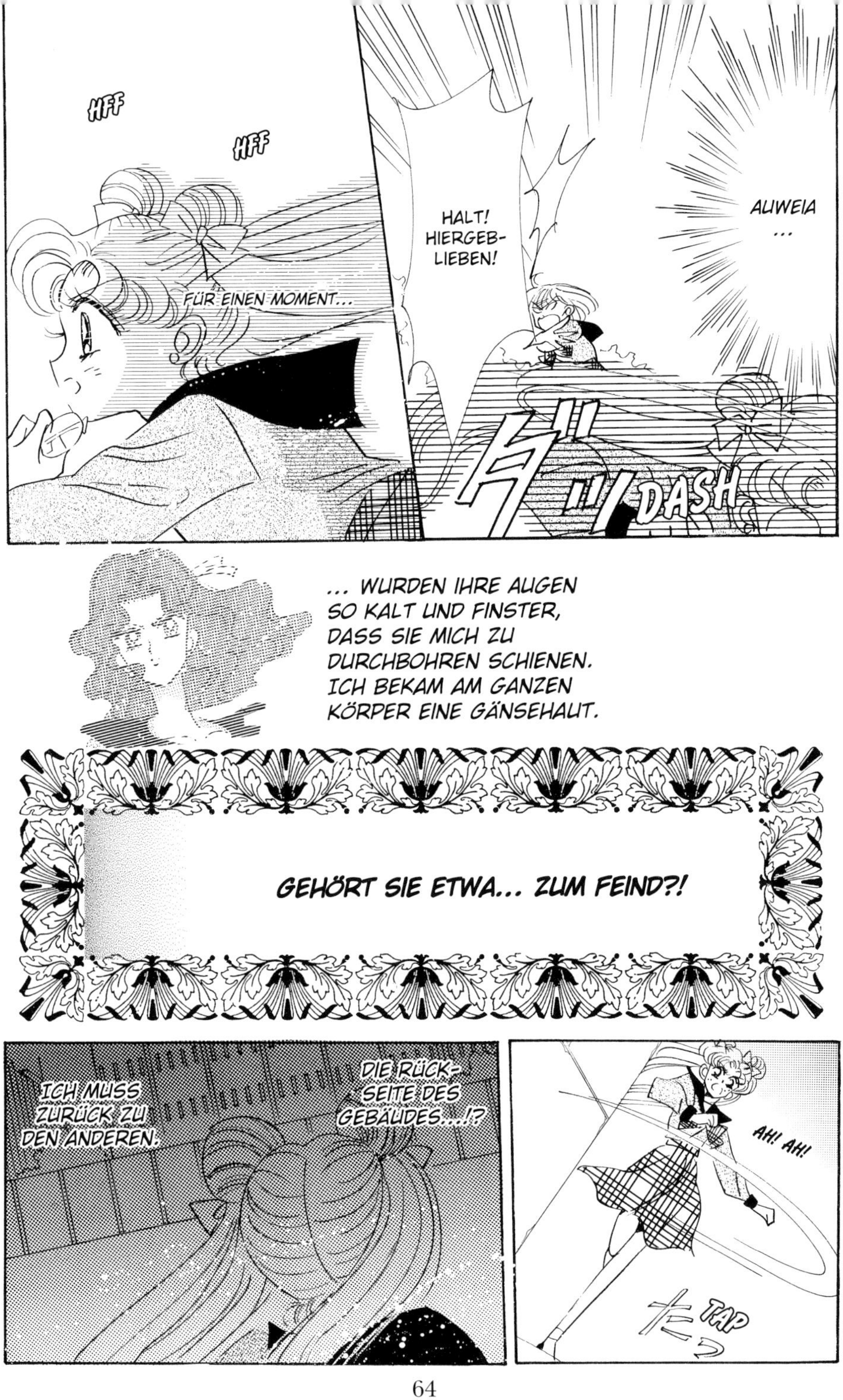
AUWEIA ...
HALT! HIERGEB-LIEBEN!
DASH
HFF
HFF
FÜR EINEN MOMENT...
... WURDEN IHRE AUGEN SO KALT UND FINSTER, DASS SIE MICH ZU DURCHBOHREN SCHIENEN. ICH BEKAM AM GANZEN KÖRPER EINE GÄNSEHAUT.
GEHÖRT SIE ETWA... ZUM FEIND?!
AH! AH!
TAP
DIE RÜCK-SEITE DES GEBÄUDES...!?
ICH MUSS ZURÜCK ZU DEN ANDEREN.

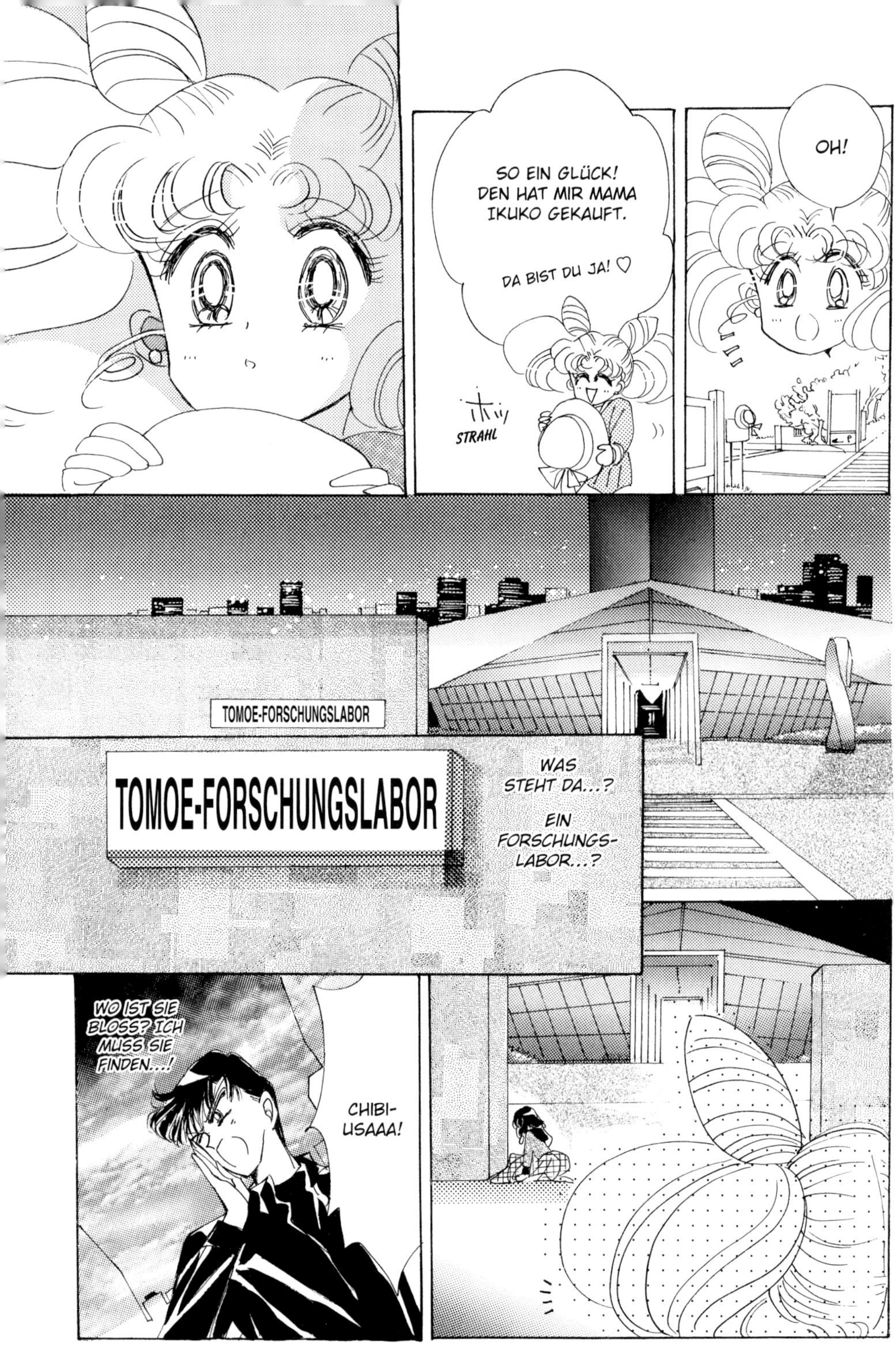
OH!
SO EIN GLÜCK! DEN HAT MIR MAMA IKUKO GEKAUFT.
DA BIST DU JA! ♡
STRAHL
TOMOE-FORSCHUNGSLABOR
TOMOE-FORSCHUNGSLABOR
WAS STEHT DA...?
EIN FORSCHUNGS-LABOR...?
WO IST SIE BLOSS? ICH MUSS SIE FINDEN...!
CHIBI-USAAA!

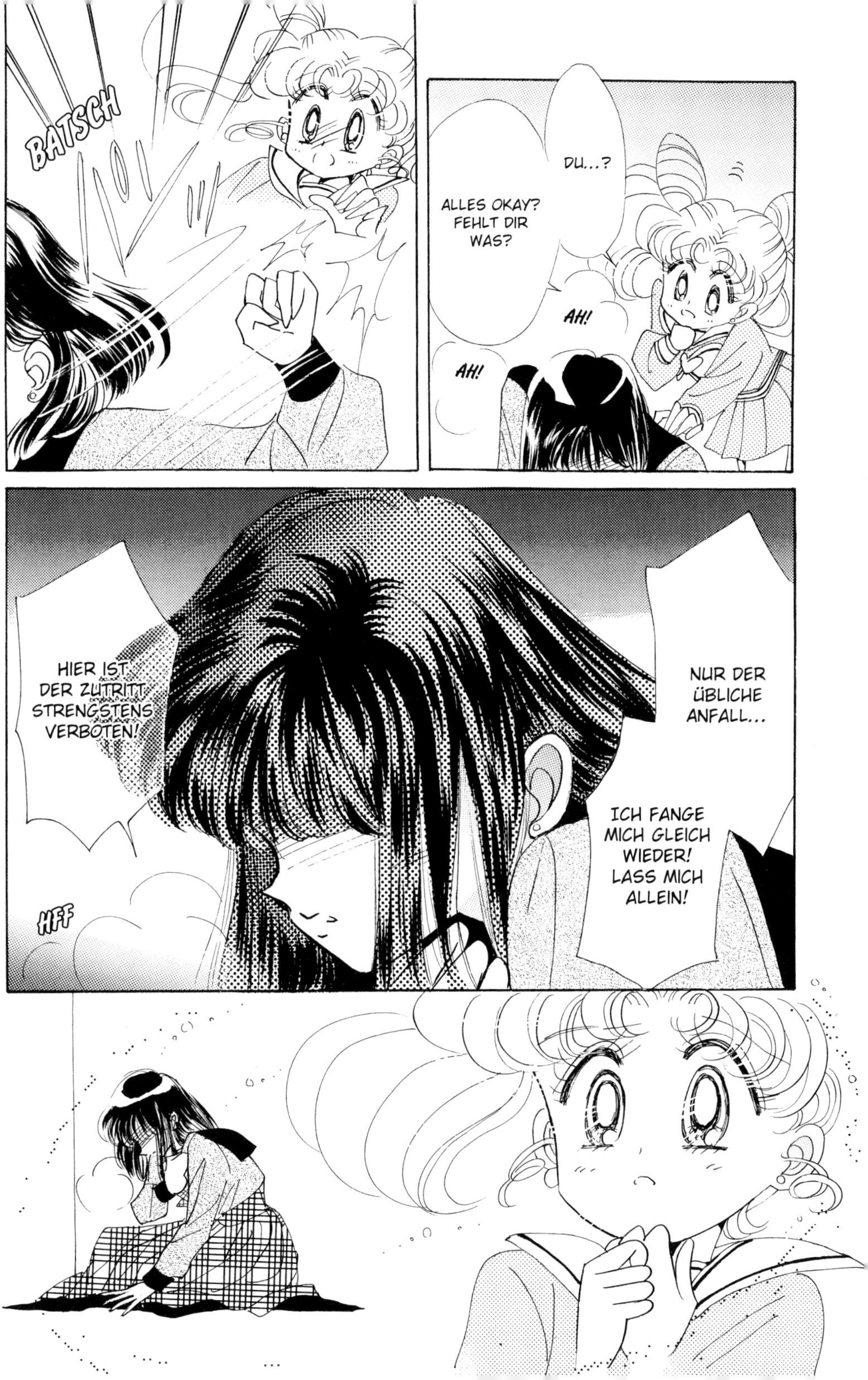
BATSCH
DU...?
ALLES OKAY? FEHLT DIR WAS?
AH!
AH!
NUR DER ÜBLICHE ANFALL...
ICH FANGE MICH GLEICH WIEDER! LASS MICH ALLEIN!
HIER IST DER ZUTRITT STRENGSTENS VERBOTEN!
HFF

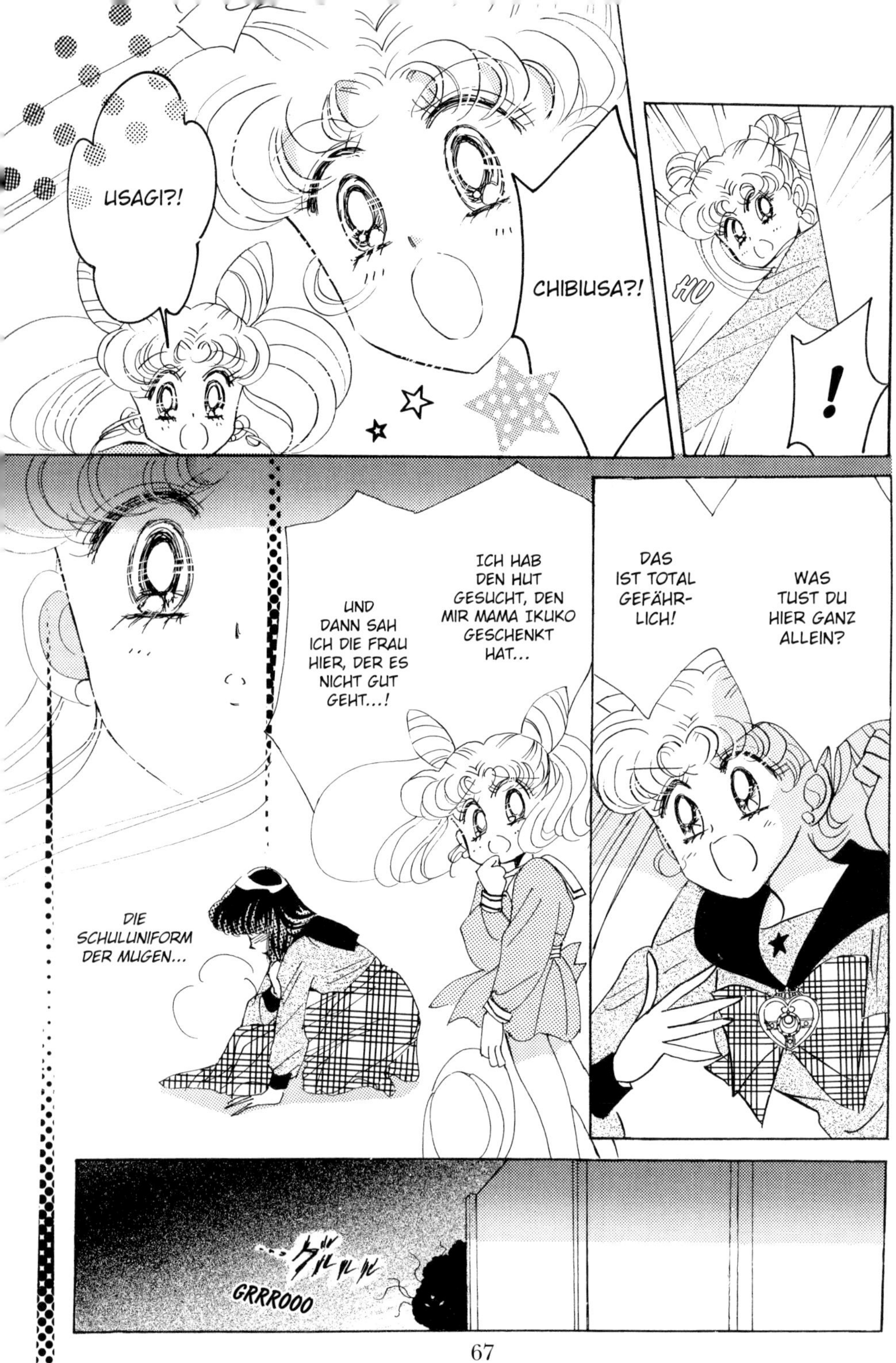
HU
!
CHIBIUSA?!
USAGI?!
WAS TUST DU HIER GANZ ALLEIN?
DAS IST TOTAL GEFÄHRLICH!
ICH HAB DEN HUT GESUCHT, DEN MIR MAMA IKUKO GESCHENKT HAT...
UND DANN SAH ICH DIE FRAU HIER, DER ES NICHT GUT GEHT...!
DIE SCHULUNIFORM DER MUGEN...
GRRROOO

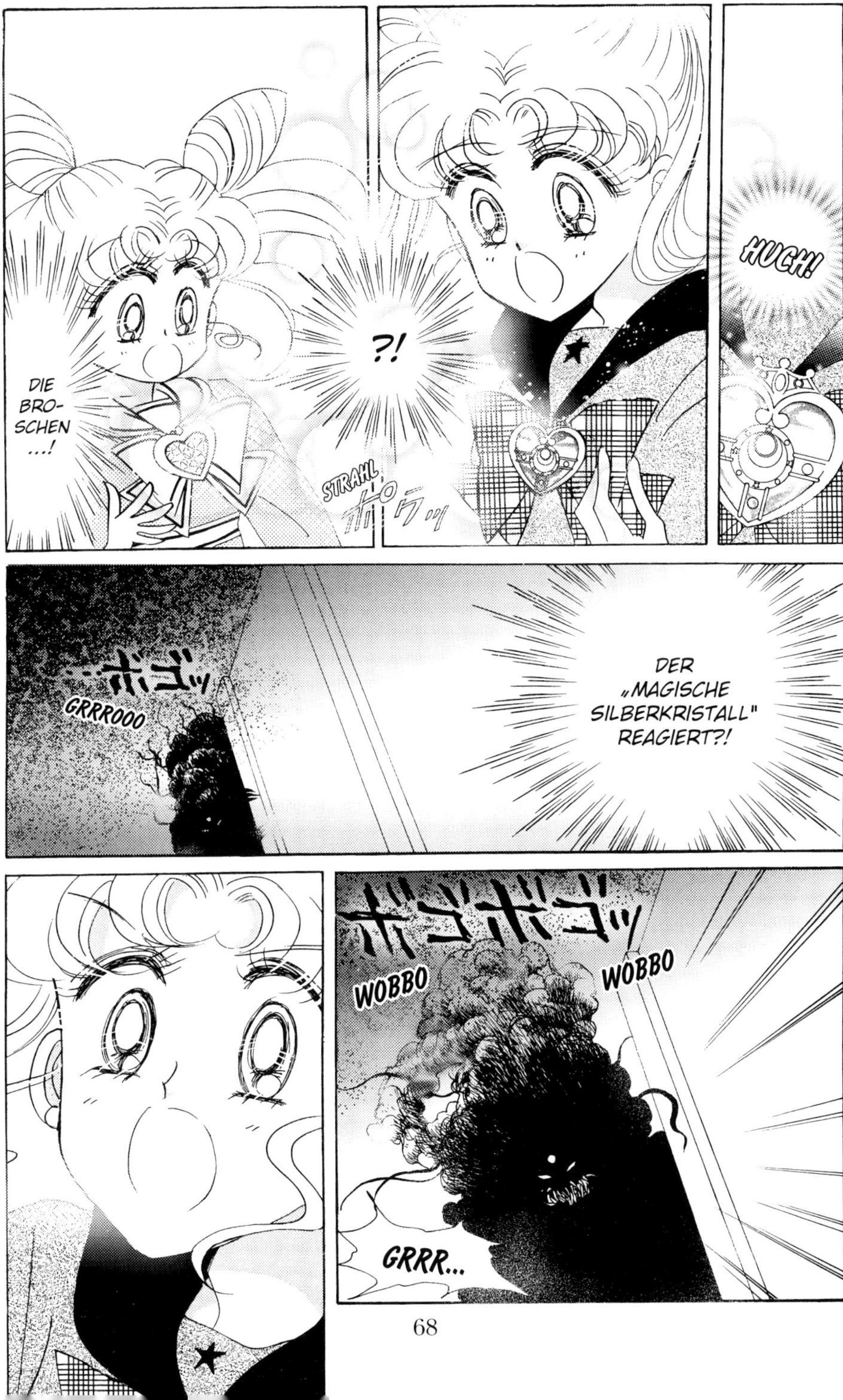
HUCH!
?!
STRAHL
DIE BRO-SCHEN ...!
DER „MAGISCHE SILBERKRISTALL" REAGIERT?!
GRRROOO
WOBBO
WOBBO
GRRR...

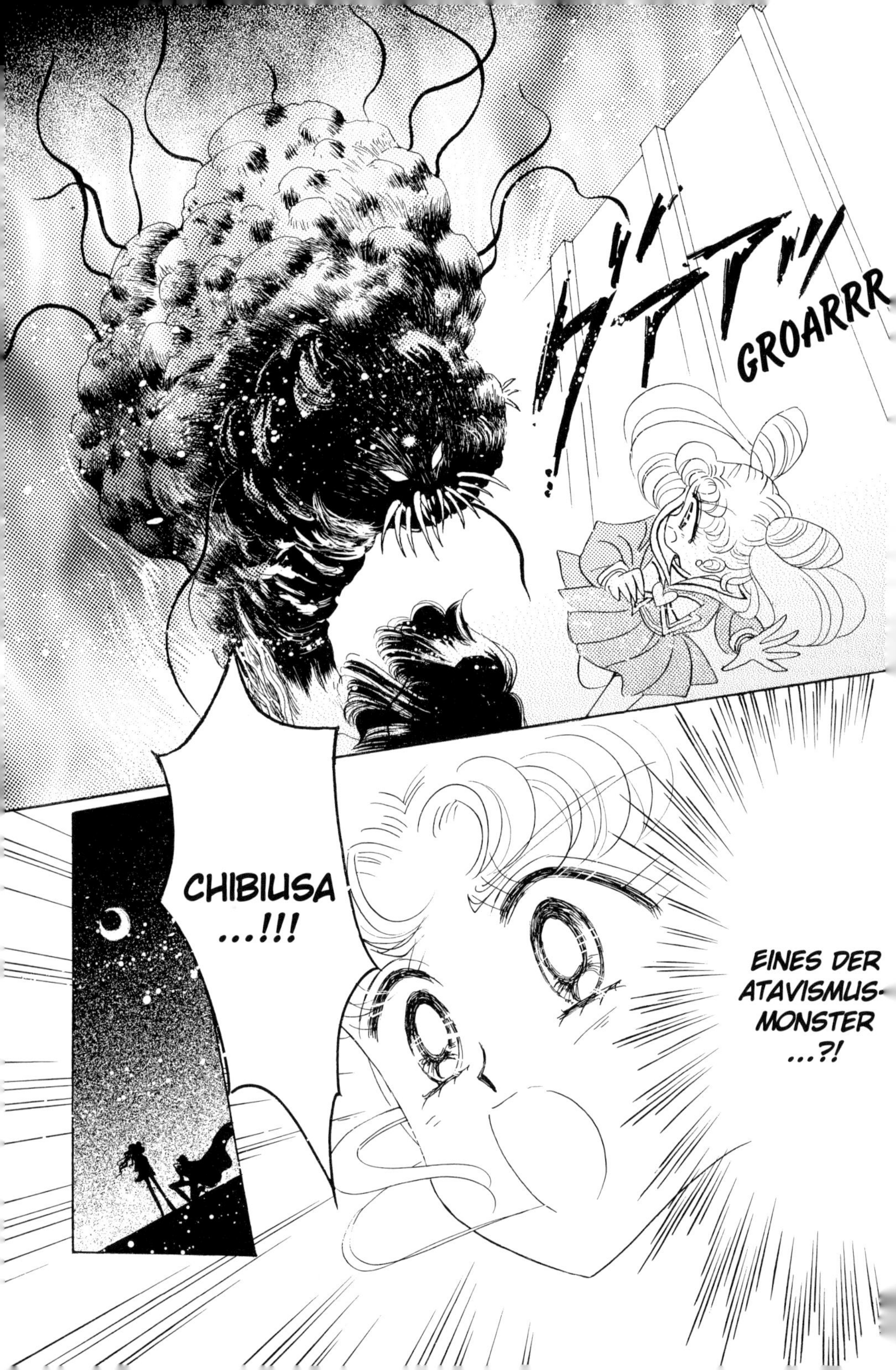
ギャアッ
GROARRR
CHIBIUSA ...!!!
EINES DER ATAVISMUS-MONSTER ...?!

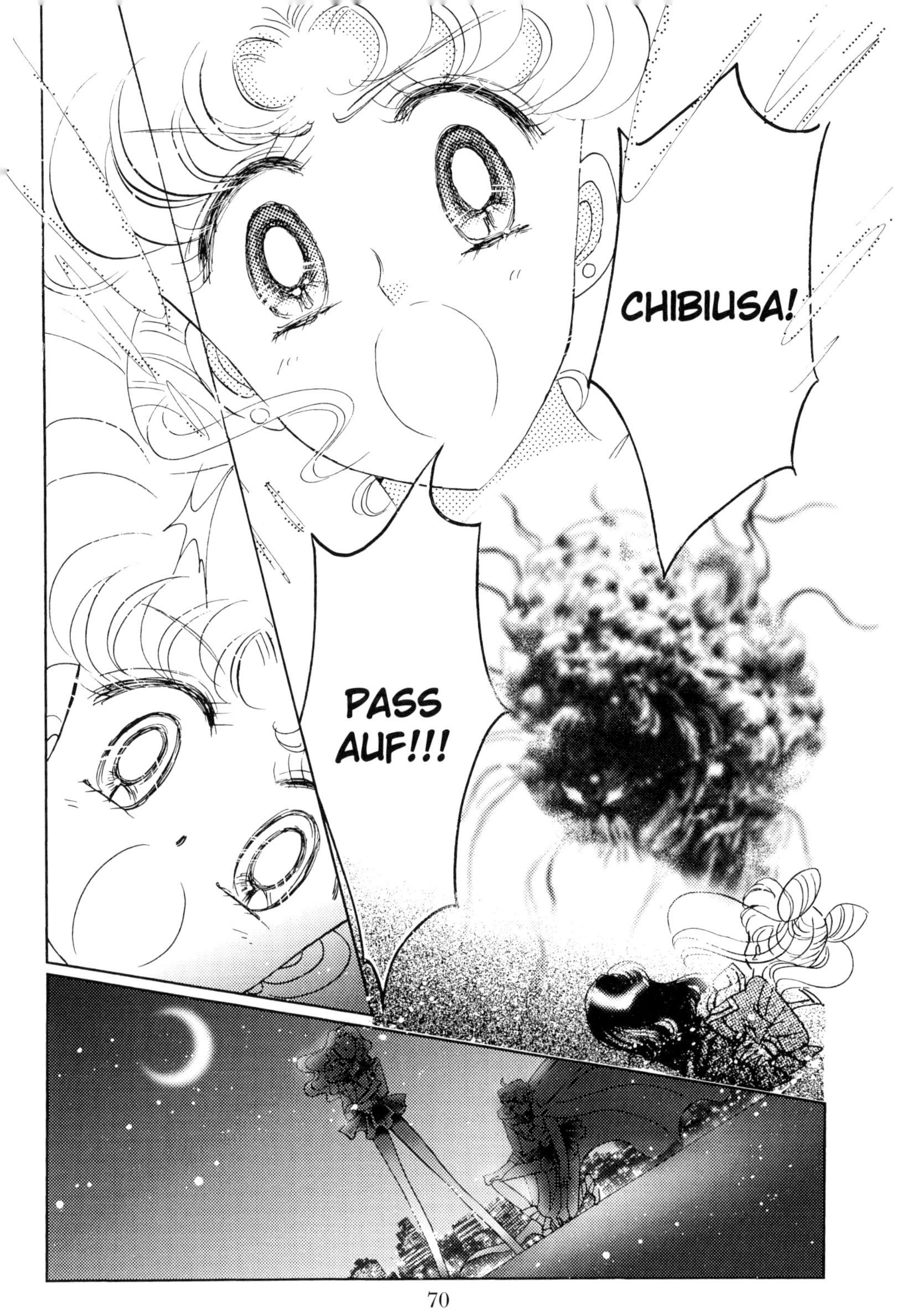
CHIBIUSA!
PASS AUF!!!

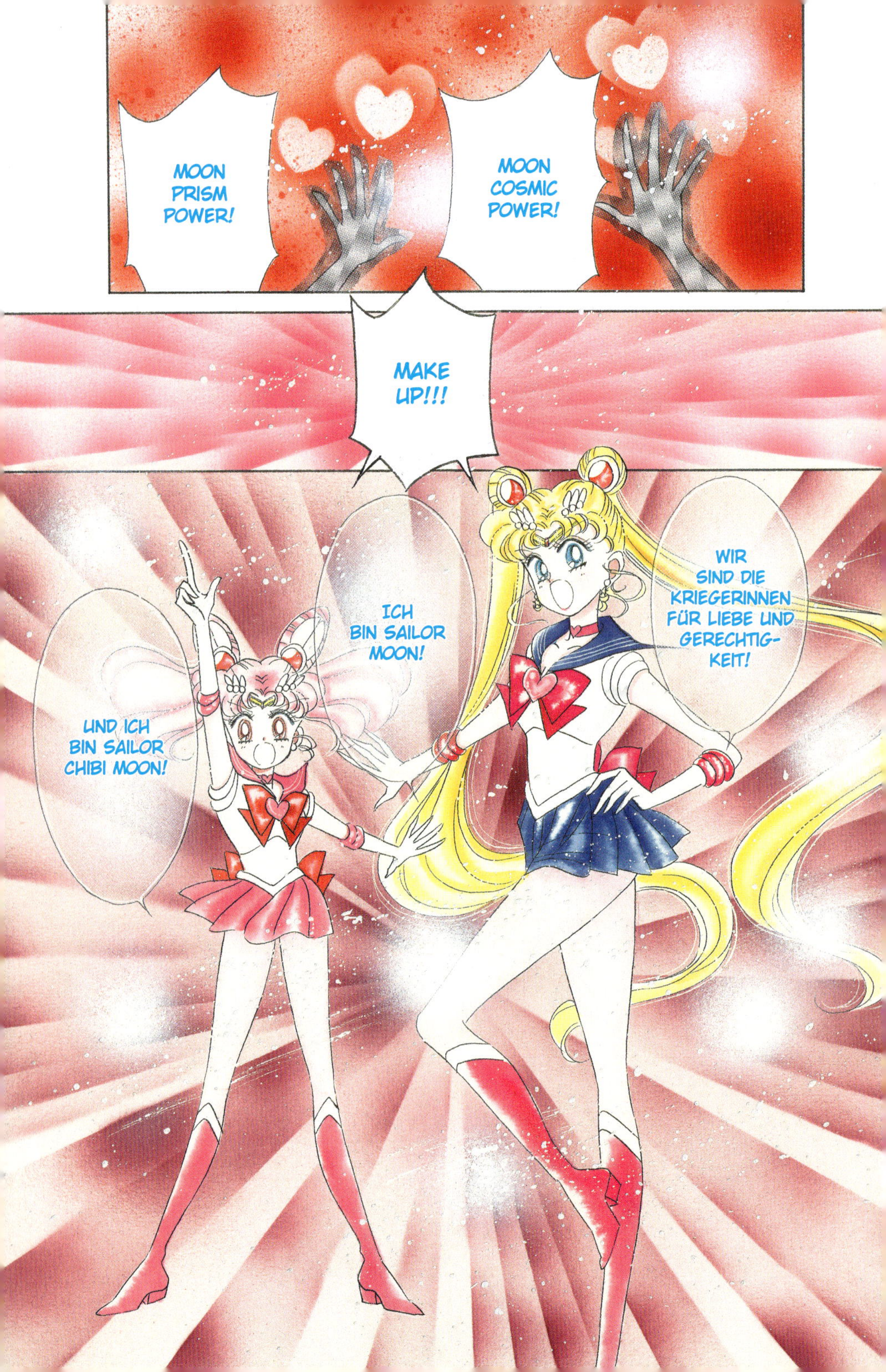
MOON COSMIC POWER!
MOON PRISM POWER!
MAKE UP!!!
WIR SIND DIE KRIEGERINNEN FÜR LIEBE UND GERECHTIG-KEIT!
ICH BIN SAILOR MOON!
UND ICH BIN SAILOR CHIBI MOON!

Act 28: Infinity 2 - WELLENKREISE

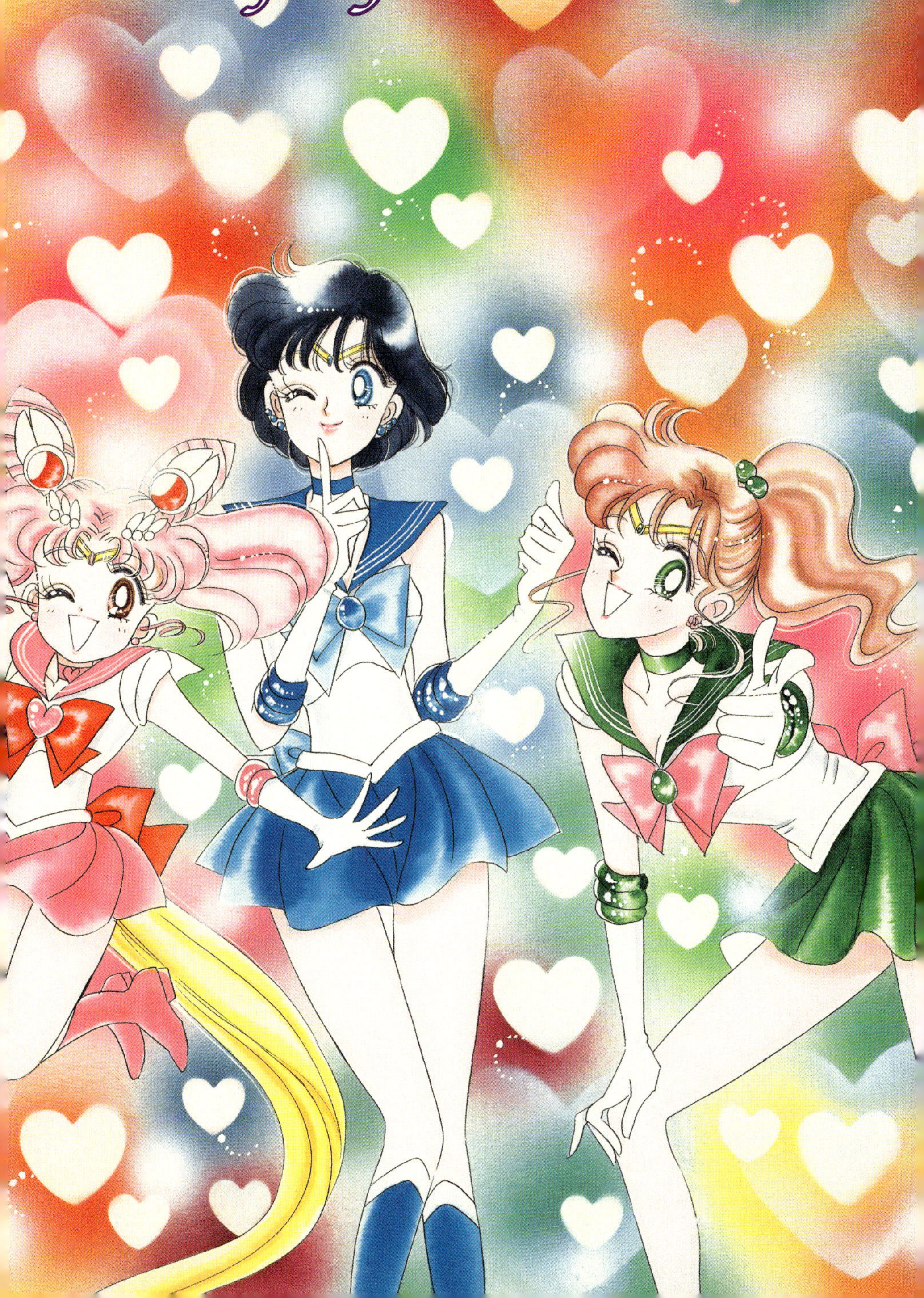

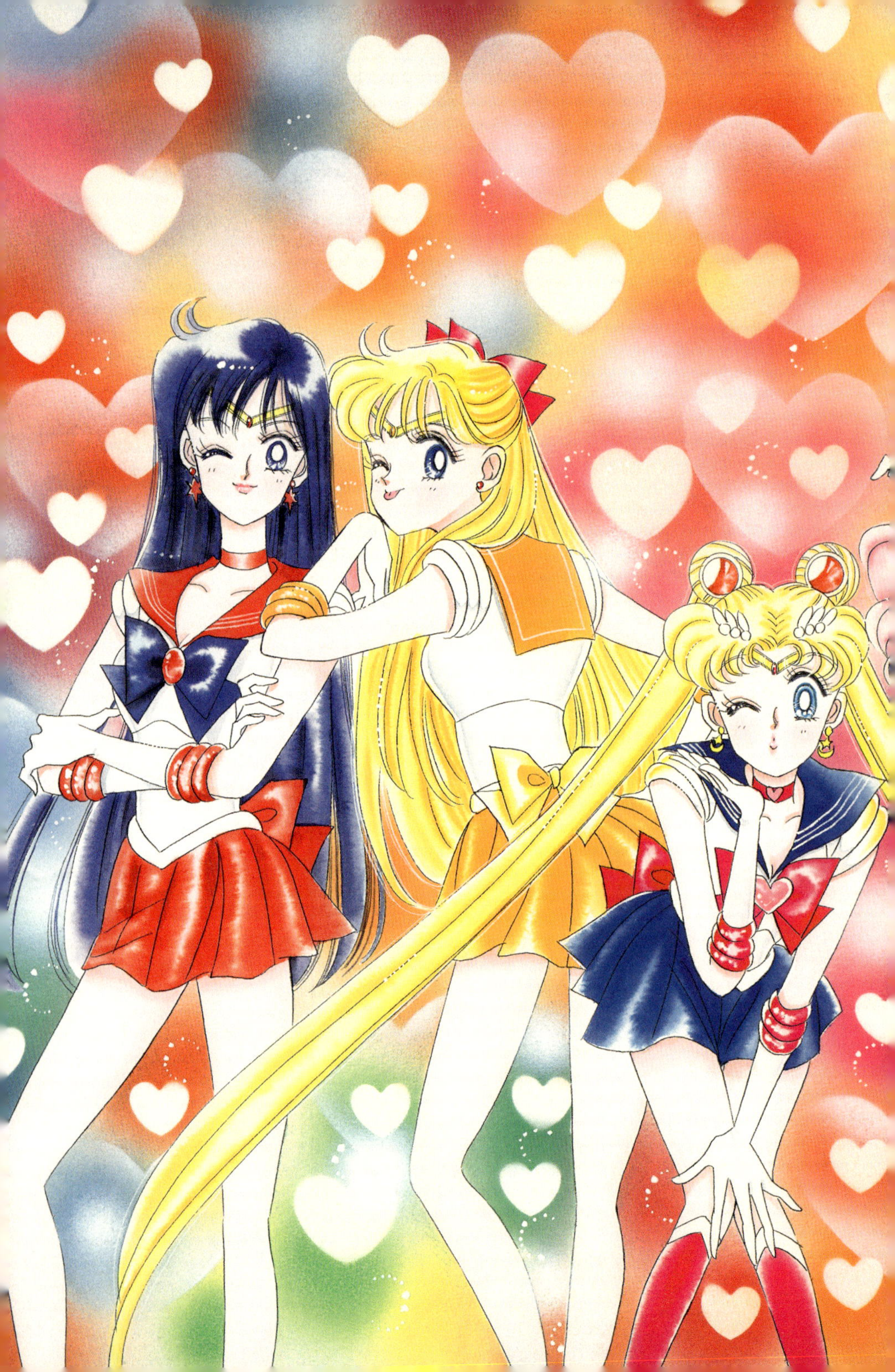

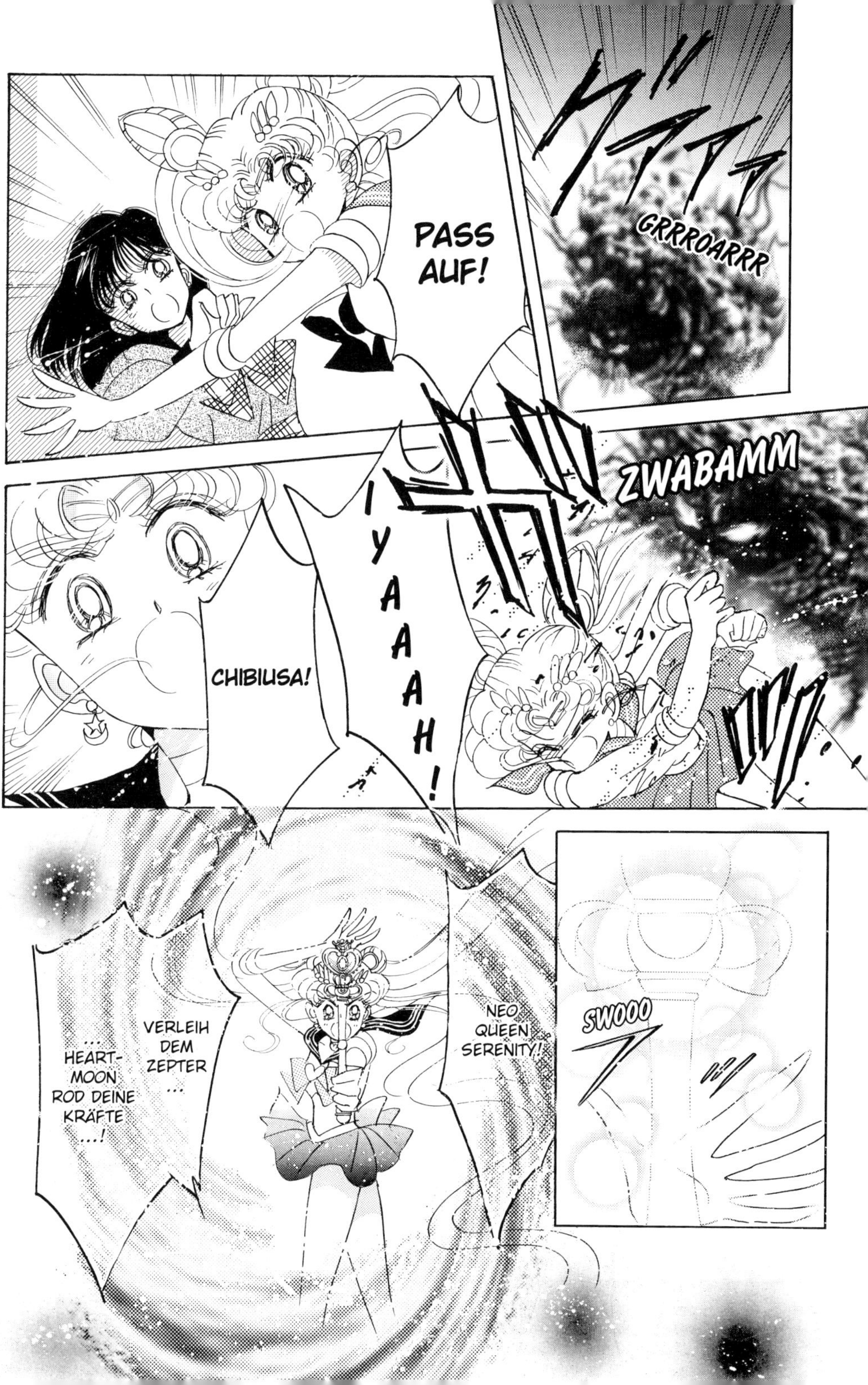
GRRROARRR
PASS AUF!
ZWABAMM
IYAAAAH!
CHIBIUSA!
NEO QUEEN SERENITY!
VERLEIH DEM ZEPTER …
… HEART-MOON ROD DEINE KRÄFTE …!
SWOOO

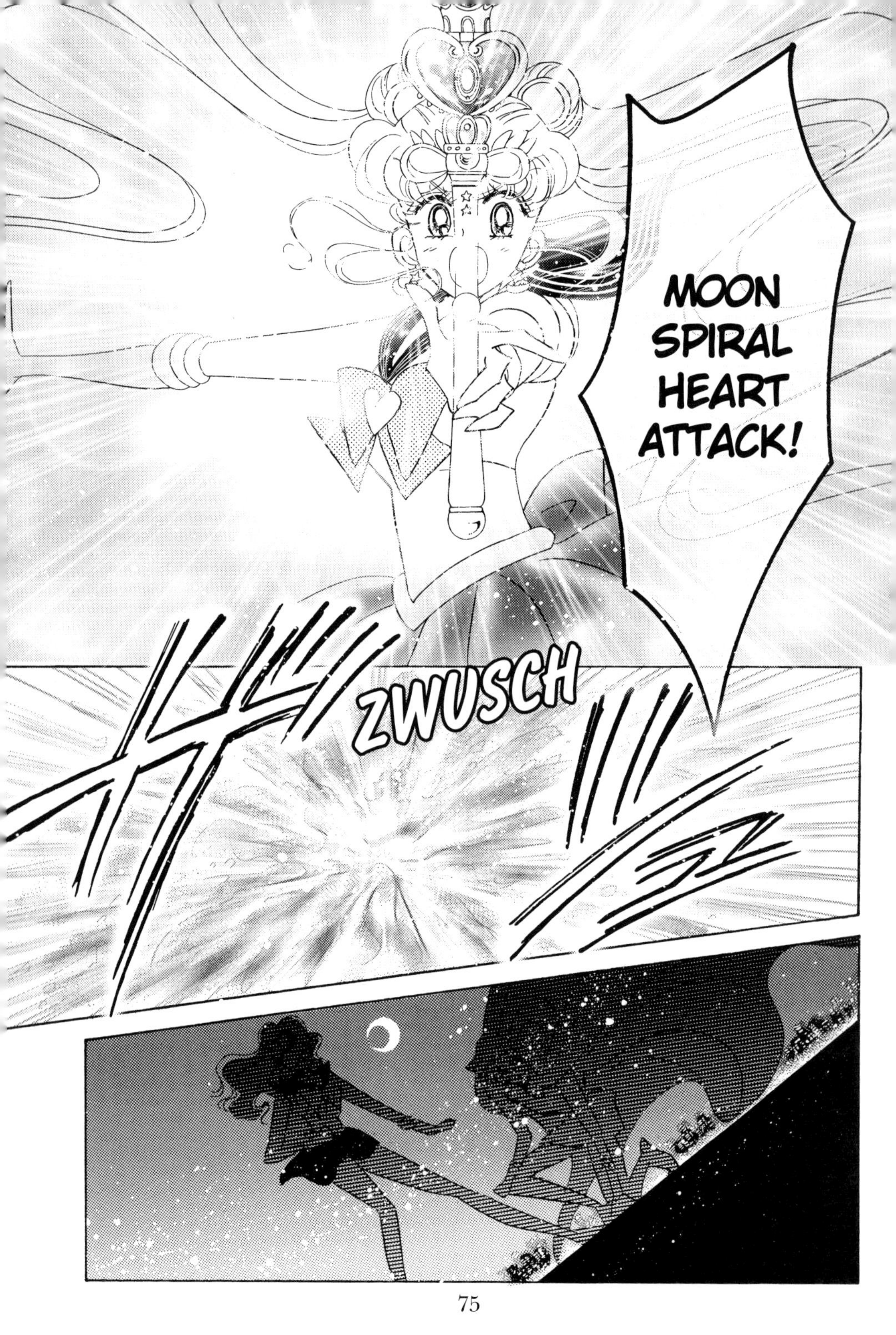
MOON SPIRAL HEART ATTACK!
ZWUSCH

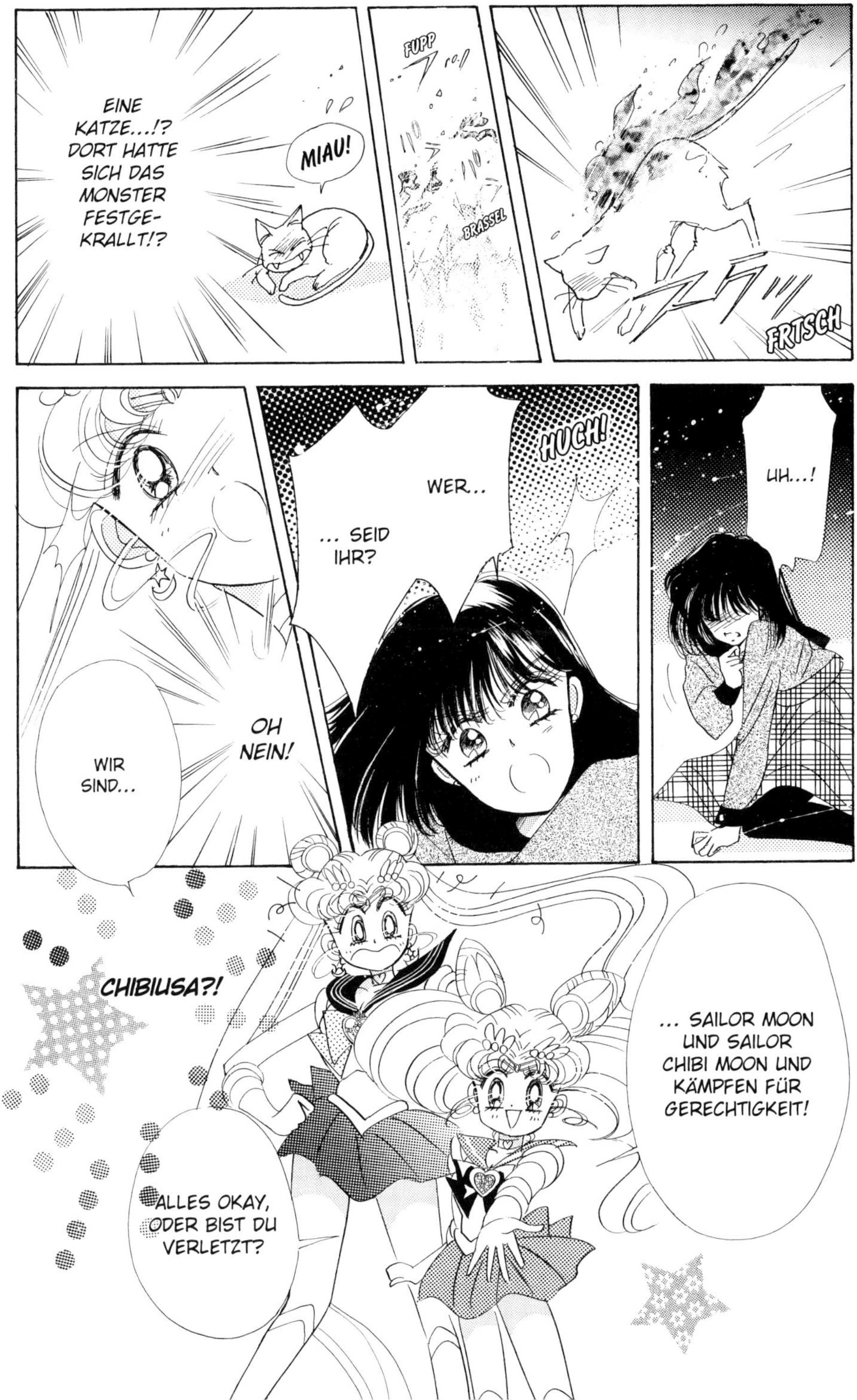
FRTSCH
FUPP
BRASSEL
MIAU!
EINE KATZE...!? DORT HATTE SICH DAS MONSTER FESTGE-KRALLT!?
UH...!
HUCH!
WER...
... SEID IHR?
OH NEIN!
WIR SIND...
... SAILOR MOON UND SAILOR CHIBI MOON UND KÄMPFEN FÜR GERECHTIGKEIT!
CHIBIUSA?!
ALLES OKAY, ODER BIST DU VERLETZT?

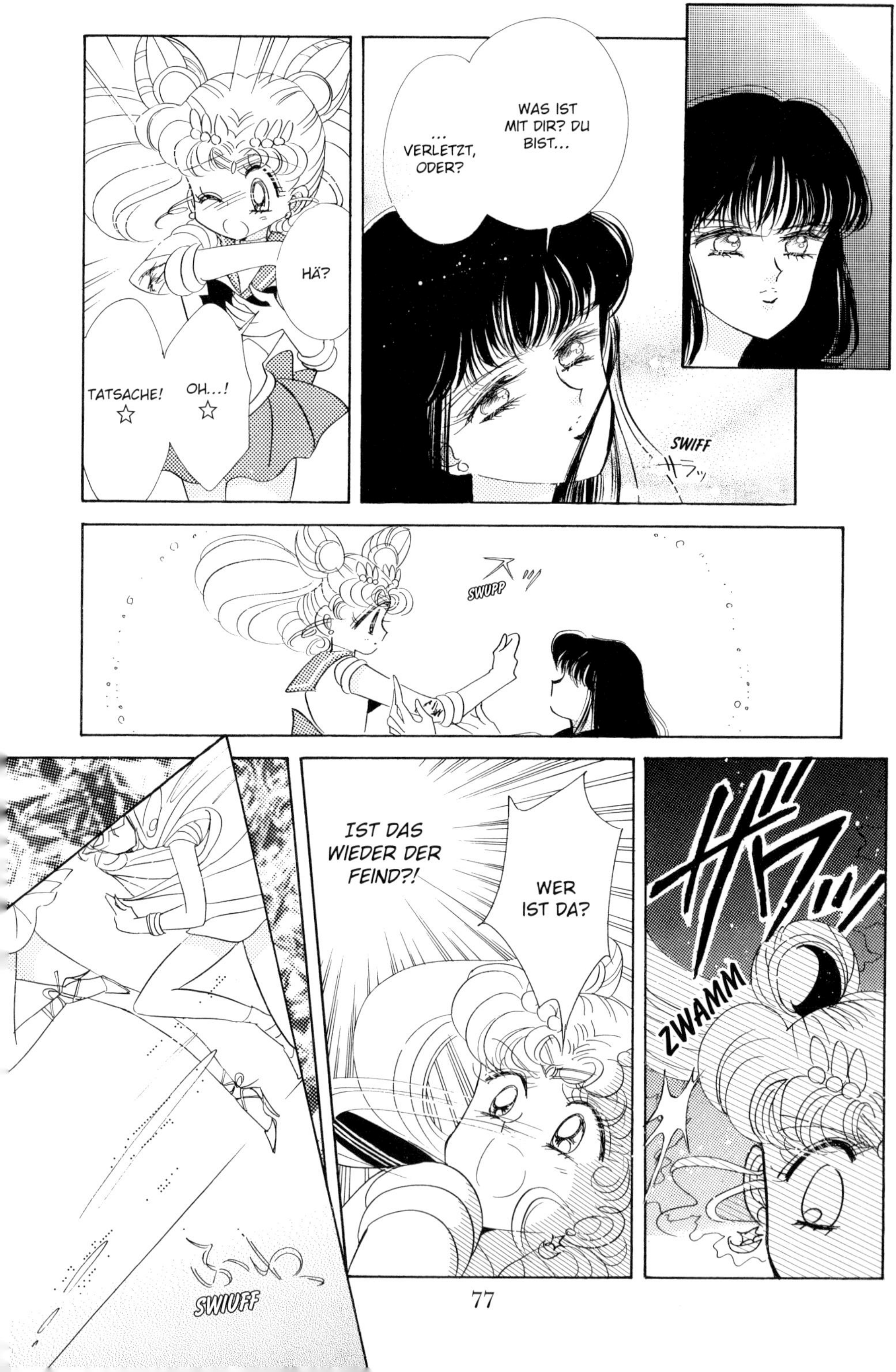
WAS IST MIT DIR? DU BIST...
... VERLETZT, ODER?
SWIFF
HÄ?
OH...!
TATSACHE!
SWUPP
ZWAMM
WER IST DA?
IST DAS WIEDER DER FEIND?!
SWIUFF

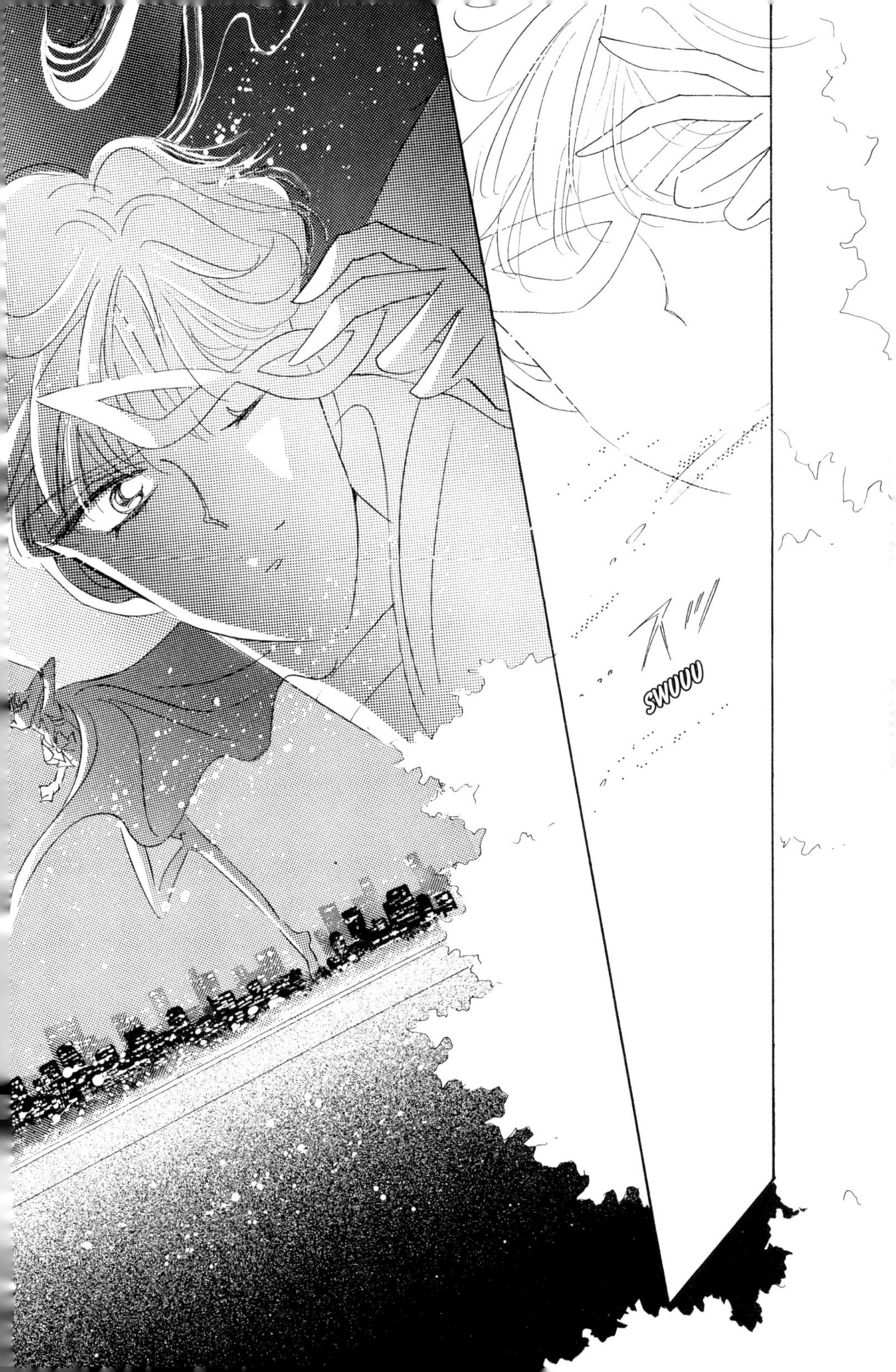
スッ
SWUUU

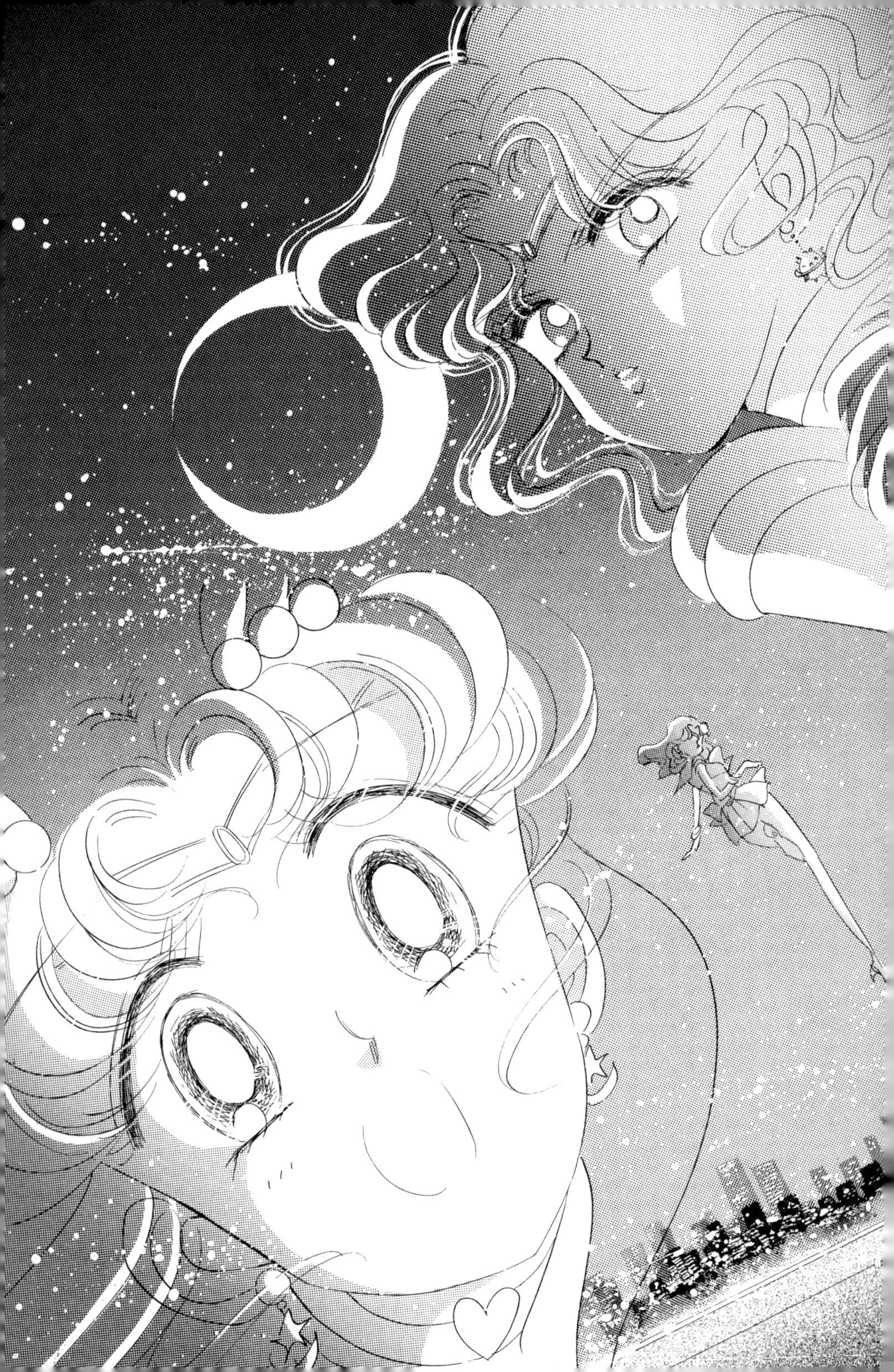

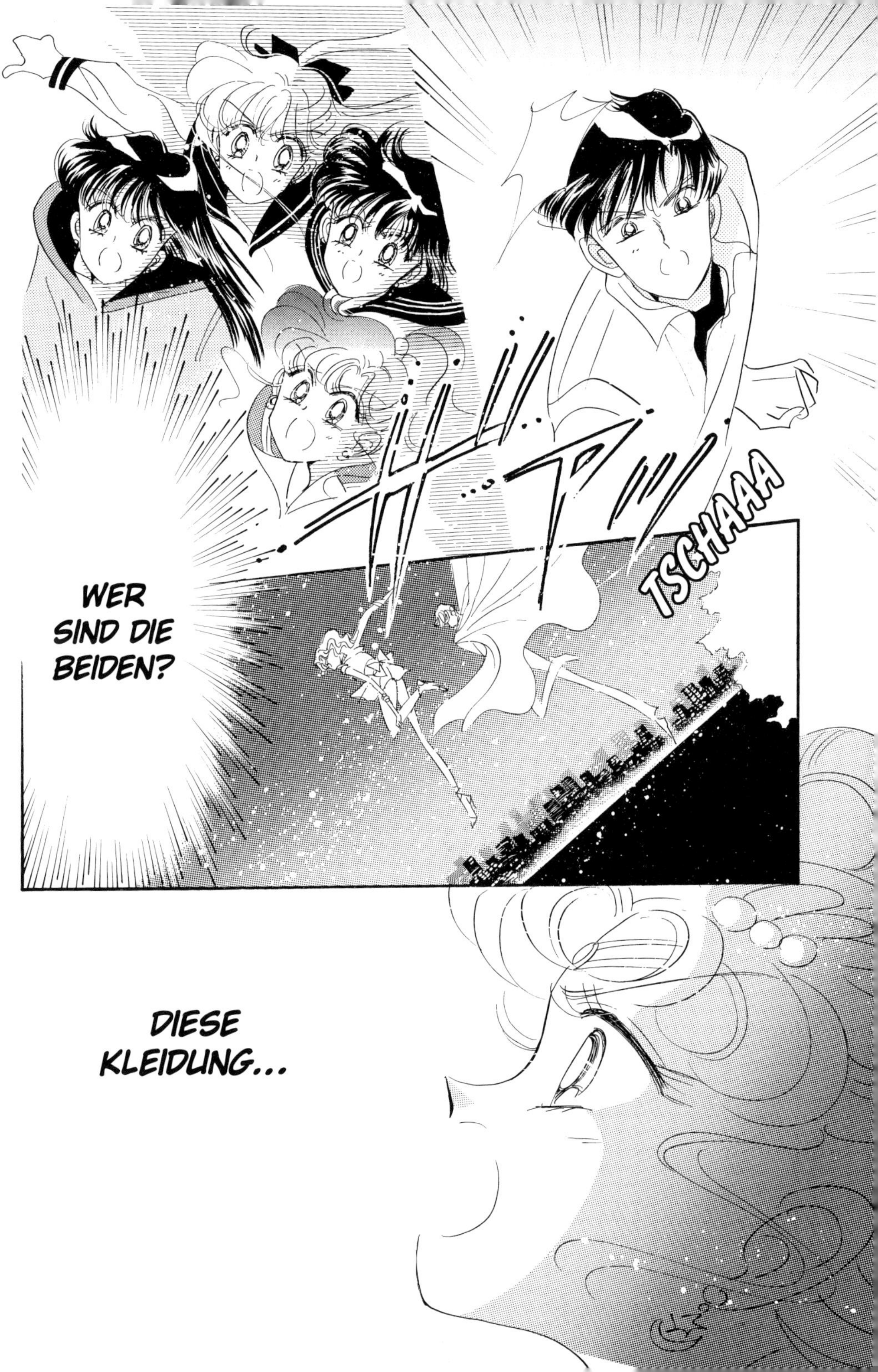
TSCHAAA
WER SIND DIE BEIDEN?
DIESE KLEIDUNG...

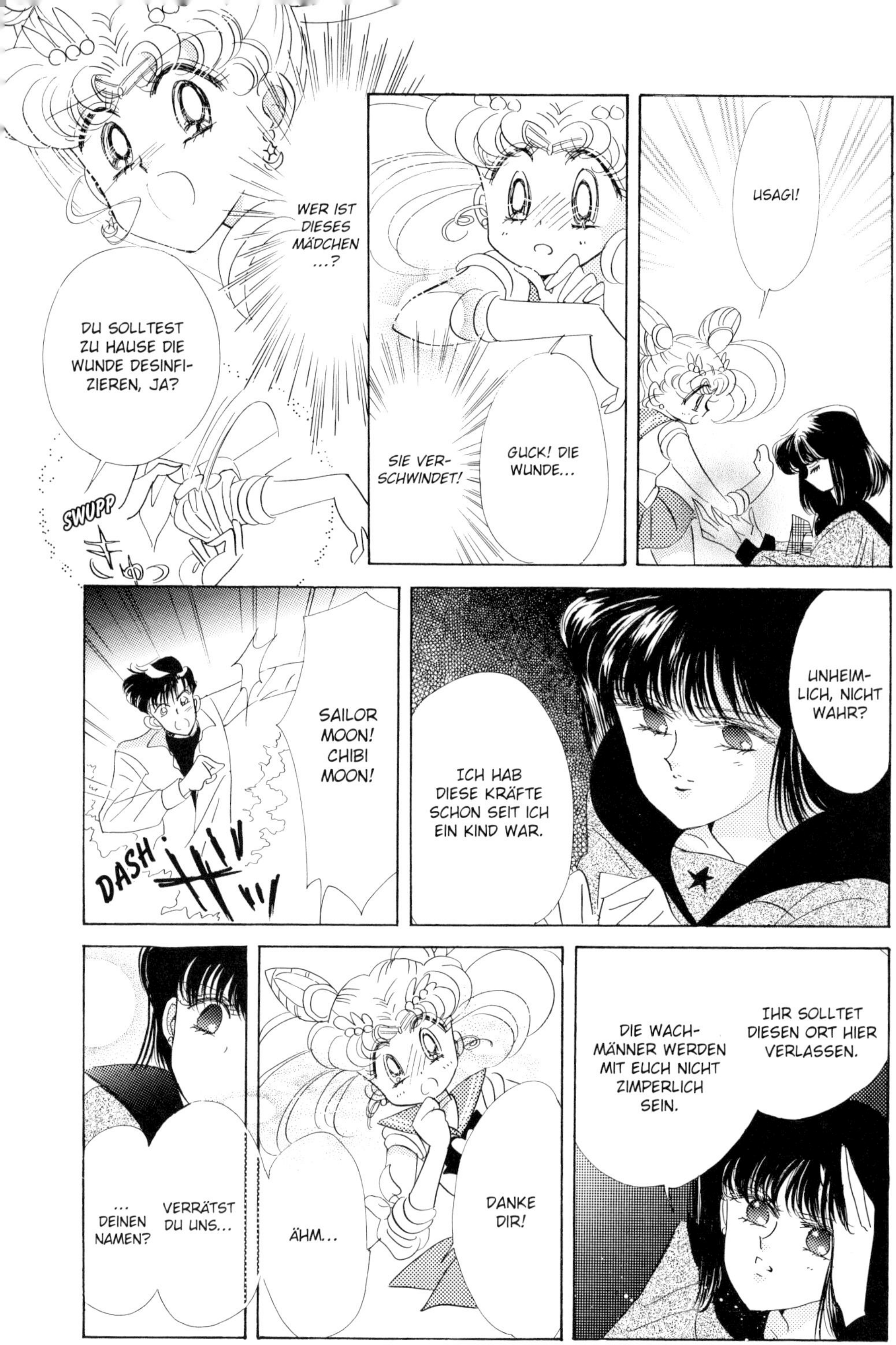
USAGI!
GUCK! DIE WUNDE...
SIE VERSCHWINDET!
WER IST DIESES MÄDCHEN ...?
DU SOLLTEST ZU HAUSE DIE WUNDE DESINFIZIEREN, JA?
SWUPP
UNHEIMLICH, NICHT WAHR?
ICH HAB DIESE KRÄFTE SCHON SEIT ICH EIN KIND WAR.
SAILOR MOON! CHIBI MOON!
DASH
IHR SOLLTET DIESEN ORT HIER VERLASSEN.
DIE WACHMÄNNER WERDEN MIT EUCH NICHT ZIMPERLICH SEIN.
DANKE DIR!
ÄHM...
VERRÄTST DU UNS...
... DEINEN NAMEN?

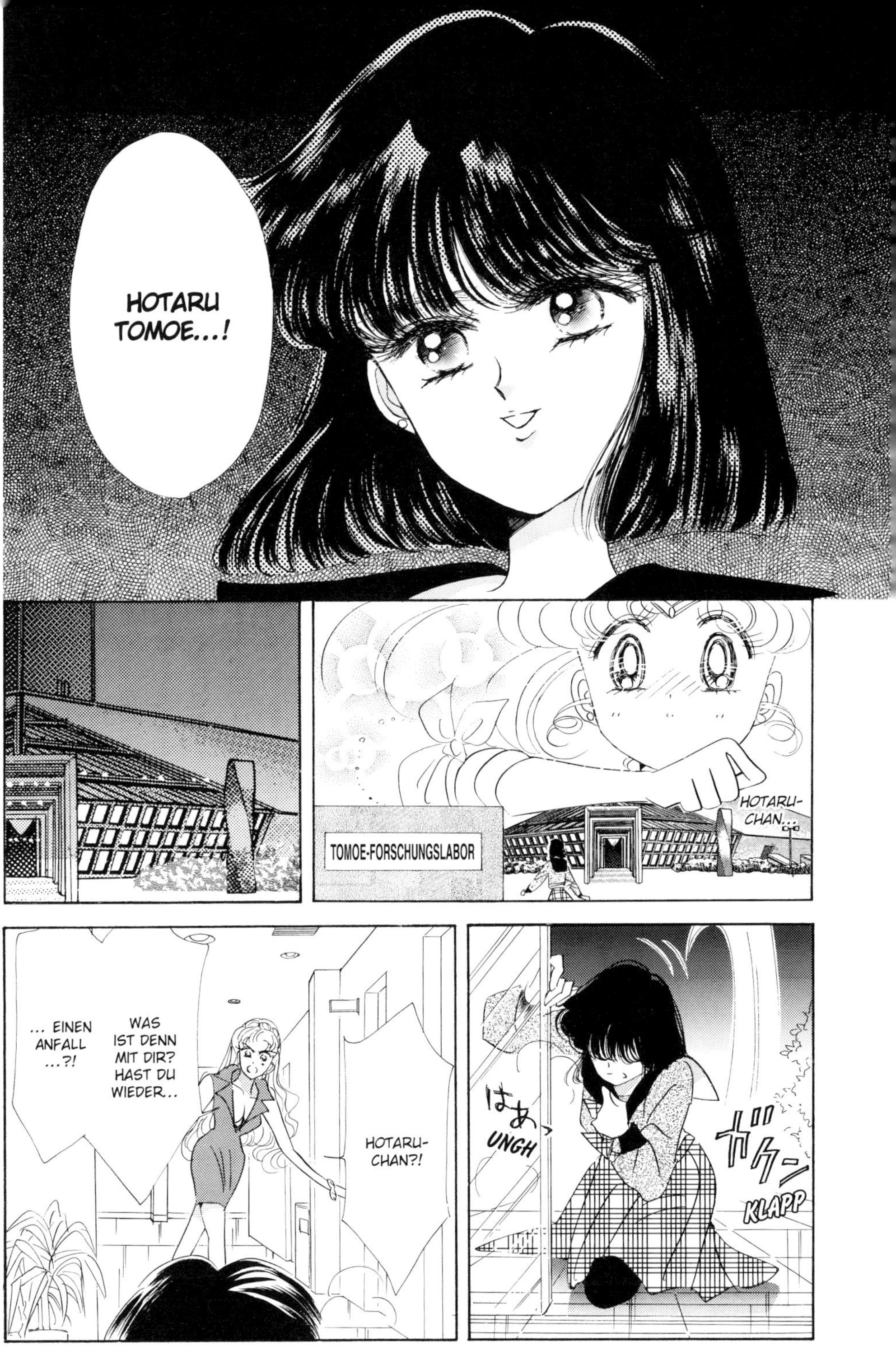
HOTARU TOMOE...!
TOMOE-FORSCHUNGSLABOR
HOTARU-CHAN...
はぁ
UNGH
ガクーン
KLAPP
HOTARU-CHAN?!
WAS IST DENN MIT DIR? HAST DU WIEDER...
... EINEN ANFALL ...?!

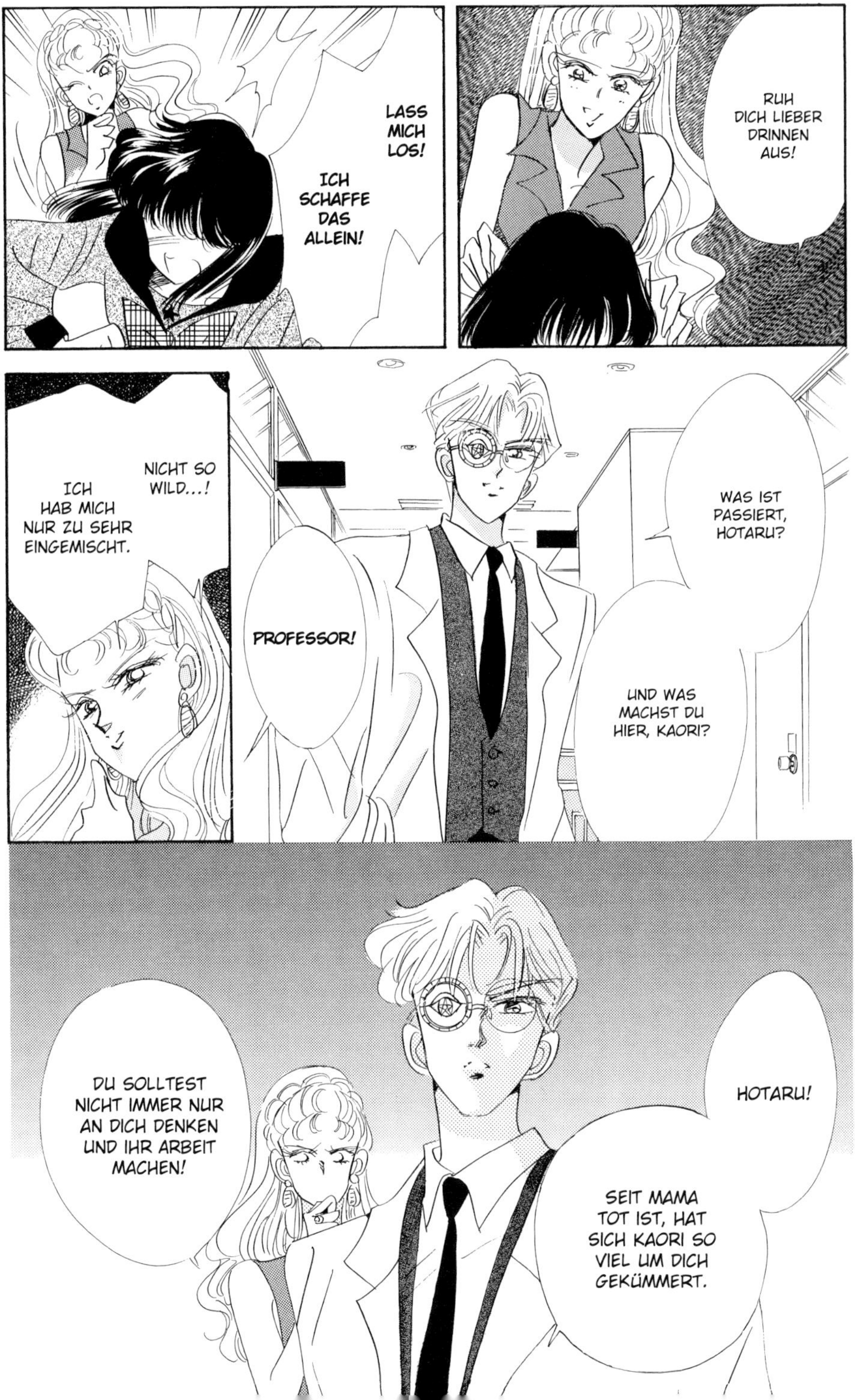
RUH DICH LIEBER DRINNEN AUS!
LASS MICH LOS!
ICH SCHAFFE DAS ALLEIN!
WAS IST PASSIERT, HOTARU?
UND WAS MACHST DU HIER, KAORI?
PROFESSOR!
NICHT SO WILD...!
ICH HAB MICH NUR ZU SEHR EINGEMISCHT.
HOTARU!
SEIT MAMA TOT IST, HAT SICH KAORI SO VIEL UM DICH GEKÜMMERT.
DU SOLLTEST NICHT IMMER NUR AN DICH DENKEN UND IHR ARBEIT MACHEN!

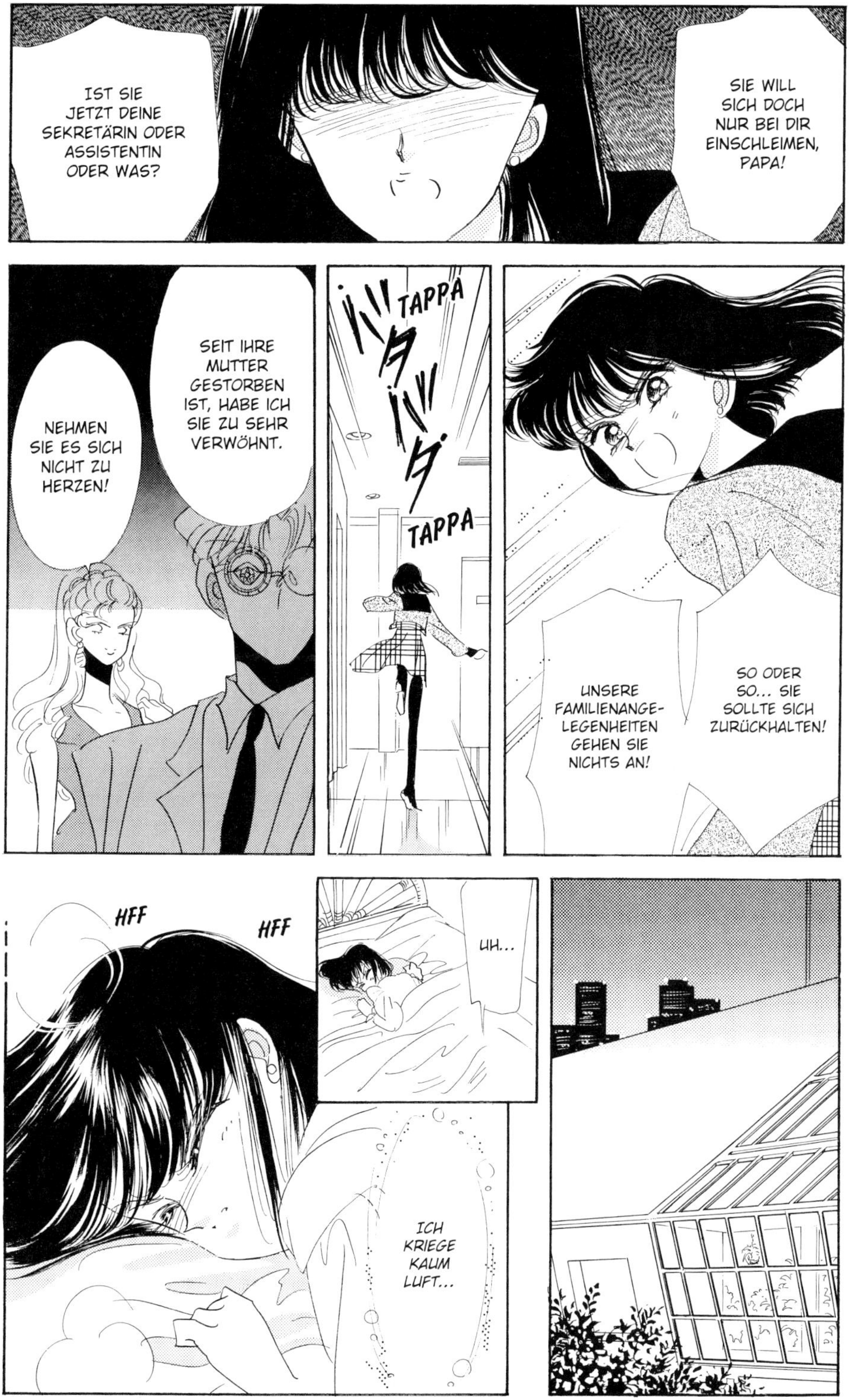
SIE WILL SICH DOCH NUR BEI DIR EINSCHLEIMEN, PAPA!
IST SIE JETZT DEINE SEKRETÄRIN ODER ASSISTENTIN ODER WAS?
SO ODER SO... SIE SOLLTE SICH ZURÜCKHALTEN!
UNSERE FAMILIENANGE-LEGENHEITEN GEHEN SIE NICHTS AN!
TAPPA
TAPPA
SEIT IHRE MUTTER GESTORBEN IST, HABE ICH SIE ZU SEHR VERWÖHNT.
NEHMEN SIE ES SICH NICHT ZU HERZEN!
UH...
HFF
HFF
ICH KRIEGE KAUM LUFT...

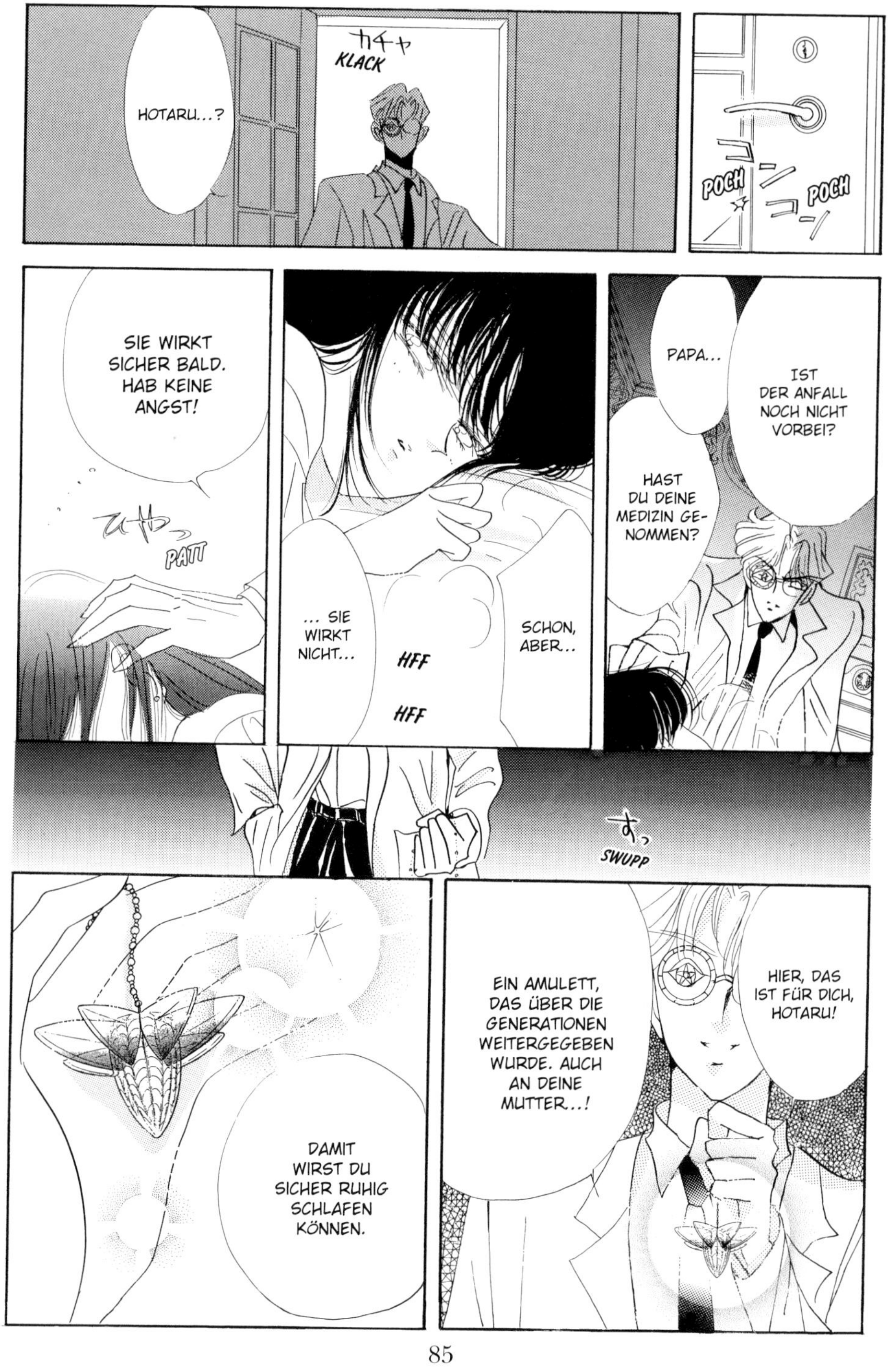
POCH
POCH
カチャ
KLACK
HOTARU…?
PAPA…
IST DER ANFALL NOCH NICHT VORBEI?
HAST DU DEINE MEDIZIN GENOMMEN?
SCHON, ABER…
HFF
HFF
… SIE WIRKT NICHT…
SIE WIRKT SICHER BALD. HAB KEINE ANGST!
PATT
SWUPP
HIER, DAS IST FÜR DICH, HOTARU!
EIN AMULETT, DAS ÜBER DIE GENERATIONEN WEITERGEGEBEN WURDE. AUCH AN DEINE MUTTER…!
DAMIT WIRST DU SICHER RUHIG SCHLAFEN KÖNNEN.

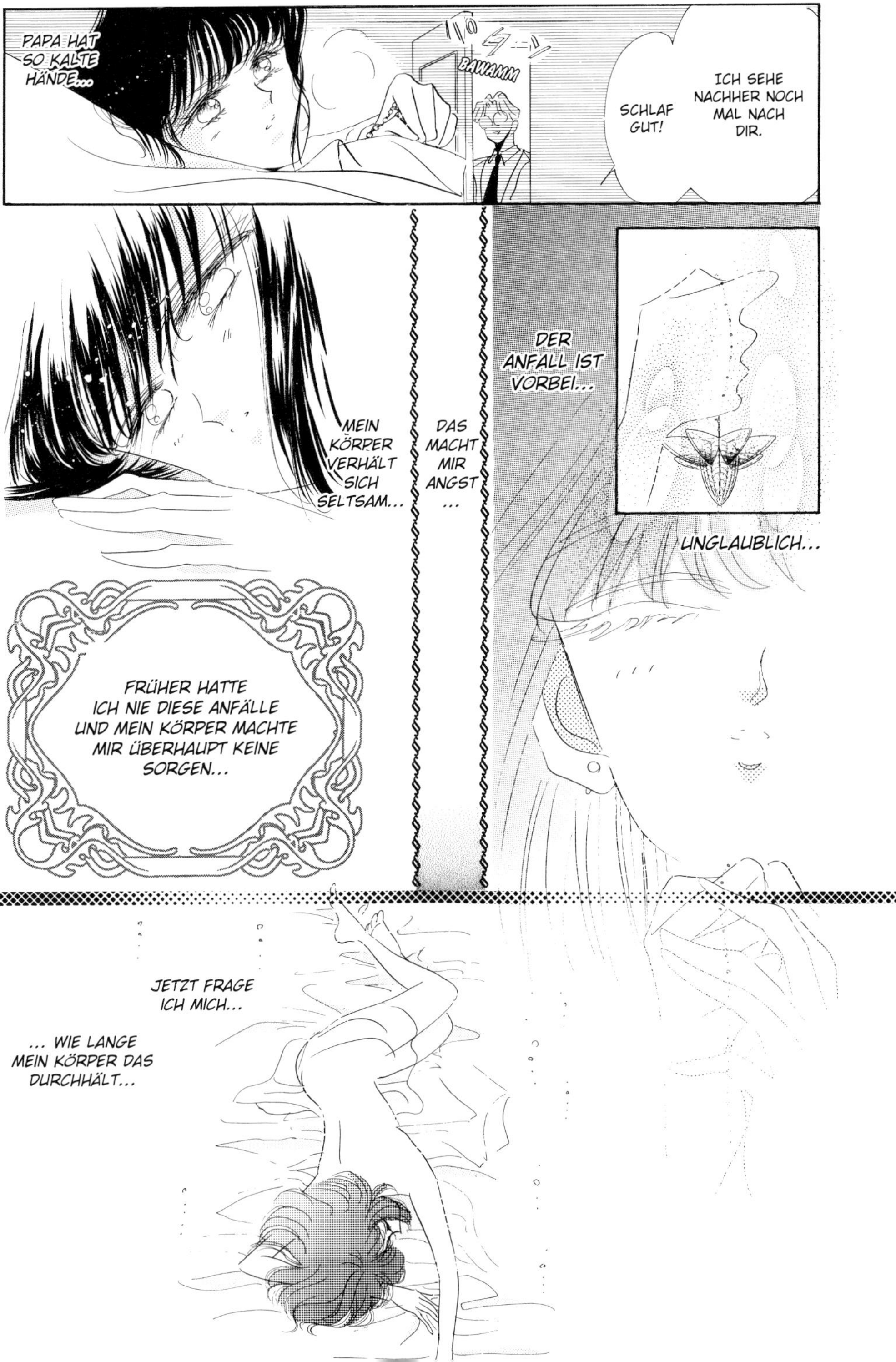

ICH SEHE NACHHER NOCH MAL NACH DIR.
SCHLAF GUT!
BAWAMM
PAPA HAT SO KALTE HÄNDE...
DER ANFALL IST VORBEI...
UNGLAUBLICH...
DAS MACHT MIR ANGST ...
MEIN KÖRPER VERHÄLT SICH SELTSAM...
FRÜHER HATTE ICH NIE DIESE ANFÄLLE UND MEIN KÖRPER MACHTE MIR ÜBERHAUPT KEINE SORGEN...
JETZT FRAGE ICH MICH...
... WIE LANGE MEIN KÖRPER DAS DURCHHÄLT...

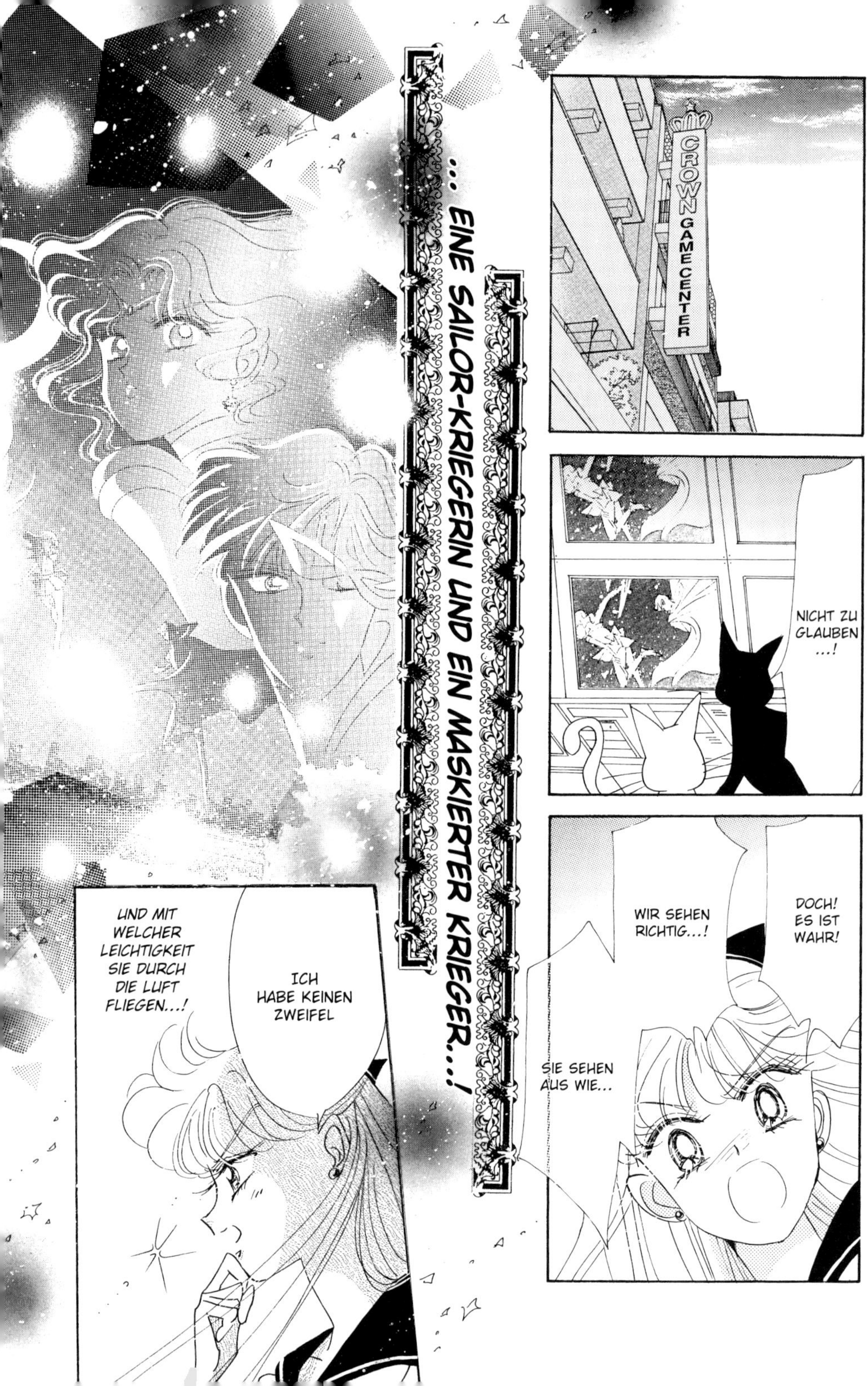
CROWN GAME CENTER
NICHT ZU GLAUBEN ...!
DOCH! ES IST WAHR!
WIR SEHEN RICHTIG...!
SIE SEHEN AUS WIE...
... EINE SAILOR-KRIEGERIN UND EIN MASKIERTER KRIEGER...!
ICH HABE KEINEN ZWEIFEL
UND MIT WELCHER LEICHTIGKEIT SIE DURCH DIE LUFT FLIEGEN...!

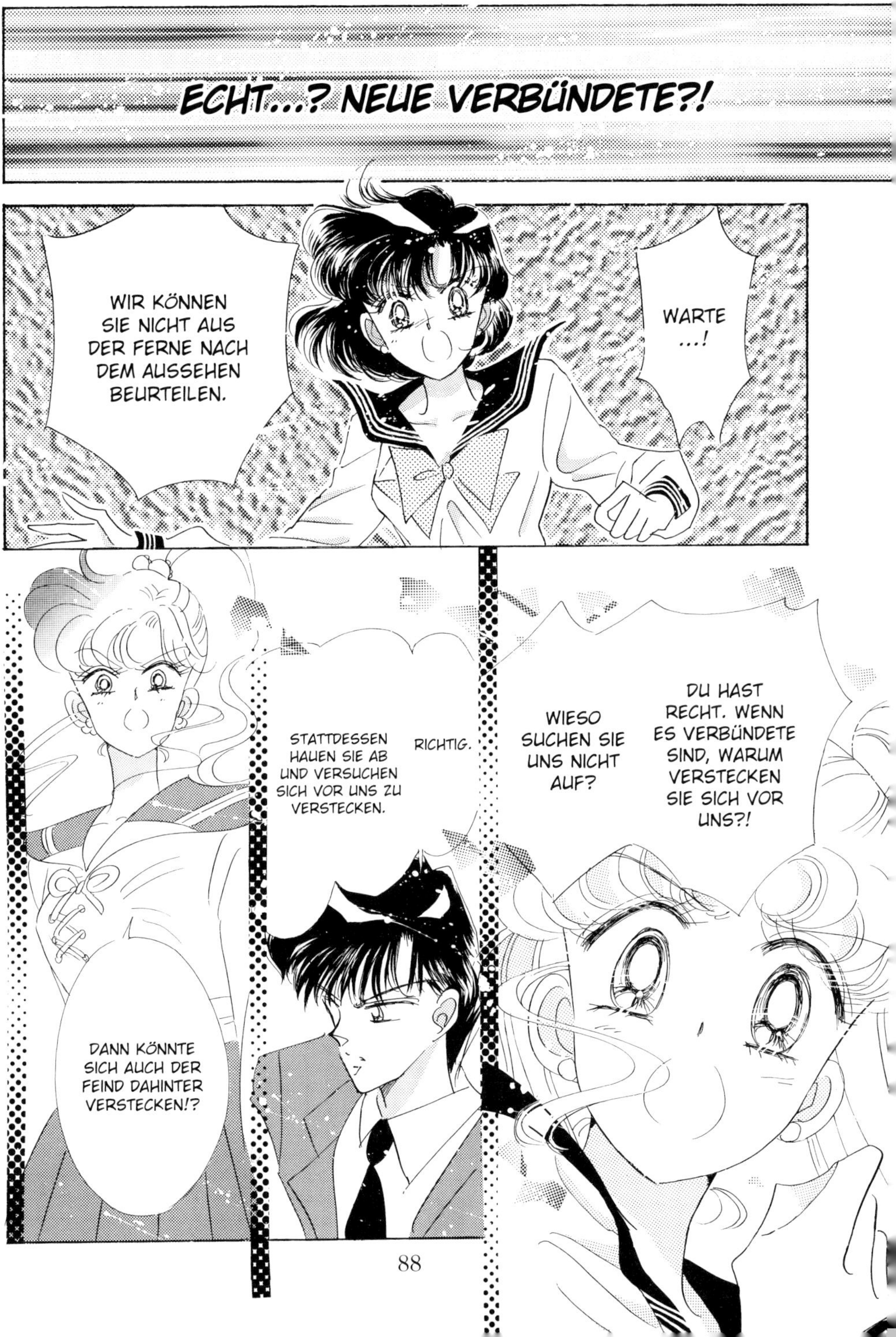
ECHT...? NEUE VERBÜNDETE?!
WARTE ...!
WIR KÖNNEN SIE NICHT AUS DER FERNE NACH DEM AUSSEHEN BEURTEILEN.
DU HAST RECHT. WENN ES VERBÜNDETE SIND, WARUM VERSTECKEN SIE SICH VOR UNS?!
WIESO SUCHEN SIE UNS NICHT AUF?
RICHTIG.
STATTDESSEN HAUEN SIE AB UND VERSUCHEN SICH VOR UNS ZU VERSTECKEN.
DANN KÖNNTE SICH AUCH DER FEIND DAHINTER VERSTECKEN!?

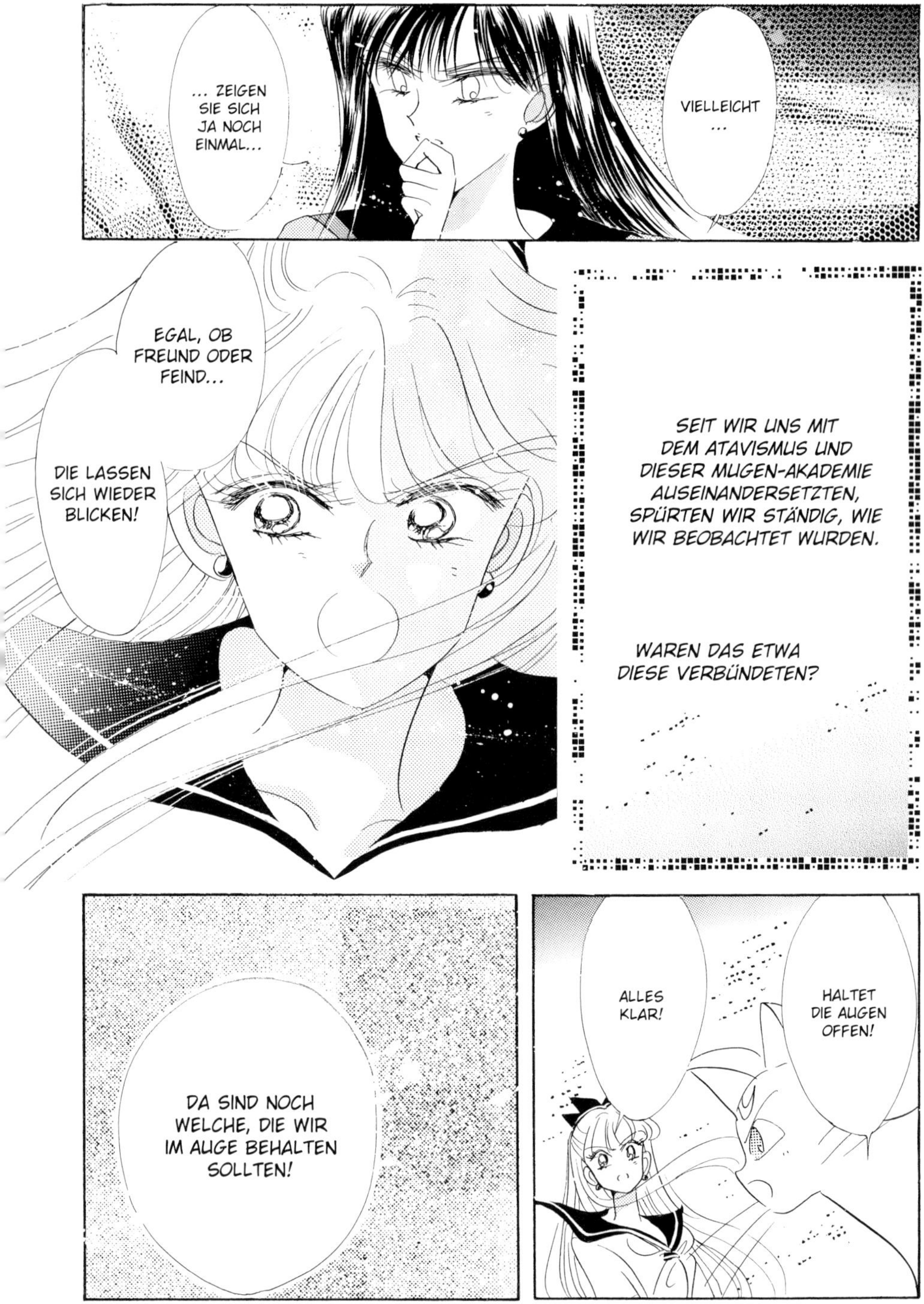
VIELLEICHT ...
... ZEIGEN SIE SICH JA NOCH EINMAL...
SEIT WIR UNS MIT DEM ATAVISMUS UND DIESER MUGEN-AKADEMIE AUSEINANDERSETZTEN, SPÜRTEN WIR STÄNDIG, WIE WIR BEOBACHTET WURDEN.
WAREN DAS ETWA DIESE VERBÜNDETEN?
EGAL, OB FREUND ODER FEIND...
DIE LASSEN SICH WIEDER BLICKEN!
HALTET DIE AUGEN OFFEN!
ALLES KLAR!
DA SIND NOCH WELCHE, DIE WIR IM AUGE BEHALTEN SOLLTEN!

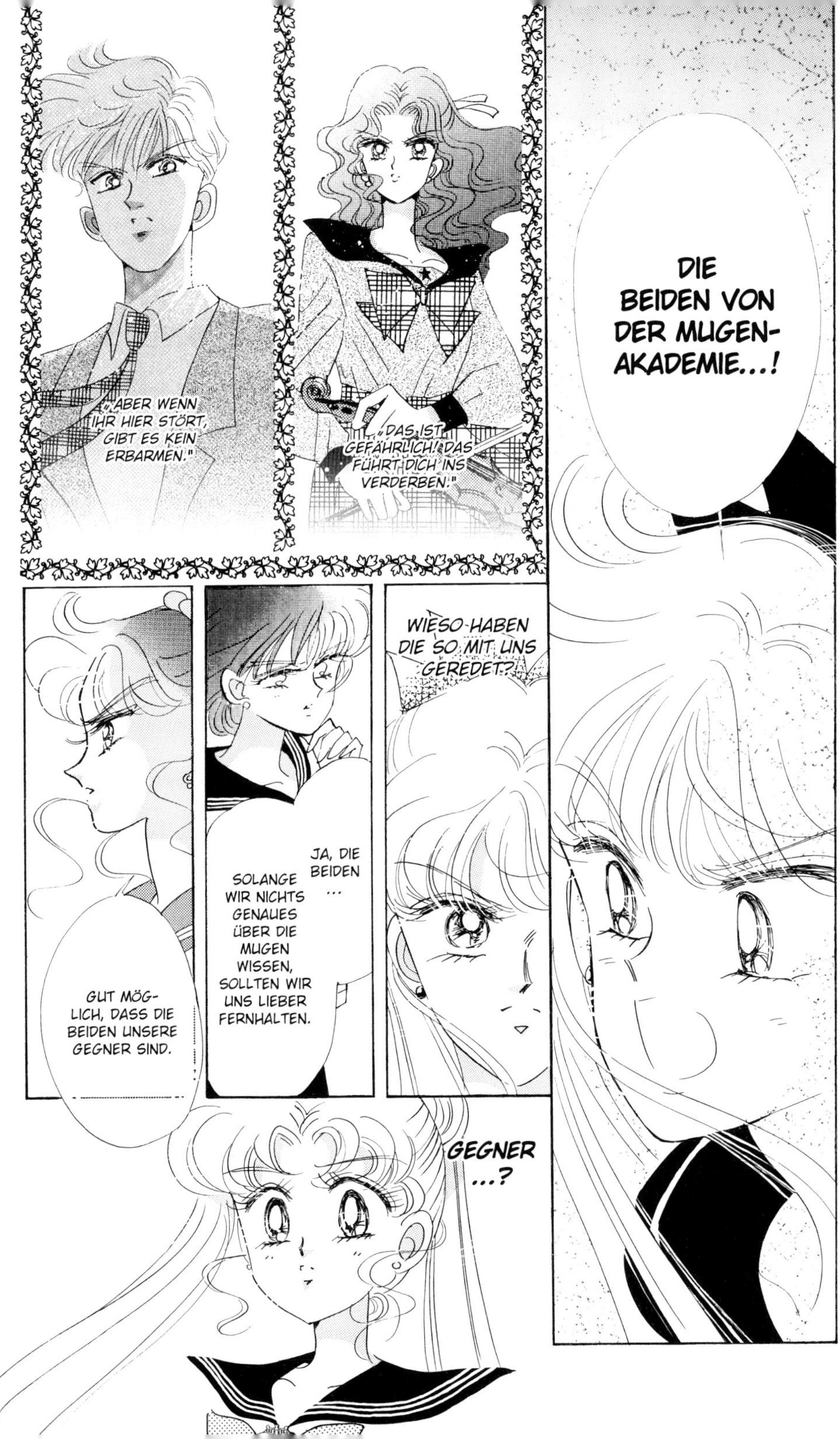
DIE BEIDEN VON DER MUGEN-AKADEMIE...!
„...DAS IST GEFÄHRLICH! DAS FÜHRT DICH INS VERDERBEN."
„...ABER WENN IHR HIER STÖRT, GIBT ES KEIN ERBARMEN."
WIESO HABEN DIE SO MIT UNS GEREDET?
JA, DIE BEIDEN ...
SOLANGE WIR NICHTS GENAUES ÜBER DIE MUGEN WISSEN, SOLLTEN WIR UNS LIEBER FERNHALTEN.
GUT MÖG-LICH, DASS DIE BEIDEN UNSERE GEGNER SIND.
GEGNER ...?

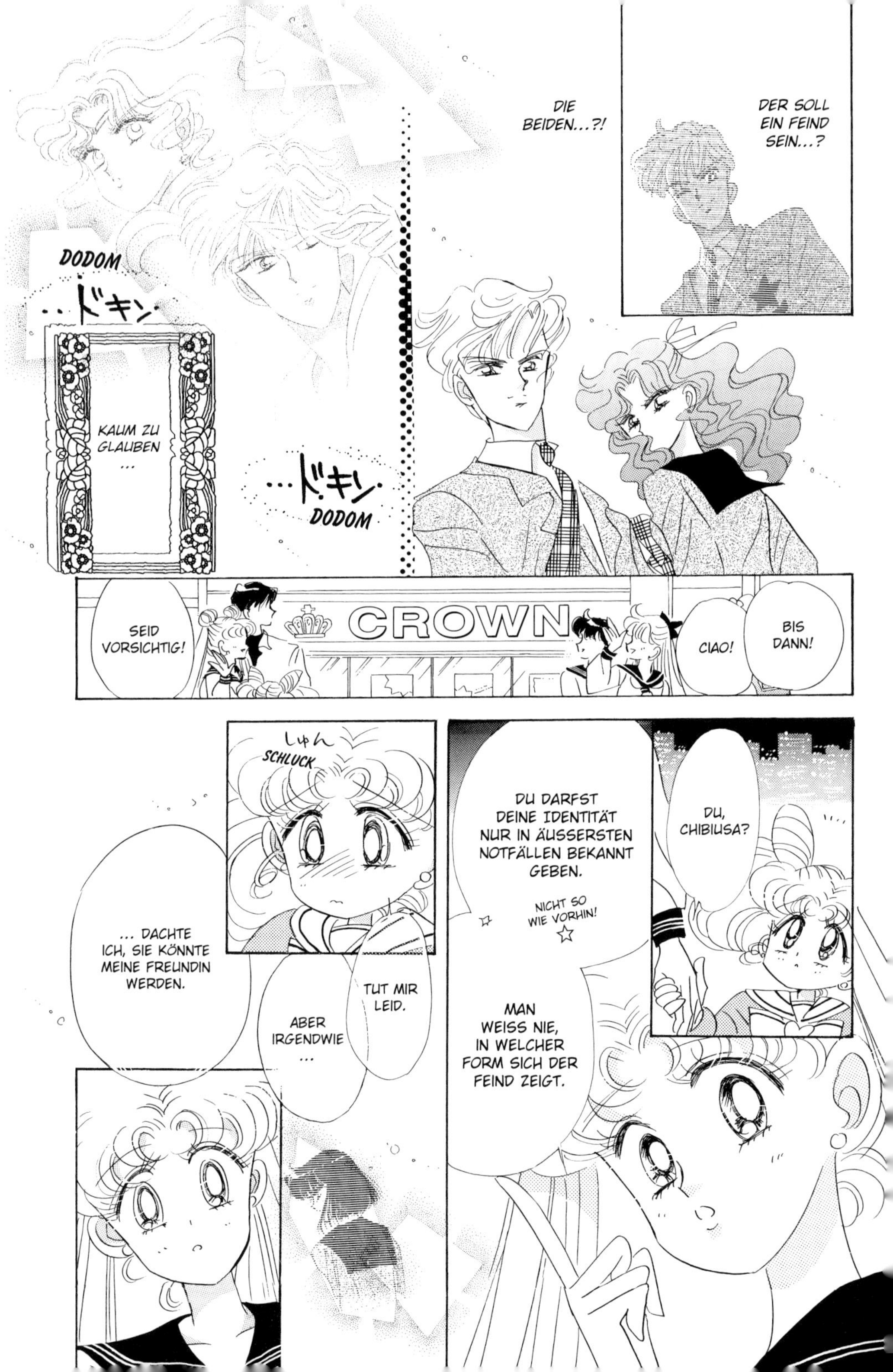
DER SOLL EIN FEIND SEIN...?
DIE BEIDEN...?!
DODOM
...ドキン
...ドキン
DODOM
KAUM ZU GLAUBEN ...
BIS DANN!
CIAO!
SEID VORSICHTIG!
CROWN
DU, CHIBIUSA?
DU DARFST DEINE IDENTITÄT NUR IN ÄUSSERSTEN NOTFÄLLEN BEKANNT GEBEN.
NICHT SO WIE VORHIN!
MAN WEISS NIE, IN WELCHER FORM SICH DER FEIND ZEIGT.
しゅん
SCHLUCK
TUT MIR LEID.
ABER IRGENDWIE ...
... DACHTE ICH, SIE KÖNNTE MEINE FREUNDIN WERDEN.

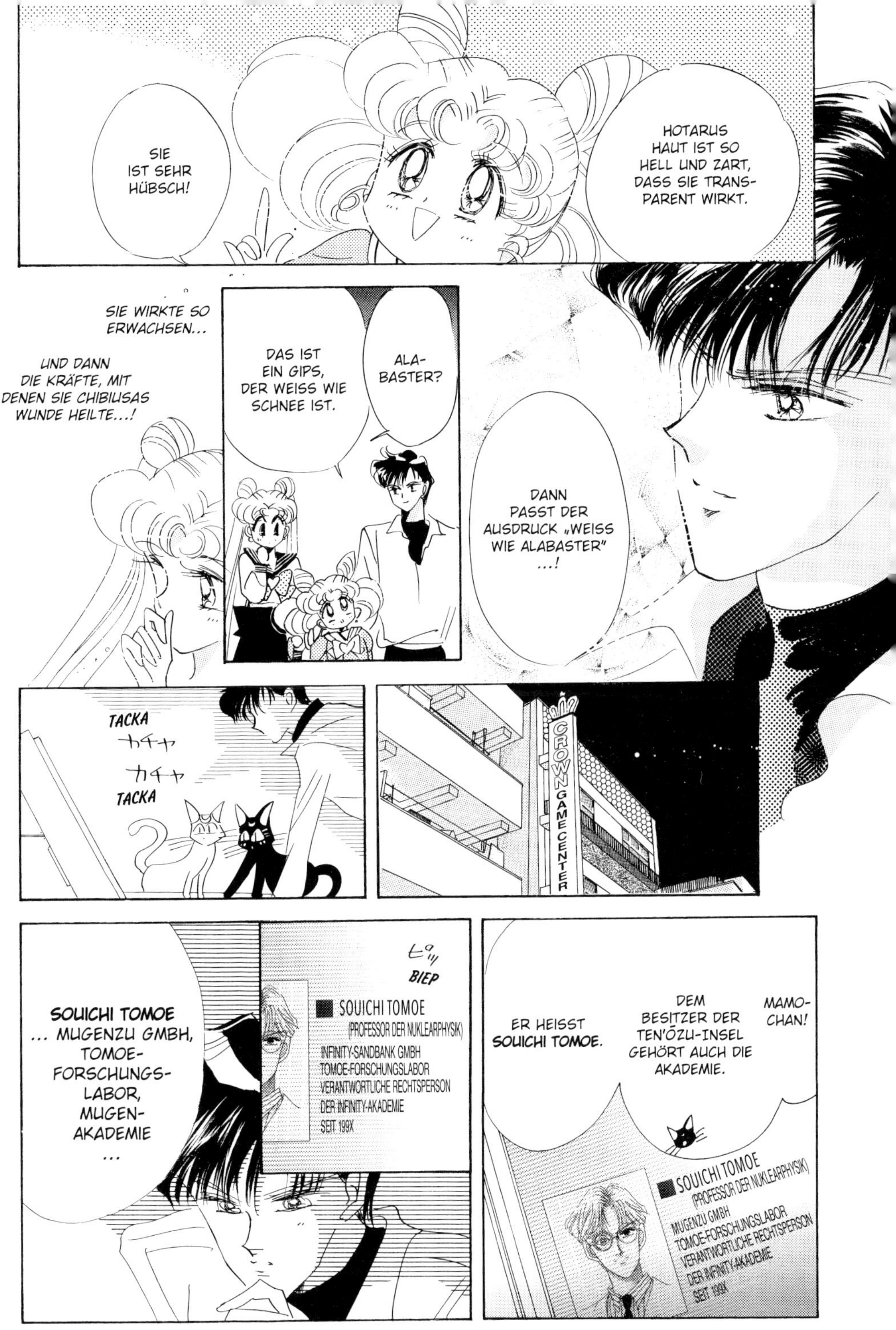
HOTARUS HAUT IST SO HELL UND ZART, DASS SIE TRANSPARENT WIRKT.
SIE IST SEHR HÜBSCH!
DANN PASST DER AUSDRUCK „WEISS WIE ALABASTER" ...!
ALABASTER?
DAS IST EIN GIPS, DER WEISS WIE SCHNEE IST.
SIE WIRKTE SO ERWACHSEN...
UND DANN DIE KRÄFTE, MIT DENEN SIE CHIBIUSAS WUNDE HEILTE...!
CROWN GAME CENTER
TACKA
カチャ
カチャ
TACKA
MAMO-CHAN!
DEM BESITZER DER TEN'ÔZU-INSEL GEHÖRT AUCH DIE AKADEMIE.
ER HEISST SOUICHI TOMOE.
SOUICHI TOMOE (PROFESSOR DER NUKLEARPHYSIK) MUGENZU GMBH TOMOE-FORSCHUNGSLABOR VERANTWORTLICHE RECHTSPERSON DER INFINITY-AKADEMIE SEIT 199X
ピッ
BIEP
SOUICHI TOMOE (PROFESSOR DER NUKLEARPHYSIK) INFINITY-SANDBANK GMBH TOMOE-FORSCHUNGSLABOR VERANTWORTLICHE RECHTSPERSON DER INFINITY-AKADEMIE SEIT 199X
SOUICHI TOMOE ... MUGENZU GMBH, TOMOE-FORSCHUNGSLABOR, MUGEN-AKADEMIE ...

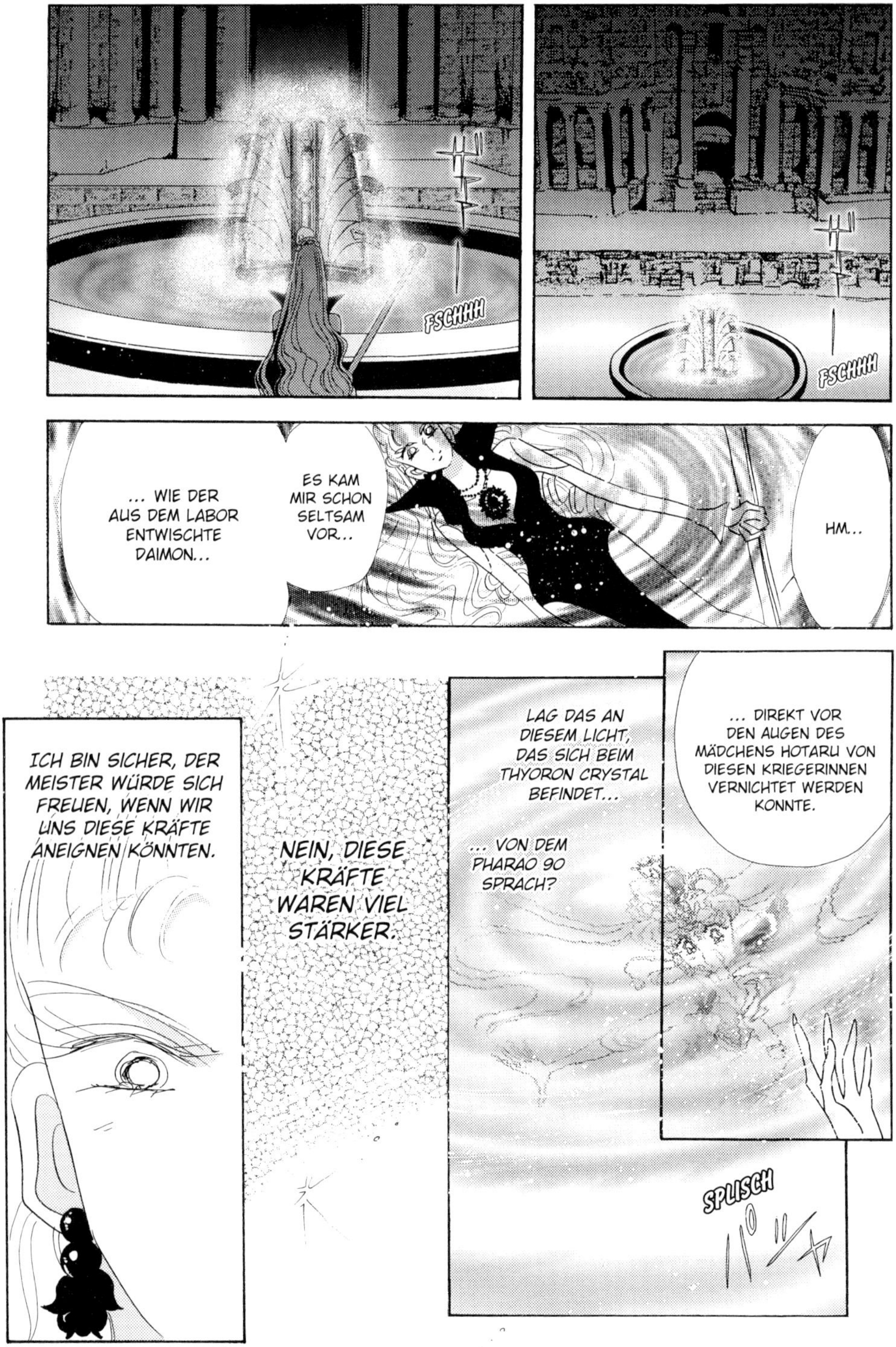
FSCHHH
FSCHHH
HM...
ES KAM MIR SCHON SELTSAM VOR...
... WIE DER AUS DEM LABOR ENTWISCHTE DAIMON...
... DIREKT VOR DEN AUGEN DES MÄDCHENS HOTARU VON DIESEN KRIEGERINNEN VERNICHTET WERDEN KONNTE.
LAG DAS AN DIESEM LICHT, DAS SICH BEIM THYORON CRYSTAL BEFINDET...
... VON DEM PHARAO 90 SPRACH?
SPLISCH
NEIN, DIESE KRÄFTE WAREN VIEL STÄRKER.
ICH BIN SICHER, DER MEISTER WÜRDE SICH FREUEN, WENN WIR UNS DIESE KRÄFTE ANEIGNEN KÖNNTEN.

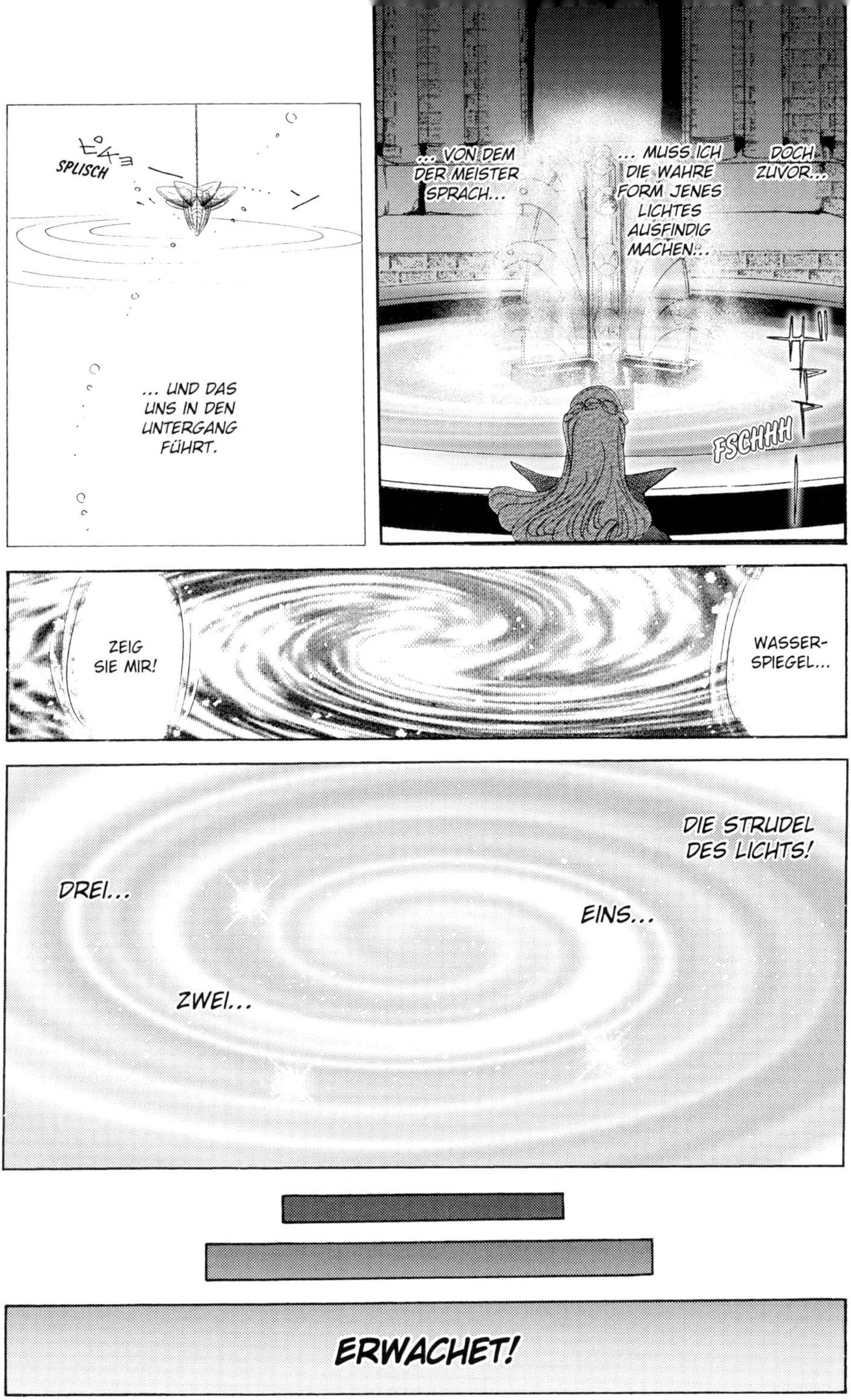

DOCH ZUVOR...
... MUSS ICH DIE WAHRE FORM JENES LICHTES AUSFINDIG MACHEN...
... VON DEM DER MEISTER SPRACH...
FSCHHH
SPLISCH
... UND DAS UNS IN DEN UNTERGANG FÜHRT.
WASSER-SPIEGEL...
ZEIG SIE MIR!
DIE STRUDEL DES LICHTS!
DREI...
ZWEI...
EINS...
ERWACHET!

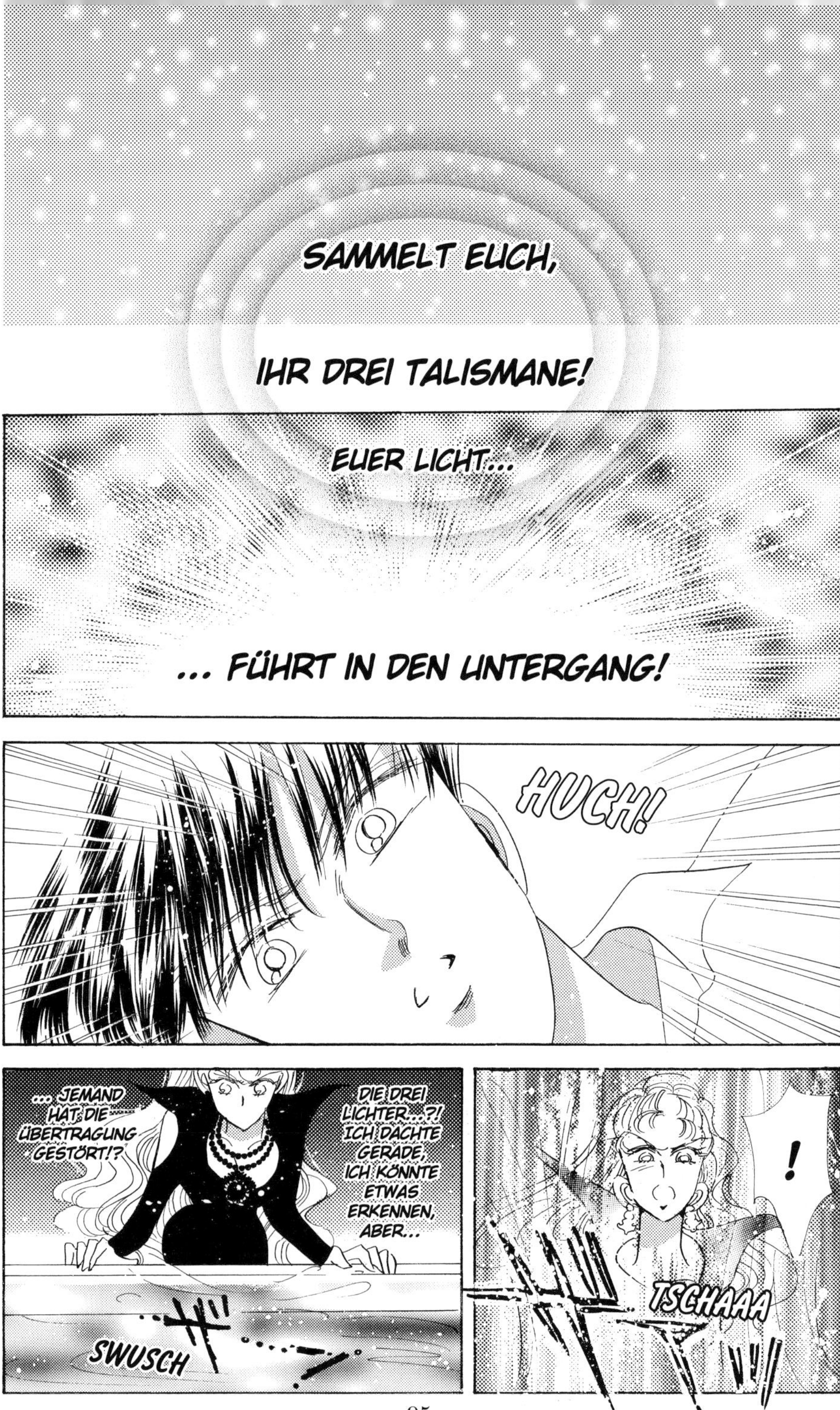
SAMMELT EUCH,
IHR DREI TALISMANE!
EUER LICHT...
... FÜHRT IN DEN UNTERGANG!
HUCH!
!
TSCHAAA
DIE DREI LICHTER...?! ICH DACHTE GERADE, ICH KÖNNTE ETWAS ERKENNEN, ABER...
... JEMAND HAT DIE ÜBERTRAGUNG GESTÖRT!?
SWUSCH

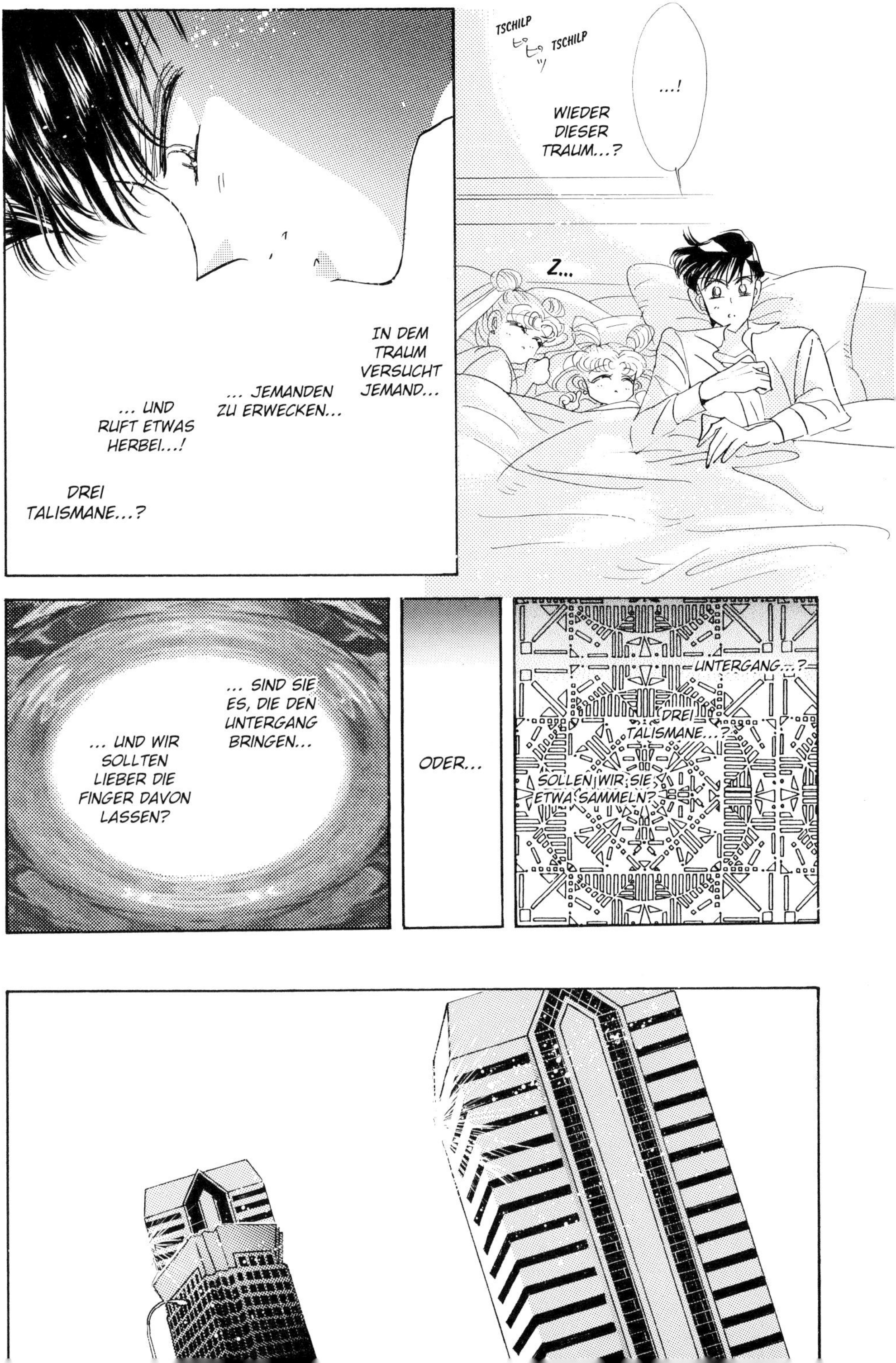
TSCHILP
ピピッ
TSCHILP
...!
WIEDER DIESER TRAUM...?
Z...
IN DEM TRAUM VERSUCHT JEMAND...
... JEMANDEN ZU ERWECKEN...
... UND RUFT ETWAS HERBEI...!
DREI TALISMANE...?
UNTERGANG...?
DREI TALISMANE...?
SOLLEN WIR SIE ETWA SAMMELN?
ODER...
... SIND SIE ES, DIE DEN UNTERGANG BRINGEN...
... UND WIR SOLLTEN LIEBER DIE FINGER DAVON LASSEN?

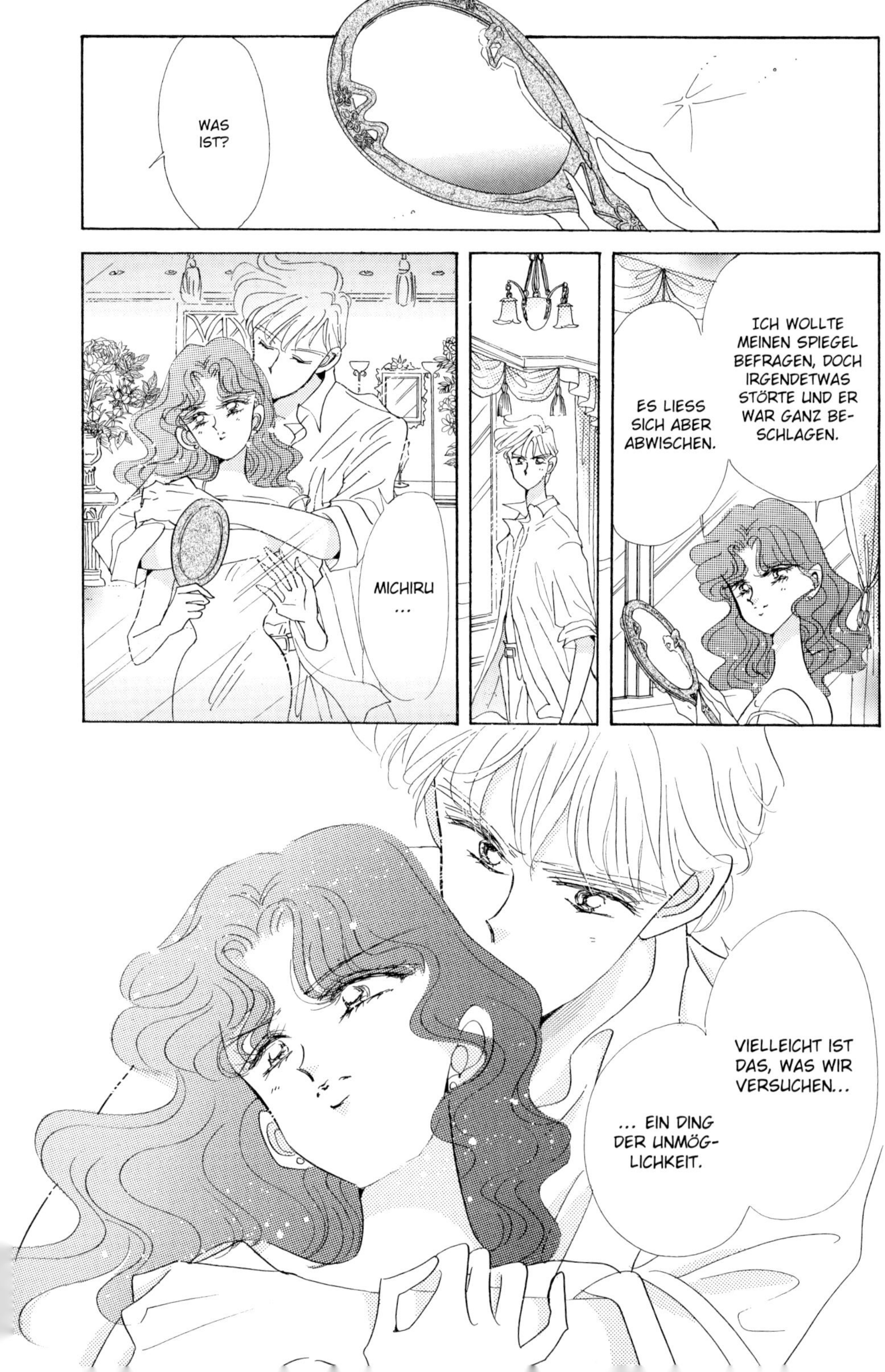
WAS IST?
MICHIRU ...
ICH WOLLTE MEINEN SPIEGEL BEFRAGEN, DOCH IRGENDETWAS STÖRTE UND ER WAR GANZ BE-SCHLAGEN.
ES LIESS SICH ABER ABWISCHEN.
VIELLEICHT IST DAS, WAS WIR VERSUCHEN...
... EIN DING DER UNMÖG-LICHKEIT.

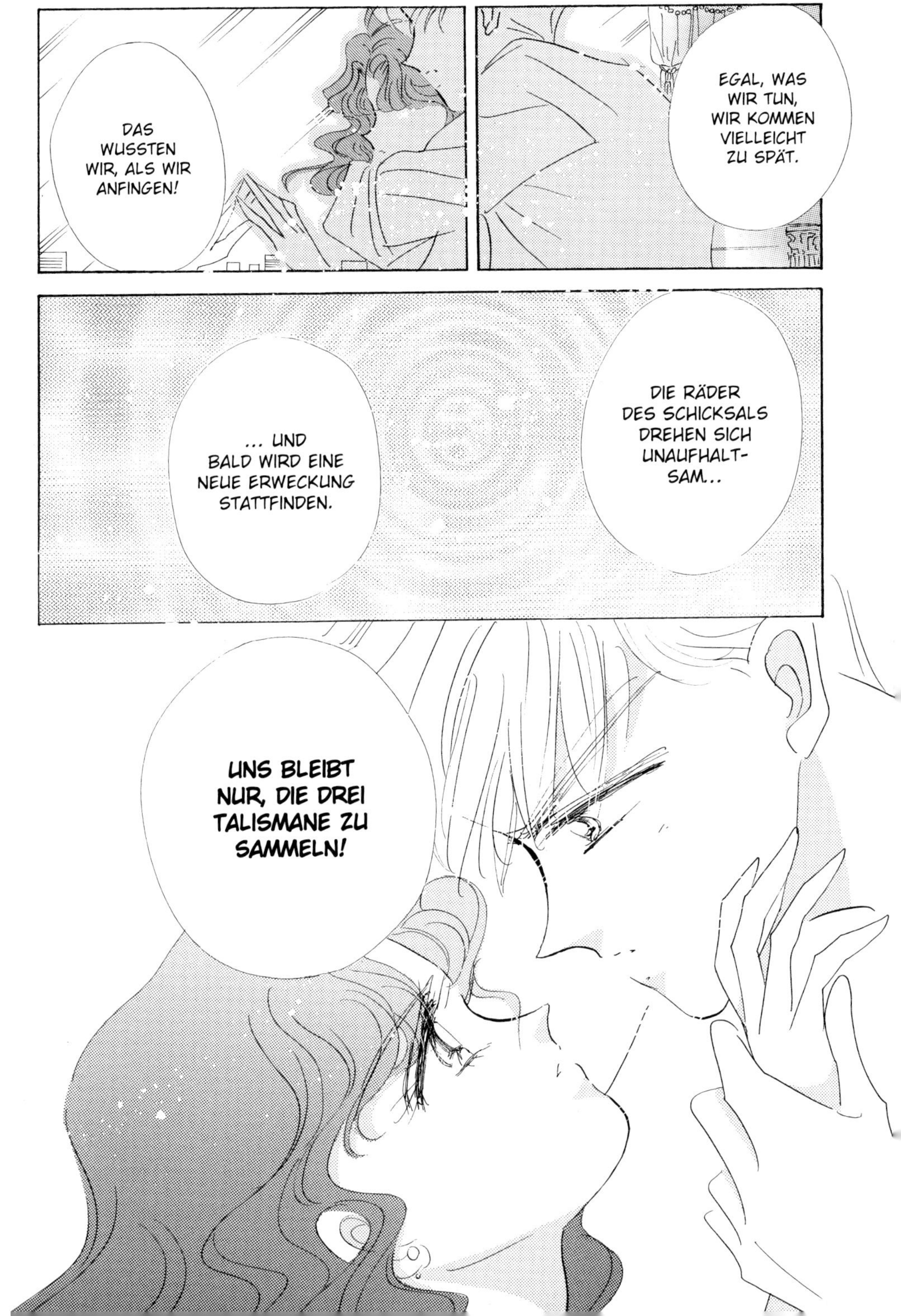
EGAL, WAS WIR TUN, WIR KOMMEN VIELLEICHT ZU SPÄT.
DAS WUSSTEN WIR, ALS WIR ANFINGEN!
DIE RÄDER DES SCHICKSALS DREHEN SICH UNAUFHALT-SAM...
... UND BALD WIRD EINE NEUE ERWECKUNG STATTFINDEN.
UNS BLEIBT NUR, DIE DREI TALISMANE ZU SAMMELN!

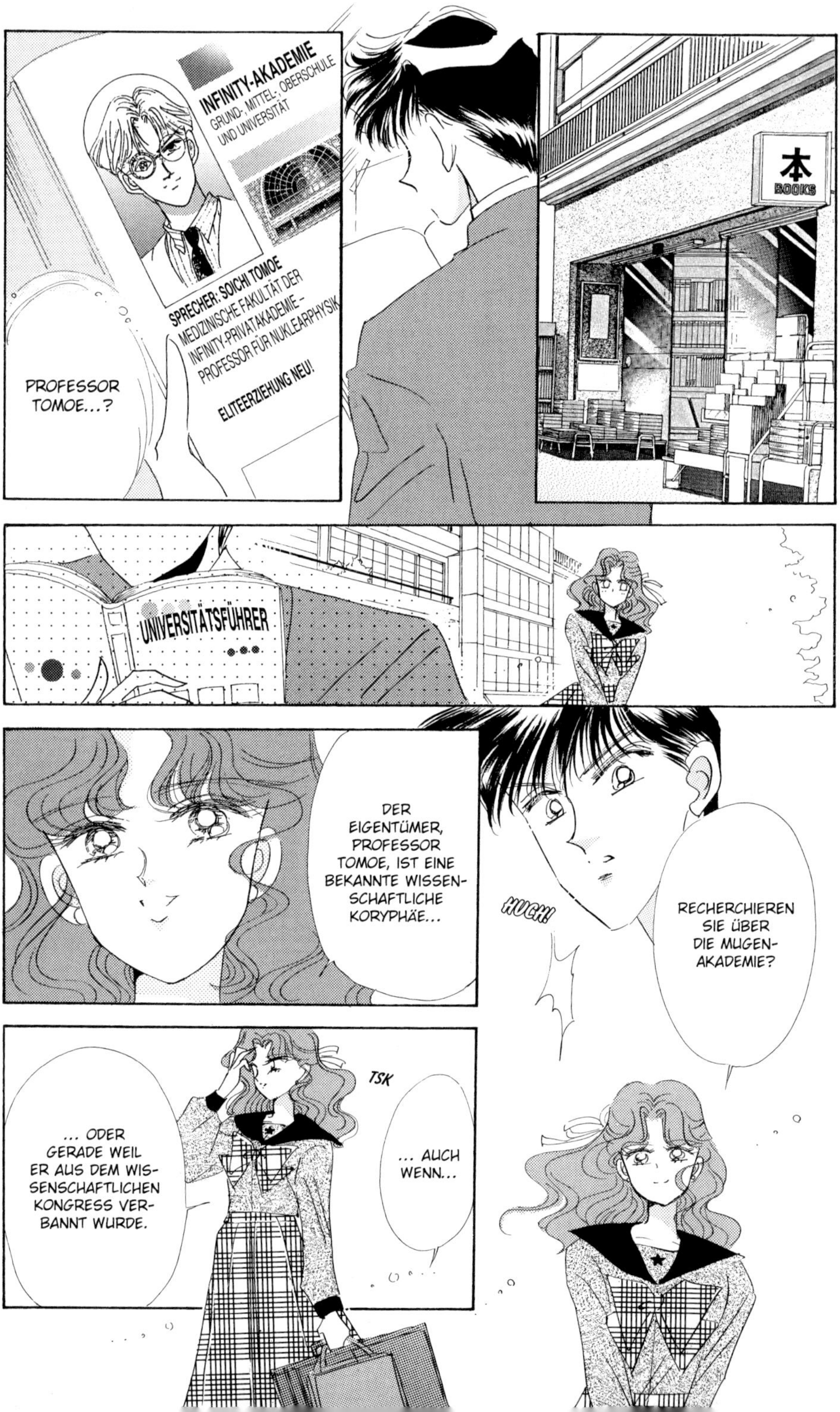
本
BOOKS
INFINITY-AKADEMIE
GRUND-, MITTEL-, OBERSCHULE UND UNIVERSITÄT
SPRECHER: SOICHI TOMOE
MEDIZINISCHE FAKULTÄT DER INFINITY-PRIVATAKADEMIE – PROFESSOR FÜR NUKLEARPHYSIK
ELITEERZIEHUNG NEU!
PROFESSOR TOMOE...?
UNIVERSITÄTSFÜHRER
HUGH!
RECHERCHIEREN SIE ÜBER DIE MUGEN-AKADEMIE?
DER EIGENTÜMER, PROFESSOR TOMOE, IST EINE BEKANNTE WISSENSCHAFTLICHE KORYPHÄE...
TSK
... AUCH WENN...
... ODER GERADE WEIL ER AUS DEM WISSENSCHAFTLICHEN KONGRESS VERBANNT WURDE.

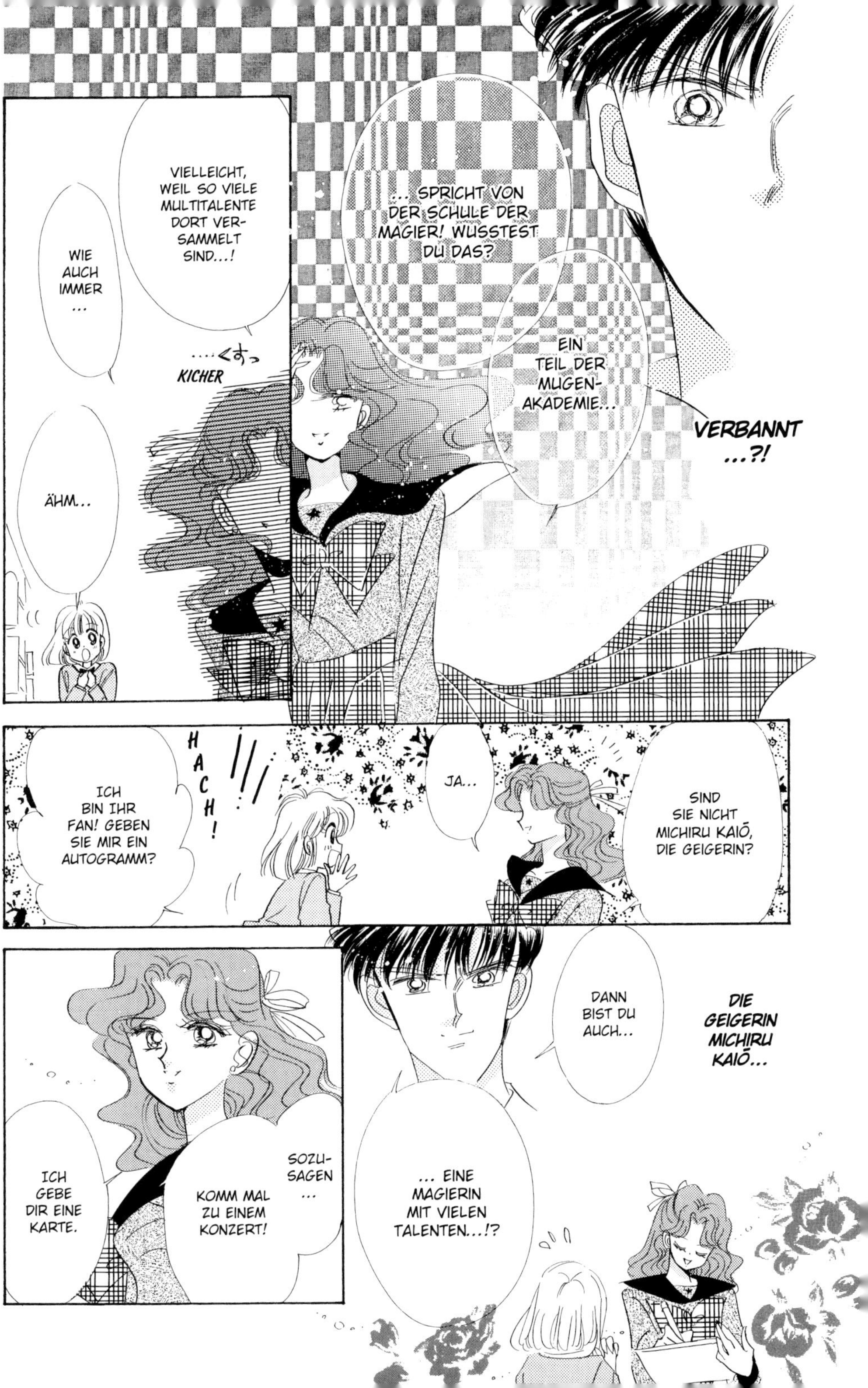
... SPRICHT VON DER SCHULE DER MAGIER! WUSSTEST DU DAS?
EIN TEIL DER MUGEN-AKADEMIE...
VERBANNT ...?!
VIELLEICHT, WEIL SO VIELE MULTITALENTE DORT VER-SAMMELT SIND...!
WIE AUCH IMMER ...
...くすっ
KICHER
ÄHM...
SIND SIE NICHT MICHIRU KAIŌ, DIE GEIGERIN?
JA...
HACH!
ICH BIN IHR FAN! GEBEN SIE MIR EIN AUTOGRAMM?
DIE GEIGERIN MICHIRU KAIŌ...
DANN BIST DU AUCH...
... EINE MAGIERIN MIT VIELEN TALENTEN...!?
SOZU-SAGEN ...
KOMM MAL ZU EINEM KONZERT!
ICH GEBE DIR EINE KARTE.

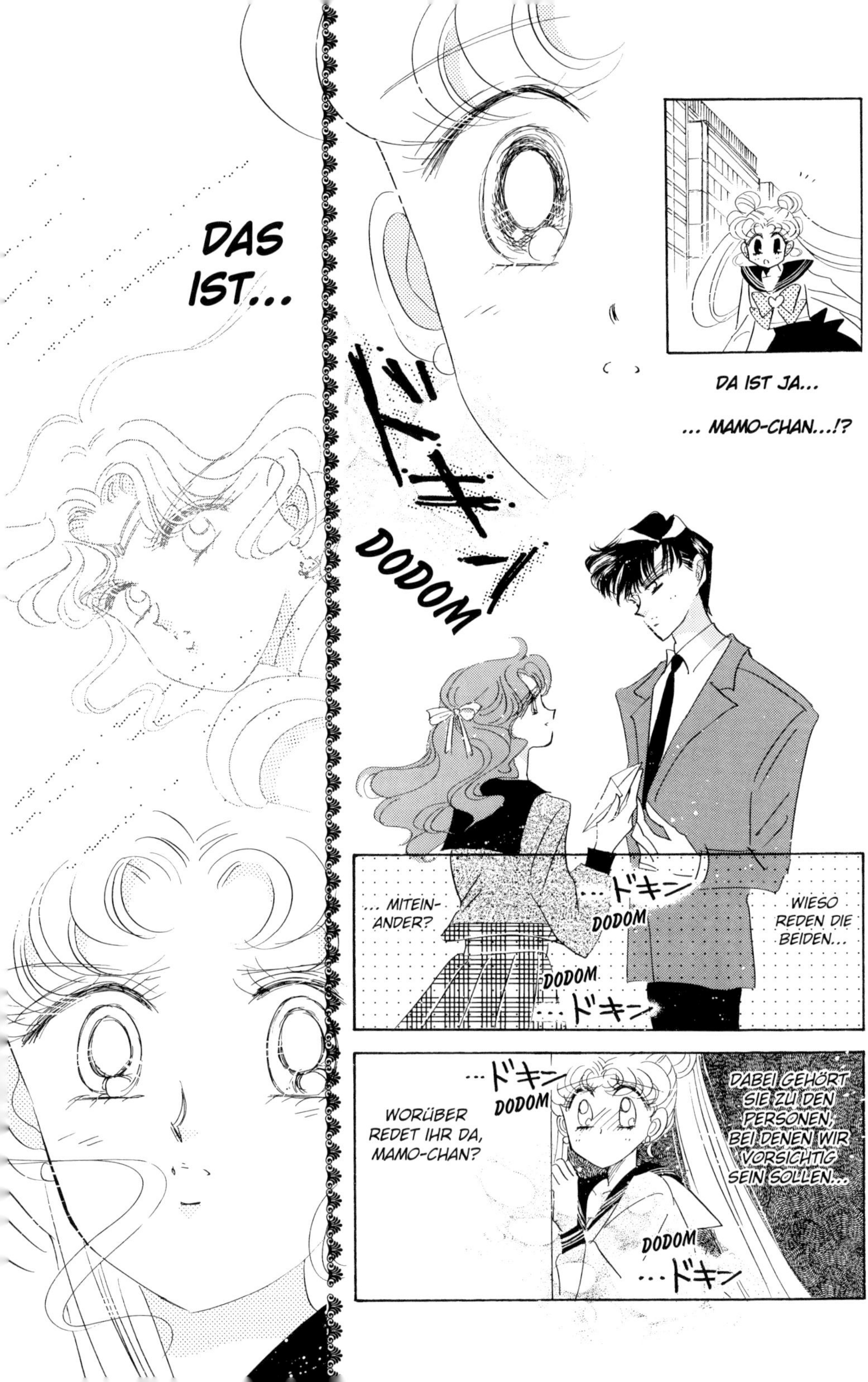

DA IST JA...
... MAMO-CHAN...!?
ドキン
DODOM
DAS IST...
WIESO REDEN DIE BEIDEN...
...ドキン
DODOM
... MITEIN-ANDER?
DODOM
...ドキン
DABEI GEHÖRT SIE ZU DEN PERSONEN, BEI DENEN WIR VORSICHTIG SEIN SOLLEN...
...ドキン
DODOM
WORÜBER REDET IHR DA, MAMO-CHAN?
DODOM
...ドキン

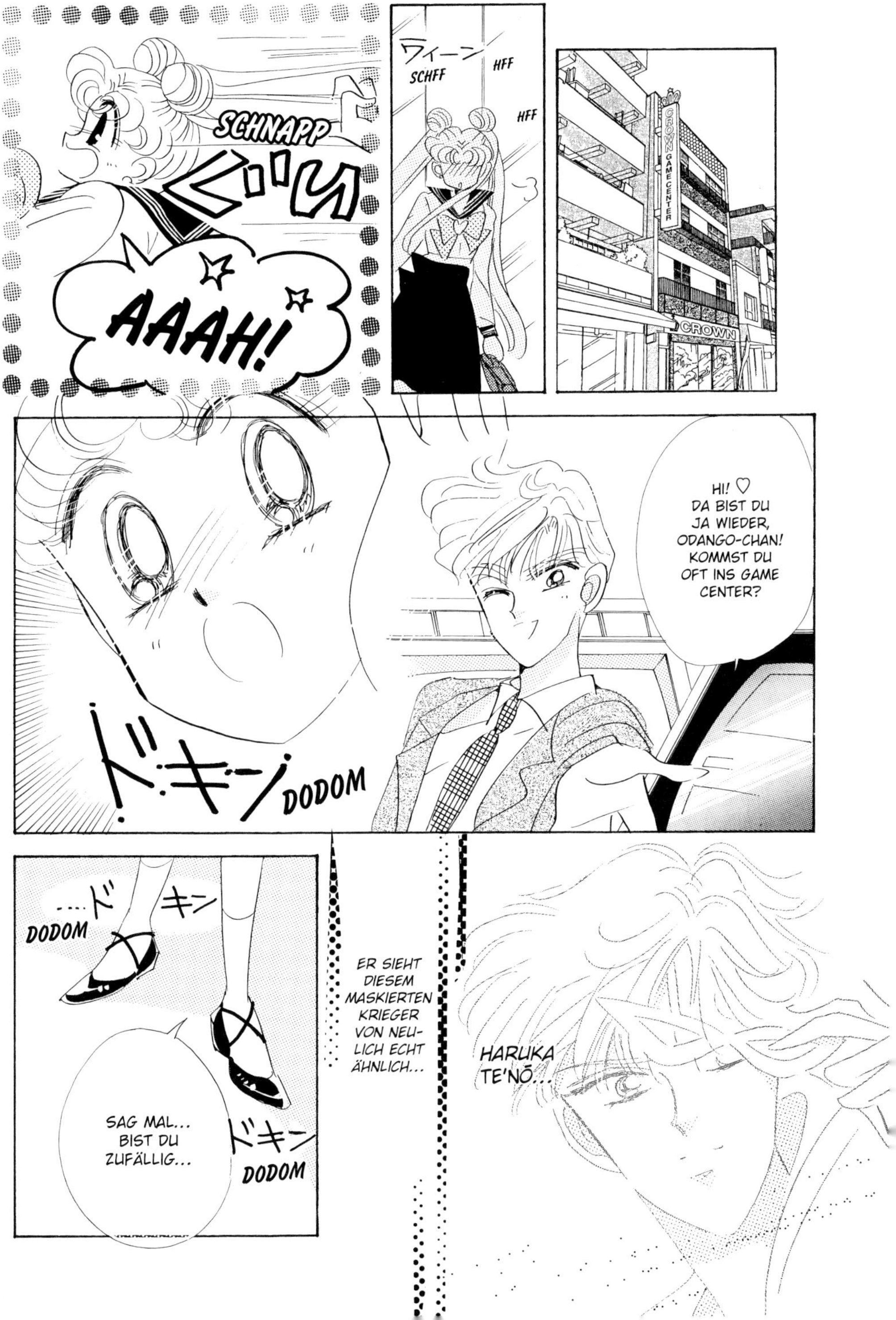
CROWN GAME CENTER
CROWN
ウィーン
SCHFF
HFF
HFF
SCHNAPP
ぐいっ
AAAH!
HI! ♡ DA BIST DU JA WIEDER, ODANGO-CHAN! KOMMST DU OFT INS GAME CENTER?
ドキーン
DODOM
HARUKA TE'NŌ...
ER SIEHT DIESEM MASKIERTEN KRIEGER VON NEULICH ECHT ÄHNLICH...
...ドキン
DODOM
ドキン
DODOM
SAG MAL... BIST DU ZUFÄLLIG...

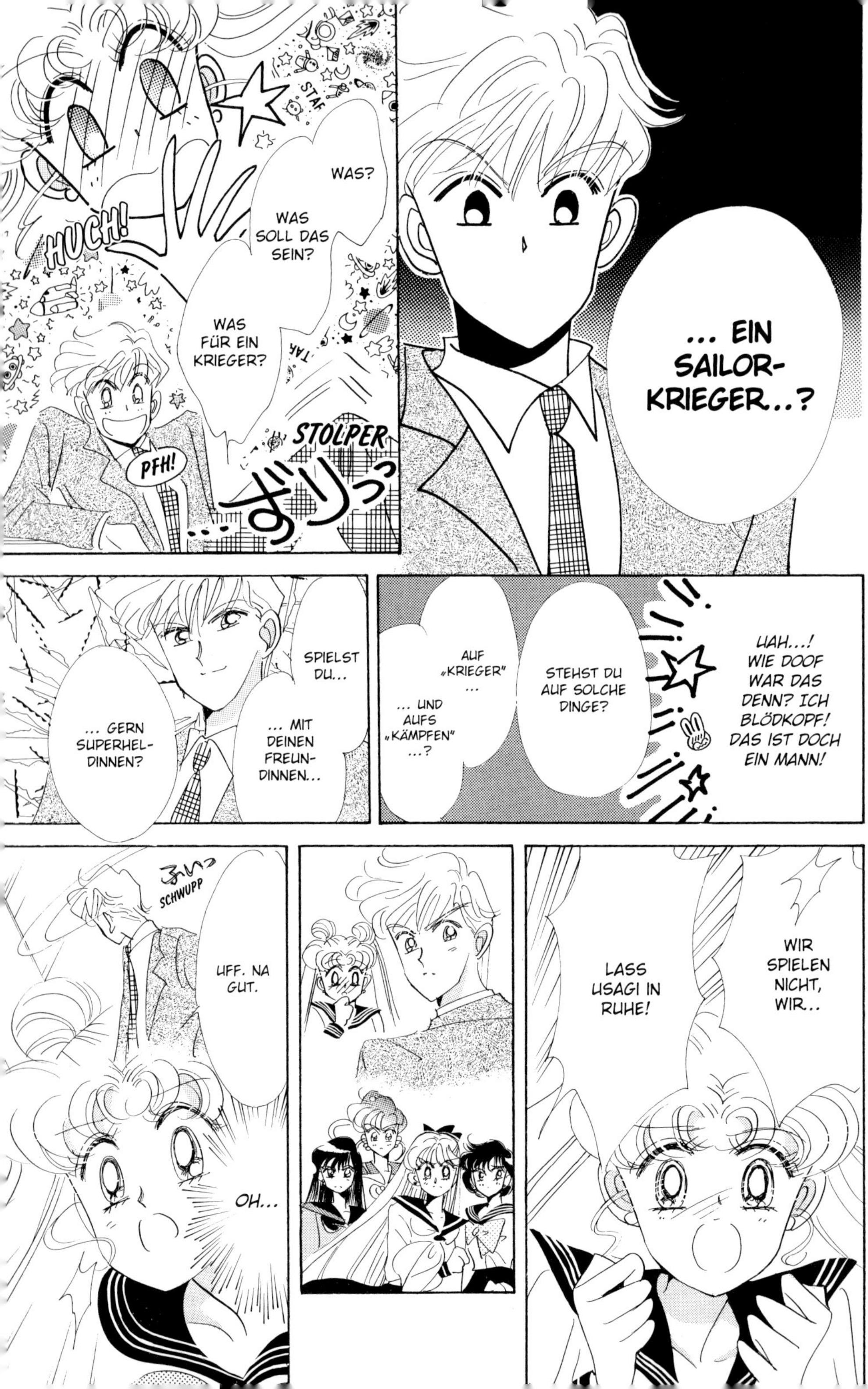
… EIN SAILOR-KRIEGER..?
WAS?
WAS SOLL DAS SEIN?
WAS FÜR EIN KRIEGER?
HUCH!
STAF
TAF
STOLPER
ずりっっ
PFH!
UAH…! WIE DOOF WAR DAS DENN? ICH BLÖDKOPF! DAS IST DOCH EIN MANN!
STEHST DU AUF SOLCHE DINGE?
AUF „KRIEGER“ …
… UND AUFS „KÄMPFEN“ …?
SPIELST DU…
… MIT DEINEN FREUNDINNEN…
… GERN SUPERHELDINNEN?
WIR SPIELEN NICHT, WIR..
LASS USAGI IN RUHE!
ふいっ
SCHWUPP
UFF. NA GUT.
OH…

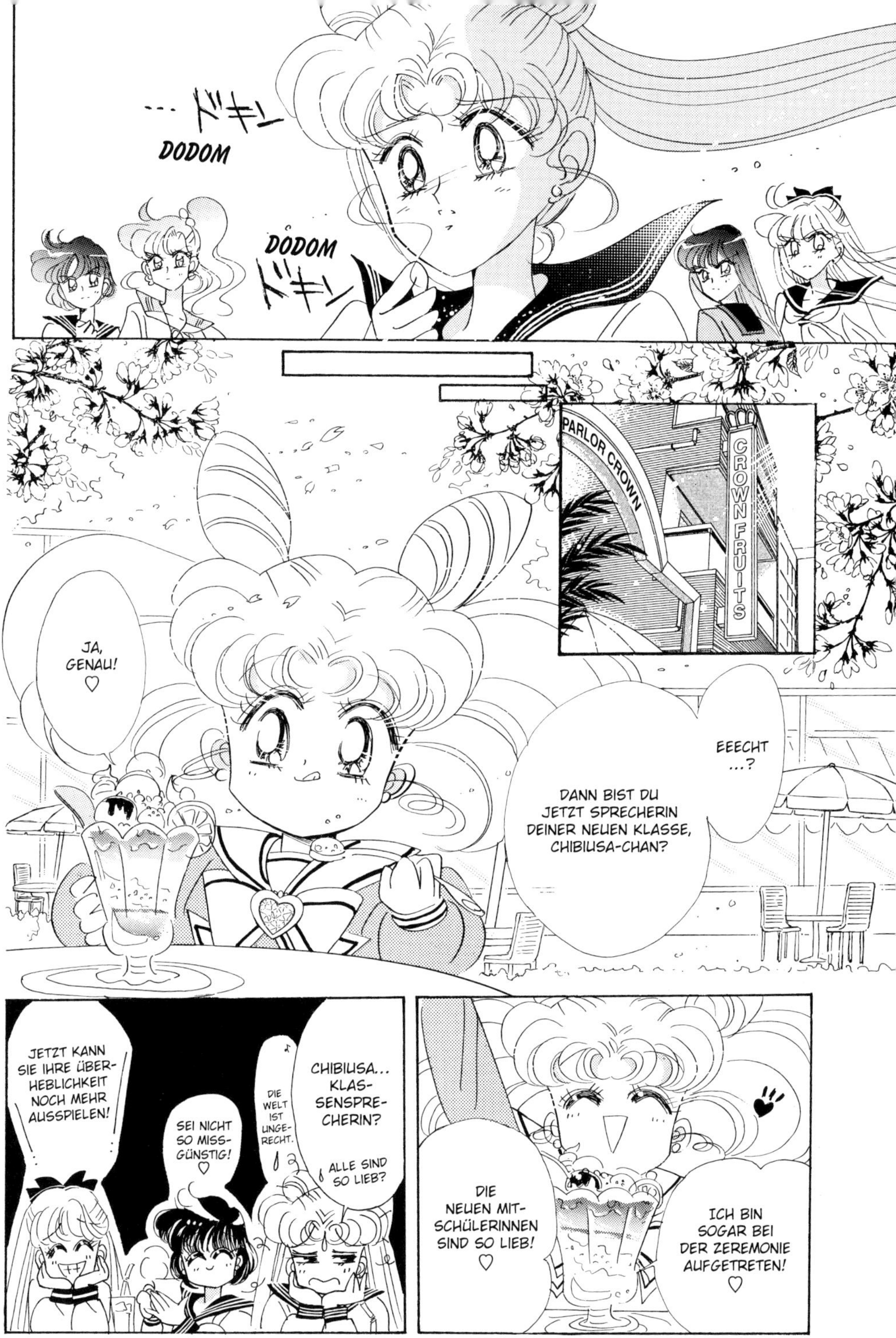
... ドキン
DODOM
DODOM
ドキン
PARLOR CROWN
CROWN FRUITS
EEECHT ...?
DANN BIST DU JETZT SPRECHERIN DEINER NEUEN KLASSE, CHIBIUSA-CHAN?
JA, GENAU! ♡
ICH BIN SOGAR BEI DER ZEREMONIE AUFGETRETEN! ♡
DIE NEUEN MITSCHÜLERINNEN SIND SO LIEB! ♡
CHIBIUSA... KLASSENSPRECHERIN?
ALLE SIND SO LIEB?
DIE WELT IST UNGERECHT.
SEI NICHT SO MISSGÜNSTIG! ♡
JETZT KANN SIE IHRE ÜBERHEBLICHKEIT NOCH MEHR AUSSPIELEN!

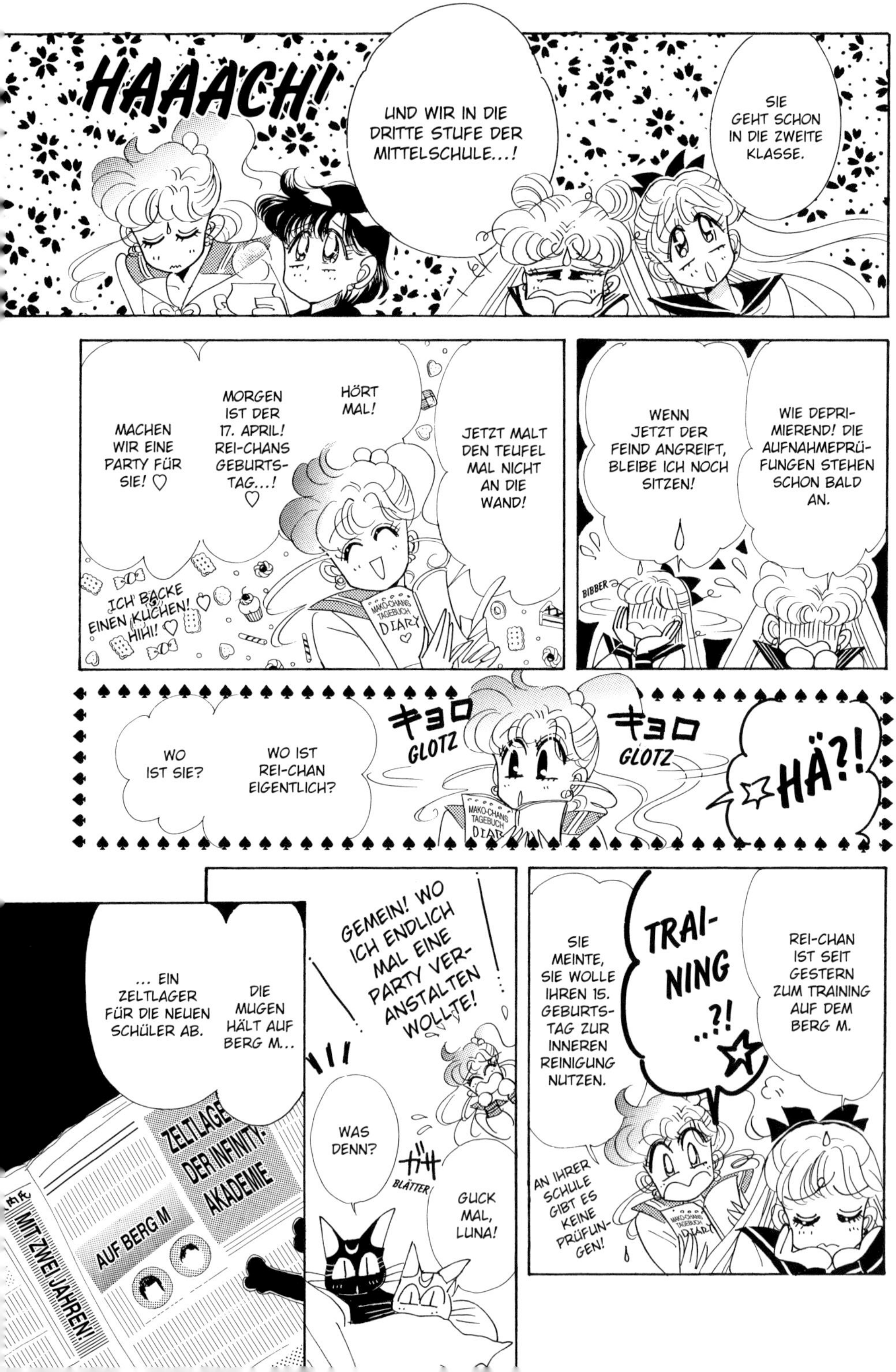

SIE GEHT SCHON IN DIE ZWEITE KLASSE.
UND WIR IN DIE DRITTE STUFE DER MITTELSCHULE...!
HAAAACH!
WIE DEPRIMIEREND! DIE AUFNAHMEPRÜFUNGEN STEHEN SCHON BALD AN.
WENN JETZT DER FEIND ANGREIFT, BLEIBE ICH NOCH SITZEN!
BIBBER
JETZT MALT DEN TEUFEL MAL NICHT AN DIE WAND!
HÖRT MAL!
MORGEN IST DER 17. APRIL! REI-CHANS GEBURTSTAG...! ♡
MACHEN WIR EINE PARTY FÜR SIE! ♡
ICH BACKE EINEN KUCHEN! HIHI! ♡
MAKO-CHANS TAGEBUCH DIARY
HÄ?!
キョロ GLOTZ
キョロ GLOTZ
MAKO-CHANS TAGEBUCH DIARY
WO IST REI-CHAN EIGENTLICH?
WO IST SIE?
REI-CHAN IST SEIT GESTERN ZUM TRAINING AUF DEM BERG M.
TRAINING ..?!
SIE MEINTE, SIE WOLLE IHREN 15. GEBURTSTAG ZUR INNEREN REINIGUNG NUTZEN.
AN IHRER SCHULE GIBT ES KEINE PRÜFUNGEN!
MAKO-CHANS TAGEBUCH DIARY
GEMEIN! WO ICH ENDLICH MAL EINE PARTY VERANSTALTEN WOLLTE!
WAS DENN?
BLÄTTER
GUCK MAL, LUNA!
DIE MUGEN HÄLT AUF BERG M...
... EIN ZELTLAGER FÜR DIE NEUEN SCHÜLER AB.
ZELTLAGER DER INFINITY-AKADEMIE
AUF BERG M
MIT ZWEI JAHREN!

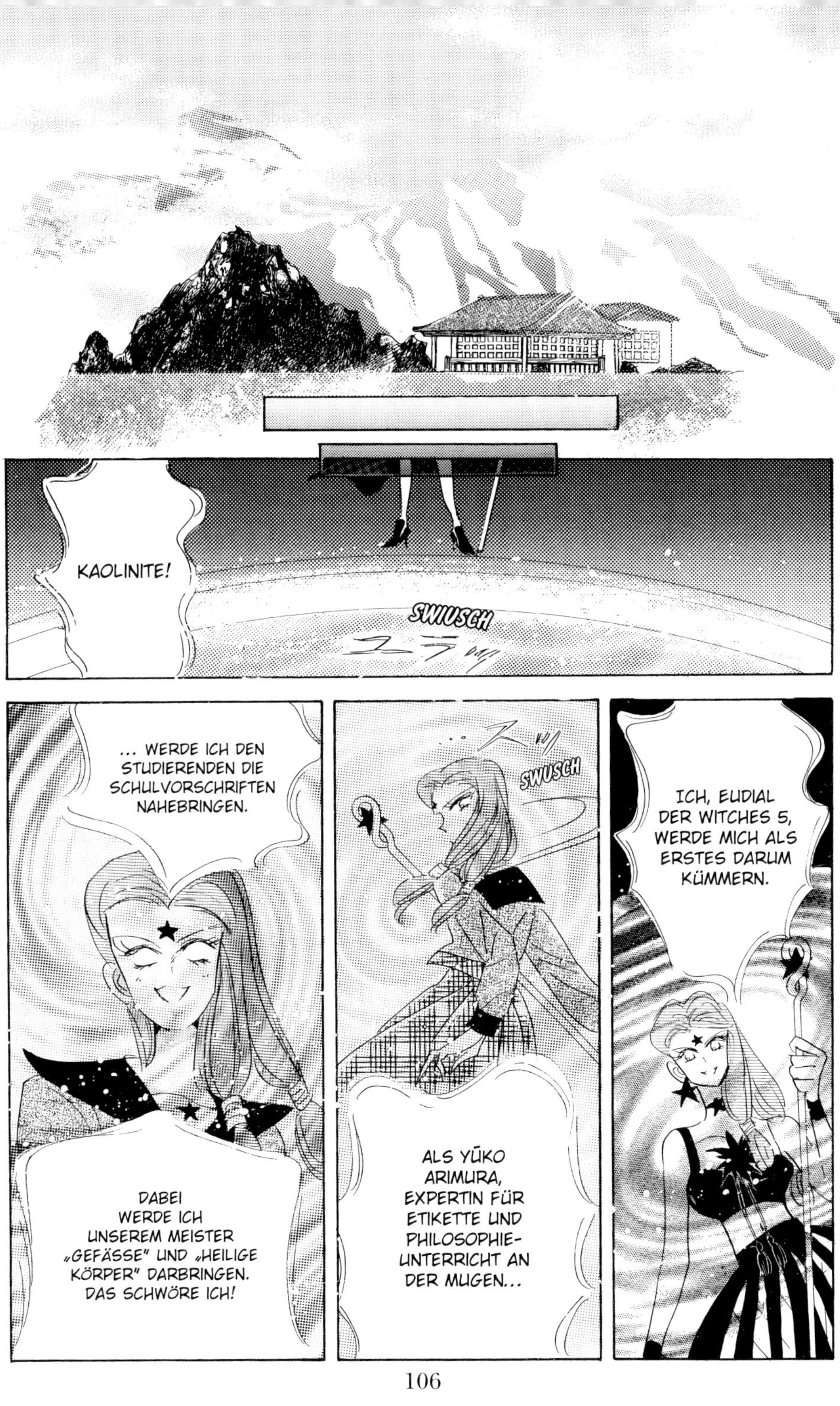
KAOLINITE!
SWIUSCH
ICH, EUDIAL DER WITCHES 5, WERDE MICH ALS ERSTES DARUM KÜMMERN.
SWUSCH
ALS YŪKO ARIMURA, EXPERTIN FÜR ETIKETTE UND PHILOSOPHIE-UNTERRICHT AN DER MUGEN…
… WERDE ICH DEN STUDIERENDEN DIE SCHULVORSCHRIFTEN NAHEBRINGEN.
DABEI WERDE ICH UNSEREM MEISTER „GEFÄSSE" UND „HEILIGE KÖRPER" DARBRINGEN. DAS SCHWÖRE ICH!

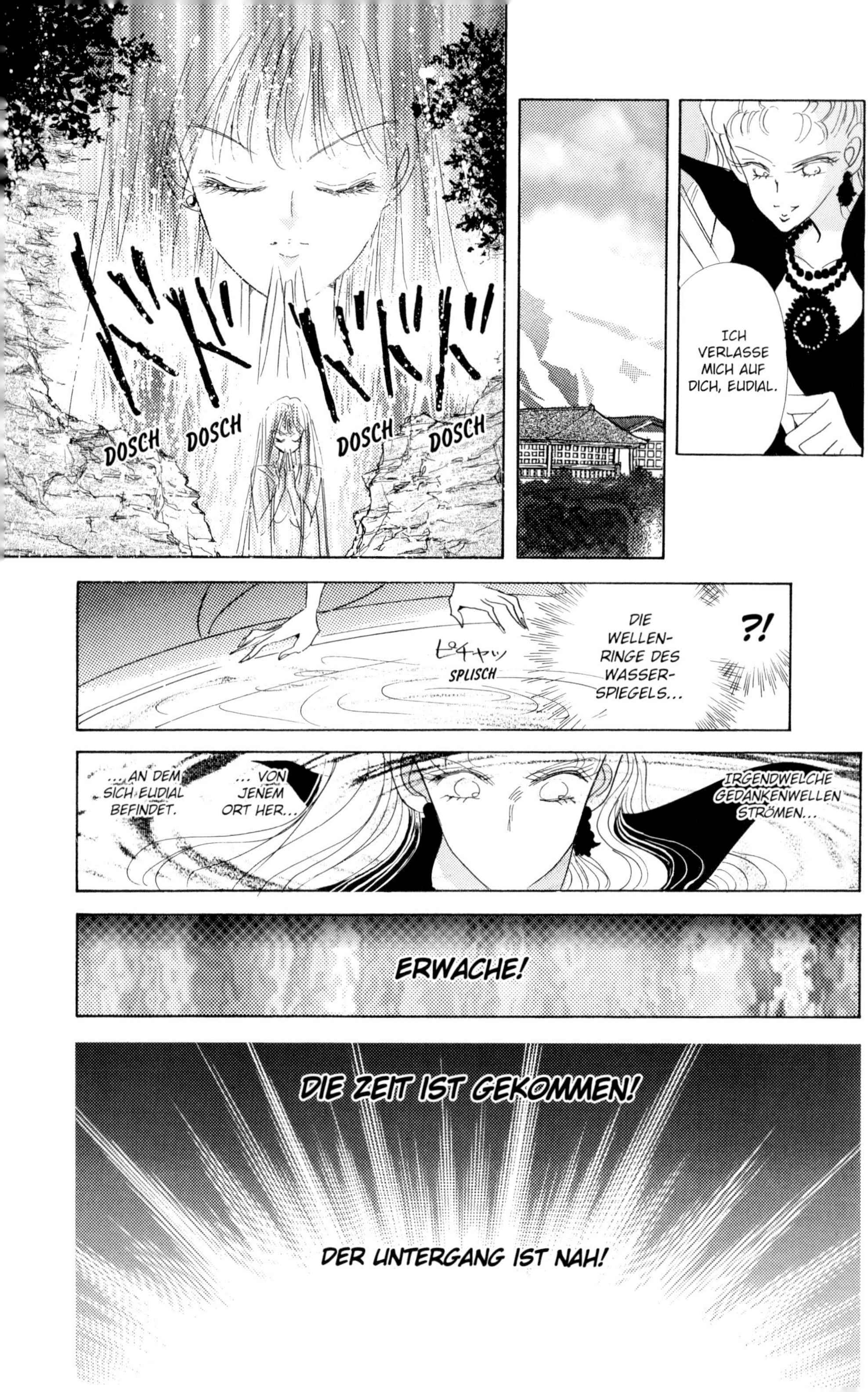

DOSCH
DOSCH
DOSCH
DOSCH
ICH VERLASSE MICH AUF DICH, EUDIAL.
ピチャッ
SPLISCH
DIE WELLENRINGE DES WASSERSPIEGELS...
?!
IRGENDWELCHE GEDANKENWELLEN STRÖMEN...
... VON JENEM ORT HER...
... AN DEM SICH EUDIAL BEFINDET.
ERWACHE!
DIE ZEIT IST GEKOMMEN!
DER UNTERGANG IST NAH!

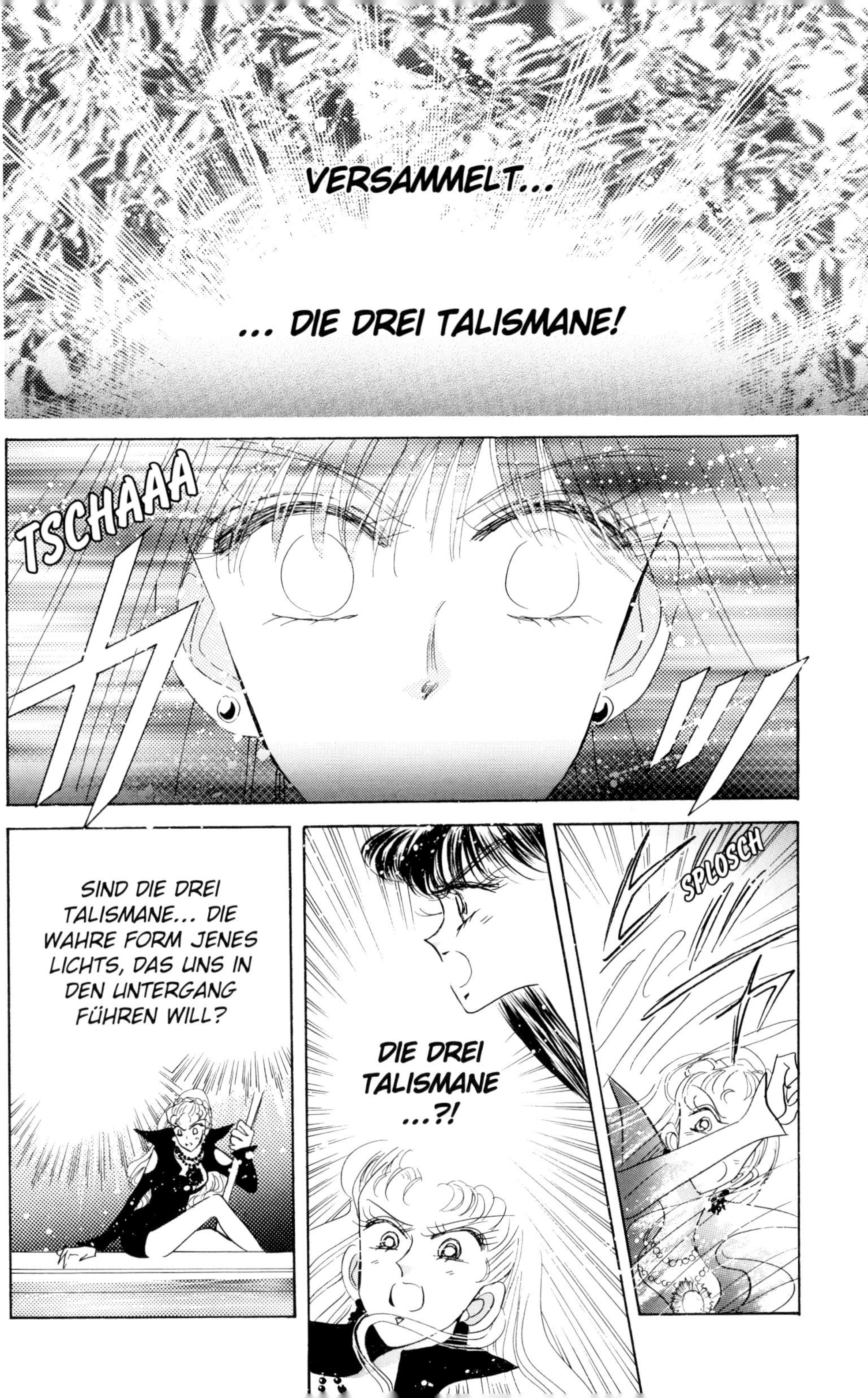
VERSAMMELT…
… DIE DREI TALISMANE!
TSCHAAA
SIND DIE DREI TALISMANE… DIE WAHRE FORM JENES LICHTS, DAS UNS IN DEN UNTERGANG FÜHREN WILL?
SPLOSCH
DIE DREI TALISMANE …?!

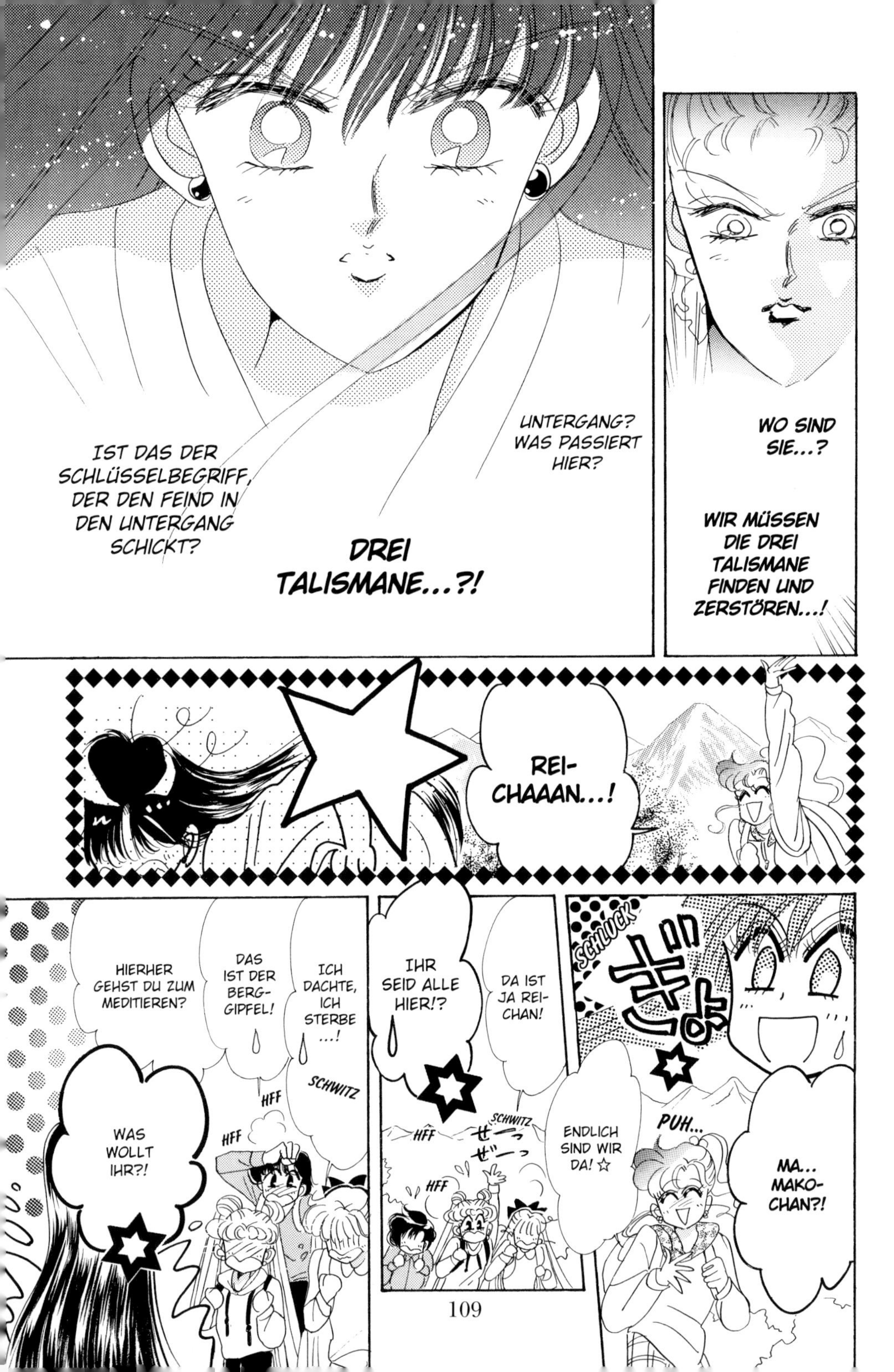
WO SIND SIE...?
WIR MÜSSEN DIE DREI TALISMANE FINDEN UND ZERSTÖREN...!
UNTERGANG? WAS PASSIERT HIER?
IST DAS DER SCHLÜSSELBEGRIFF, DER DEN FEIND IN DEN UNTERGANG SCHICKT?
DREI TALISMANE...?!
REI-CHAAAN...!
SCHLUCK
MA... MAKO-CHAN?!
PUH...
ENDLICH SIND WIR DA! ☆
DA IST JA REI-CHAN!
IHR SEID ALLE HIER!?
SCHWITZ
HFF
HFF
ICH DACHTE, ICH STERBE ...!
DAS IST DER BERG-GIPFEL!
HIERHER GEHST DU ZUM MEDITIEREN?
SCHWITZ
HFF
HFF
WAS WOLLT IHR?!

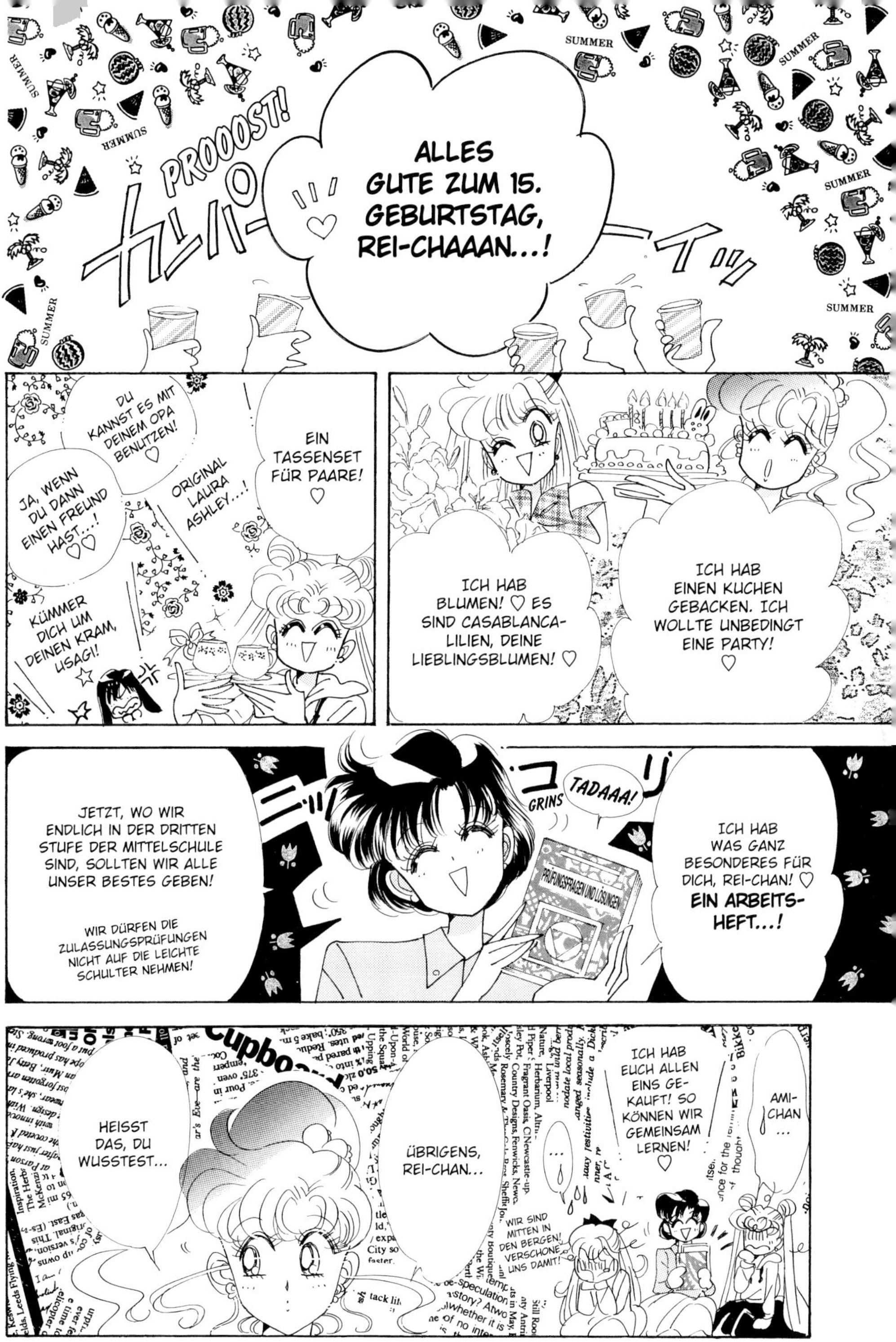
PROOOST!
ALLES GUTE ZUM 15. GEBURTSTAG, REI-CHAAAN...! ♡
ICH HAB EINEN KUCHEN GEBACKEN. ICH WOLLTE UNBEDINGT EINE PARTY! ♡
ICH HAB BLUMEN! ♡ ES SIND CASABLANCA-LILIEN, DEINE LIEBLINGSBLUMEN! ♡
EIN TASSENSET FÜR PAARE! ♡
ORIGINAL LAURA ASHLEY...!
DU KANNST ES MIT DEINEM OPA BENUTZEN! ♡
JA, WENN DU DANN EINEN FREUND HAST...! ♡♡
KÜMMER DICH UM DEINEN KRAM, USAGI!
ICH HAB WAS GANZ BESONDERES FÜR DICH, REI-CHAN! ♡ EIN ARBEITSHEFT...!
TADAAA!
GRINS
PRÜFUNGSFRAGEN UND LÖSUNGEN
JETZT, WO WIR ENDLICH IN DER DRITTEN STUFE DER MITTELSCHULE SIND, SOLLTEN WIR ALLE UNSER BESTES GEBEN!
WIR DÜRFEN DIE ZULASSUNGSPRÜFUNGEN NICHT AUF DIE LEICHTE SCHULTER NEHMEN!
AMI-CHAN...
ICH HAB EUCH ALLEN EINS GEKAUFT! SO KÖNNEN WIR GEMEINSAM LERNEN! ♡
WIR SIND MITTEN IN DEN BERGEN! VERSCHONE UNS DAMIT!
...
ÜBRIGENS, REI-CHAN...
HEISST DAS, DU WUSSTEST...

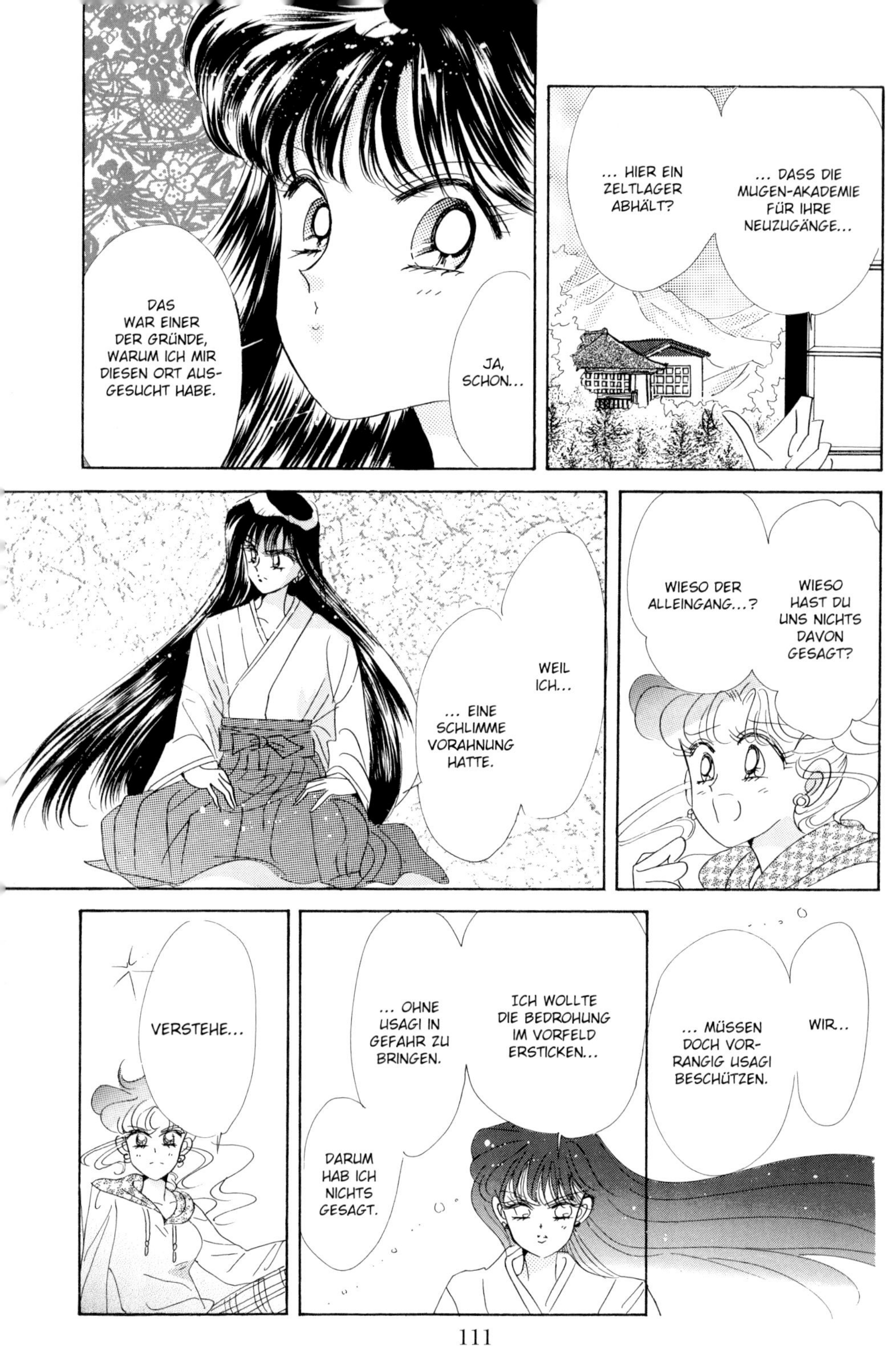
… DASS DIE MUGEN-AKADEMIE FÜR IHRE NEUZUGÄNGE…
… HIER EIN ZELTLAGER ABHÄLT?
JA, SCHON…
DAS WAR EINER DER GRÜNDE, WARUM ICH MIR DIESEN ORT AUS-GESUCHT HABE.
WIESO HAST DU UNS NICHTS DAVON GESAGT?
WIESO DER ALLEINGANG…?
WEIL ICH…
… EINE SCHLIMME VORAHNUNG HATTE.
WIR…
… MÜSSEN DOCH VOR-RANGIG USAGI BESCHÜTZEN.
ICH WOLLTE DIE BEDROHUNG IM VORFELD ERSTICKEN…
… OHNE USAGI IN GEFAHR ZU BRINGEN.
DARUM HAB ICH NICHTS GESAGT.
VERSTEHE…

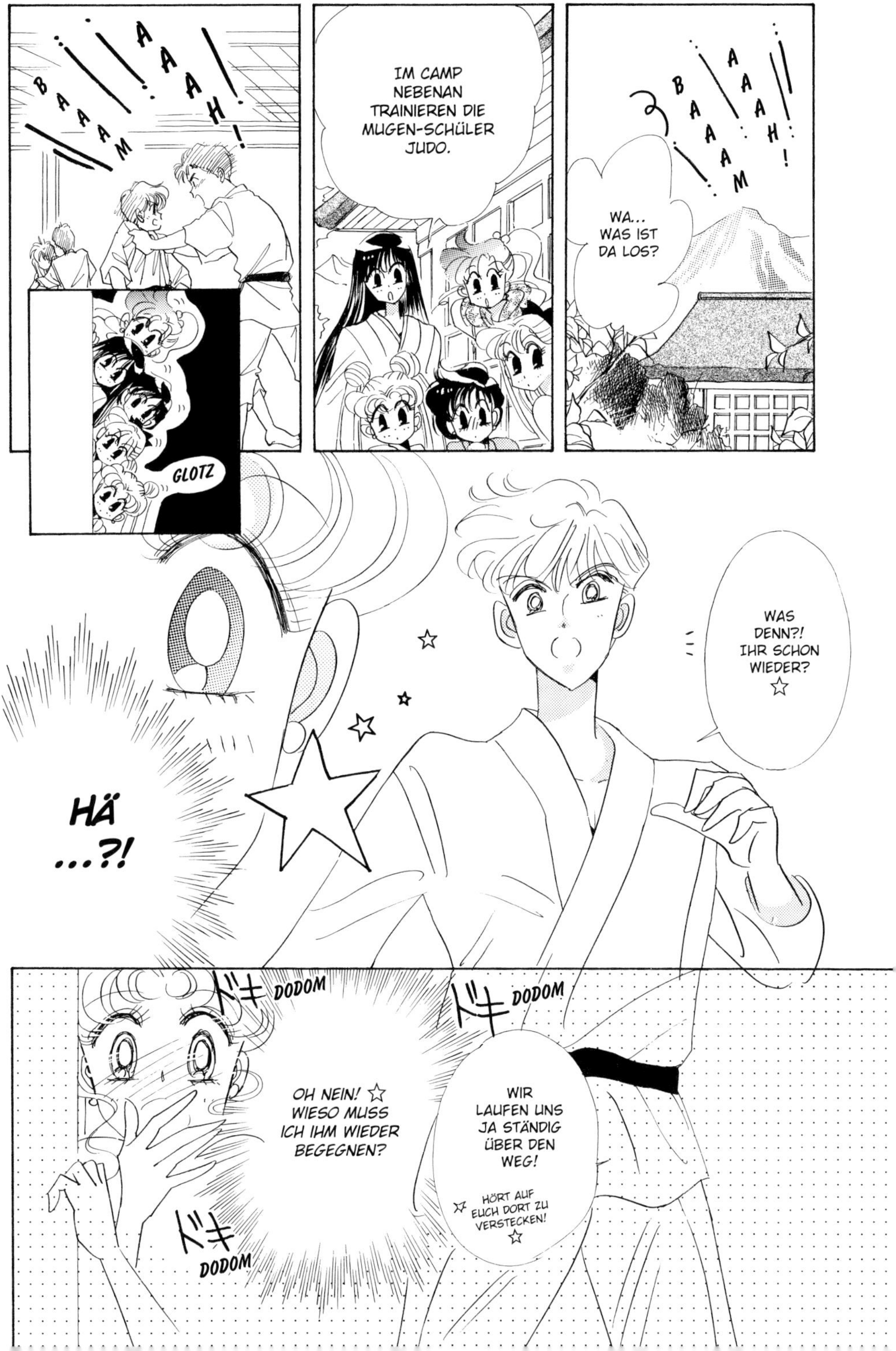
BAAAM AAAH!
WA... WAS IST DA LOS?
IM CAMP NEBENAN TRAINIEREN DIE MUGEN-SCHÜLER JUDO.
BAAAM AAAAH!
GLOTZ
WAS DENN?! IHR SCHON WIEDER? ☆
HÄ ...?!
WIR LAUFEN UNS JA STÄNDIG ÜBER DEN WEG!
☆ HÖRT AUF EUCH DORT ZU VERSTECKEN! ☆
DODOM
DODOM
OH NEIN! ☆ WIESO MUSS ICH IHM WIEDER BEGEGNEN?
DODOM

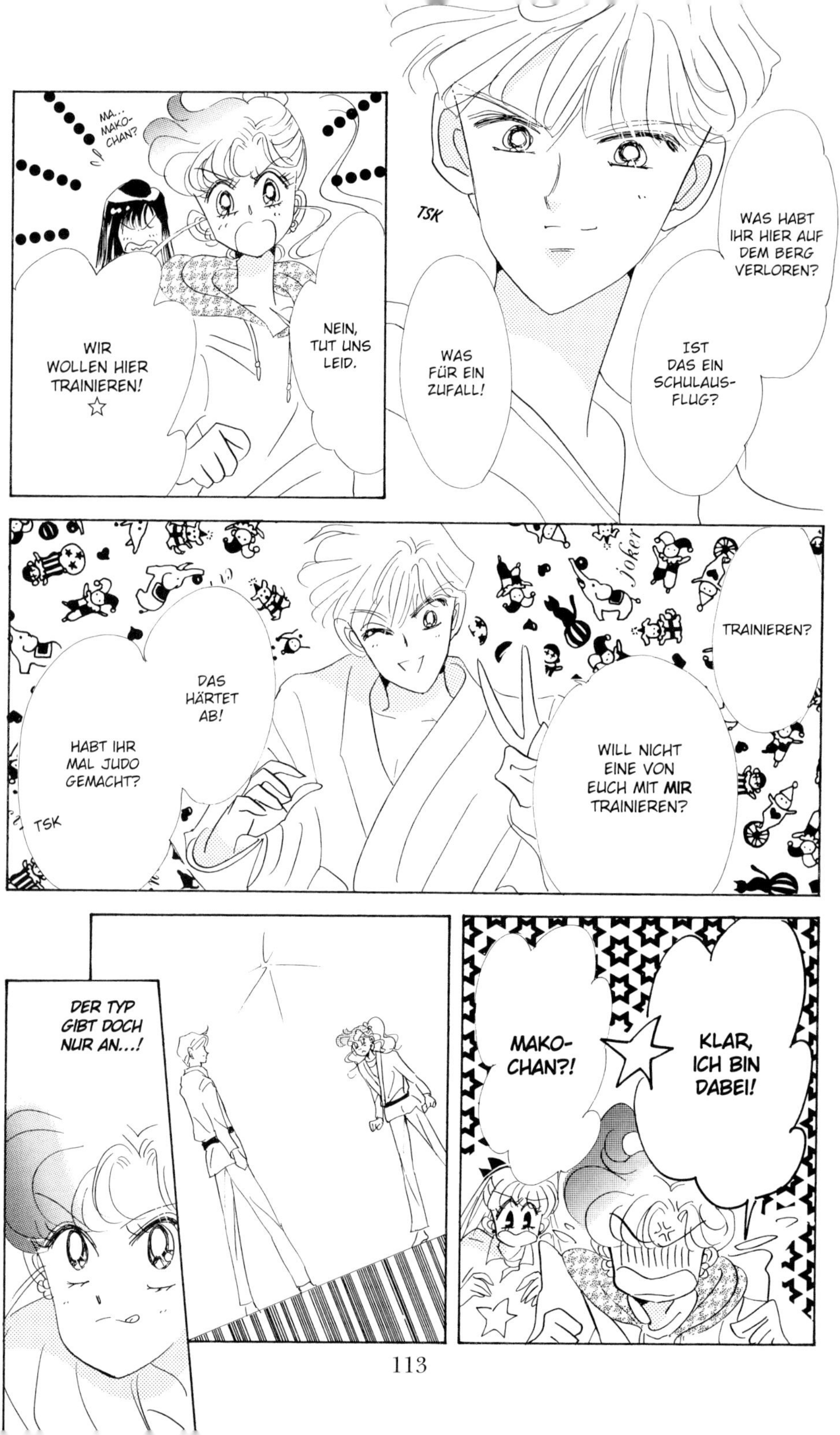
WAS HABT IHR HIER AUF DEM BERG VERLOREN?
IST DAS EIN SCHULAUSFLUG?
TSK
WAS FÜR EIN ZUFALL!
NEIN, TUT UNS LEID.
WIR WOLLEN HIER TRAINIEREN! ☆
MA... MAKO-CHAN?
TRAINIEREN?
WILL NICHT EINE VON EUCH MIT MIR TRAINIEREN?
DAS HÄRTET AB!
HABT IHR MAL JUDO GEMACHT?
TSK
joker
KLAR, ICH BIN DABEI!
MAKO-CHAN?!
DER TYP GIBT DOCH NUR AN...!

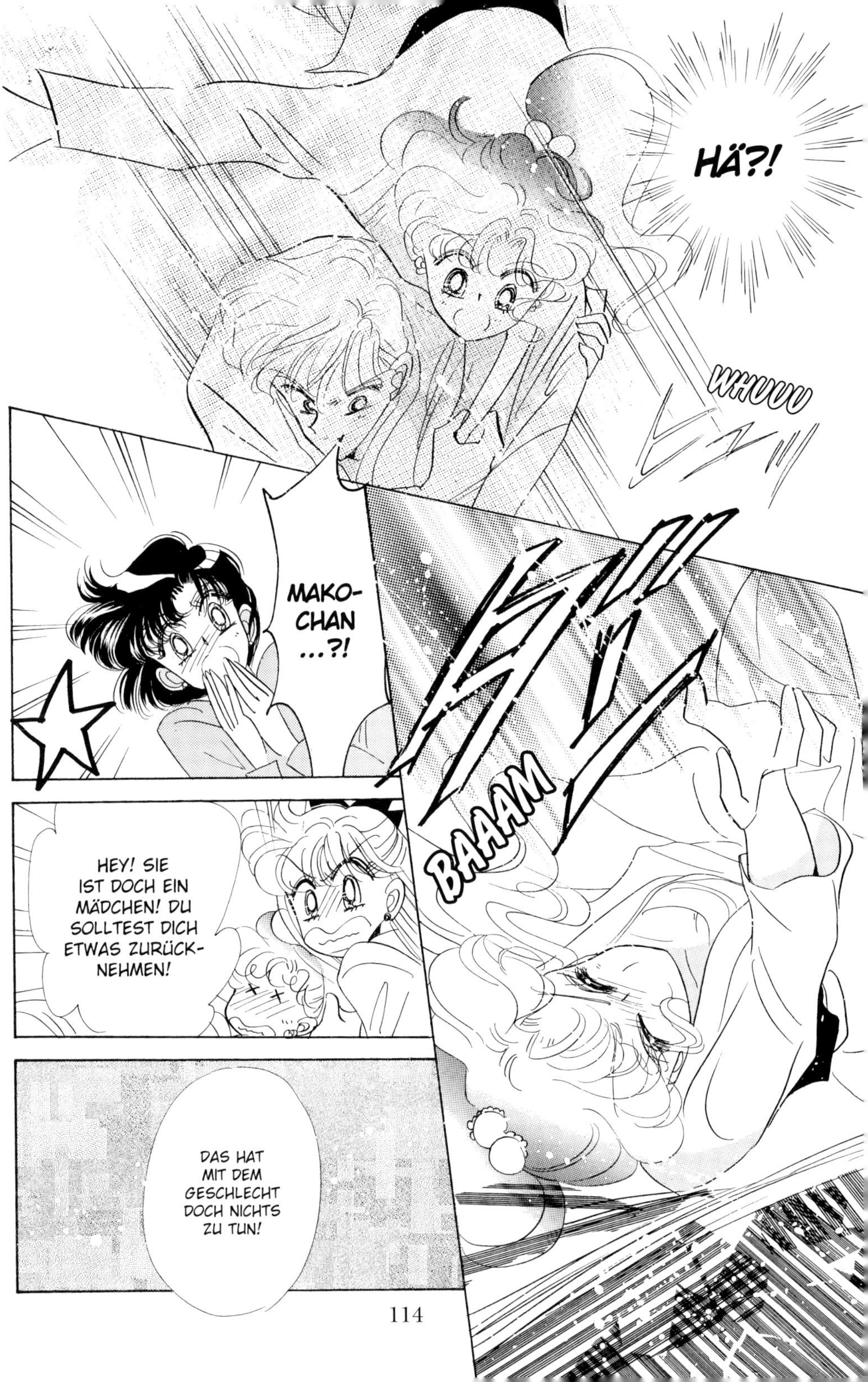
HÄ?!
WHUUUU
MAKO-CHAN ...?!
BAAAM
HEY! SIE IST DOCH EIN MÄDCHEN! DU SOLLTEST DICH ETWAS ZURÜCK-NEHMEN!
DAS HAT MIT DEM GESCHLECHT DOCH NICHTS ZU TUN!

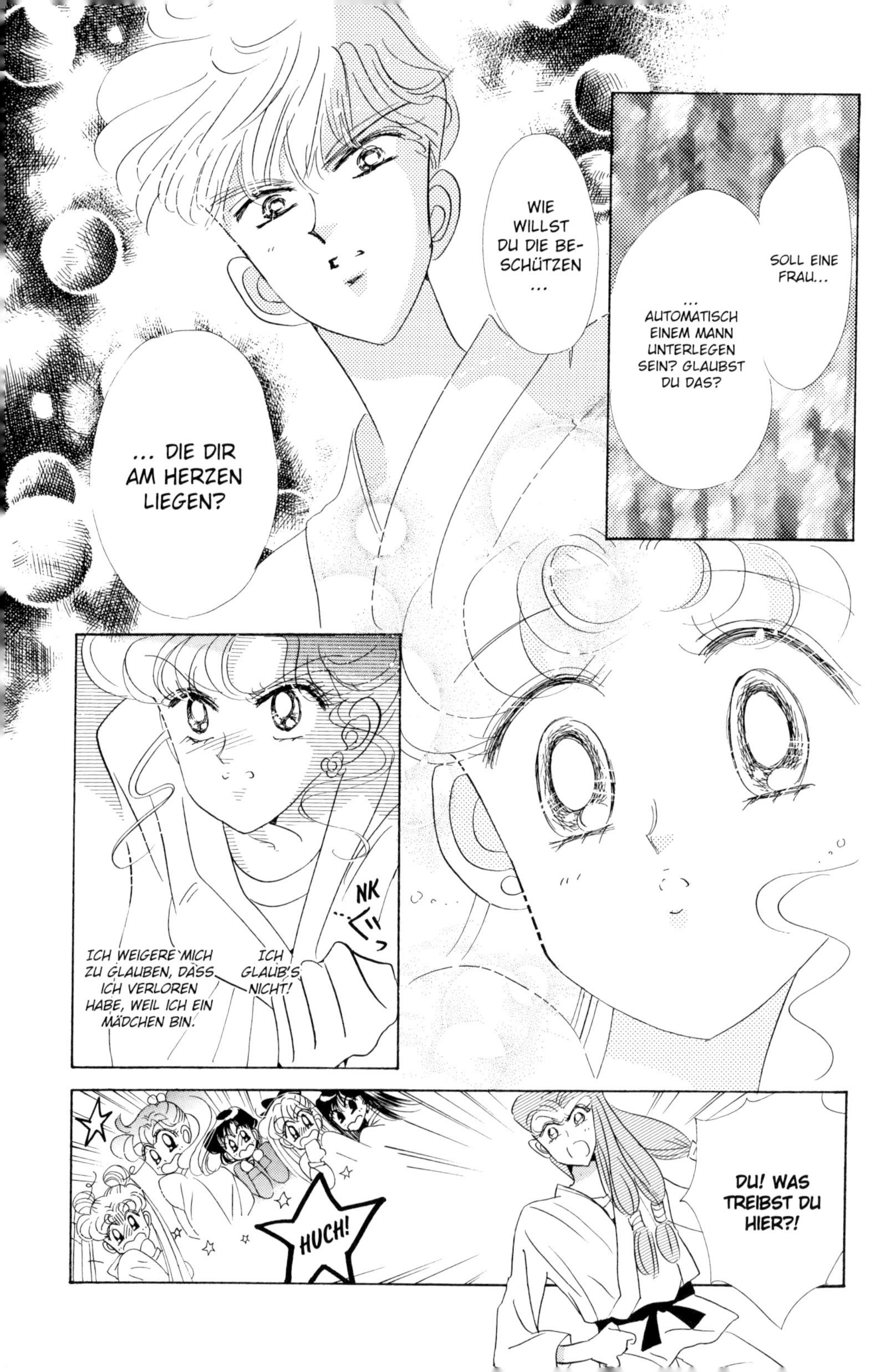
SOLL EINE FRAU...
... AUTOMATISCH EINEM MANN UNTERLEGEN SEIN? GLAUBST DU DAS?
WIE WILLST DU DIE BESCHÜTZEN ...
... DIE DIR AM HERZEN LIEGEN?
NK
ICH GLAUB'S NICHT!
ICH WEIGERE MICH ZU GLAUBEN, DASS ICH VERLOREN HABE, WEIL ICH EIN MÄDCHEN BIN.
DU! WAS TREIBST DU HIER?!
HUCH!

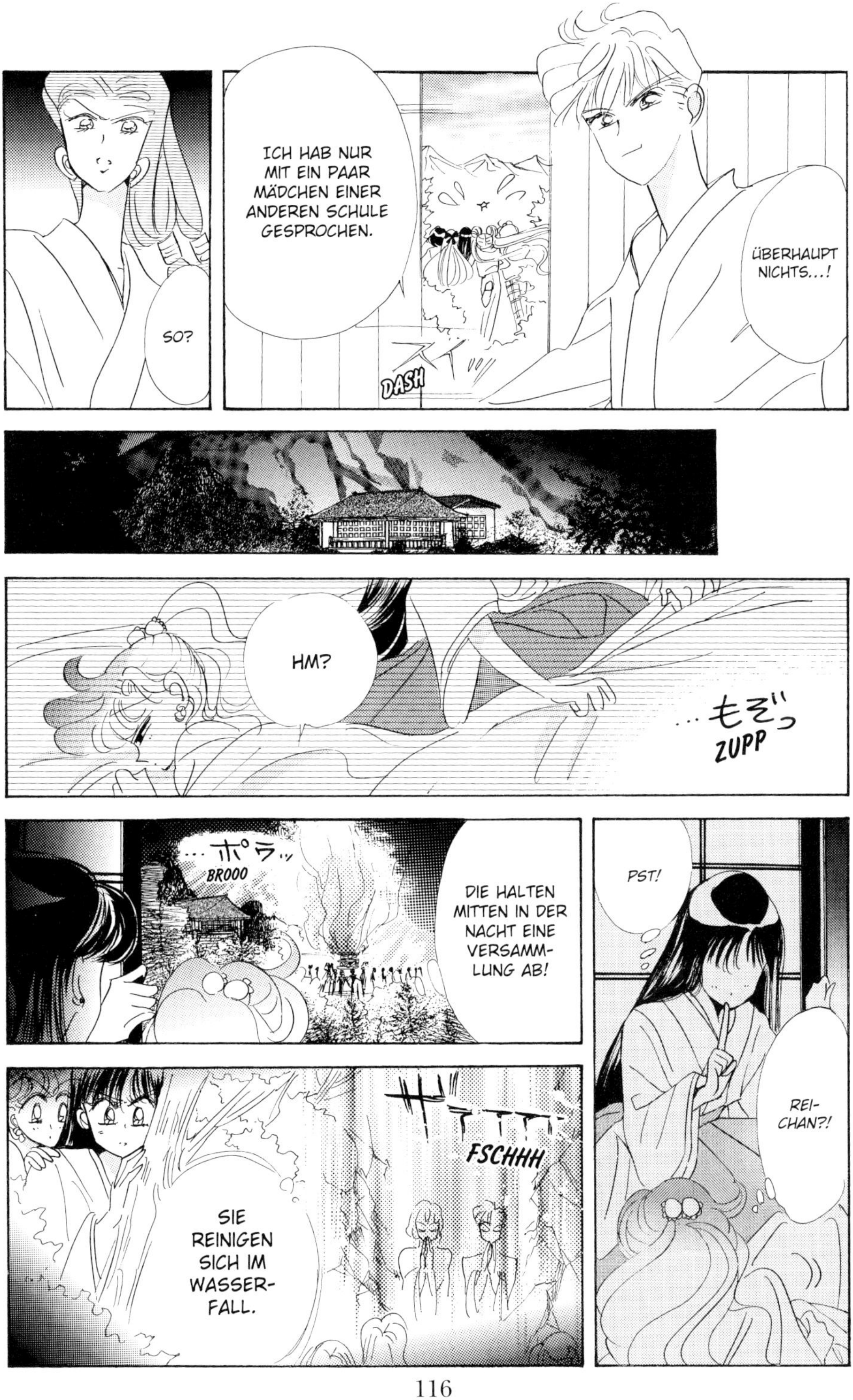

ÜBERHAUPT NICHTS…!
ICH HAB NUR MIT EIN PAAR MÄDCHEN EINER ANDEREN SCHULE GESPROCHEN.
DASH
SO?
…もぞっ
ZUPP
HM?
PST!
REI-CHAN?!
DIE HALTEN MITTEN IN DER NACHT EINE VERSAMMLUNG AB!
…ポラッ
BROOO
FSCHHH
SIE REINIGEN SICH IM WASSERFALL.

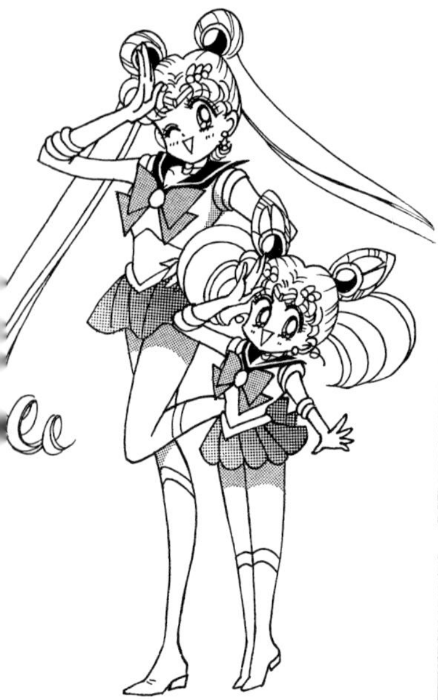

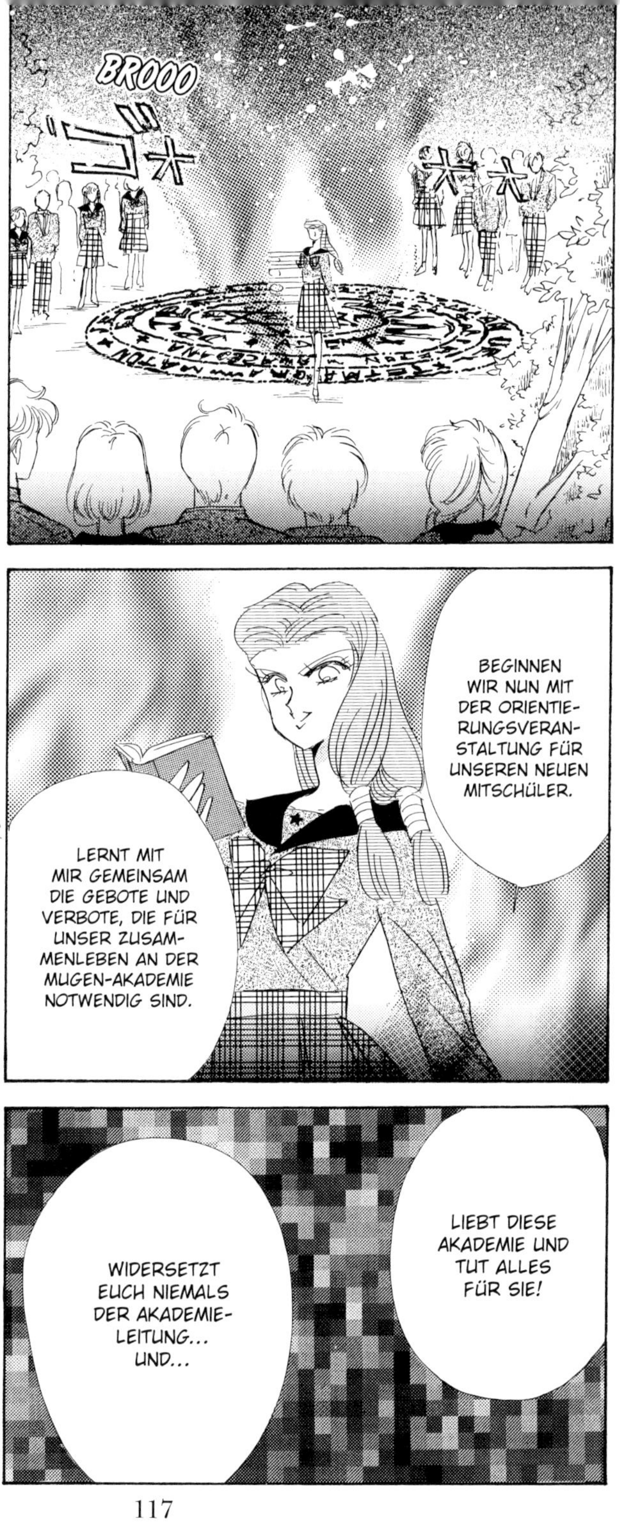
BROOOO
BEGINNEN WIR NUN MIT DER ORIENTIERUNGSVERANSTALTUNG FÜR UNSEREN NEUEN MITSCHÜLER.
LERNT MIT MIR GEMEINSAM DIE GEBOTE UND VERBOTE, DIE FÜR UNSER ZUSAMMENLEBEN AN DER MUGEN-AKADEMIE NOTWENDIG SIND.
WIDERSETZT EUCH NIEMALS DER AKADEMIELEITUNG… UND…
LIEBT DIESE AKADEMIE UND TUT ALLES FÜR SIE!

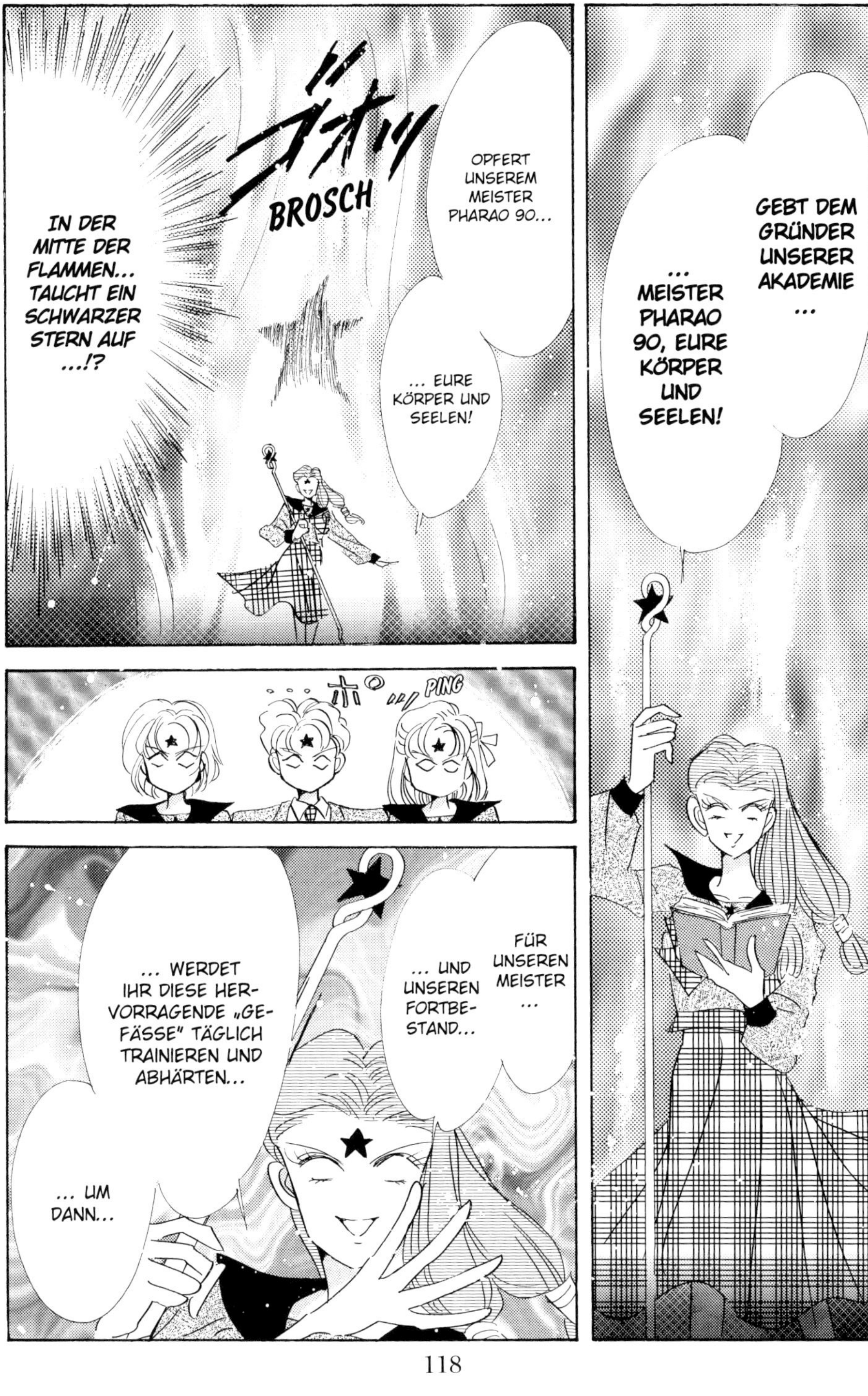

GEBT DEM GRÜNDER UNSERER AKADEMIE ...
... MEISTER PHARAO 90, EURE KÖRPER UND SEELEN!
OPFERT UNSEREM MEISTER PHARAO 90...
... EURE KÖRPER UND SEELEN!
BROSCH
IN DER MITTE DER FLAMMEN... TAUCHT EIN SCHWARZER STERN AUF ...!?
PING
FÜR UNSEREN MEISTER ...
... UND UNSEREN FORTBESTAND...
... WERDET IHR DIESE HERVORRAGENDE „GEFÄSSE" TÄGLICH TRAINIEREN UND ABHÄRTEN...
... UM DANN...

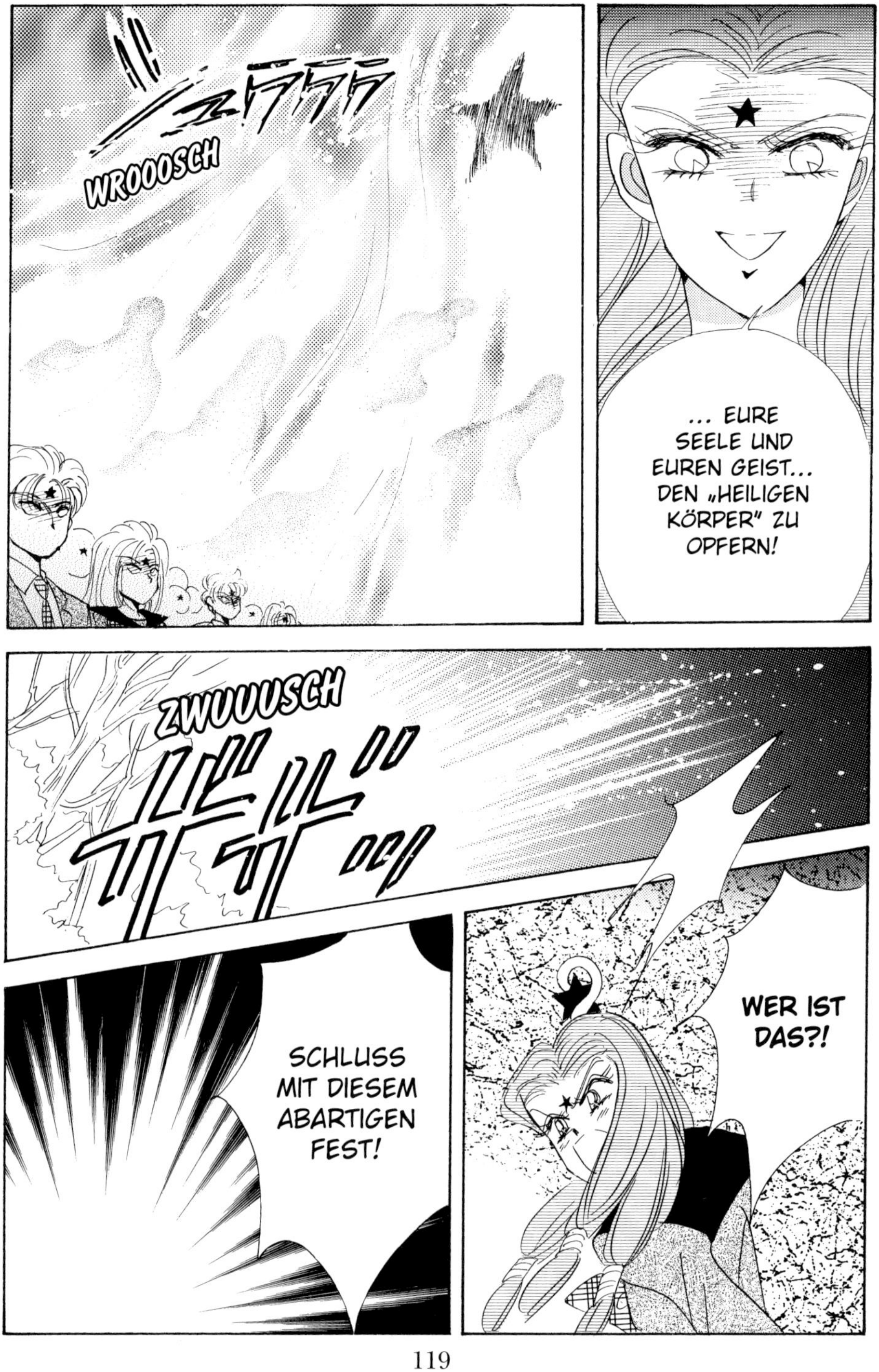
… EURE SEELE UND EUREN GEIST… DEN „HEILIGEN KÖRPER" ZU OPFERN!
WROOOSCH
ZWUUUSCH
WER IST DAS?!
SCHLUSS MIT DIESEM ABARTIGEN FEST!

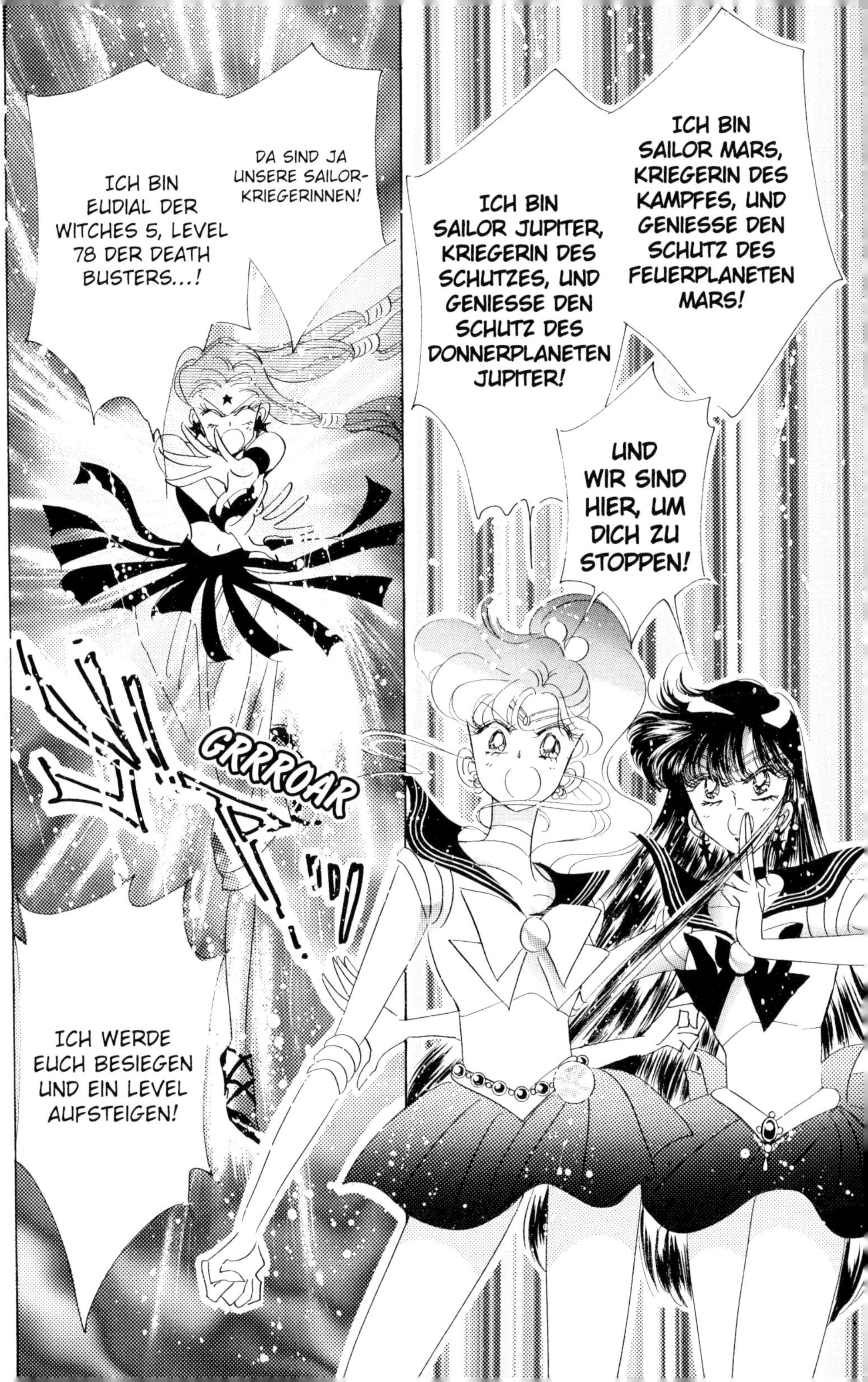
ICH BIN SAILOR MARS, KRIEGERIN DES KAMPFES, UND GENIESSE DEN SCHUTZ DES FEUERPLANETEN MARS!
ICH BIN SAILOR JUPITER, KRIEGERIN DES SCHUTZES, UND GENIESSE DEN SCHUTZ DES DONNERPLANETEN JUPITER!
UND WIR SIND HIER, UM DICH ZU STOPPEN!
DA SIND JA UNSERE SAILOR-KRIEGERINNEN!
ICH BIN EUDIAL DER WITCHES 5, LEVEL 78 DER DEATH BUSTERS...!
GRRRROAR
ICH WERDE EUCH BESIEGEN UND EIN LEVEL AUFSTEIGEN!

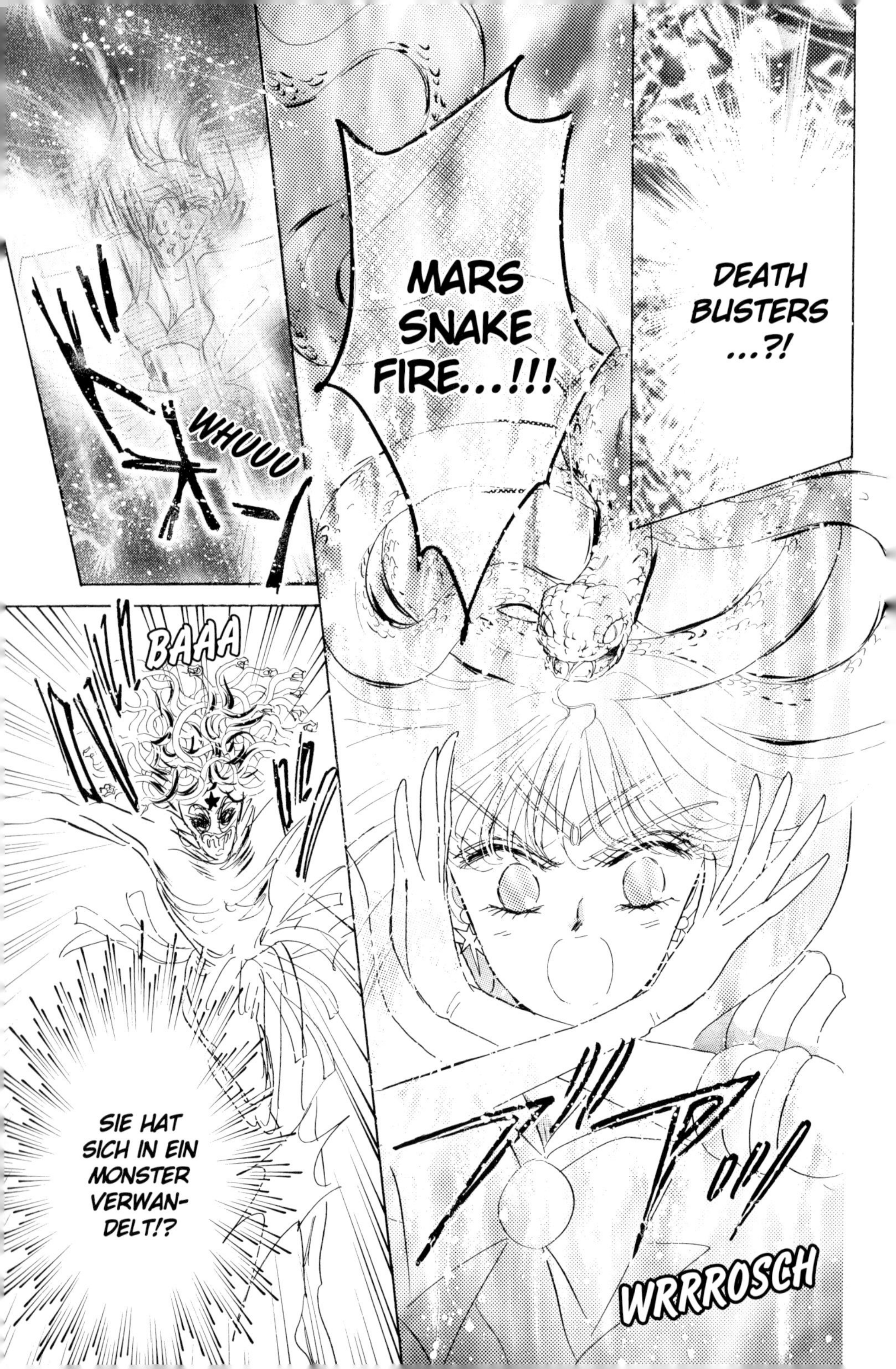
DEATH BUSTERS ...?!
MARS SNAKE FIRE...!!!
WHUUU
BAAA
SIE HAT SICH IN EIN MONSTER VERWAN-DELT!?
WRRROSCH

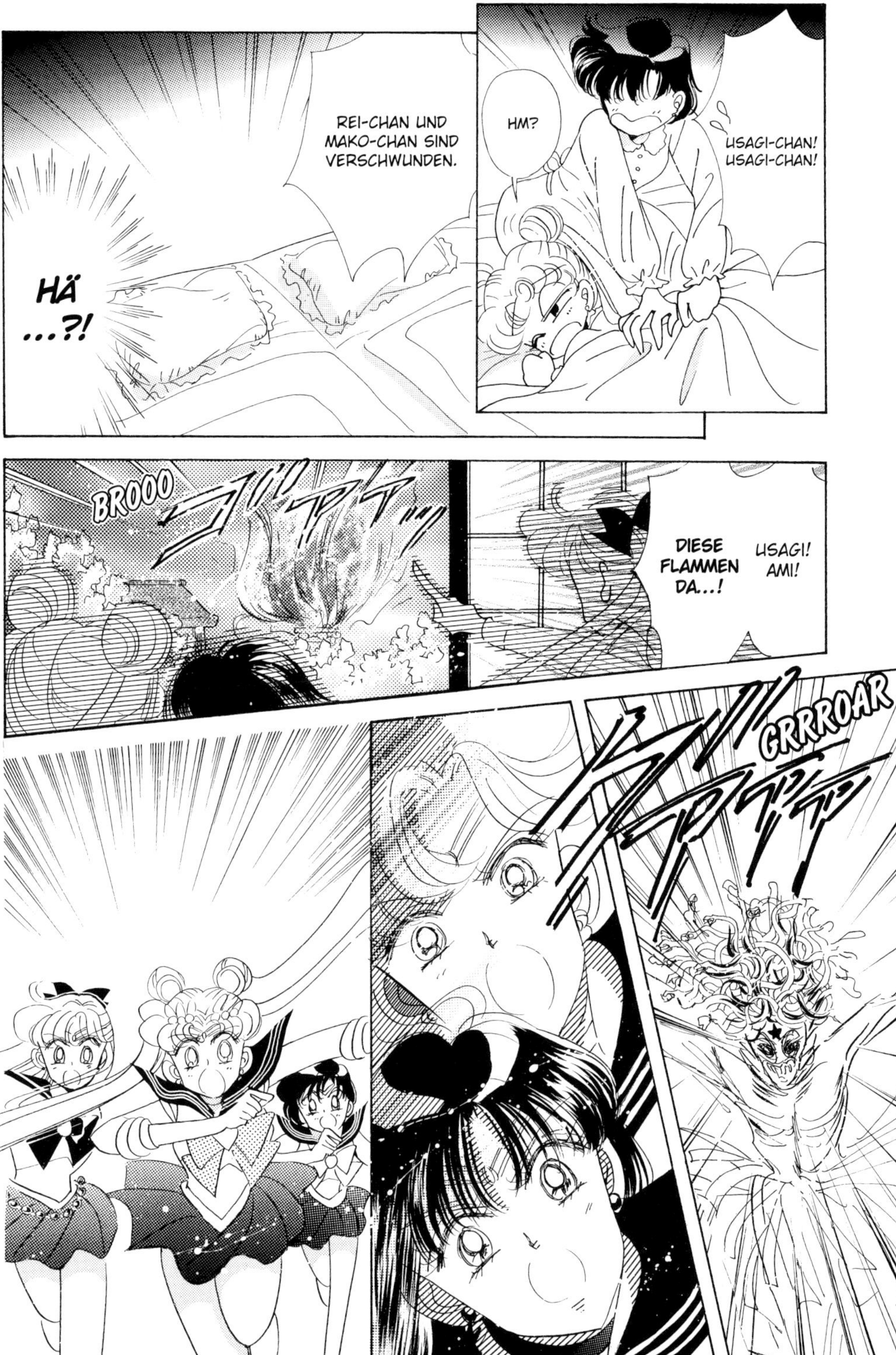
USAGI-CHAN! USAGI-CHAN!
HM?
REI-CHAN UND MAKO-CHAN SIND VERSCHWUNDEN.
HÄ ...?!
USAGI! AMI!
DIESE FLAMMEN DA...!
BROOO
GRRROAR

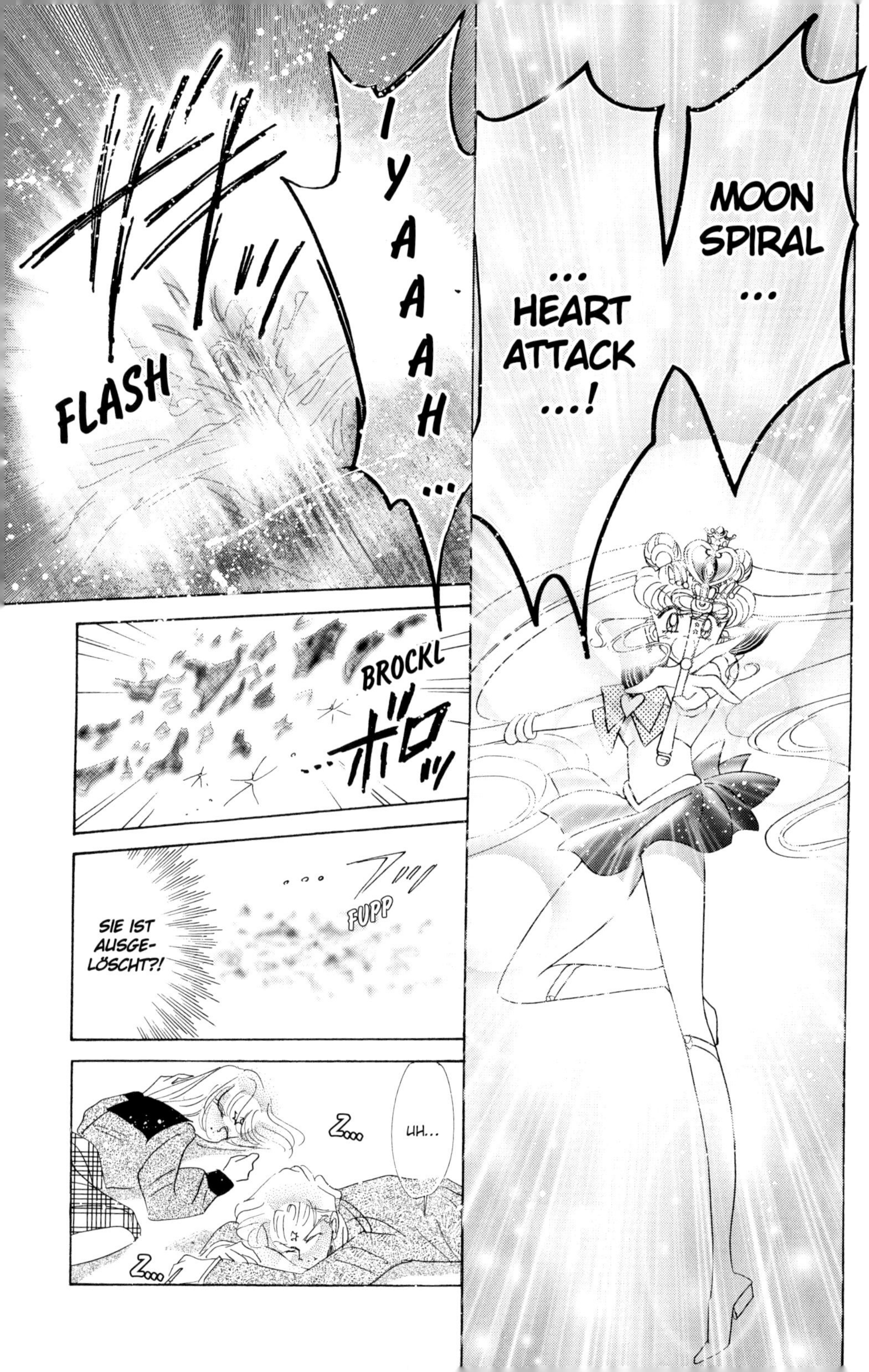
MOON SPIRAL ...
... HEART ATTACK ...!
IYAAAH ...
FLASH
BROCKL
ボロッ
SIE IST AUSGE-LÖSCHT?!
...
FUPP
UH...
Z...
Z...

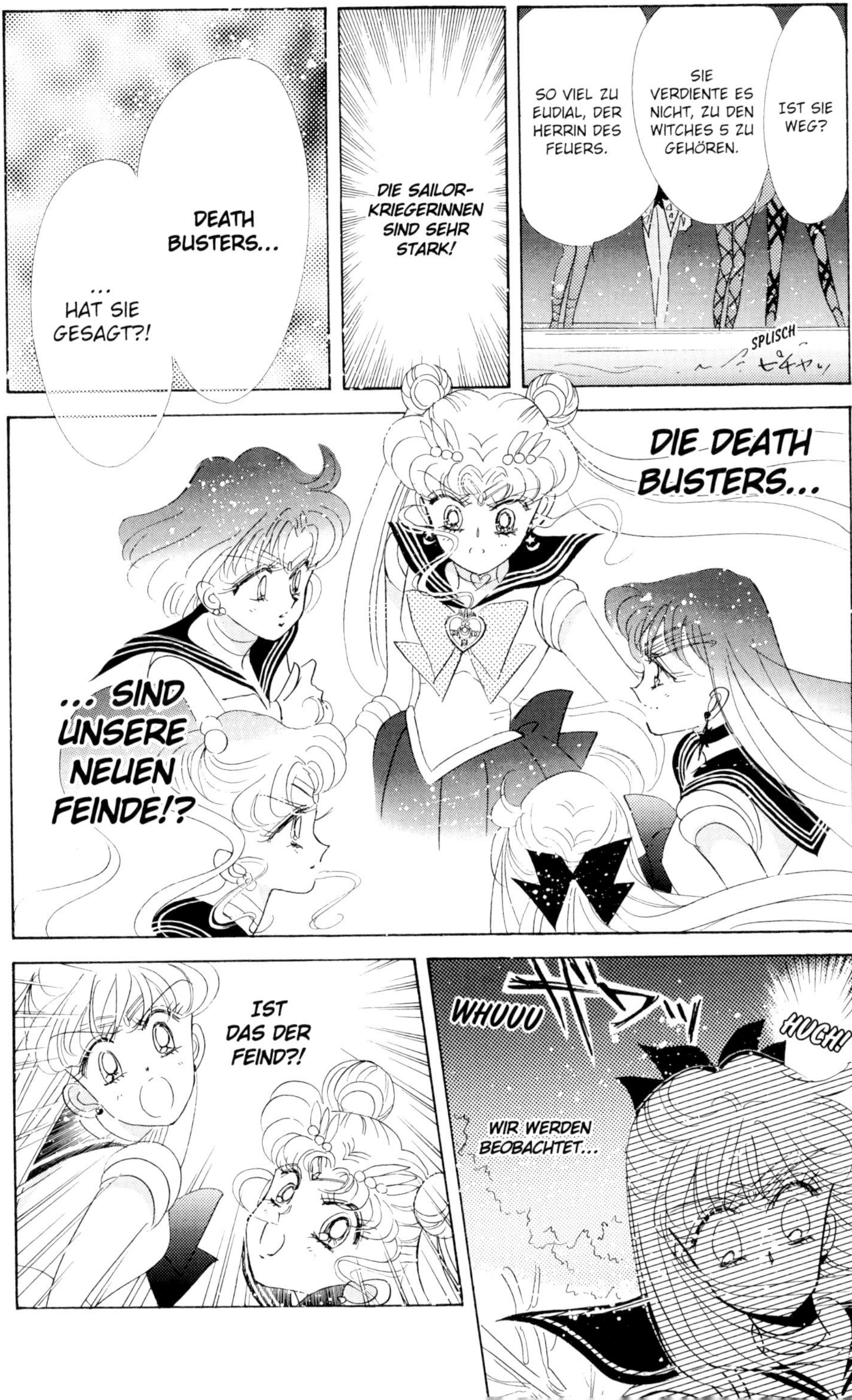
Ist sie weg?
Sie verdiente es nicht, zu den Witches 5 zu gehören.
So viel zu Eudial, der Herrin des Feuers.
SPLISCH
Die Sailor-Kriegerinnen sind sehr stark!
Death Busters...
... hat sie gesagt?!
Die Death Busters...
... sind unsere neuen Feinde!?
HUGH!
WHUUU
Wir werden beobachtet...
Ist das der Feind?!

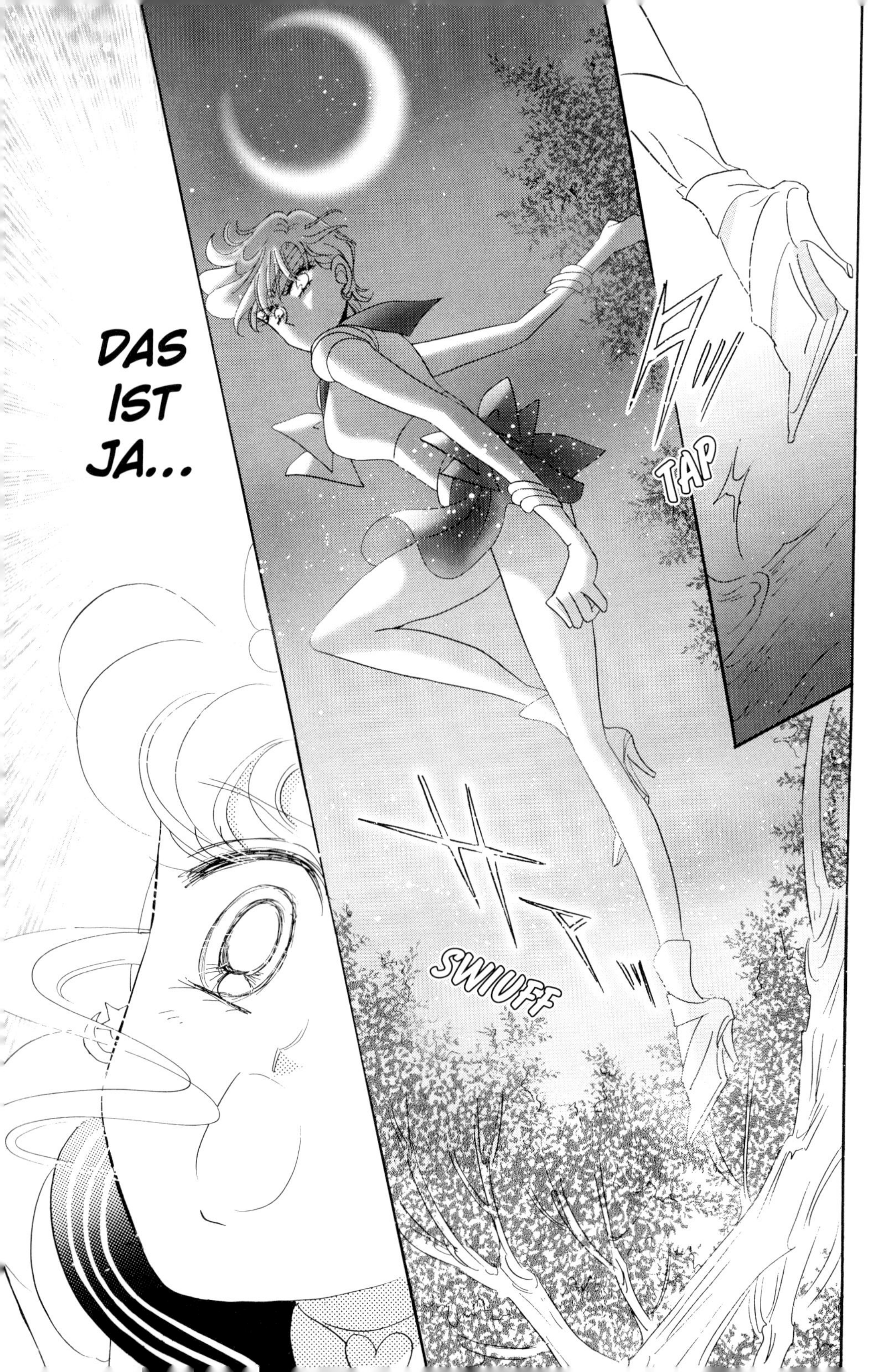
DAS IST JA...
TAP
SWIUFF

Pretty Guardian Sailor Moon

Act 29: Infinity 3 - ZWEI NEUE VERBÜNDETE

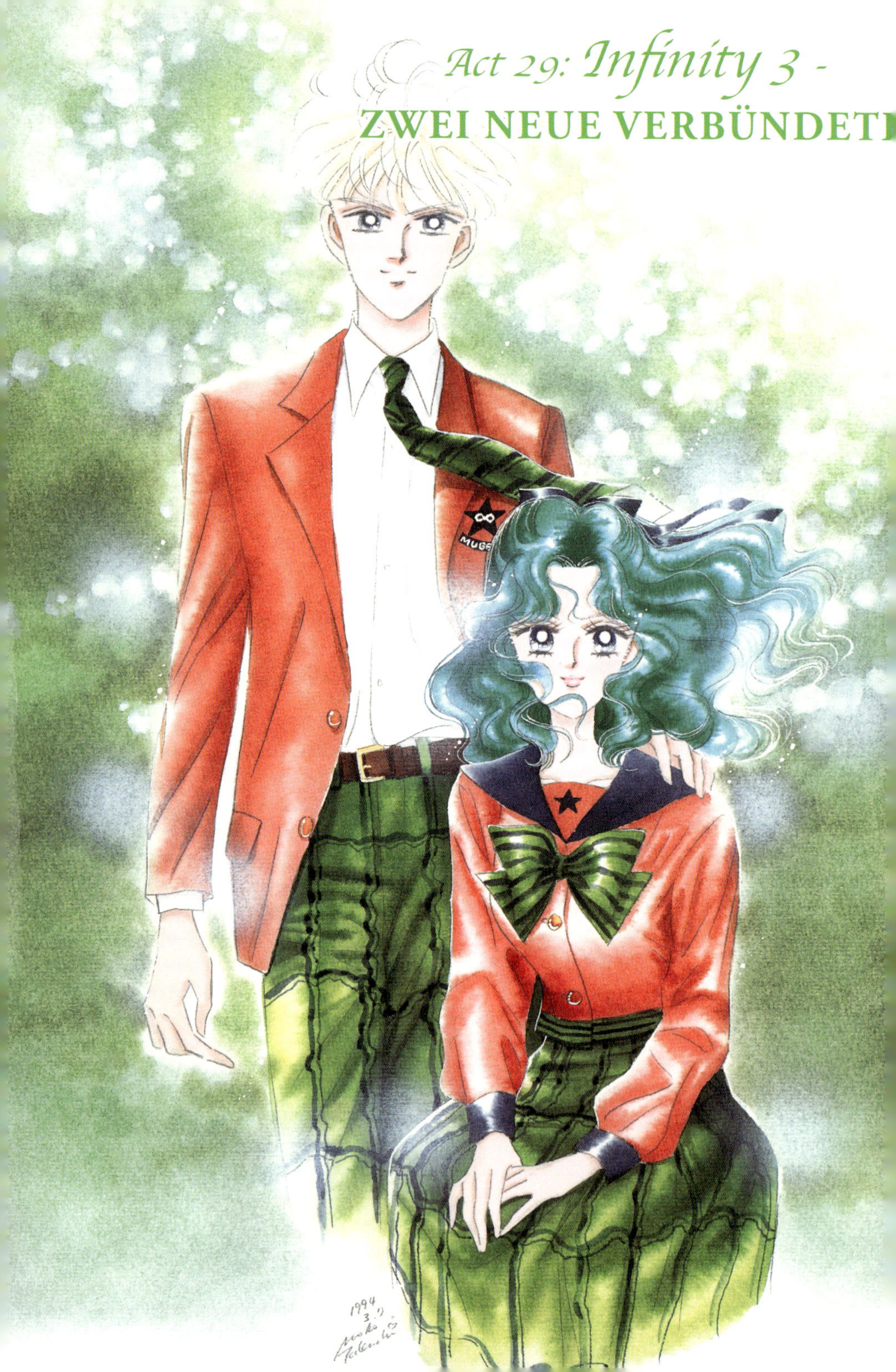

Pretty Guardian

Sailor Moon

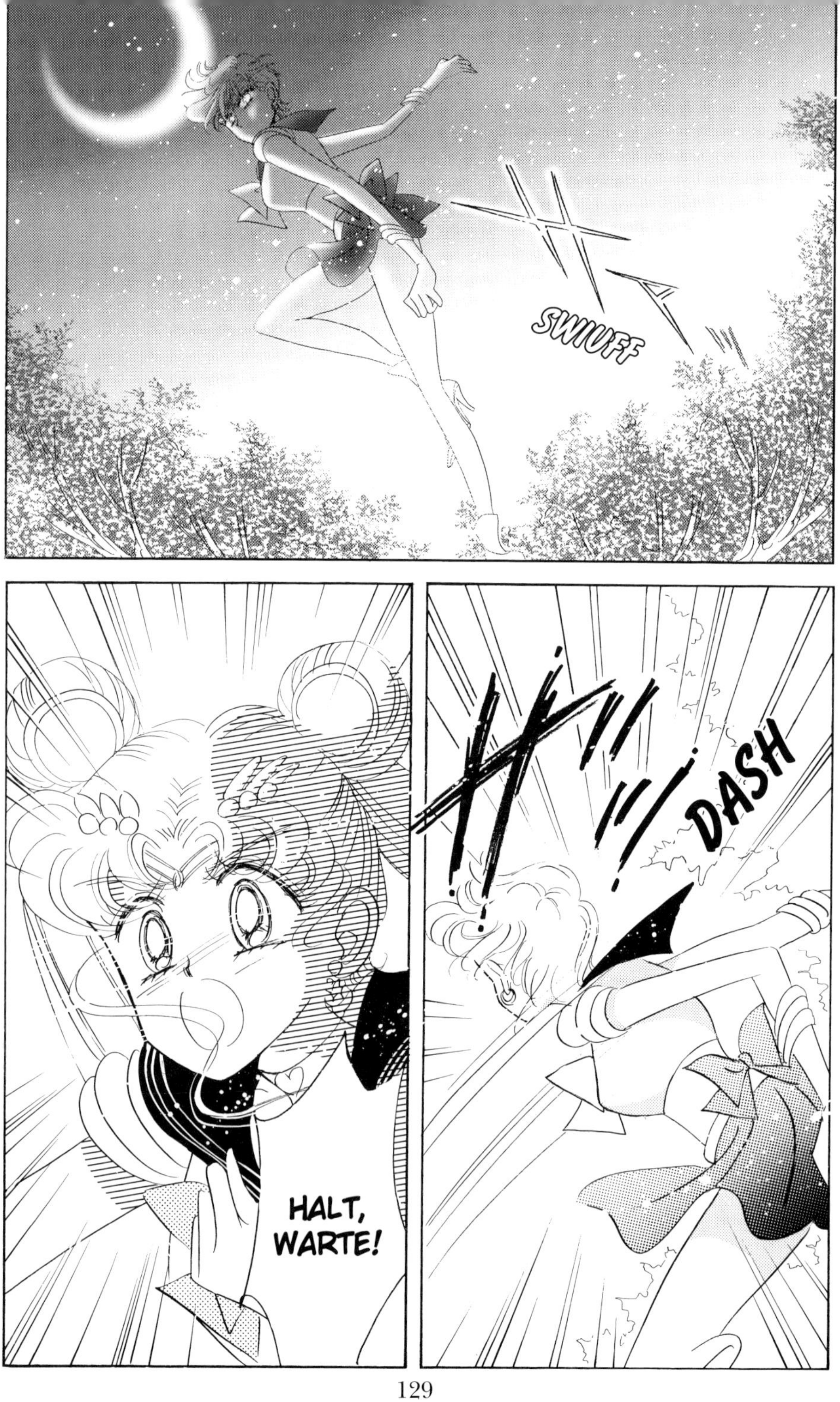
SWIUFF
DASH
HALT, WARTE!

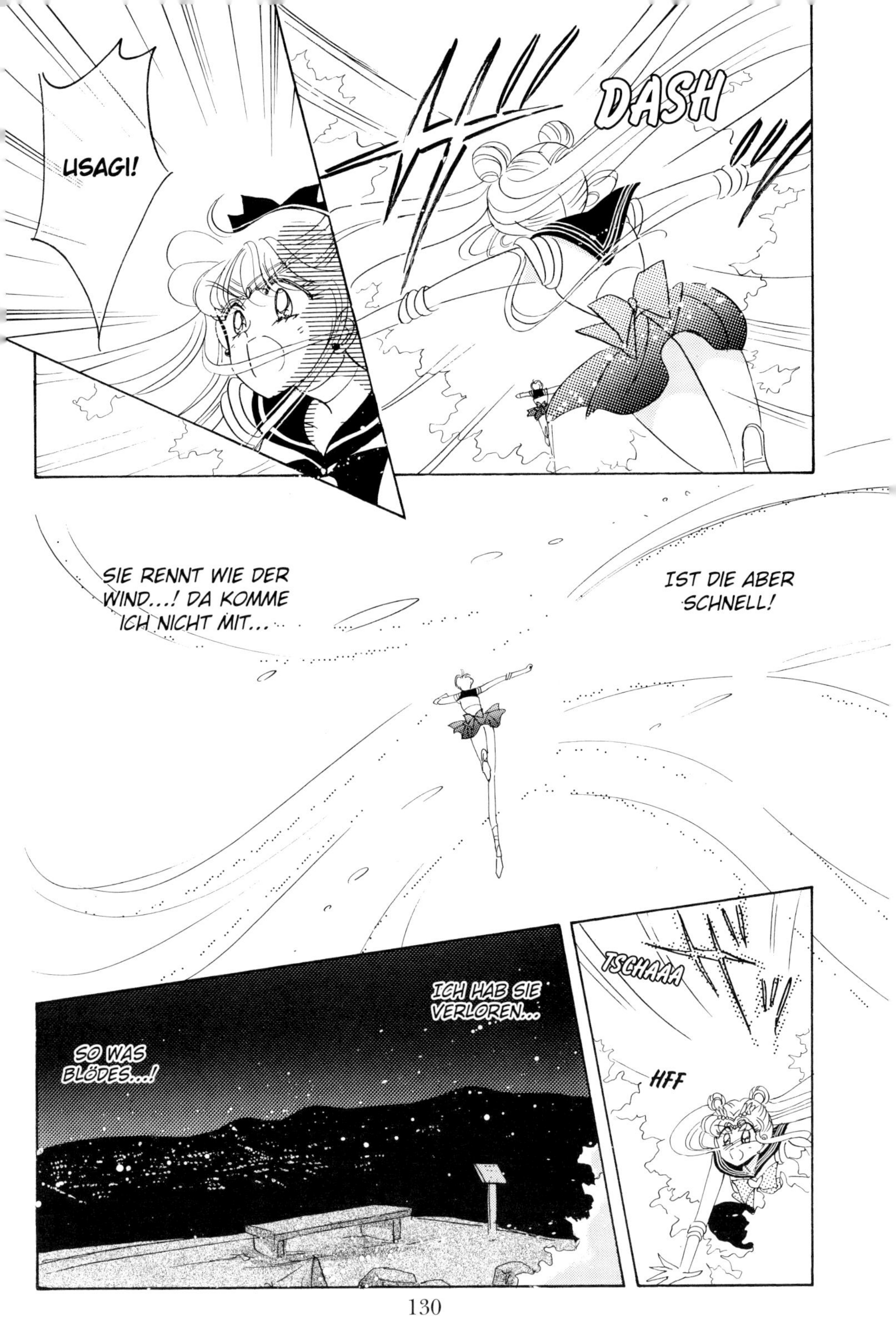
DASH
USAGI!
IST DIE ABER SCHNELL!
SIE RENNT WIE DER WIND...! DA KOMME ICH NICHT MIT...
TSCHAAA
HFF
ICH HAB SIE VERLOREN...
SO WAS BLÖDES...!

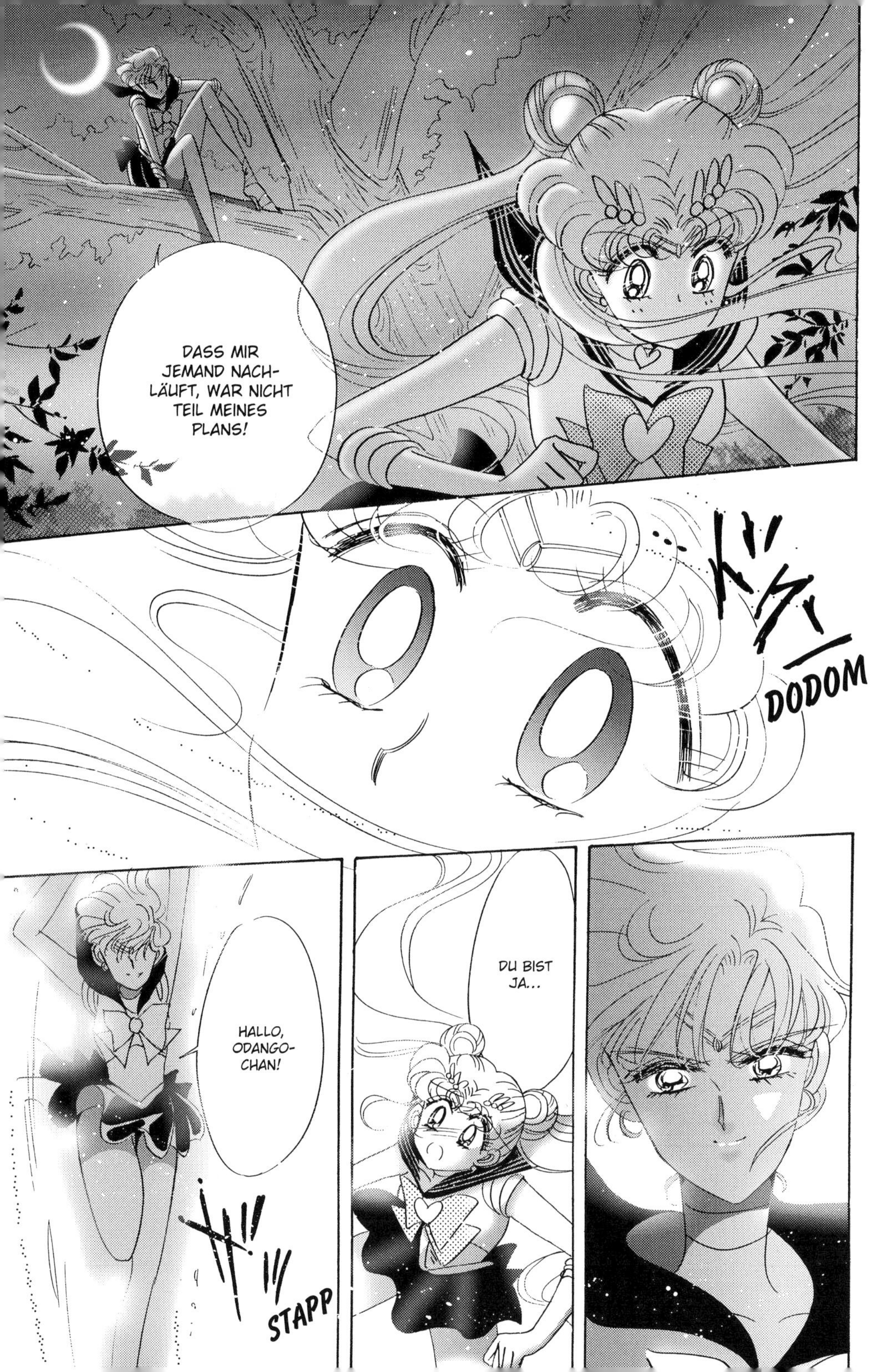
DASS MIR JEMAND NACH-LÄUFT, WAR NICHT TEIL MEINES PLANS!
DODOM
DU BIST JA...
HALLO, ODANGO-CHAN!
STAPP

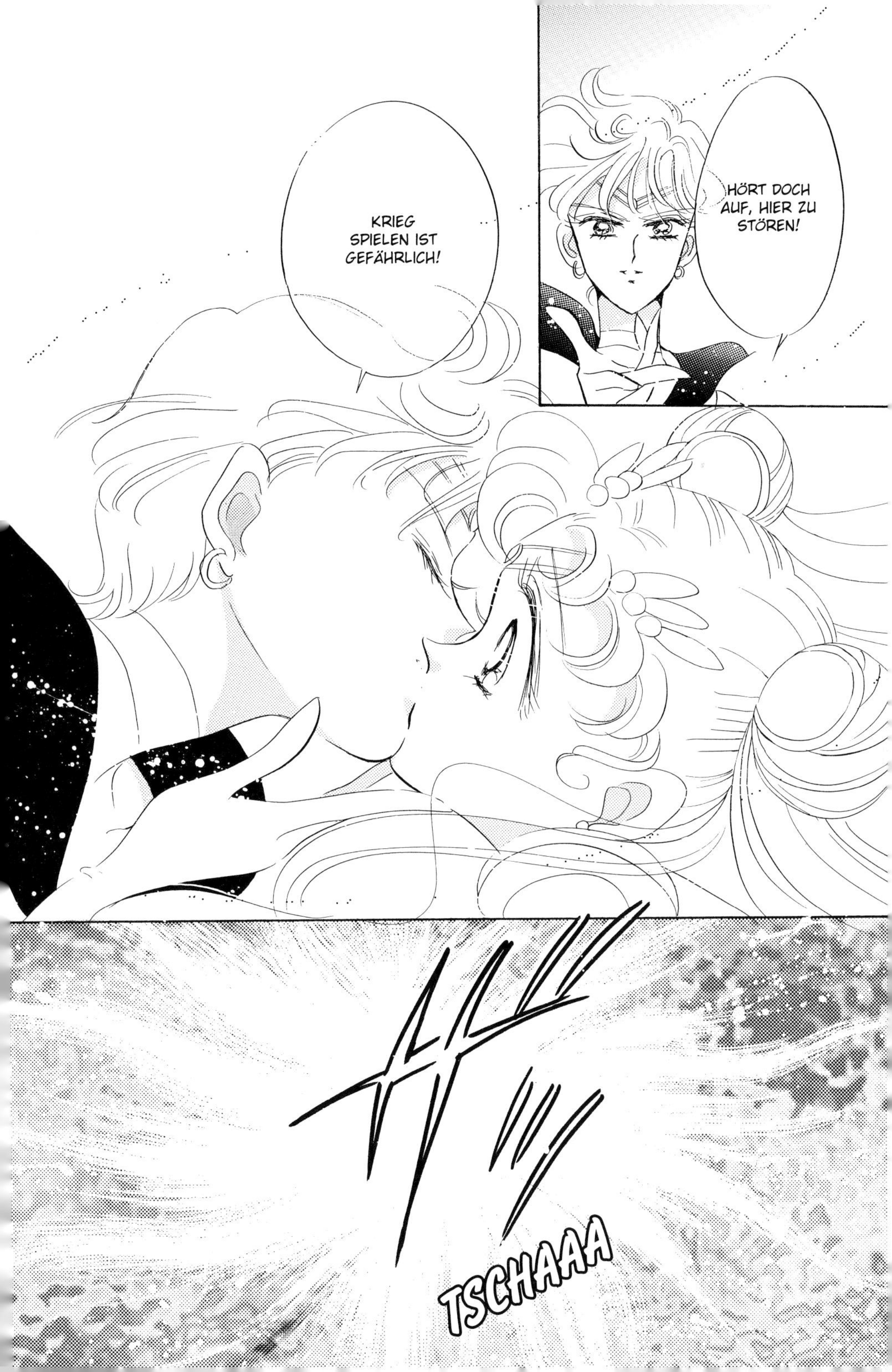
HÖRT DOCH AUF, HIER ZU STÖREN!
KRIEG SPIELEN IST GEFÄHRLICH!
TSCHAAA

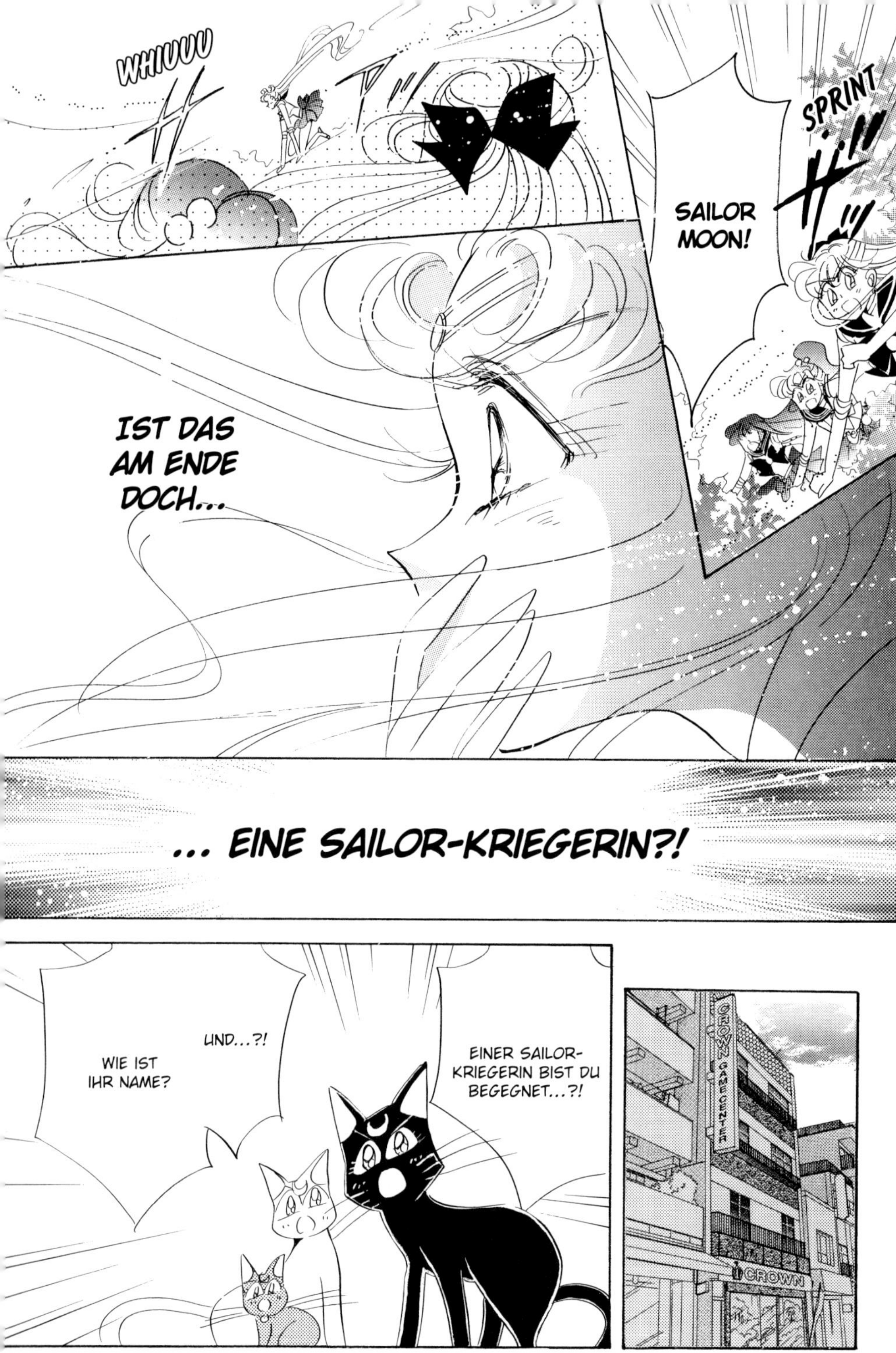
SPRINT
SAILOR MOON!
WHIUUU
IST DAS AM ENDE DOCH...
... EINE SAILOR-KRIEGERIN?!
EINER SAILOR-KRIEGERIN BIST DU BEGEGNET...?!
UND...?!
WIE IST IHR NAME?
CROWN GAME CENTER
CROWN

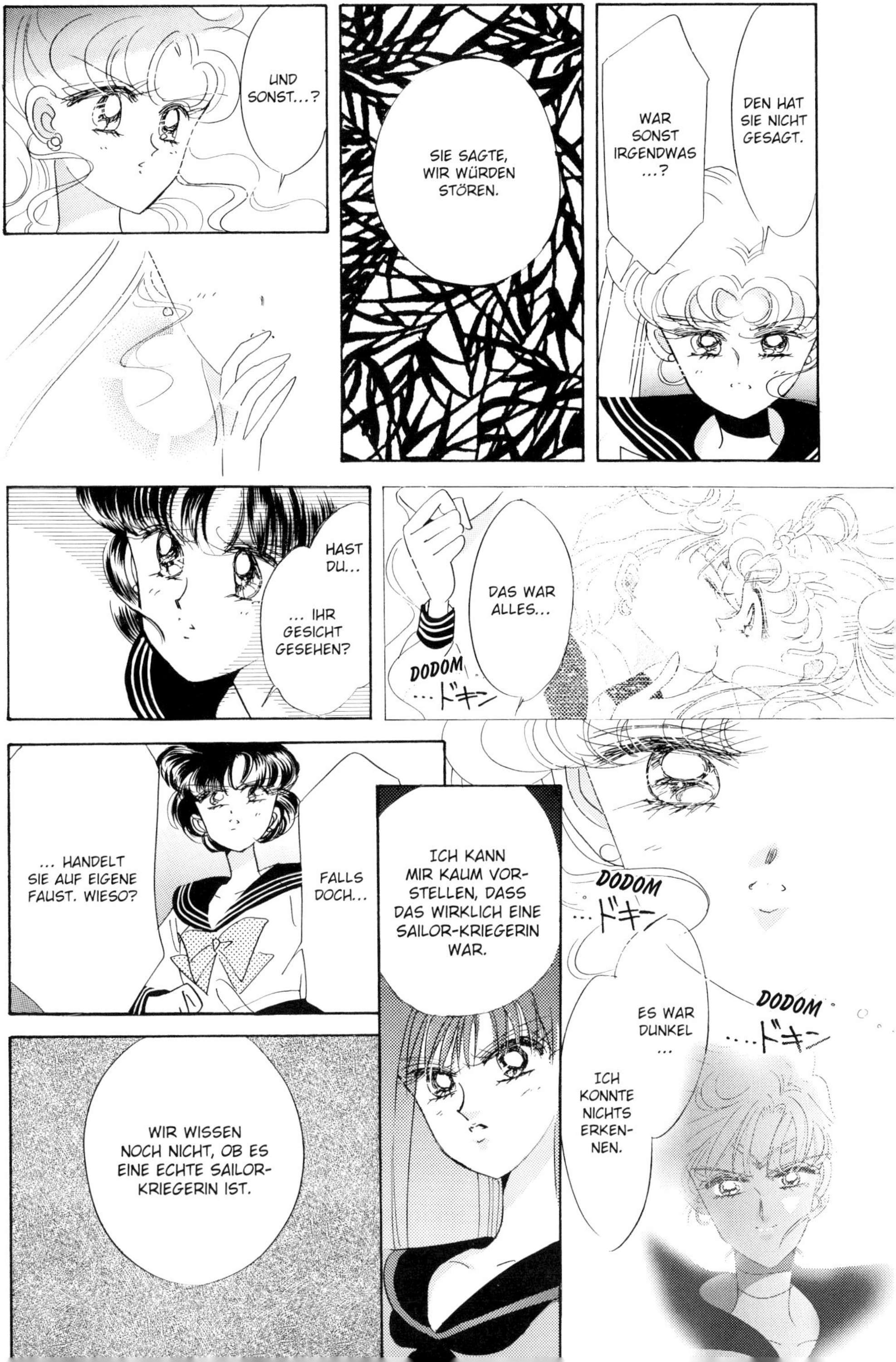
DEN HAT SIE NICHT GESAGT.
WAR SONST IRGENDWAS ...?
SIE SAGTE, WIR WÜRDEN STÖREN.
UND SONST...?
DAS WAR ALLES...
DODOM
...ドキン
HAST DU...
... IHR GESICHT GESEHEN?
DODOM
...ドキン
ICH KANN MIR KAUM VOR-STELLEN, DASS DAS WIRKLICH EINE SAILOR-KRIEGERIN WAR.
FALLS DOCH...
... HANDELT SIE AUF EIGENE FAUST. WIESO?
DODOM
...ドキン
ES WAR DUNKEL ...
ICH KONNTE NICHTS ERKEN-NEN.
WIR WISSEN NOCH NICHT, OB ES EINE ECHTE SAILOR-KRIEGERIN IST.

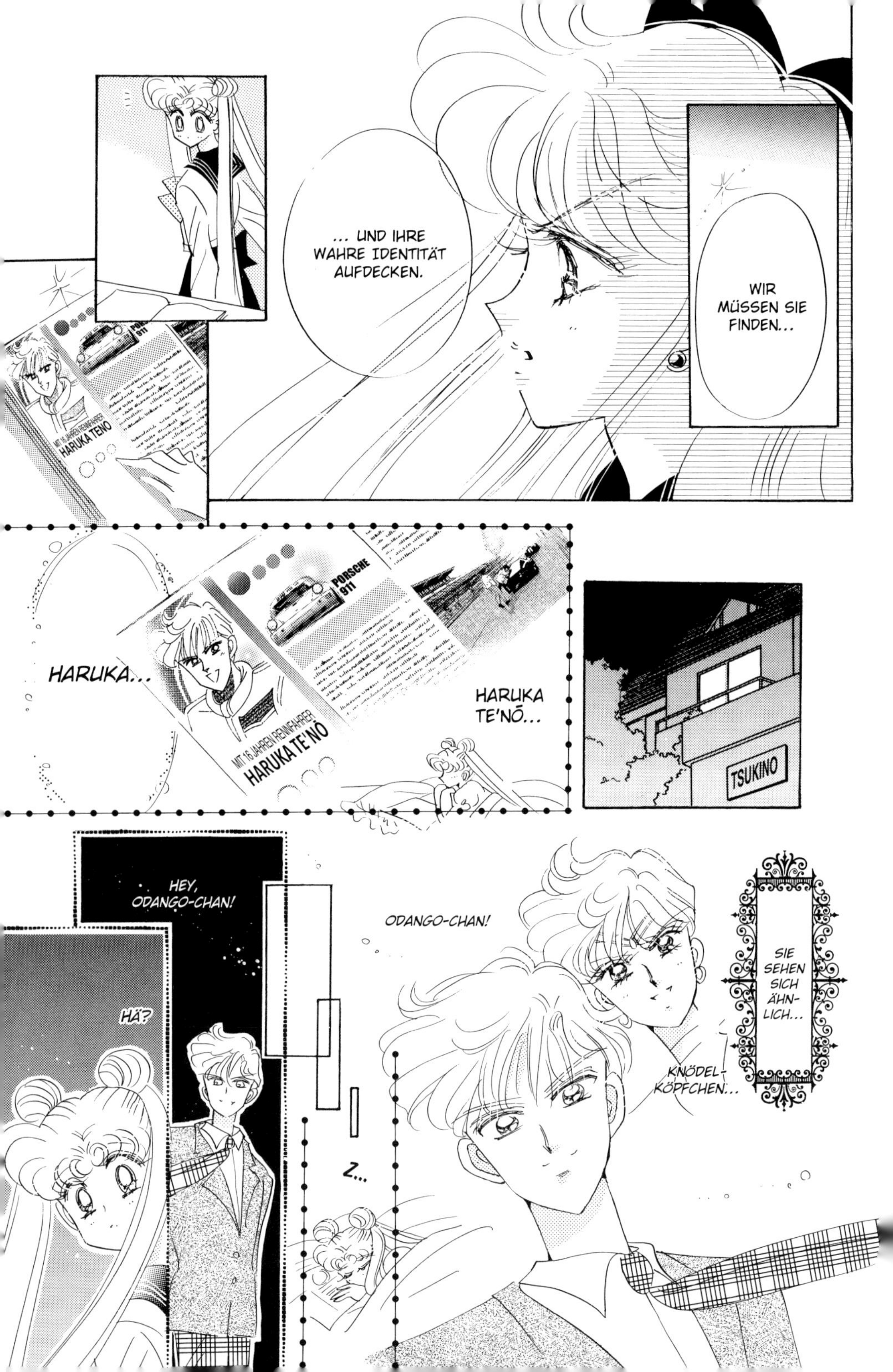

WIR MÜSSEN SIE FINDEN...
... UND IHRE WAHRE IDENTITÄT AUFDECKEN.
MIT 16 JAHREN REINFAHRER
HARUKA TENO
PORSCHE 911
HARUKA TE'NŌ...
HARUKA...
MIT 16 JAHREN REINFAHRER
HARUKA TE'NŌ
PORSCHE 911
TSUKINO
SIE SEHEN SICH ÄHNLICH...
KNÖDEL-KÖPFCHEN...
ODANGO-CHAN!
Z...
HEY, ODANGO-CHAN!
HÄ?

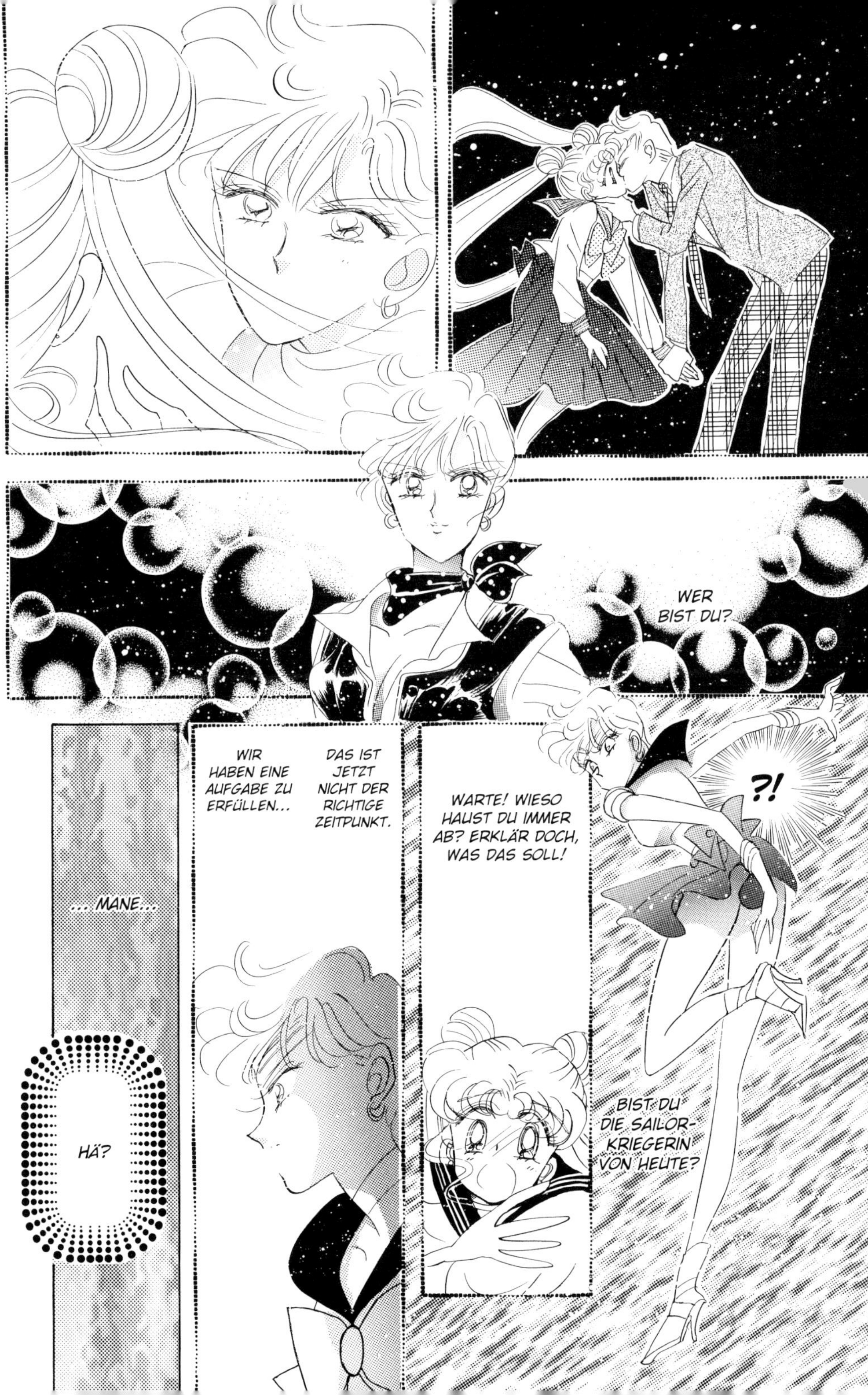
WER BIST DU?
?!
BIST DU DIE SAILOR-KRIEGERIN VON HEUTE?
WARTE! WIESO HAUST DU IMMER AB? ERKLÄR DOCH, WAS DAS SOLL!
DAS IST JETZT NICHT DER RICHTIGE ZEITPUNKT.
WIR HABEN EINE AUFGABE ZU ERFÜLLEN...
...MANE...
HÄ?

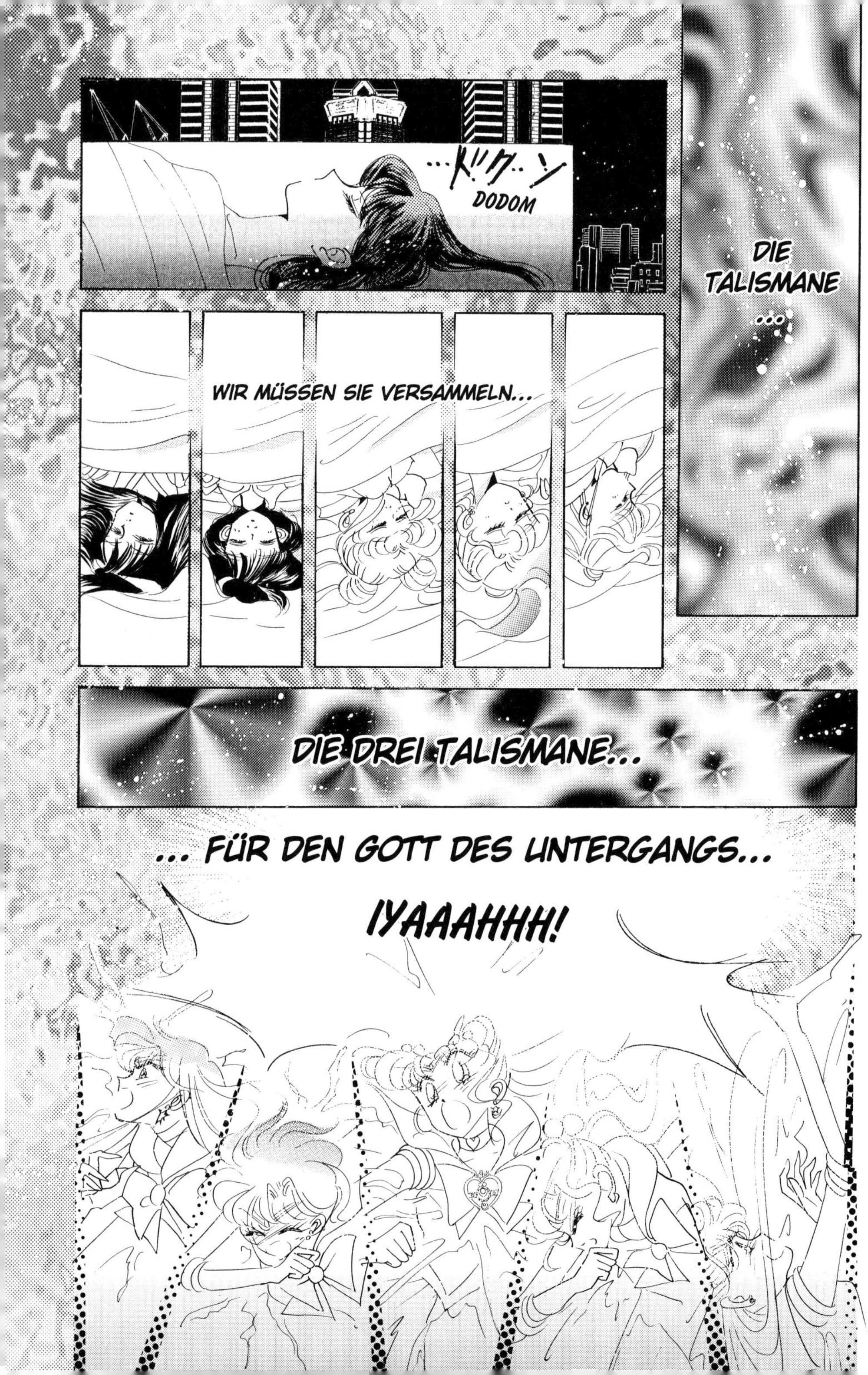
DIE TALISMANE ...
...ドクン..ッ
DODOM
WIR MÜSSEN SIE VERSAMMELN...
DIE DREI TALISMANE...
... FÜR DEN GOTT DES UNTERGANGS...
IYAAAHHH!

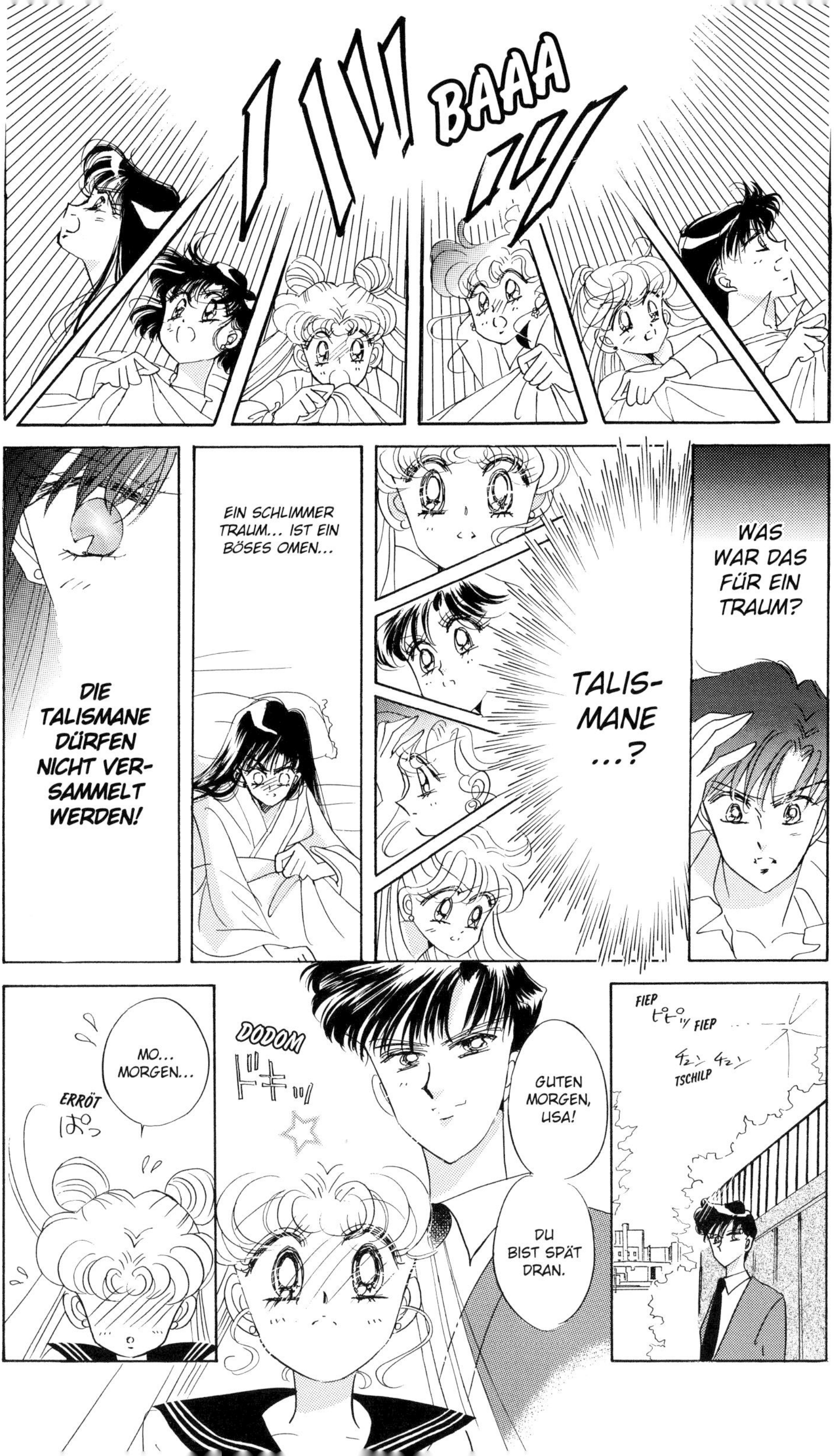
BAAA
EIN SCHLIMMER TRAUM... IST EIN BÖSES OMEN...
DIE TALISMANE DÜRFEN NICHT VERSAMMELT WERDEN!
WAS WAR DAS FÜR EIN TRAUM?
TALISMANE ...?
FIEP
FIEP
TSCHILP
GUTEN MORGEN, USA!
DU BIST SPÄT DRAN.
DODOM
MO... MORGEN...
ERRÖT

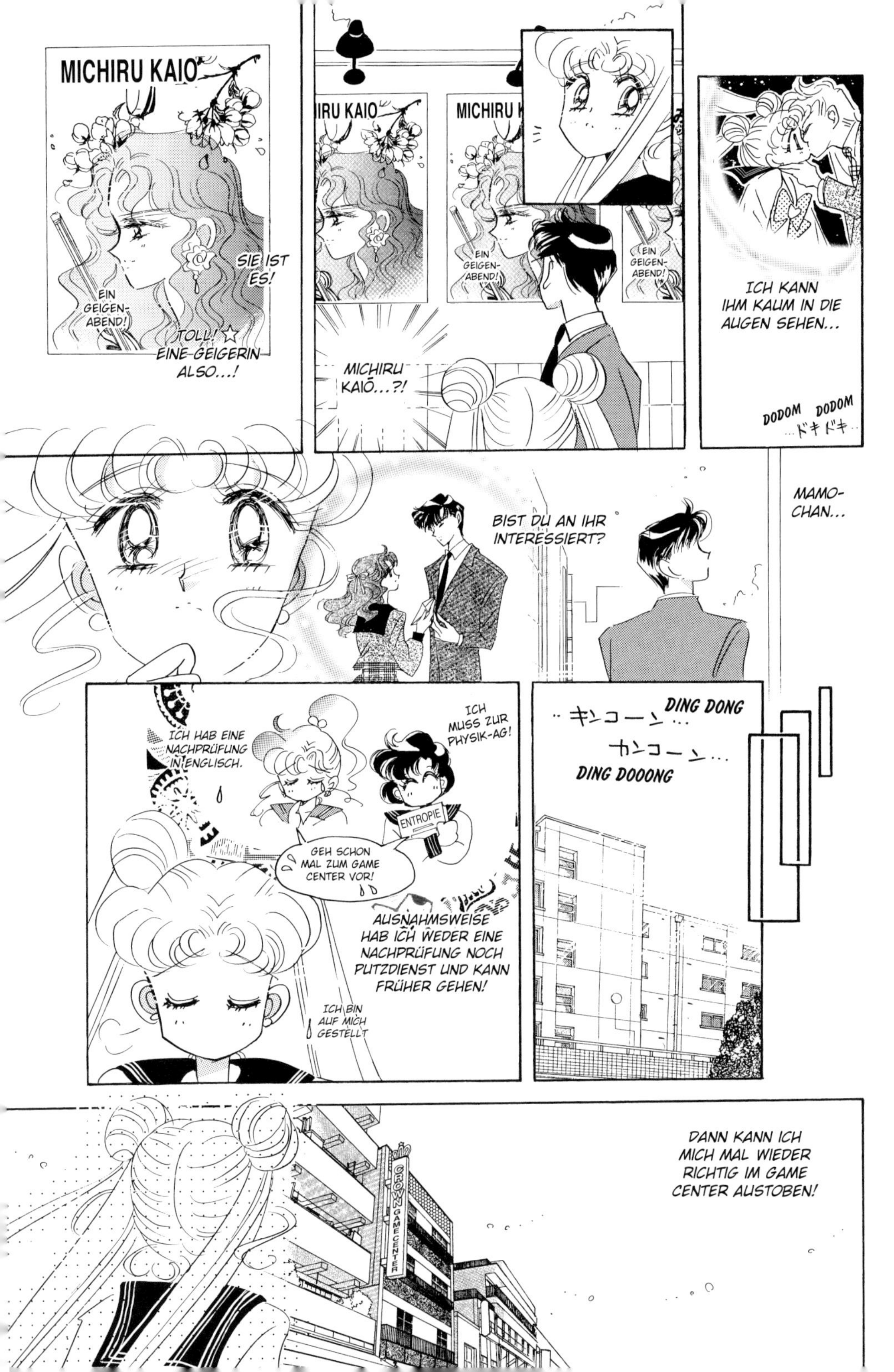
ICH KANN IHM KAUM IN DIE AUGEN SEHEN...
DODOM DODOM
…ドキドキ…
MICHIRU KAIO
EIN GEIGEN-ABEND!
MICHIRU KAIŌ...?!
MICHIRU KAIO
EIN GEIGEN-ABEND!
SIE IST ES!
TOLL! ☆ EINE GEIGERIN ALSO...!
MAMO-CHAN...
BIST DU AN IHR INTERESSIERT?
..キンコーン..
DING DONG
カンコーン..
DING DOOONG
ICH MUSS ZUR PHYSIK-AG!
ENTROPIE
ICH HAB EINE NACHPRÜFUNG IN ENGLISCH.
GEH SCHON MAL ZUM GAME CENTER VOR!
AUSNAHMSWEISE HAB ICH WEDER EINE NACHPRÜFUNG NOCH PUTZDIENST UND KANN FRÜHER GEHEN!
ICH BIN AUF MICH GESTELLT
DANN KANN ICH MICH MAL WIEDER RICHTIG IM GAME CENTER AUSTOBEN!
CROWN GAME CENTER

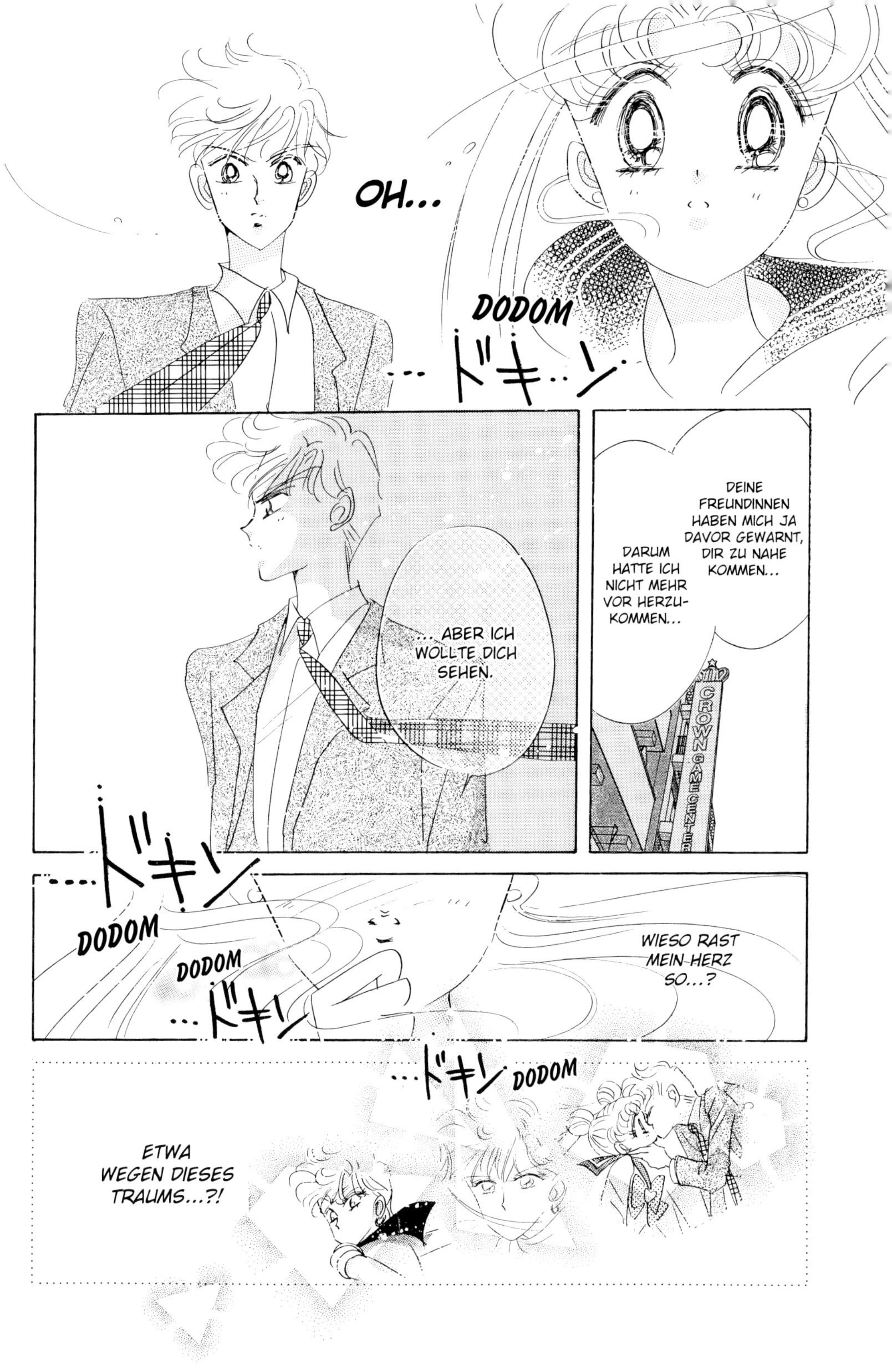
OH...
DODOM
...ドキン...
DEINE FREUNDINNEN HABEN MICH JA DAVOR GEWARNT, DIR ZU NAHE KOMMEN...
DARUM HATTE ICH NICHT MEHR VOR HERZUKOMMEN...
CROWN GAME CENTER
... ABER ICH WOLLTE DICH SEHEN.
WIESO RAST MEIN HERZ SO...?
...ドキン
DODOM
DODOM
...ドキン
...ドキン
DODOM
ETWA WEGEN DIESES TRAUMS...?!

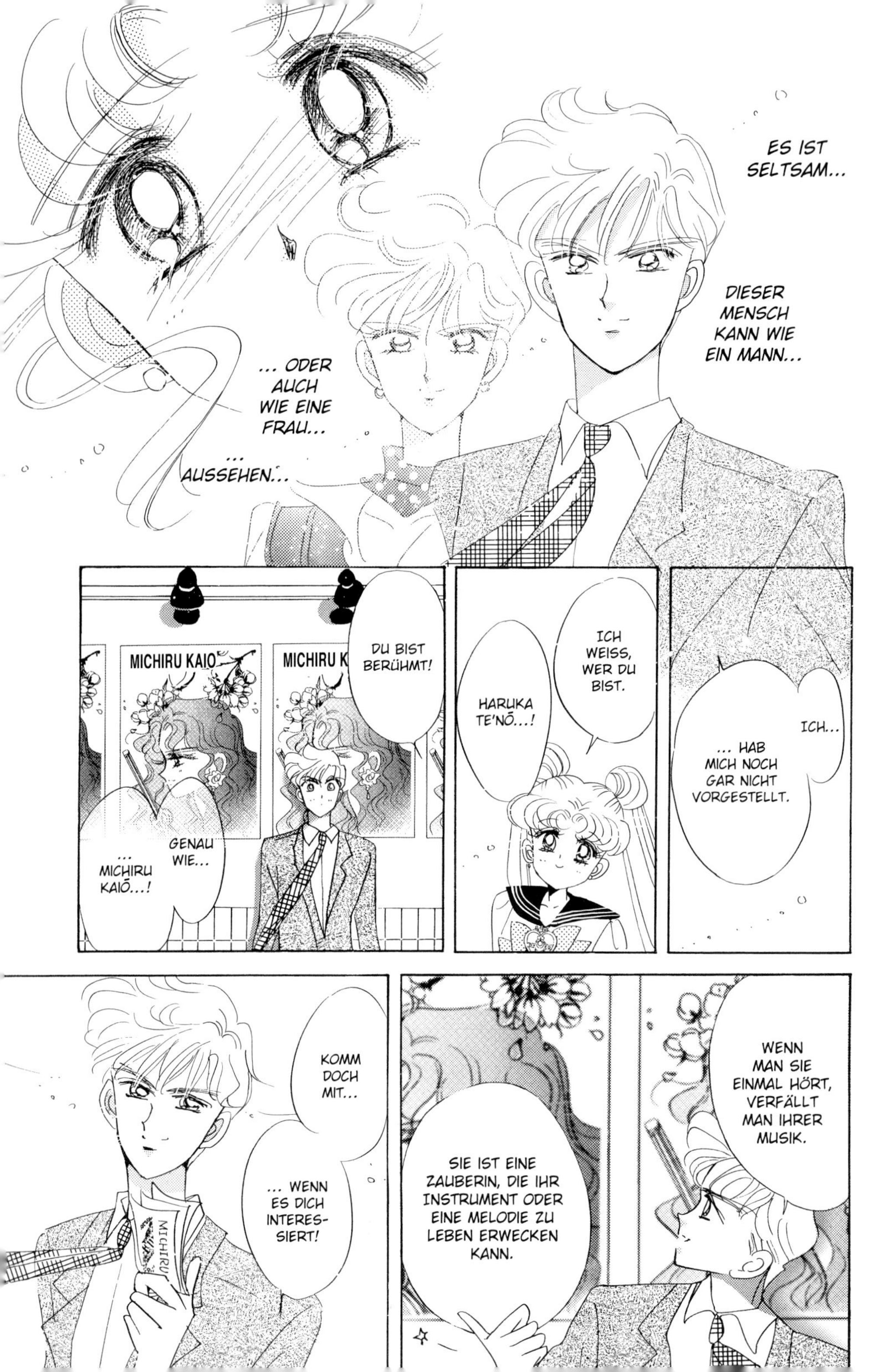
ES IST SELTSAM...
DIESER MENSCH KANN WIE EIN MANN...
... ODER AUCH WIE EINE FRAU...
... AUSSEHEN...
ICH...
... HAB MICH NOCH GAR NICHT VORGESTELLT.
ICH WEISS, WER DU BIST.
HARUKA TE'NŌ...!
DU BIST BERÜHMT!
MICHIRU KAIO
MICHIRU K
GENAU WIE...
... MICHIRU KAIŌ...!
WENN MAN SIE EINMAL HÖRT, VERFÄLLT MAN IHRER MUSIK.
SIE IST EINE ZAUBERIN, DIE IHR INSTRUMENT ODER EINE MELODIE ZU LEBEN ERWECKEN KANN.
KOMM DOCH MIT...
... WENN ES DICH INTERES-SIERT!
MICHIRU

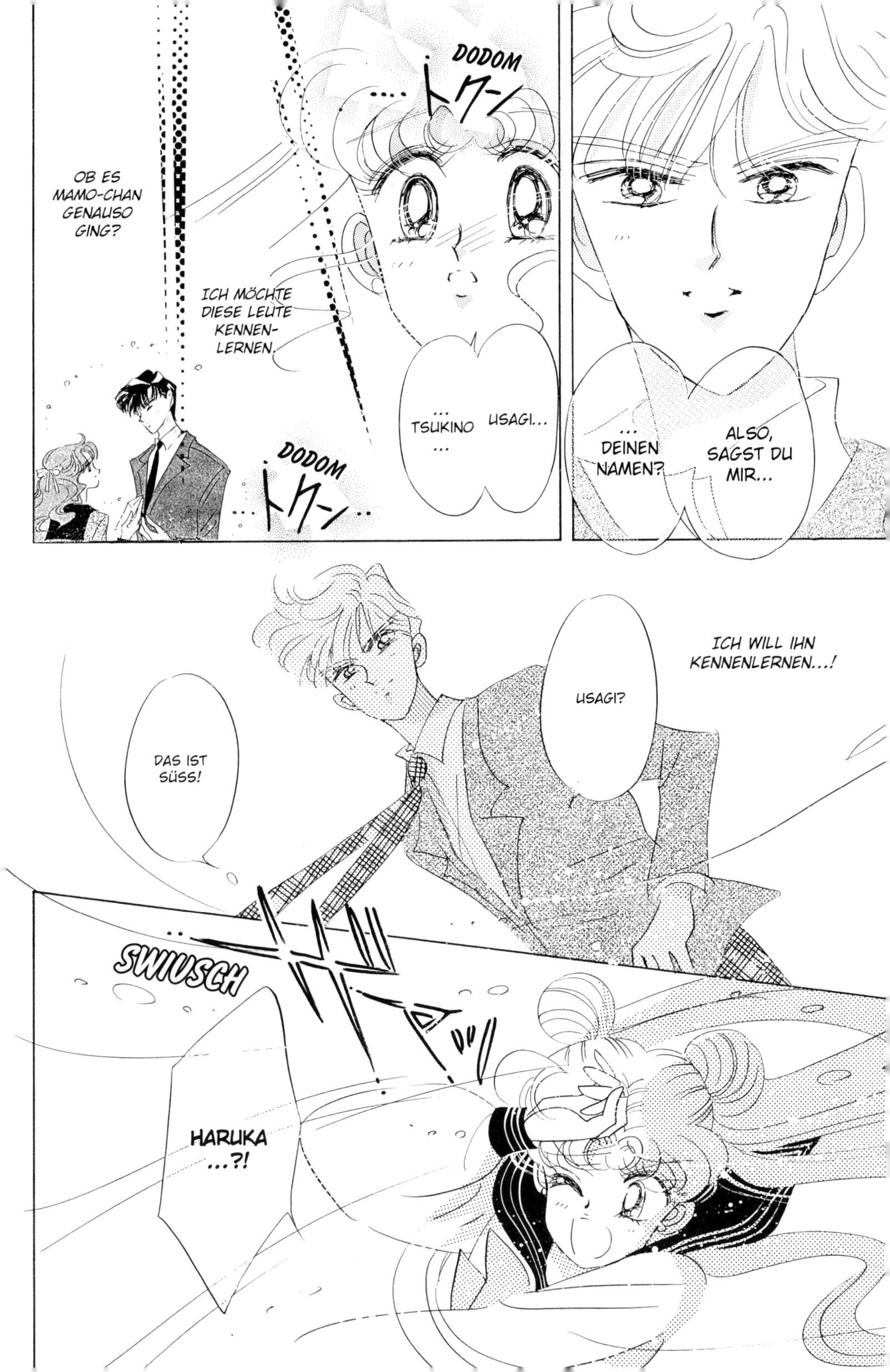
ALSO, SAGST DU MIR...
... DEINEN NAMEN?
USAGI...
... TSUKINO ...
DODOM
DODOM
ICH MÖCHTE DIESE LEUTE KENNENLERNEN.
OB ES MAMO-CHAN GENAUSO GING?
ICH WILL IHN KENNENLERNEN...!
USAGI?
DAS IST SÜSS!
SWIUSCH
HARUKA ...?!

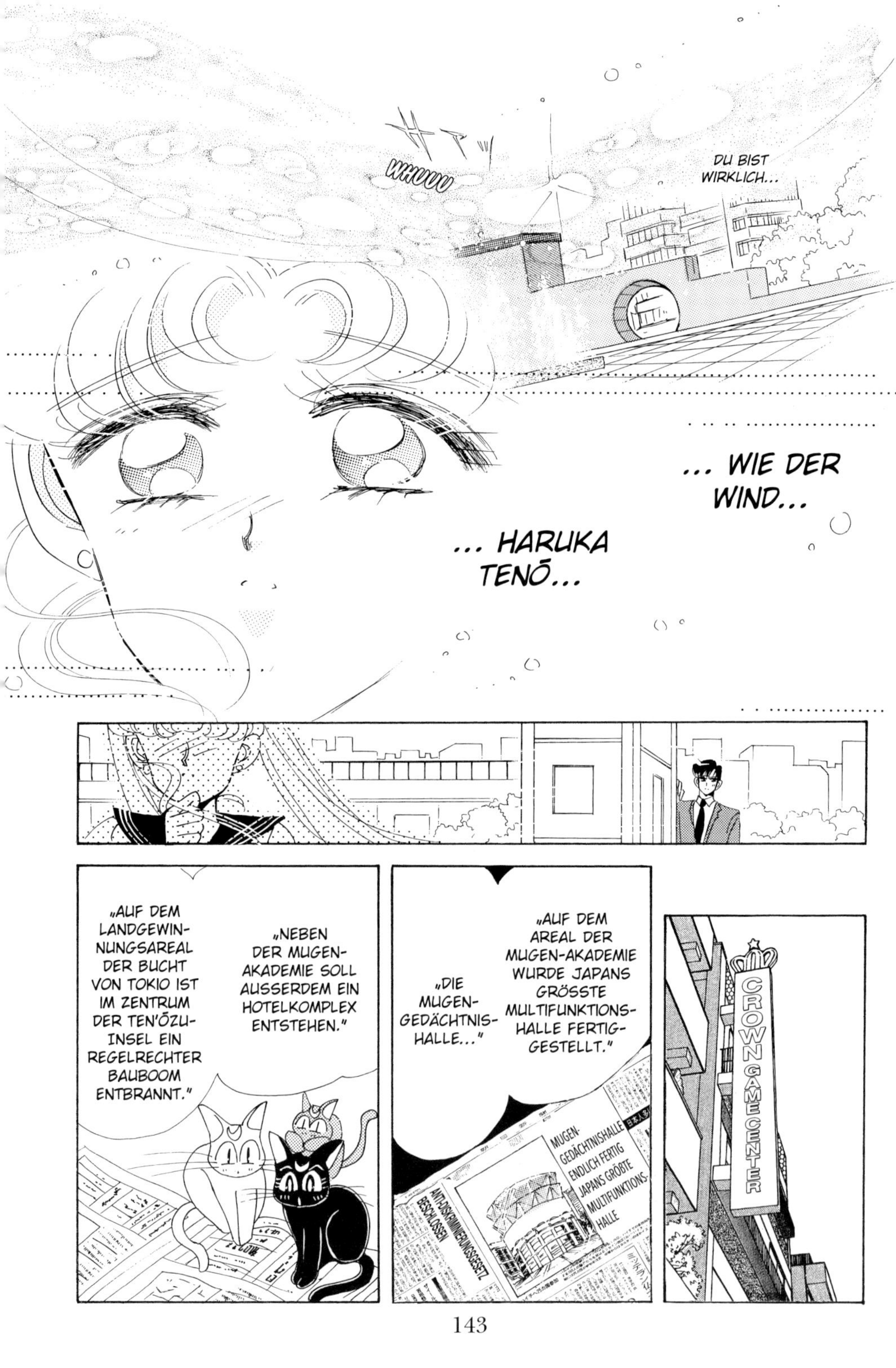
WHUUU
DU BIST WIRKLICH...
... WIE DER WIND...
... HARUKA TENŌ...
CROWN GAME CENTER
„AUF DEM AREAL DER MUGEN-AKADEMIE WURDE JAPANS GRÖSSTE MULTIFUNKTIONS-HALLE FERTIG-GESTELLT."
„DIE MUGEN-GEDÄCHTNIS-HALLE..."
MUGEN-GEDÄCHTNISHALLE ENDLICH FERTIG JAPANS GRÖßTE MULTIFUNKTIONS-HALLE
ANTI-DISKRIMINIERUNGSGESETZ BESCHLOSSEN
„NEBEN DER MUGEN-AKADEMIE SOLL AUSSERDEM EIN HOTELKOMPLEX ENTSTEHEN."
„AUF DEM LANDGEWINNUNGSAREAL DER BUCHT VON TOKIO IST IM ZENTRUM DER TEN'ŌZU-INSEL EIN REGELRECHTER BAUBOOM ENTBRANNT."

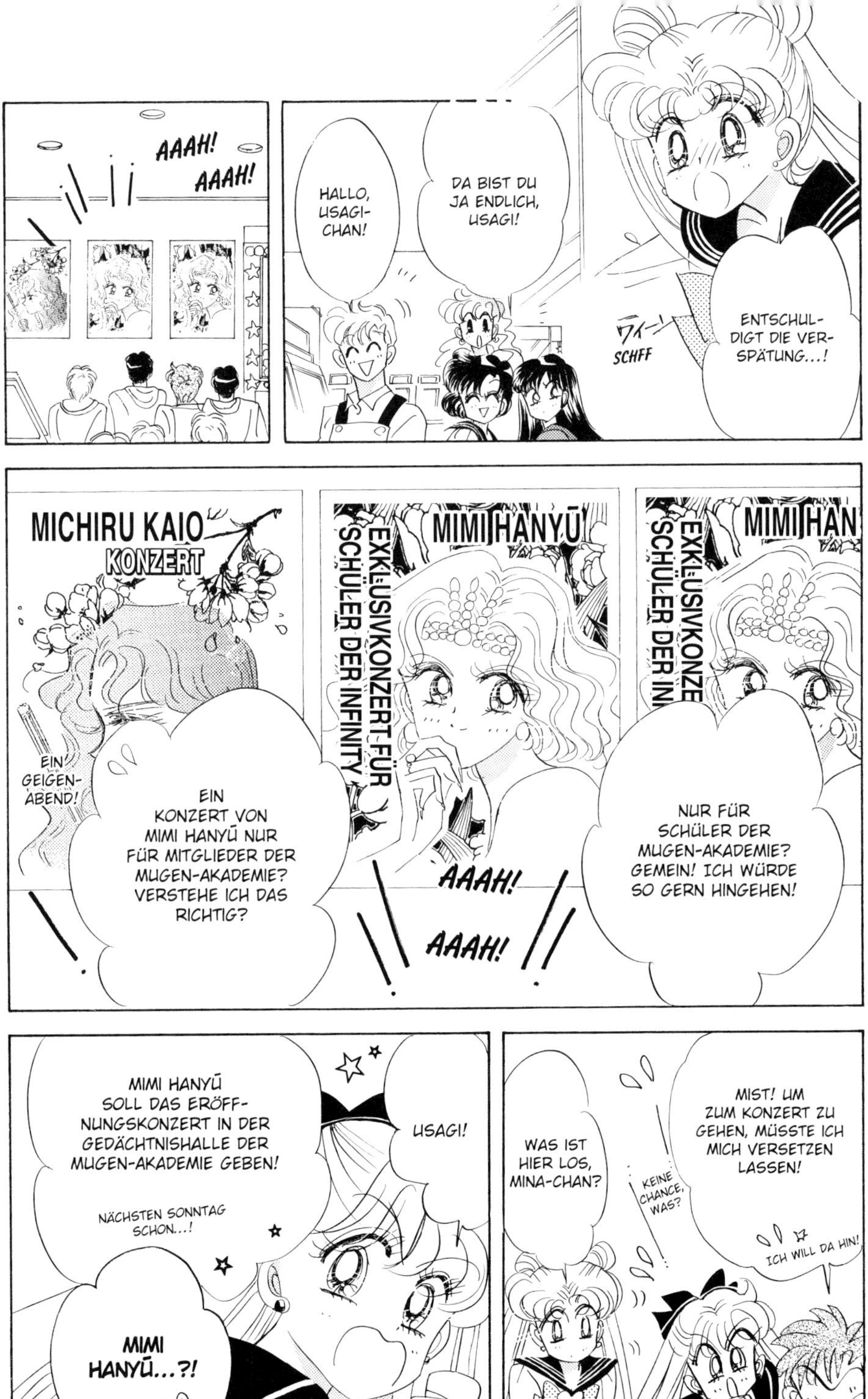
ワィーン
SCHFF
ENTSCHULDIGT DIE VERSPÄTUNG...!
DA BIST DU JA ENDLICH, USAGI!
HALLO, USAGI-CHAN!
AAAH!
AAAH!
MIMI HANYŪ
EXKLUSIVKONZERT FÜR SCHÜLER DER INFINITY
NUR FÜR SCHÜLER DER MUGEN-AKADEMIE? GEMEIN! ICH WÜRDE SO GERN HINGEHEN!
AAAH!
AAAH!
MICHIRU KAIO
KONZERT
EIN KONZERT VON MIMI HANYŪ NUR FÜR MITGLIEDER DER MUGEN-AKADEMIE? VERSTEHE ICH DAS RICHTIG?
EIN GEIGENABEND!
MIST! UM ZUM KONZERT ZU GEHEN, MÜSSTE ICH MICH VERSETZEN LASSEN!
ICH WILL DA HIN!
KEINE CHANCE, WAS?
WAS IST HIER LOS, MINA-CHAN?
USAGI!
MIMI HANYŪ SOLL DAS ERÖFFNUNGSKONZERT IN DER GEDÄCHTNISHALLE DER MUGEN-AKADEMIE GEBEN!
NÄCHSTEN SONNTAG SCHON...!
MIMI HANYŪ...?!

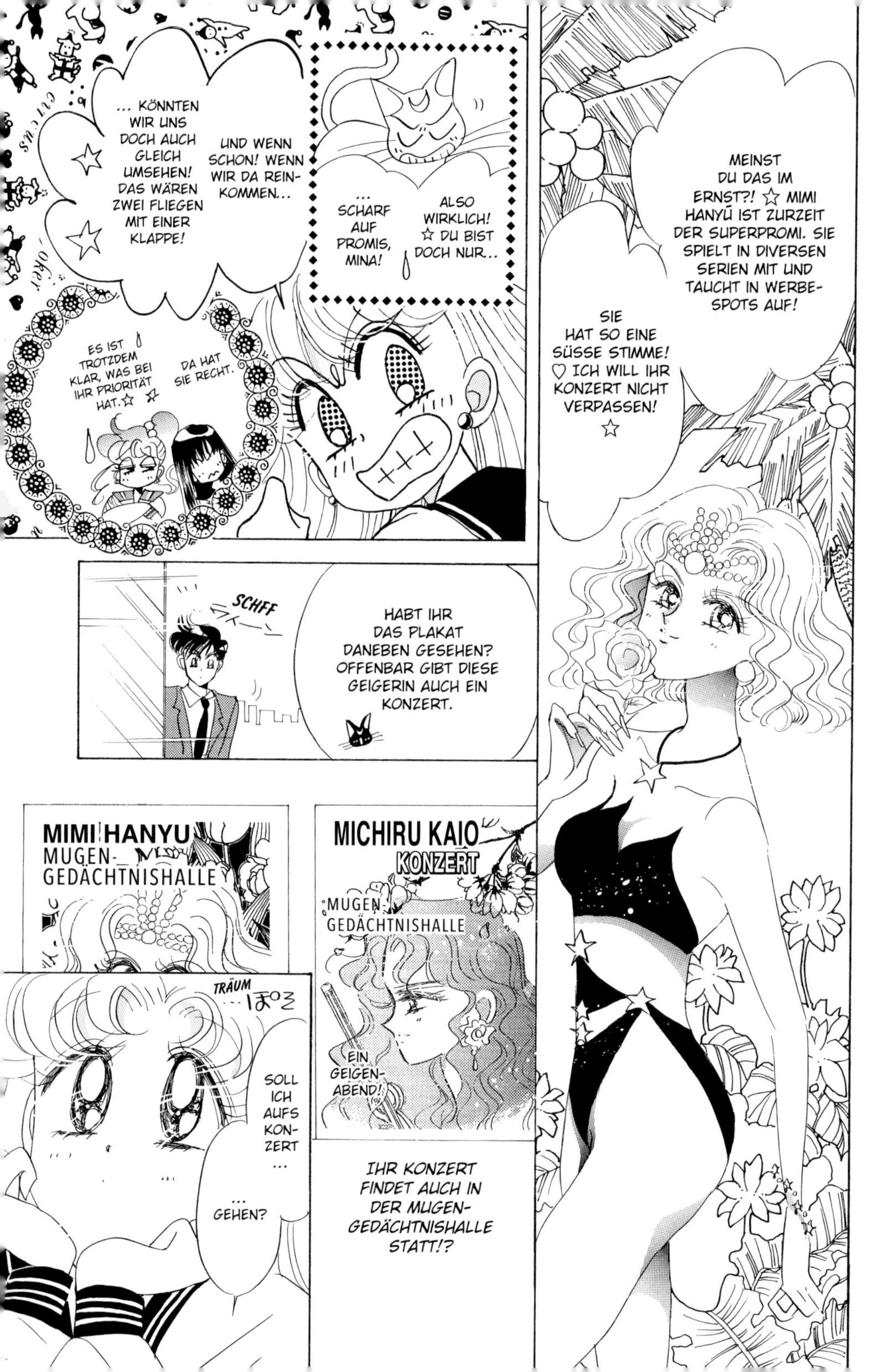
MEINST DU DAS IM ERNST?! ☆ MIMI HANYŪ IST ZURZEIT DER SUPERPROMI. SIE SPIELT IN DIVERSEN SERIEN MIT UND TAUCHT IN WERBESPOTS AUF!
SIE HAT SO EINE SÜSSE STIMME! ♡ ICH WILL IHR KONZERT NICHT VERPASSEN! ☆
ALSO WIRKLICH! ☆ DU BIST DOCH NUR…
… SCHARF AUF PROMIS, MINA!
UND WENN SCHON! WENN WIR DA REINKOMMEN…
… KÖNNTEN WIR UNS DOCH AUCH GLEICH UMSEHEN! DAS WÄREN ZWEI FLIEGEN MIT EINER KLAPPE!
DA HAT SIE RECHT.
ES IST TROTZDEM KLAR, WAS BEI IHR PRIORITÄT HAT. ☆
HABT IHR DAS PLAKAT DANEBEN GESEHEN? OFFENBAR GIBT DIESE GEIGERIN AUCH EIN KONZERT.
SCHFF
MICHIRU KAIO
KONZERT
MUGEN-GEDÄCHTNISHALLE
EIN GEIGEN-ABEND!
MIMI HANYU
MUGEN-GEDÄCHTNISHALLE
IHR KONZERT FINDET AUCH IN DER MUGEN-GEDÄCHTNISHALLE STATT!?
TRÄUM
SOLL ICH AUFS KONZERT …
… GEHEN?

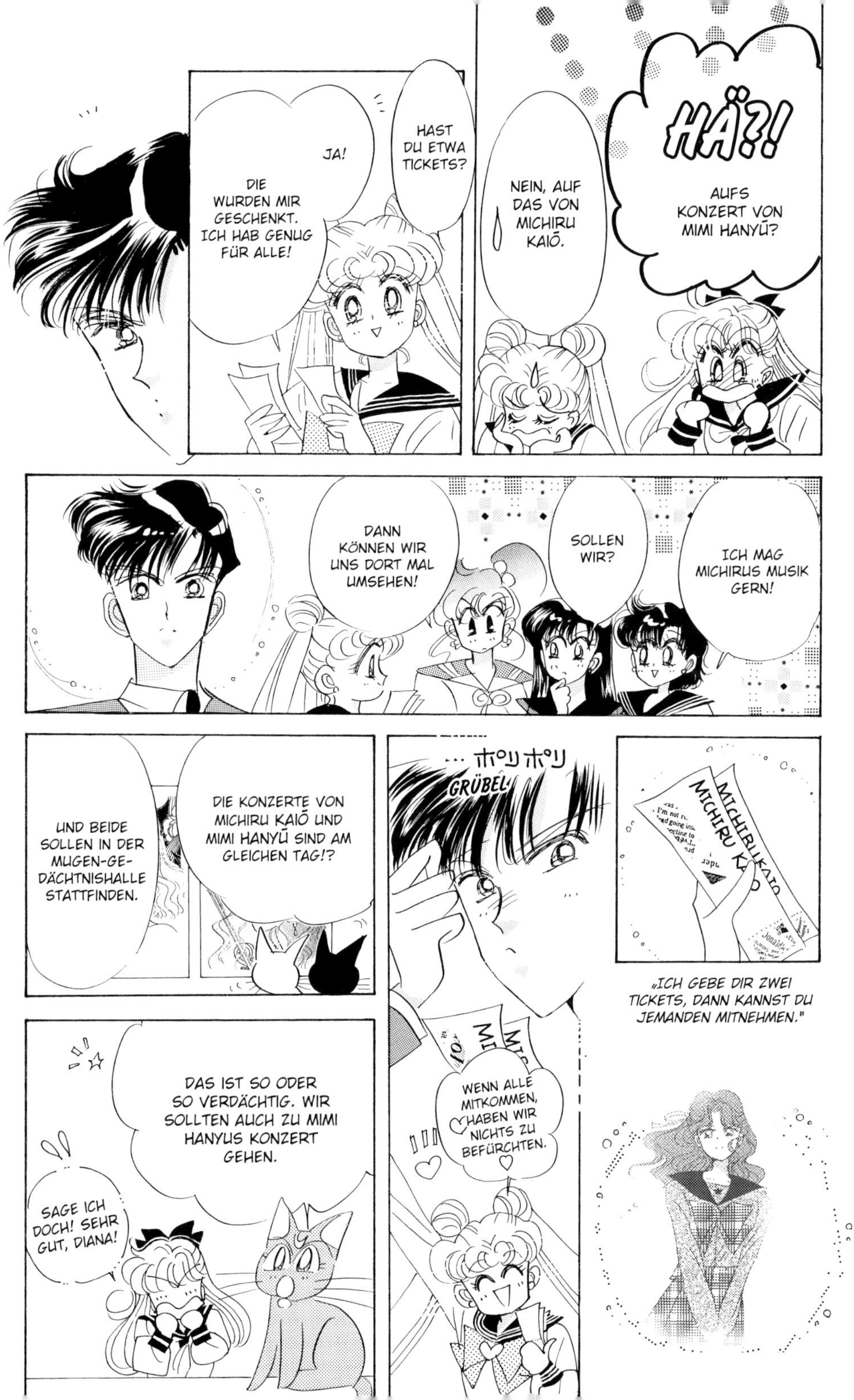
HÄ?!
AUFS KONZERT VON MIMI HANYŪ?
NEIN, AUF DAS VON MICHIRU KAIŌ.
HAST DU ETWA TICKETS?
JA!
DIE WURDEN MIR GESCHENKT. ICH HAB GENUG FÜR ALLE!
ICH MAG MICHIRUS MUSIK GERN!
SOLLEN WIR?
DANN KÖNNEN WIR UNS DORT MAL UMSEHEN!
MICHIRU KAIO
MICHIRU KAIO
„ICH GEBE DIR ZWEI TICKETS, DANN KANNST DU JEMANDEN MITNEHMEN."
ポリポリ
GRÜBEL
...
WENN ALLE MITKOMMEN, HABEN WIR NICHTS ZU BEFÜRCHTEN.
DIE KONZERTE VON MICHIRU KAIŌ UND MIMI HANYŪ SIND AM GLEICHEN TAG!?
UND BEIDE SOLLEN IN DER MUGEN-GEDÄCHTNISHALLE STATTFINDEN.
DAS IST SO ODER SO VERDÄCHTIG. WIR SOLLTEN AUCH ZU MIMI HANYUS KONZERT GEHEN.
SAGE ICH DOCH! SEHR GUT, DIANA!

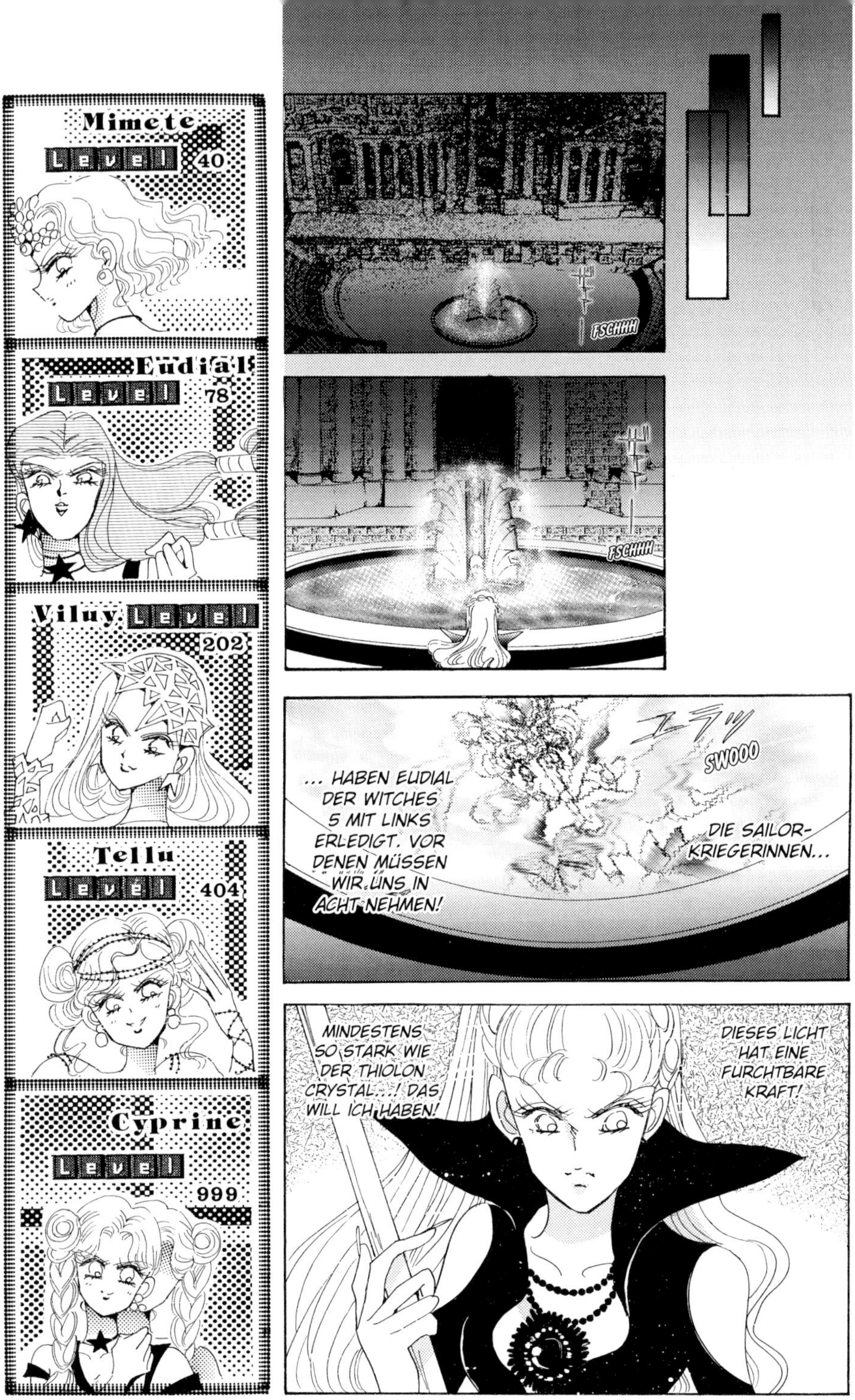
FSCHHH
FSCHHH
ユラッ
SWOOO
DIE SAILOR-KRIEGERINNEN...
... HABEN EUDIAL DER WITCHES 5 MIT LINKS ERLEDIGT. VOR DENEN MÜSSEN WIR UNS IN ACHT NEHMEN!
DIESES LICHT HAT EINE FURCHTBARE KRAFT!
MINDESTENS SO STARK WIE DER THIOLON CRYSTAL...! DAS WILL ICH HABEN!
Mimete Level 40
Eudial Level 78
Viluy Level 202
Tellu Level 404
Cyprine Level 999

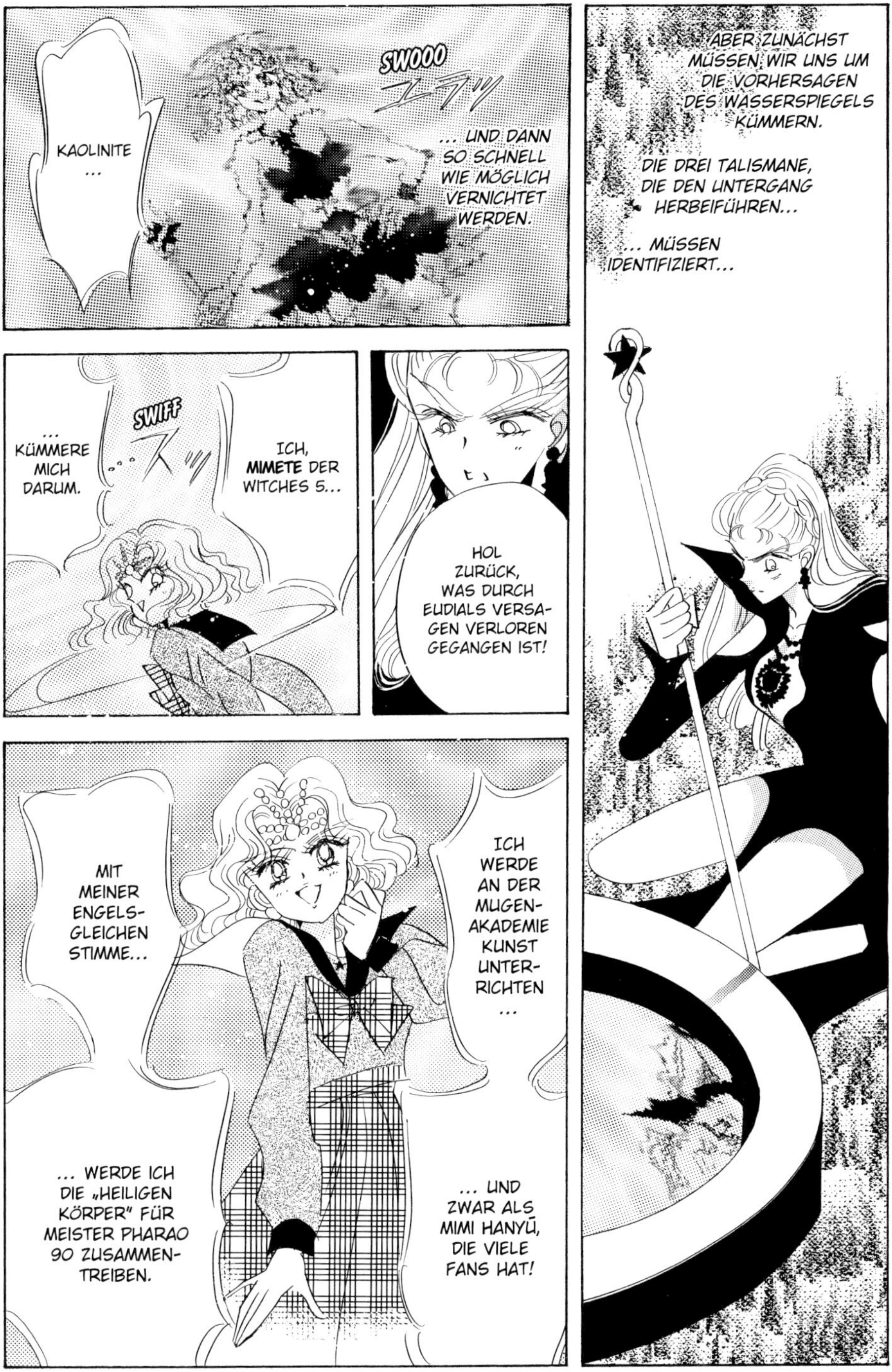
ABER ZUNÄCHST MÜSSEN WIR UNS UM DIE VORHERSAGEN DES WASSERSPIEGELS KÜMMERN.
DIE DREI TALISMANE, DIE DEN UNTERGANG HERBEIFÜHREN…
… MÜSSEN IDENTIFIZIERT…
SWOOO
… UND DANN SO SCHNELL WIE MÖGLICH VERNICHTET WERDEN.
KAOLINITE …
HOL ZURÜCK, WAS DURCH EUDIALS VERSAGEN VERLOREN GEGANGEN IST!
ICH, **MIMETE** DER WITCHES 5…
SWIFF
… KÜMMERE MICH DARUM.
ICH WERDE AN DER MUGEN-AKADEMIE KUNST UNTERRICHTEN …
… UND ZWAR ALS MIMI HANYŪ, DIE VIELE FANS HAT!
MIT MEINER ENGELSGLEICHEN STIMME…
… WERDE ICH DIE „HEILIGEN KÖRPER" FÜR MEISTER PHARAO 90 ZUSAMMENTREIBEN.

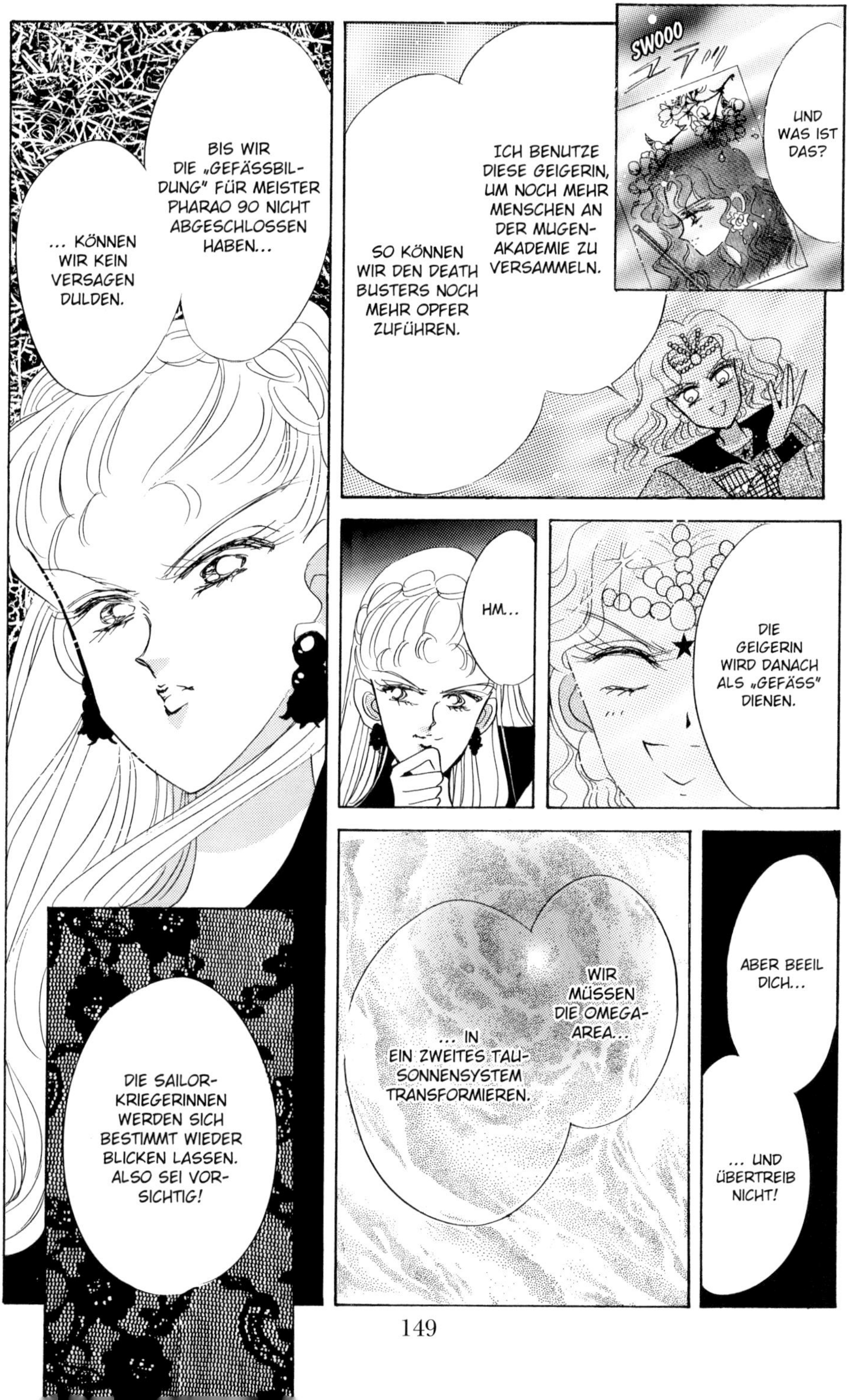
SWOOO
UND WAS IST DAS?
ICH BENUTZE DIESE GEIGERIN, UM NOCH MEHR MENSCHEN AN DER MUGEN-AKADEMIE ZU VERSAMMELN.
SO KÖNNEN WIR DEN DEATH BUSTERS NOCH MEHR OPFER ZUFÜHREN.
DIE GEIGERIN WIRD DANACH ALS „GEFÄSS" DIENEN.
HM...
BIS WIR DIE „GEFÄSSBILDUNG" FÜR MEISTER PHARAO 90 NICHT ABGESCHLOSSEN HABEN...
... KÖNNEN WIR KEIN VERSAGEN DULDEN.
ABER BEEIL DICH...
... UND ÜBERTREIB NICHT!
WIR MÜSSEN DIE OMEGA-AREA...
... IN EIN ZWEITES TAU-SONNENSYSTEM TRANSFORMIEREN.
DIE SAILOR-KRIEGERINNEN WERDEN SICH BESTIMMT WIEDER BLICKEN LASSEN. ALSO SEI VORSICHTIG!

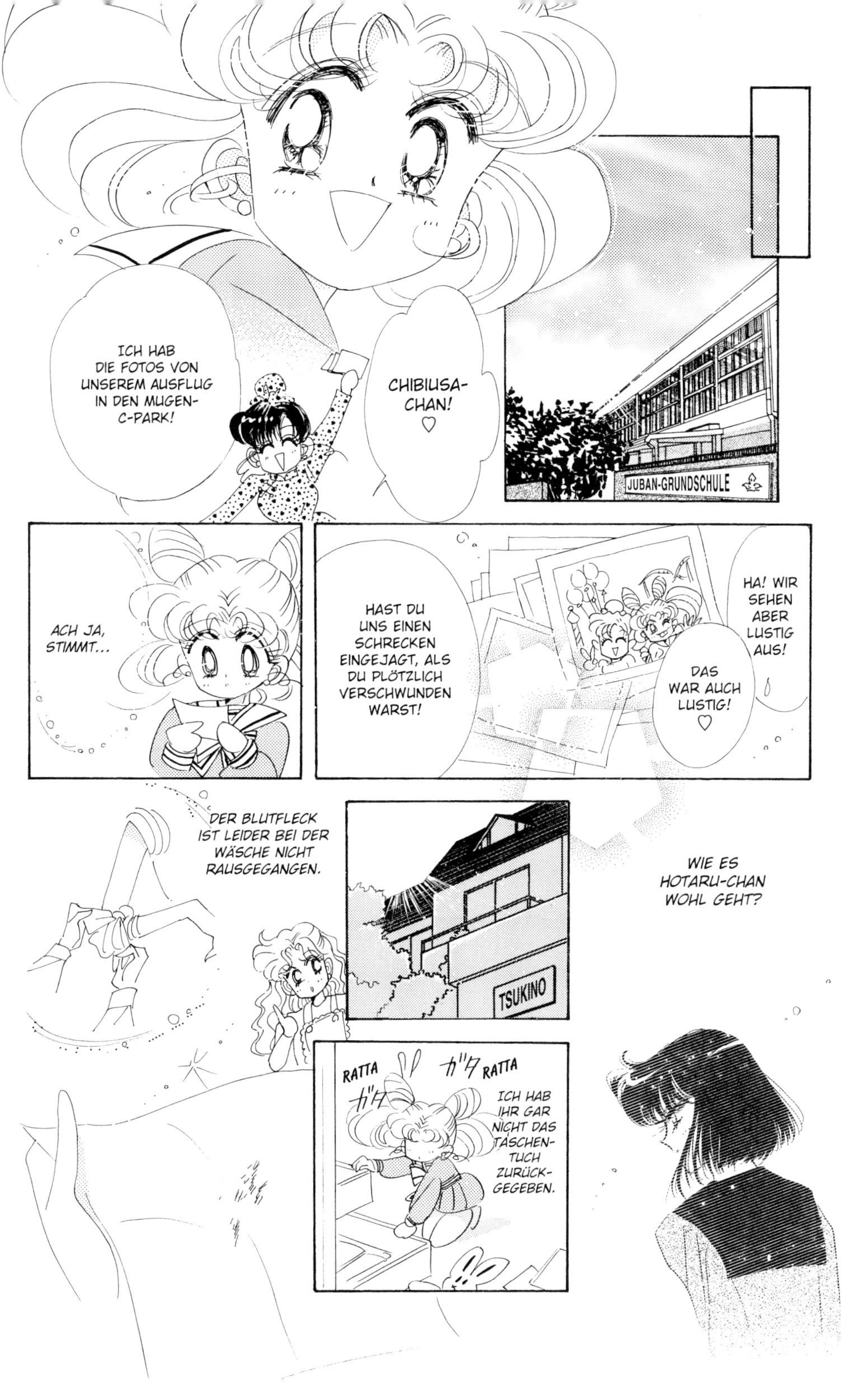
JUBAN-GRUNDSCHULE
CHIBIUSA-CHAN! ♡
ICH HAB DIE FOTOS VON UNSEREM AUSFLUG IN DEN MUGEN-C-PARK!
HA! WIR SEHEN ABER LUSTIG AUS!
DAS WAR AUCH LUSTIG! ♡
HAST DU UNS EINEN SCHRECKEN EINGEJAGT, ALS DU PLÖTZLICH VERSCHWUNDEN WARST!
ACH JA, STIMMT...
WIE ES HOTARU-CHAN WOHL GEHT?
TSUKINO
DER BLUTFLECK IST LEIDER BEI DER WÄSCHE NICHT RAUSGEGANGEN.
RATTA ガタ RATTA ガタ
ICH HAB IHR GAR NICHT DAS TASCHENTUCH ZURÜCKGEGEBEN.

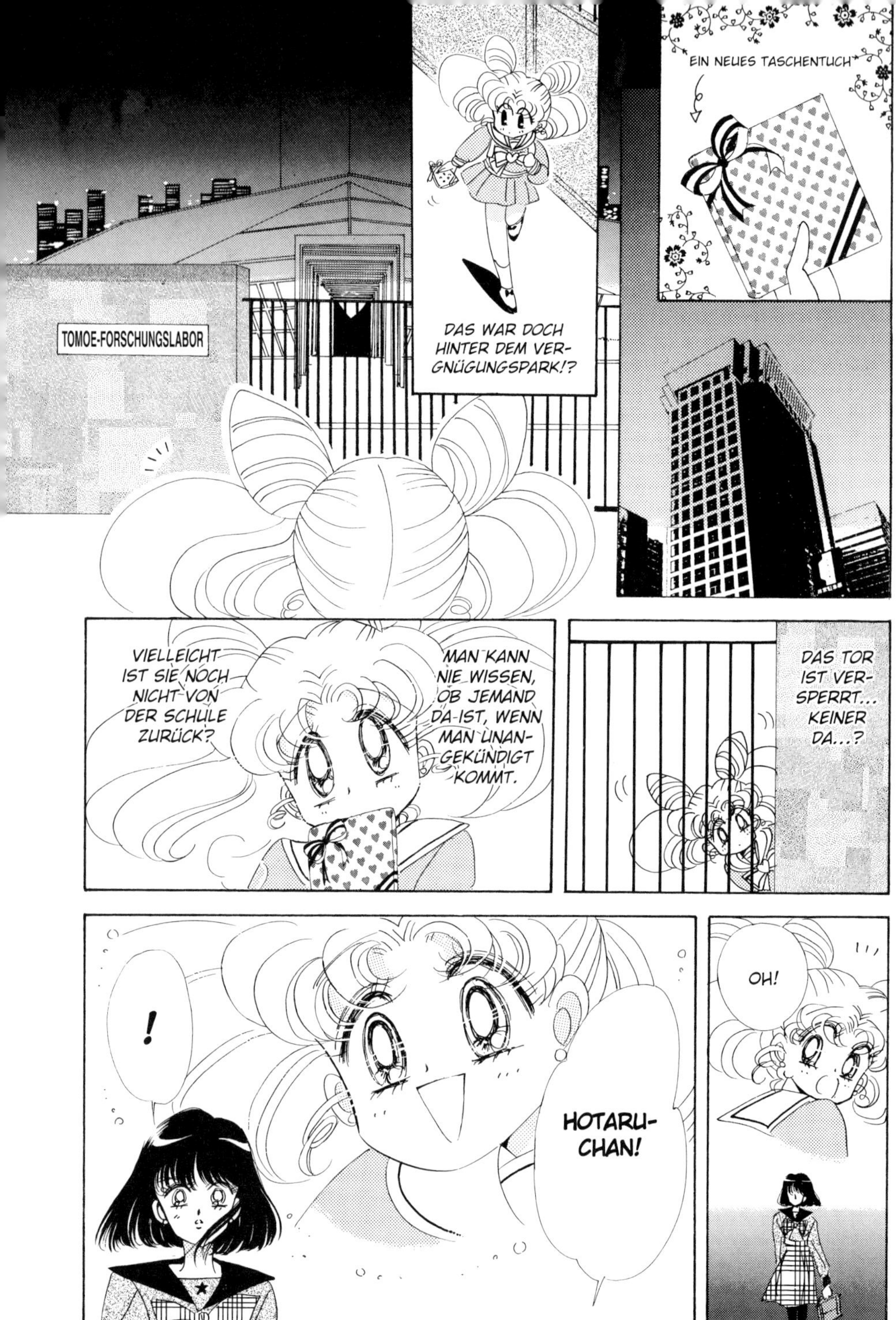

EIN NEUES TASCHENTUCH
DAS WAR DOCH HINTER DEM VERGNÜGUNGSPARK!?
TOMOE-FORSCHUNGSLABOR
DAS TOR IST VERSPERRT... KEINER DA...?
MAN KANN NIE WISSEN, OB JEMAND DA IST, WENN MAN UNANGEKÜNDIGT KOMMT.
VIELLEICHT IST SIE NOCH NICHT VON DER SCHULE ZURÜCK?
OH!
HOTARU-CHAN!
!

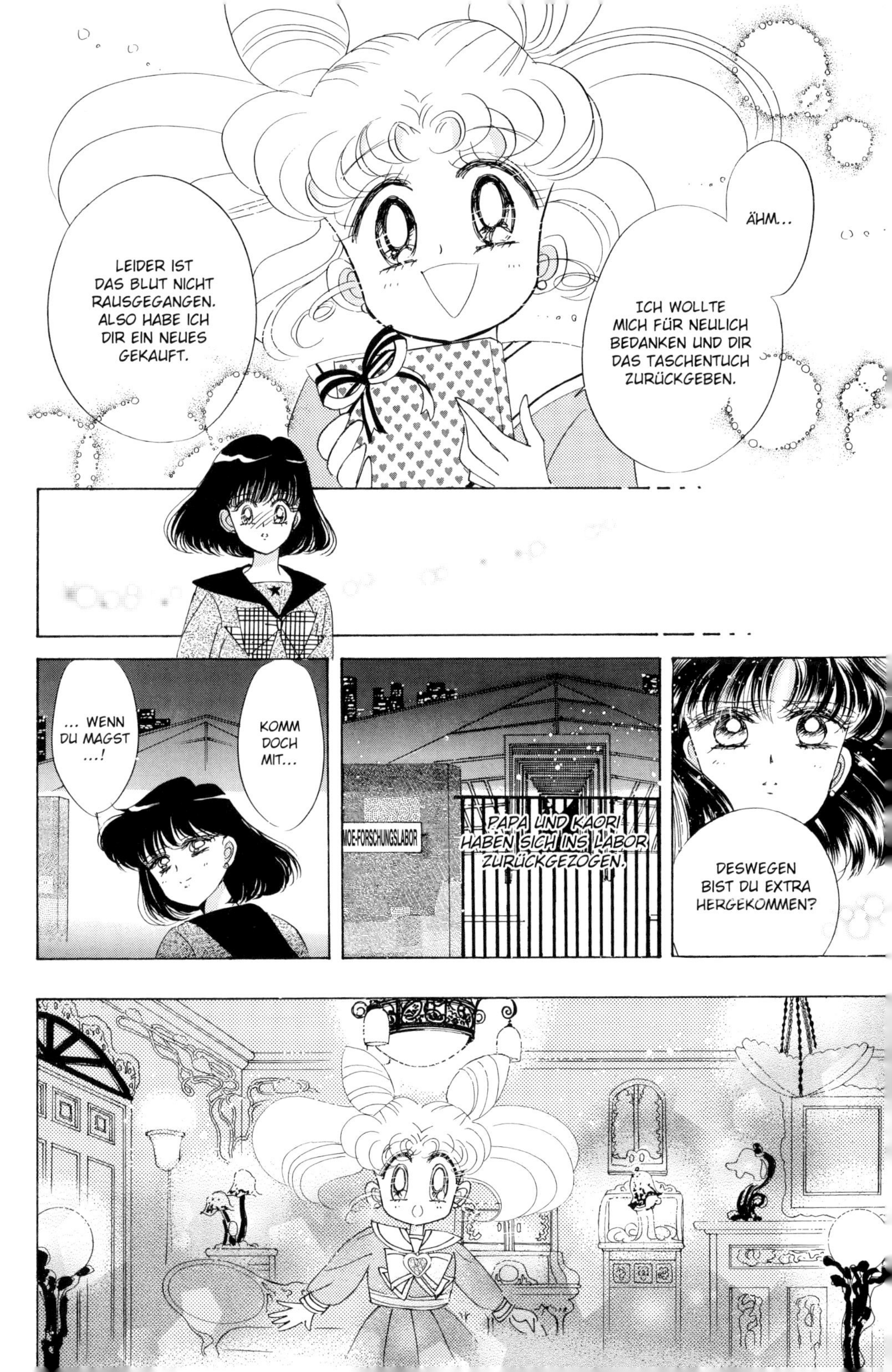
ÄHM..
ICH WOLLTE MICH FÜR NEULICH BEDANKEN UND DIR DAS TASCHENTUCH ZURÜCKGEBEN.
LEIDER IST DAS BLUT NICHT RAUSGEGANGEN. ALSO HABE ICH DIR EIN NEUES GEKAUFT.
DESWEGEN BIST DU EXTRA HERGEKOMMEN?
MOE-FORSCHUNGSLABOR
PAPA UND KAORI HABEN SICH INS LABOR ZURÜCKGEZOGEN.
KOMM DOCH MIT...
... WENN DU MAGST ...!

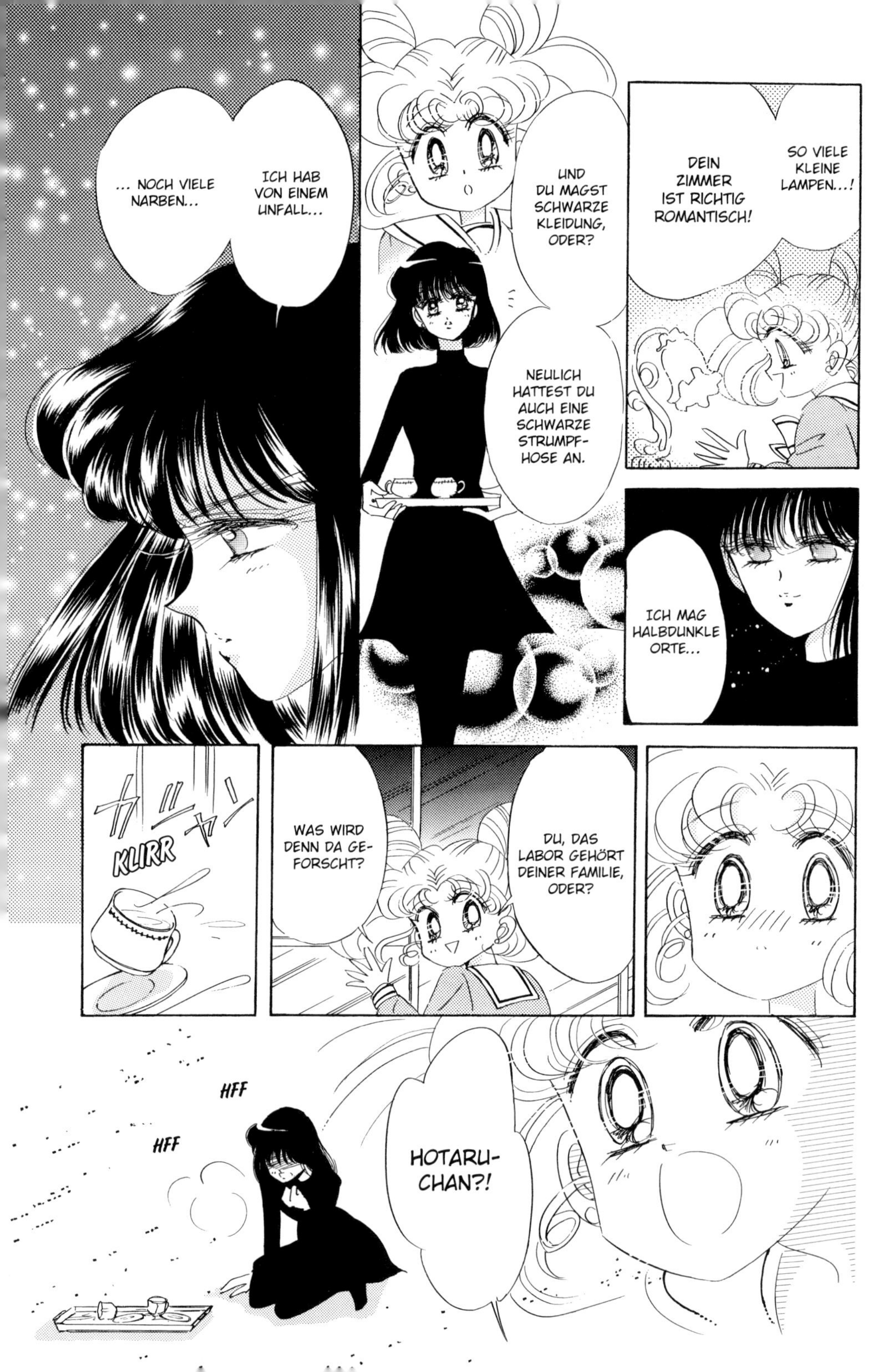
SO VIELE KLEINE LAMPEN...!
DEIN ZIMMER IST RICHTIG ROMANTISCH!
UND DU MAGST SCHWARZE KLEIDUNG, ODER?
NEULICH HATTEST DU AUCH EINE SCHWARZE STRUMPF-HOSE AN.
ICH MAG HALBDUNKLE ORTE...
ICH HAB VON EINEM UNFALL...
... NOCH VIELE NARBEN...
DU, DAS LABOR GEHÖRT DEINER FAMILIE, ODER?
WAS WIRD DENN DA GE-FORSCHT?
KLIRR
HOTARU-CHAN?!
HFF
HFF

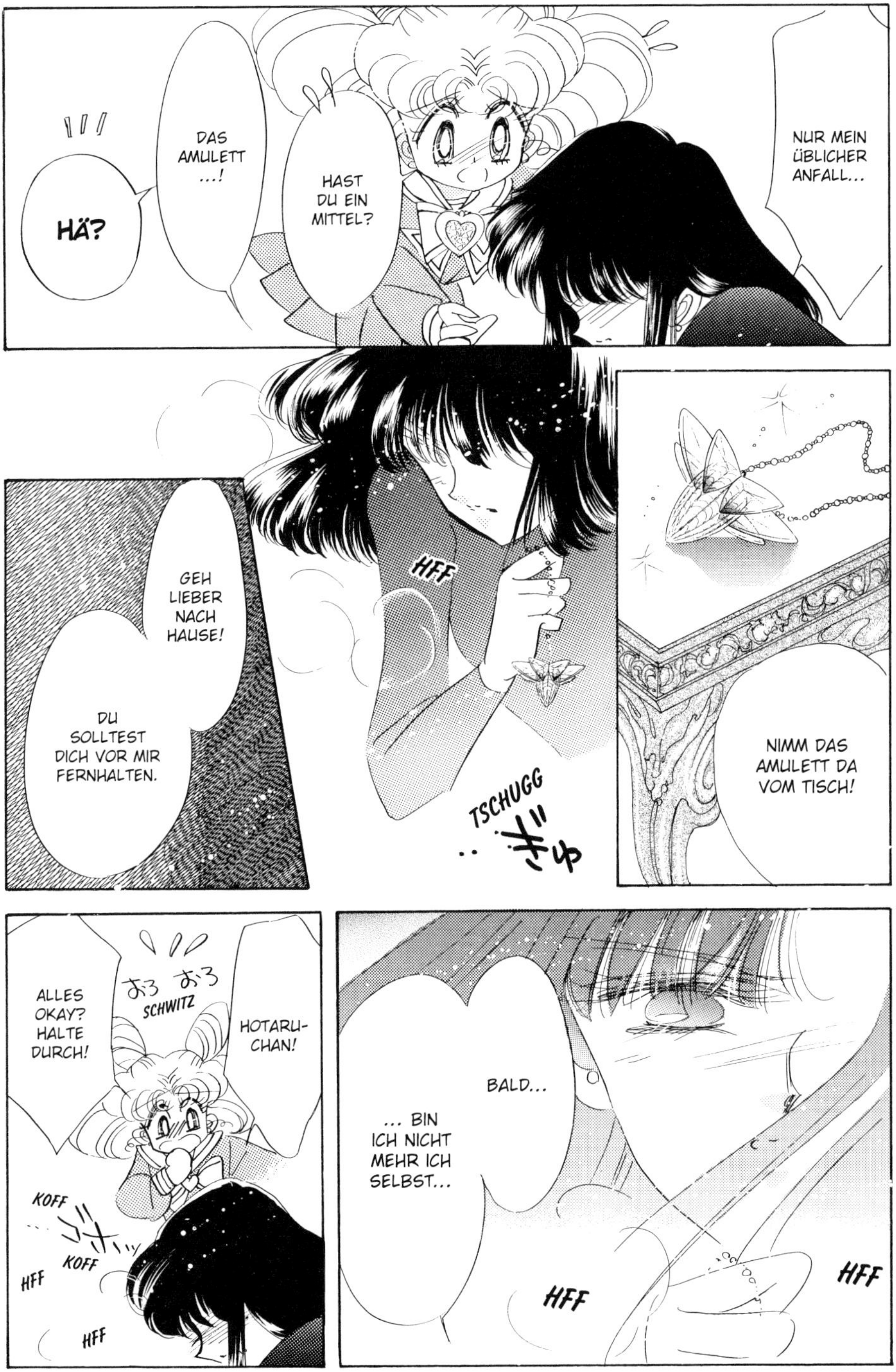
NUR MEIN ÜBLICHER ANFALL...
HAST DU EIN MITTEL?
DAS AMULETT ...!
HÄ?
NIMM DAS AMULETT DA VOM TISCH!
HFF
TSCHUGG
ぎゅ
GEH LIEBER NACH HAUSE!
DU SOLLTEST DICH VOR MIR FERNHALTEN.
BALD...
... BIN ICH NICHT MEHR ICH SELBST...
HFF
HFF
HOTARU-CHAN!
ALLES OKAY? HALTE DURCH!
おろ おろ
SCHWITZ
KOFF
KOFF
HFF
HFF

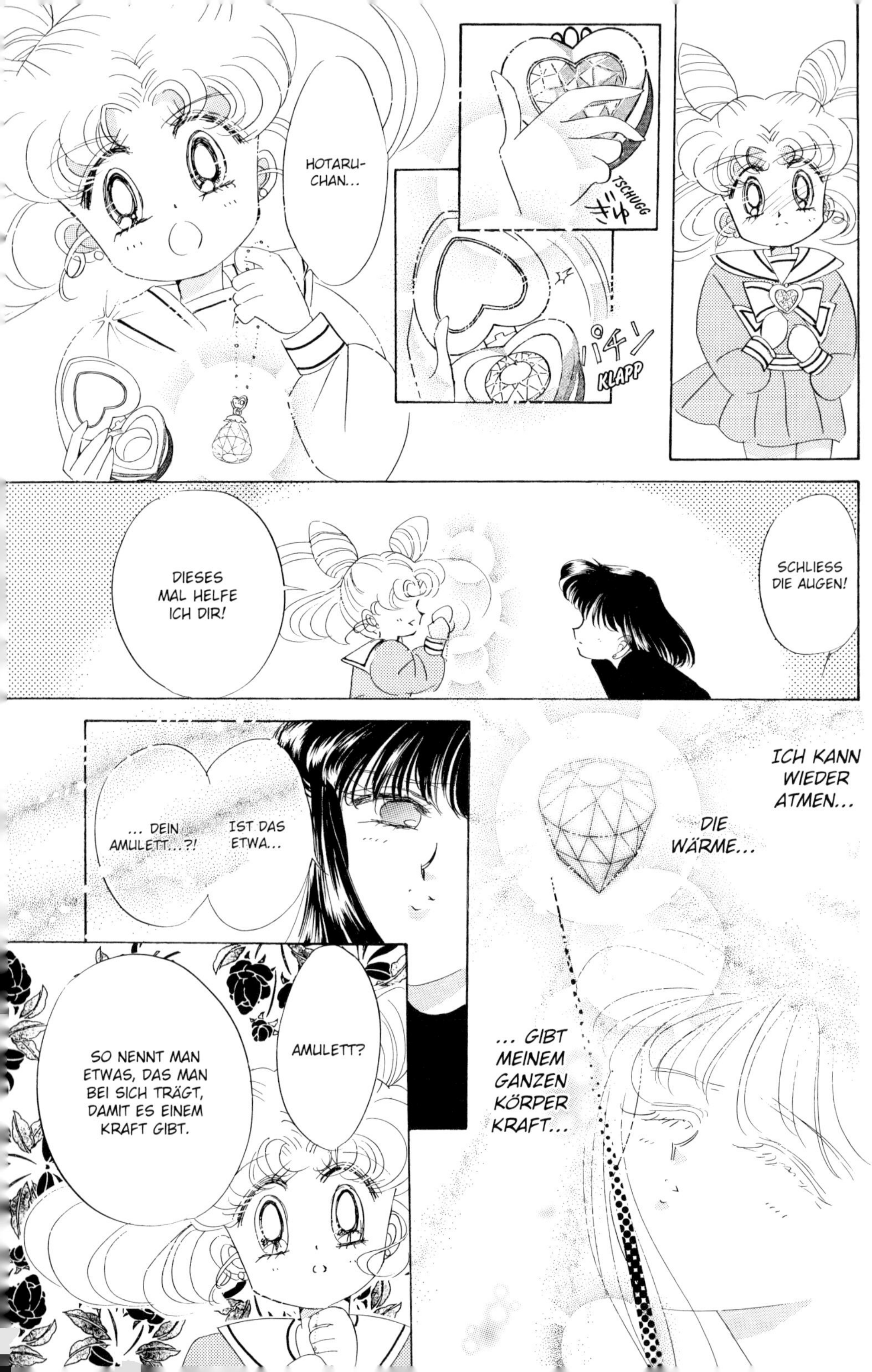
ぎゅ
TSCHUGG
パチン
KLAPP
HOTARU-CHAN…
SCHLIESS DIE AUGEN!
DIESES MAL HELFE ICH DIR!
ICH KANN WIEDER ATMEN…
DIE WÄRME…
… GIBT MEINEM GANZEN KÖRPER KRAFT…
IST DAS ETWA…
… DEIN AMULETT…?!
AMULETT?
SO NENNT MAN ETWAS, DAS MAN BEI SICH TRÄGT, DAMIT ES EINEM KRAFT GIBT.

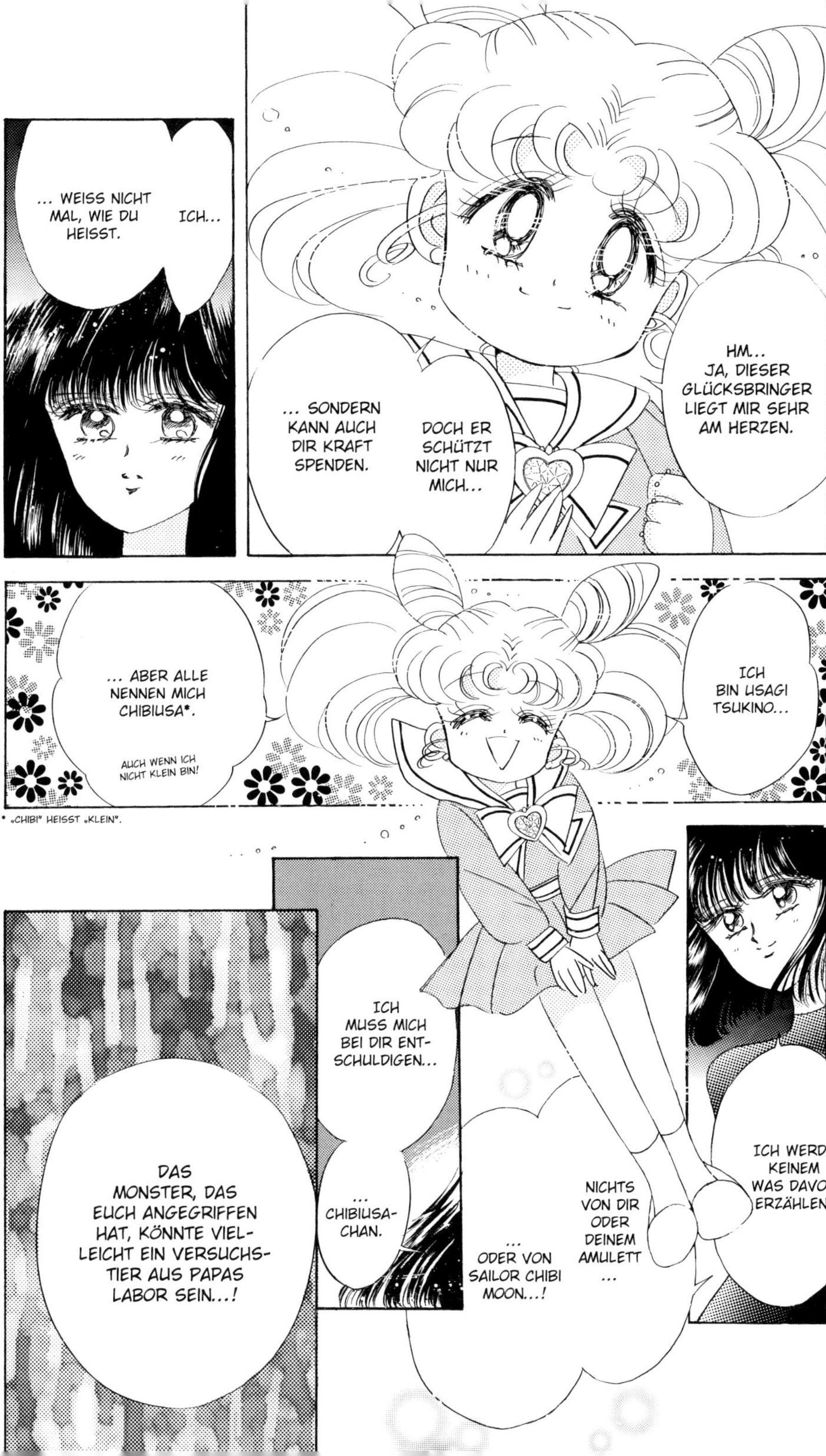

* „CHIBI" HEISST „KLEIN".

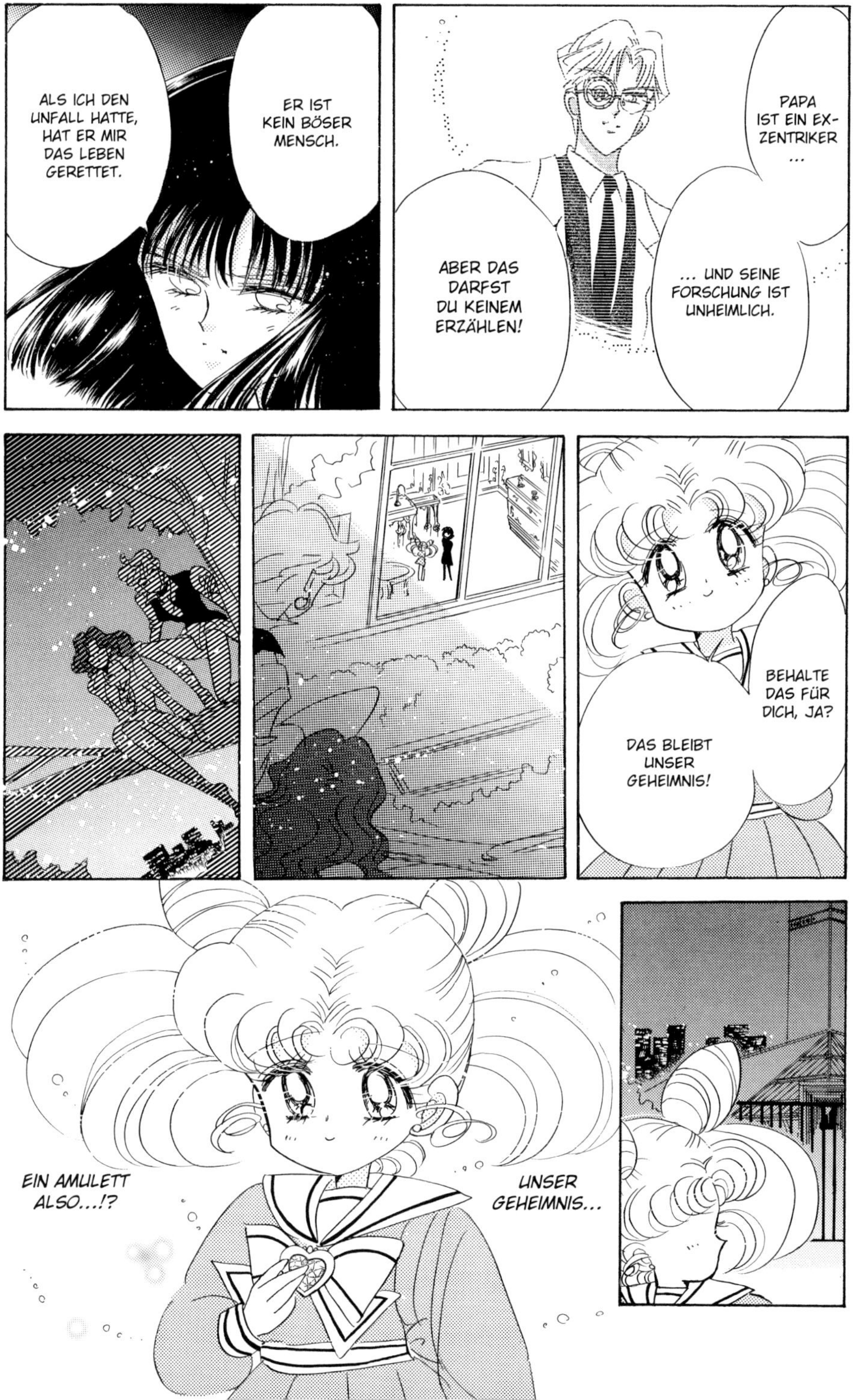
PAPA IST EIN EXZENTRIKER ...
... UND SEINE FORSCHUNG IST UNHEIMLICH.
ABER DAS DARFST DU KEINEM ERZÄHLEN!
ER IST KEIN BÖSER MENSCH.
ALS ICH DEN UNFALL HATTE, HAT ER MIR DAS LEBEN GERETTET.
BEHALTE DAS FÜR DICH, JA?
DAS BLEIBT UNSER GEHEIMNIS!
...
UNSER GEHEIMNIS...
EIN AMULETT ALSO...!?

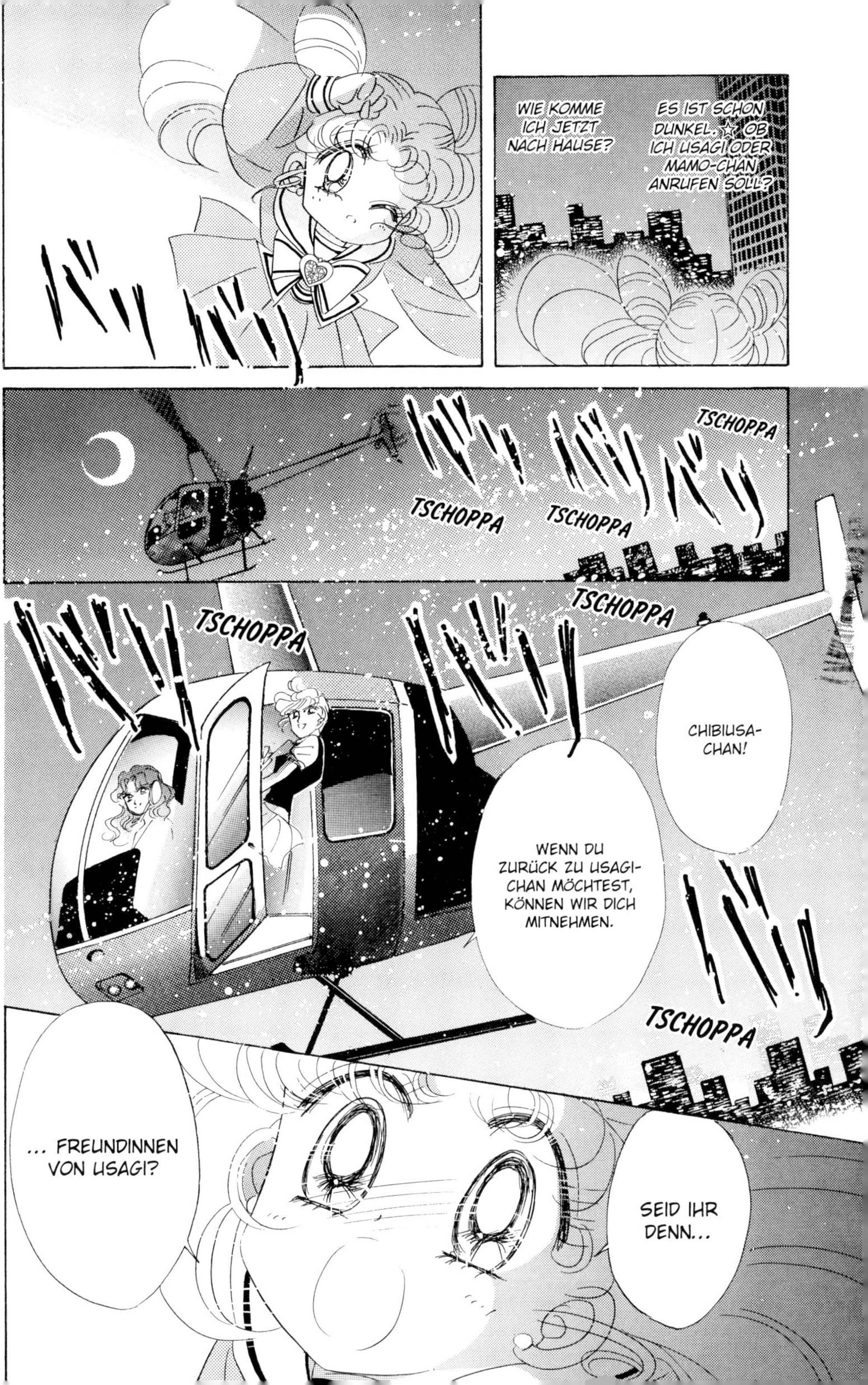
ES IST SCHON DUNKEL. ☆ OB ICH USAGI ODER MAMO-CHAN ANRUFEN SOLL?
WIE KOMME ICH JETZT NACH HAUSE?
TSCHOPPA
TSCHOPPA
TSCHOPPA
TSCHOPPA
TSCHOPPA
CHIBIUSA-CHAN!
WENN DU ZURÜCK ZU USAGI-CHAN MÖCHTEST, KÖNNEN WIR DICH MITNEHMEN.
TSCHOPPA
SEID IHR DENN...
... FREUNDINNEN VON USAGI?

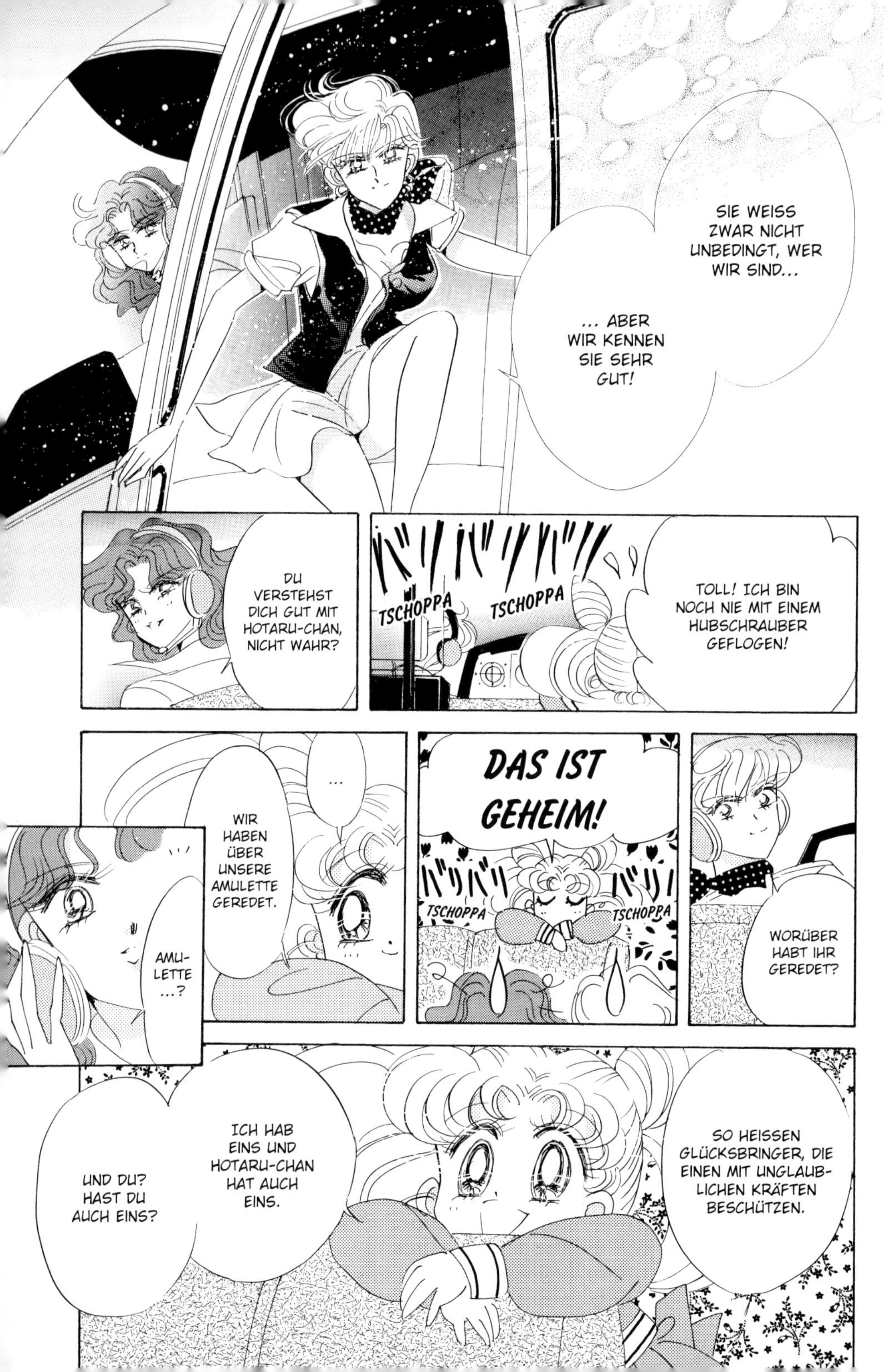
SIE WEISS ZWAR NICHT UNBEDINGT, WER WIR SIND...
... ABER WIR KENNEN SIE SEHR GUT!
TSCHOPPA
TSCHOPPA
TOLL! ICH BIN NOCH NIE MIT EINEM HUBSCHRAUBER GEFLOGEN!
DU VERSTEHST DICH GUT MIT HOTARU-CHAN, NICHT WAHR?
WORÜBER HABT IHR GEREDET?
DAS IST GEHEIM!
TSCHOPPA
TSCHOPPA
...
WIR HABEN ÜBER UNSERE AMULETTE GEREDET.
AMU-LETTE ...?
SO HEISSEN GLÜCKSBRINGER, DIE EINEN MIT UNGLAUB-LICHEN KRÄFTEN BESCHÜTZEN.
ICH HAB EINS UND HOTARU-CHAN HAT AUCH EINS.
UND DU? HAST DU AUCH EINS?

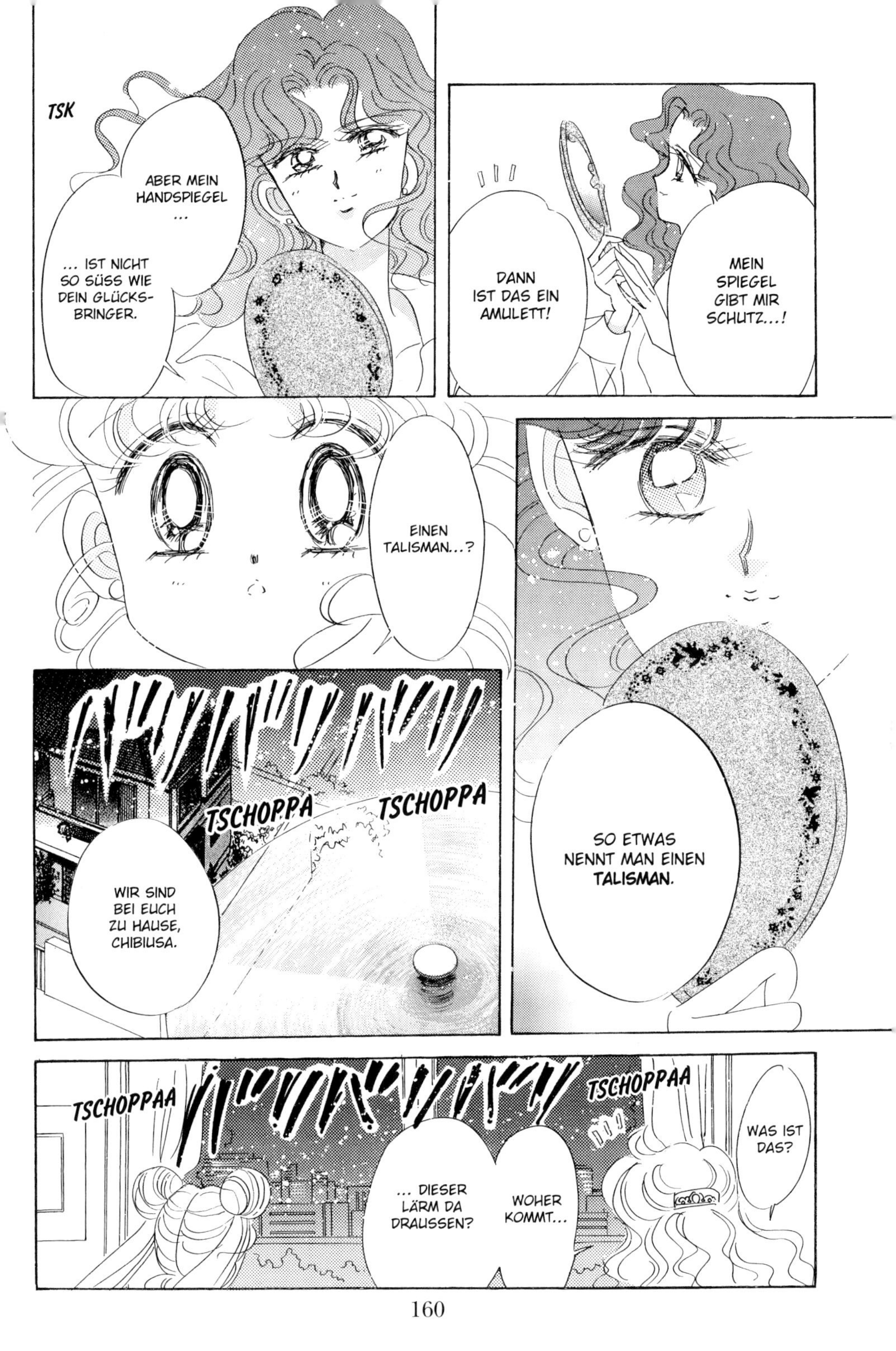
MEIN SPIEGEL GIBT MIR SCHUTZ...!
DANN IST DAS EIN AMULETT!
TSK
ABER MEIN HANDSPIEGEL ...
... IST NICHT SO SÜSS WIE DEIN GLÜCKS-BRINGER.
SO ETWAS NENNT MAN EINEN **TALISMAN.**
EINEN TALISMAN...?
TSCHOPPA
TSCHOPPA
WIR SIND BEI EUCH ZU HAUSE, CHIBIUSA.
TSCHOPPAA
WAS IST DAS?
WOHER KOMMT...
... DIESER LÄRM DA DRAUSSEN?
TSCHOPPAA

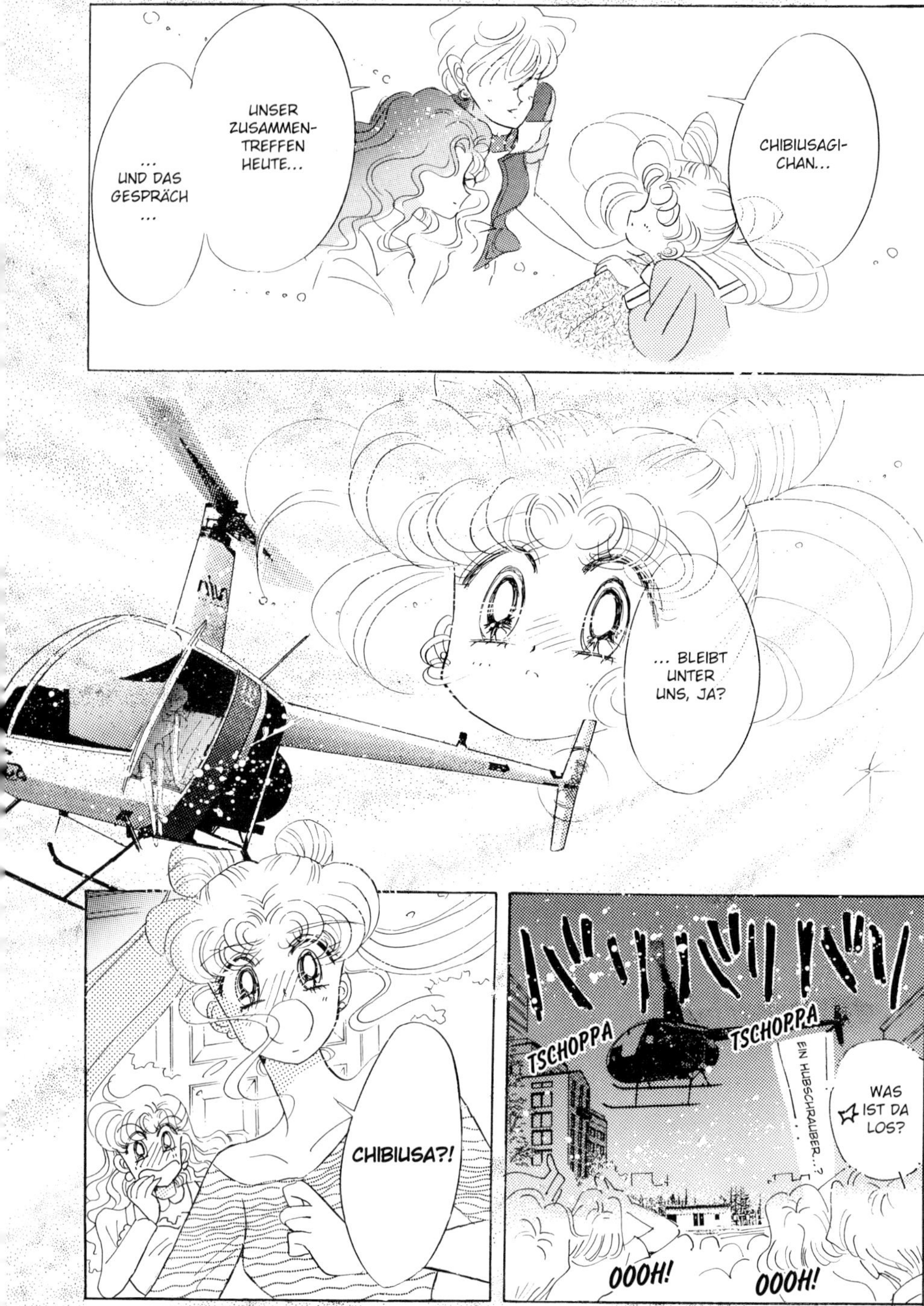
CHIBIUSAGI-CHAN...
UNSER ZUSAMMEN-TREFFEN HEUTE...
... UND DAS GESPRÄCH ...
... BLEIBT UNTER UNS, JA?
TSCHOPPA
TSCHOPPA
EIN HUBSCHRAUBER...?
WAS IST DA LOS?
OOOH!
OOOH!
CHIBIUSA?!

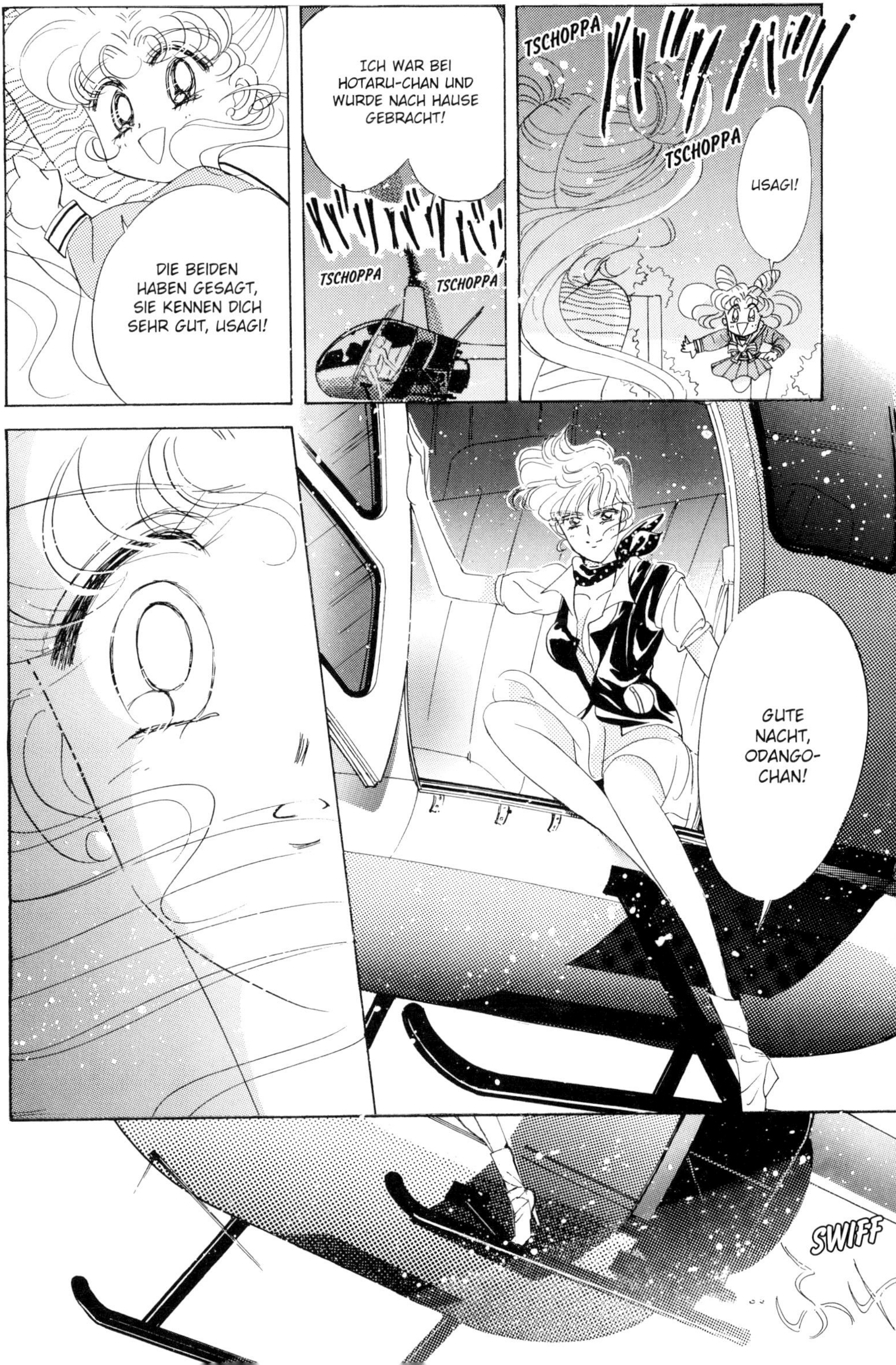
TSCHOPPA
TSCHOPPA
USAGI!
ICH WAR BEI HOTARU-CHAN UND WURDE NACH HAUSE GEBRACHT!
TSCHOPPA
TSCHOPPA
DIE BEIDEN HABEN GESAGT, SIE KENNEN DICH SEHR GUT, USAGI!
GUTE NACHT, ODANGO-CHAN!
SWIFF

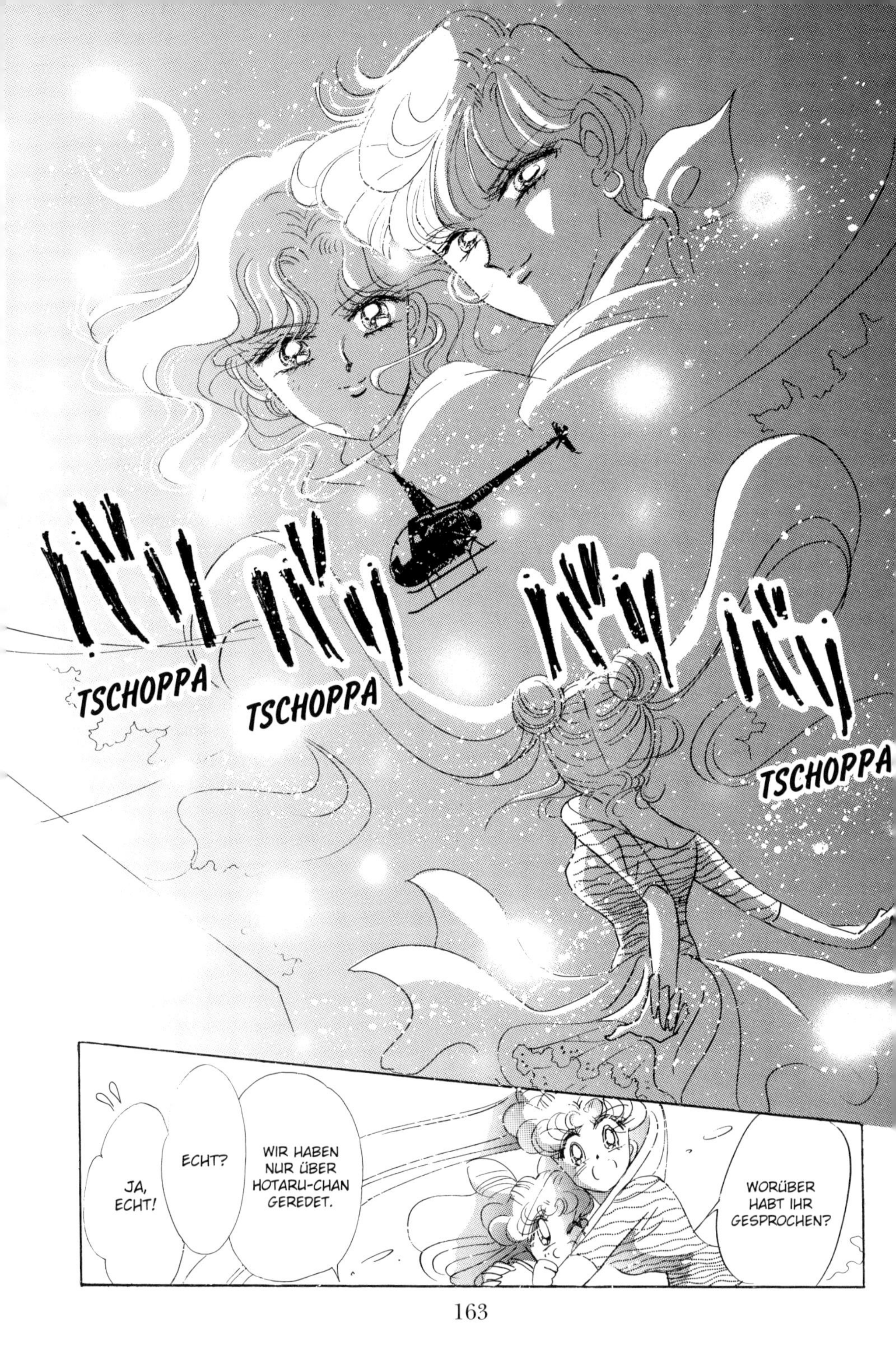
TSCHOPPA
TSCHOPPA
TSCHOPPA
WORÜBER HABT IHR GESPROCHEN?
WIR HABEN NUR ÜBER HOTARU-CHAN GEREDET.
ECHT?
JA, ECHT!

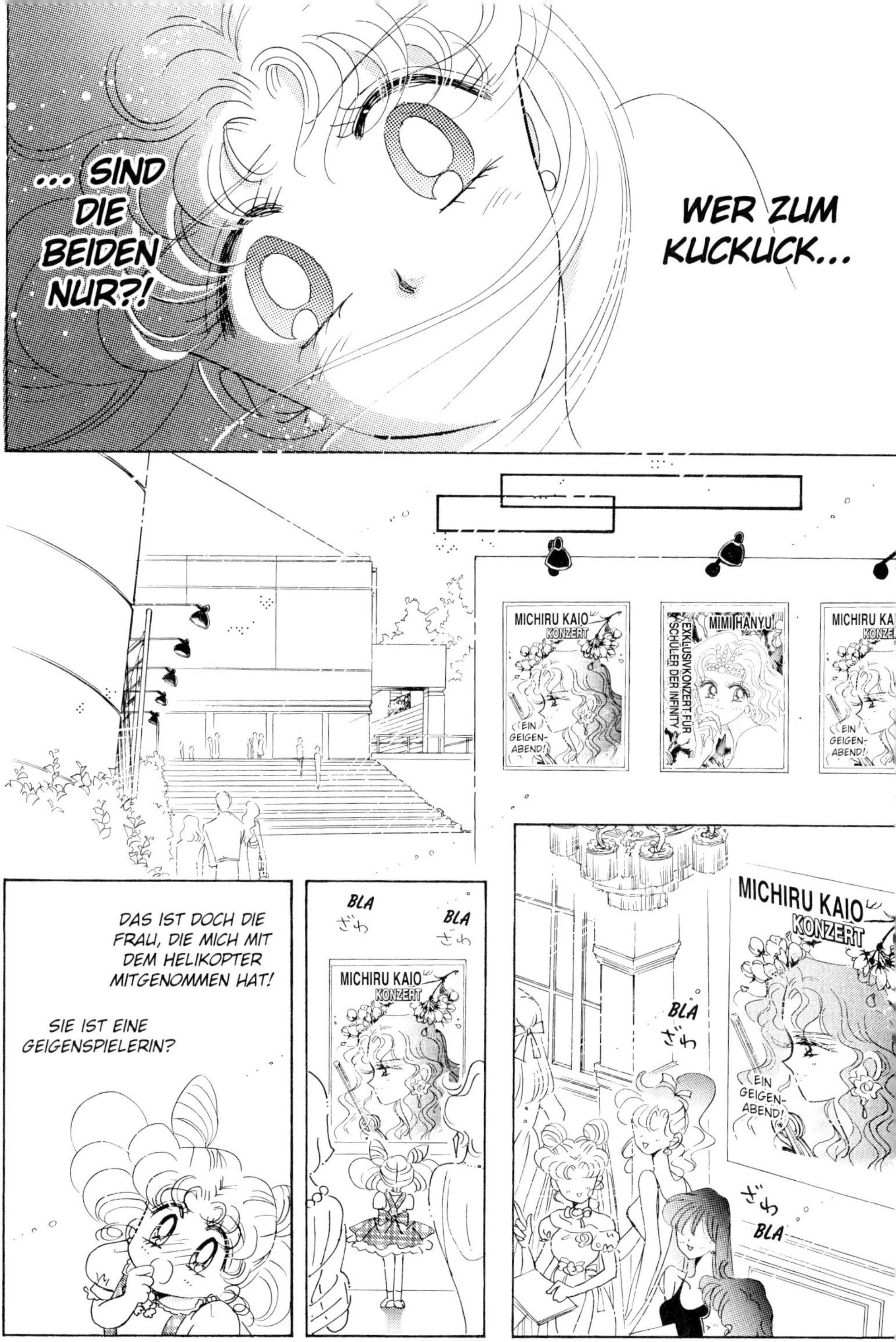
WER ZUM KUCKUCK...
... SIND DIE BEIDEN NUR?!
MICHIRU KAIO
KONZERT
EIN GEIGEN-ABEND!
MIMI HANYU
EXKLUSIVKONZERT FÜR SCHÜLER DER INFINITY
MICHIRU KAIO
KONZERT
EIN GEIGEN-ABEND!
MICHIRU KAIO
KONZERT
EIN GEIGEN-ABEND!
BLA
ざわ
ざわ
BLA
BLA
ざわ
BLA
ざわ
MICHIRU KAIO
KONZERT
DAS IST DOCH DIE FRAU, DIE MICH MIT DEM HELIKOPTER MITGENOMMEN HAT!
SIE IST EINE GEIGENSPIELERIN?

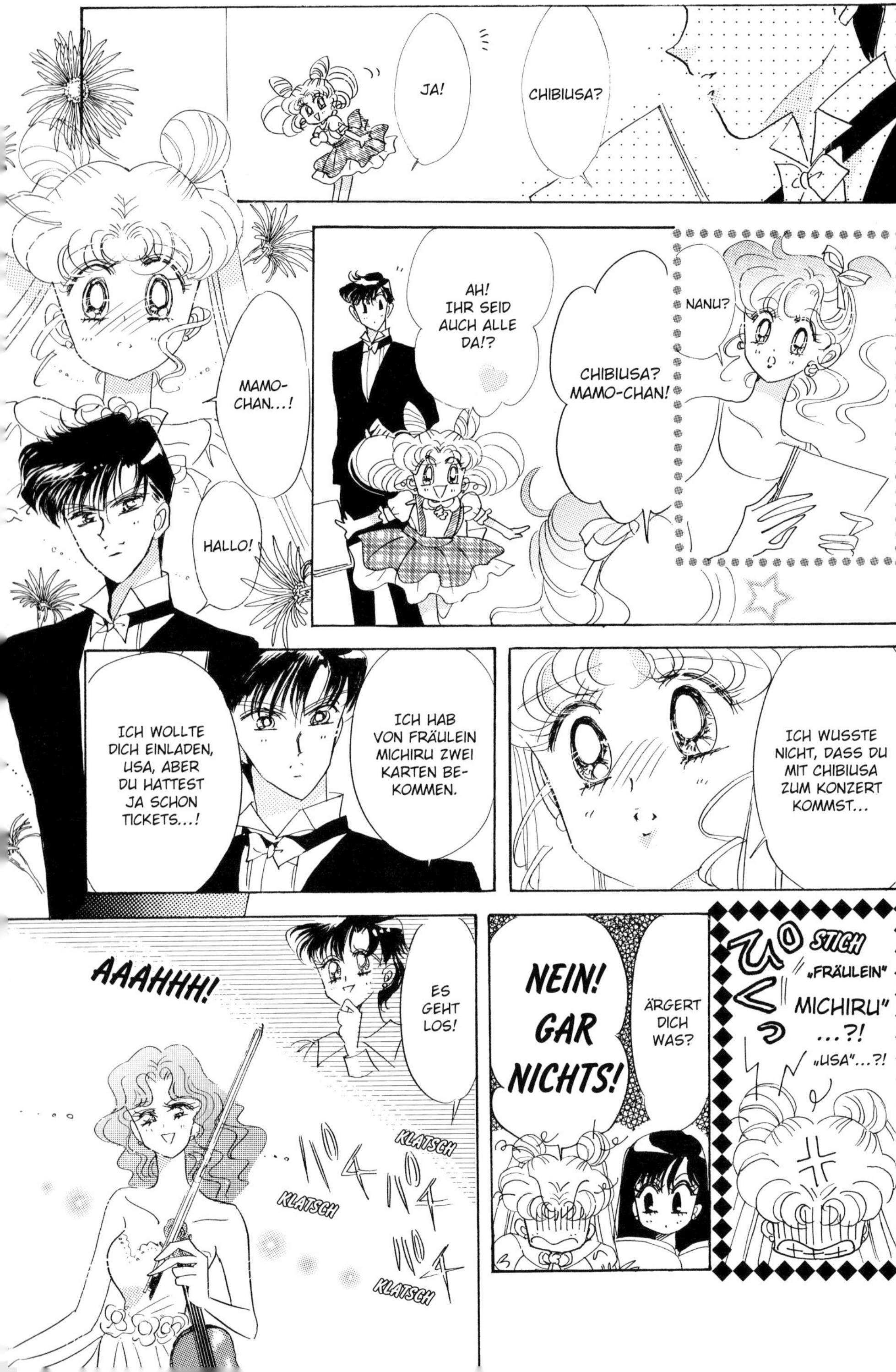
CHIBIUSA?
JA!
NANU?
CHIBIUSA? MAMO-CHAN!
AH! IHR SEID AUCH ALLE DA!?
MAMO-CHAN...!
HALLO!
ICH WUSSTE NICHT, DASS DU MIT CHIBIUSA ZUM KONZERT KOMMST...
ICH HAB VON FRÄULEIN MICHIRU ZWEI KARTEN BE-KOMMEN.
ICH WOLLTE DICH EINLADEN, USA, ABER DU HATTEST JA SCHON TICKETS...!
STICH
„FRÄULEIN" MICHIRU"...?!
„USA"...?!
ÄRGERT DICH WAS?
NEIN! GAR NICHTS!
ES GEHT LOS!
AAAHHH!
KLATSCH
KLATSCH
KLATSCH

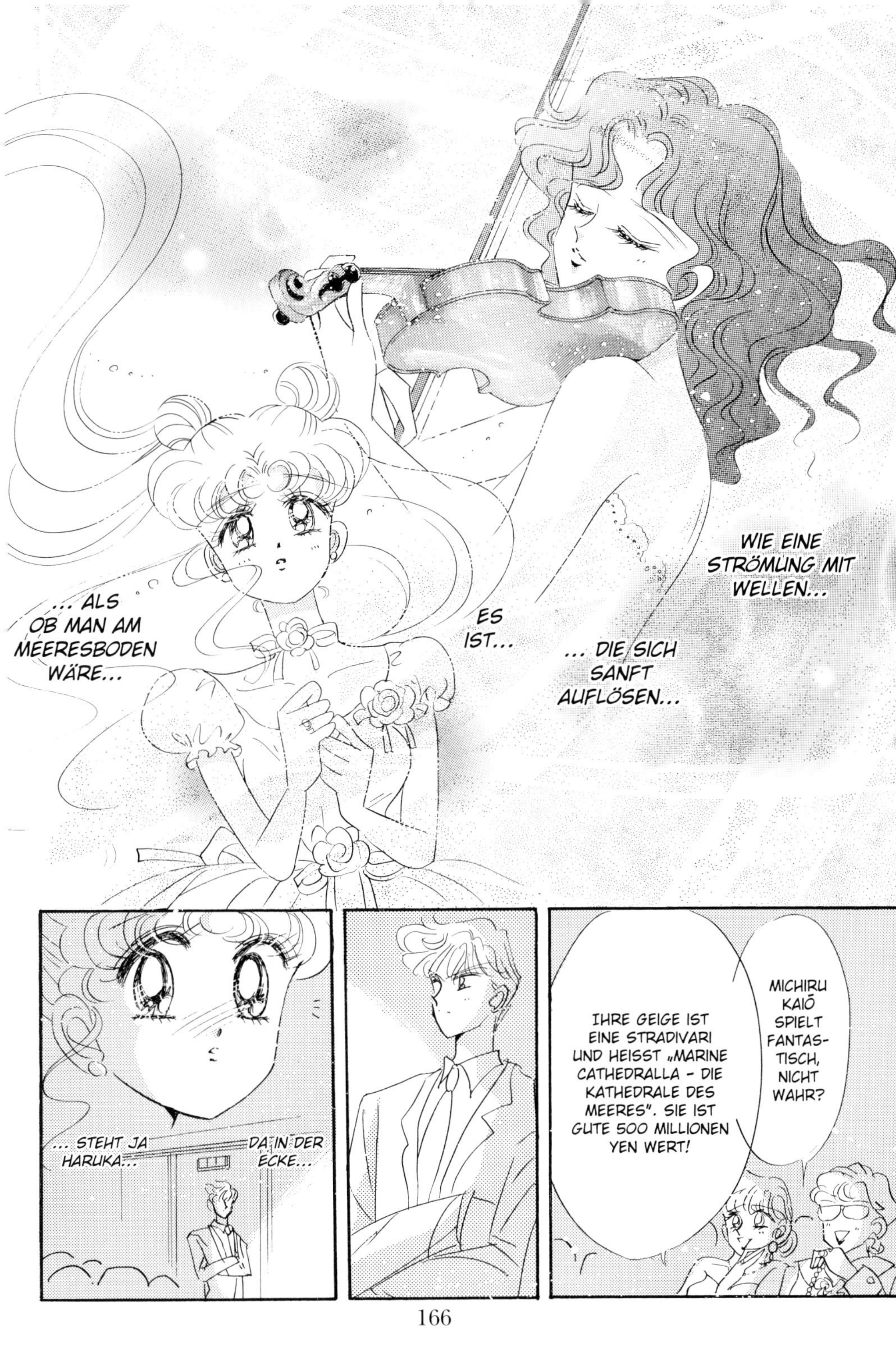
WIE EINE STRÖMUNG MIT WELLEN...
... DIE SICH SANFT AUFLÖSEN...
ES IST...
... ALS OB MAN AM MEERESBODEN WÄRE...
MICHIRU KAIŌ SPIELT FANTASTISCH, NICHT WAHR?
IHRE GEIGE IST EINE STRADIVARI UND HEISST „MARINE CATHEDRALLA - DIE KATHEDRALE DES MEERES". SIE IST GUTE 500 MILLIONEN YEN WERT!
... STEHT JA HARUKA...
DA IN DER ECKE...

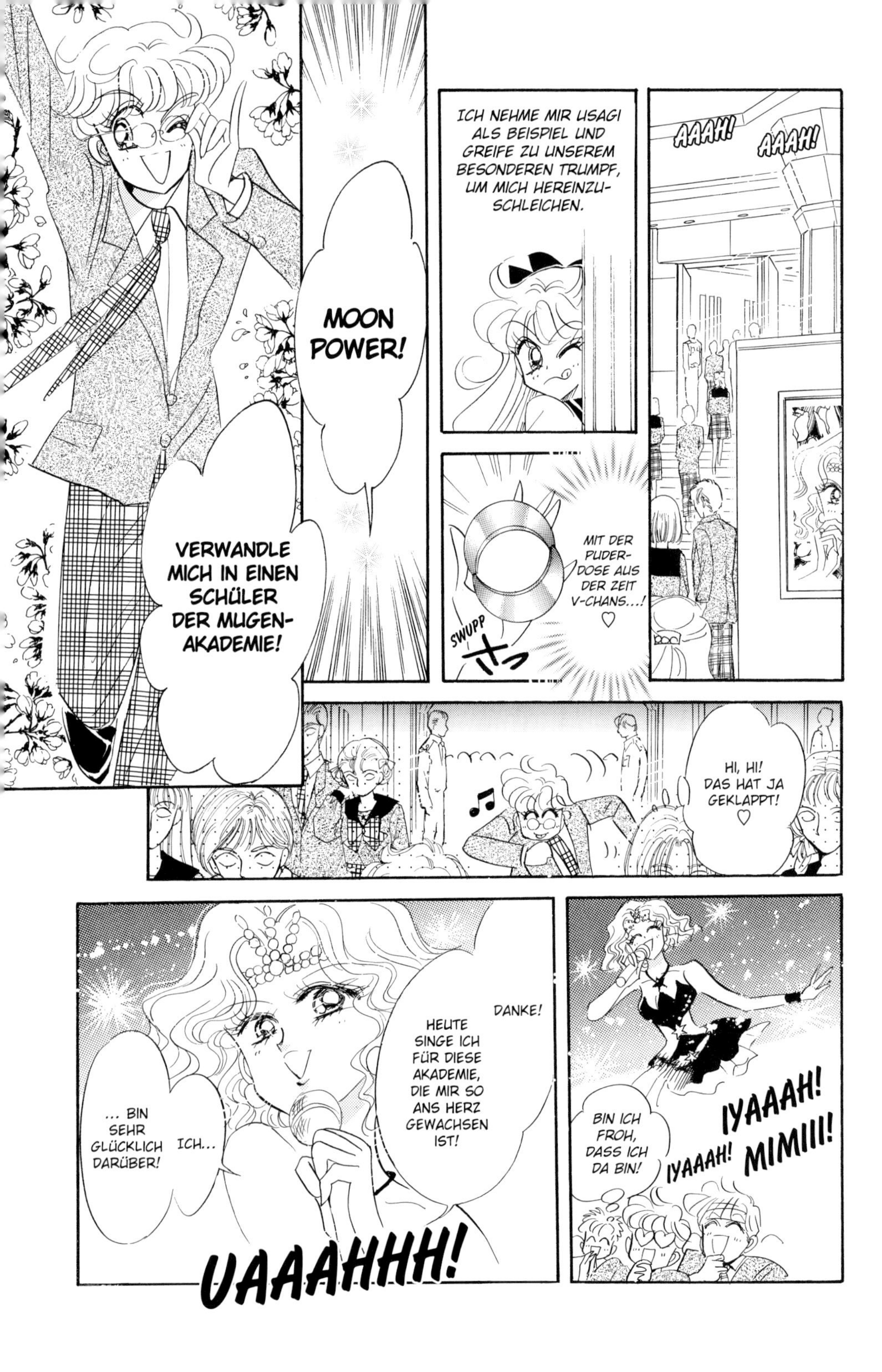
ICH NEHME MIR USAGI ALS BEISPIEL UND GREIFE ZU UNSEREM BESONDEREN TRUMPF, UM MICH HEREINZUSCHLEICHEN.
AAAH!
AAAH!
MIT DER PUDERDOSE AUS DER ZEIT V-CHANS...! ♡
SWUPP
MOON POWER!
VERWANDLE MICH IN EINEN SCHÜLER DER MUGEN-AKADEMIE!
HI, HI! DAS HAT JA GEKLAPPT! ♡
BIN ICH FROH, DASS ICH DA BIN!
IYAAAH!
IYAAAH!
MIMIII!
DANKE!
HEUTE SINGE ICH FÜR DIESE AKADEMIE, DIE MIR SO ANS HERZ GEWACHSEN IST!
ICH...
... BIN SEHR GLÜCKLICH DARÜBER!
UAAAHHH!

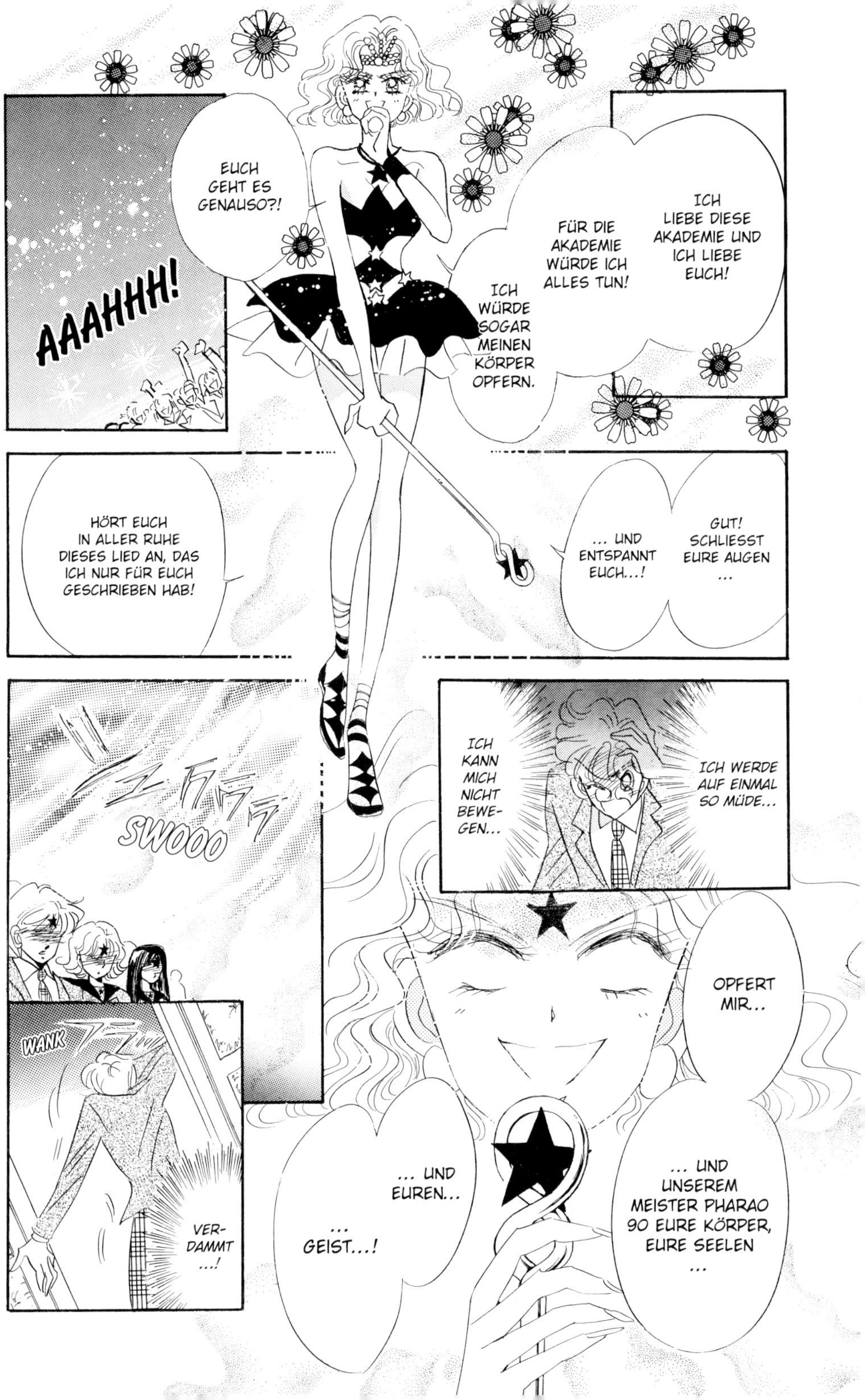
ICH LIEBE DIESE AKADEMIE UND ICH LIEBE EUCH!
FÜR DIE AKADEMIE WÜRDE ICH ALLES TUN!
ICH WÜRDE SOGAR MEINEN KÖRPER OPFERN.
EUCH GEHT ES GENAUSO?!
AAAHHH!
GUT! SCHLIESST EURE AUGEN ...
... UND ENTSPANNT EUCH...!
HÖRT EUCH IN ALLER RUHE DIESES LIED AN, DAS ICH NUR FÜR EUCH GESCHRIEBEN HAB!
ICH WERDE AUF EINMAL SO MÜDE...
ICH KANN MICH NICHT BEWEGEN...
SWOOO
OPFERT MIR...
... UND UNSEREM MEISTER PHARAO 90 EURE KÖRPER, EURE SEELEN ...
... UND EUREN...
... GEIST...!
WANK
VERDAMMT ...!

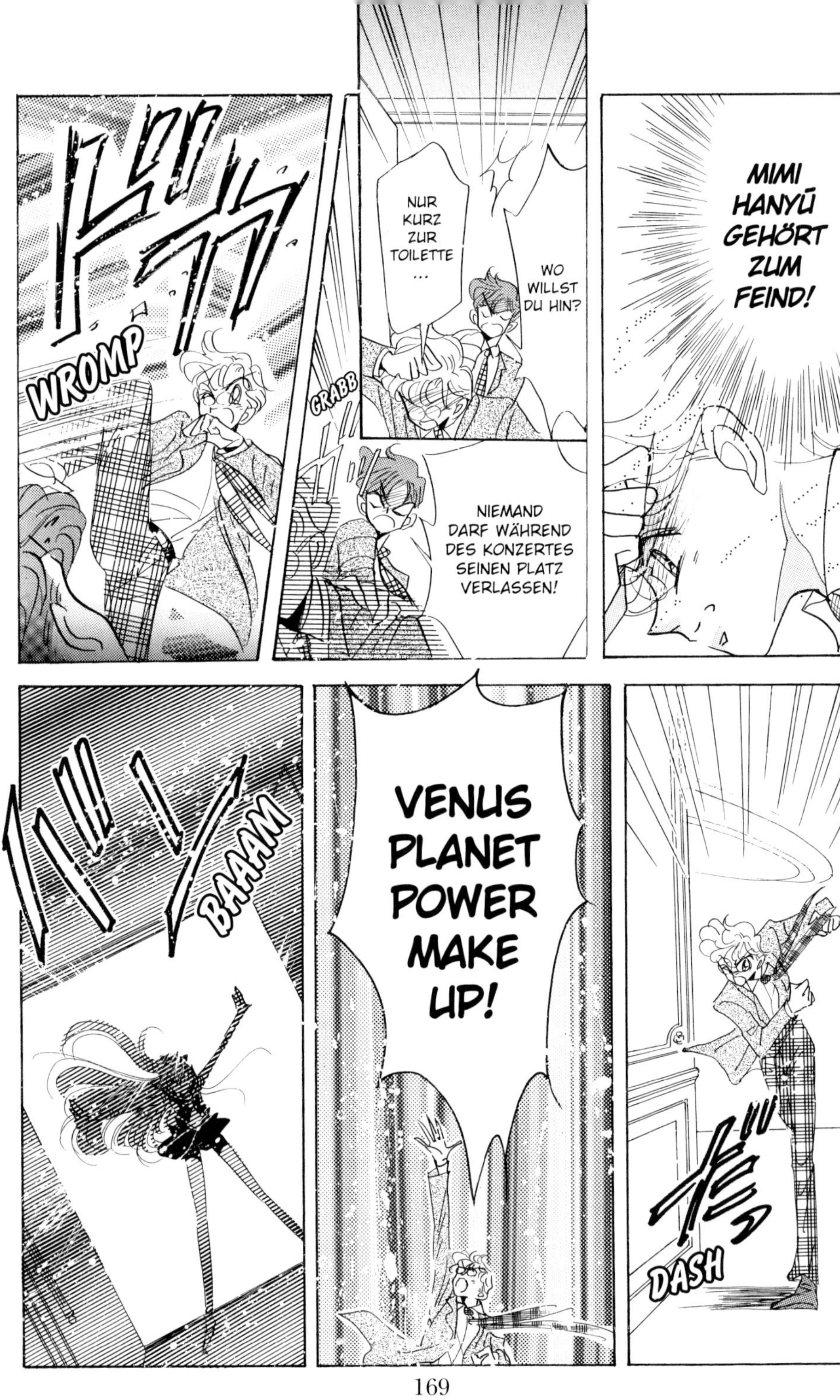
MIMI HANYŪ GEHÖRT ZUM FEIND!
WO WILLST DU HIN?
NUR KURZ ZUR TOILETTE ...
GRABB
NIEMAND DARF WÄHREND DES KONZERTES SEINEN PLATZ VERLASSEN!
WROMP
DASH
VENUS PLANET POWER MAKE UP!
BAAAM

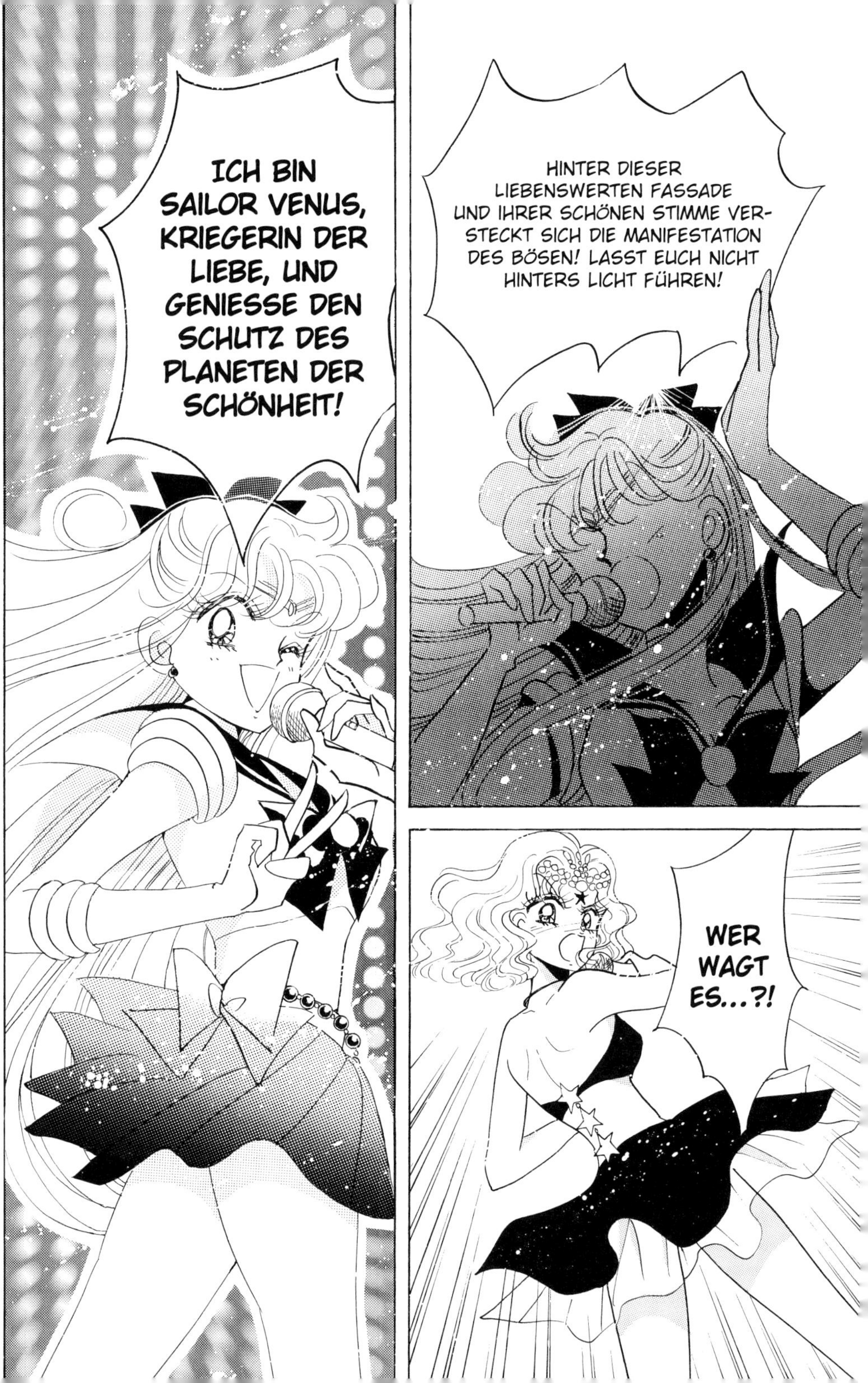
HINTER DIESER LIEBENSWERTEN FASSADE UND IHRER SCHÖNEN STIMME VERSTECKT SICH DIE MANIFESTATION DES BÖSEN! LASST EUCH NICHT HINTERS LICHT FÜHREN!
WER WAGT ES...?!
ICH BIN SAILOR VENUS, KRIEGERIN DER LIEBE, UND GENIESSE DEN SCHUTZ DES PLANETEN DER SCHÖNHEIT!

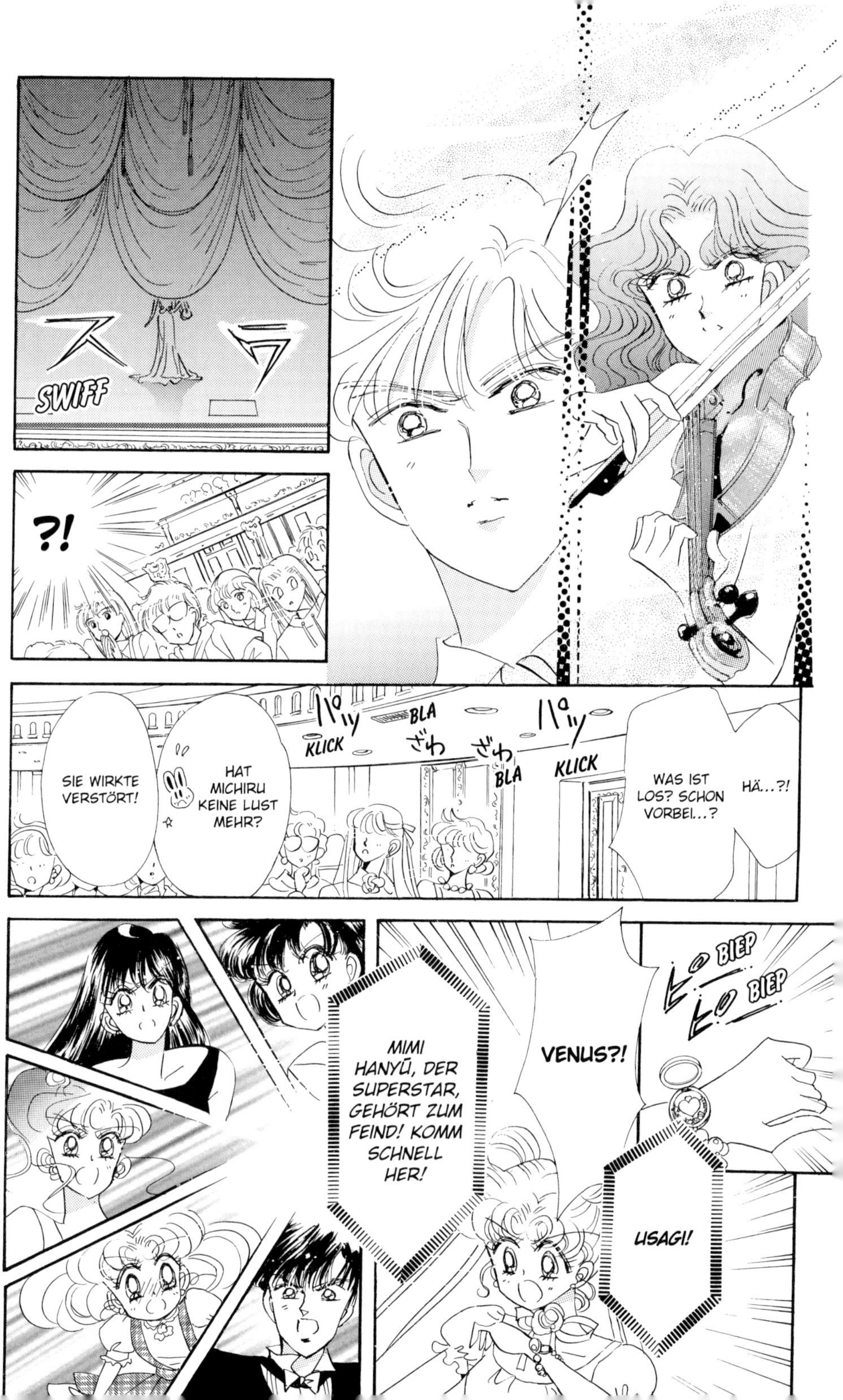

スラ
SWIFF
?!
HÄ...?!
WAS IST LOS? SCHON VORBEI...?
パッ KLICK
ざわ BLA
ざわ BLA
パッ KLICK
HAT MICHIRU KEINE LUST MEHR?
SIE WIRKTE VERSTÖRT!
ピピ BIEP BIEP
VENUS?!
MIMI HANYŪ, DER SUPERSTAR, GEHÖRT ZUM FEIND! KOMM SCHNELL HER!
USAGI!

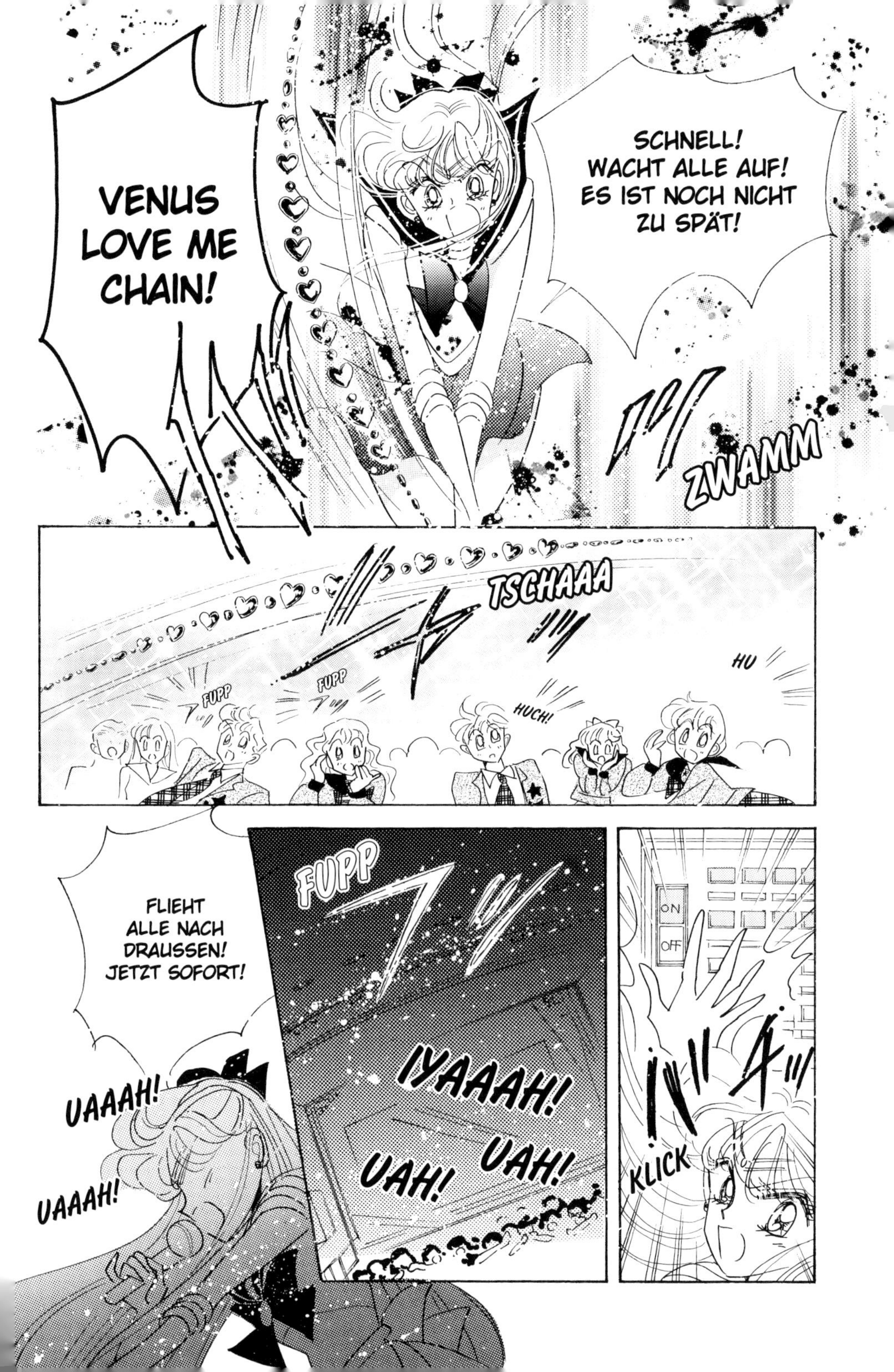

SCHNELL! WACHT ALLE AUF! ES IST NOCH NICHT ZU SPÄT!
VENUS LOVE ME CHAIN!
ZWAMM
TSCHAAA
HU
HUCH!
FUPP
FUPP
KLICK
ON
OFF
FUPP
IYAAAH!
UAH!
UAH!
FLIEHT ALLE NACH DRAUSSEN! JETZT SOFORT!
UAAAH!
UAAAH!

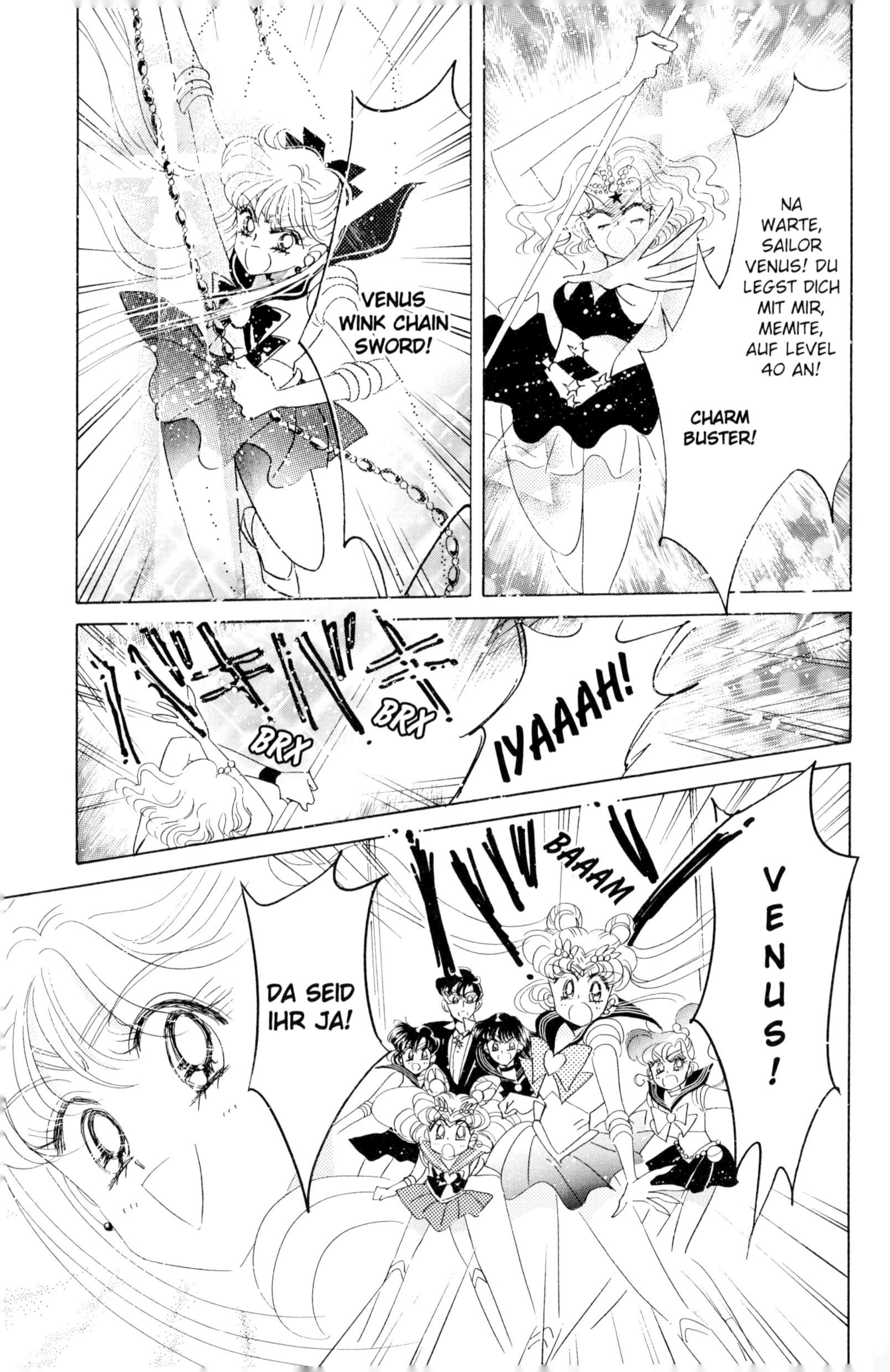
NA WARTE, SAILOR VENUS! DU LEGST DICH MIT MIR, MEMITE, AUF LEVEL 40 AN!
CHARM BUSTER!
VENUS WINK CHAIN SWORD!
IYAAAH!
BRX
BRX
VENUS!
BAAAM
DA SEID IHR JA!

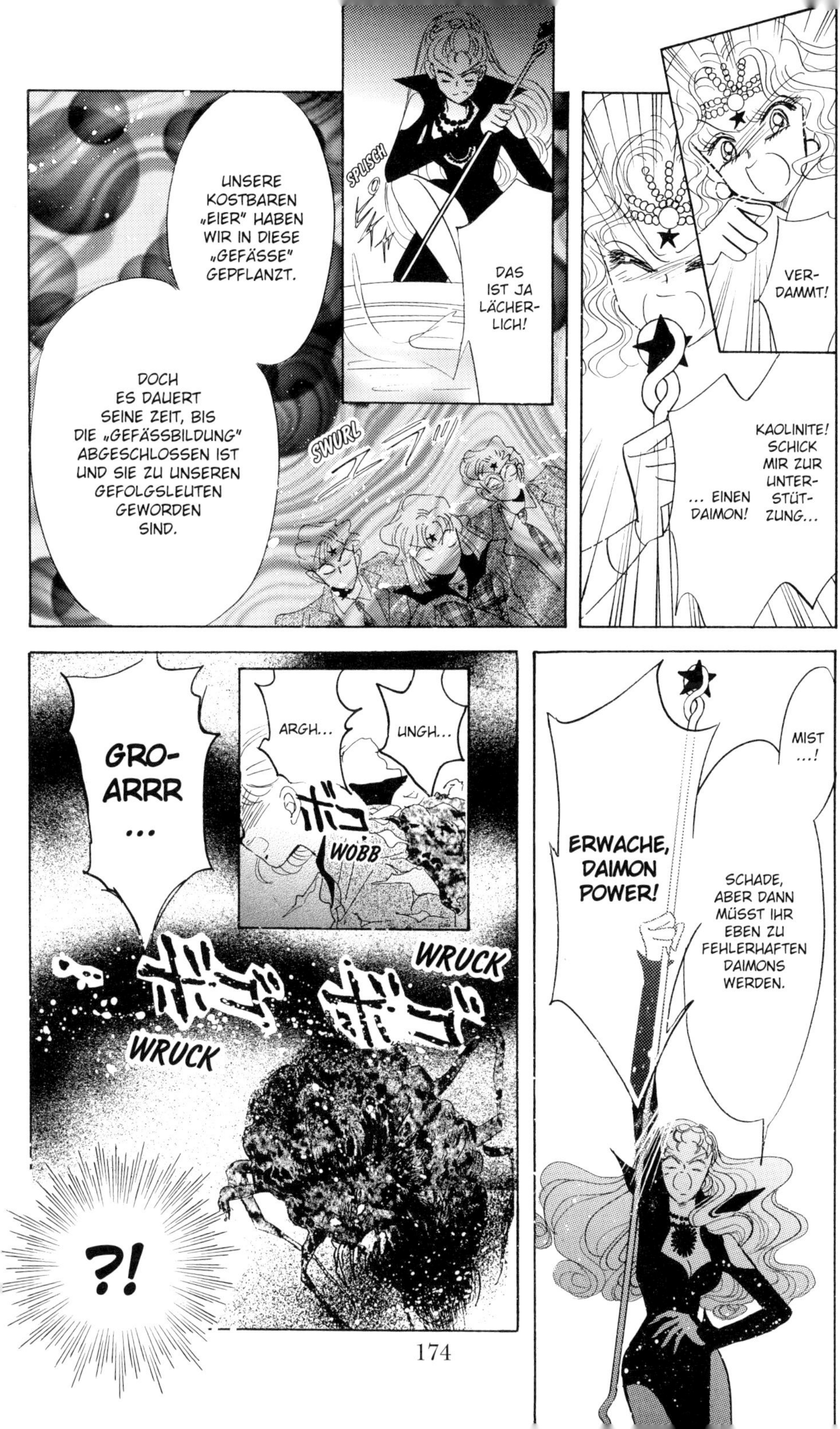
VER-
DAMMT!
KAOLINITE! SCHICK MIR ZUR UNTER-STÜT-ZUNG…
… EINEN DAIMON!
SPLISCH
DAS IST JA LÄCHER-LICH!
UNSERE KOSTBAREN „EIER" HABEN WIR IN DIESE „GEFÄSSE" GEPFLANZT.
DOCH ES DAUERT SEINE ZEIT, BIS DIE „GEFÄSSBILDUNG" ABGESCHLOSSEN IST UND SIE ZU UNSEREN GEFOLGSLEUTEN GEWORDEN SIND.
SWURL
MIST …!
ERWACHE, DAIMON POWER!
SCHADE, ABER DANN MÜSST IHR EBEN ZU FEHLERHAFTEN DAIMONS WERDEN.
UNGH…
ARGH…
WOBB
GRO-ARRR …
WRUCK
WRUCK
?!

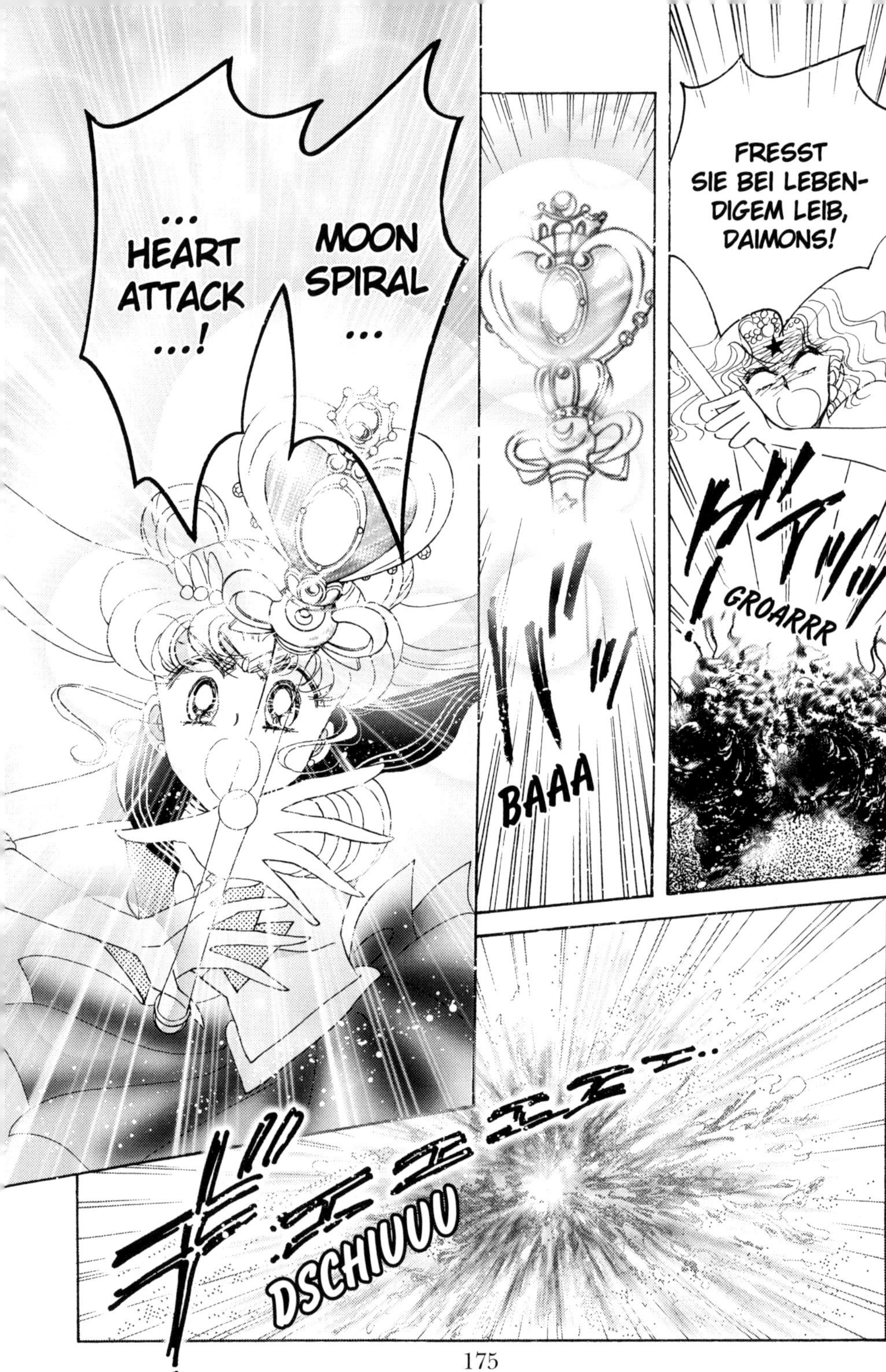
FRESST SIE BEI LEBEN-DIGEM LEIB, DAIMONS!
GROARRR
BAAA
MOON SPIRAL ...
... HEART ATTACK ...!
DSCHIUUU

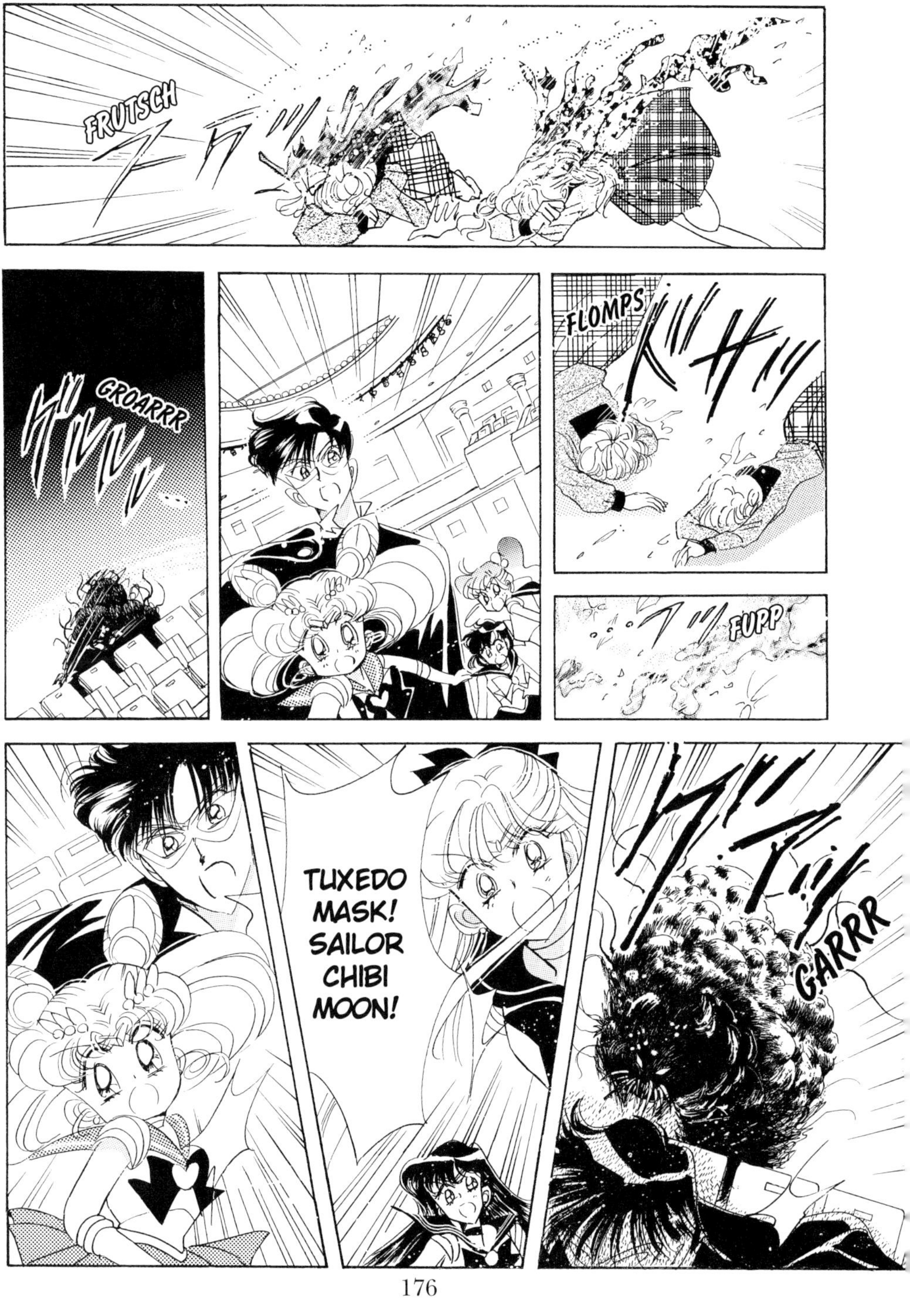
FRUTSCH
FLOMPS
GROARRR
FUPP
GARRR
TUXEDO MASK! SAILOR CHIBI MOON!

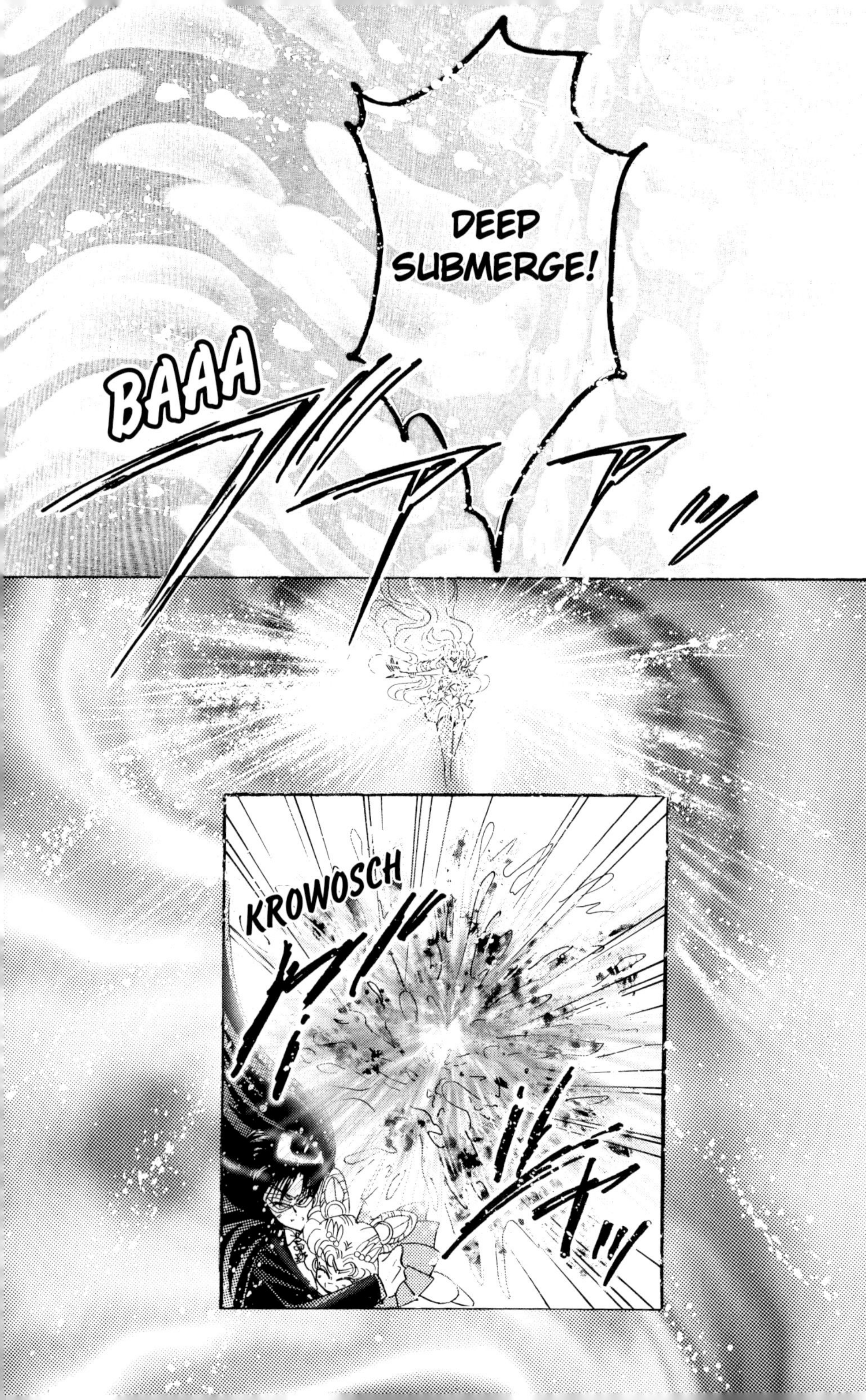
DEEP SUBMERGE!
BAAA
KROWOSCH

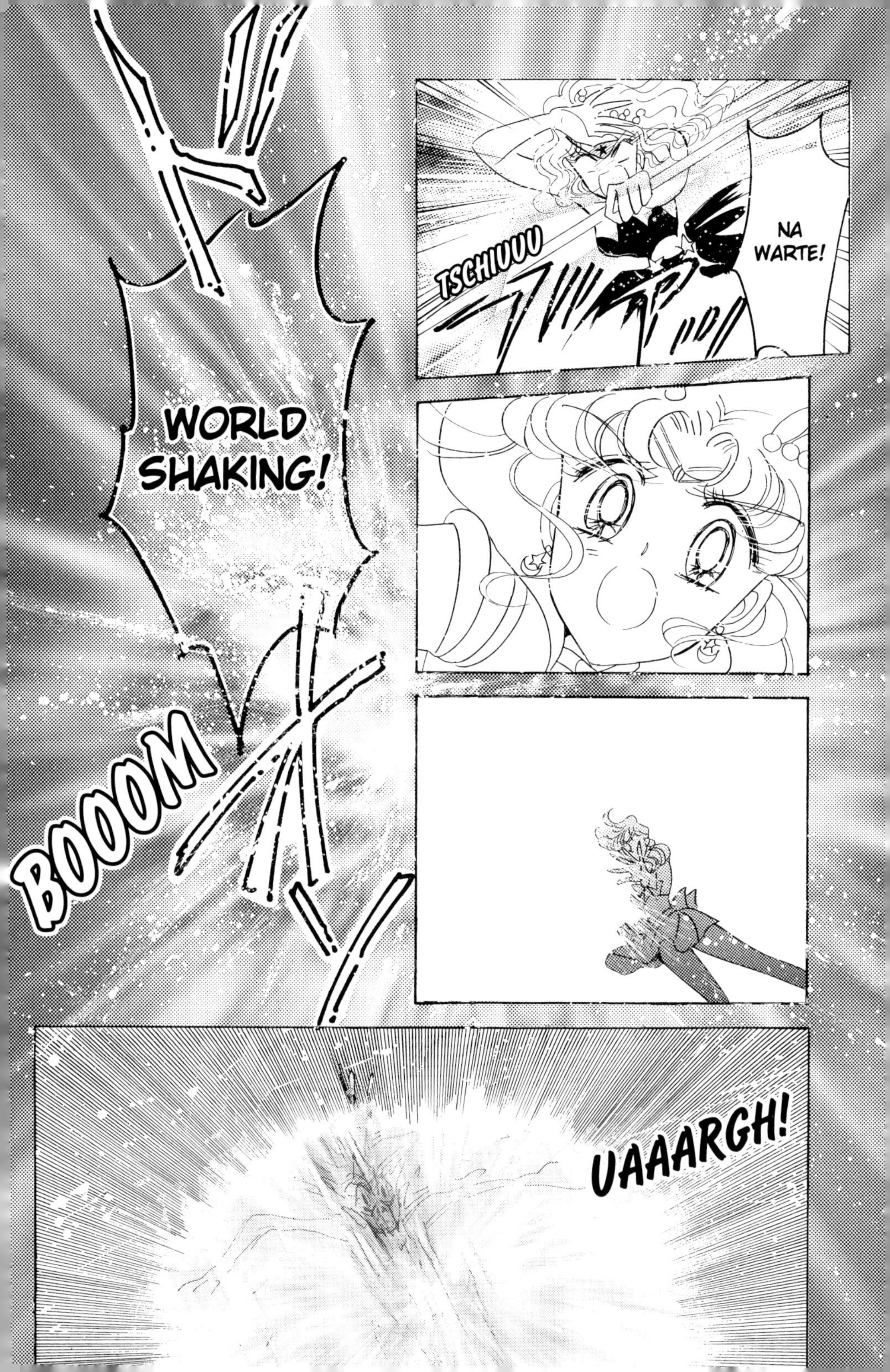
WORLD SHAKING!
BOOOM
TSCHIUUU
NA WARTE!
UAAARGH!

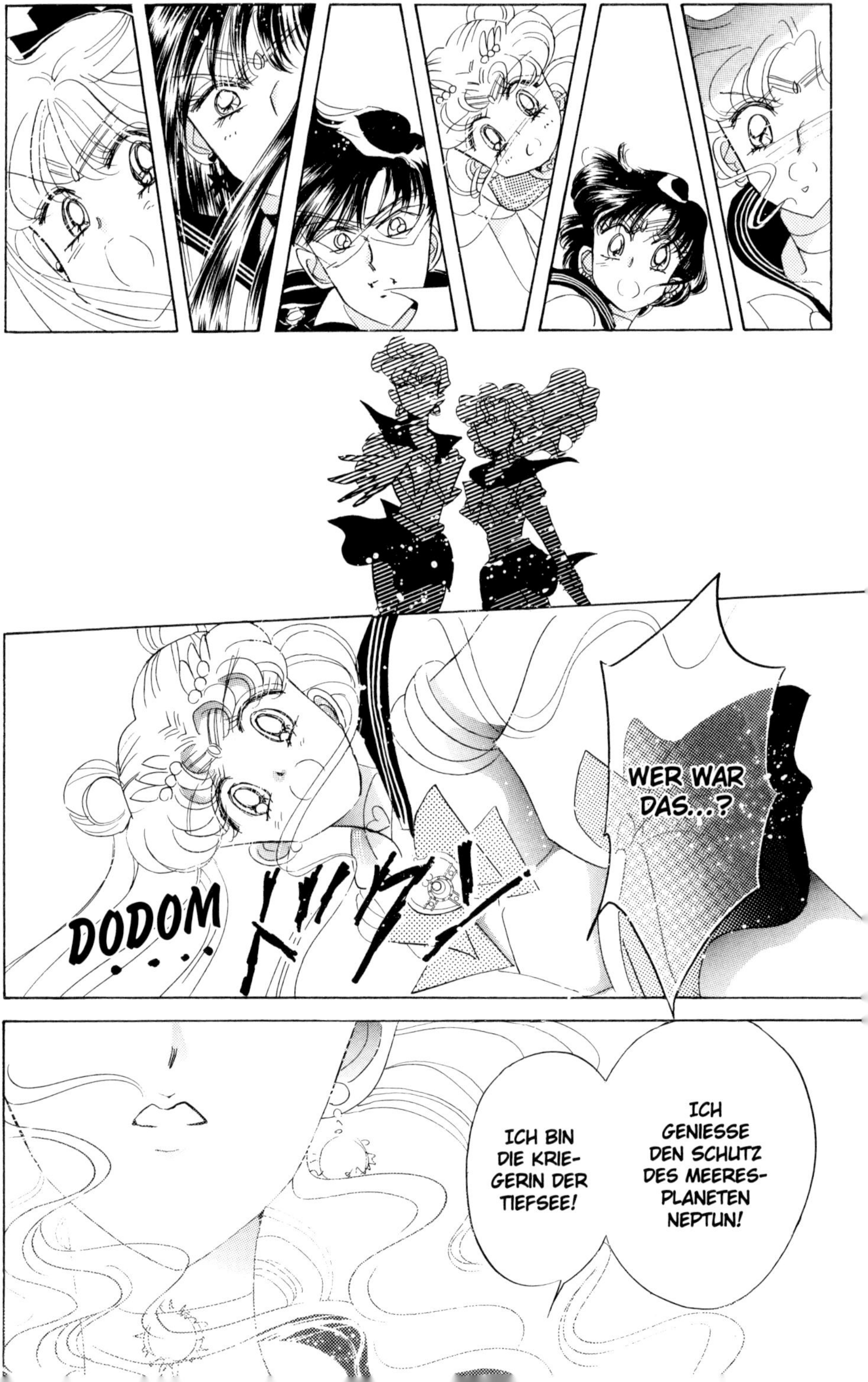
WER WAR DAS...?
DODOM
ドドッ
ICH GENIESSE DEN SCHUTZ DES MEERES-PLANETEN NEPTUN!
ICH BIN DIE KRIE-GERIN DER TIEFSEE!

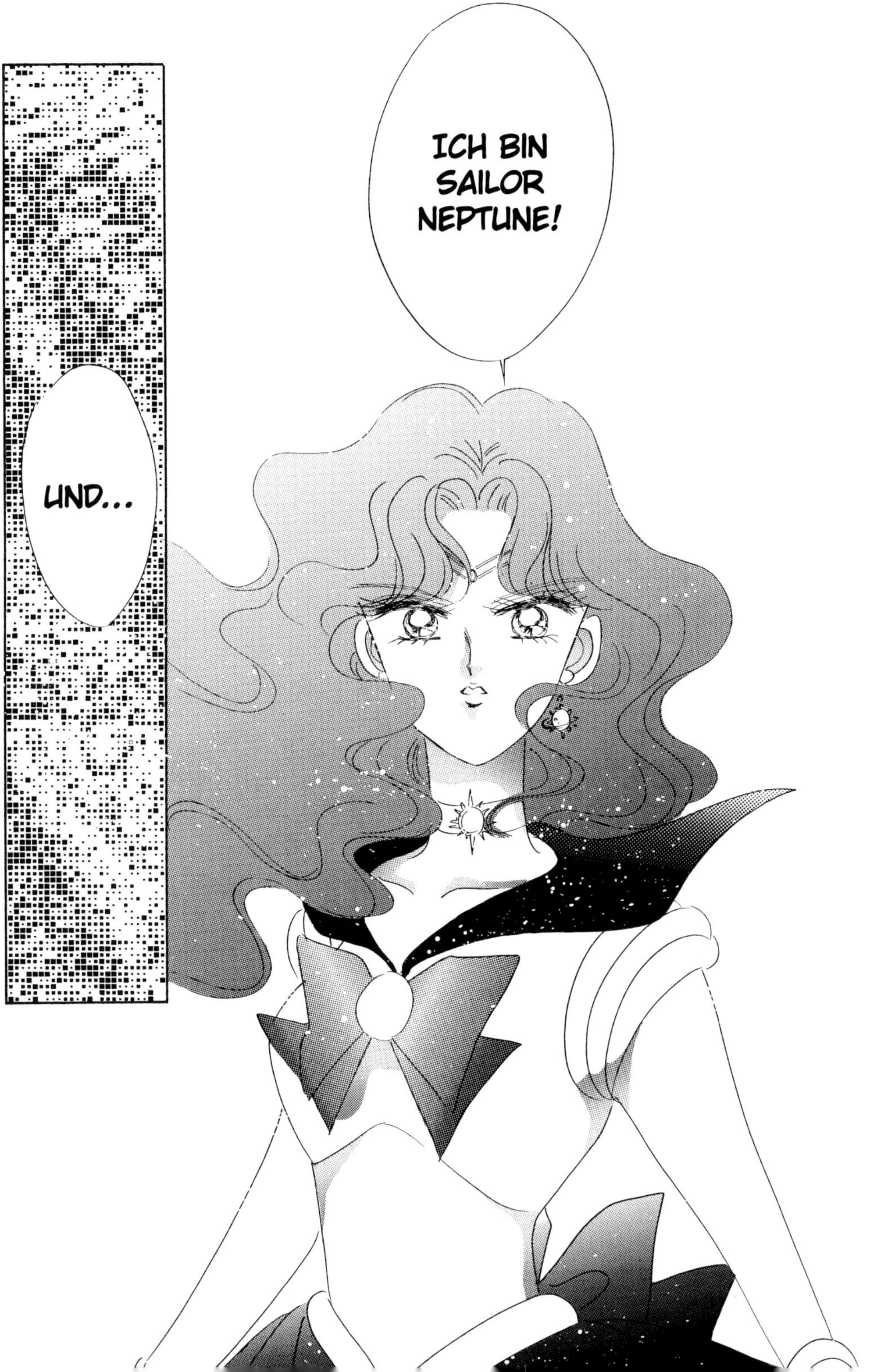
ICH BIN SAILOR NEPTUNE!
UND...

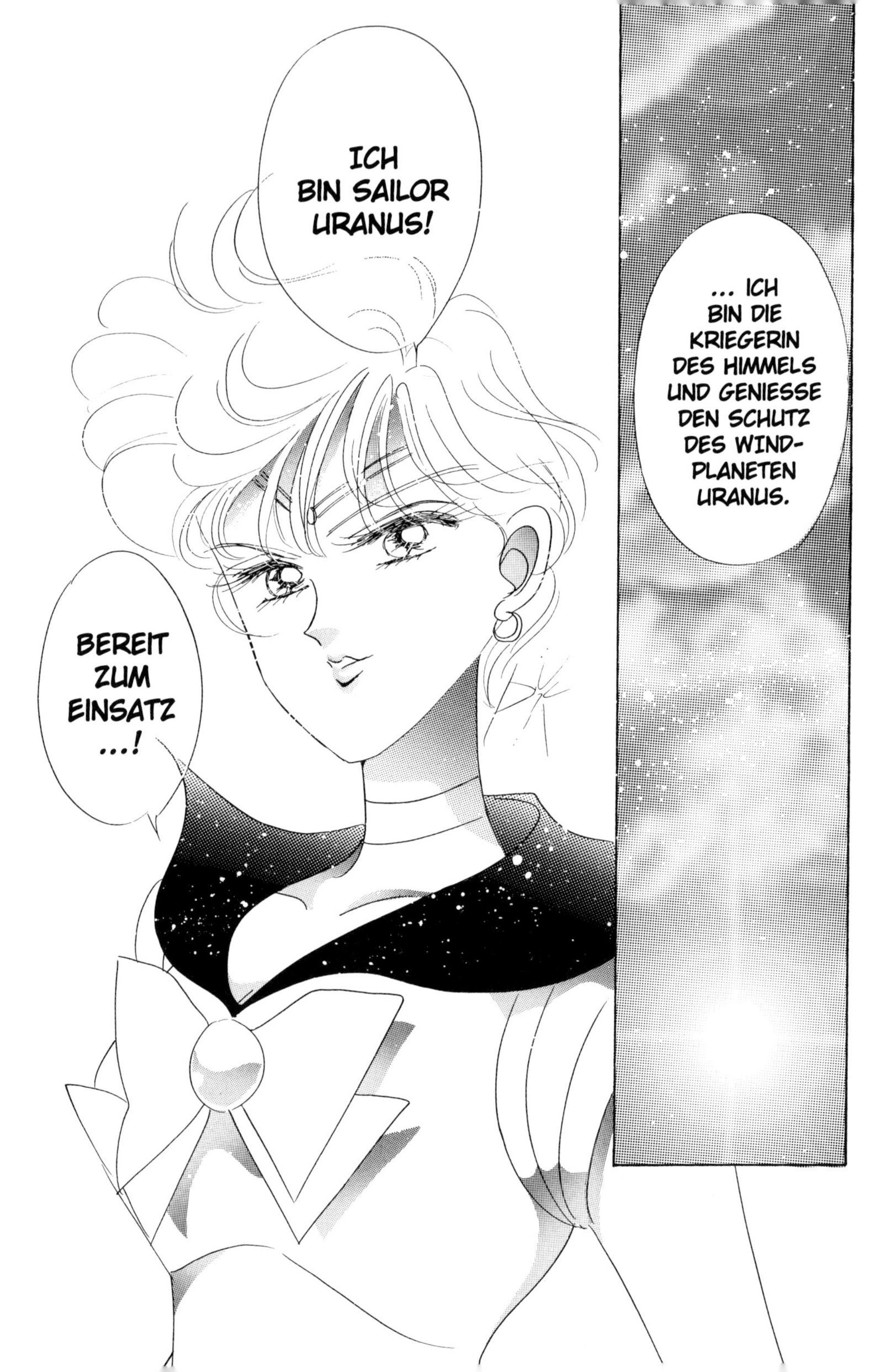
ICH BIN SAILOR URANUS!
... ICH BIN DIE KRIEGERIN DES HIMMELS UND GENIESSE DEN SCHUTZ DES WIND-PLANETEN URANUS.
BEREIT ZUM EINSATZ ...!

Pretty Guardian Sailor Moon

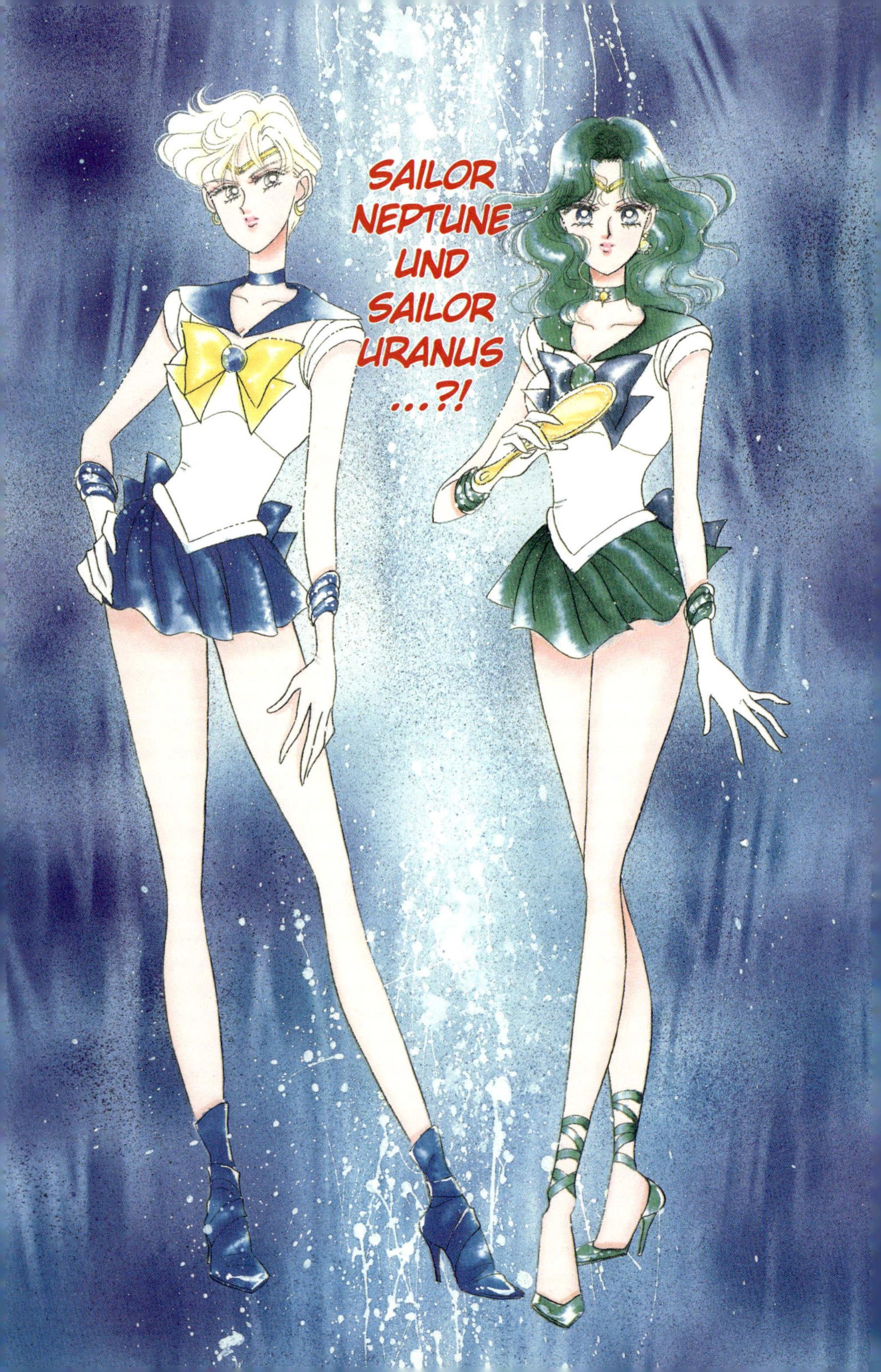
SAILOR NEPTUNE UND SAILOR URANUS ...?!

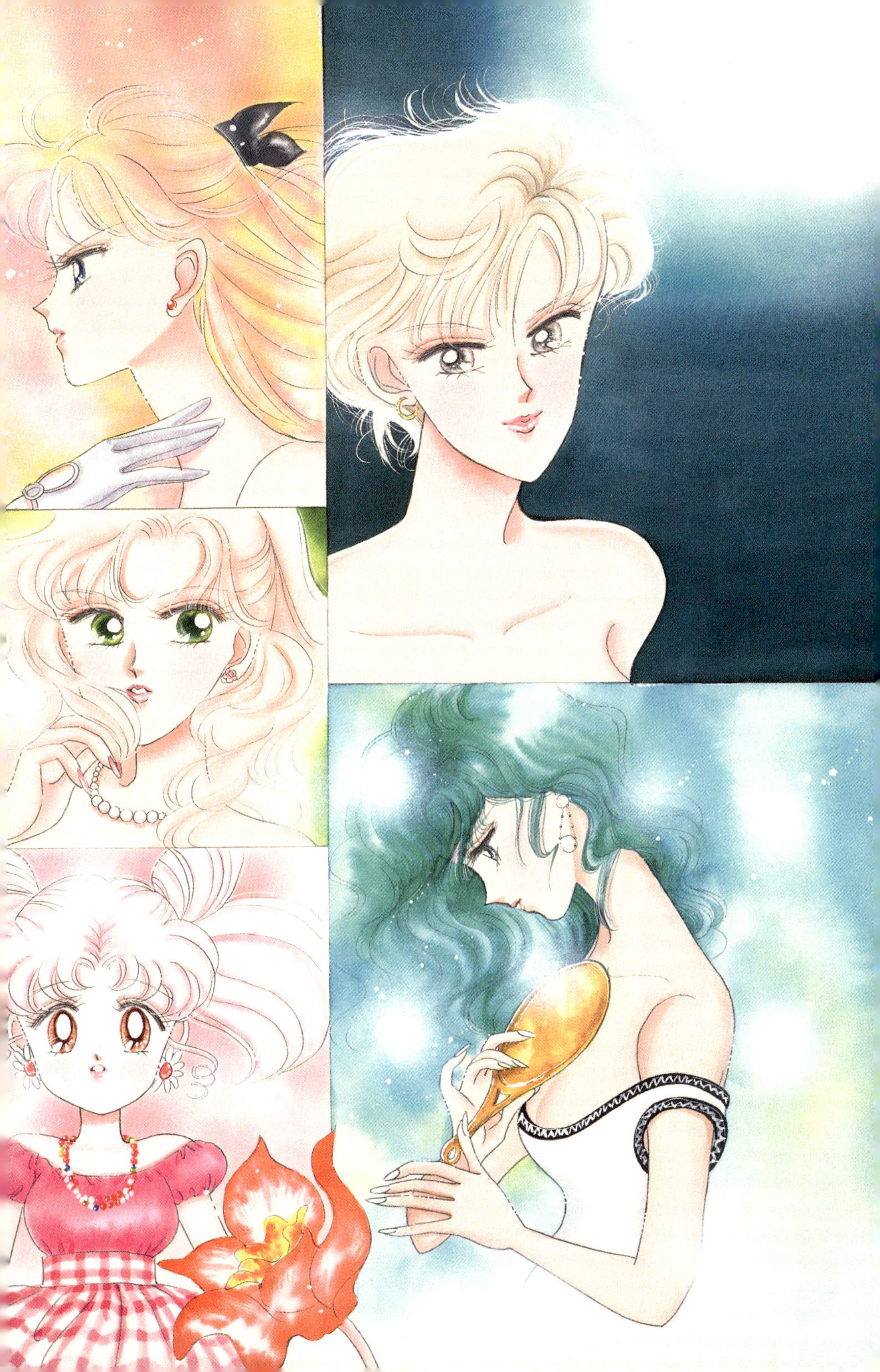

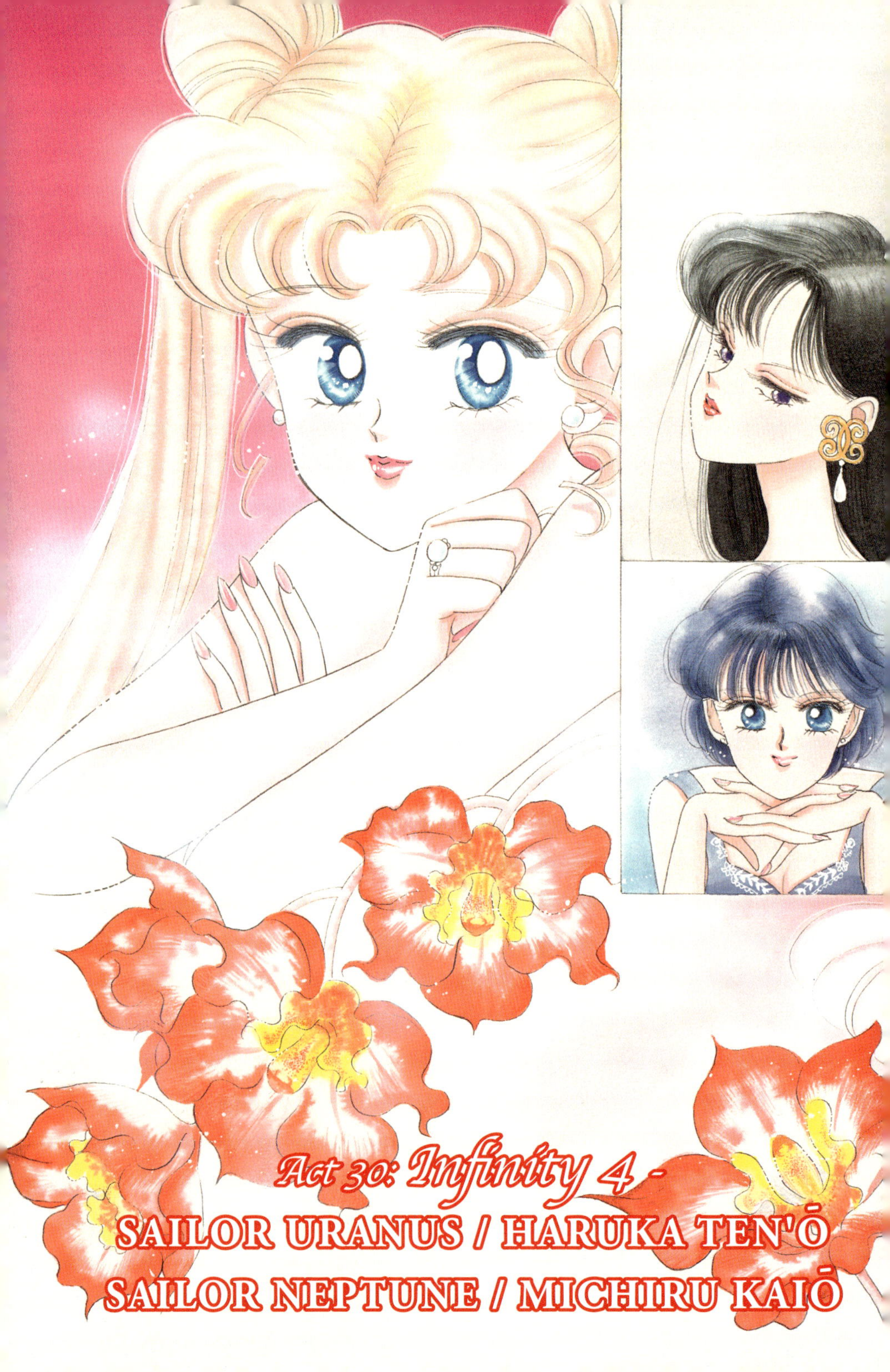

Act 30: Infinity 4 -
SAILOR URANUS / HARUKA TEN'Ō
SAILOR NEPTUNE / MICHIRU KAIŌ

Pretty Guardian Sailor Moon

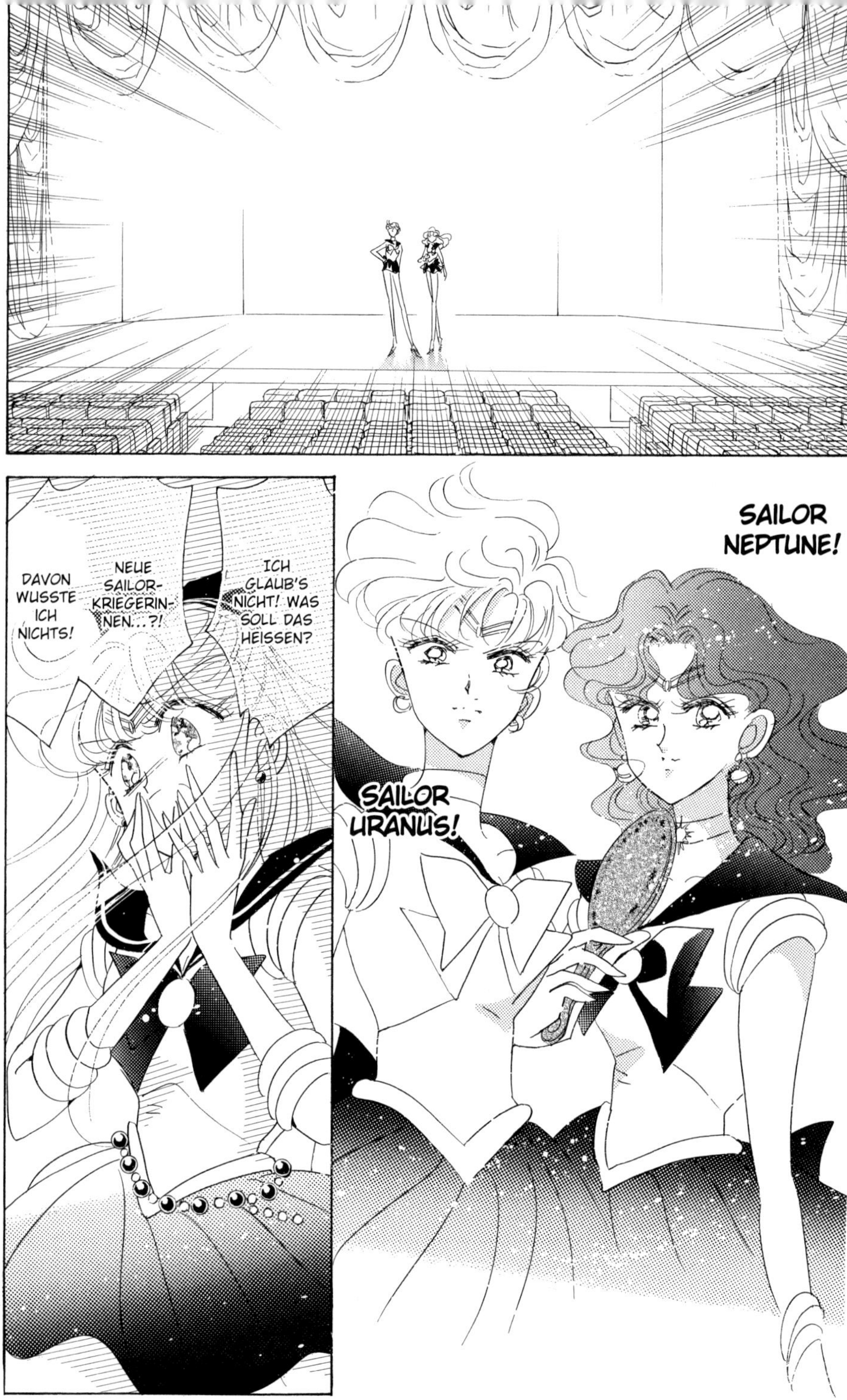
SAILOR NEPTUNE!
SAILOR URANUS!
ICH GLAUB'S NICHT! WAS SOLL DAS HEISSEN?
NEUE SAILOR-KRIEGERINNEN...?!
DAVON WUSSTE ICH NICHTS!

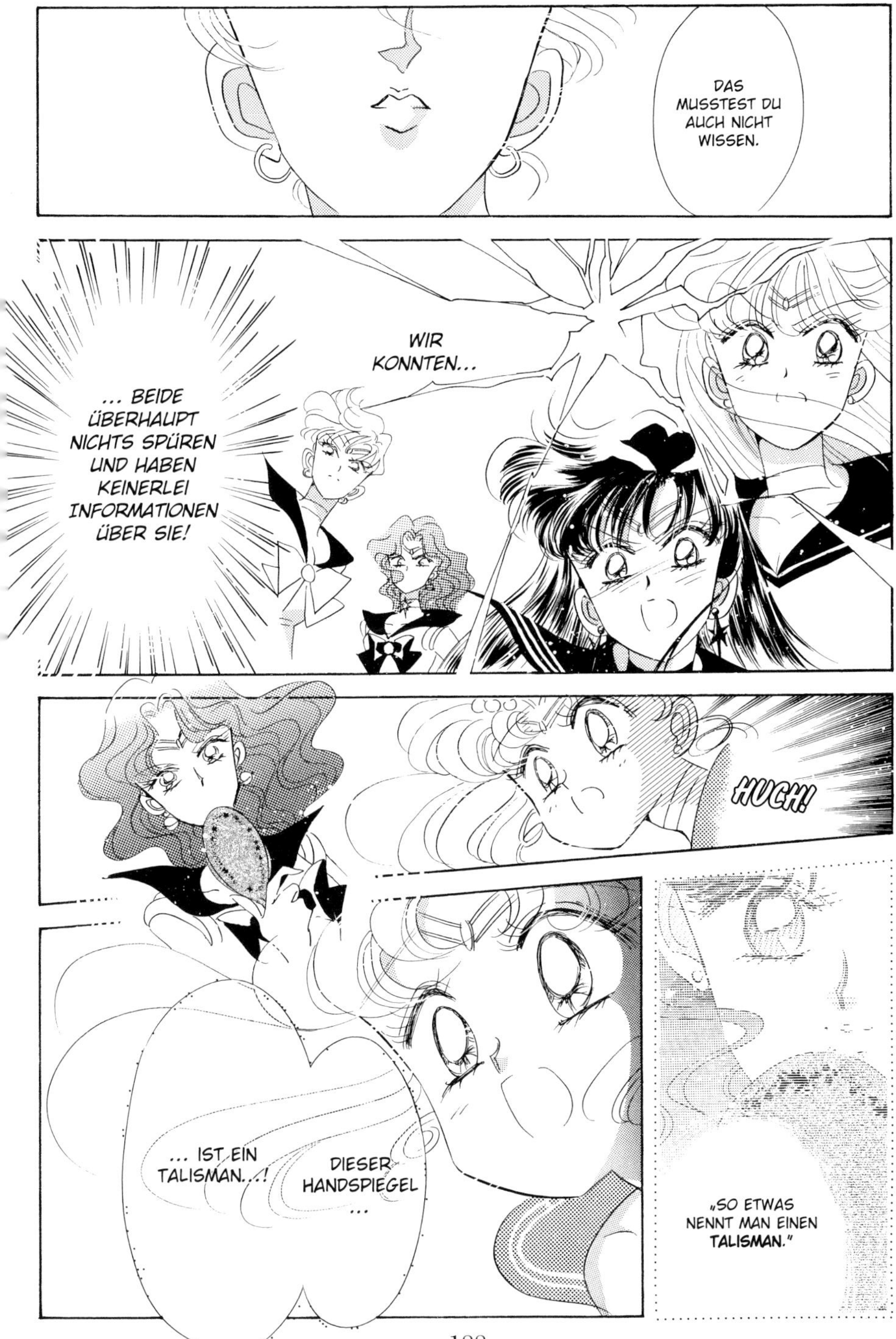
DAS MUSSTEST DU AUCH NICHT WISSEN.
WIR KONNTEN...
... BEIDE ÜBERHAUPT NICHTS SPÜREN UND HABEN KEINERLEI INFORMATIONEN ÜBER SIE!
HUCH!
„SO ETWAS NENNT MAN EINEN **TALISMAN.**"
DIESER HANDSPIEGEL ...
... IST EIN TALISMAN...!

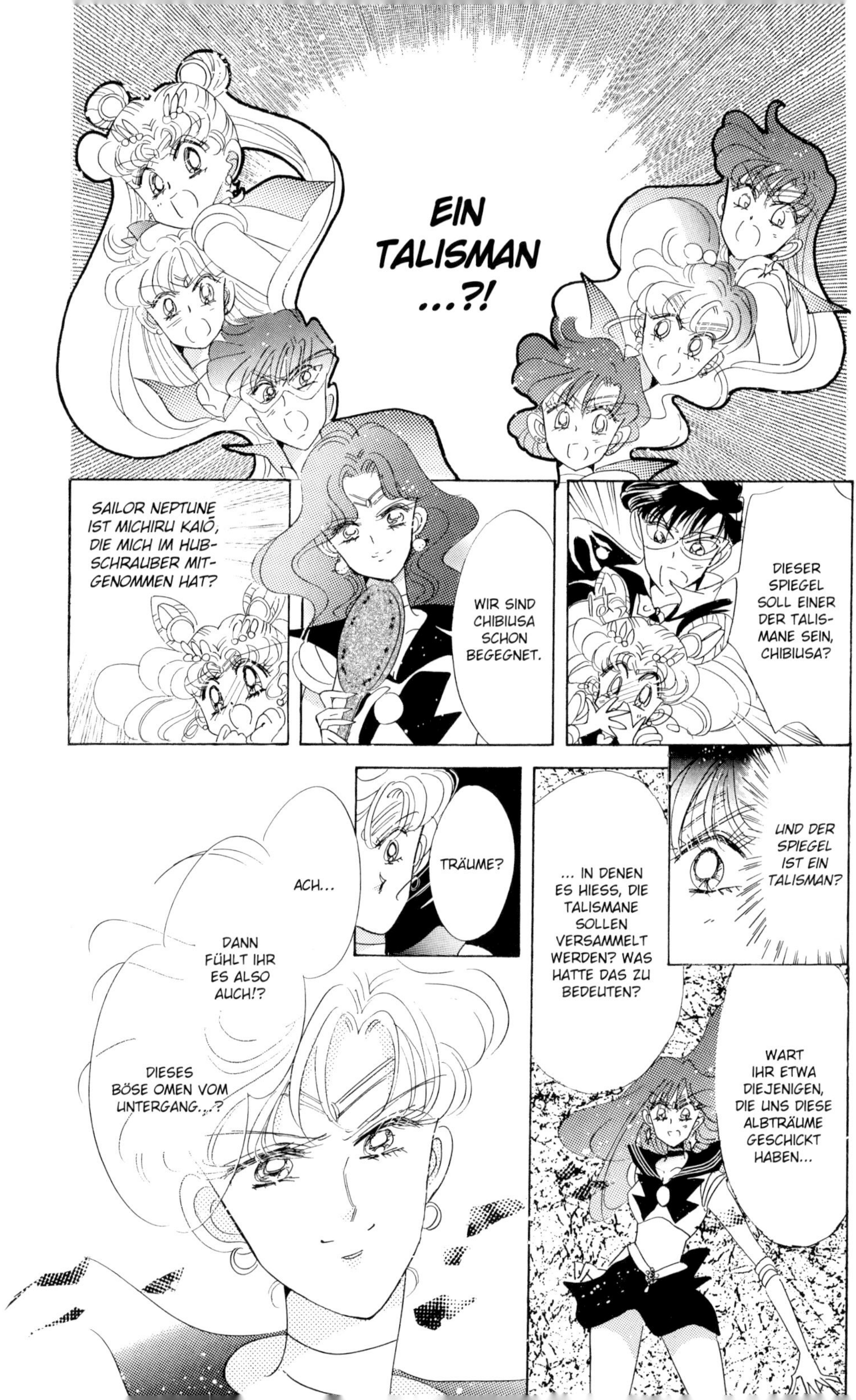
EIN TALISMAN ...?!
DIESER SPIEGEL SOLL EINER DER TALISMANE SEIN, CHIBIUSA?
WIR SIND CHIBIUSA SCHON BEGEGNET.
SAILOR NEPTUNE IST MICHIRU KAIŌ, DIE MICH IM HUBSCHRAUBER MITGENOMMEN HAT?
UND DER SPIEGEL IST EIN TALISMAN?
... IN DENEN ES HIESS, DIE TALISMANE SOLLEN VERSAMMELT WERDEN? WAS HATTE DAS ZU BEDEUTEN?
WART IHR ETWA DIEJENIGEN, DIE UNS DIESE ALBTRÄUME GESCHICKT HABEN...
TRÄUME?
ACH...
DANN FÜHLT IHR ES ALSO AUCH!?
DIESES BÖSE OMEN VOM UNTERGANG...?

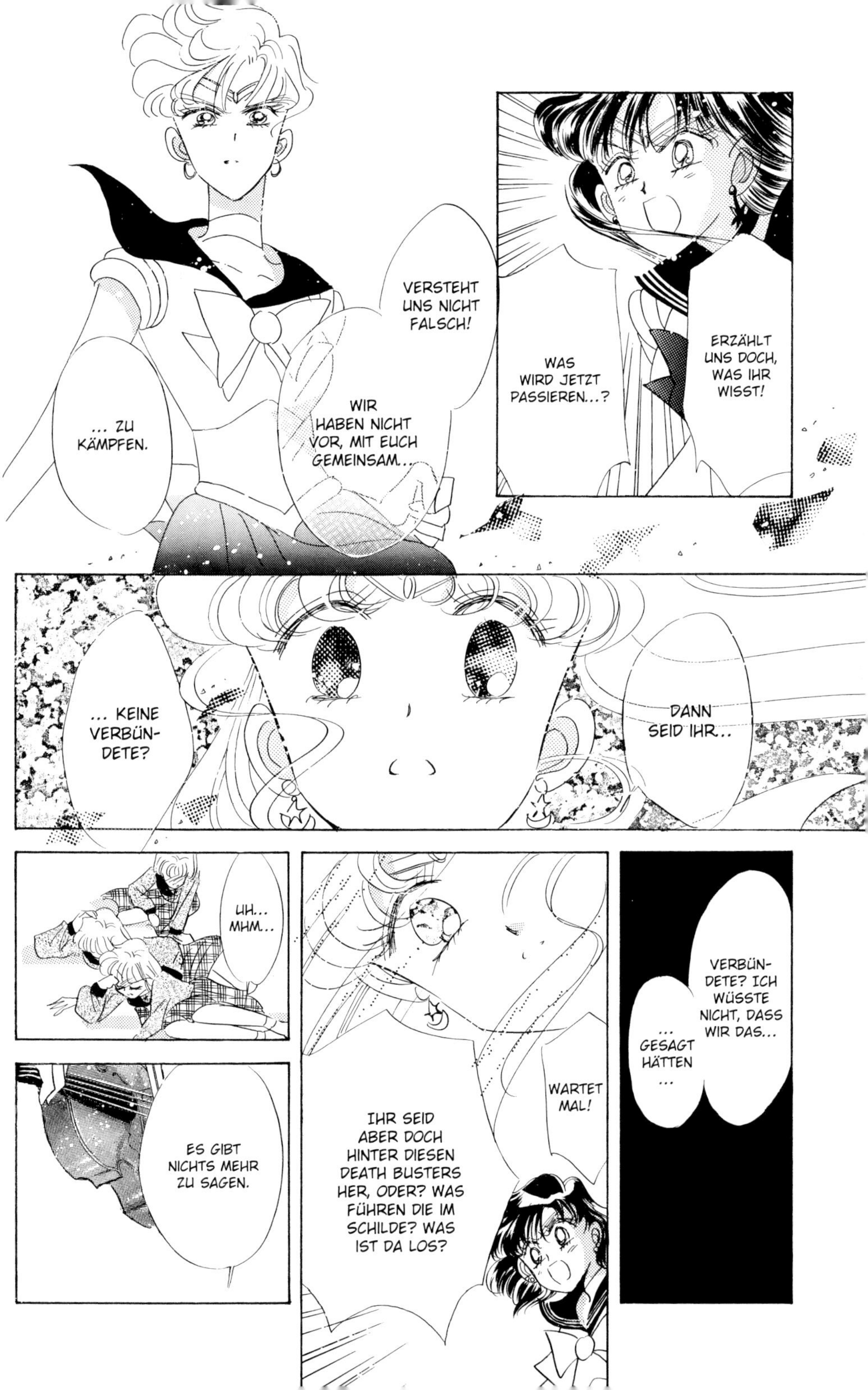
ERZÄHLT UNS DOCH, WAS IHR WISST!
WAS WIRD JETZT PASSIEREN...?
VERSTEHT UNS NICHT FALSCH!
WIR HABEN NICHT VOR, MIT EUCH GEMEINSAM...
... ZU KÄMPFEN.
DANN SEID IHR...
... KEINE VERBÜN-DETE?
VERBÜN-DETE? ICH WÜSSTE NICHT, DASS WIR DAS...
... GESAGT HÄTTEN ...
WARTET MAL!
IHR SEID ABER DOCH HINTER DIESEN DEATH BUSTERS HER, ODER? WAS FÜHREN DIE IM SCHILDE? WAS IST DA LOS?
UH... MHM...
ES GIBT NICHTS MEHR ZU SAGEN.

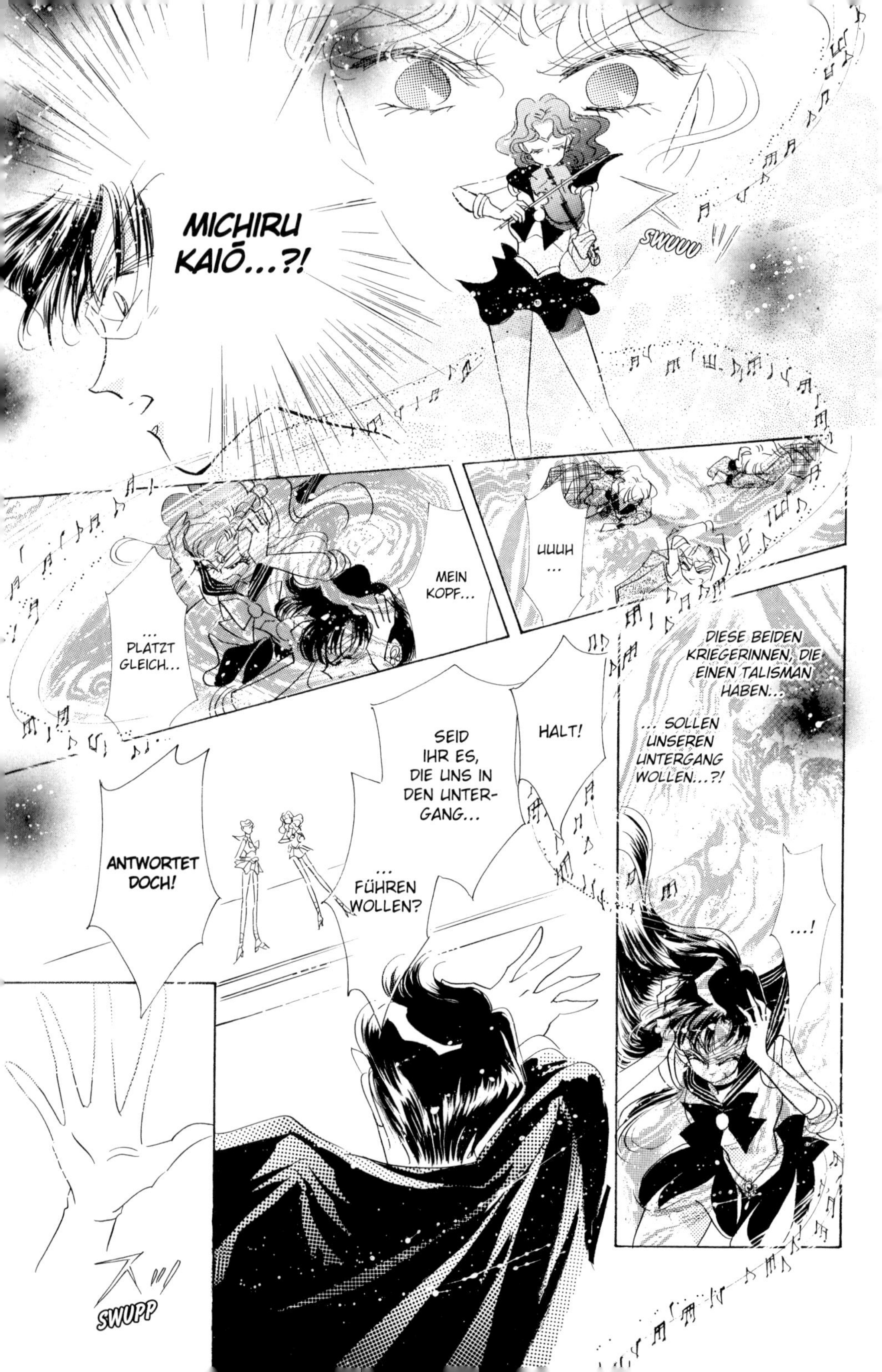
MICHIRU KAIŌ...?!
SWUUU
UUUH ...
MEIN KOPF...
... PLATZT GLEICH...
DIESE BEIDEN KRIEGERINNEN, DIE EINEN TALISMAN HABEN...
... SOLLEN UNSEREN UNTERGANG WOLLEN...?!
HALT!
SEID IHR ES, DIE UNS IN DEN UNTER-GANG...
... FÜHREN WOLLEN?
ANTWORTET DOCH!
...!
SWUPP

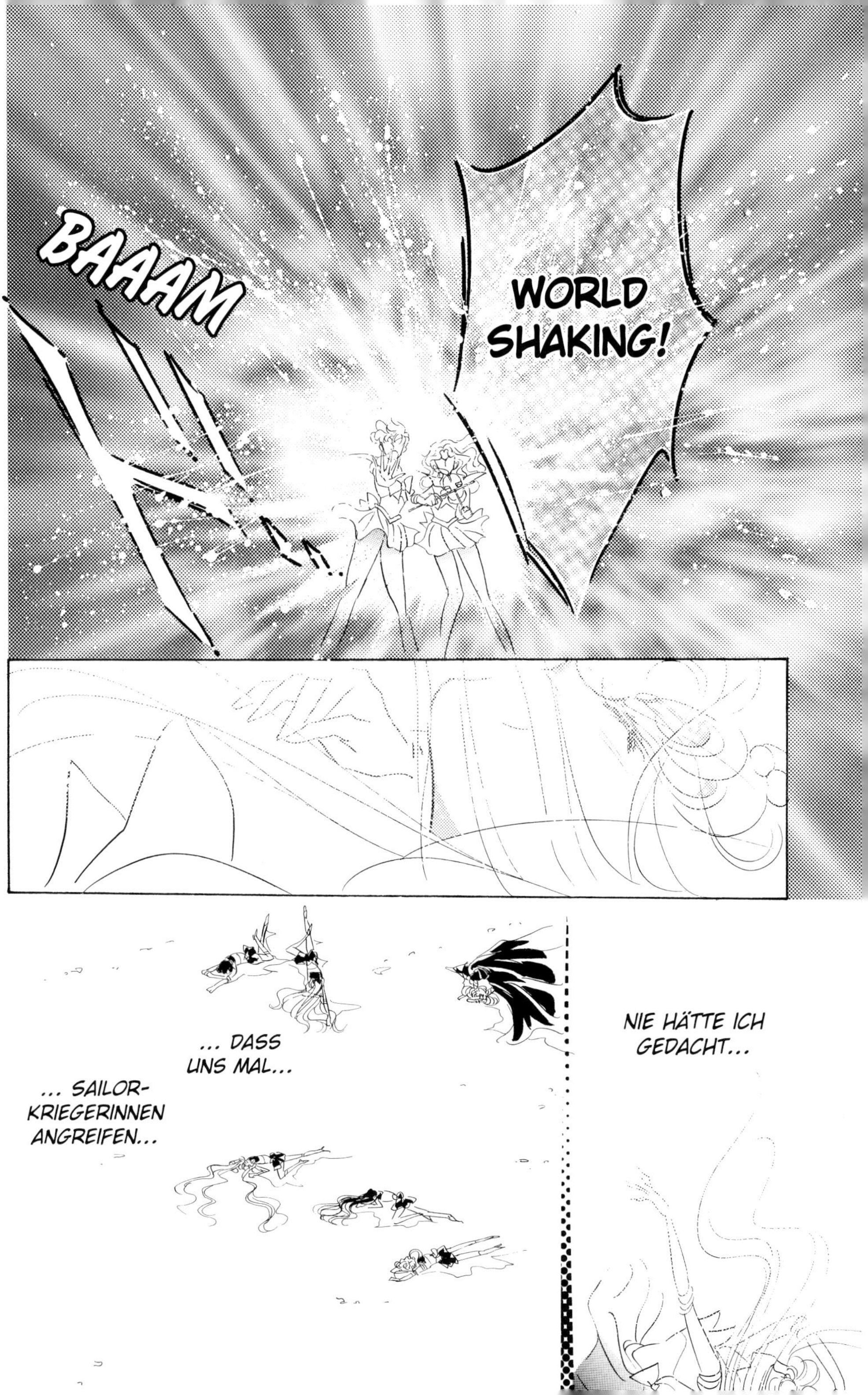
WORLD SHAKING!
BAAAM
NIE HÄTTE ICH GEDACHT...
... DASS UNS MAL...
... SAILOR-KRIEGERINNEN ANGREIFEN...

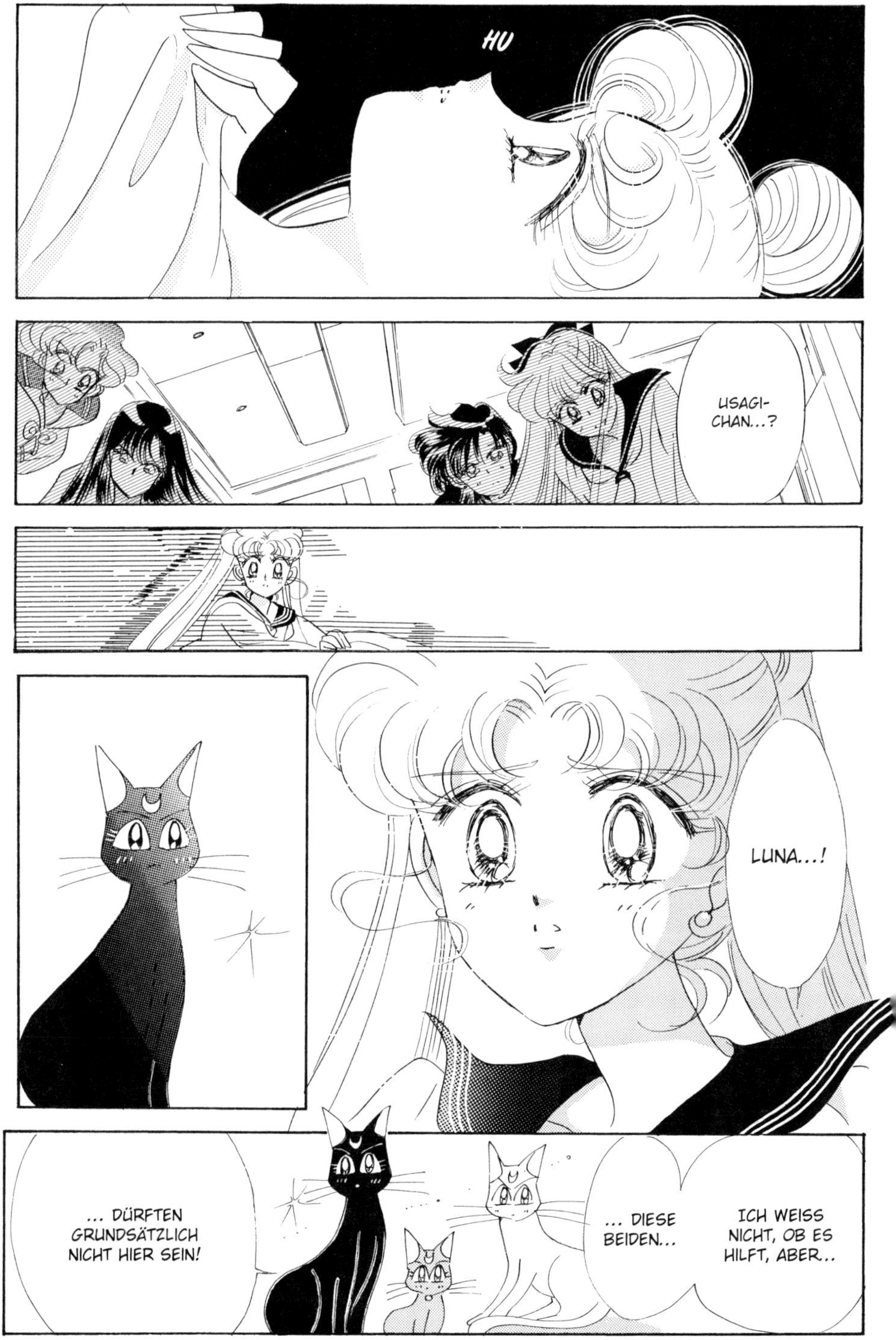
HU
USAGI-CHAN...?
LUNA...!
ICH WEISS NICHT, OB ES HILFT, ABER...
... DIESE BEIDEN...
... DÜRFTEN GRUNDSÄTZLICH NICHT HIER SEIN!

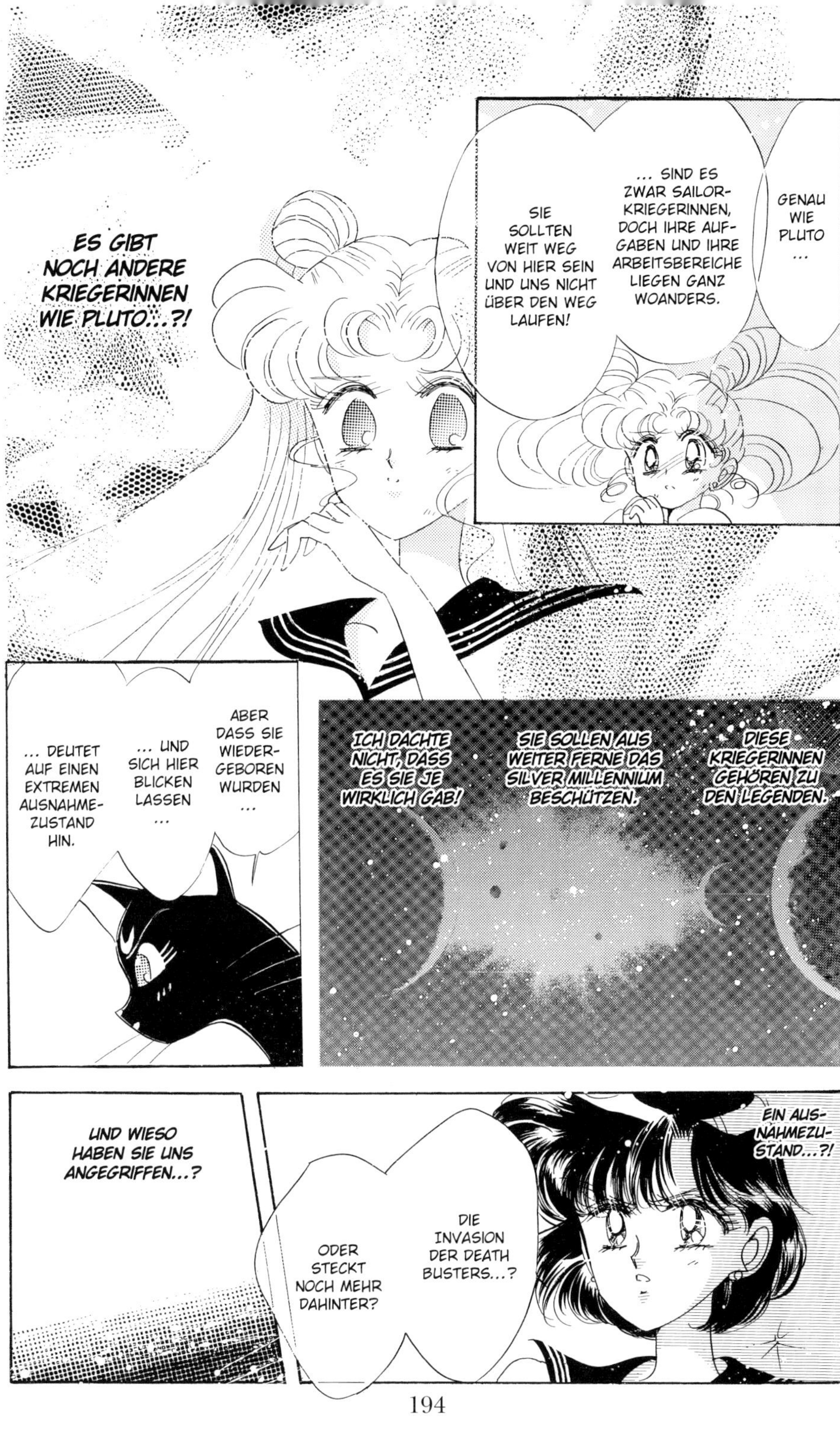
ES GIBT NOCH ANDERE KRIEGERINNEN WIE PLUTO...?!
GENAU WIE PLUTO ...
... SIND ES ZWAR SAILOR-KRIEGERINNEN, DOCH IHRE AUFGABEN UND IHRE ARBEITSBEREICHE LIEGEN GANZ WOANDERS.
SIE SOLLTEN WEIT WEG VON HIER SEIN UND UNS NICHT ÜBER DEN WEG LAUFEN!
DIESE KRIEGERINNEN GEHÖREN ZU DEN LEGENDEN.
SIE SOLLEN AUS WEITER FERNE DAS SILVER MILLENNIUM BESCHÜTZEN.
ICH DACHTE NICHT, DASS ES SIE JE WIRKLICH GAB!
ABER DASS SIE WIEDERGEBOREN WURDEN ...
... UND SICH HIER BLICKEN LASSEN ...
... DEUTET AUF EINEN EXTREMEN AUSNAHMEZUSTAND HIN.
EIN AUSNAHMEZUSTAND...?!
DIE INVASION DER DEATH BUSTERS...?
ODER STECKT NOCH MEHR DAHINTER?
UND WIESO HABEN SIE UNS ANGEGRIFFEN...?

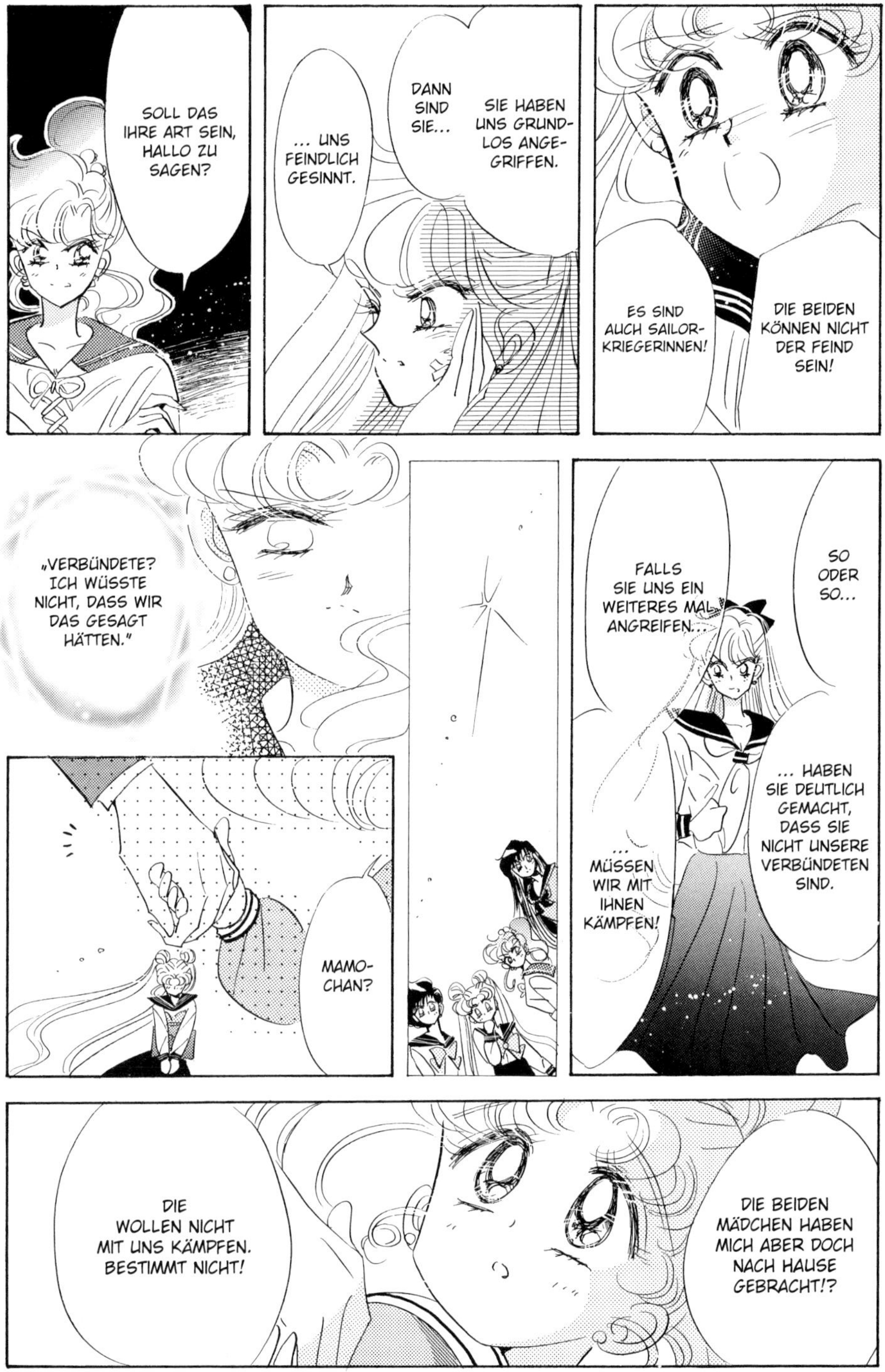
DIE BEIDEN KÖNNEN NICHT DER FEIND SEIN!
ES SIND AUCH SAILOR-KRIEGERINNEN!
SIE HABEN UNS GRUNDLOS ANGEGRIFFEN.
DANN SIND SIE…
… UNS FEINDLICH GESINNT.
SOLL DAS IHRE ART SEIN, HALLO ZU SAGEN?
SO ODER SO…
… HABEN SIE DEUTLICH GEMACHT, DASS SIE NICHT UNSERE VERBÜNDETEN SIND.
FALLS SIE UNS EIN WEITERES MAL ANGREIFEN…
… MÜSSEN WIR MIT IHNEN KÄMPFEN!
„VERBÜNDETE? ICH WÜSSTE NICHT, DASS WIR DAS GESAGT HÄTTEN."
MAMO-CHAN?
DIE BEIDEN MÄDCHEN HABEN MICH ABER DOCH NACH HAUSE GEBRACHT!?
DIE WOLLEN NICHT MIT UNS KÄMPFEN. BESTIMMT NICHT!

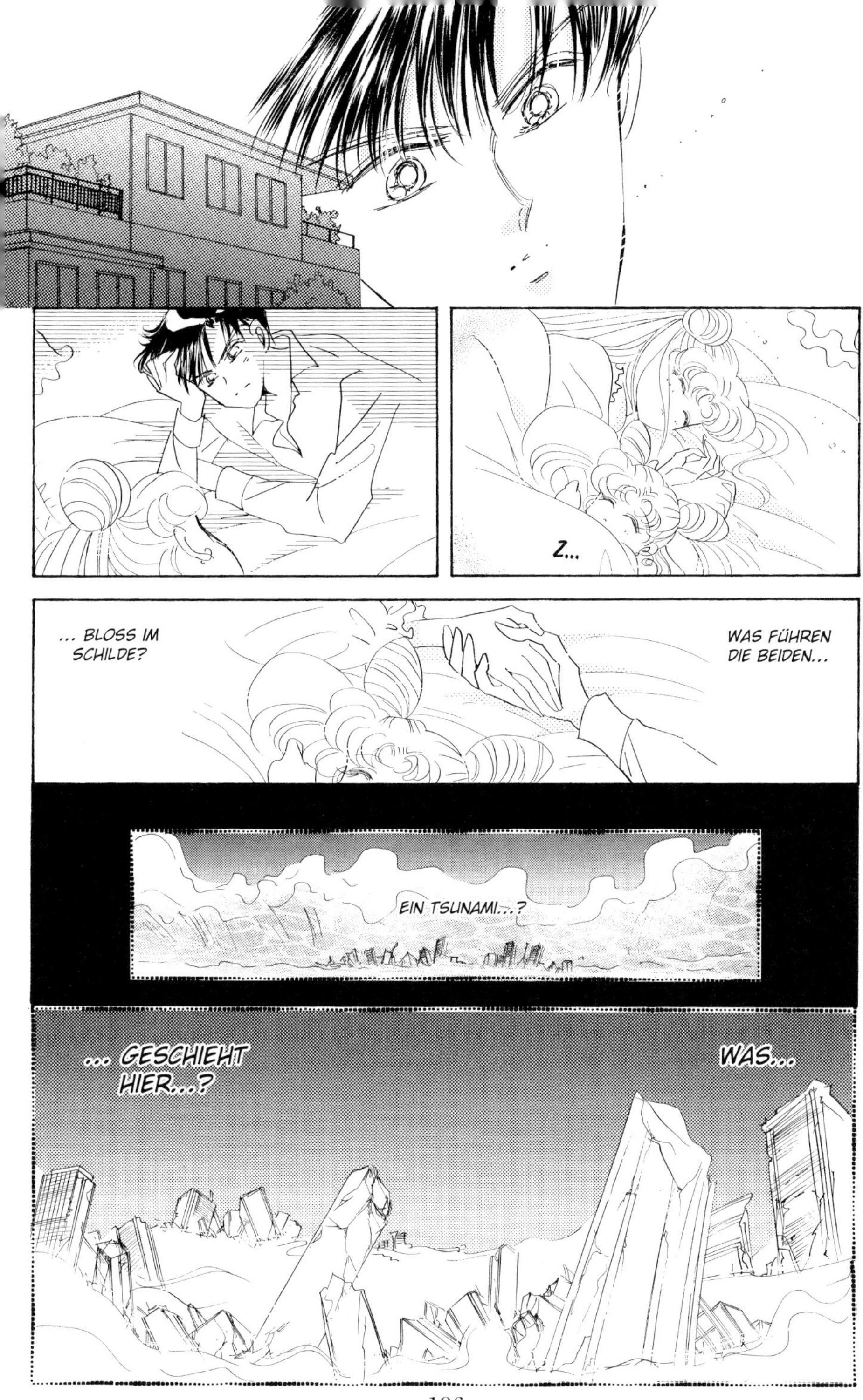
Z...
WAS FÜHREN DIE BEIDEN...
... BLOSS IM SCHILDE?
EIN TSUNAMI...?
WAS...
... GESCHIEHT HIER...?

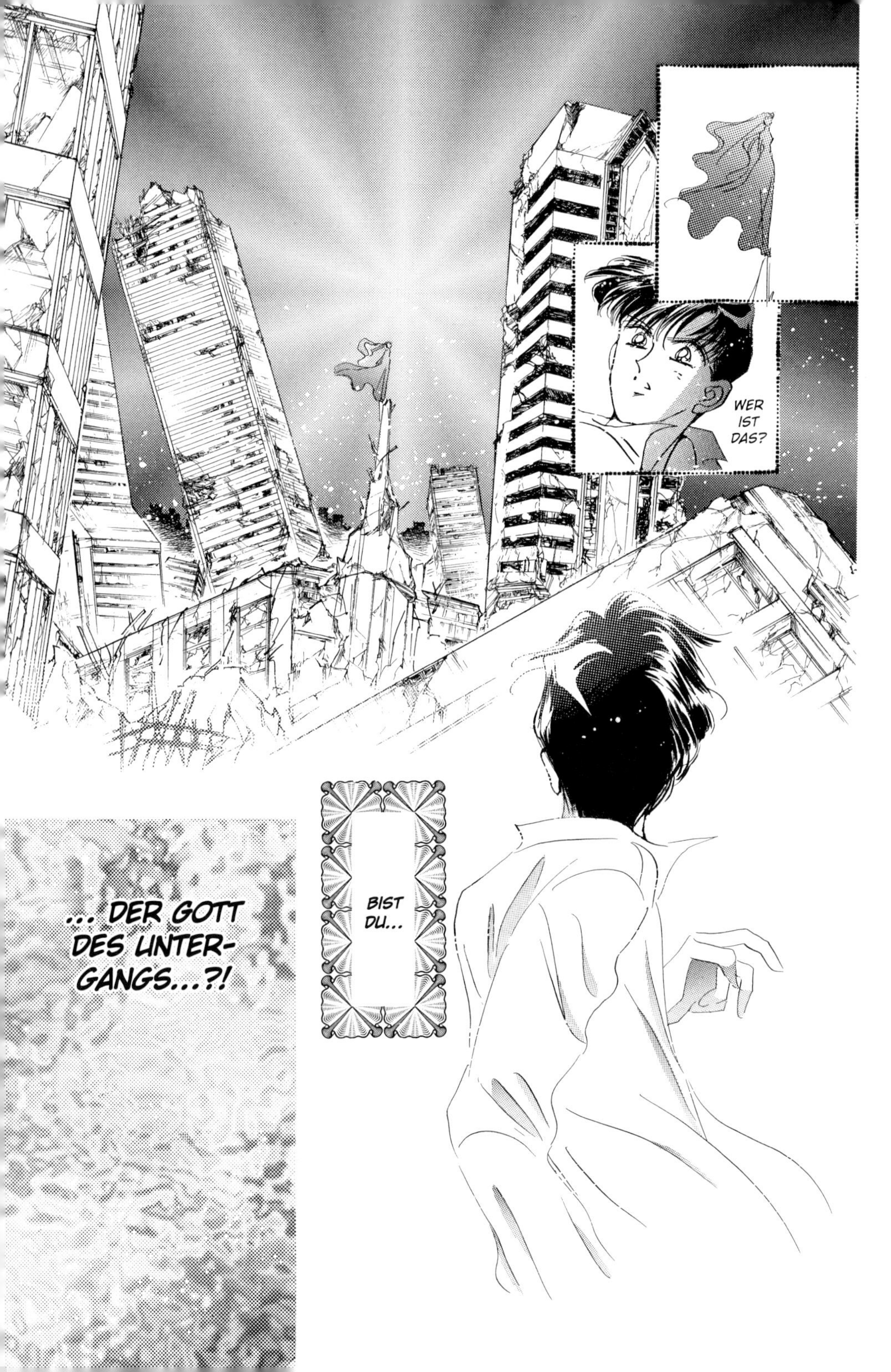
WER IST DAS?
BIST DU...
... DER GOTT DES UNTER-GANGS...?!

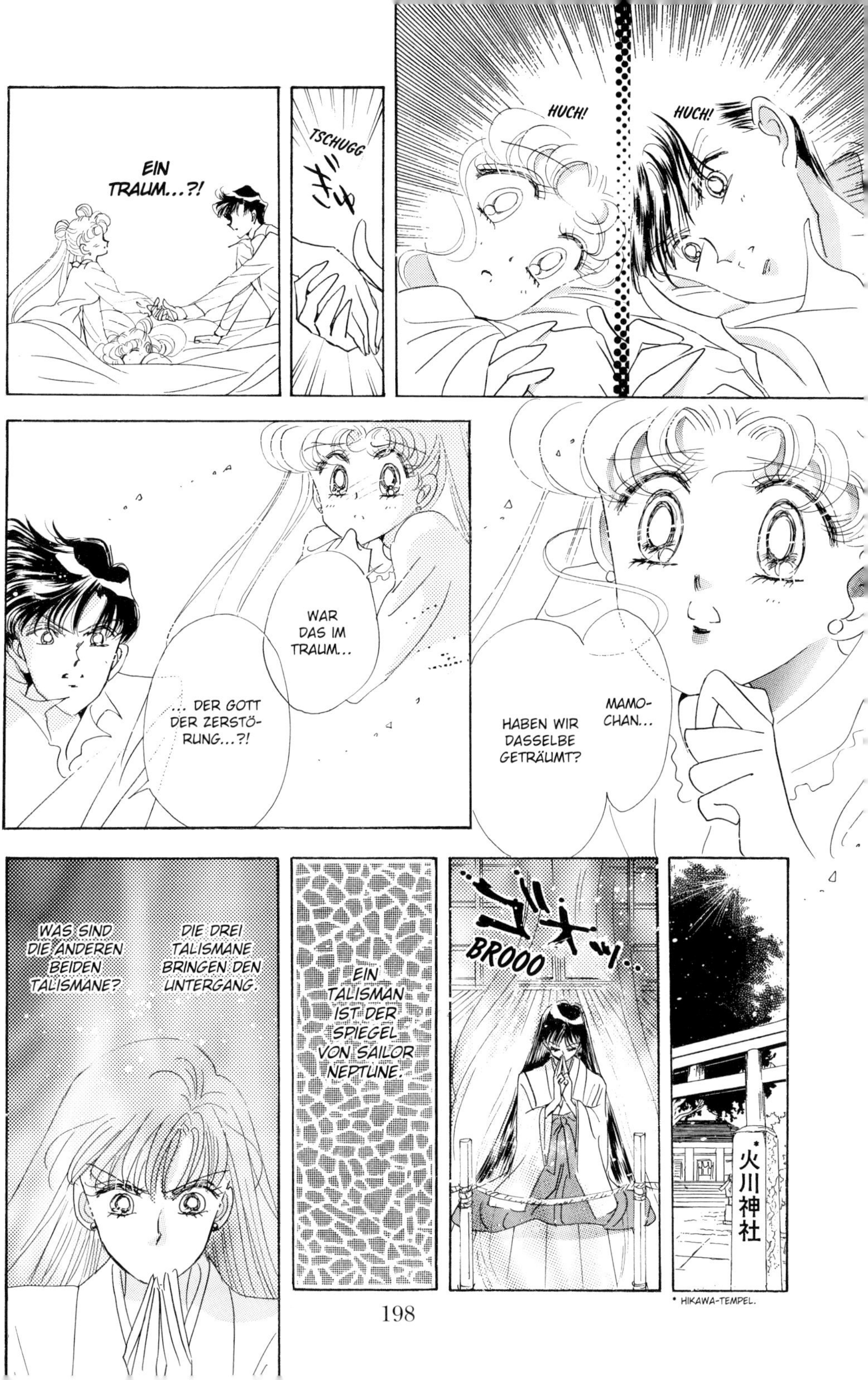

* HIKAWA-TEMPEL.

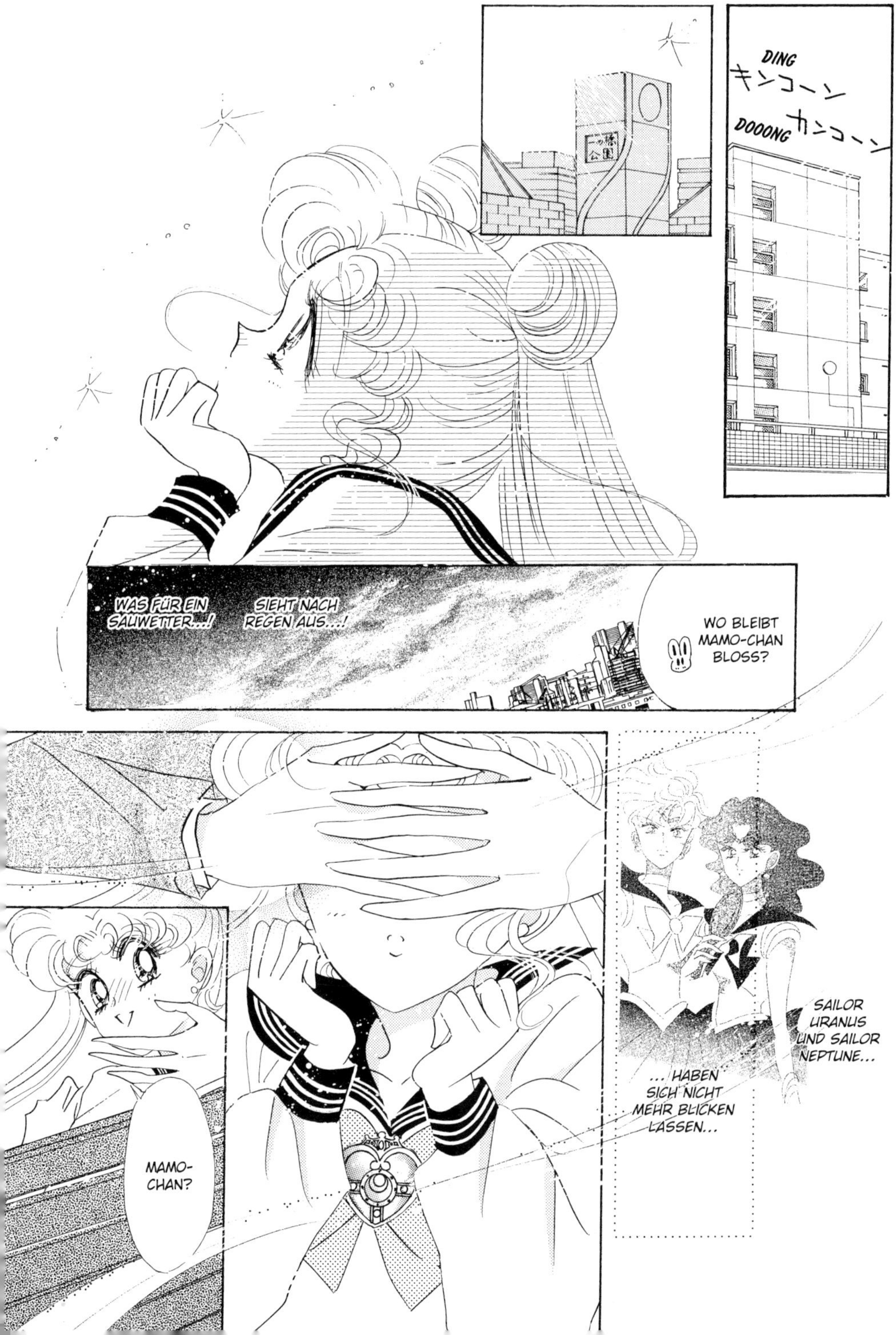
DING
キンコーン
DOOONG
カンコーン
WO BLEIBT MAMO-CHAN BLOSS?
SIEHT NACH REGEN AUS...!
WAS FÜR EIN SAUWETTER...!
SAILOR URANUS UND SAILOR NEPTUNE...
... HABEN SICH NICHT MEHR BLICKEN LASSEN...
MAMO-CHAN?

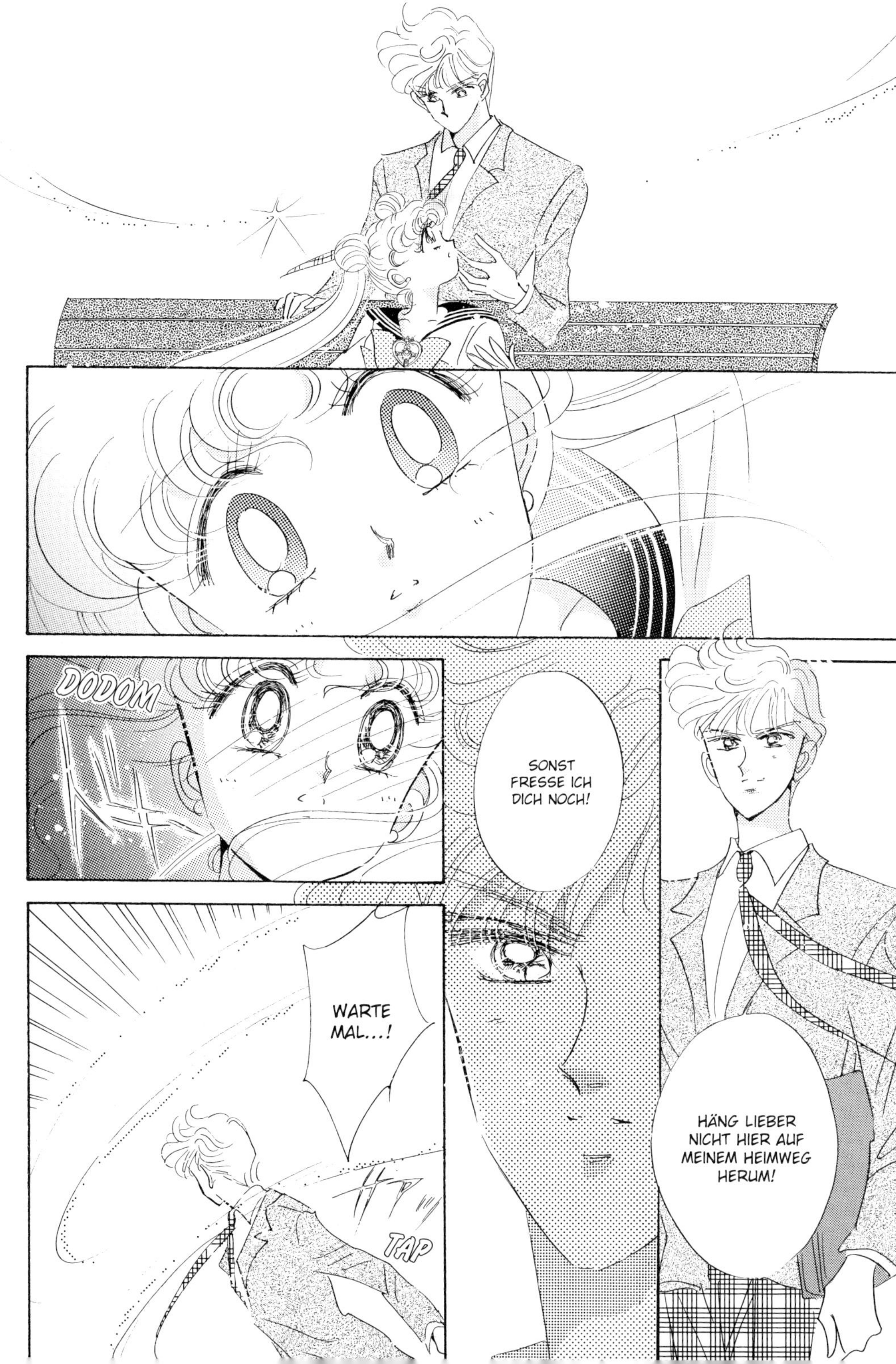
SONST FRESSE ICH DICH NOCH!
DODOM
HÄNG LIEBER NICHT HIER AUF MEINEM HEIMWEG HERUM!
WARTE MAL...!
TAP

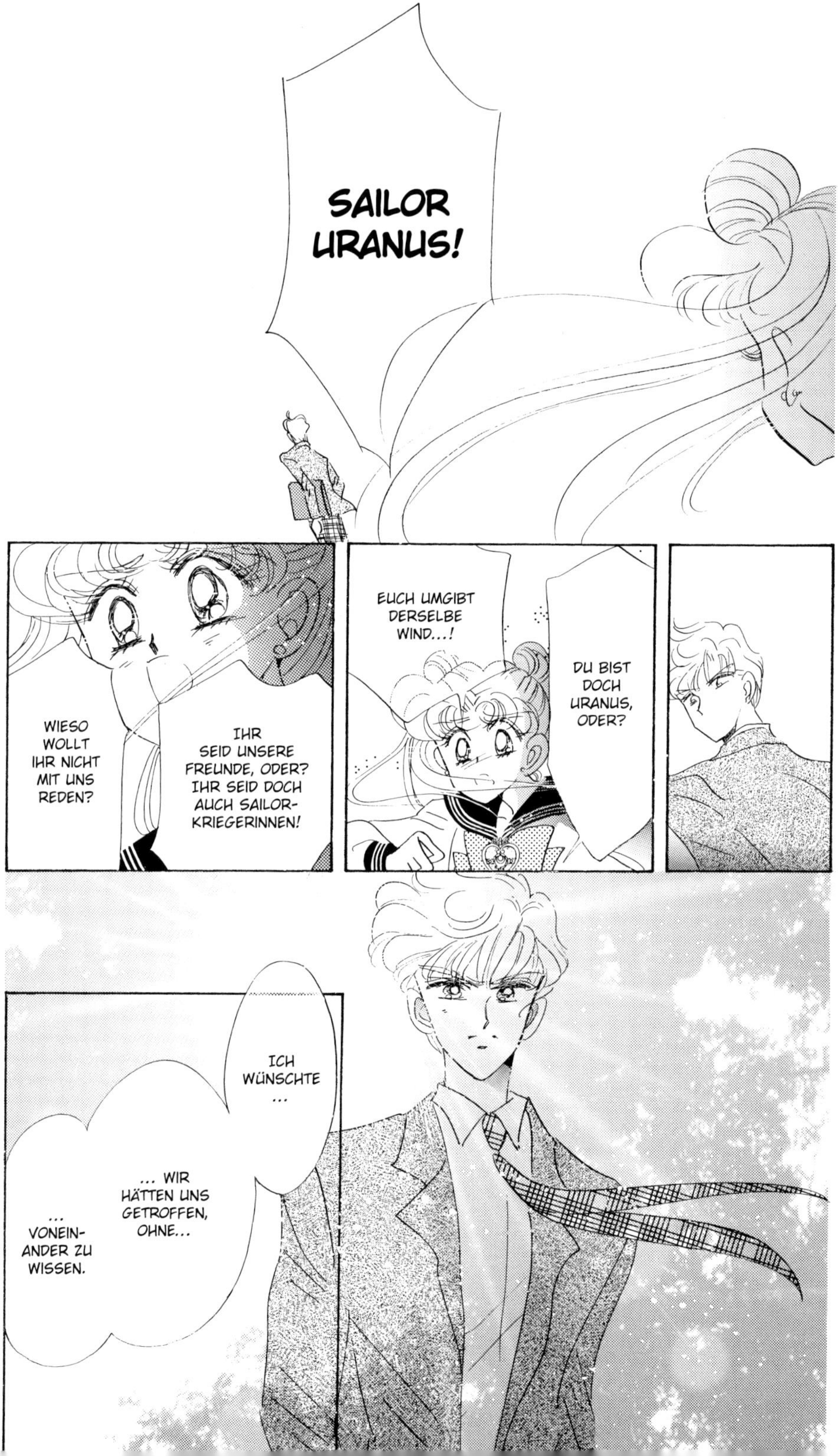
SAILOR URANUS!
DU BIST DOCH URANUS, ODER?
EUCH UMGIBT DERSELBE WIND...!
IHR SEID UNSERE FREUNDE, ODER? IHR SEID DOCH AUCH SAILOR-KRIEGERINNEN!
WIESO WOLLT IHR NICHT MIT UNS REDEN?
ICH WÜNSCHTE ...
... WIR HÄTTEN UNS GETROFFEN, OHNE...
... VONEIN-ANDER ZU WISSEN.

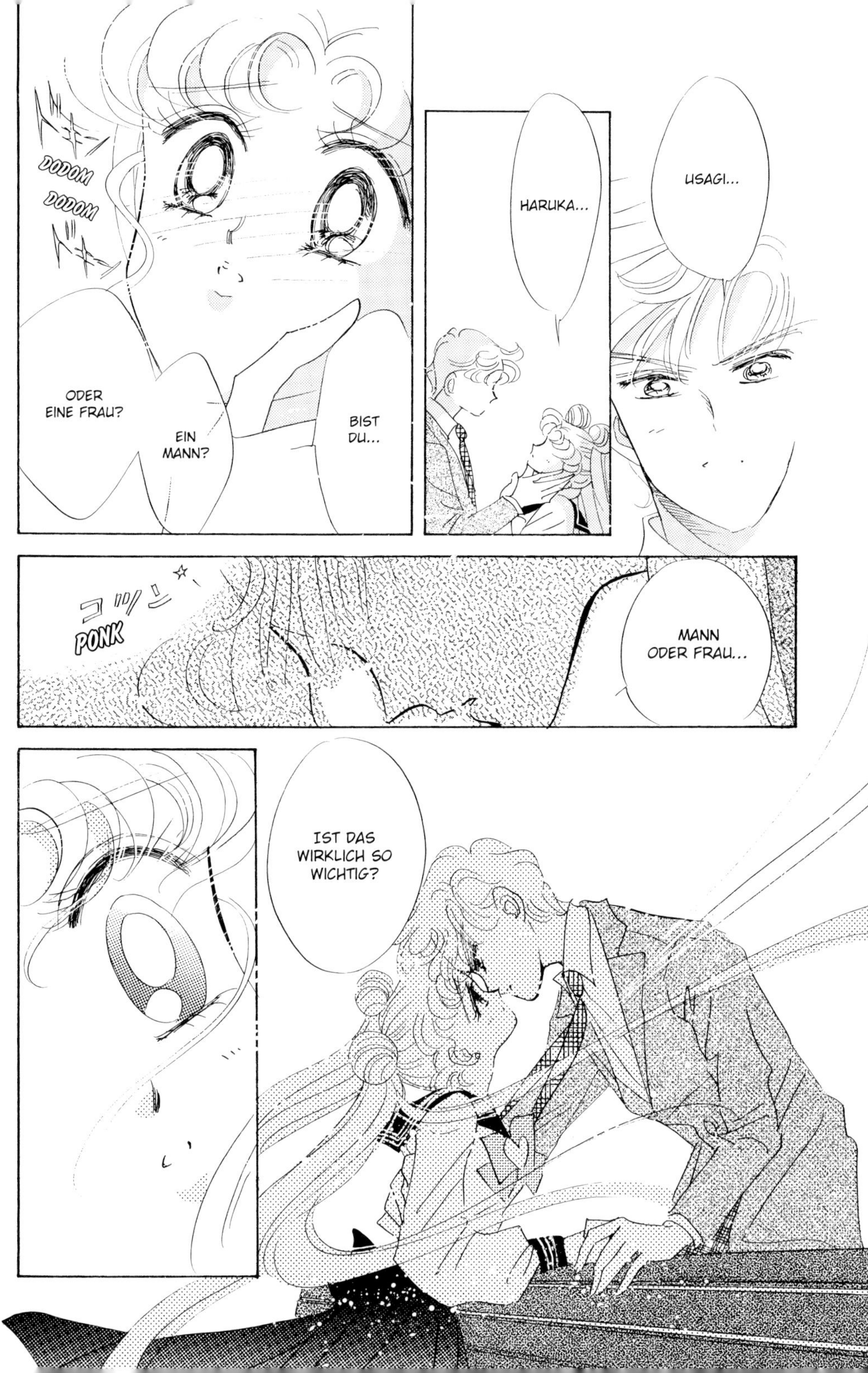
USAGI…
HARUKA…
BIST DU…
EIN MANN?
ODER EINE FRAU?
DODOM
DODOM
MANN ODER FRAU…
PONK
IST DAS WIRKLICH SO WICHTIG?

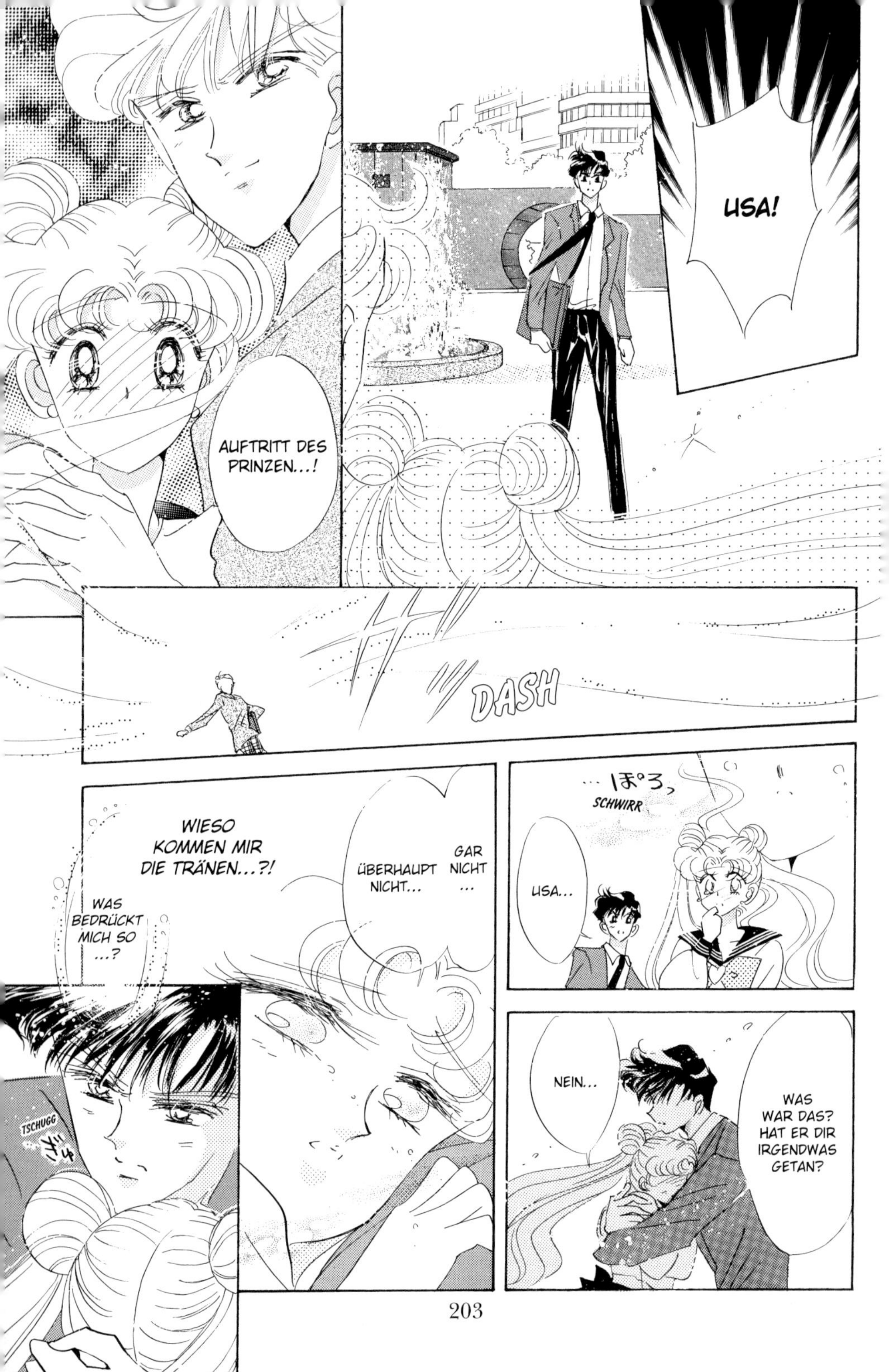

USA!
AUFTRITT DES PRINZEN...!
DASH
...ぽろっ
SCHWIRR
USA...
GAR NICHT ...
ÜBERHAUPT NICHT...
WIESO KOMMEN MIR DIE TRÄNEN...?!
WAS BEDRÜCKT MICH SO ...?
WAS WAR DAS? HAT ER DIR IRGENDWAS GETAN?
NEIN...
TSCHUGG
ぎゅ

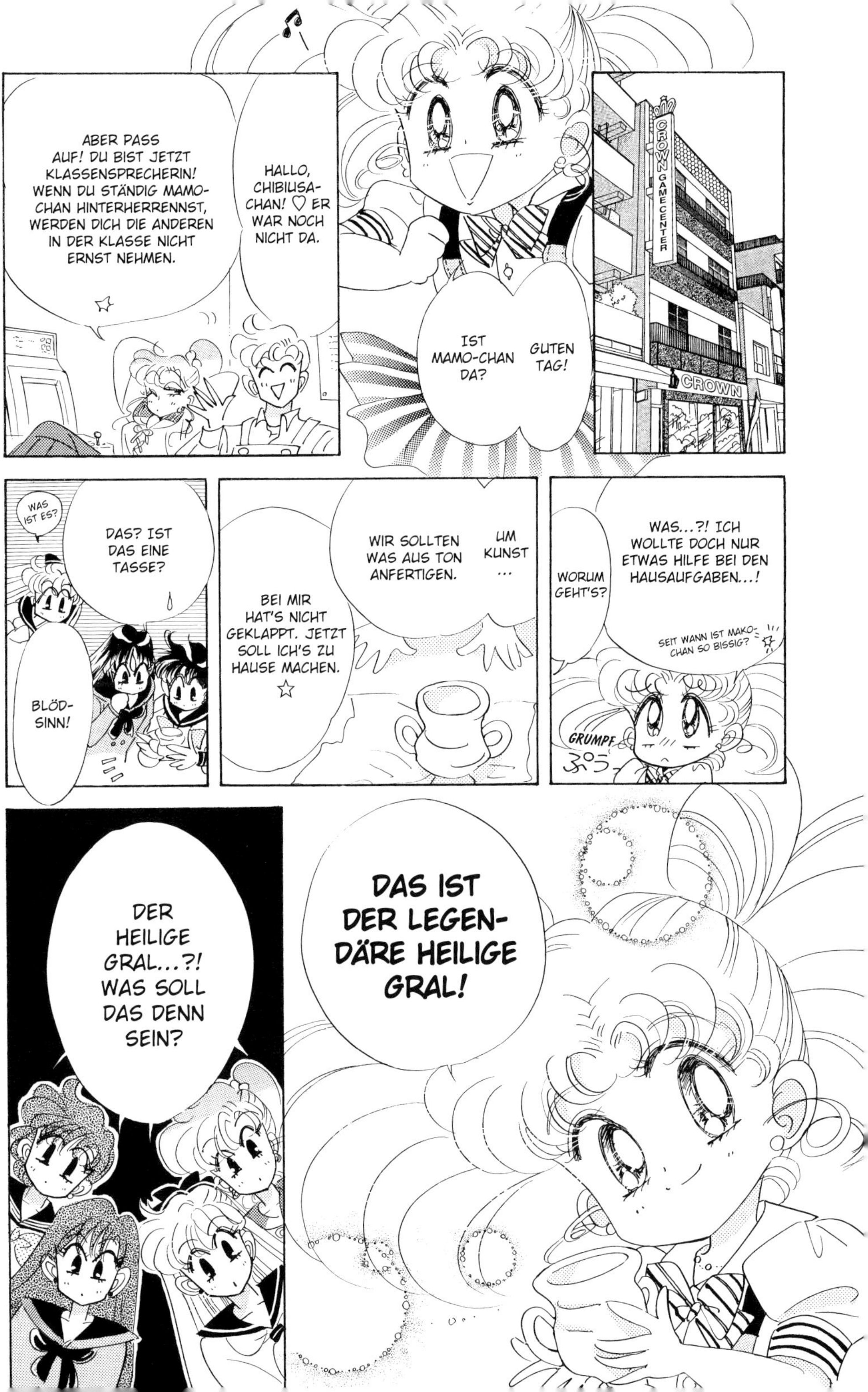

GUTEN TAG!
IST MAMO-CHAN DA?
HALLO, CHIBIUSA-CHAN! ♡ ER WAR NOCH NICHT DA.
ABER PASS AUF! DU BIST JETZT KLASSENSPRECHERIN! WENN DU STÄNDIG MAMO-CHAN HINTERHERRENNST, WERDEN DICH DIE ANDEREN IN DER KLASSE NICHT ERNST NEHMEN.
WAS...?! ICH WOLLTE DOCH NUR ETWAS HILFE BEI DEN HAUSAUFGABEN...!
WORUM GEHT'S?
SEIT WANN IST MAKO-CHAN SO BISSIG?
GRUMPF
UM KUNST ...
WIR SOLLTEN WAS AUS TON ANFERTIGEN.
BEI MIR HAT'S NICHT GEKLAPPT. JETZT SOLL ICH'S ZU HAUSE MACHEN.
WAS IST ES?
DAS? IST DAS EINE TASSE?
BLÖD-SINN!
DAS IST DER LEGEN-DÄRE HEILIGE GRAL!
DER HEILIGE GRAL...?! WAS SOLL DAS DENN SEIN?

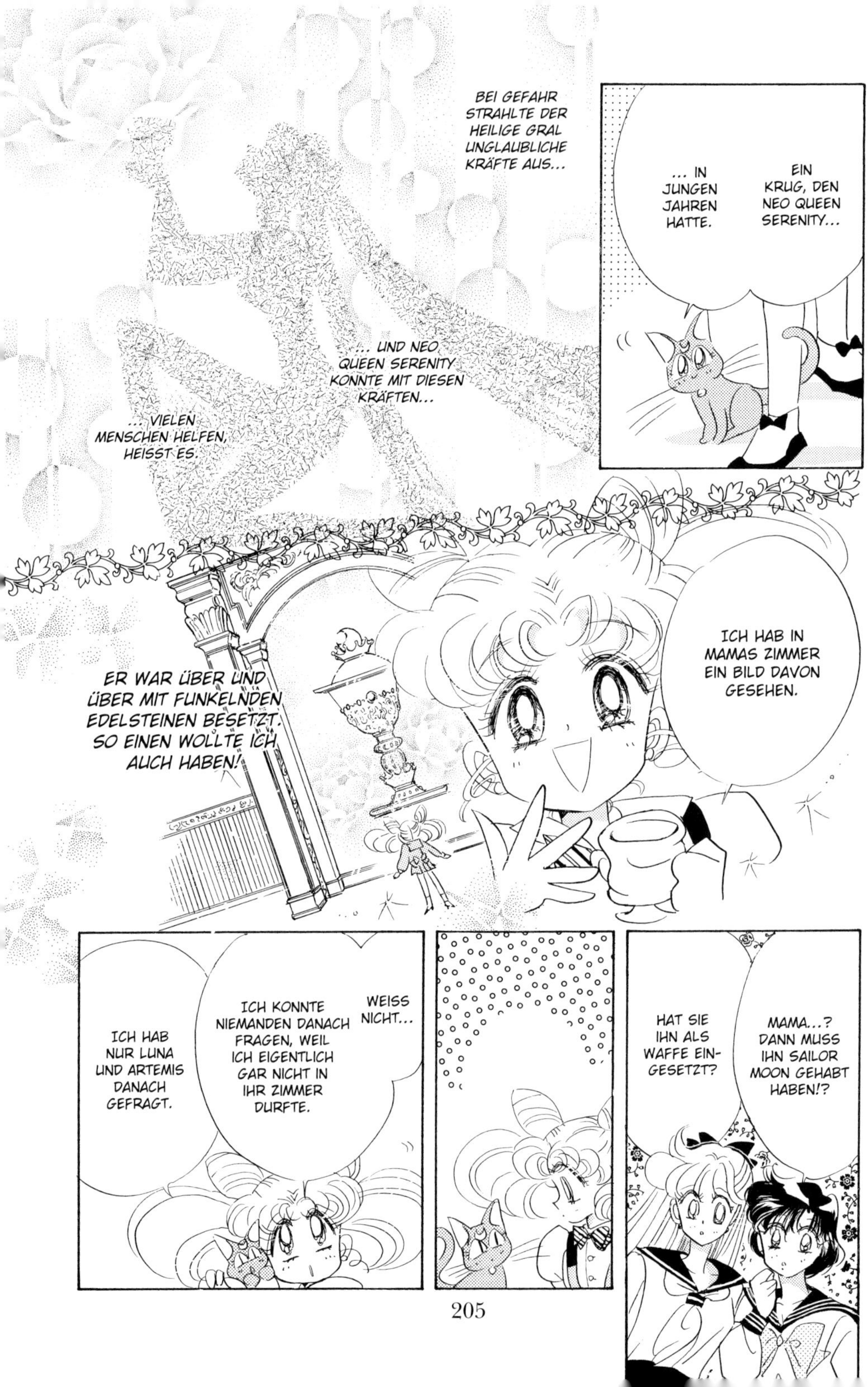

EIN KRUG, DEN NEO QUEEN SERENITY…
… IN JUNGEN JAHREN HATTE.
BEI GEFAHR STRAHLTE DER HEILIGE GRAL UNGLAUBLICHE KRÄFTE AUS…
… UND NEO QUEEN SERENITY KONNTE MIT DIESEN KRÄFTEN…
… VIELEN MENSCHEN HELFEN, HEISST ES.
ICH HAB IN MAMAS ZIMMER EIN BILD DAVON GESEHEN.
ER WAR ÜBER UND ÜBER MIT FUNKELNDEN EDELSTEINEN BESETZT. SO EINEN WOLLTE ICH AUCH HABEN!
MAMA…? DANN MUSS IHN SAILOR MOON GEHABT HABEN!?
HAT SIE IHN ALS WAFFE EIN-GESETZT?
WEISS NICHT…
ICH KONNTE NIEMANDEN DANACH FRAGEN, WEIL ICH EIGENTLICH GAR NICHT IN IHR ZIMMER DURFTE.
ICH HAB NUR LUNA UND ARTEMIS DANACH GEFRAGT.

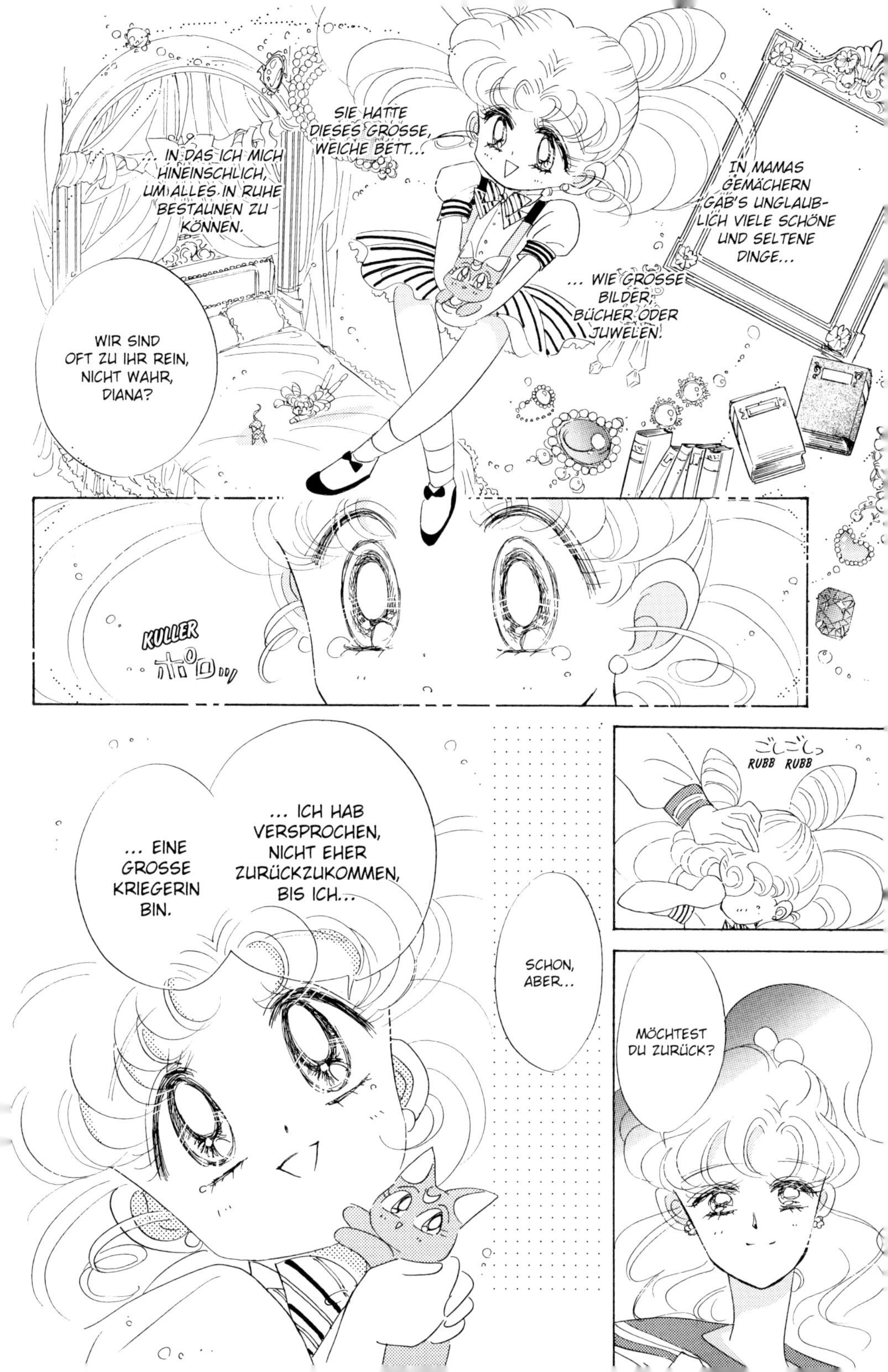
IN MAMAS GEMÄCHERN GAB'S UNGLAUBLICH VIELE SCHÖNE UND SELTENE DINGE...
... WIE GROSSE BILDER, BÜCHER ODER JUWELEN.
SIE HATTE DIESES GROSSE, WEICHE BETT...
... IN DAS ICH MICH HINEINSCHLICH, UM ALLES IN RUHE BESTAUNEN ZU KÖNNEN.
WIR SIND OFT ZU IHR REIN, NICHT WAHR, DIANA?
KULLER
ホロッ
ごしごしっ
RUBB RUBB
MÖCHTEST DU ZURÜCK?
SCHON, ABER...
... ICH HAB VERSPROCHEN, NICHT EHER ZURÜCKZUKOMMEN, BIS ICH...
... EINE GROSSE KRIEGERIN BIN.

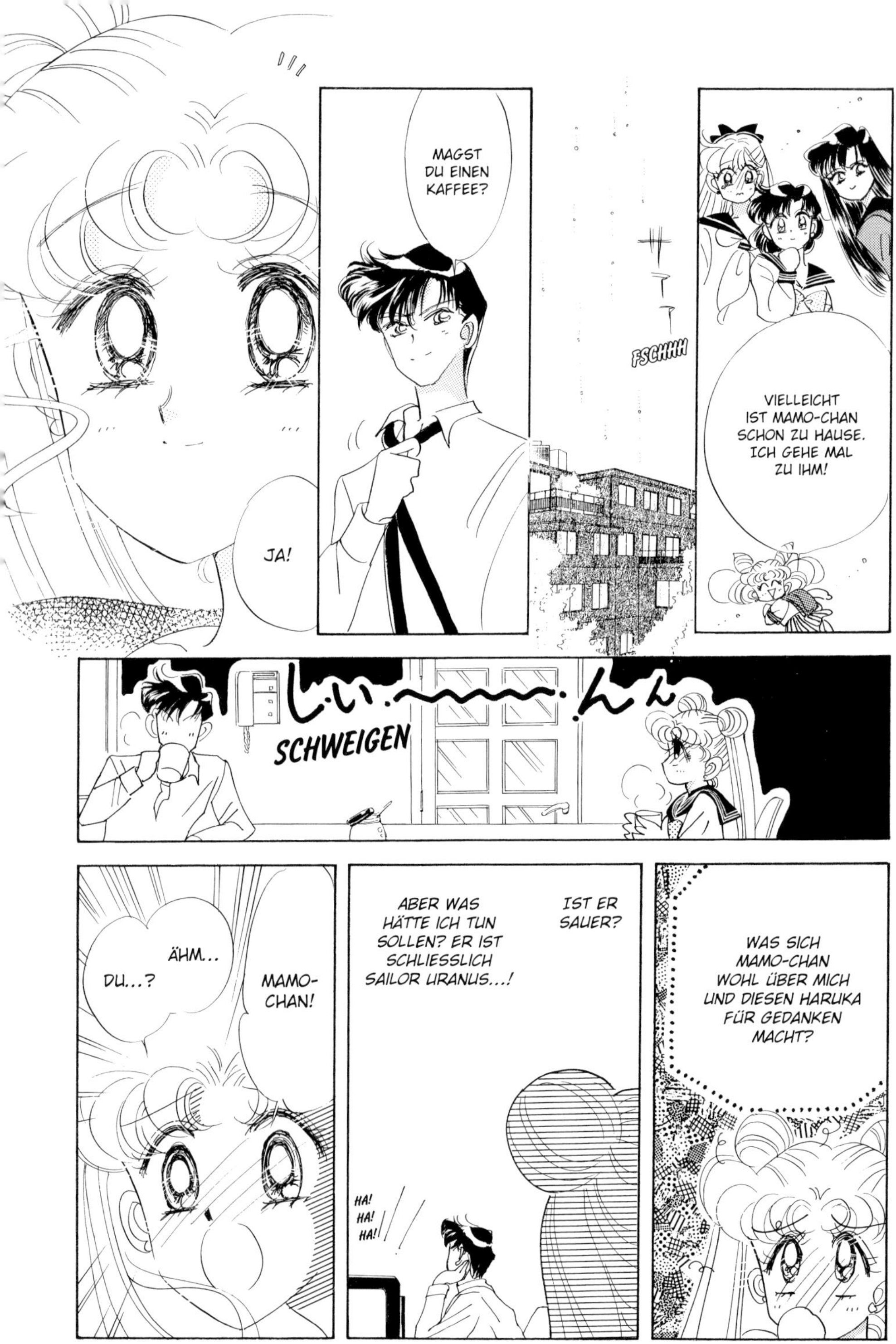
VIELLEICHT IST MAMO-CHAN SCHON ZU HAUSE. ICH GEHE MAL ZU IHM!
サァァァ
FSCHHH
MAGST DU EINEN KAFFEE?
JA!
しい～～～ん
SCHWEIGEN
WAS SICH MAMO-CHAN WOHL ÜBER MICH UND DIESEN HARUKA FÜR GEDANKEN MACHT?
IST ER SAUER?
ABER WAS HÄTTE ICH TUN SOLLEN? ER IST SCHLIESSLICH SAILOR URANUS...!
HA! HA! HA!
MAMO-CHAN!
ÄHM... DU...?

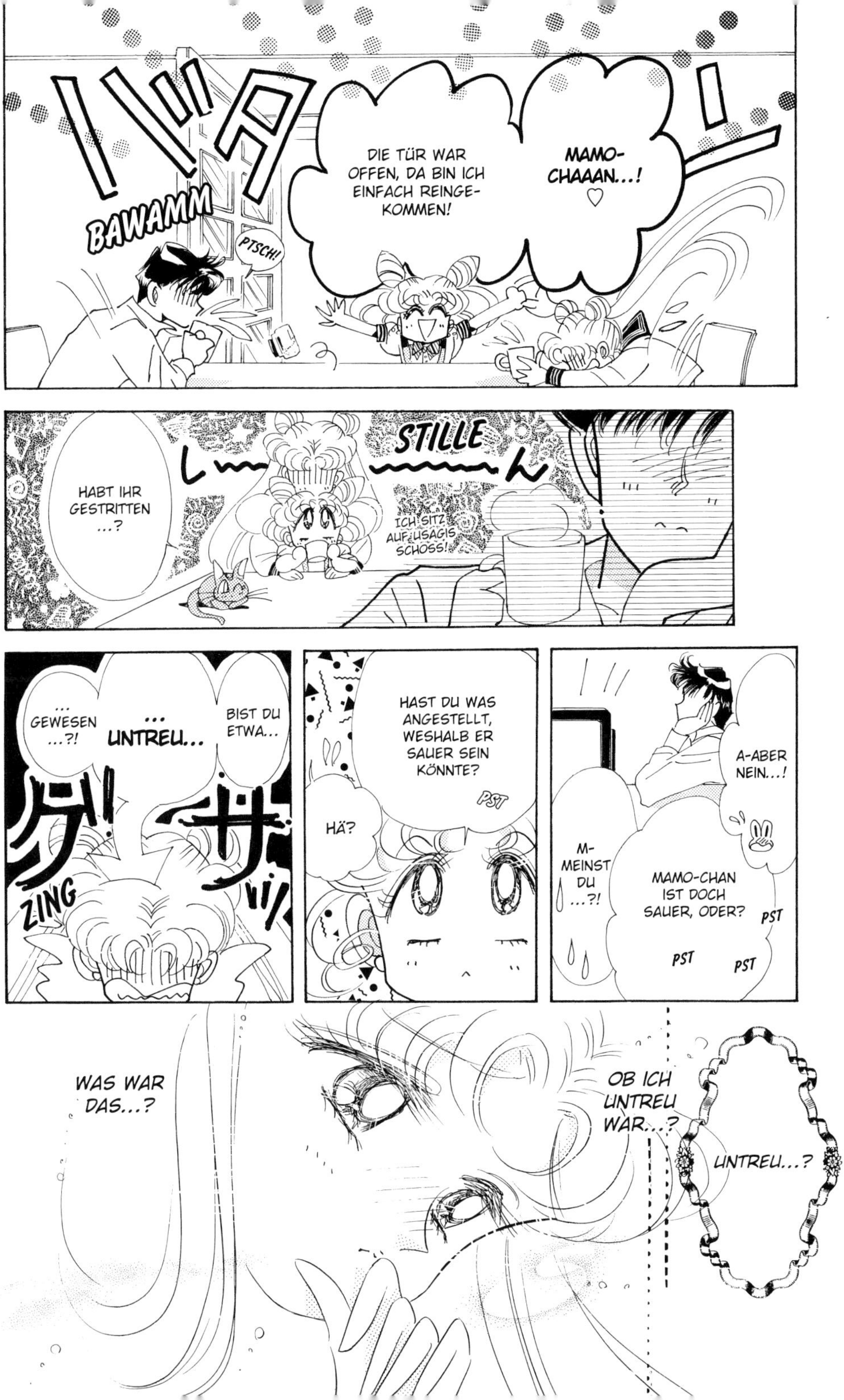
MAMO-CHAAAN...! ♡
DIE TÜR WAR OFFEN, DA BIN ICH EINFACH REINGE-KOMMEN!
BAWAMM
PTSCH!
STILLE
ICH SITZ AUF USAGIS SCHOSS!
HABT IHR GESTRITTEN ...?
A-ABER NEIN...!
MAMO-CHAN IST DOCH SAUER, ODER?
PST
PST
PST
M-MEINST DU ...?!
HAST DU WAS ANGESTELLT, WESHALB ER SAUER SEIN KÖNNTE?
PST
HÄ?
BIST DU ETWA...
... UNTREU...
... GEWESEN ...?!
ZING
UNTREU...?
OB ICH UNTREU WAR...?
WAS WAR DAS...?

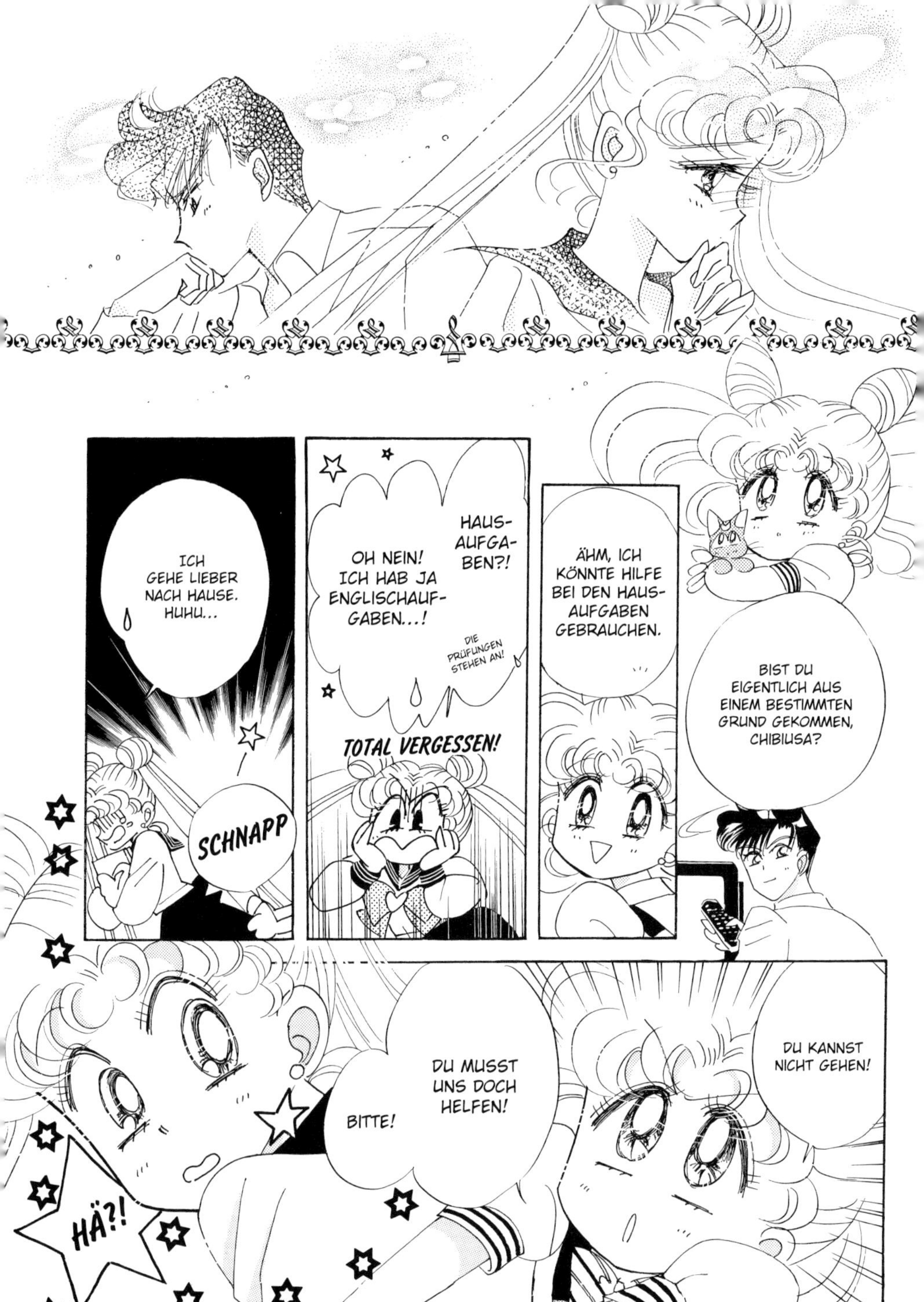
BIST DU EIGENTLICH AUS EINEM BESTIMMTEN GRUND GEKOMMEN, CHIBIUSA?
ÄHM, ICH KÖNNTE HILFE BEI DEN HAUS-AUFGABEN GEBRAUCHEN.
HAUS-AUFGA-BEN?!
OH NEIN! ICH HAB JA ENGLISCHAUF-GABEN...!
DIE PRÜFUNGEN STEHEN AN!
TOTAL VERGESSEN!
ICH GEHE LIEBER NACH HAUSE. HUHU...
SCHNAPP
DU KANNST NICHT GEHEN!
DU MUSST UNS DOCH HELFEN!
BITTE!
HÄ?!

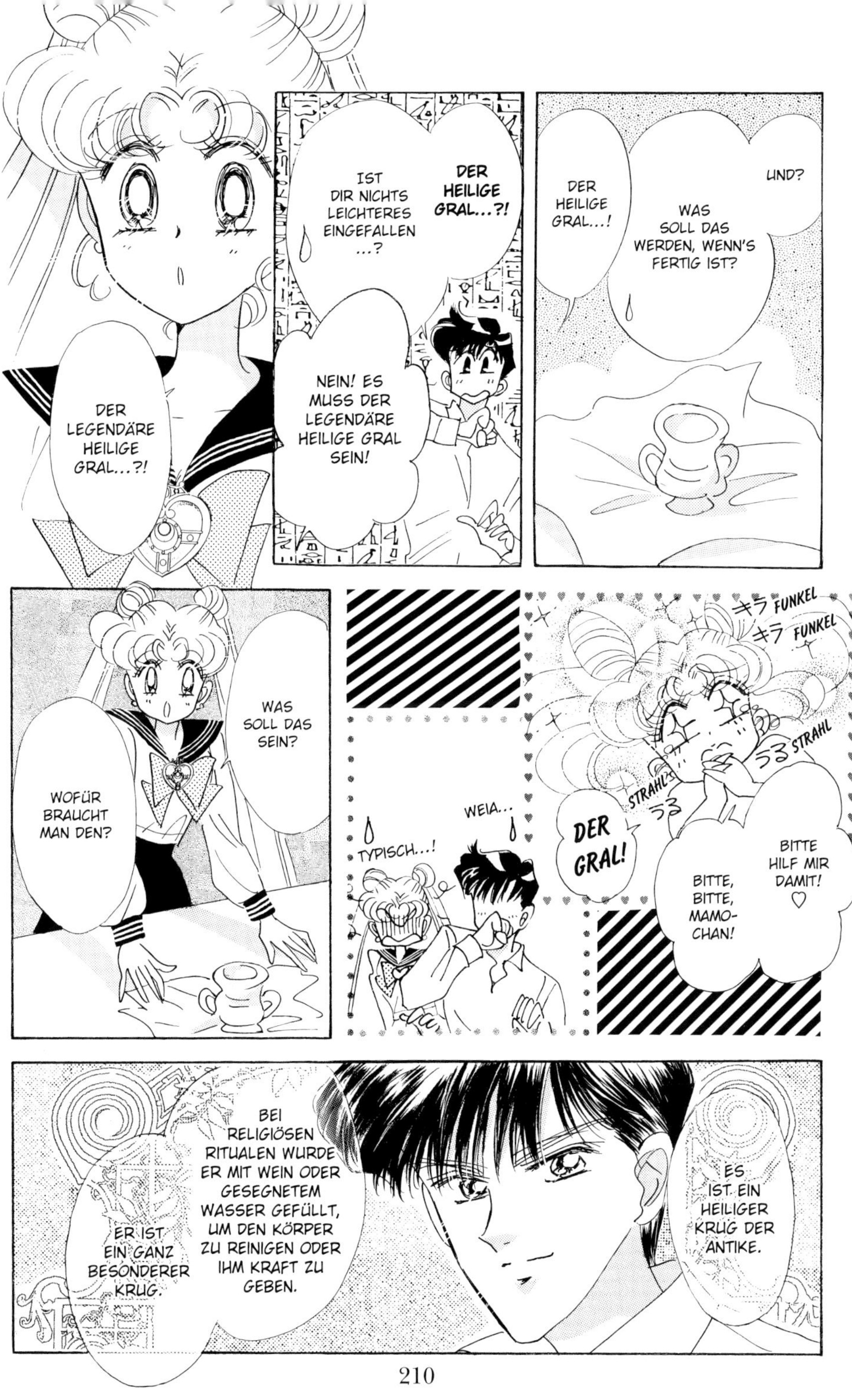
UND?
WAS SOLL DAS WERDEN, WENN'S FERTIG IST?
DER HEILIGE GRAL...!
DER HEILIGE GRAL...?!
IST DIR NICHTS LEICHTERES EINGEFALLEN ...?
NEIN! ES MUSS DER LEGENDÄRE HEILIGE GRAL SEIN!
DER LEGENDÄRE HEILIGE GRAL...?!
キラ FUNKEL
キラ FUNKEL
うる STRAHL
STRAHL うる
DER GRAL!
BITTE HILF MIR DAMIT! ♡
BITTE, BITTE, MAMO-CHAN!
WEIA...
TYPISCH...!
WAS SOLL DAS SEIN?
WOFÜR BRAUCHT MAN DEN?
ES IST EIN HEILIGER KRUG DER ANTIKE.
BEI RELIGIÖSEN RITUALEN WURDE ER MIT WEIN ODER GESEGNETEM WASSER GEFÜLLT, UM DEN KÖRPER ZU REINIGEN ODER IHM KRAFT ZU GEBEN.
ER IST EIN GANZ BESONDERER KRUG.

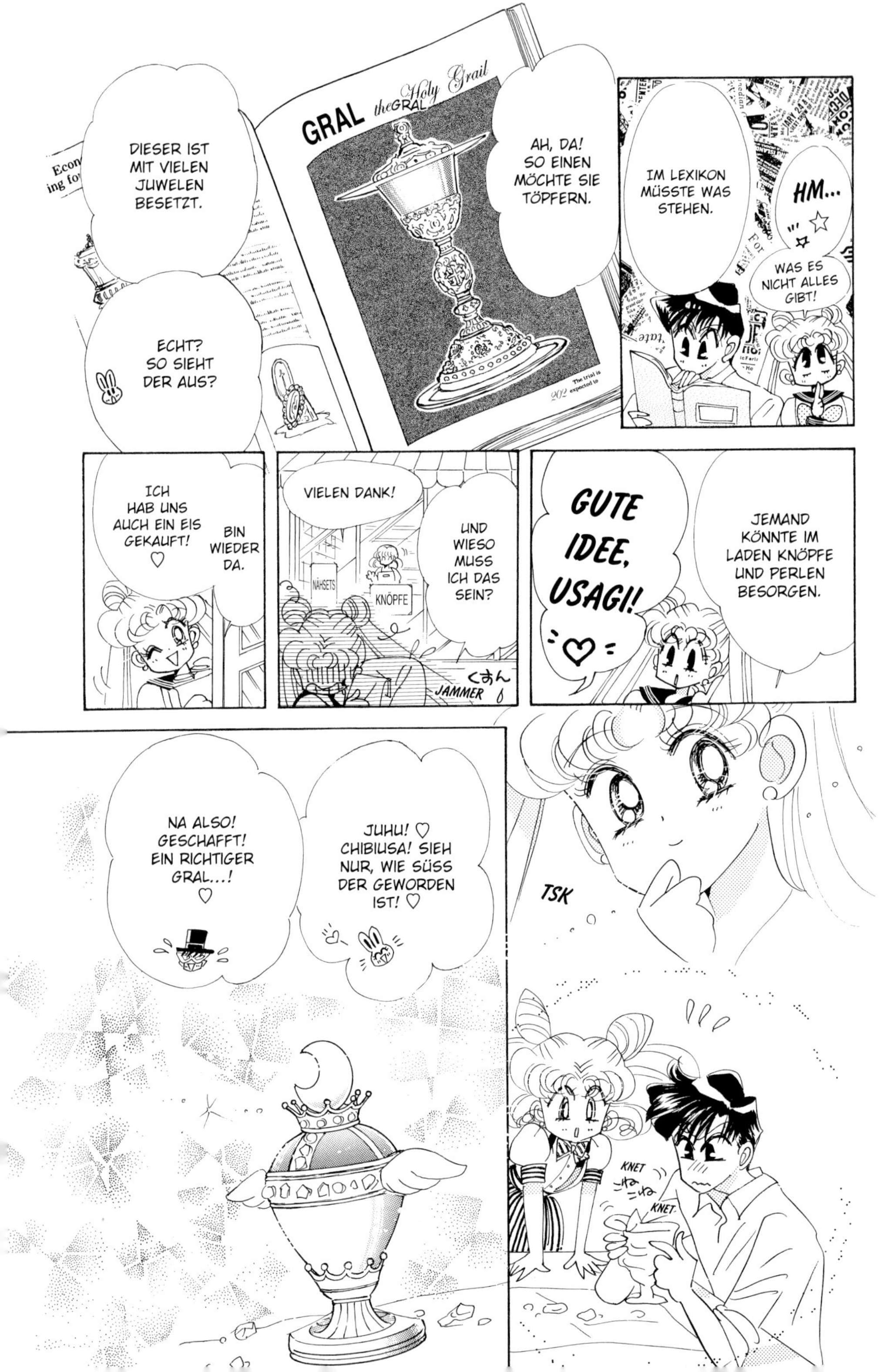
IM LEXIKON MÜSSTE WAS STEHEN.
HM... ☆
WAS ES NICHT ALLES GIBT!
AH, DA! SO EINEN MÖCHTE SIE TÖPFERN.
GRAL theGRAL Holy Grail
The trial is expected to
202
DIESER IST MIT VIELEN JUWELEN BESETZT.
ECHT? SO SIEHT DER AUS?
JEMAND KÖNNTE IM LADEN KNÖPFE UND PERLEN BESORGEN.
GUTE IDEE, USAGI! ♡
UND WIESO MUSS ICH DAS SEIN?
VIELEN DANK!
NÄHSETS
KNÖPFE
くすん
JAMMER
BIN WIEDER DA.
ICH HAB UNS AUCH EIN EIS GEKAUFT! ♡
TSK
KNET
こね こね
KNET
JUHU! ♡ CHIBIUSA! SIEH NUR, WIE SÜSS DER GEWORDEN IST! ♡
NA ALSO! GESCHAFFT! EIN RICHTIGER GRAL...! ♡

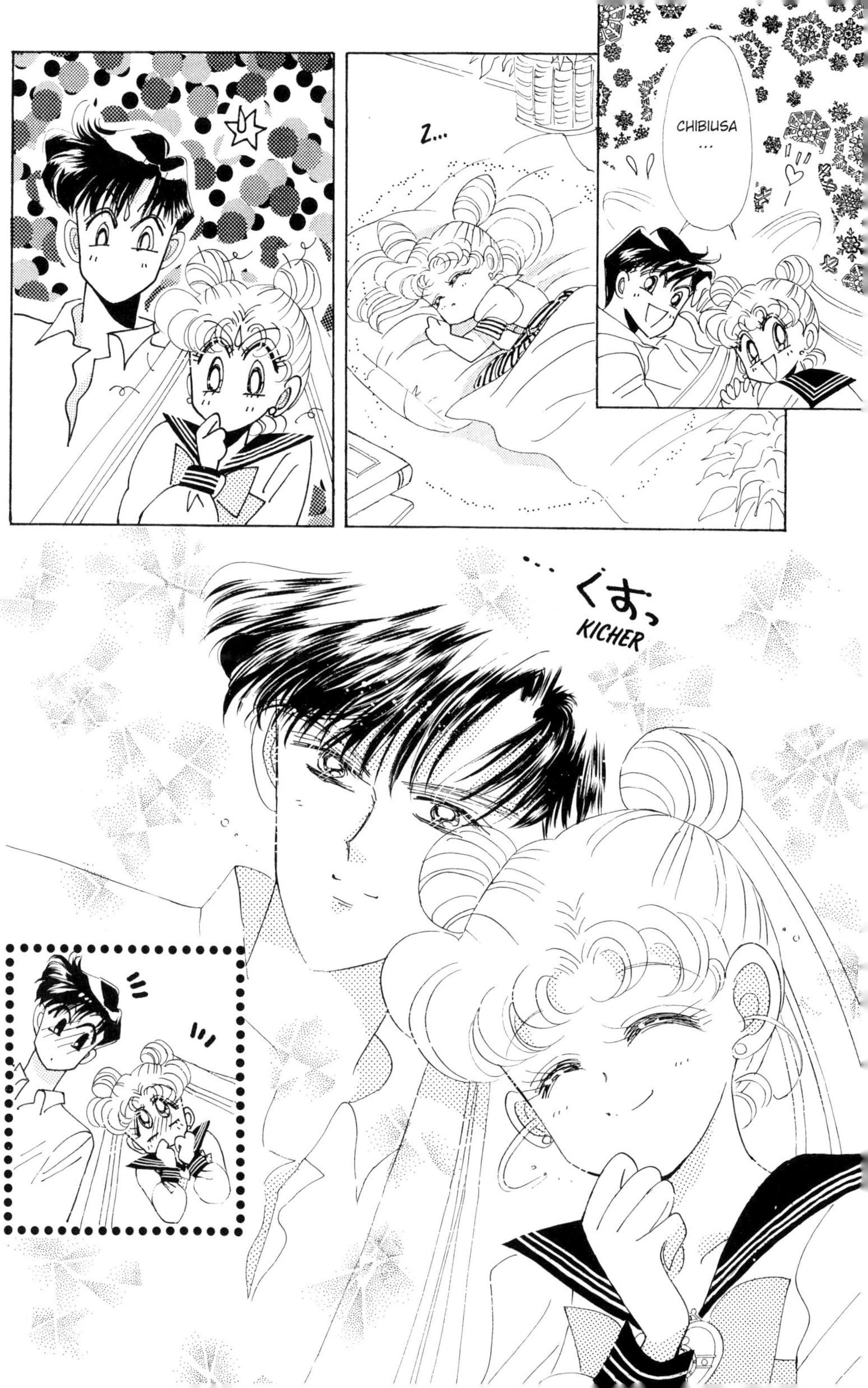
Z...
CHIBIUSA
...
...
くすっ
KICHER

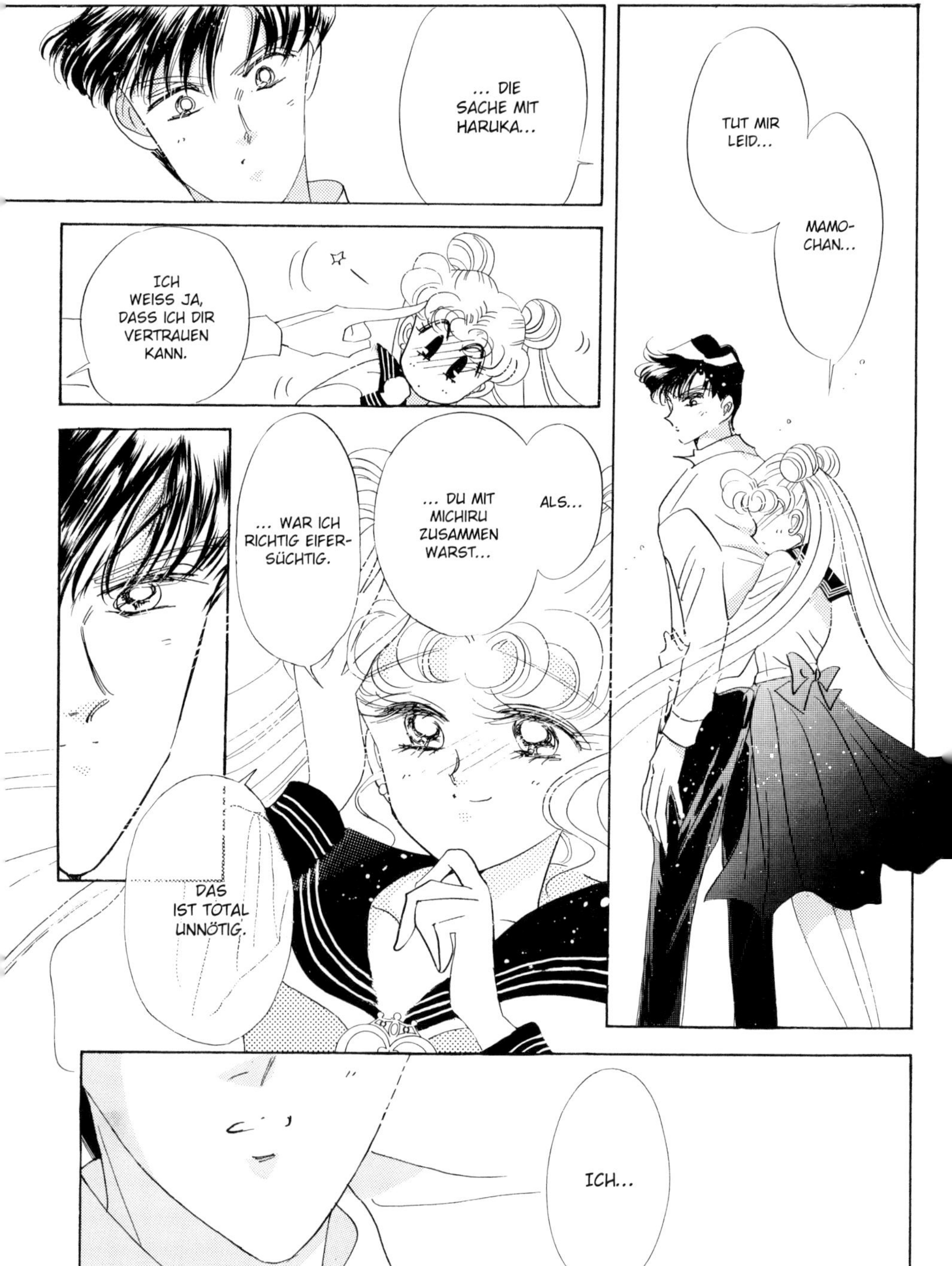
TUT MIR LEID…
MAMO-CHAN…
… DIE SACHE MIT HARUKA…
ICH WEISS JA, DASS ICH DIR VERTRAUEN KANN.
ALS…
… DU MIT MICHIRU ZUSAMMEN WARST…
… WAR ICH RICHTIG EIFERSÜCHTIG.
DAS IST TOTAL UNNÖTIG.
ICH…

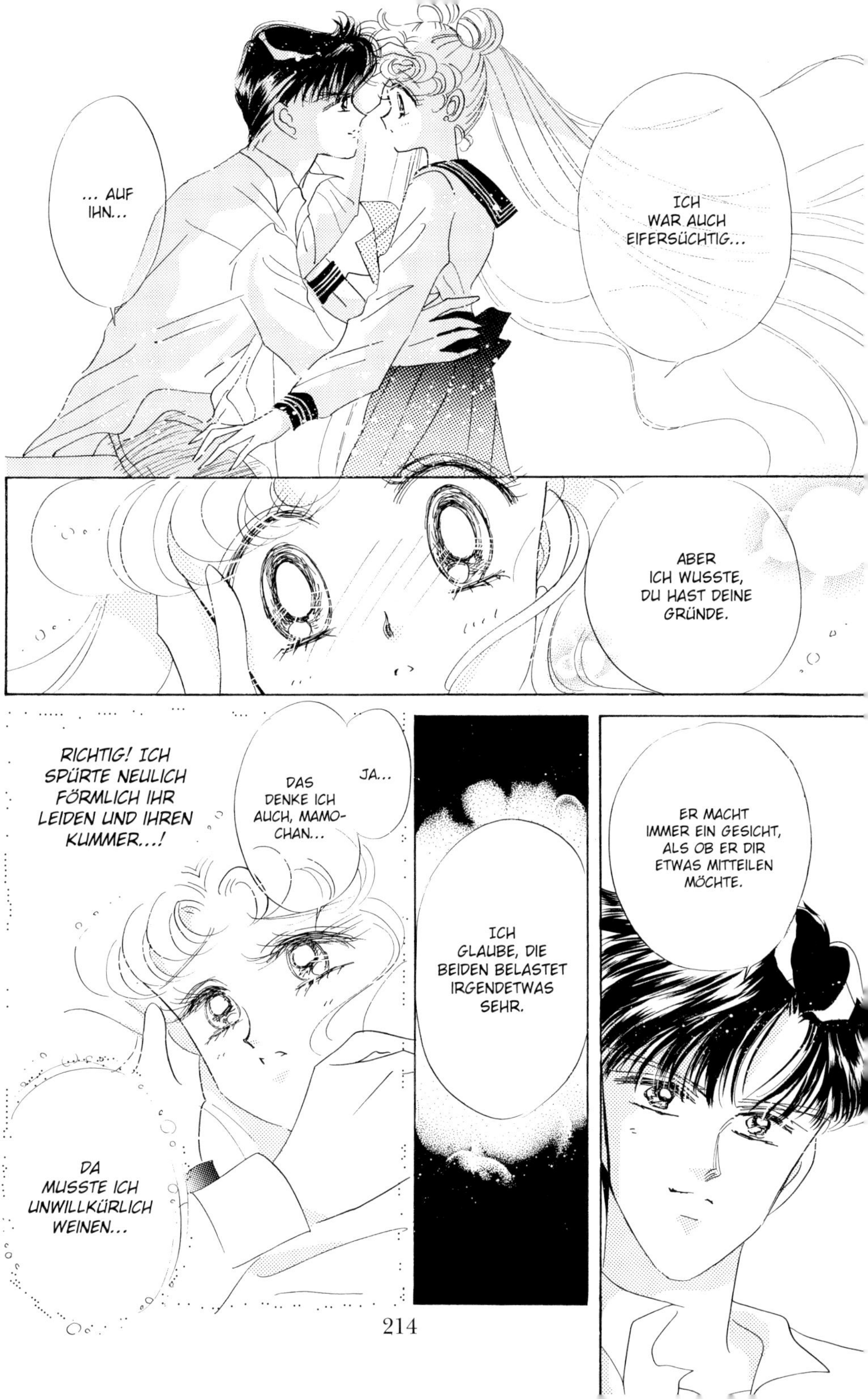
ICH WAR AUCH EIFERSÜCHTIG...
... AUF IHN...
ABER ICH WUSSTE, DU HAST DEINE GRÜNDE.
ER MACHT IMMER EIN GESICHT, ALS OB ER DIR ETWAS MITTEILEN MÖCHTE.
ICH GLAUBE, DIE BEIDEN BELASTET IRGENDETWAS SEHR.
JA...
DAS DENKE ICH AUCH, MAMO-CHAN...
RICHTIG! ICH SPÜRTE NEULICH FÖRMLICH IHR LEIDEN UND IHREN KUMMER...!
DA MUSSTE ICH UNWILLKÜRLICH WEINEN...

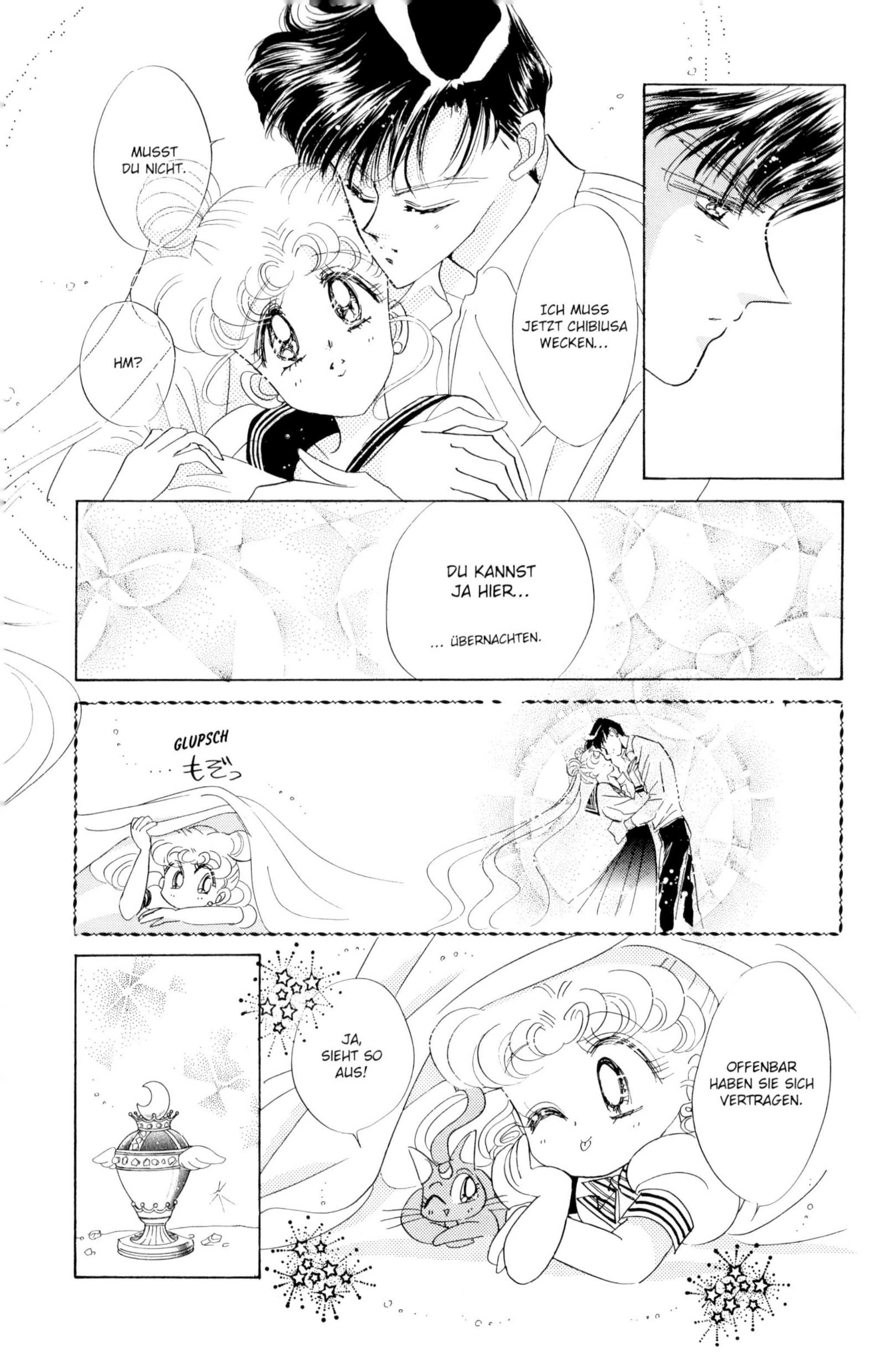
ICH MUSS JETZT CHIBIUSA WECKEN...
HM?
MUSST DU NICHT.
DU KANNST JA HIER..
... ÜBERNACHTEN.
GLUPSCH
...もぞっ
OFFENBAR HABEN SIE SICH VERTRAGEN.
JA, SIEHT SO AUS!

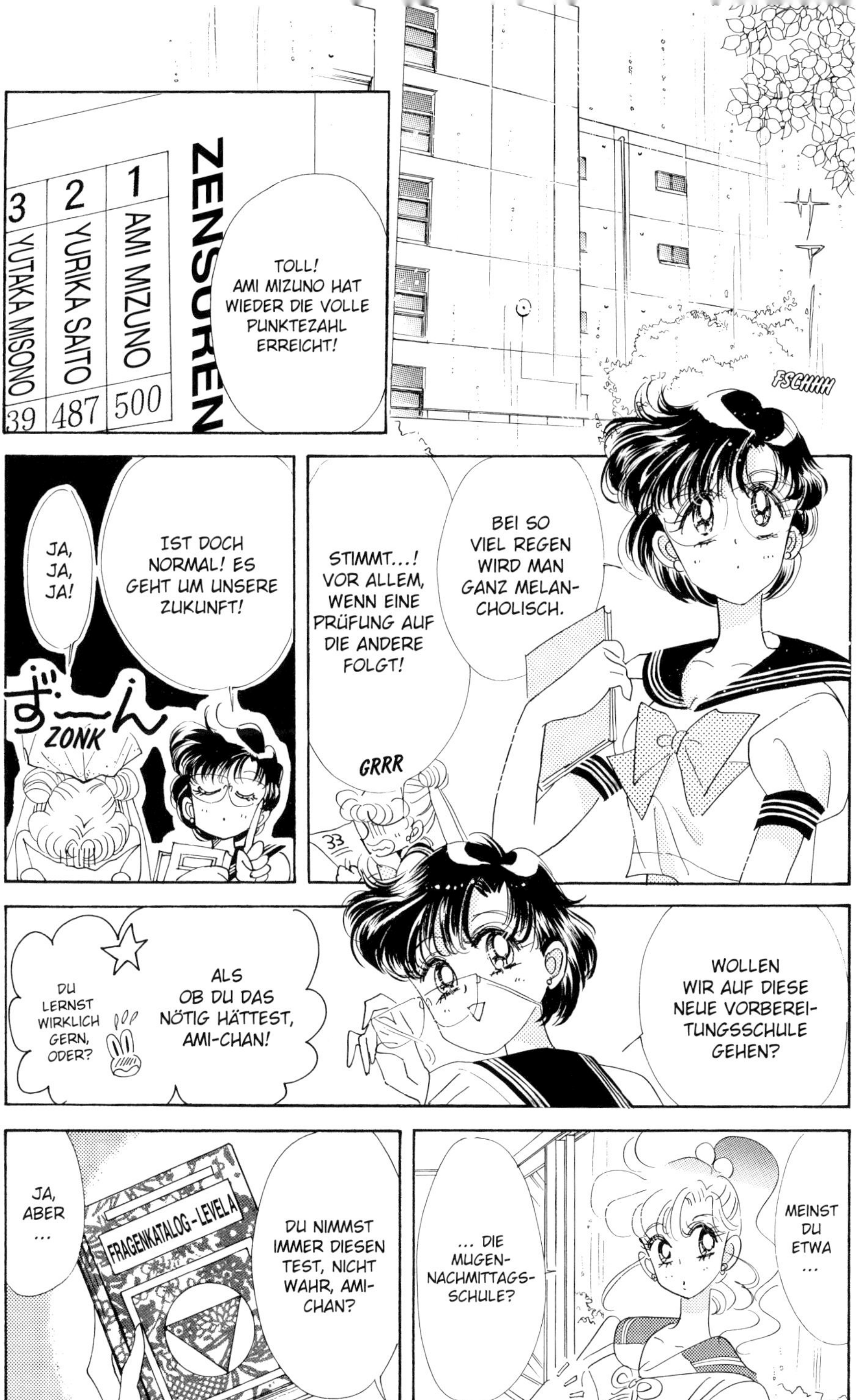
ZENSUREN
1 AMI MIZUNO 500
2 YURIKA SAITO 487
3 YUTAKA MISONO 39
TOLL! AMI MIZUNO HAT WIEDER DIE VOLLE PUNKTEZAHL ERREICHT!
FSCHHH
BEI SO VIEL REGEN WIRD MAN GANZ MELANCHOLISCH.
STIMMT...! VOR ALLEM, WENN EINE PRÜFUNG AUF DIE ANDERE FOLGT!
GRRR
33
IST DOCH NORMAL! ES GEHT UM UNSERE ZUKUNFT!
JA, JA, JA!
ZONK
WOLLEN WIR AUF DIESE NEUE VORBEREITUNGSSCHULE GEHEN?
ALS OB DU DAS NÖTIG HÄTTEST, AMI-CHAN!
DU LERNST WIRKLICH GERN, ODER?
MEINST DU ETWA ...
... DIE MUGEN-NACHMITTAGSSCHULE?
DU NIMMST IMMER DIESEN TEST, NICHT WAHR, AMI-CHAN?
JA, ABER ...
FRAGENKATALOG - LEVEL A

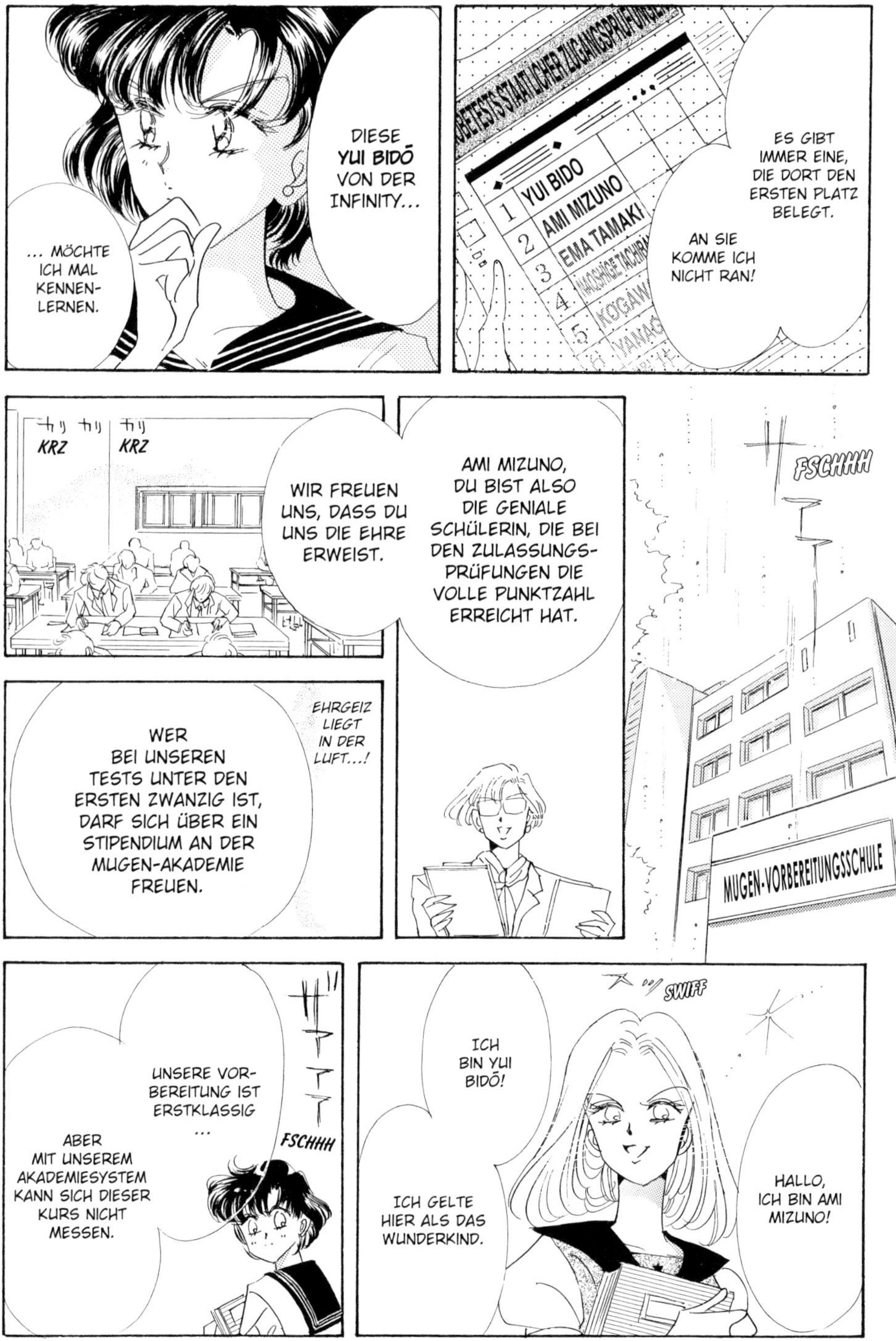
1 YUI BIDO
2 AMI MIZUNO
3 EMA TAMAKI
ES GIBT IMMER EINE, DIE DORT DEN ERSTEN PLATZ BELEGT.
AN SIE KOMME ICH NICHT RAN!
DIESE **YUI BIDŌ** VON DER INFINITY…
… MÖCHTE ICH MAL KENNEN-LERNEN.
FSCHHH
MUGEN-VORBEREITUNGSSCHULE
AMI MIZUNO, DU BIST ALSO DIE GENIALE SCHÜLERIN, DIE BEI DEN ZULASSUNGS-PRÜFUNGEN DIE VOLLE PUNKTZAHL ERREICHT HAT.
WIR FREUEN UNS, DASS DU UNS DIE EHRE ERWEIST.
KRZ
KRZ
EHRGEIZ LIEGT IN DER LUFT…!
WER BEI UNSEREN TESTS UNTER DEN ERSTEN ZWANZIG IST, DARF SICH ÜBER EIN STIPENDIUM AN DER MUGEN-AKADEMIE FREUEN.
SWIFF
HALLO, ICH BIN AMI MIZUNO!
ICH BIN YUI BIDŌ!
ICH GELTE HIER ALS DAS WUNDERKIND.
FSCHHH
UNSERE VOR-BEREITUNG IST ERSTKLASSIG …
ABER MIT UNSEREM AKADEMIESYSTEM KANN SICH DIESER KURS NICHT MESSEN.

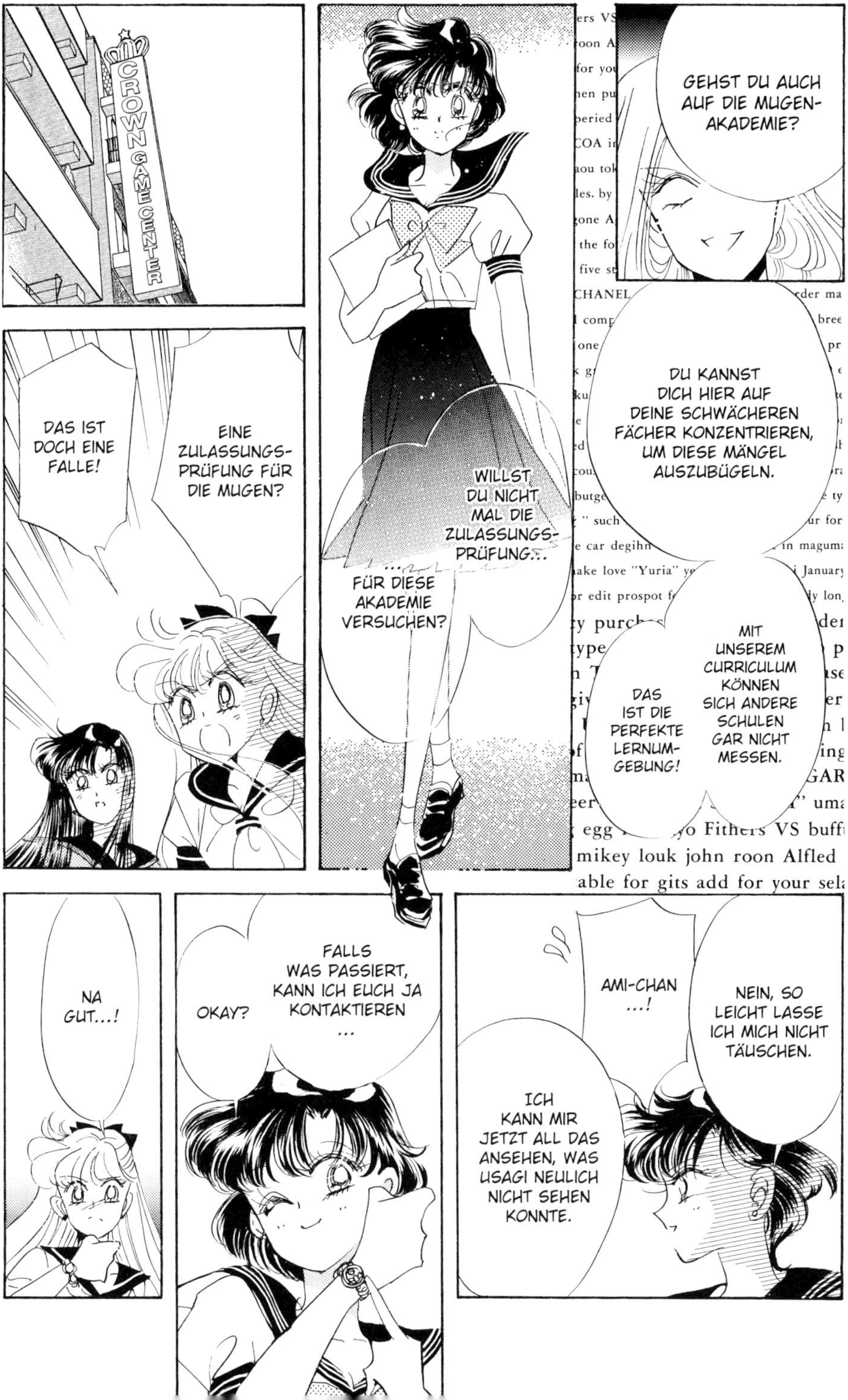
CROWN GAME CENTER
GEHST DU AUCH AUF DIE MUGEN-AKADEMIE?
DU KANNST DICH HIER AUF DEINE SCHWÄCHEREN FÄCHER KONZENTRIEREN, UM DIESE MÄNGEL AUSZUBÜGELN.
MIT UNSEREM CURRICULUM KÖNNEN SICH ANDERE SCHULEN GAR NICHT MESSEN.
DAS IST DIE PERFEKTE LERNUMGEBUNG!
WILLST DU NICHT MAL DIE ZULASSUNGSPRÜFUNG...
...FÜR DIESE AKADEMIE VERSUCHEN?
EINE ZULASSUNGSPRÜFUNG FÜR DIE MUGEN?
DAS IST DOCH EINE FALLE!
NEIN, SO LEICHT LASSE ICH MICH NICHT TÄUSCHEN.
AMI-CHAN ...!
ICH KANN MIR JETZT ALL DAS ANSEHEN, WAS USAGI NEULICH NICHT SEHEN KONNTE.
FALLS WAS PASSIERT, KANN ICH EUCH JA KONTAKTIEREN ...
OKAY?
NA GUT...!

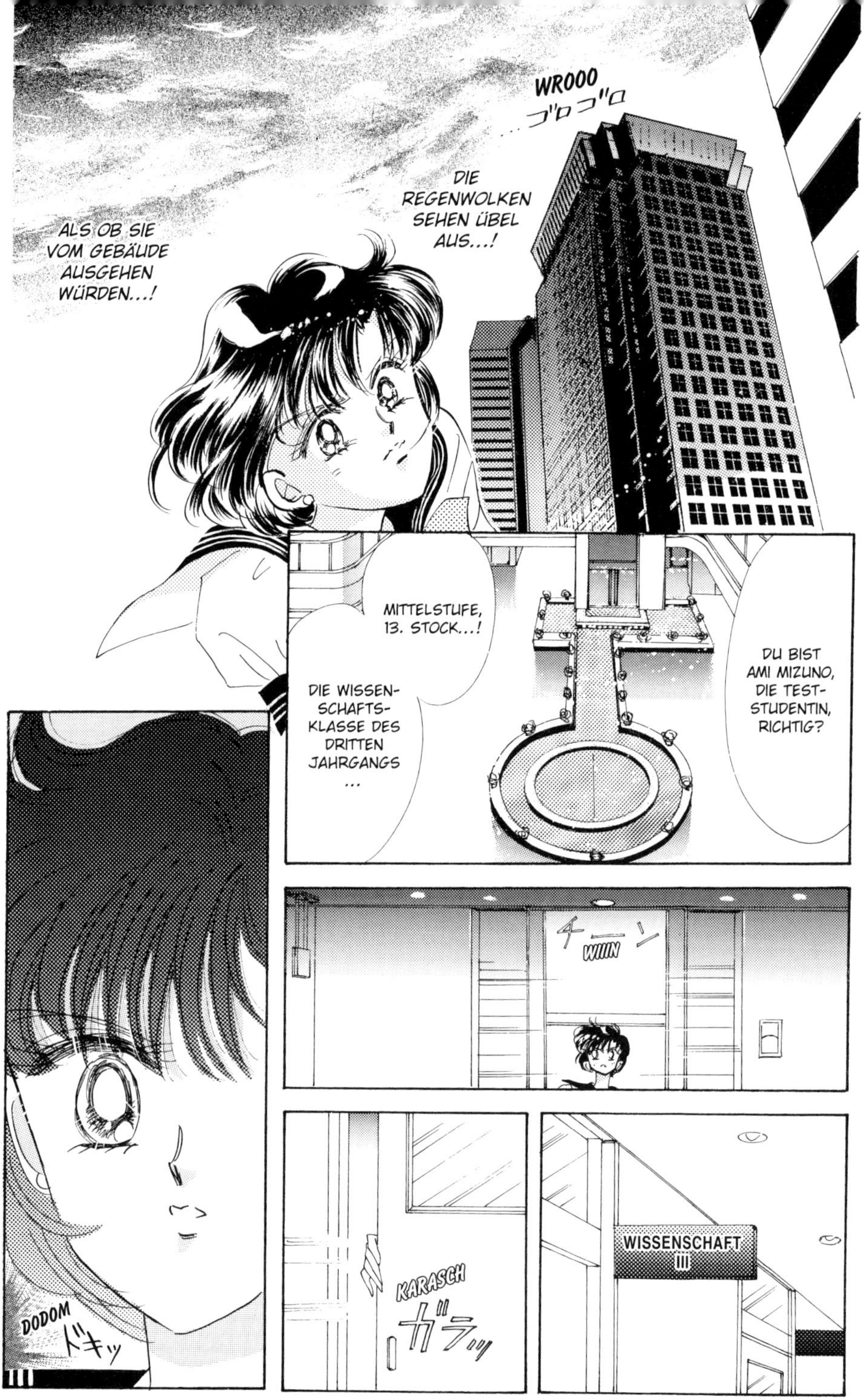
WROOO
ゴロゴロ
DIE REGENWOLKEN SEHEN ÜBEL AUS...!
ALS OB SIE VOM GEBÄUDE AUSGEHEN WÜRDEN...!
DU BIST AMI MIZUNO, DIE TEST-STUDENTIN, RICHTIG?
MITTELSTUFE, 13. STOCK...!
DIE WISSEN-SCHAFTS-KLASSE DES DRITTEN JAHRGANGS ...
イーン
WIIIN
WISSENSCHAFT III
KARASCH
ガラッ
DODOM
ドキッ

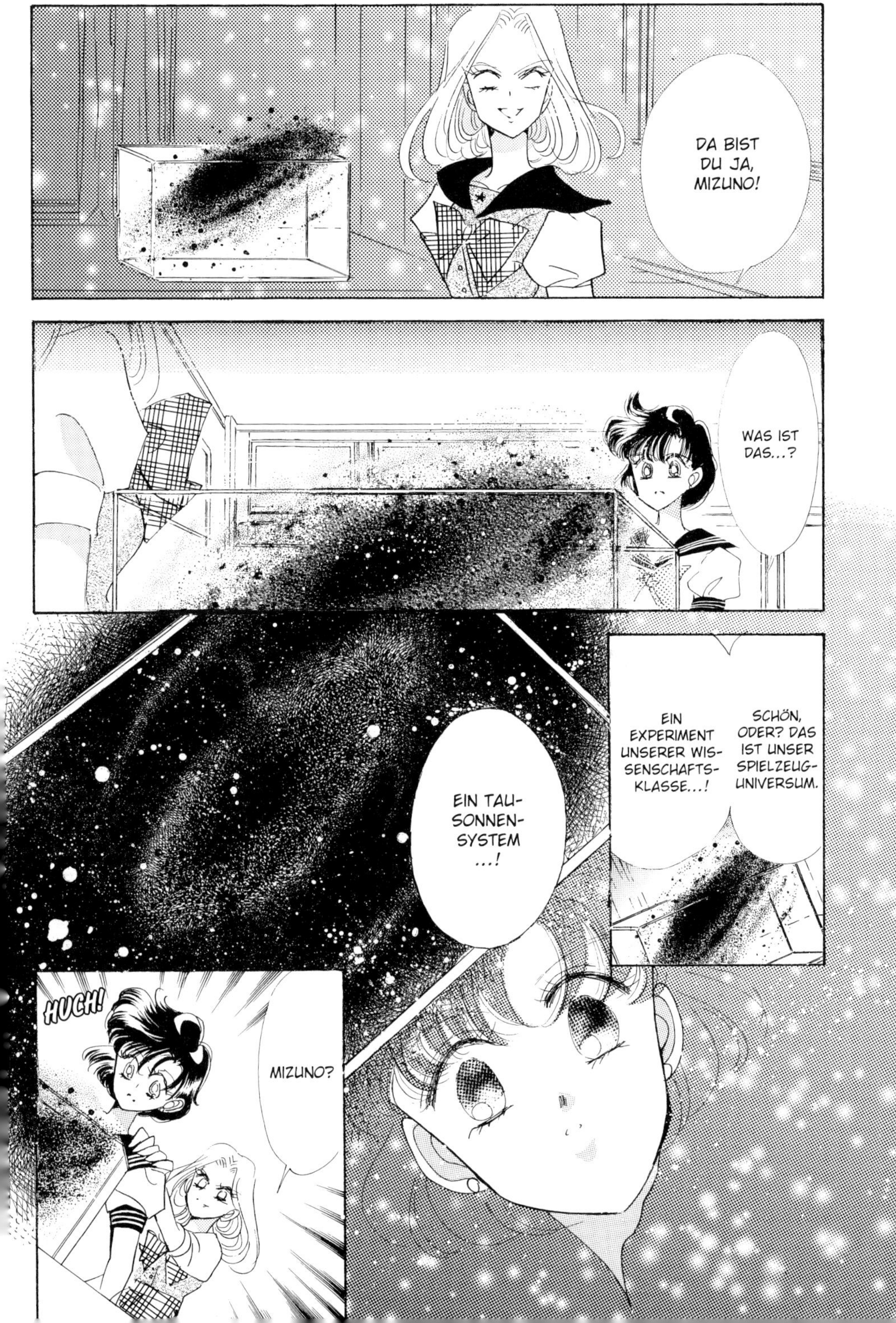
DA BIST DU JA, MIZUNO!
WAS IST DAS...?
SCHÖN, ODER? DAS IST UNSER SPIELZEUG-UNIVERSUM.
EIN EXPERIMENT UNSERER WISSENSCHAFTSKLASSE...!
EIN TAUSONNENSYSTEM ...!
MIZUNO?
HUCH!

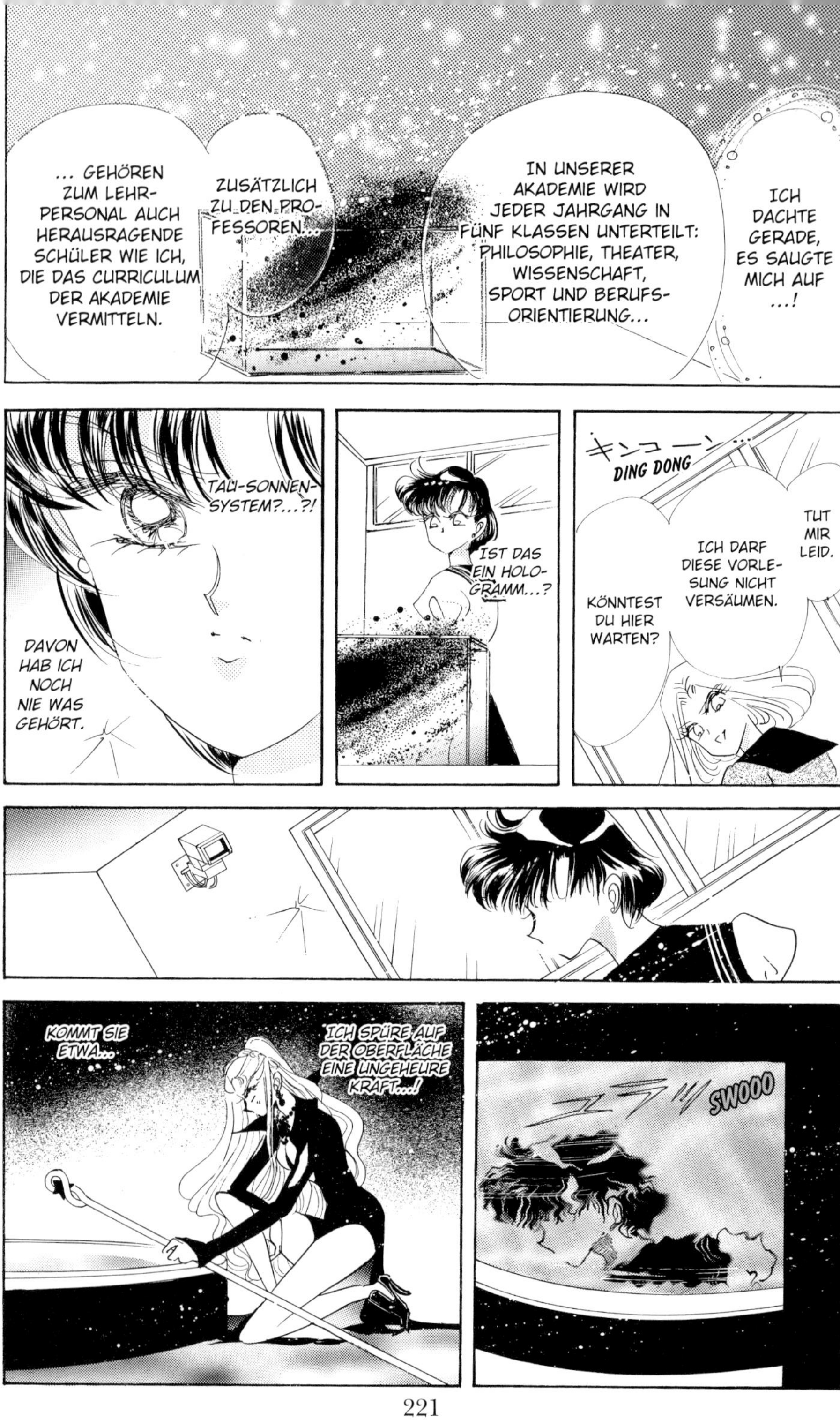
ICH DACHTE GERADE, ES SAUGTE MICH AUF ...!
IN UNSERER AKADEMIE WIRD JEDER JAHRGANG IN FÜNF KLASSEN UNTERTEILT: PHILOSOPHIE, THEATER, WISSENSCHAFT, SPORT UND BERUFS-ORIENTIERUNG...
ZUSÄTZLICH ZU DEN PRO-FESSOREN...
... GEHÖREN ZUM LEHR-PERSONAL AUCH HERAUSRAGENDE SCHÜLER WIE ICH, DIE DAS CURRICULUM DER AKADEMIE VERMITTELN.
キンコーン…
DING DONG
TUT MIR LEID.
ICH DARF DIESE VORLE-SUNG NICHT VERSÄUMEN.
KÖNNTEST DU HIER WARTEN?
IST DAS EIN HOLO-GRAMM...?
TAU-SONNEN-SYSTEM?...?!
DAVON HAB ICH NOCH NIE WAS GEHÖRT.
SWOOO
ICH SPÜRE AUF DER OBERFLÄCHE EINE UNGEHEURE KRAFT...!
KOMMT SIE ETWA...

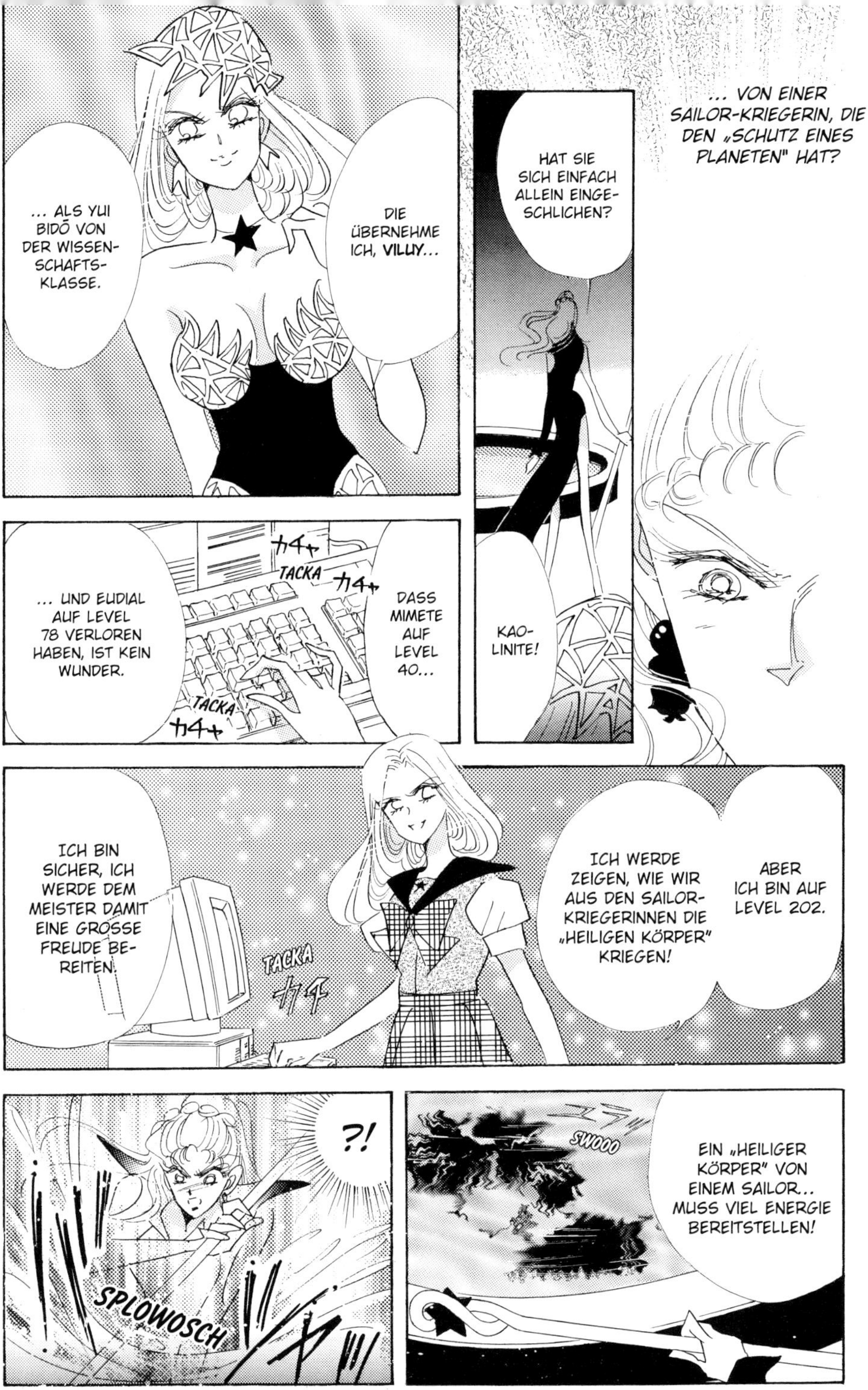
… VON EINER SAILOR-KRIEGERIN, DIE DEN „SCHUTZ EINES PLANETEN" HAT?
HAT SIE SICH EINFACH ALLEIN EINGESCHLICHEN?
KAOLINITE!
DIE ÜBERNEHME ICH, **VILUY**…
… ALS YUI BIDŌ VON DER WISSENSCHAFTSKLASSE.
TACKA
TACKA
DASS MIMETE AUF LEVEL 40…
… UND EUDIAL AUF LEVEL 78 VERLOREN HABEN, IST KEIN WUNDER.
ABER ICH BIN AUF LEVEL 202.
ICH WERDE ZEIGEN, WIE WIR AUS DEN SAILORKRIEGERINNEN DIE „HEILIGEN KÖRPER" KRIEGEN!
TACKA
ICH BIN SICHER, ICH WERDE DEM MEISTER DAMIT EINE GROSSE FREUDE BEREITEN.
SWOOO
EIN „HEILIGER KÖRPER" VON EINEM SAILOR… MUSS VIEL ENERGIE BEREITSTELLEN!
?!
SPLOWOSCH

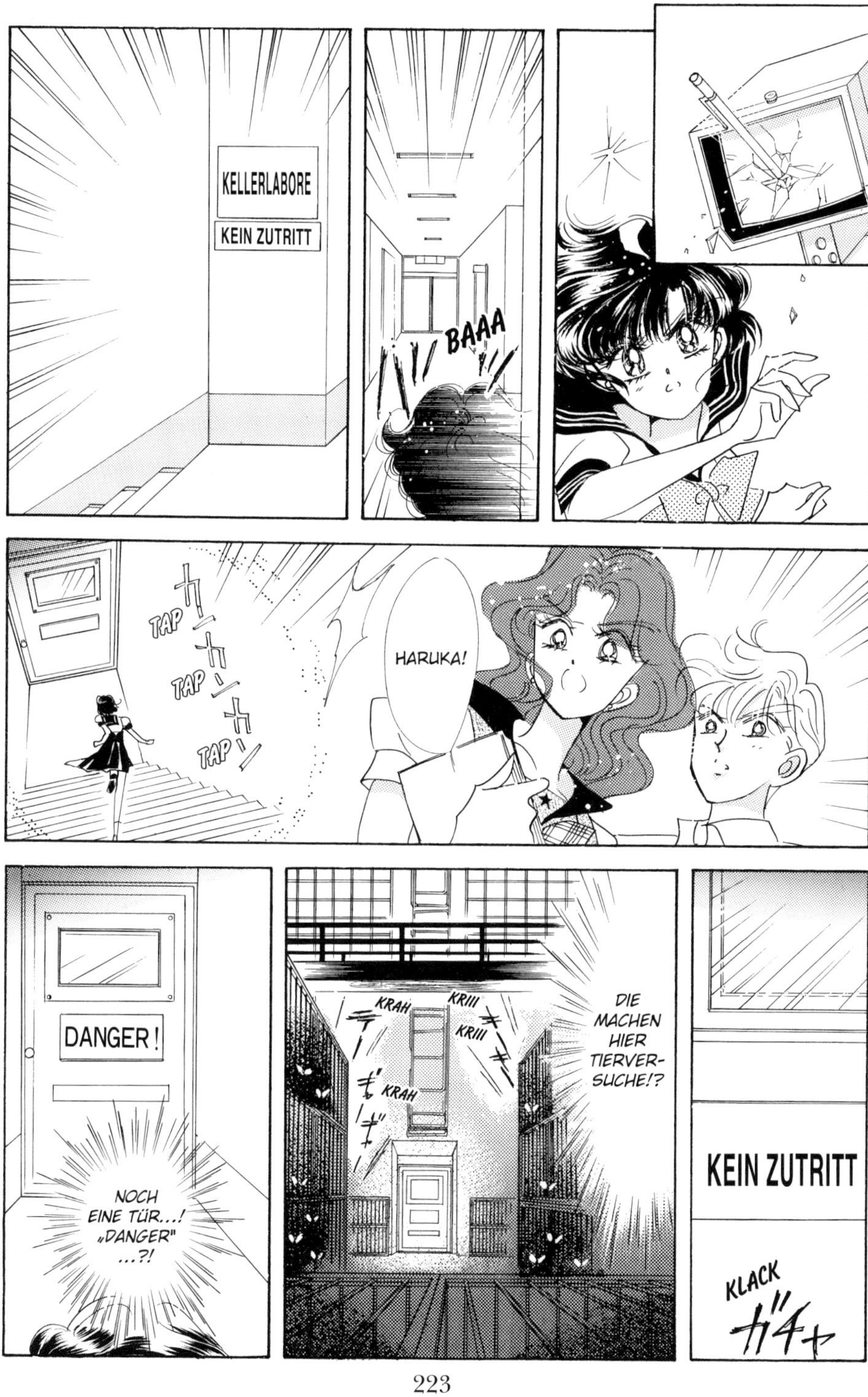
KELLERLABORE
KEIN ZUTRITT
BAAA
TAP
TAP
TAP
HARUKA!
DANGER!
NOCH EINE TÜR...! „DANGER" ...?!
KRAH
KRIII
KRIII
KRAH
DIE MACHEN HIER TIERVERSUCHE!?
KEIN ZUTRITT
KLACK

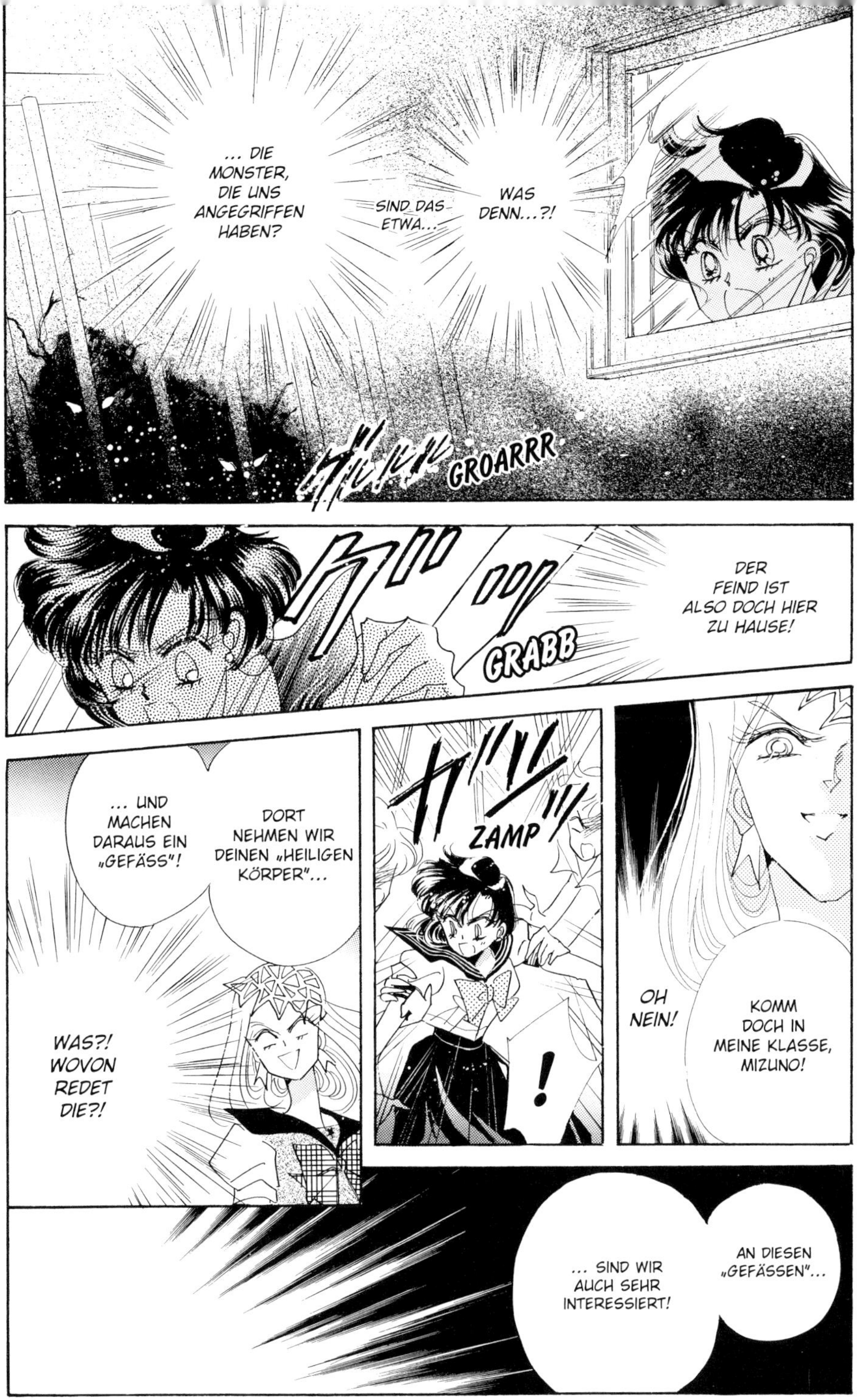
WAS DENN...?!
SIND DAS ETWA...
... DIE MONSTER, DIE UNS ANGEGRIFFEN HABEN?
GROARRR
DER FEIND IST ALSO DOCH HIER ZU HAUSE!
GRABB
KOMM DOCH IN MEINE KLASSE, MIZUNO!
OH NEIN!
ZAMP
!
DORT NEHMEN WIR DEINEN „HEILIGEN KÖRPER"...
... UND MACHEN DARAUS EIN „GEFÄSS"!
WAS?! WOVON REDET DIE?!
AN DIESEN „GEFÄSSEN"...
... SIND WIR AUCH SEHR INTERESSIERT!

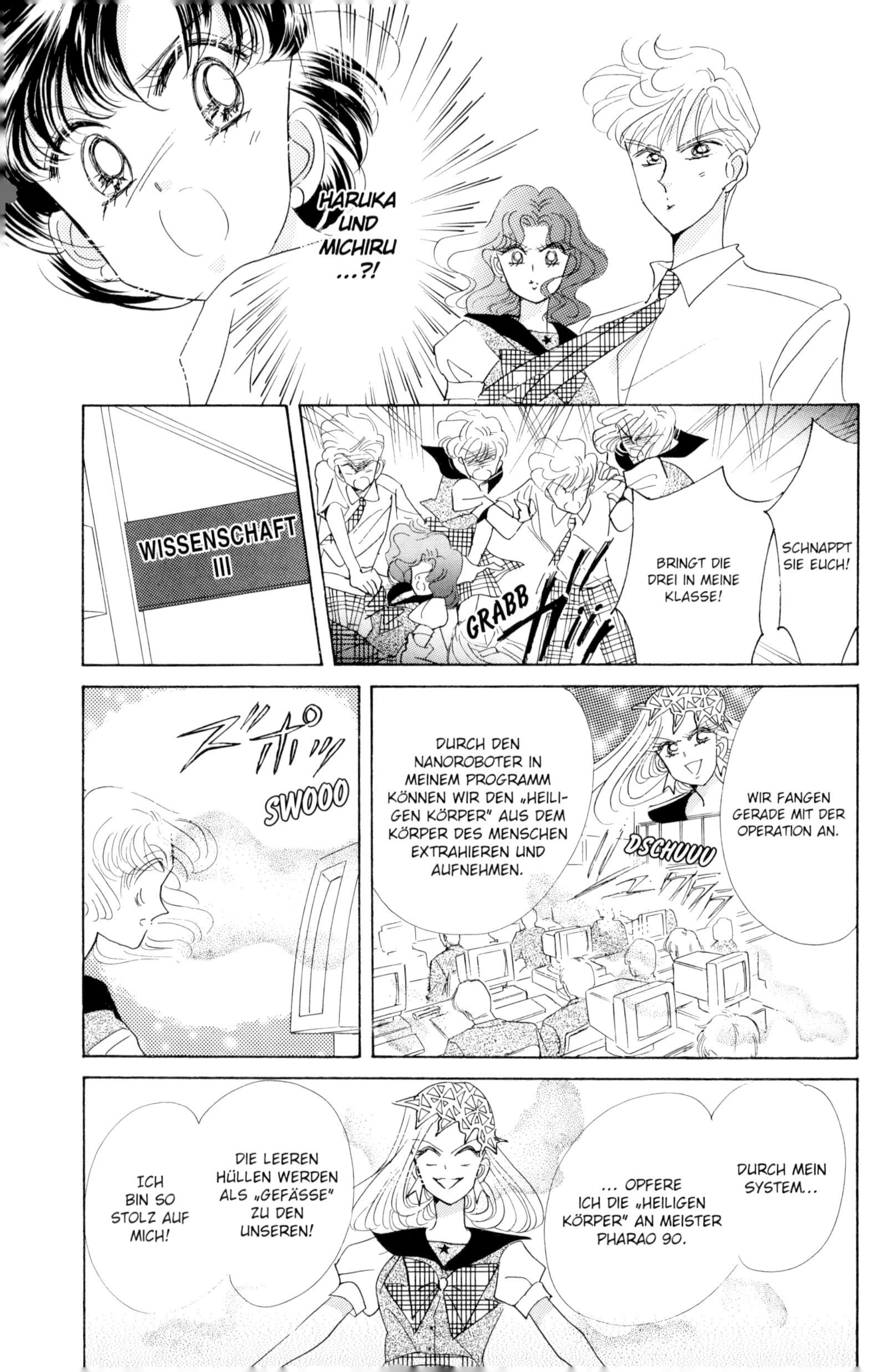
HARUKA UND MICHIRU …?!
SCHNAPPT SIE EUCH!
BRINGT DIE DREI IN MEINE KLASSE!
GRABB
WISSENSCHAFT III
WIR FANGEN GERADE MIT DER OPERATION AN.
DSCHUUU
DURCH DEN NANOROBOTER IN MEINEM PROGRAMM KÖNNEN WIR DEN „HEILIGEN KÖRPER" AUS DEM KÖRPER DES MENSCHEN EXTRAHIEREN UND AUFNEHMEN.
SWOOO
DURCH MEIN SYSTEM…
… OPFERE ICH DIE „HEILIGEN KÖRPER" AN MEISTER PHARAO 90.
DIE LEEREN HÜLLEN WERDEN ALS „GEFÄSSE" ZU DEN UNSEREN!
ICH BIN SO STOLZ AUF MICH!

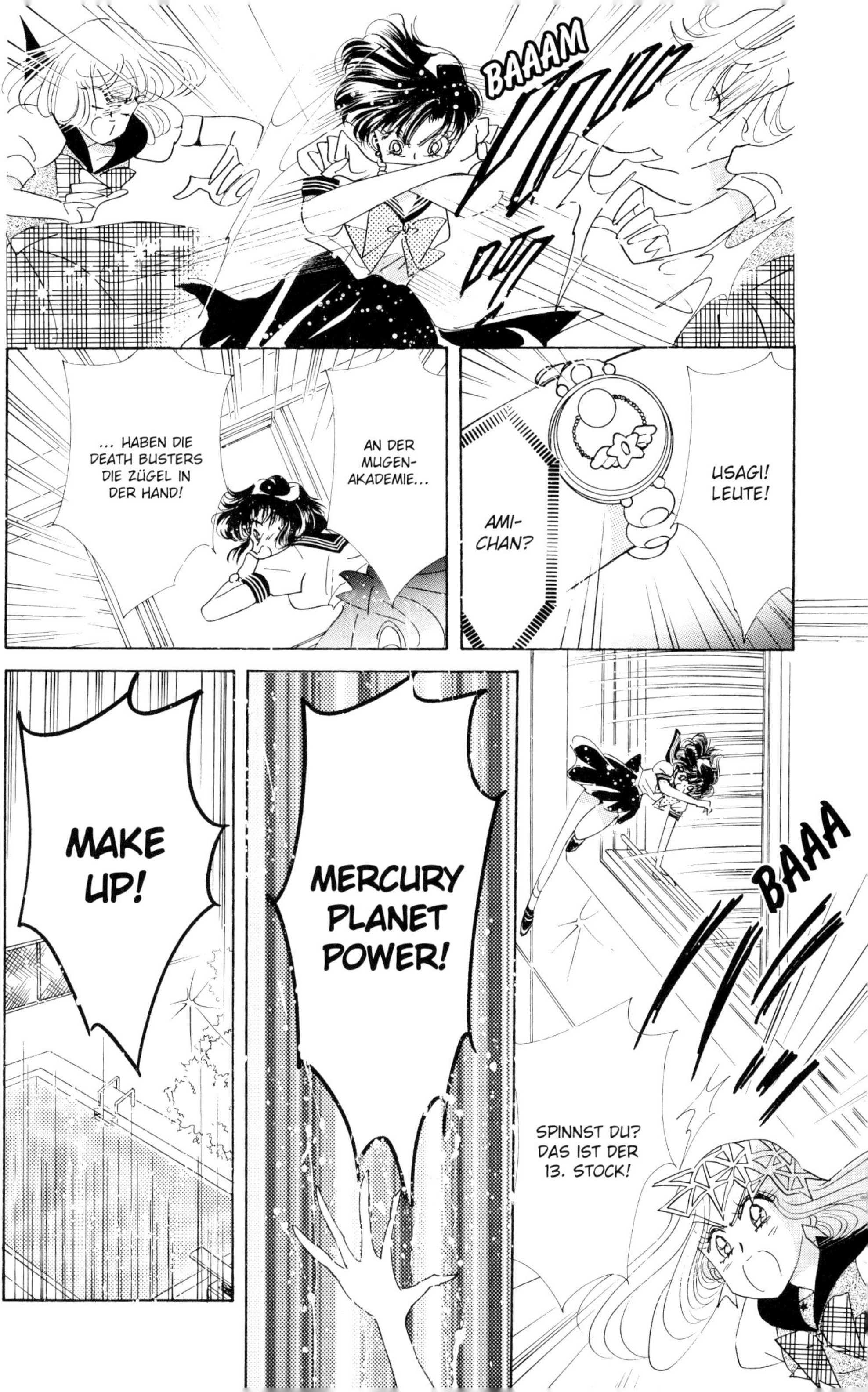
BAAAM
USAGI! LEUTE!
AMI-CHAN?
AN DER MUGEN-AKADEMIE...
... HABEN DIE DEATH BUSTERS DIE ZÜGEL IN DER HAND!
BAAA
SPINNST DU? DAS IST DER 13. STOCK!
MERCURY PLANET POWER!
MAKE UP!

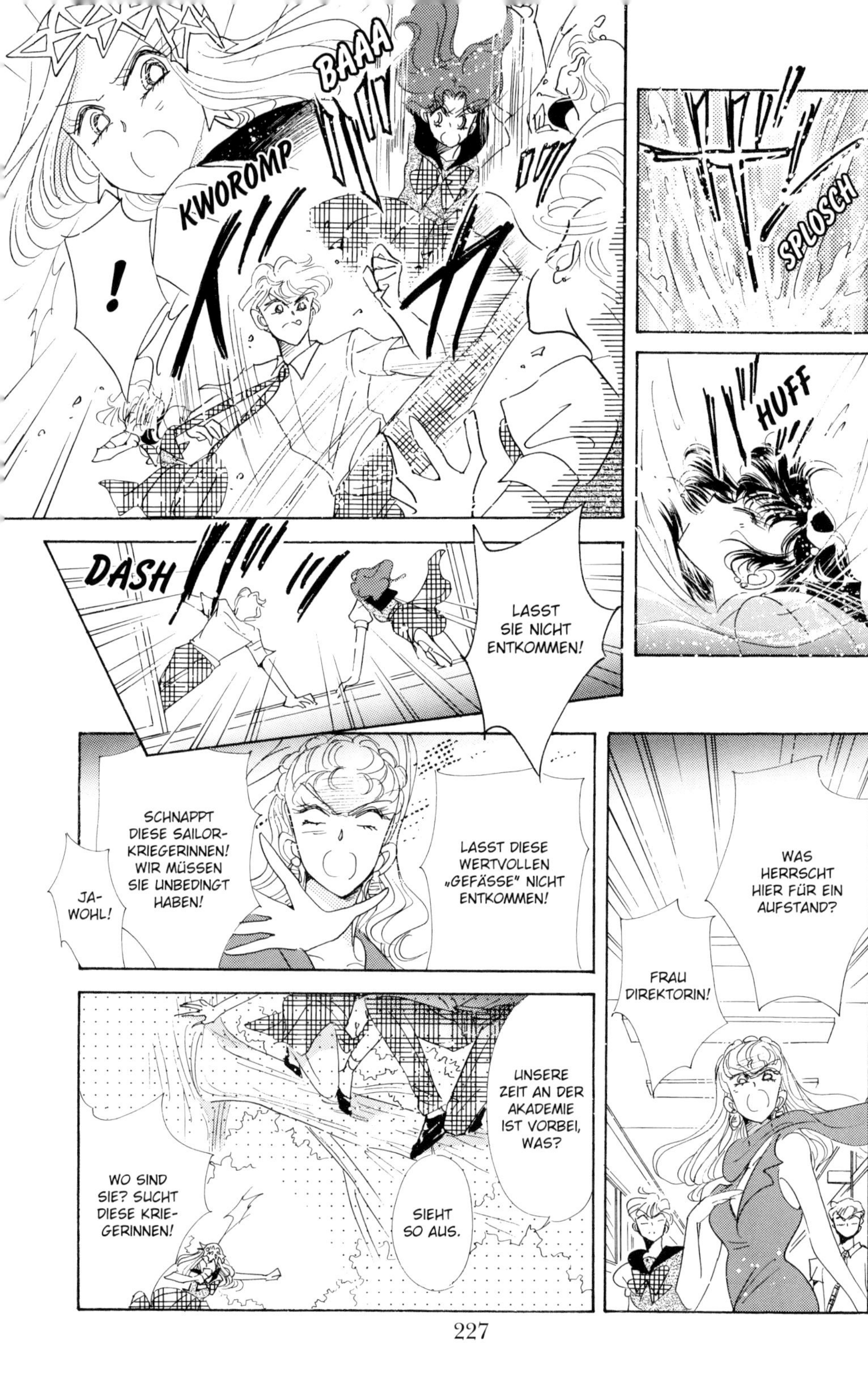
BAAA
KWOROMP
!
SPLOSCH
HUFF
DASH
LASST SIE NICHT ENTKOMMEN!
LASST DIESE WERTVOLLEN „GEFÄSSE" NICHT ENTKOMMEN!
SCHNAPPT DIESE SAILOR-KRIEGERINNEN! WIR MÜSSEN SIE UNBEDINGT HABEN!
JA-WOHL!
WAS HERRSCHT HIER FÜR EIN AUFSTAND?
FRAU DIREKTORIN!
UNSERE ZEIT AN DER AKADEMIE IST VORBEI, WAS?
SIEHT SO AUS.
WO SIND SIE? SUCHT DIESE KRIE-GERINNEN!

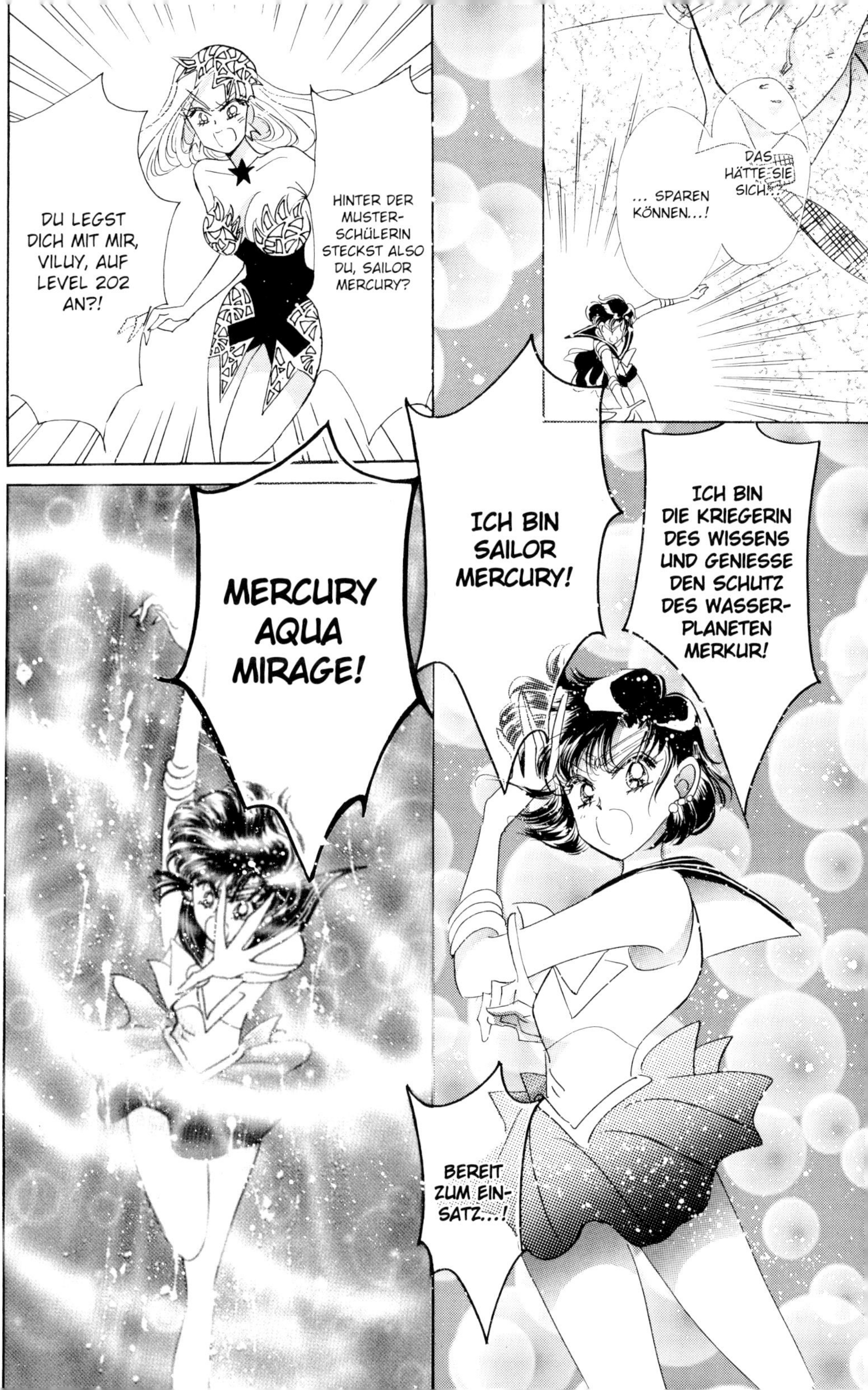
DAS HÄTTE SIE SICH...
... SPAREN KÖNNEN...!
HINTER DER MUSTER-SCHÜLERIN STECKST ALSO DU, SAILOR MERCURY?
DU LEGST DICH MIT MIR, VILUY, AUF LEVEL 202 AN?!
ICH BIN DIE KRIEGERIN DES WISSENS UND GENIESSE DEN SCHUTZ DES WASSER-PLANETEN MERKUR!
ICH BIN SAILOR MERCURY!
BEREIT ZUM EIN-SATZ...!
MERCURY AQUA MIRAGE!

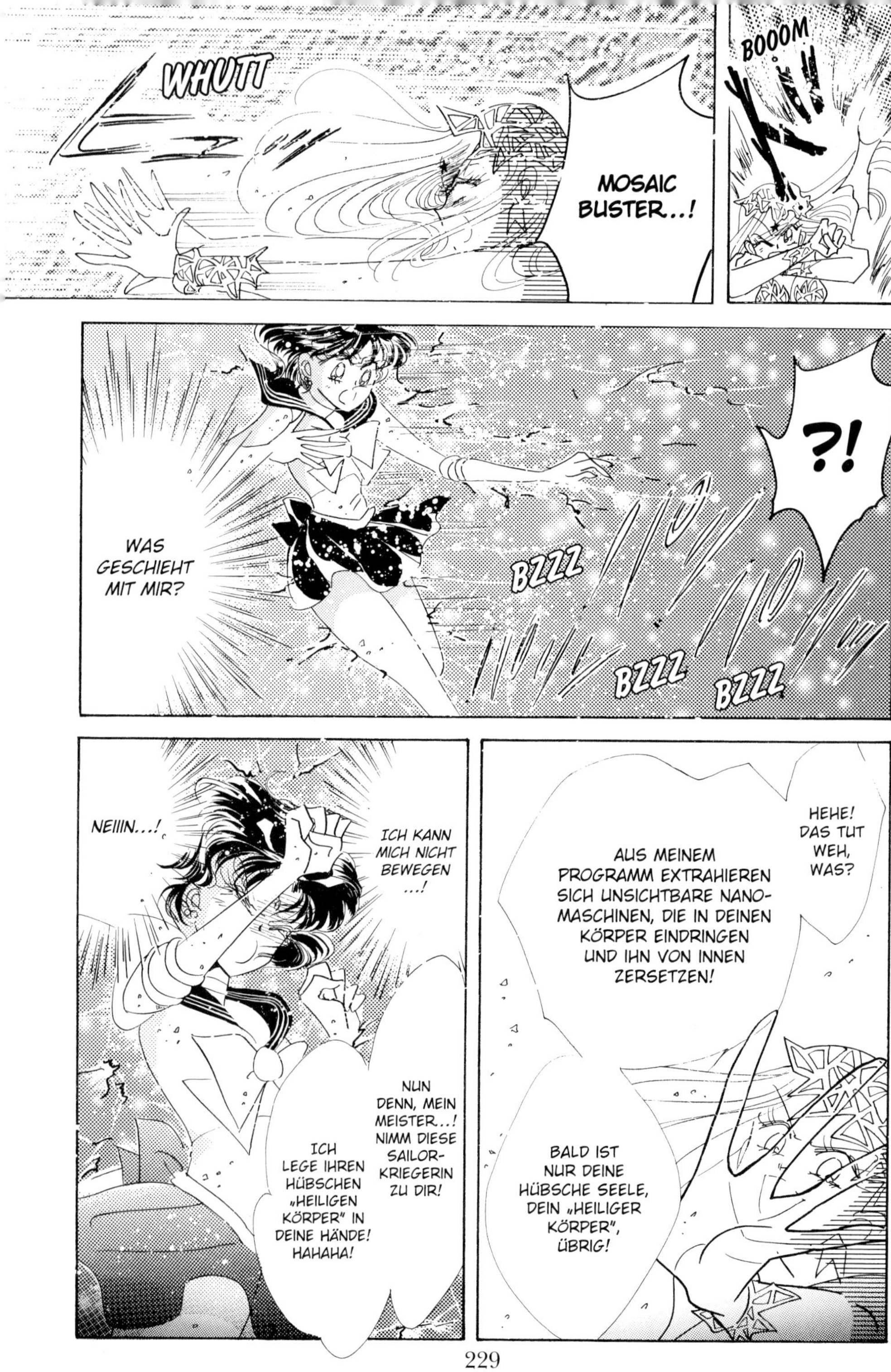

BOOOM
MOSAIC BUSTER...!
WHUTT
?!
BZZZ
BZZZ
BZZZ
WAS GESCHIEHT MIT MIR?
HEHE! DAS TUT WEH, WAS?
AUS MEINEM PROGRAMM EXTRAHIEREN SICH UNSICHTBARE NANO-MASCHINEN, DIE IN DEINEN KÖRPER EINDRINGEN UND IHN VON INNEN ZERSETZEN!
BALD IST NUR DEINE HÜBSCHE SEELE, DEIN „HEILIGER KÖRPER", ÜBRIG!
ICH KANN MICH NICHT BEWEGEN ...!
NEIIIN...!
NUN DENN, MEIN MEISTER...! NIMM DIESE SAILOR-KRIEGERIN ZU DIR!
ICH LEGE IHREN HÜBSCHEN „HEILIGEN KÖRPER" IN DEINE HÄNDE! HAHAHA!

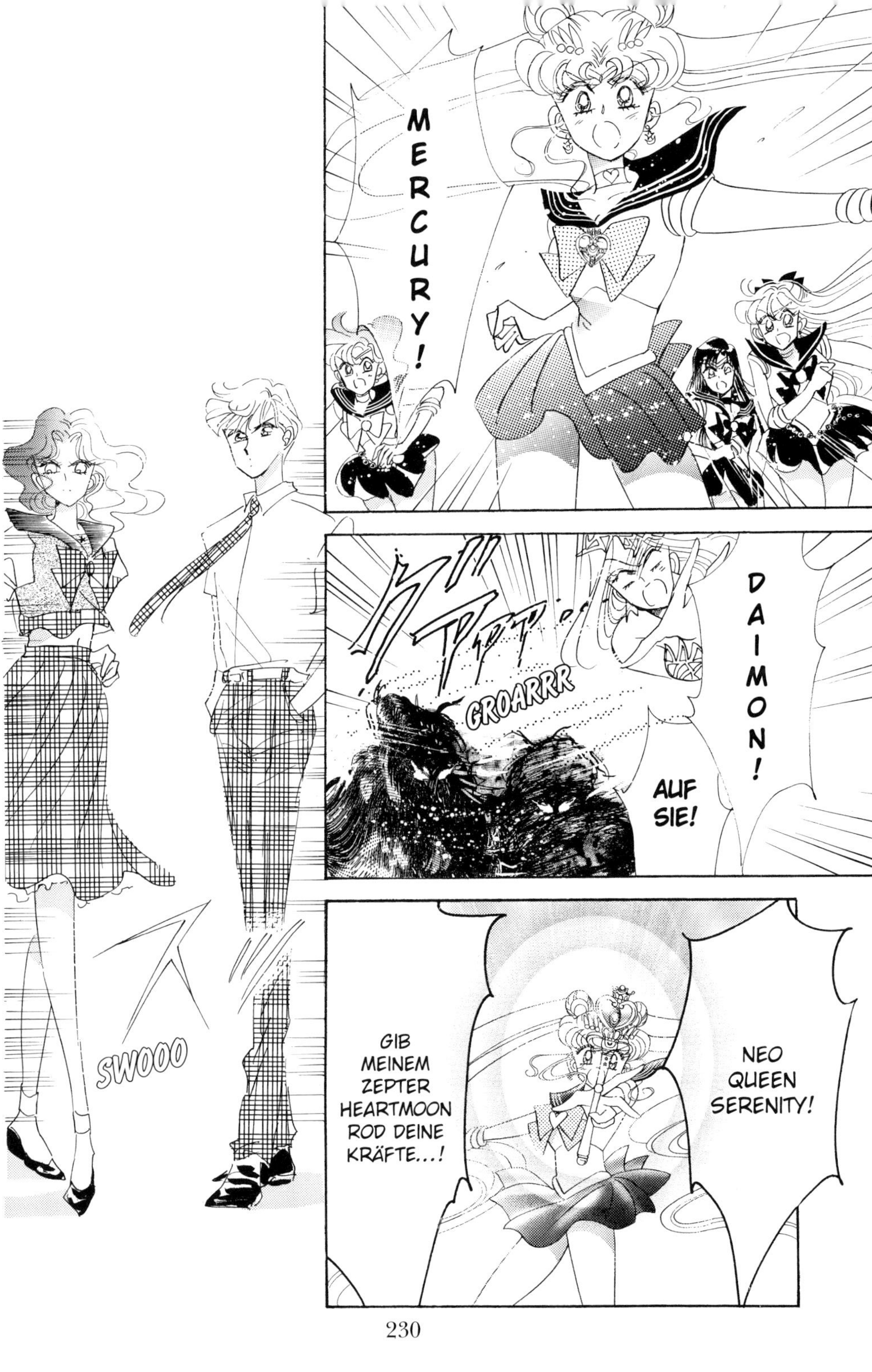
MERCURY!
DAIMON!
AUF SIE!
GROARRR
NEO QUEEN SERENITY!
GIB MEINEM ZEPTER HEARTMOON ROD DEINE KRÄFTE...!
SWOOO

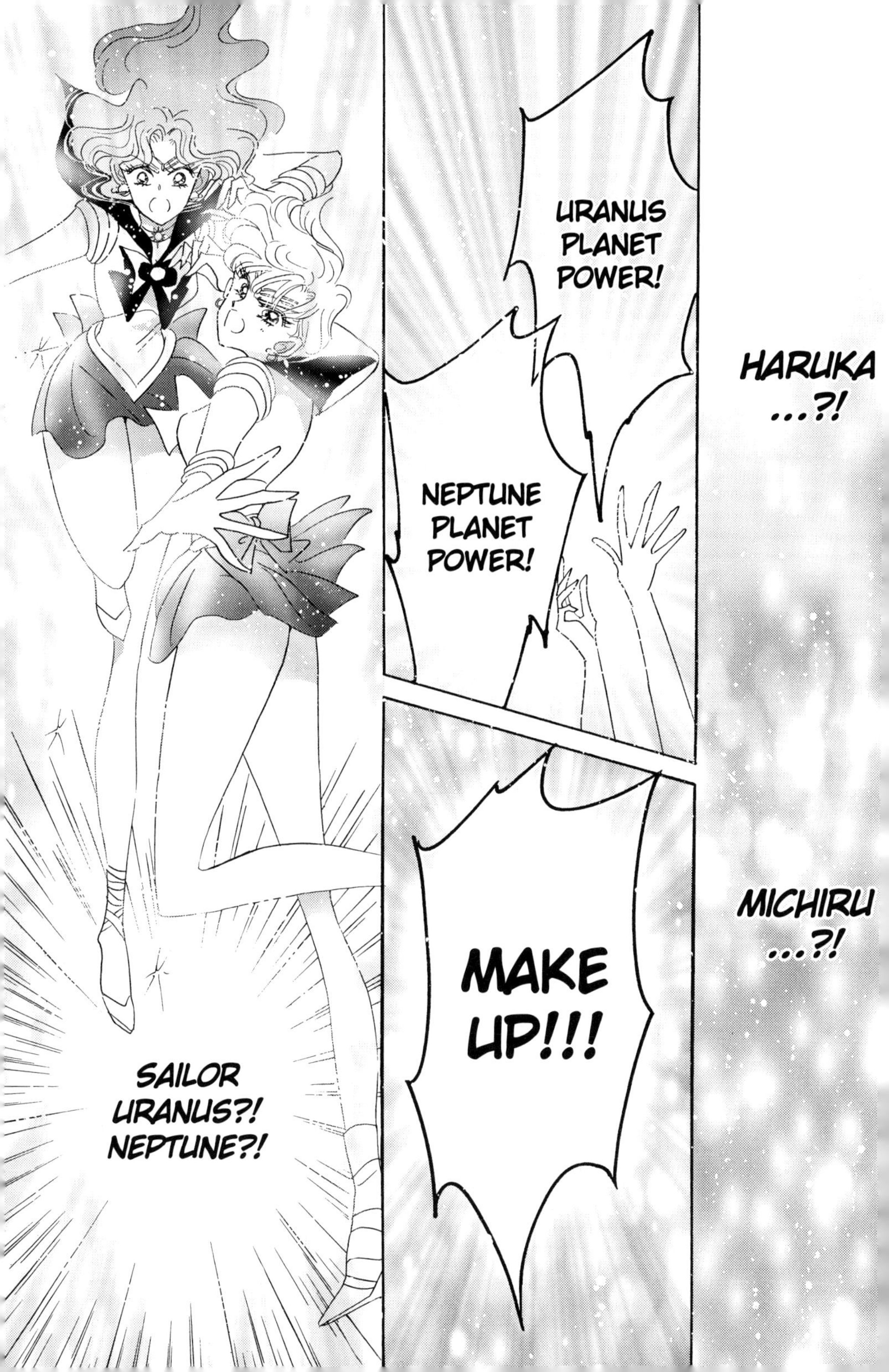
HARUKA ...?!
MICHIRU ...?!
URANUS PLANET POWER!
NEPTUNE PLANET POWER!
MAKE UP!!!
SAILOR URANUS?! NEPTUNE?!

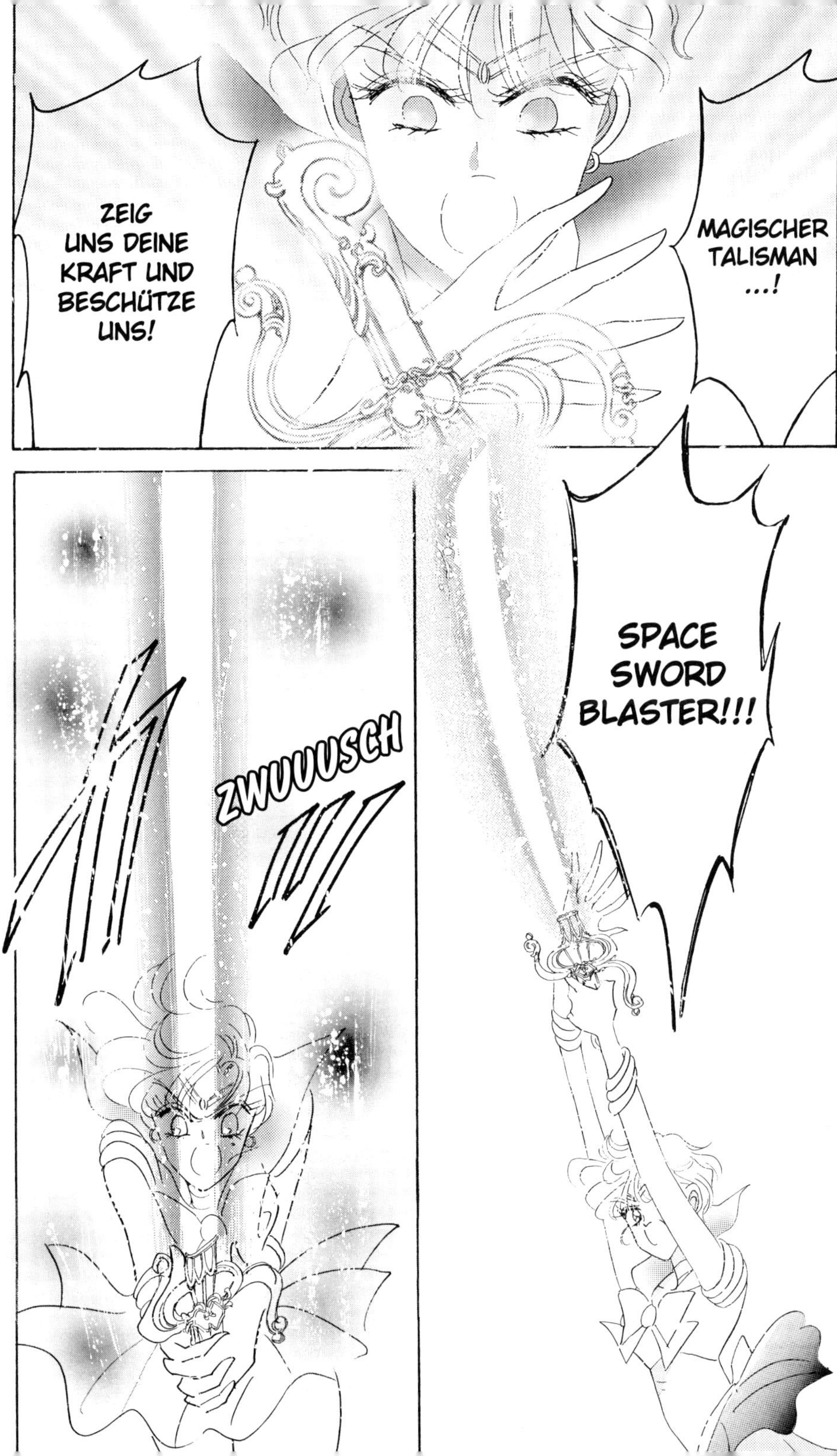
MAGISCHER TALISMAN ...!
ZEIG UNS DEINE KRAFT UND BESCHÜTZE UNS!
SPACE SWORD BLASTER!!!
ZWUUUSCH

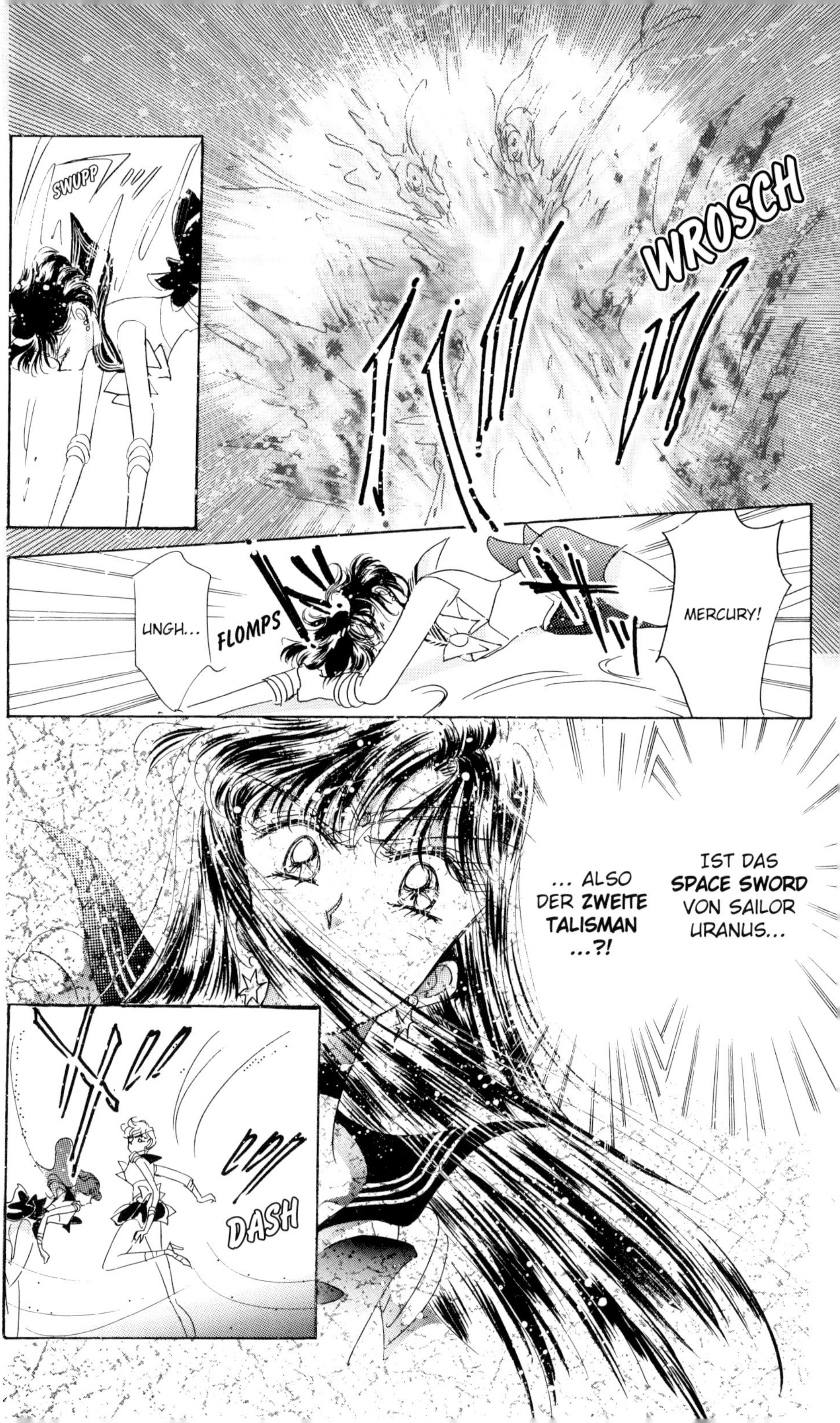
WROSCH
SWUPP
MERCURY!
FLOMPS
UNGH...
IST DAS SPACE SWORD VON SAILOR URANUS...
... ALSO DER ZWEITE TALISMAN ...?!
DASH

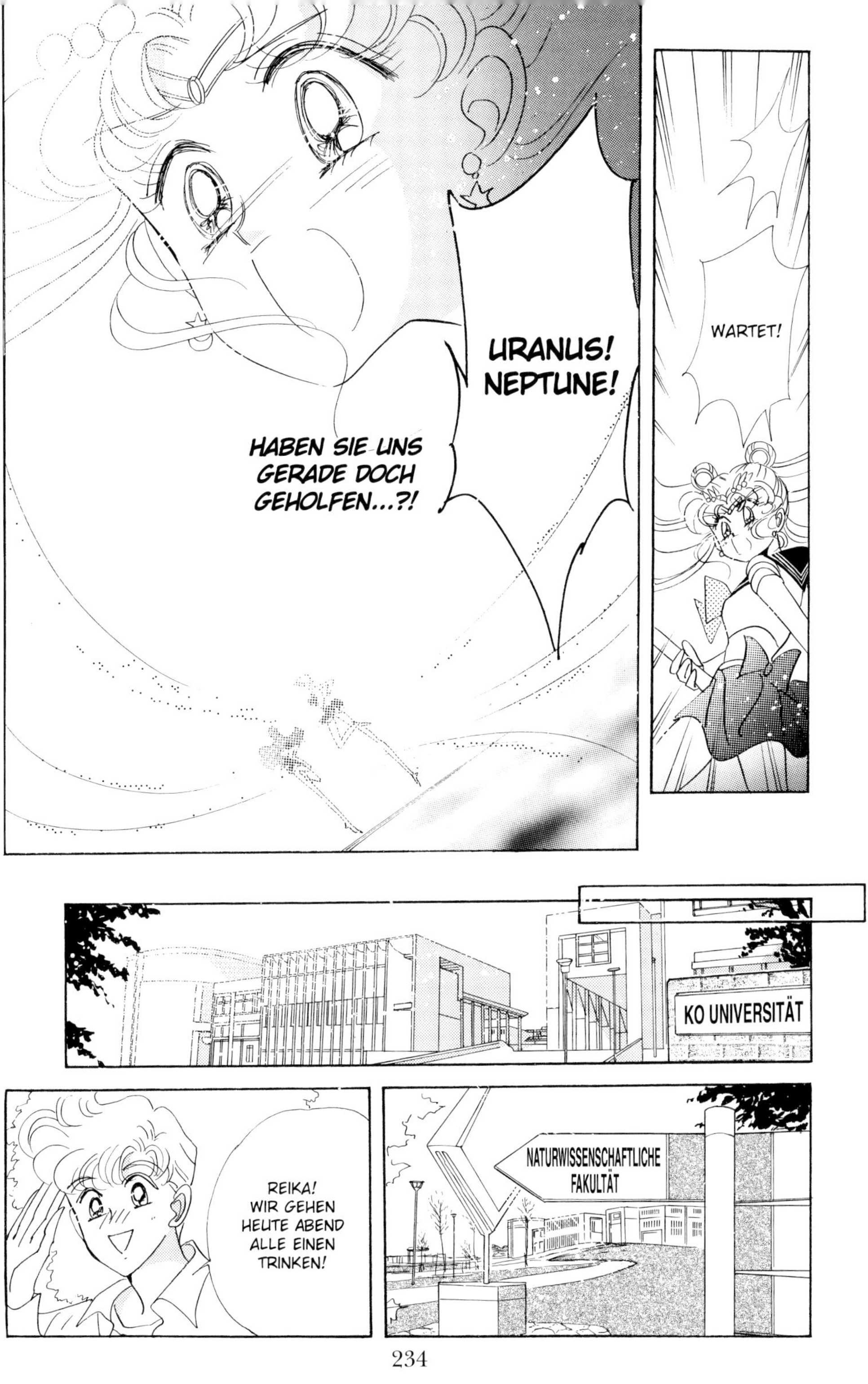
WARTET!
URANUS! NEPTUNE!
HABEN SIE UNS GERADE DOCH GEHOLFEN...?!
KO UNIVERSITÄT
NATURWISSENSCHAFTLICHE FAKULTÄT
REIKA! WIR GEHEN HEUTE ABEND ALLE EINEN TRINKEN!

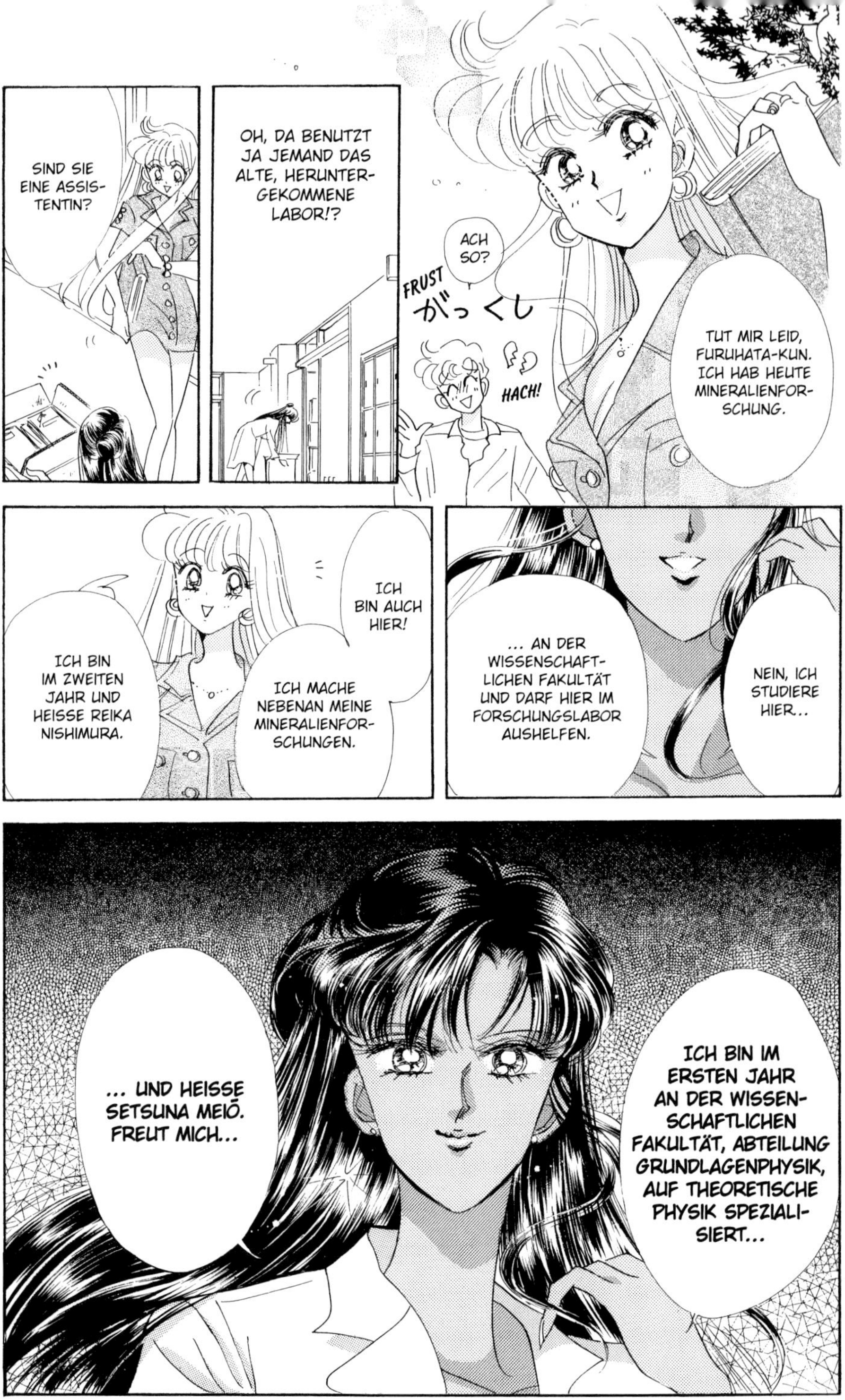
SIND SIE EINE ASSISTENTIN?
OH, DA BENUTZT JA JEMAND DAS ALTE, HERUNTERGEKOMMENE LABOR!?
ACH SO?
FRUST
がっくし
HACH!
TUT MIR LEID, FURUHATA-KUN. ICH HAB HEUTE MINERALIENFORSCHUNG.
ICH BIN IM ZWEITEN JAHR UND HEISSE REIKA NISHIMURA.
ICH MACHE NEBENAN MEINE MINERALIENFORSCHUNGEN.
ICH BIN AUCH HIER!
NEIN, ICH STUDIERE HIER…
… AN DER WISSENSCHAFTLICHEN FAKULTÄT UND DARF HIER IM FORSCHUNGSLABOR AUSHELFEN.
ICH BIN IM ERSTEN JAHR AN DER WISSENSCHAFTLICHEN FAKULTÄT, ABTEILUNG GRUNDLAGENPHYSIK, AUF THEORETISCHE PHYSIK SPEZIALISIERT…
… UND HEISSE SETSUNA MEIŌ. FREUT MICH…

Pretty Guardian

Sailor Moon

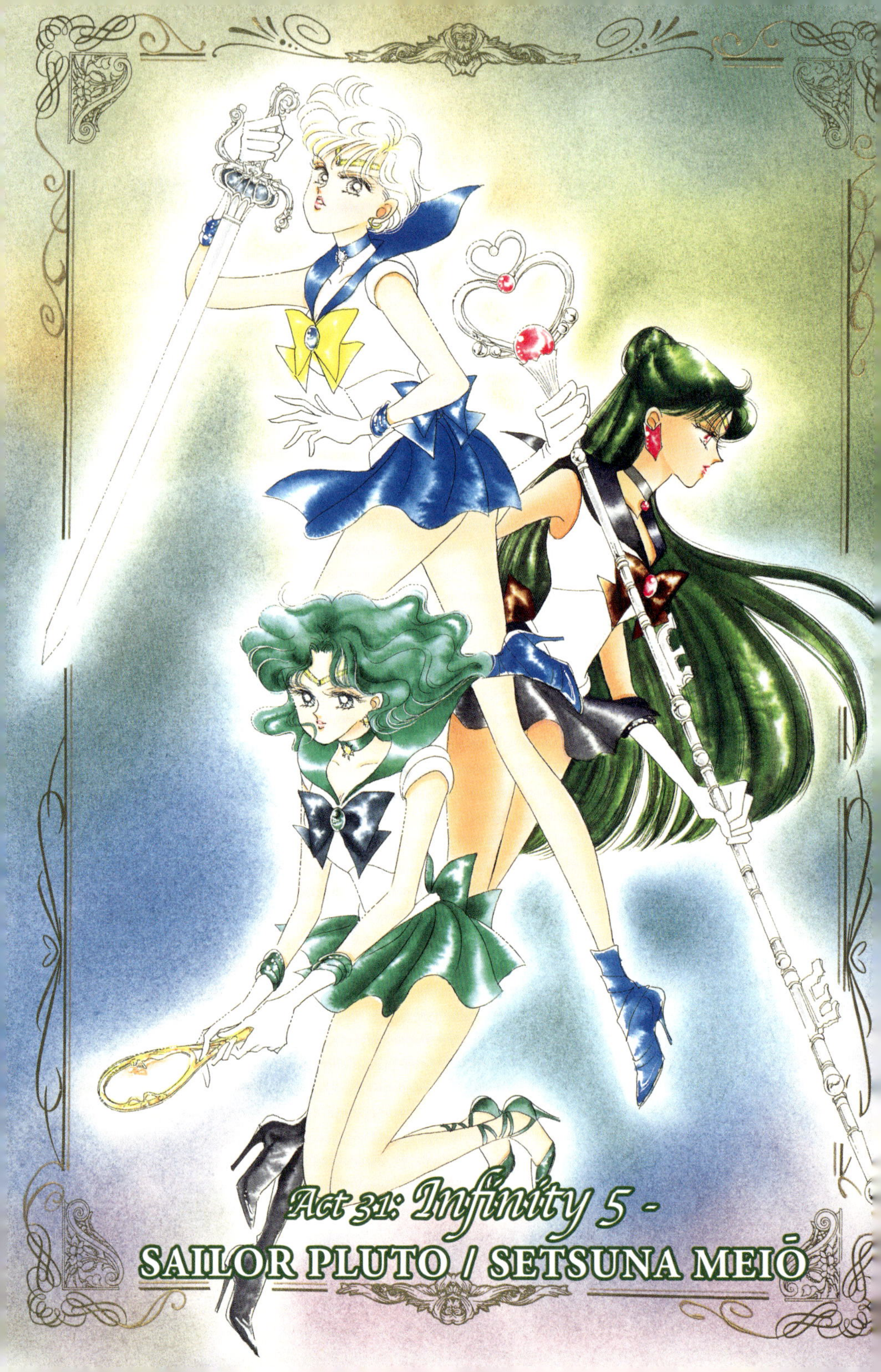

Act 31: Infinity 5 - SAILOR PLUTO / SETSUNA MEIŌ

Pretty Guardian

Sailor Moon

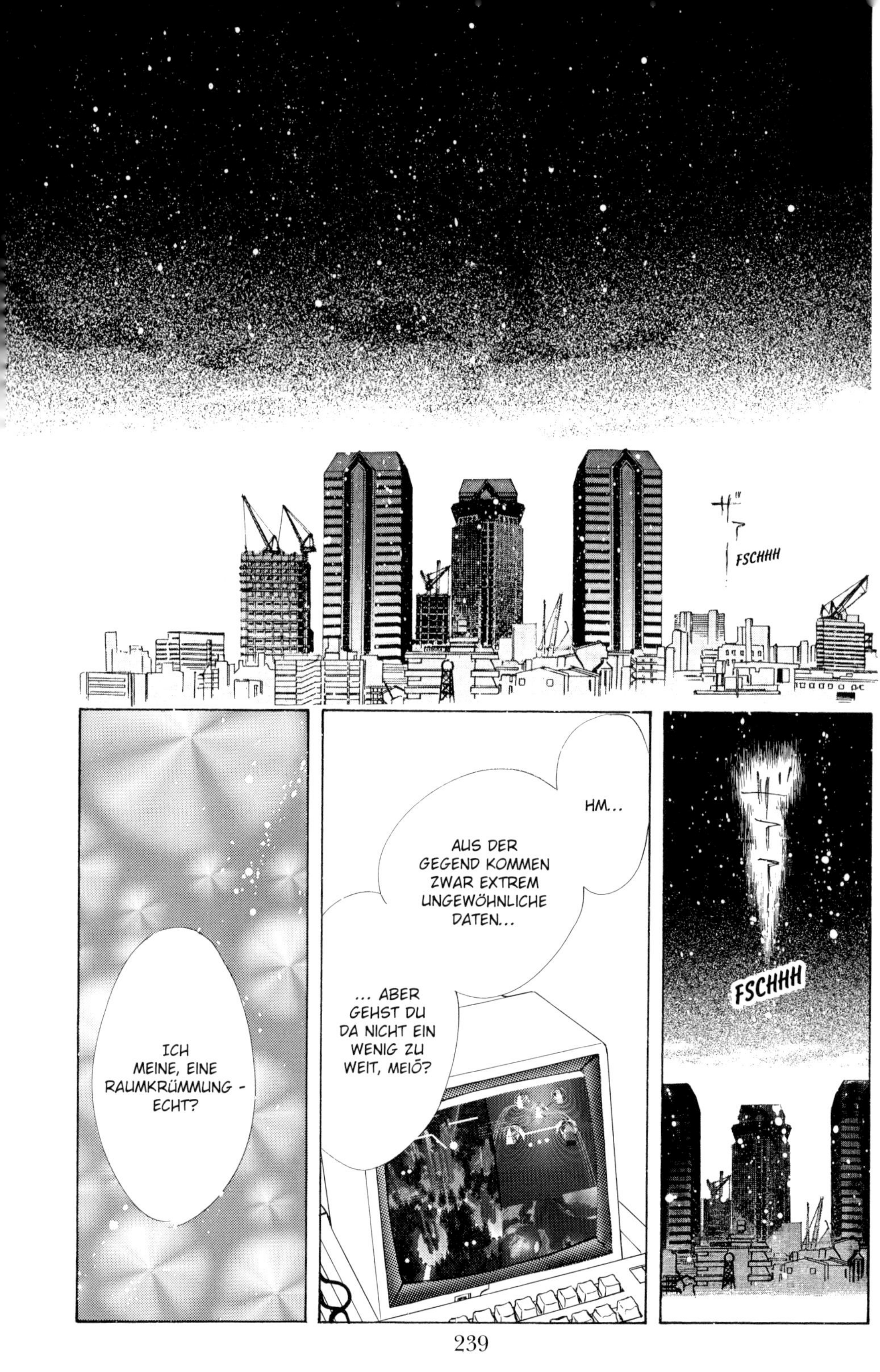
FSCHHH
FSCHHH
HM...
AUS DER GEGEND KOMMEN ZWAR EXTREM UNGEWÖHNLICHE DATEN...
... ABER GEHST DU DA NICHT EIN WENIG ZU WEIT, MEIÕ?
ICH MEINE, EINE RAUMKRÜMMUNG - ECHT?

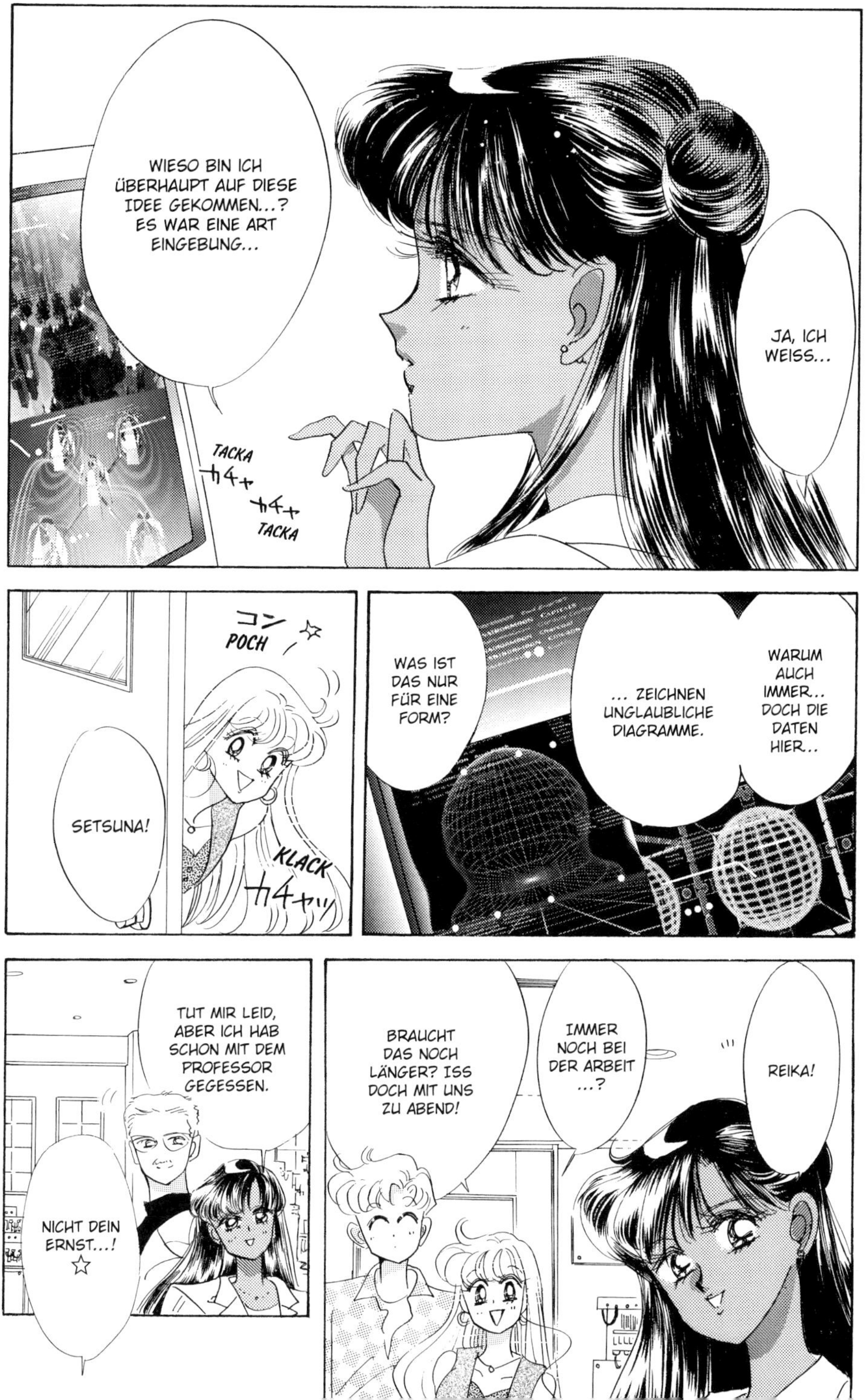
JA, ICH WEISS...
WIESO BIN ICH ÜBERHAUPT AUF DIESE IDEE GEKOMMEN...? ES WAR EINE ART EINGEBUNG...
TACKA
カチャ
カチャ
TACKA
WARUM AUCH IMMER.. DOCH DIE DATEN HIER..
... ZEICHNEN UNGLAUBLICHE DIAGRAMME.
WAS IST DAS NUR FÜR EINE FORM?
コン
POCH
SETSUNA!
KLACK
カチャッ
REIKA!
IMMER NOCH BEI DER ARBEIT ...?
BRAUCHT DAS NOCH LÄNGER? ISS DOCH MIT UNS ZU ABEND!
TUT MIR LEID, ABER ICH HAB SCHON MIT DEM PROFESSOR GEGESSEN.
NICHT DEIN ERNST...! ☆

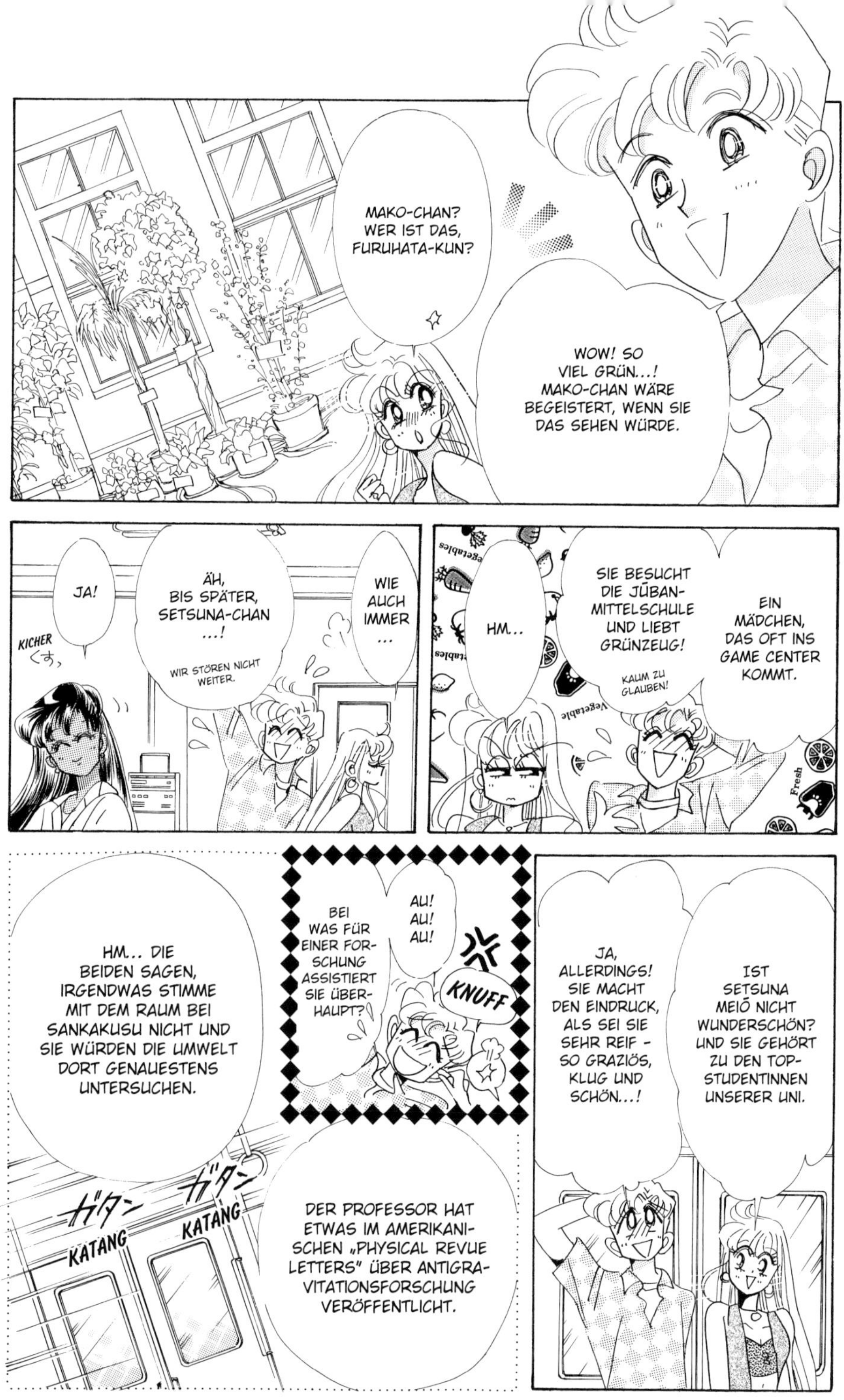
WOW! SO VIEL GRÜN…! MAKO-CHAN WÄRE BEGEISTERT, WENN SIE DAS SEHEN WÜRDE.
MAKO-CHAN? WER IST DAS, FURUHATA-KUN?
EIN MÄDCHEN, DAS OFT INS GAME CENTER KOMMT.
SIE BESUCHT DIE JŪBAN-MITTELSCHULE UND LIEBT GRÜNZEUG!
KAUM ZU GLAUBEN!
HM…
WIE AUCH IMMER …
ÄH, BIS SPÄTER, SETSUNA-CHAN …!
WIR STÖREN NICHT WEITER.
JA!
KICHER
くす
IST SETSUNA MEIŌ NICHT WUNDERSCHÖN? UND SIE GEHÖRT ZU DEN TOP-STUDENTINNEN UNSERER UNI.
JA, ALLERDINGS! SIE MACHT DEN EINDRUCK, ALS SEI SIE SEHR REIF - SO GRAZIÖS, KLUG UND SCHÖN…!
AU! AU! AU!
KNUFF
BEI WAS FÜR EINER FORSCHUNG ASSISTIERT SIE ÜBERHAUPT?
HM… DIE BEIDEN SAGEN, IRGENDWAS STIMME MIT DEM RAUM BEI SANKAKUSU NICHT UND SIE WÜRDEN DIE UMWELT DORT GENAUESTENS UNTERSUCHEN.
DER PROFESSOR HAT ETWAS IM AMERIKANISCHEN „PHYSICAL REVUE LETTERS" ÜBER ANTIGRAVITATIONSFORSCHUNG VERÖFFENTLICHT.
ガタン
KATANG
ガタン
KATANG

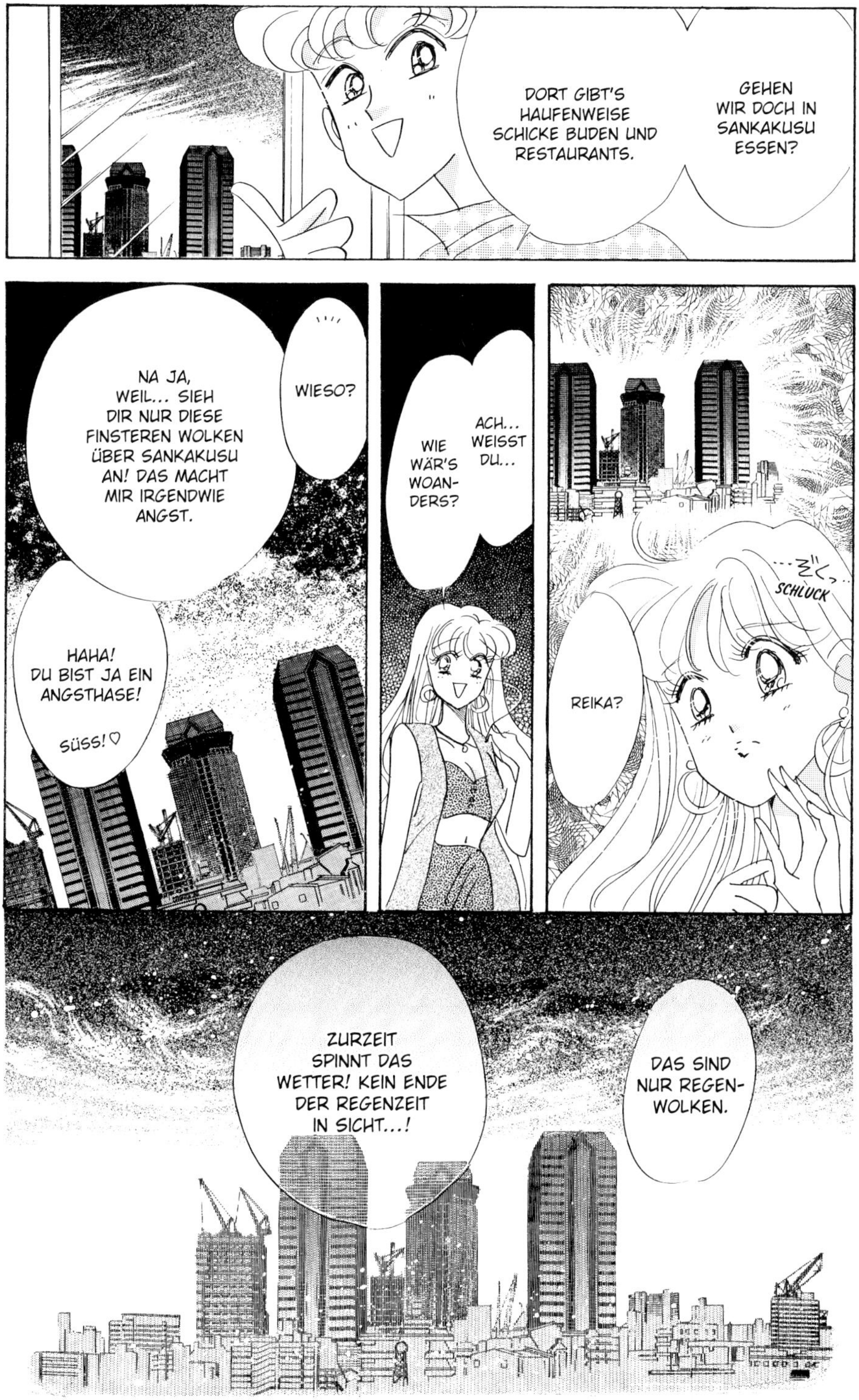
GEHEN WIR DOCH IN SANKAKUSU ESSEN?
DORT GIBT'S HAUFENWEISE SCHICKE BUDEN UND RESTAURANTS.
…ぞくっ…
SCHLUCK
REIKA?
ACH… WEISST DU…
WIE WÄR'S WOANDERS?
WIESO?
NA JA, WEIL… SIEH DIR NUR DIESE FINSTEREN WOLKEN ÜBER SANKAKUSU AN! DAS MACHT MIR IRGENDWIE ANGST.
HAHA! DU BIST JA EIN ANGSTHASE!
SÜSS! ♡
DAS SIND NUR REGEN-WOLKEN.
ZURZEIT SPINNT DAS WETTER! KEIN ENDE DER REGENZEIT IN SICHT…!

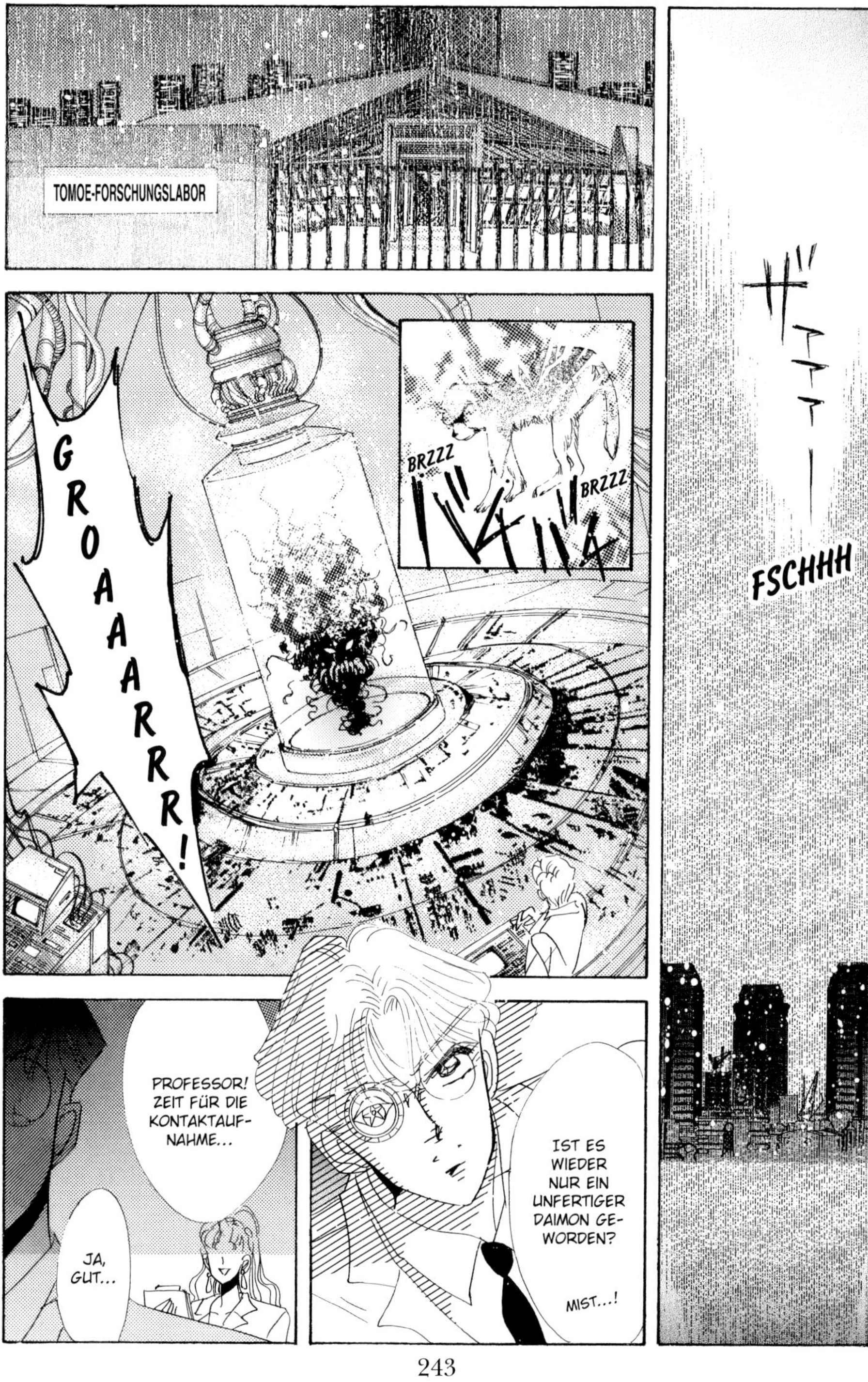
FSCHHH
TOMOE-FORSCHUNGSLABOR
GROAAAARRR!
BRZZZ
BRZZZ
IST ES WIEDER NUR EIN UNFERTIGER DAIMON GEWORDEN?
MIST...!
PROFESSOR! ZEIT FÜR DIE KONTAKTAUFNAHME...
JA, GUT...

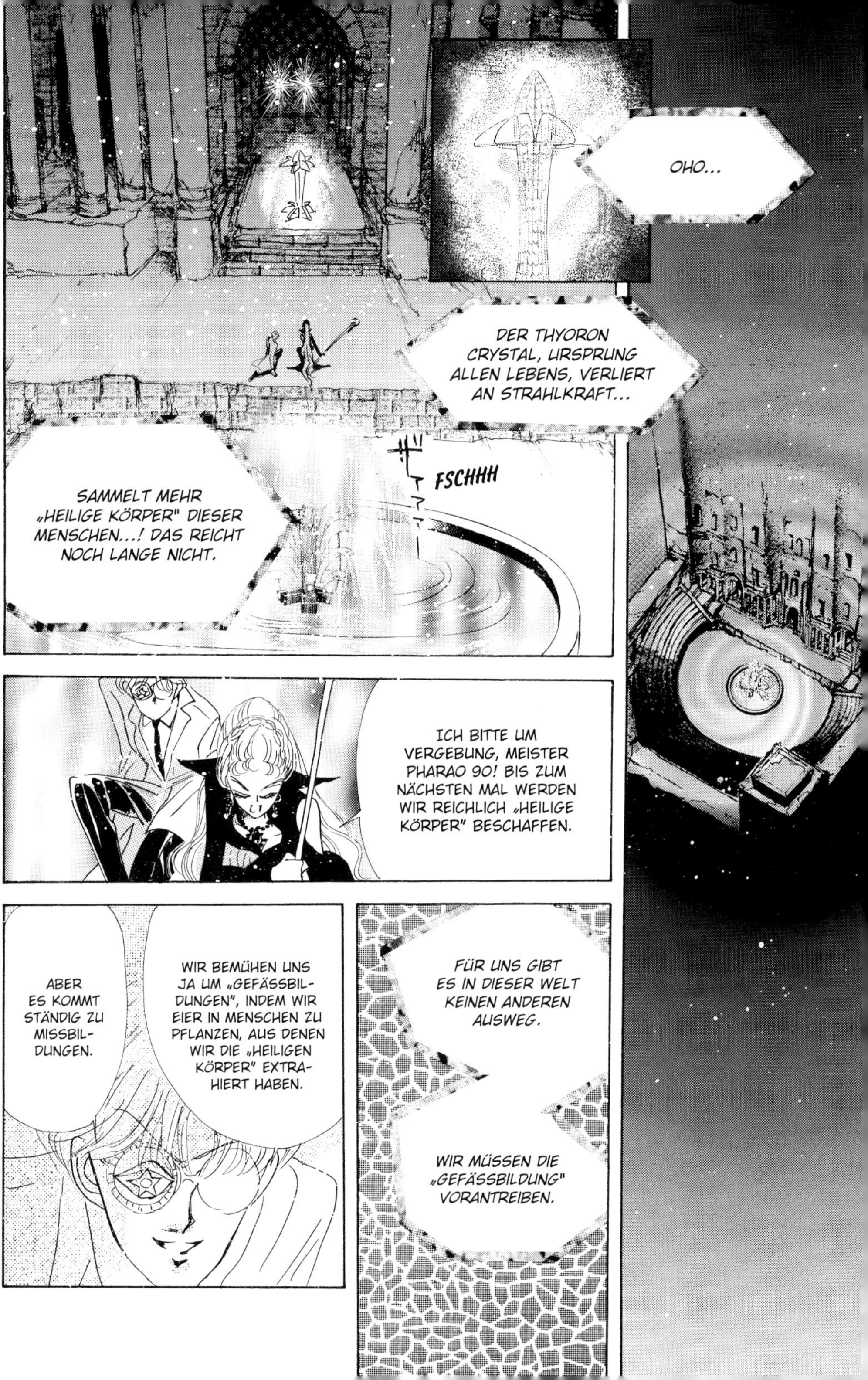
OHO…
DER THYORON CRYSTAL, URSPRUNG ALLEN LEBENS, VERLIERT AN STRAHLKRAFT…
SAMMELT MEHR „HEILIGE KÖRPER" DIESER MENSCHEN…! DAS REICHT NOCH LANGE NICHT.
FSCHHH
ICH BITTE UM VERGEBUNG, MEISTER PHARAO 90! BIS ZUM NÄCHSTEN MAL WERDEN WIR REICHLICH „HEILIGE KÖRPER" BESCHAFFEN.
WIR BEMÜHEN UNS JA UM „GEFÄSSBILDUNGEN", INDEM WIR EIER IN MENSCHEN ZU PFLANZEN, AUS DENEN WIR DIE „HEILIGEN KÖRPER" EXTRAHIERT HABEN.
ABER ES KOMMT STÄNDIG ZU MISSBILDUNGEN.
FÜR UNS GIBT ES IN DIESER WELT KEINEN ANDEREN AUSWEG.
WIR MÜSSEN DIE „GEFÄSSBILDUNG" VORANTREIBEN.

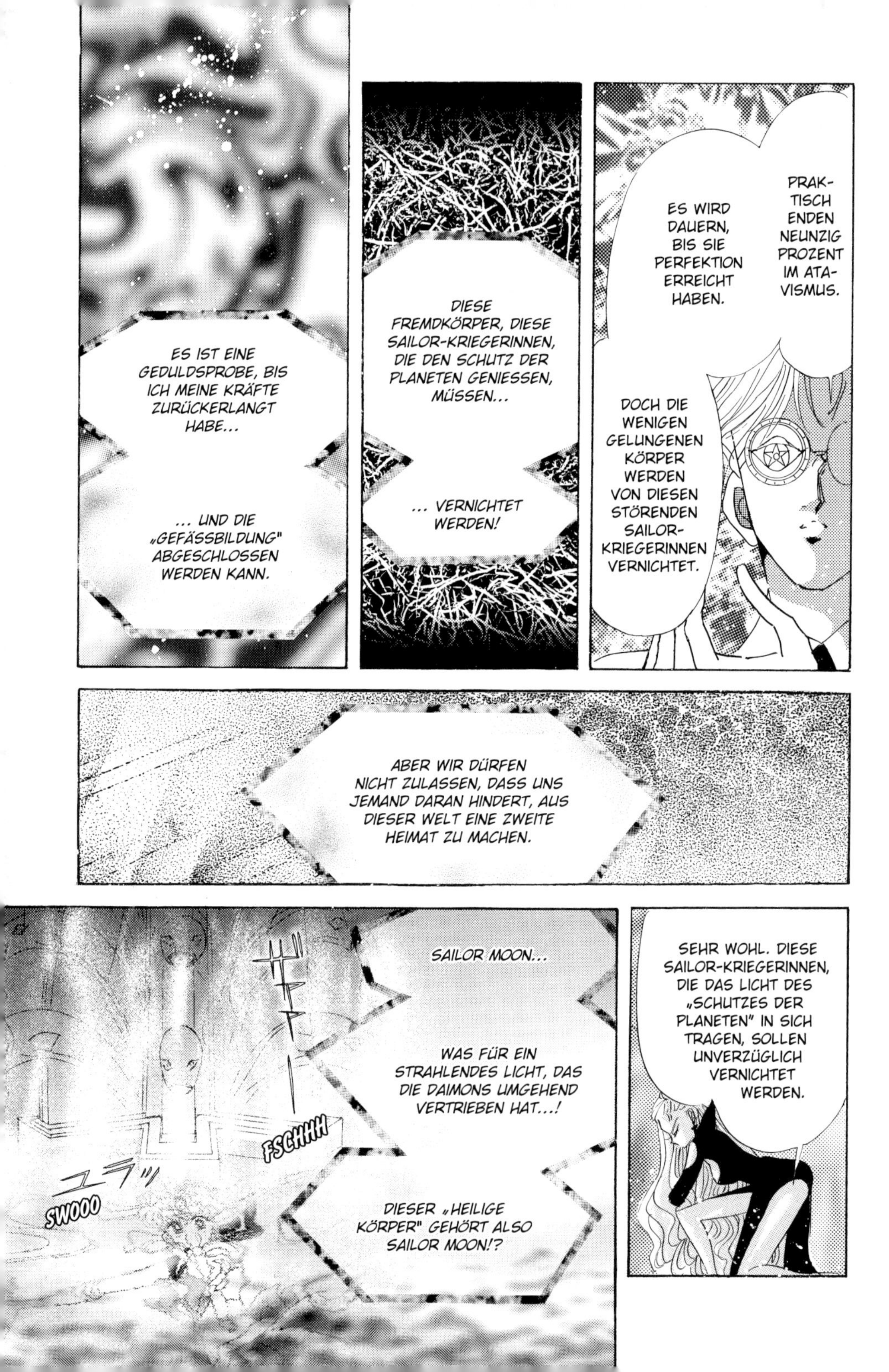
PRAKTISCH ENDEN NEUNZIG PROZENT IM ATAVISMUS.
ES WIRD DAUERN, BIS SIE PERFEKTION ERREICHT HABEN.
DOCH DIE WENIGEN GELUNGENEN KÖRPER WERDEN VON DIESEN STÖRENDEN SAILOR-KRIEGERINNEN VERNICHTET.
DIESE FREMDKÖRPER, DIESE SAILOR-KRIEGERINNEN, DIE DEN SCHUTZ DER PLANETEN GENIESSEN, MÜSSEN...
... VERNICHTET WERDEN!
ES IST EINE GEDULDSPROBE, BIS ICH MEINE KRÄFTE ZURÜCKERLANGT HABE...
... UND DIE „GEFÄSSBILDUNG" ABGESCHLOSSEN WERDEN KANN.
ABER WIR DÜRFEN NICHT ZULASSEN, DASS UNS JEMAND DARAN HINDERT, AUS DIESER WELT EINE ZWEITE HEIMAT ZU MACHEN.
SEHR WOHL. DIESE SAILOR-KRIEGERINNEN, DIE DAS LICHT DES „SCHUTZES DER PLANETEN" IN SICH TRAGEN, SOLLEN UNVERZÜGLICH VERNICHTET WERDEN.
SAILOR MOON...
WAS FÜR EIN STRAHLENDES LICHT, DAS DIE DAIMONS UMGEHEND VERTRIEBEN HAT...!
FSCHHH
SWOOO
DIESER „HEILIGE KÖRPER" GEHÖRT ALSO SAILOR MOON!?

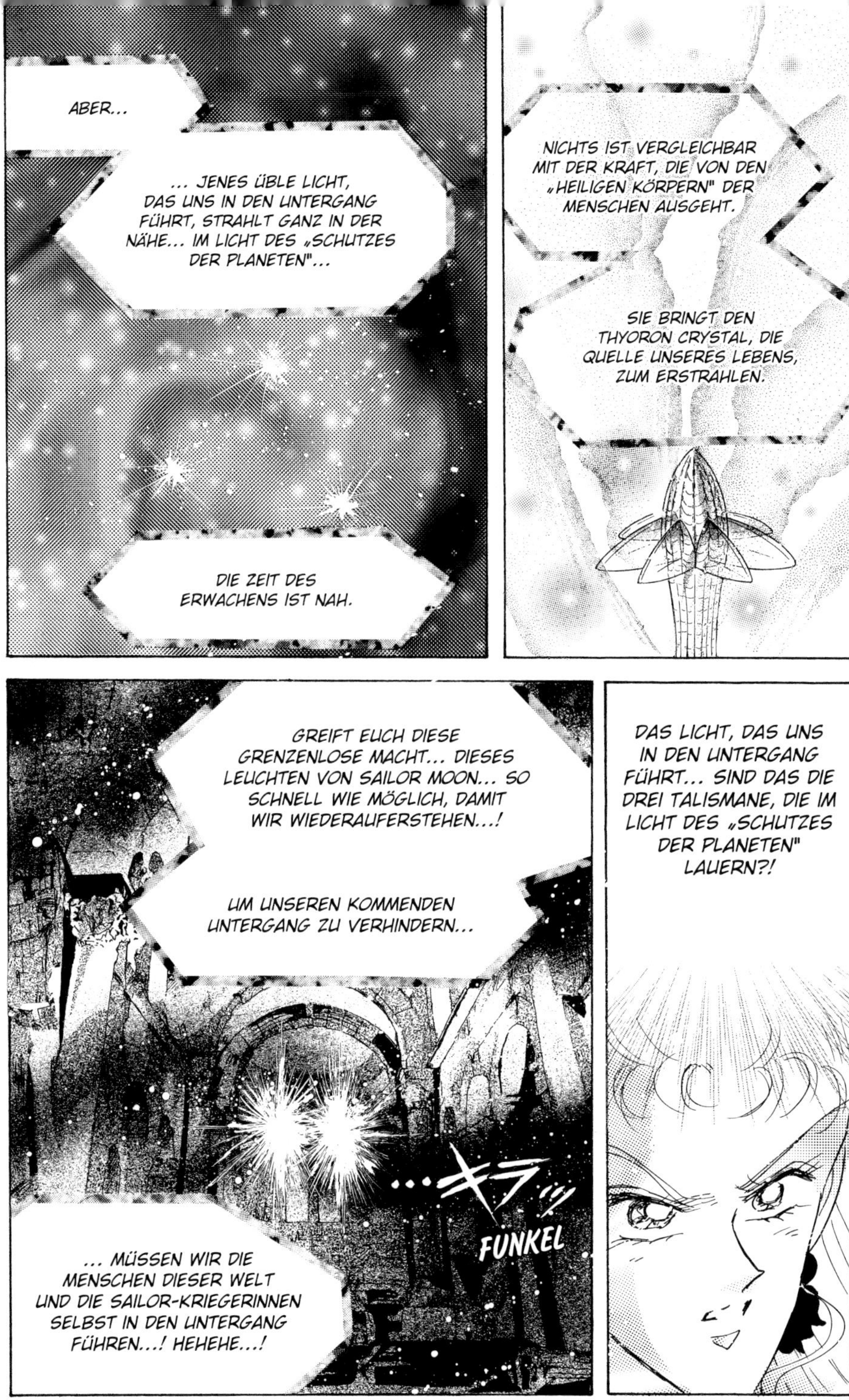
ABER...
... JENES ÜBLE LICHT, DAS UNS IN DEN UNTERGANG FÜHRT, STRAHLT GANZ IN DER NÄHE... IM LICHT DES „SCHUTZES DER PLANETEN"...
DIE ZEIT DES ERWACHENS IST NAH.
NICHTS IST VERGLEICHBAR MIT DER KRAFT, DIE VON DEN „HEILIGEN KÖRPERN" DER MENSCHEN AUSGEHT.
SIE BRINGT DEN THYORON CRYSTAL, DIE QUELLE UNSERES LEBENS, ZUM ERSTRAHLEN.
DAS LICHT, DAS UNS IN DEN UNTERGANG FÜHRT... SIND DAS DIE DREI TALISMANE, DIE IM LICHT DES „SCHUTZES DER PLANETEN" LAUERN?!
GREIFT EUCH DIESE GRENZENLOSE MACHT... DIESES LEUCHTEN VON SAILOR MOON... SO SCHNELL WIE MÖGLICH, DAMIT WIR WIEDERAUFERSTEHEN...!
UM UNSEREN KOMMENDEN UNTERGANG ZU VERHINDERN...
FUNKEL
... MÜSSEN WIR DIE MENSCHEN DIESER WELT UND DIE SAILOR-KRIEGERINNEN SELBST IN DEN UNTERGANG FÜHREN...! HEHEHE...!

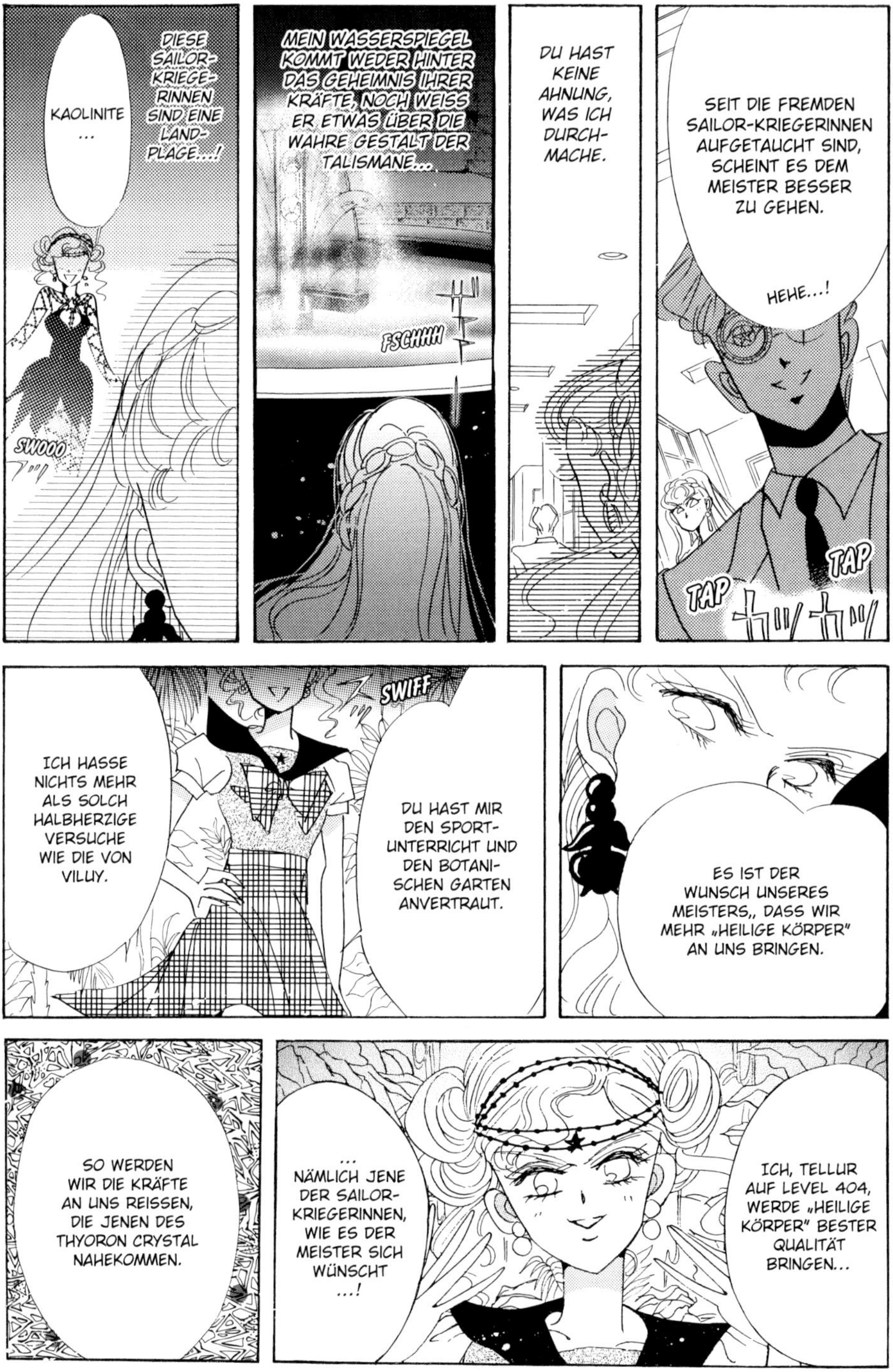
SEIT DIE FREMDEN SAILOR-KRIEGERINNEN AUFGETAUCHT SIND, SCHEINT ES DEM MEISTER BESSER ZU GEHEN.
HEHE...!
TAP
TAP
DU HAST KEINE AHNUNG, WAS ICH DURCHMACHE.
MEIN WASSERSPIEGEL KOMMT WEDER HINTER DAS GEHEIMNIS IHRER KRÄFTE, NOCH WEISS ER ETWAS ÜBER DIE WAHRE GESTALT DER TALISMANE...
FSCHHH
DIESE SAILOR-KRIEGERINNEN SIND EINE LANDPLAGE...!
KAOLINITE ...
SWOOO
ES IST DER WUNSCH UNSERES MEISTERS,, DASS WIR MEHR „HEILIGE KÖRPER" AN UNS BRINGEN.
SWIFF
DU HAST MIR DEN SPORTUNTERRICHT UND DEN BOTANISCHEN GARTEN ANVERTRAUT.
ICH HASSE NICHTS MEHR ALS SOLCH HALBHERZIGE VERSUCHE WIE DIE VON VILUY.
ICH, TELLUR AUF LEVEL 404, WERDE „HEILIGE KÖRPER" BESTER QUALITÄT BRINGEN...
... NÄMLICH JENE DER SAILOR-KRIEGERINNEN, WIE ES DER MEISTER SICH WÜNSCHT ...!
SO WERDEN WIR DIE KRÄFTE AN UNS REISSEN, DIE JENEN DES THYORON CRYSTAL NAHEKOMMEN.

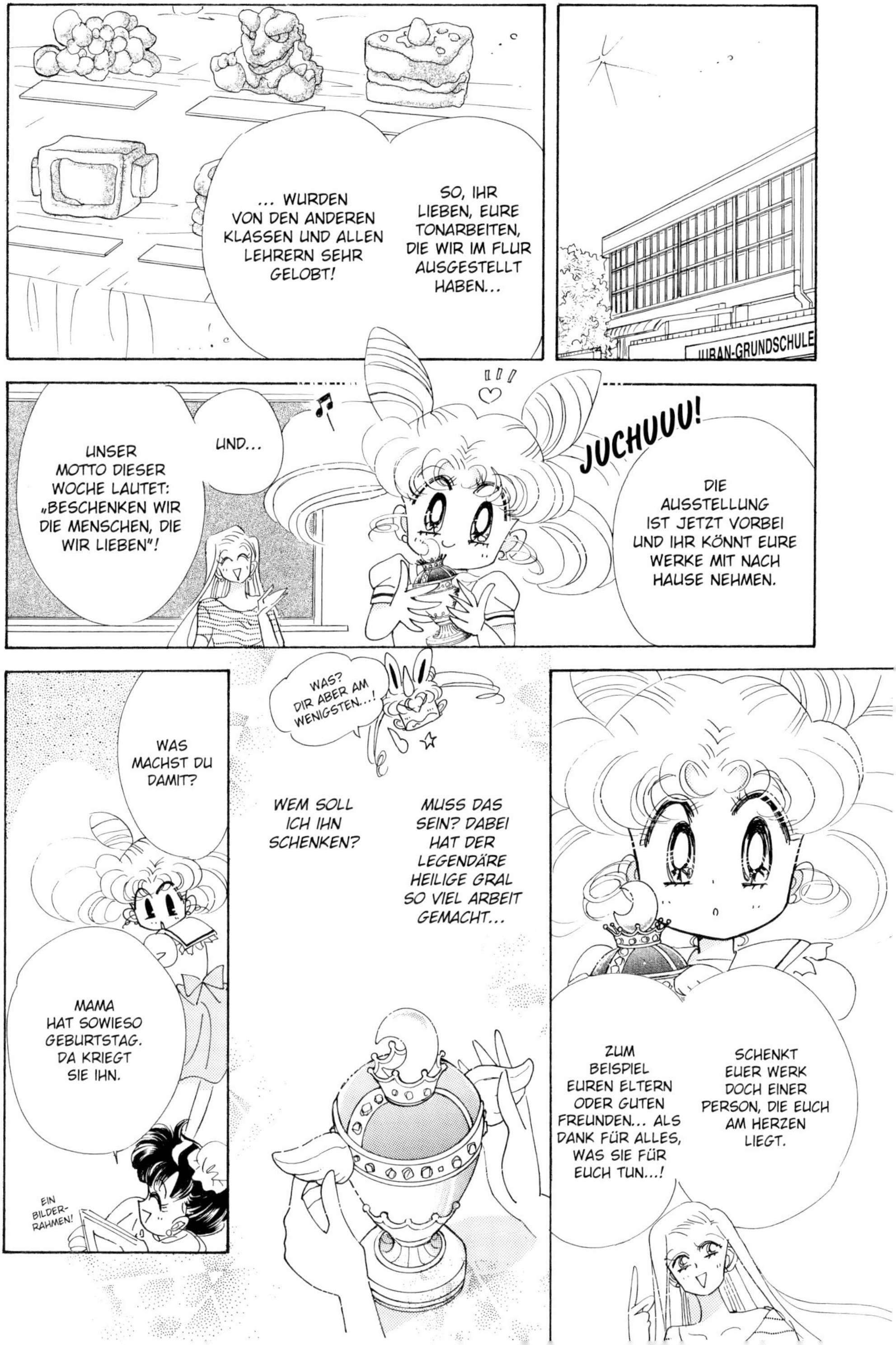
GRUNDSCHULE
SO, IHR LIEBEN, EURE TONARBEITEN, DIE WIR IM FLUR AUSGESTELLT HABEN…
… WURDEN VON DEN ANDEREN KLASSEN UND ALLEN LEHRERN SEHR GELOBT!
DIE AUSSTELLUNG IST JETZT VORBEI UND IHR KÖNNT EURE WERKE MIT NACH HAUSE NEHMEN.
JUCHUUU!
UND…
UNSER MOTTO DIESER WOCHE LAUTET: „BESCHENKEN WIR DIE MENSCHEN, DIE WIR LIEBEN"!
SCHENKT EUER WERK DOCH EINER PERSON, DIE EUCH AM HERZEN LIEGT.
ZUM BEISPIEL EUREN ELTERN ODER GUTEN FREUNDEN… ALS DANK FÜR ALLES, WAS SIE FÜR EUCH TUN…!
MUSS DAS SEIN? DABEI HAT DER LEGENDÄRE HEILIGE GRAL SO VIEL ARBEIT GEMACHT…
WEM SOLL ICH IHN SCHENKEN?
WAS? DIR ABER AM WENIGSTEN…!
WAS MACHST DU DAMIT?
MAMA HAT SOWIESO GEBURTSTAG. DA KRIEGT SIE IHN.
EIN BILDER-RAHMEN!

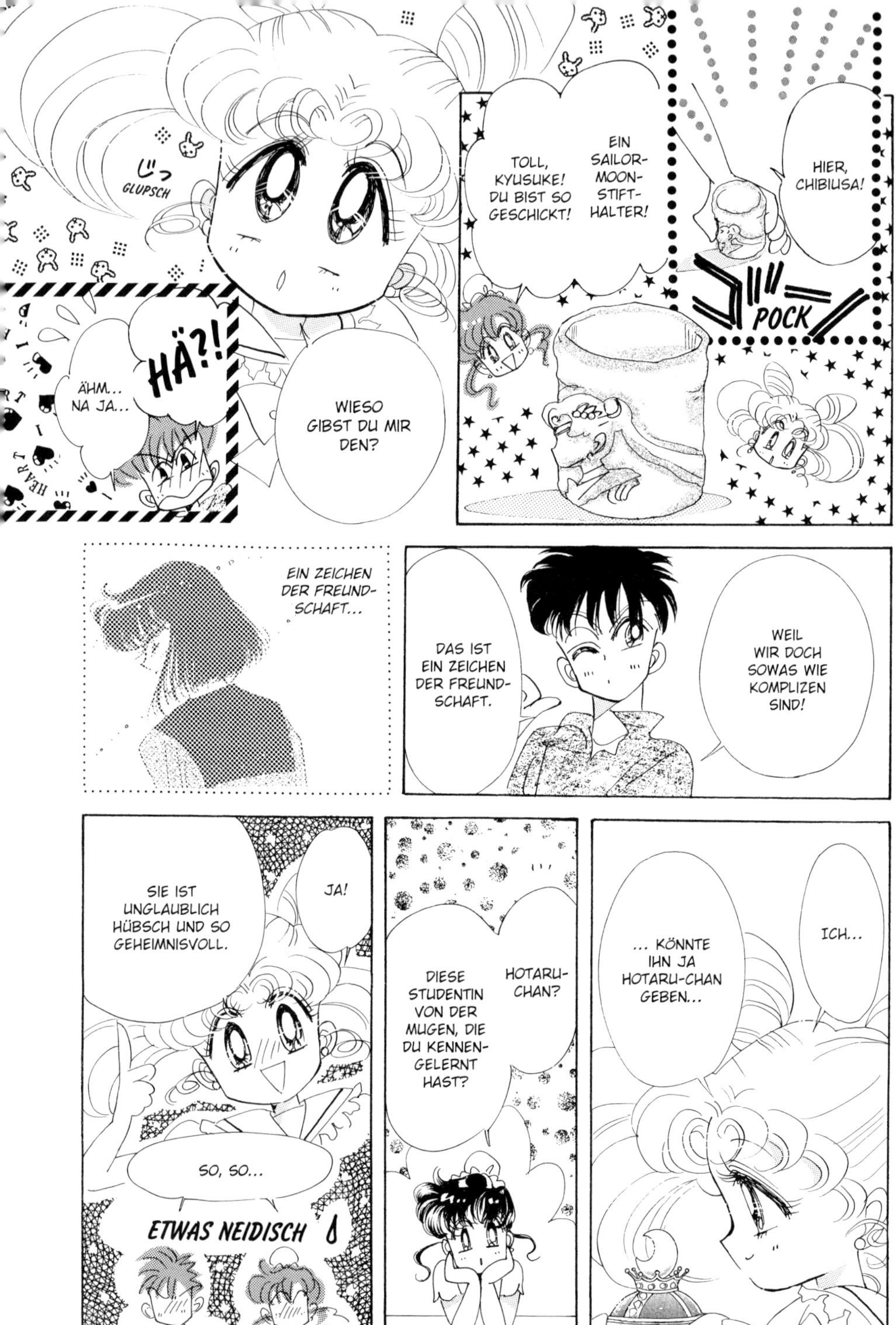
HIER, CHIBIUSA!
POCK
EIN SAILOR-MOON-STIFT-HALTER!
TOLL, KYUSUKE! DU BIST SO GESCHICKT!
じっ
GLUPSCH
WIESO GIBST DU MIR DEN?
HÄ?!
ÄHM... NA JA...
WEIL WIR DOCH SOWAS WIE KOMPLIZEN SIND!
DAS IST EIN ZEICHEN DER FREUND-SCHAFT.
EIN ZEICHEN DER FREUND-SCHAFT...
ICH...
... KÖNNTE IHN JA HOTARU-CHAN GEBEN...
HOTARU-CHAN?
DIESE STUDENTIN VON DER MUGEN, DIE DU KENNEN-GELERNT HAST?
JA!
SIE IST UNGLAUBLICH HÜBSCH UND SO GEHEIMNISVOLL.
SO, SO...
ETWAS NEIDISCH

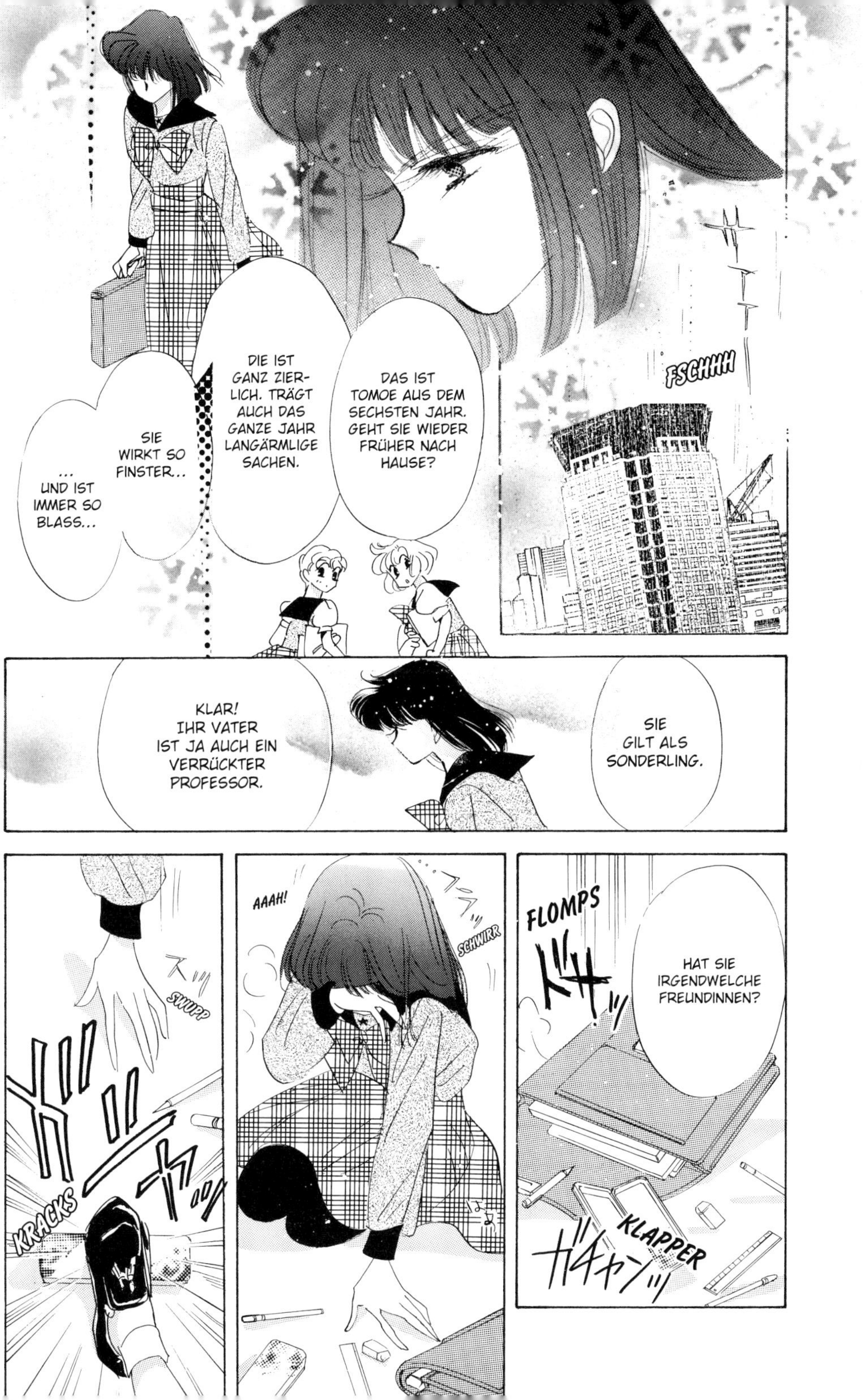
FSCHHH
DAS IST TOMOE AUS DEM SECHSTEN JAHR. GEHT SIE WIEDER FRÜHER NACH HAUSE?
DIE IST GANZ ZIER-LICH. TRÄGT AUCH DAS GANZE JAHR LANGÄRMLIGE SACHEN.
SIE WIRKT SO FINSTER...
... UND IST IMMER SO BLASS...
SIE GILT ALS SONDERLING.
KLAR! IHR VATER IST JA AUCH EIN VERRÜCKTER PROFESSOR.
FLOMPS
HAT SIE IRGENDWELCHE FREUNDINNEN?
KLAPPER
AAAH!
SCHWIRR
SWUPP
KRACKS

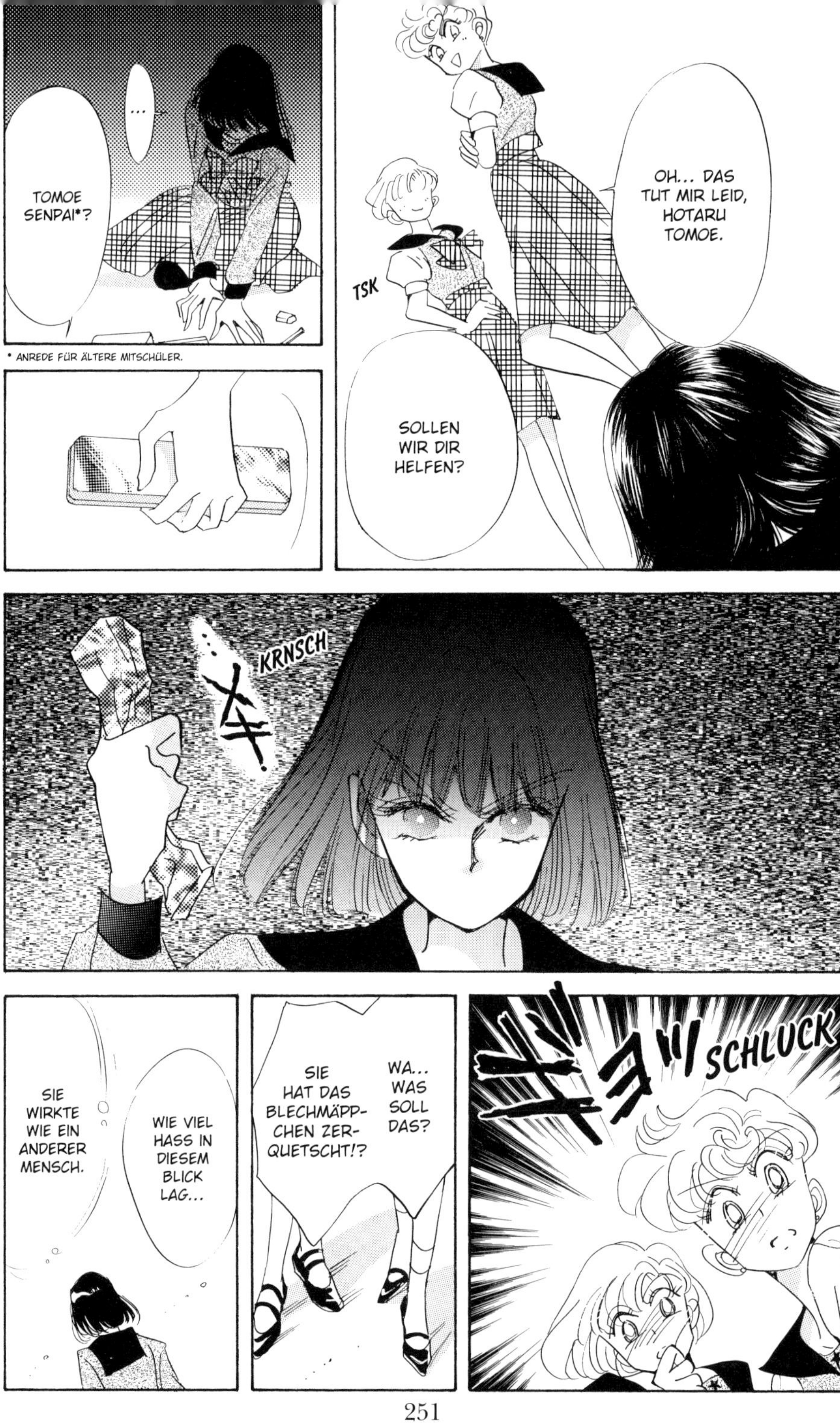

* ANREDE FÜR ÄLTERE MITSCHÜLER.

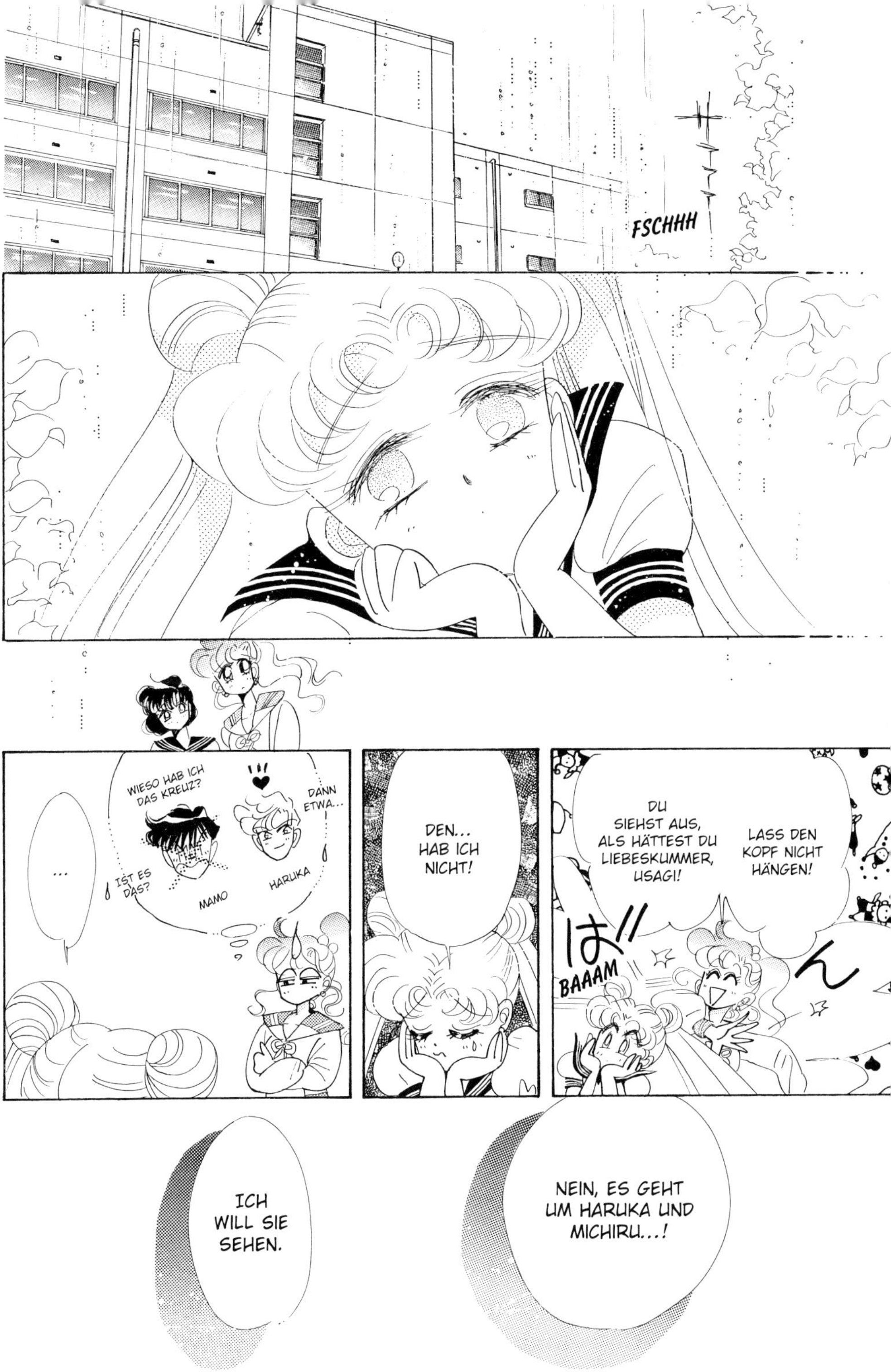
FSCHHH
DU SIEHST AUS, ALS HÄTTEST DU LIEBESKUMMER, USAGI!
LASS DEN KOPF NICHT HÄNGEN!
は!!
BAAAM
ん
DEN... HAB ICH NICHT!
...
WIESO HAB ICH DAS KREUZ?
IST ES DAS?
MAMO
DANN ETWA...
HARUKA
NEIN, ES GEHT UM HARUKA UND MICHIRU...!
ICH WILL SIE SEHEN.

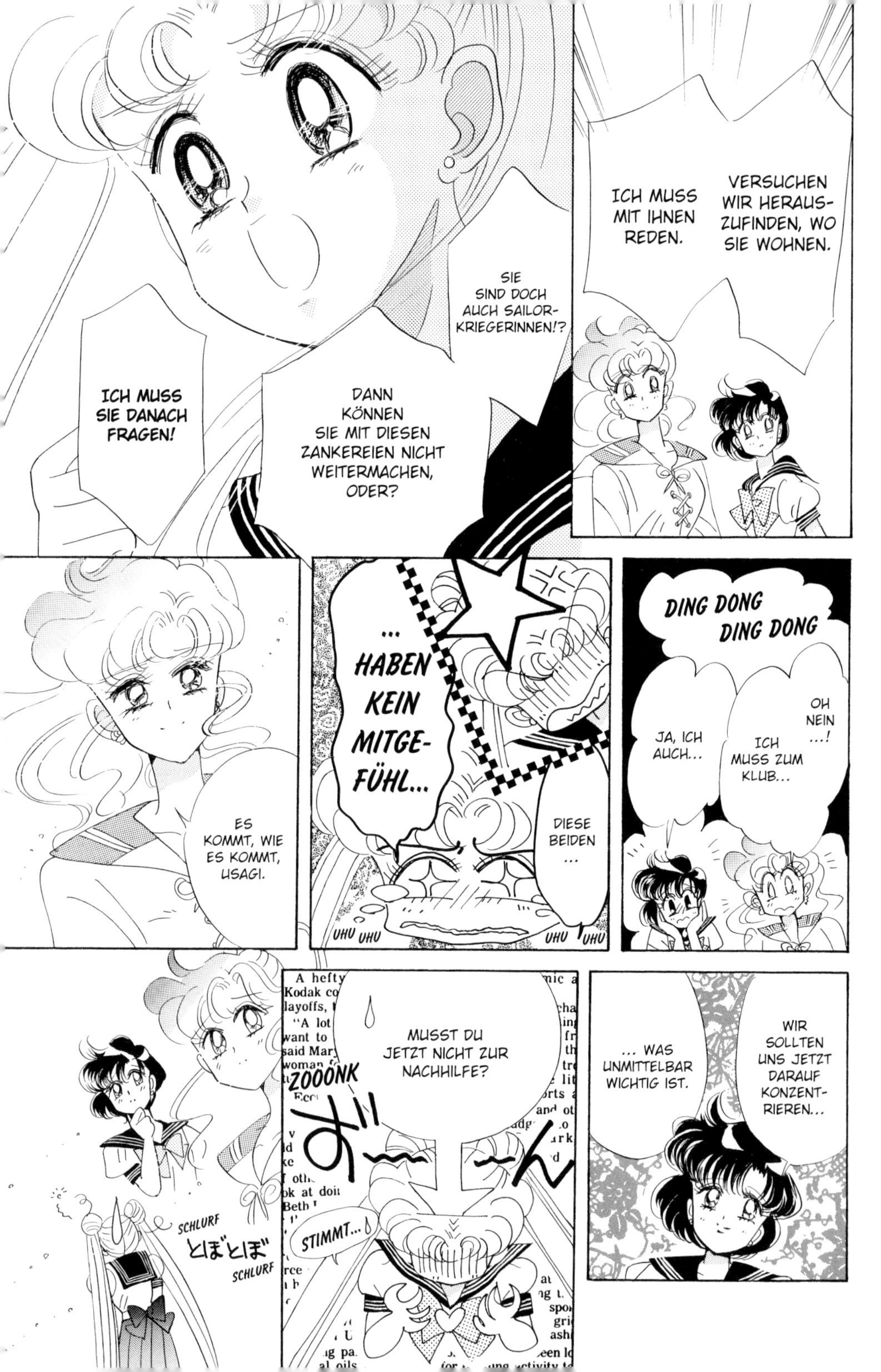
VERSUCHEN WIR HERAUSZUFINDEN, WO SIE WOHNEN.
ICH MUSS MIT IHNEN REDEN.
SIE SIND DOCH AUCH SAILORKRIEGERINNEN!?
DANN KÖNNEN SIE MIT DIESEN ZANKEREIEN NICHT WEITERMACHEN, ODER?
ICH MUSS SIE DANACH FRAGEN!
DING DONG DING DONG
OH NEIN …!
ICH MUSS ZUM KLUB …
JA, ICH AUCH …
… HABEN KEIN MITGEFÜHL …
DIESE BEIDEN …
UHU UHU
UHU UHU
ES KOMMT, WIE ES KOMMT, USAGI.
WIR SOLLTEN UNS JETZT DARAUF KONZENTRIEREN …
… WAS UNMITTELBAR WICHTIG IST.
MUSST DU JETZT NICHT ZUR NACHHILFE?
ZOOONK
ずーん
STIMMT …
SCHLURF
とぼとぼ
SCHLURF

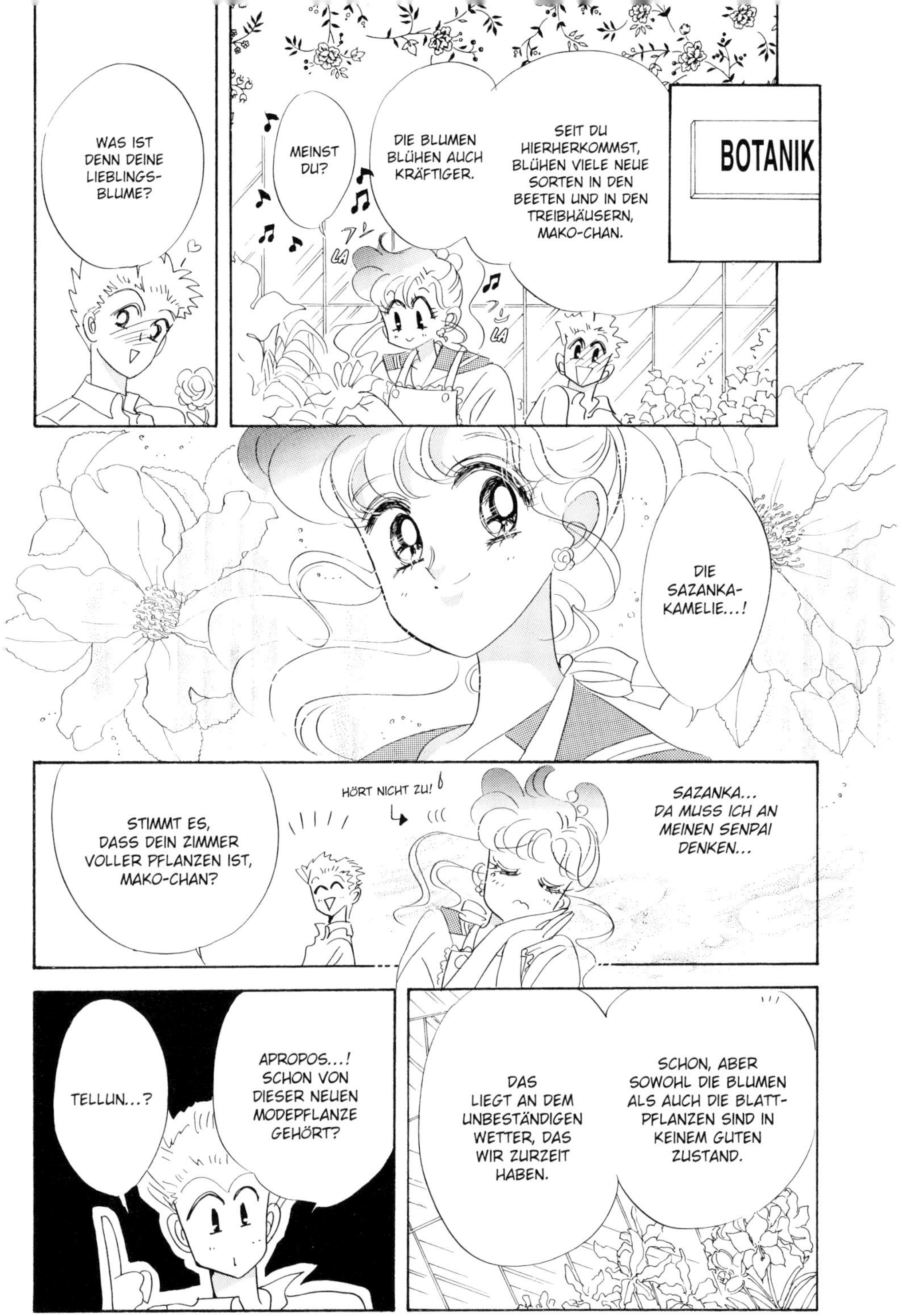
BOTANIK
SEIT DU HIERHERKOMMST, BLÜHEN VIELE NEUE SORTEN IN DEN BEETEN UND IN DEN TREIBHÄUSERN, MAKO-CHAN.
DIE BLUMEN BLÜHEN AUCH KRÄFTIGER.
MEINST DU?
LA
LA
WAS IST DENN DEINE LIEBLINGS-BLUME?
DIE SAZANKA-KAMELIE...!
SAZANKA... DA MUSS ICH AN MEINEN SENPAI DENKEN...
HÖRT NICHT ZU!
STIMMT ES, DASS DEIN ZIMMER VOLLER PFLANZEN IST, MAKO-CHAN?
SCHON, ABER SOWOHL DIE BLUMEN ALS AUCH DIE BLATT-PFLANZEN SIND IN KEINEM GUTEN ZUSTAND.
DAS LIEGT AN DEM UNBESTÄNDIGEN WETTER, DAS WIR ZURZEIT HABEN.
APROPOS...! SCHON VON DIESER NEUEN MODEPFLANZE GEHÖRT?
TELLUN...?

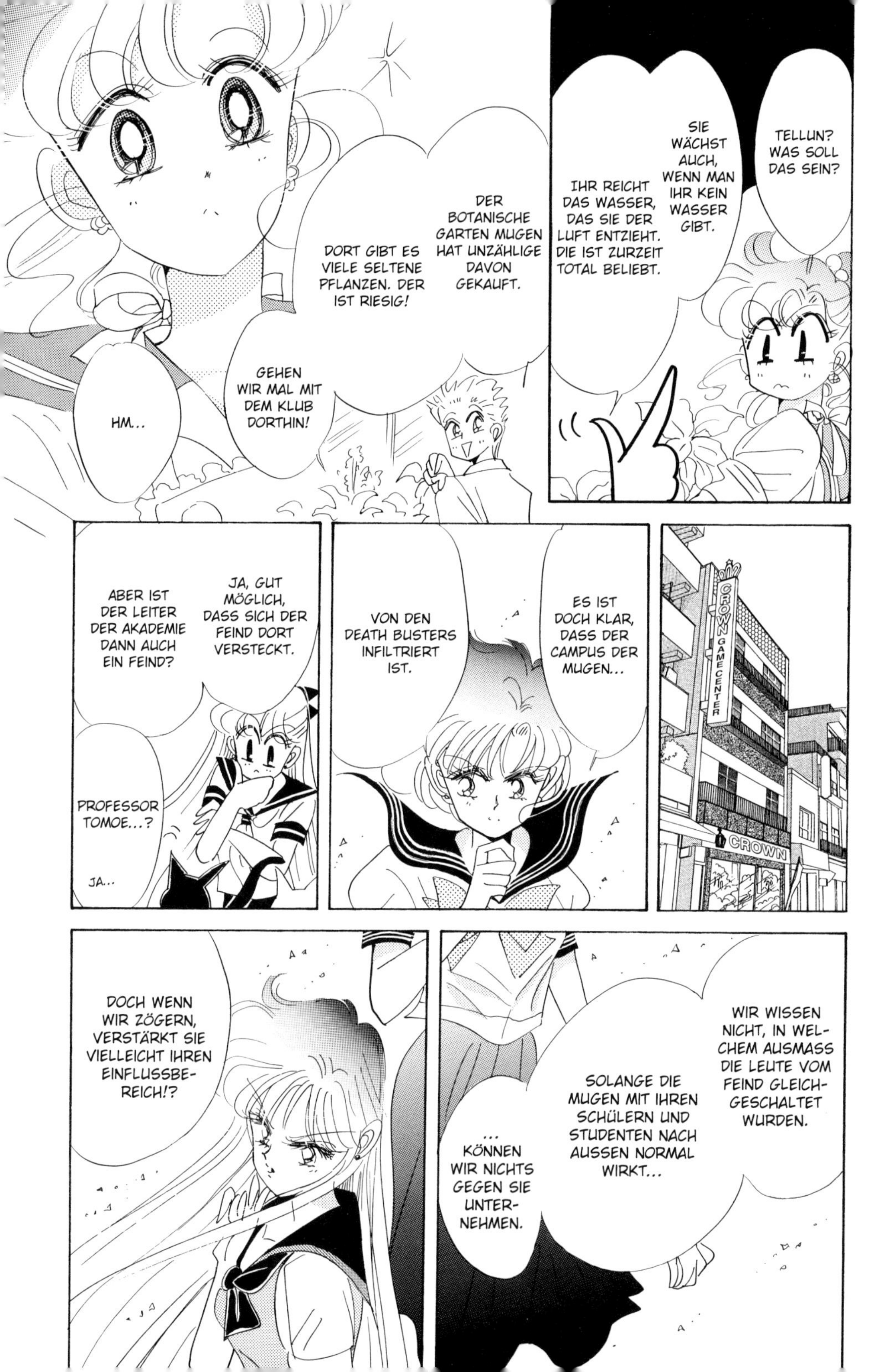

TELLUN? WAS SOLL DAS SEIN?
SIE WÄCHST AUCH, WENN MAN IHR KEIN WASSER GIBT.
IHR REICHT DAS WASSER, DAS SIE DER LUFT ENTZIEHT. DIE IST ZURZEIT TOTAL BELIEBT.
DER BOTANISCHE GARTEN MUGEN HAT UNZÄHLIGE DAVON GEKAUFT.
DORT GIBT ES VIELE SELTENE PFLANZEN. DER IST RIESIG!
GEHEN WIR MAL MIT DEM KLUB DORTHIN!
HM...
CROWN GAME CENTER
CROWN
ES IST DOCH KLAR, DASS DER CAMPUS DER MUGEN...
VON DEN DEATH BUSTERS INFILTRIERT IST.
JA, GUT MÖGLICH, DASS SICH DER FEIND DORT VERSTECKT.
ABER IST DER LEITER DER AKADEMIE DANN AUCH EIN FEIND?
PROFESSOR TOMOE...?
JA...
WIR WISSEN NICHT, IN WELCHEM AUSMASS DIE LEUTE VOM FEIND GLEICHGESCHALTET WURDEN.
SOLANGE DIE MUGEN MIT IHREN SCHÜLERN UND STUDENTEN NACH AUSSEN NORMAL WIRKT...
... KÖNNEN WIR NICHTS GEGEN SIE UNTERNEHMEN.
DOCH WENN WIR ZÖGERN, VERSTÄRKT SIE VIELLEICHT IHREN EINFLUSSBEREICH!?

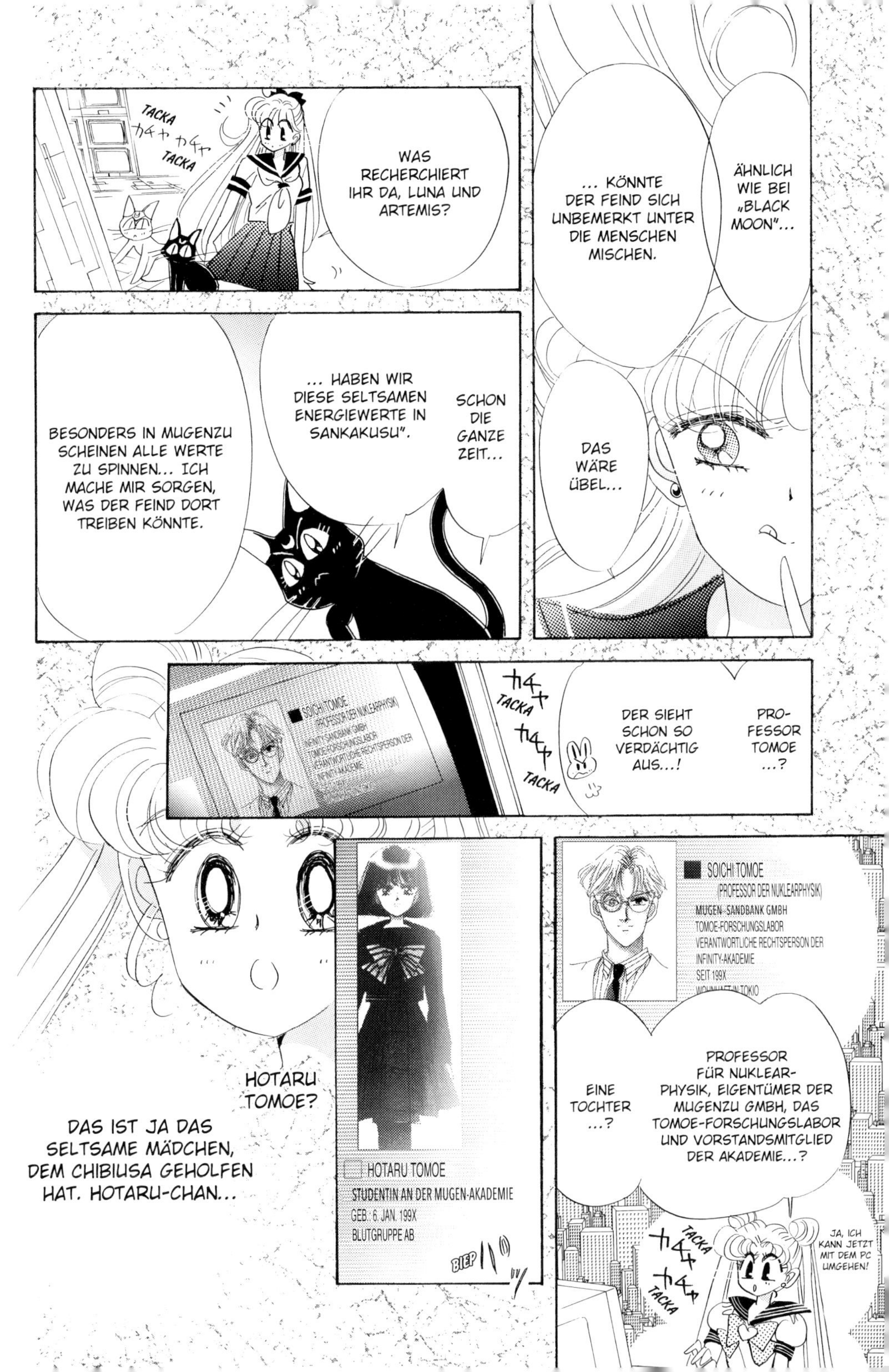
ÄHNLICH WIE BEI „BLACK MOON"...
... KÖNNTE DER FEIND SICH UNBEMERKT UNTER DIE MENSCHEN MISCHEN.
DAS WÄRE ÜBEL...
TACKA
TACKA
WAS RECHERCHIERT IHR DA, LUNA UND ARTEMIS?
SCHON DIE GANZE ZEIT...
... HABEN WIR DIESE SELTSAMEN ENERGIEWERTE IN SANKAKUSU".
BESONDERS IN MUGENZU SCHEINEN ALLE WERTE ZU SPINNEN... ICH MACHE MIR SORGEN, WAS DER FEIND DORT TREIBEN KÖNNTE.
PRO-FESSOR TOMOE ...?
DER SIEHT SCHON SO VERDÄCHTIG AUS...!
TACKA
TACKA
JA, ICH KANN JETZT MIT DEM PC UMGEHEN!
TACKA
TACKA
SOICHI TOMOE
(PROFESSOR DER NUKLEARPHYSIK)
MUGEN-SANDBANK GMBH
TOMOE-FORSCHUNGSLABOR
VERANTWORTLICHE RECHTSPERSON DER INFINITY-AKADEMIE
SEIT 199X
PROFESSOR FÜR NUKLEAR-PHYSIK, EIGENTÜMER DER MUGENZU GMBH, DAS TOMOE-FORSCHUNGSLABOR UND VORSTANDSMITGLIED DER AKADEMIE...?
EINE TOCHTER ...?
HOTARU TOMOE
STUDENTIN AN DER MUGEN-AKADEMIE
GEB.: 6. JAN. 199X
BLUTGRUPPE AB
BIEP
HOTARU TOMOE?
DAS IST JA DAS SELTSAME MÄDCHEN, DEM CHIBIUSA GEHOLFEN HAT. HOTARU-CHAN...

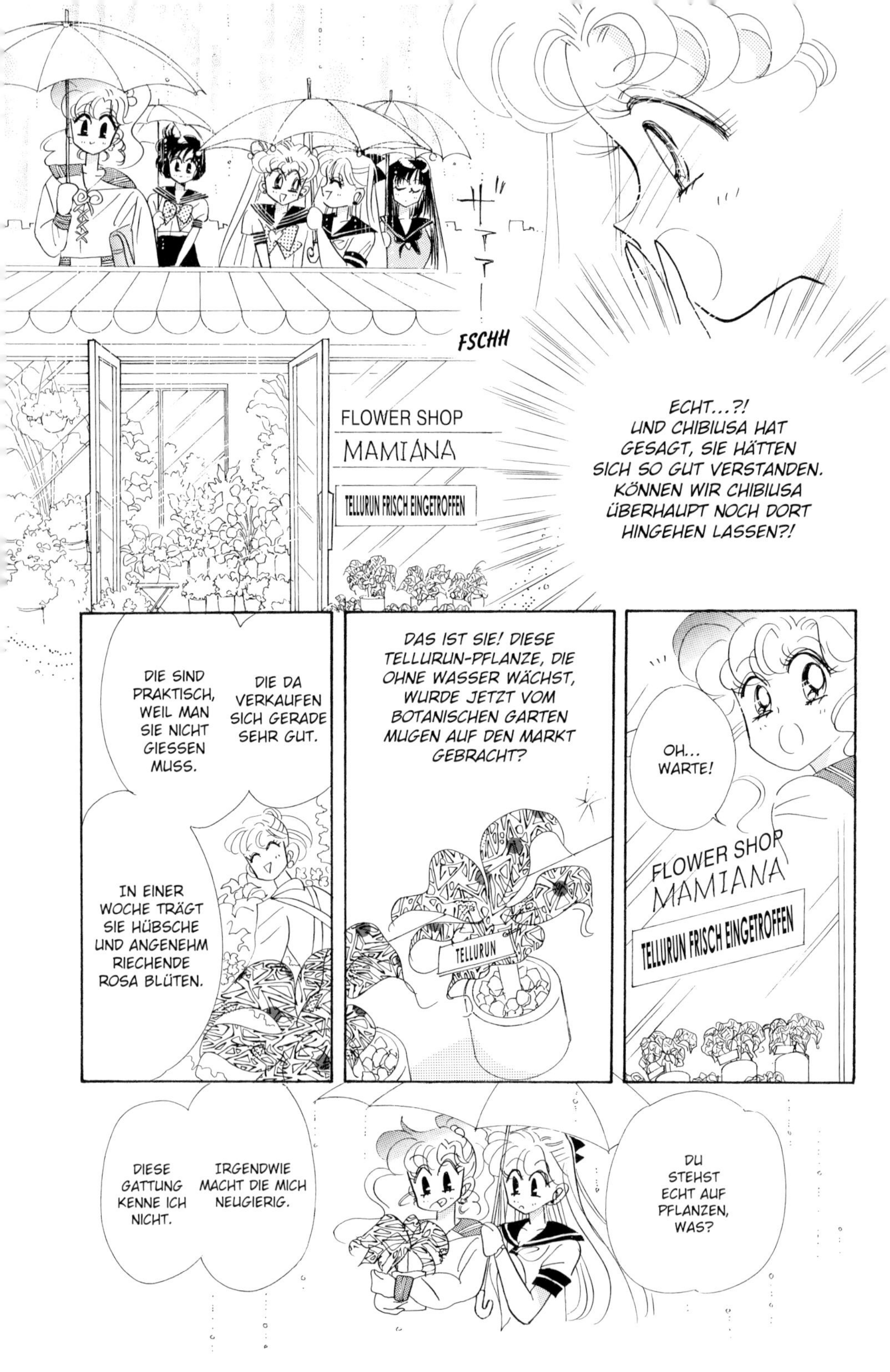

ECHT...?! UND CHIBIUSA HAT GESAGT, SIE HÄTTEN SICH SO GUT VERSTANDEN. KÖNNEN WIR CHIBIUSA ÜBERHAUPT NOCH DORT HINGEHEN LASSEN?!
FSCHH
FLOWER SHOP MAMIANA
TELLURUN FRISCH EINGETROFFEN
OH... WARTE!
FLOWER SHOP MAMIANA
TELLURUN FRISCH EINGETROFFEN
DAS IST SIE! DIESE TELLURUN-PFLANZE, DIE OHNE WASSER WÄCHST, WURDE JETZT VOM BOTANISCHEN GARTEN MUGEN AUF DEN MARKT GEBRACHT?
TELLURUN
DIE DA VERKAUFEN SICH GERADE SEHR GUT.
DIE SIND PRAKTISCH, WEIL MAN SIE NICHT GIESSEN MUSS.
IN EINER WOCHE TRÄGT SIE HÜBSCHE UND ANGENEHM RIECHENDE ROSA BLÜTEN.
DU STEHST ECHT AUF PFLANZEN, WAS?
IRGENDWIE MACHT DIE MICH NEUGIERIG.
DIESE GATTUNG KENNE ICH NICHT.

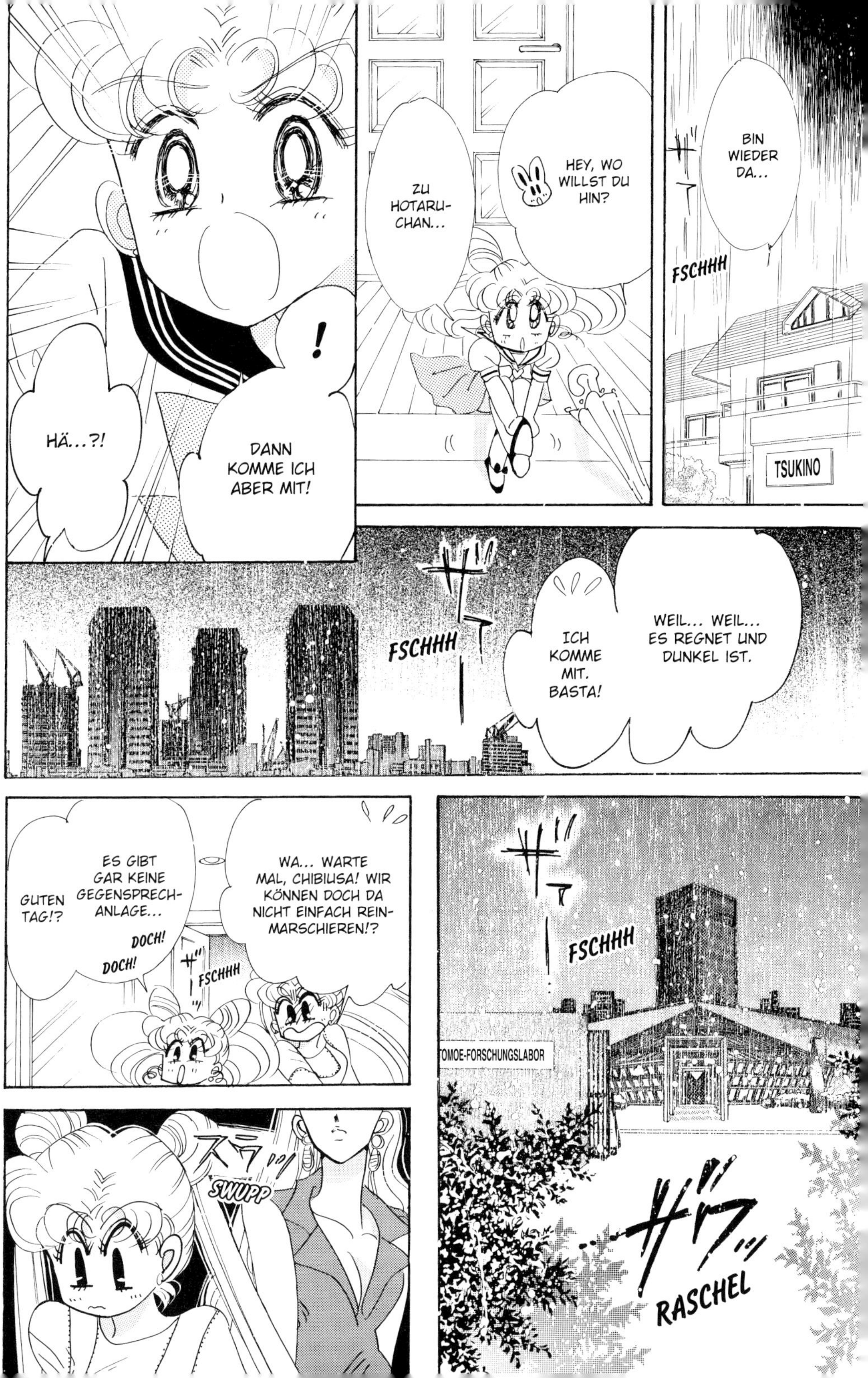
BIN WIEDER DA…
FSCHHH
TSUKINO
HEY, WO WILLST DU HIN?
ZU HOTARU-CHAN…
!
DANN KOMME ICH ABER MIT!
HÄ…?!
WEIL… WEIL… ES REGNET UND DUNKEL IST.
ICH KOMME MIT. BASTA!
FSCHHH
FSCHHH
TOMOE-FORSCHUNGSLABOR
RASCHEL
WA… WARTE MAL, CHIBIUSA! WIR KÖNNEN DOCH DA NICHT EINFACH REIN-MARSCHIEREN!?
ES GIBT GAR KEINE GEGENSPRECH-ANLAGE…
GUTEN TAG!?
DOCH!
DOCH!
FSCHHH
SWUPP

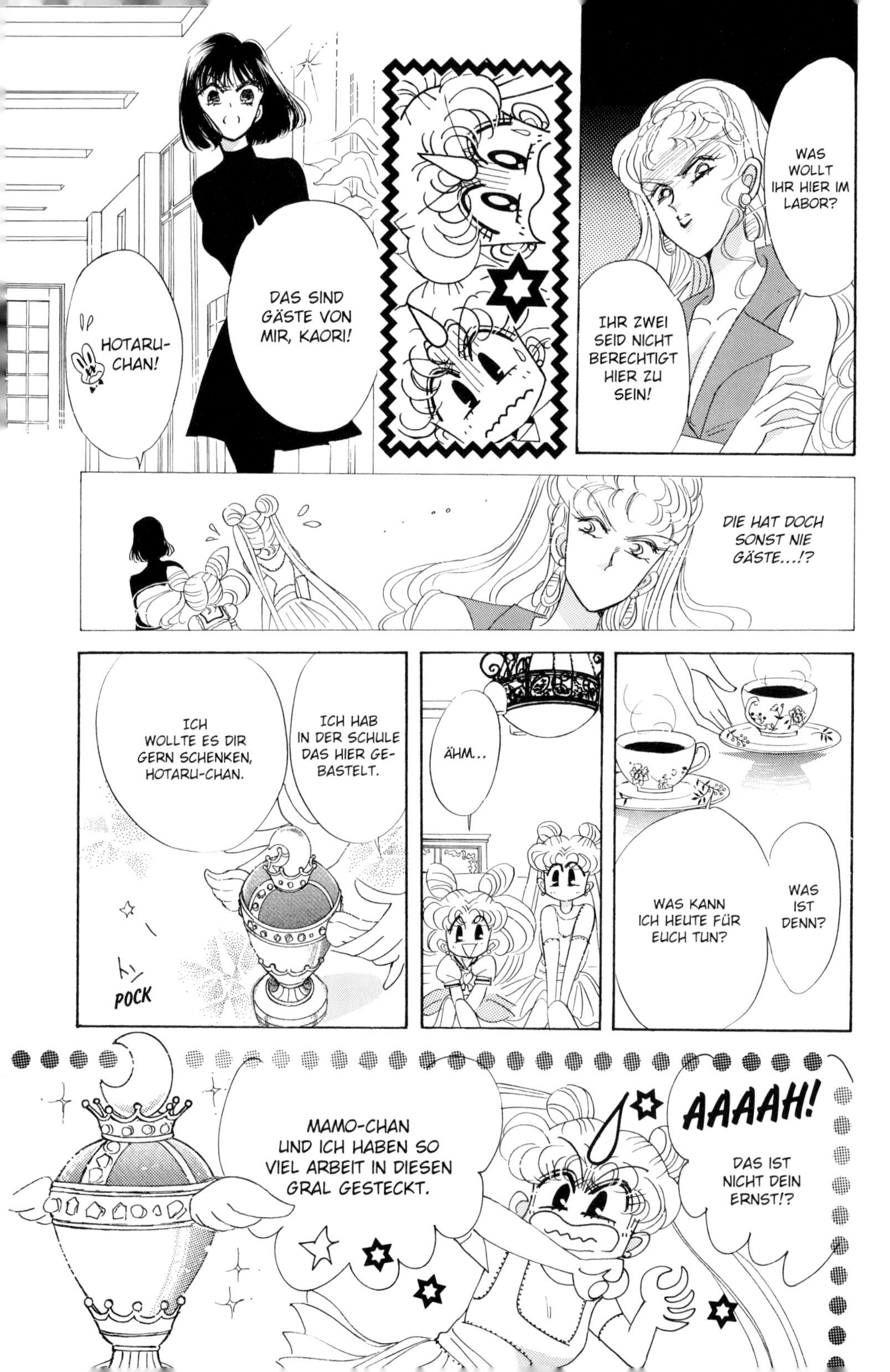
WAS WOLLT IHR HIER IM LABOR?
IHR ZWEI SEID NICHT BERECHTIGT HIER ZU SEIN!
DAS SIND GÄSTE VON MIR, KAORI!
HOTARU-CHAN!
DIE HAT DOCH SONST NIE GÄSTE...!?
WAS IST DENN?
WAS KANN ICH HEUTE FÜR EUCH TUN?
ÄHM...
ICH HAB IN DER SCHULE DAS HIER GEBASTELT.
ICH WOLLTE ES DIR GERN SCHENKEN, HOTARU-CHAN.
POCK
AAAAH!
DAS IST NICHT DEIN ERNST!?
MAMO-CHAN UND ICH HABEN SO VIEL ARBEIT IN DIESEN GRAL GESTECKT.

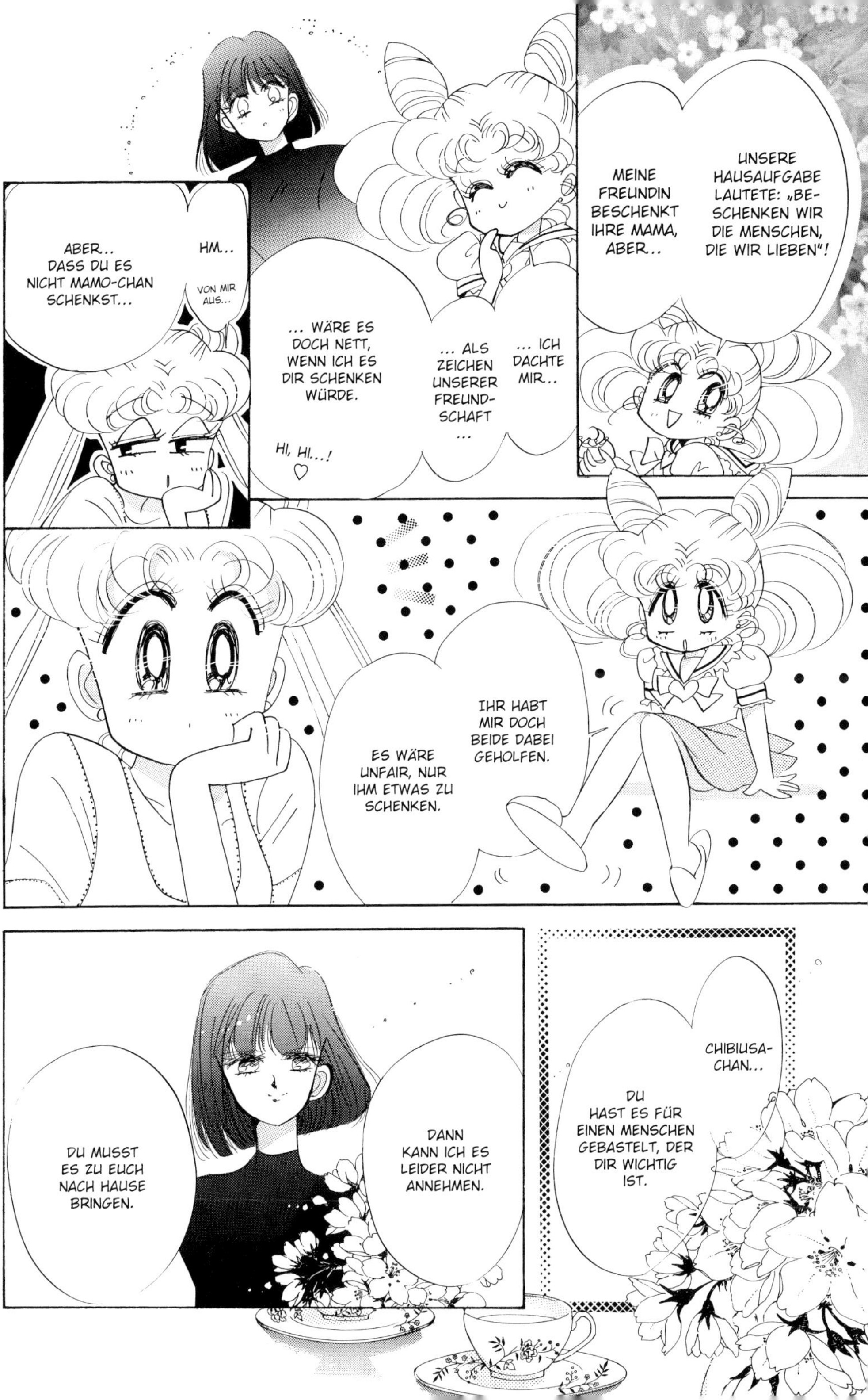
UNSERE HAUSAUFGABE LAUTETE: „BESCHENKEN WIR DIE MENSCHEN, DIE WIR LIEBEN"!
MEINE FREUNDIN BESCHENKT IHRE MAMA, ABER…
… ICH DACHTE MIR…
… ALS ZEICHEN UNSERER FREUNDSCHAFT …
… WÄRE ES DOCH NETT, WENN ICH ES DIR SCHENKEN WÜRDE.
HI, HI…! ♡
HM…
VON MIR AUS…
ABER.. DASS DU ES NICHT MAMO-CHAN SCHENKST…
IHR HABT MIR DOCH BEIDE DABEI GEHOLFEN.
ES WÄRE UNFAIR, NUR IHM ETWAS ZU SCHENKEN.
CHIBIUSA-CHAN…
DU HAST ES FÜR EINEN MENSCHEN GEBASTELT, DER DIR WICHTIG IST.
DANN KANN ICH ES LEIDER NICHT ANNEHMEN.
DU MUSST ES ZU EUCH NACH HAUSE BRINGEN.

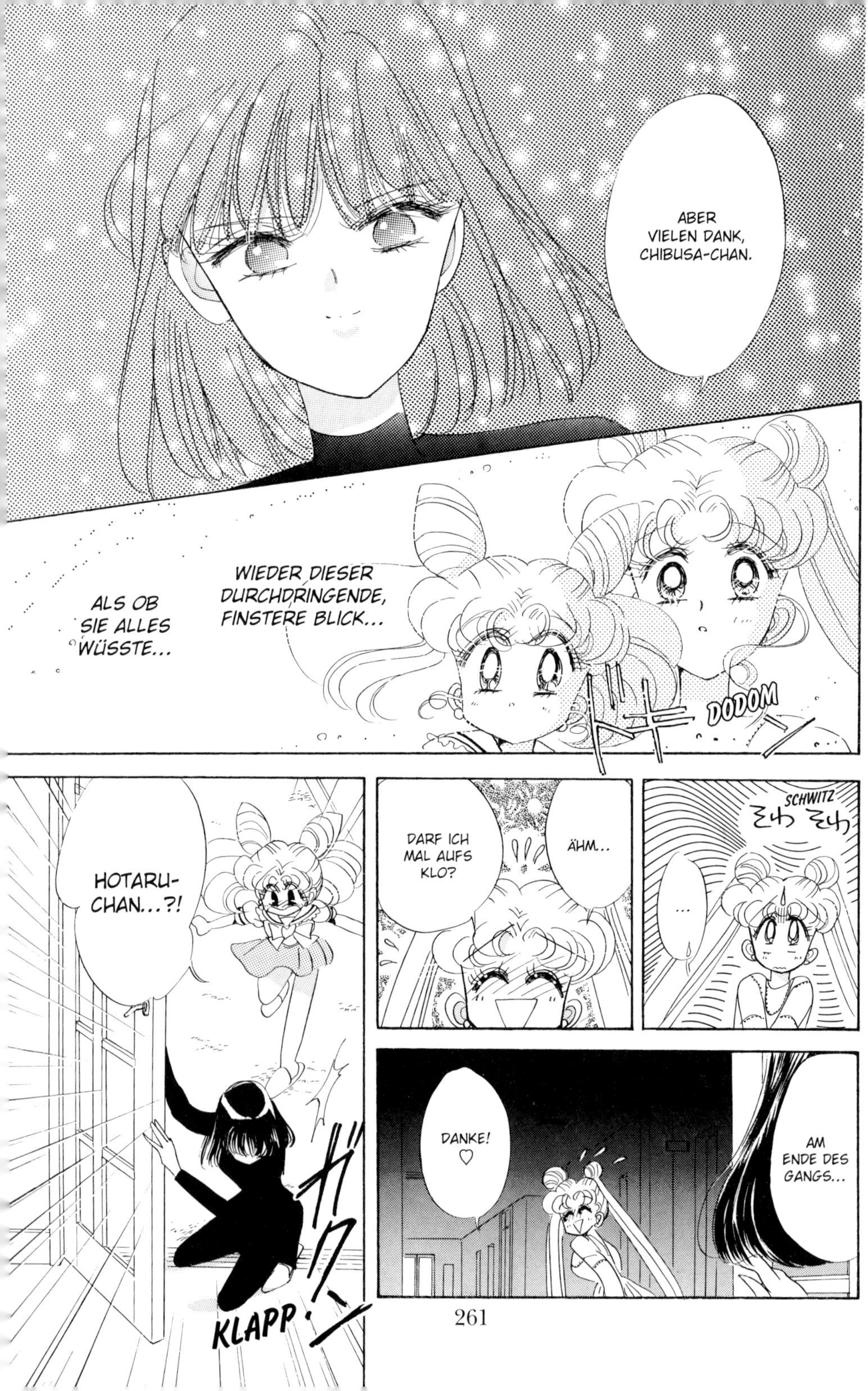
ABER VIELEN DANK, CHIBUSA-CHAN.
WIEDER DIESER DURCHDRINGENDE, FINSTERE BLICK...
ALS OB SIE ALLES WÜSSTE...
DODOM
SCHWITZ
...
ÄHM...
DARF ICH MAL AUFS KLO?
HOTARU-CHAN...?!
AM ENDE DES GANGS...
DANKE! ♡
KLAPP

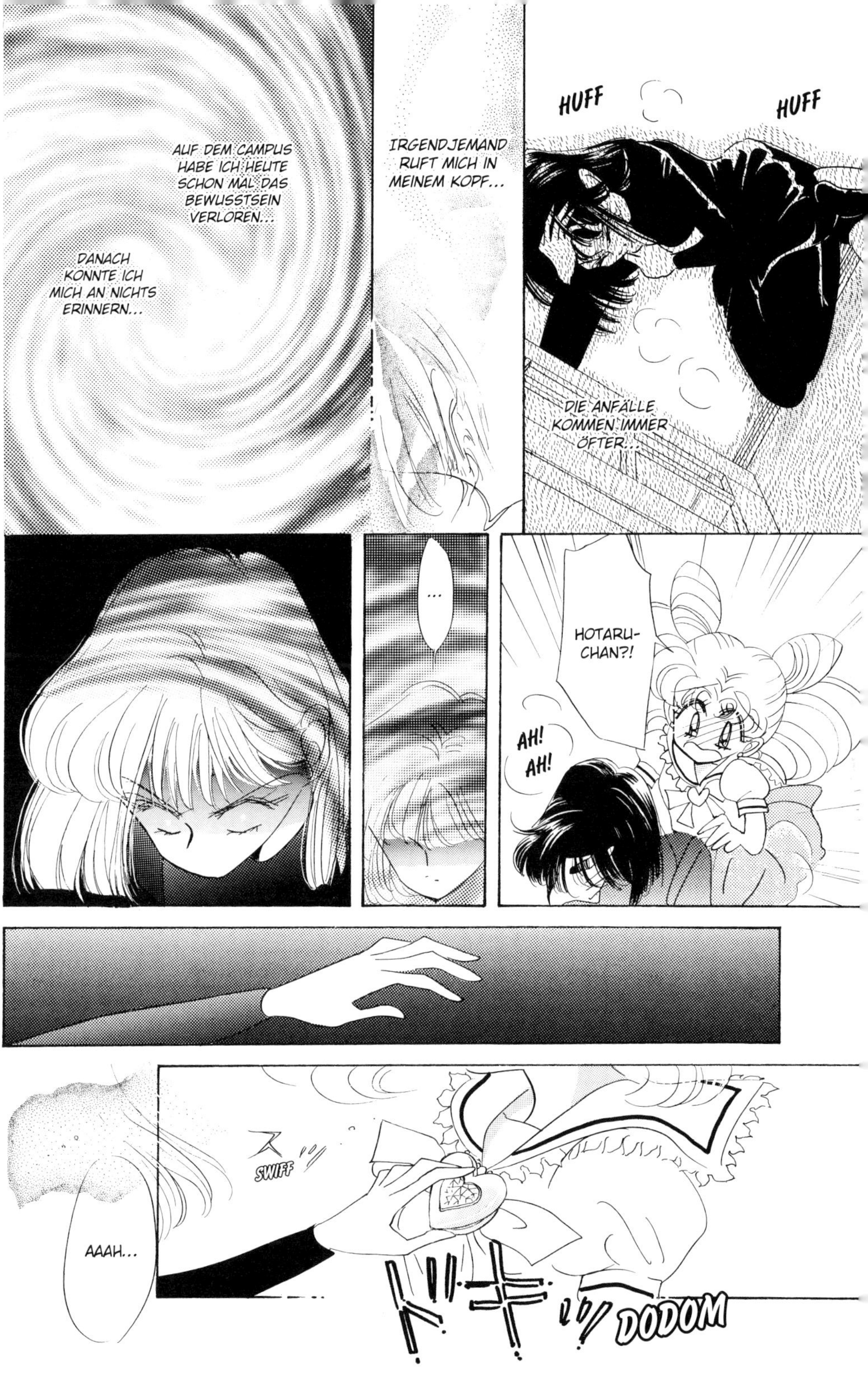
HUFF
HUFF
DIE ANFÄLLE KOMMEN IMMER ÖFTER...
IRGENDJEMAND RUFT MICH IN MEINEM KOPF...
AUF DEM CAMPUS HABE ICH HEUTE SCHON MAL DAS BEWUSSTSEIN VERLOREN...
DANACH KONNTE ICH MICH AN NICHTS ERINNERN...
HOTARU-CHAN?!
AH! AH!
...
ス
SWIFF
AAAH...
ドキ
DODOM

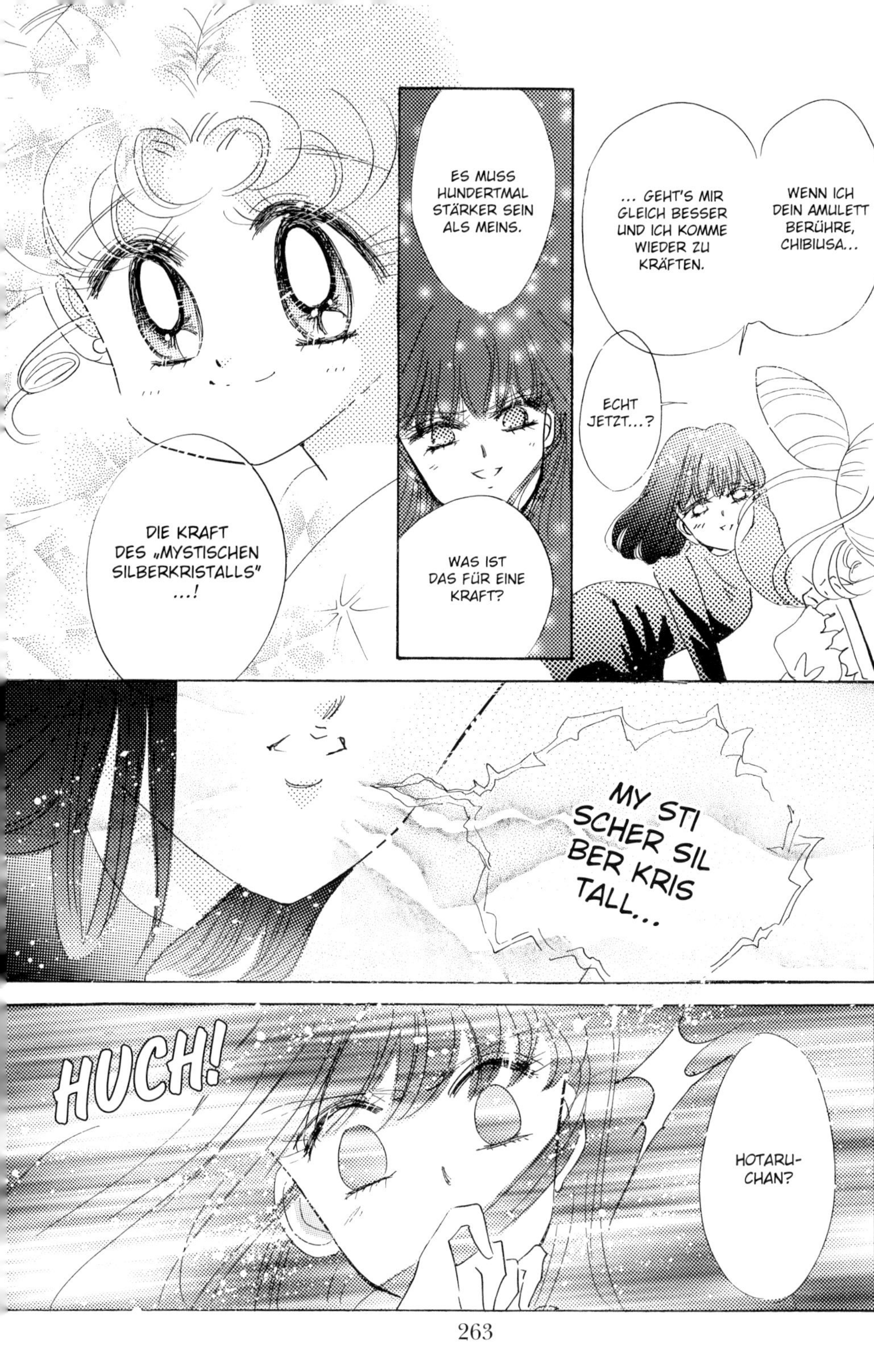
WENN ICH DEIN AMULETT BERÜHRE, CHIBIUSA…
… GEHT'S MIR GLEICH BESSER UND ICH KOMME WIEDER ZU KRÄFTEN.
ECHT JETZT…?
ES MUSS HUNDERTMAL STÄRKER SEIN ALS MEINS.
WAS IST DAS FÜR EINE KRAFT?
DIE KRAFT DES „MYSTISCHEN SILBERKRISTALLS" …!
MY STI SCHER SIL BER KRIS TALL…
HOTARU-CHAN?
HUCH!

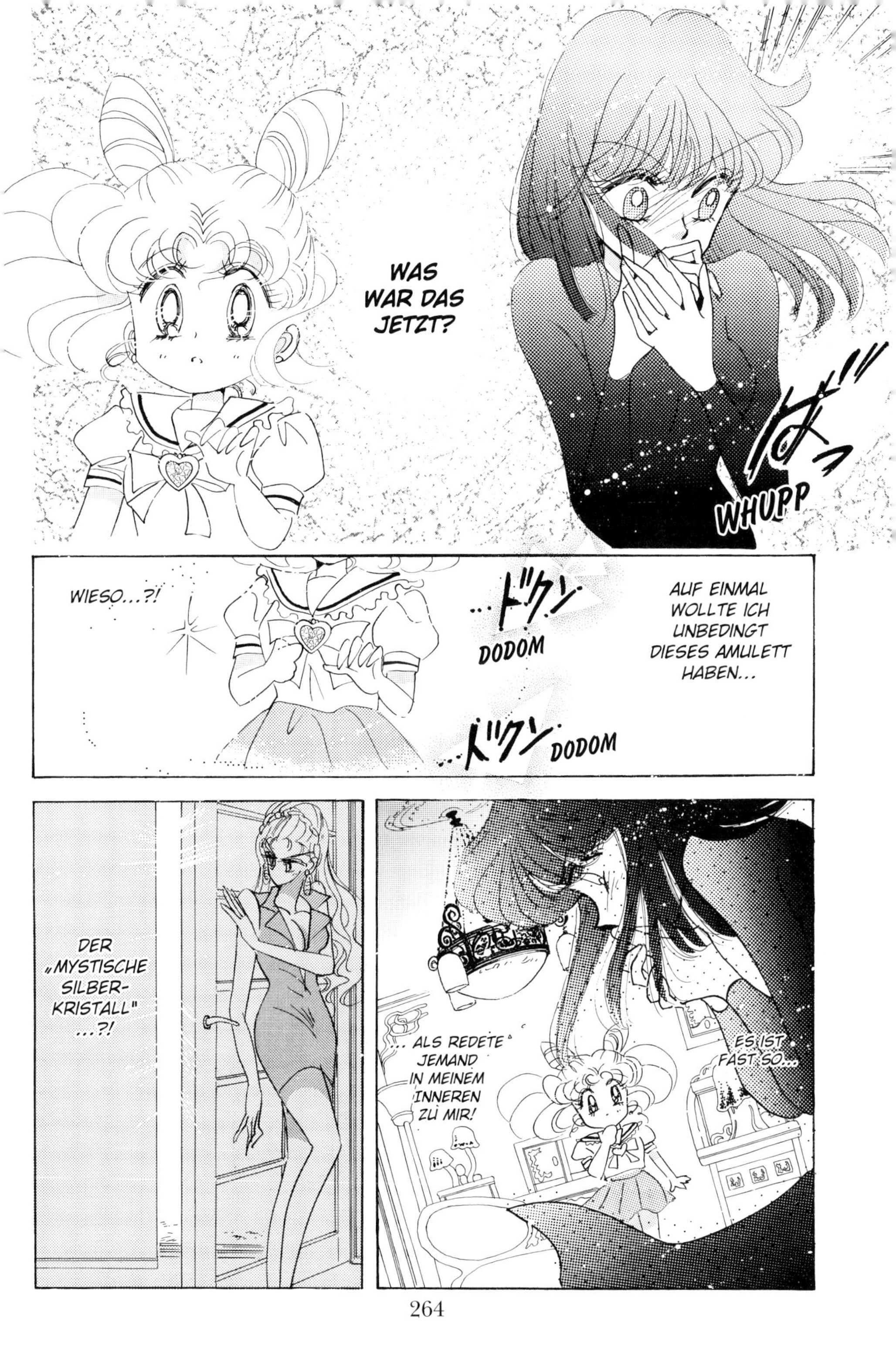
WAS WAR DAS JETZT?
ぱっ
WHUPP
WIESO...?!
ドクン
DODOM
AUF EINMAL WOLLTE ICH UNBEDINGT DIESES AMULETT HABEN...
ドクン
DODOM
DER „MYSTISCHE SILBER-KRISTALL" ...?!
ES IST FAST SO...
... ALS REDETE JEMAND IN MEINEM INNEREN ZU MIR!

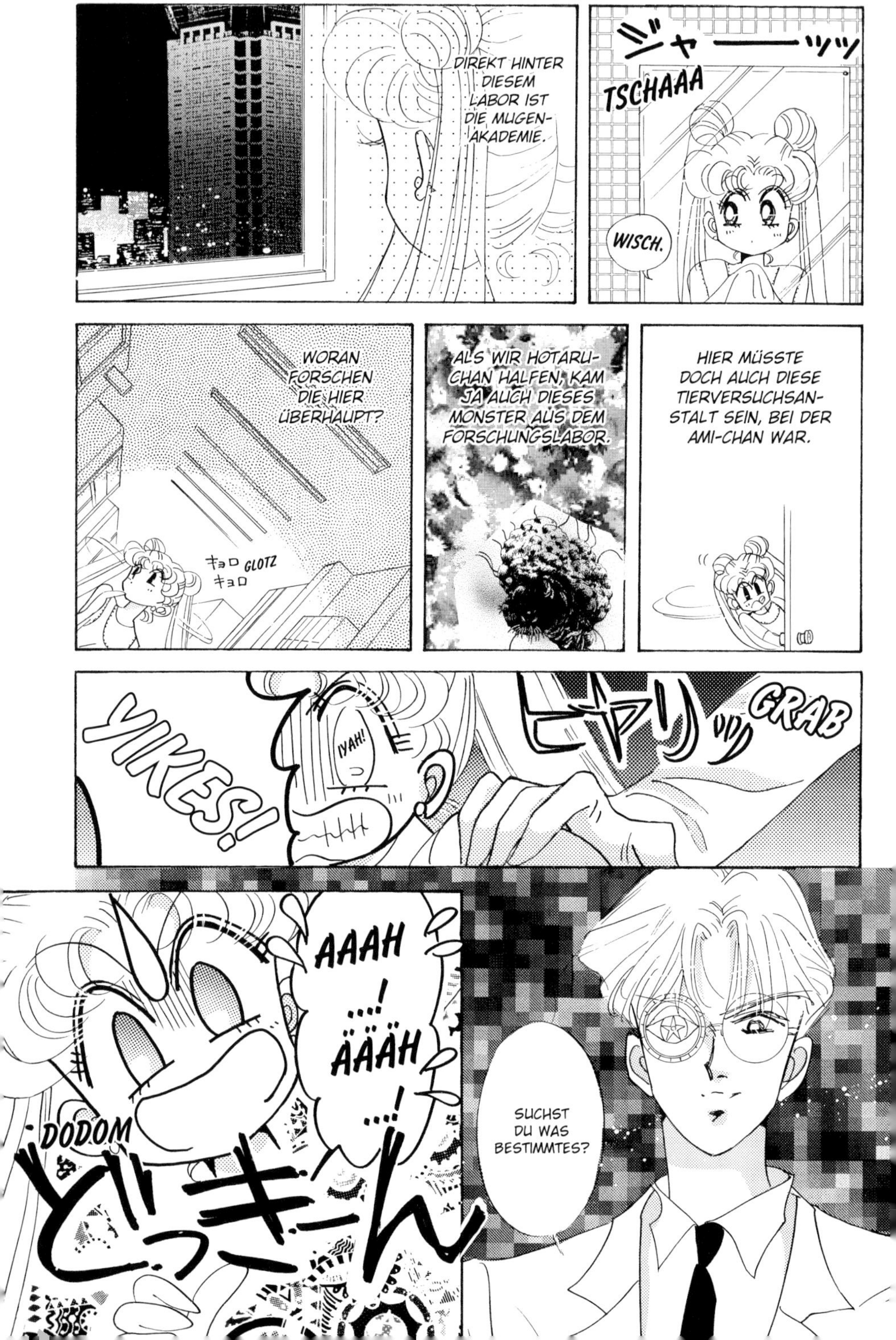
ジャーーッツ
TSCHAAA
WISCH.
DIREKT HINTER DIESEM LABOR IST DIE MUGEN-AKADEMIE.
HIER MÜSSTE DOCH AUCH DIESE TIERVERSUCHSAN-STALT SEIN, BEI DER AMI-CHAN WAR.
ALS WIR HOTARU-CHAN HALFEN, KAM JA AUCH DIESES MONSTER AUS DEM FORSCHUNGSLABOR.
WORAN FORSCHEN DIE HIER ÜBERHAUPT?
キョロ キョロ GLOTZ
GRAB
IYAH!
YIKES!
SUCHST DU WAS BESTIMMTES?
AAAH ...! ÄÄÄH ...!
DODOM
どっきーん

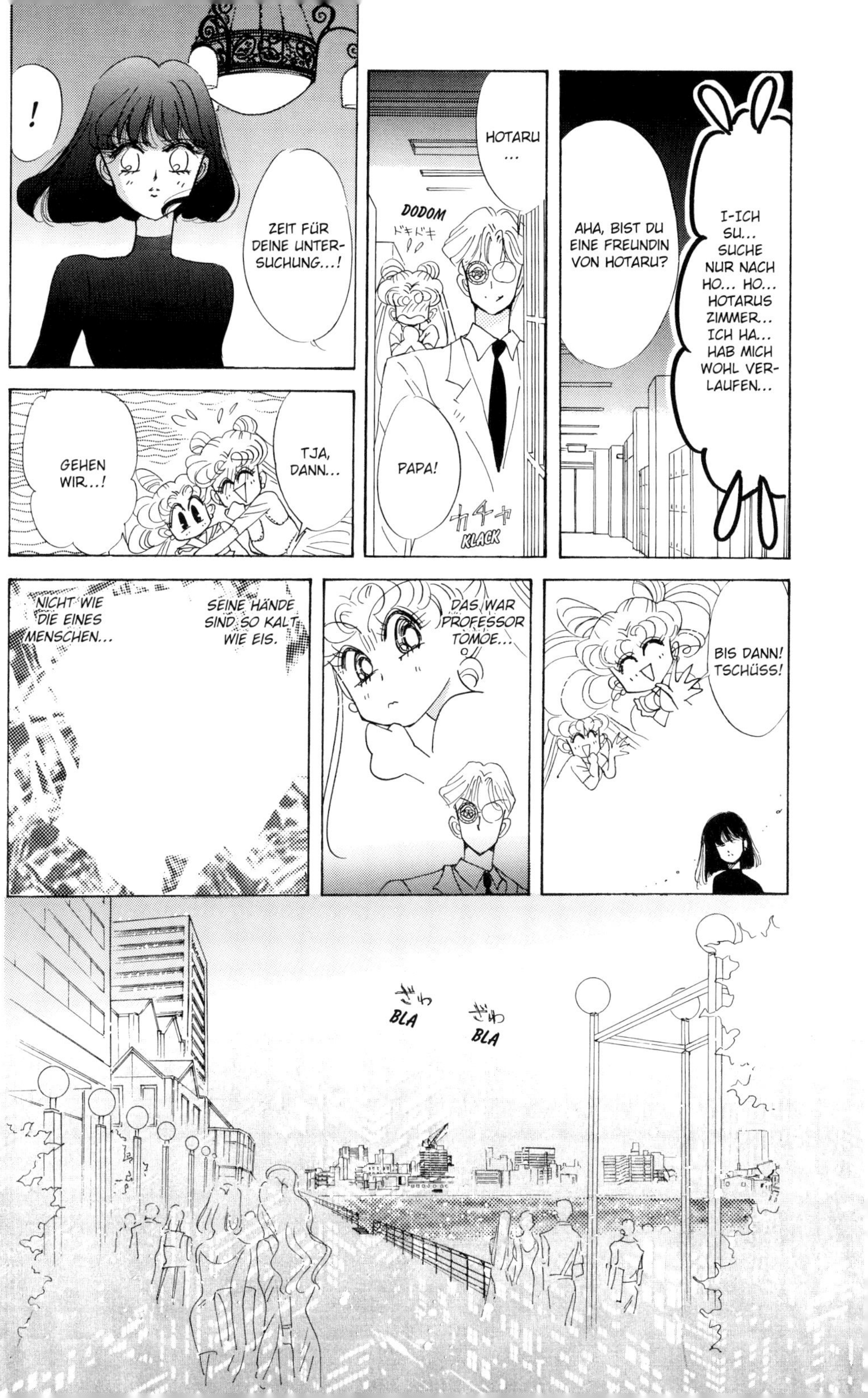
ZEIT FÜR DEINE UNTER-SUCHUNG...!
!
TJA, DANN...
GEHEN WIR...!
KLACK
PAPA!
DODOM
HOTARU ...
AHA, BIST DU EINE FREUNDIN VON HOTARU?
I-ICH SU... SUCHE NUR NACH HO... HO... HOTARUS ZIMMER.. ICH HA... HAB MICH WOHL VER-LAUFEN...
BIS DANN! TSCHÜSS!
DAS WAR PROFESSOR TOMOE...
SEINE HÄNDE SIND SO KALT WIE EIS.
NICHT WIE DIE EINES MENSCHEN...
BLA
BLA

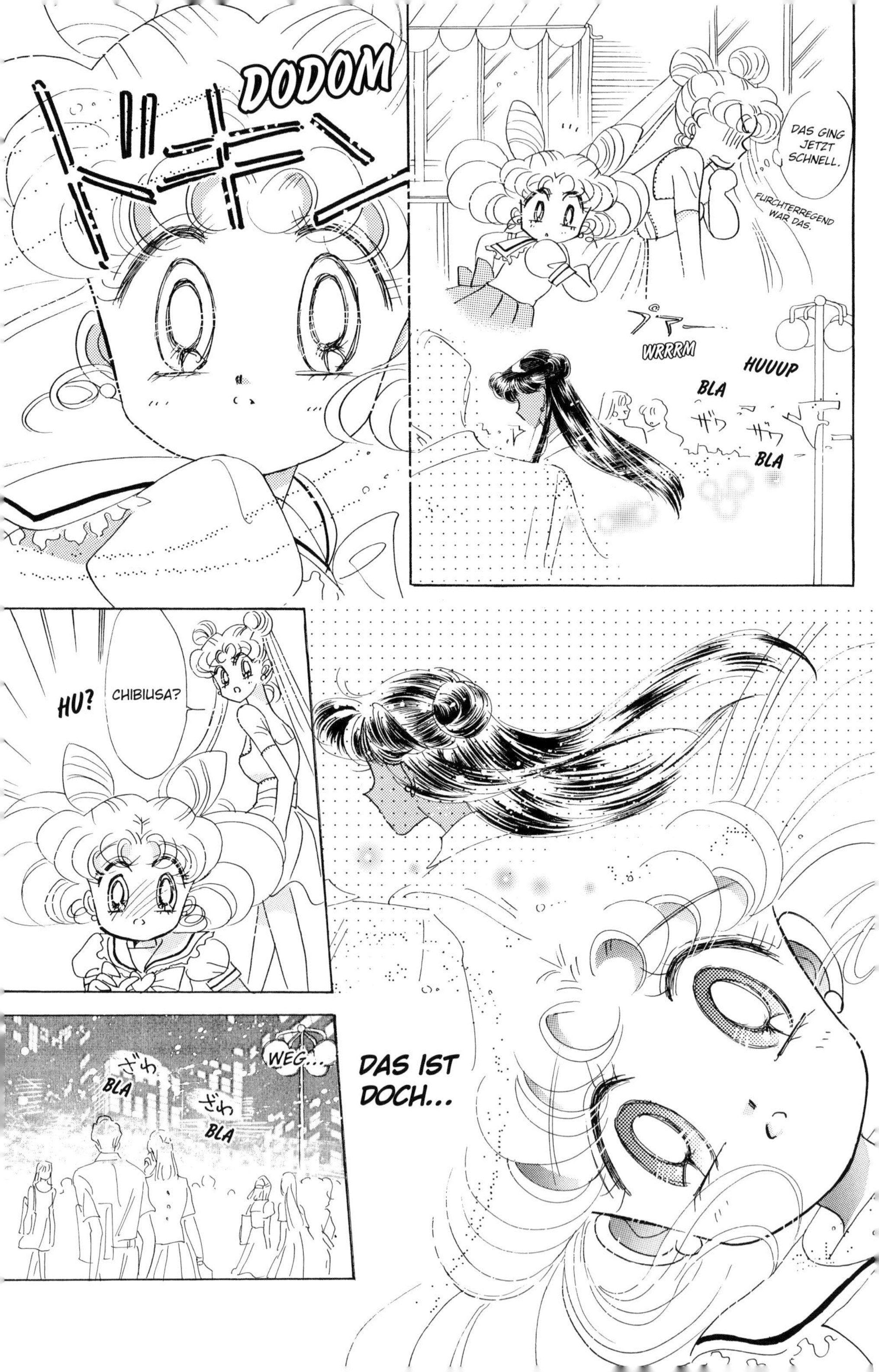

DAS GING JETZT SCHNELL.
FURCHTERREGEND WAR DAS.
DODOM
WRRRM
HUUUP
BLA
BLA
HU?
CHIBIUSA?
DAS IST DOCH...
WEG...
BLA
BLA

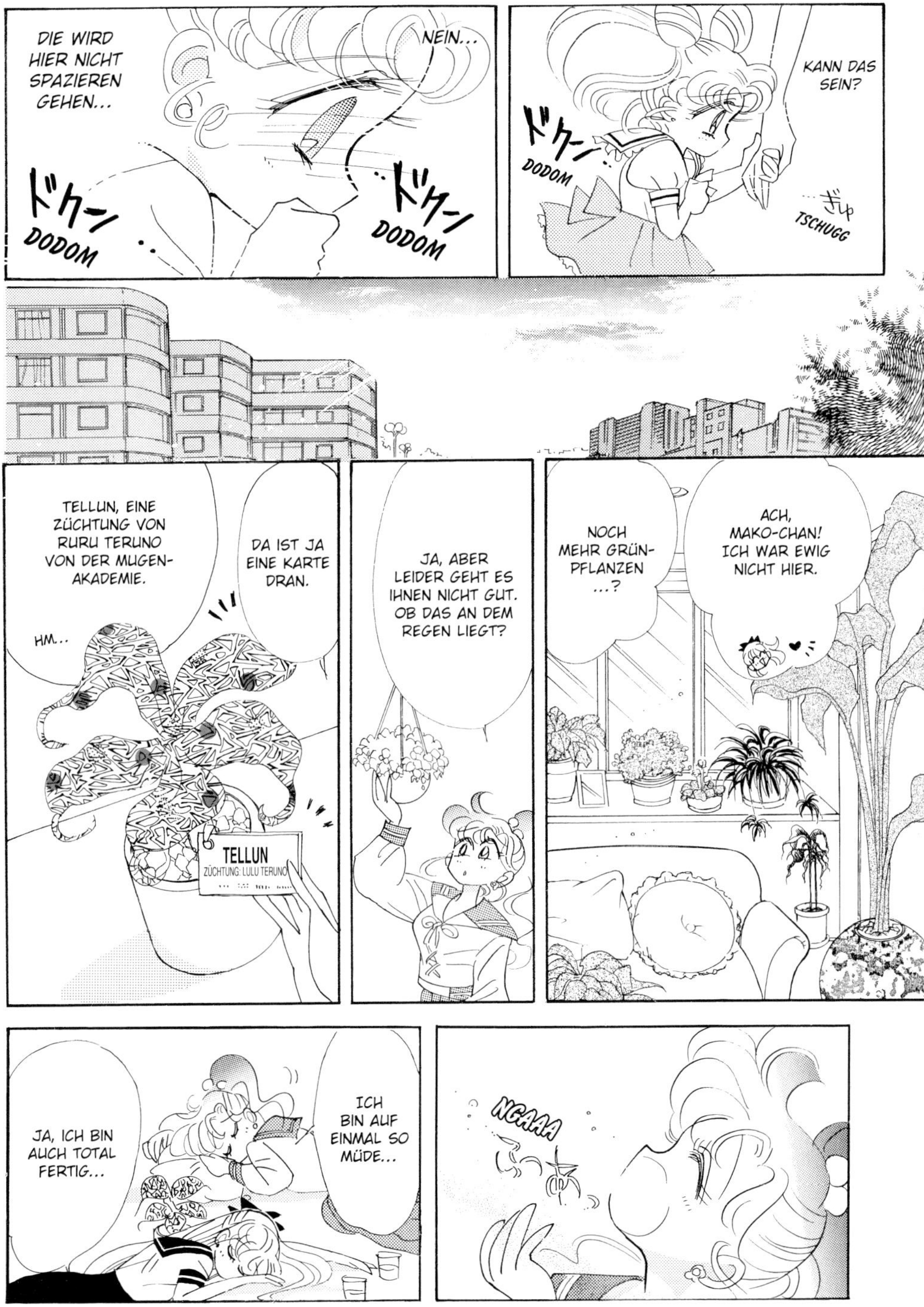
KANN DAS SEIN?
ドクーン
DODOM
ぎゅ
TSCHUGG
NEIN...
DIE WIRD HIER NICHT SPAZIEREN GEHEN...
ドクーン
DODOM
ドクーン
DODOM
ACH, MAKO-CHAN! ICH WAR EWIG NICHT HIER.
NOCH MEHR GRÜNPFLANZEN ...?
JA, ABER LEIDER GEHT ES IHNEN NICHT GUT. OB DAS AN DEM REGEN LIEGT?
DA IST JA EINE KARTE DRAN.
TELLUN, EINE ZÜCHTUNG VON RURU TERUNO VON DER MUGEN-AKADEMIE.
HM...
TELLUN
ZÜCHTUNG: LULU TERUNO
NGAAA
ICH BIN AUF EINMAL SO MÜDE...
JA, ICH BIN AUCH TOTAL FERTIG...

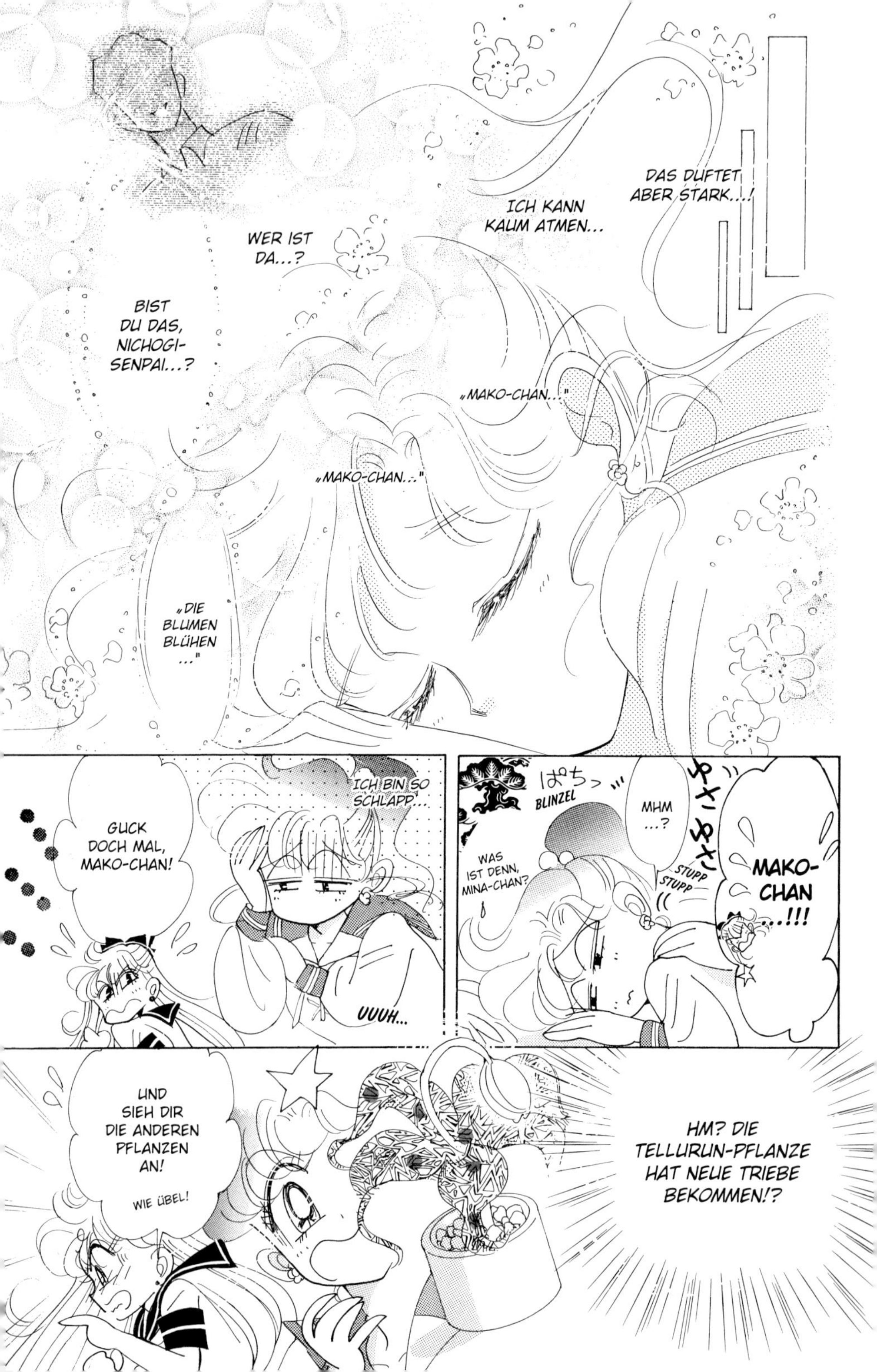

DAS DUFTET ABER STARK...!
ICH KANN KAUM ATMEN...
WER IST DA...?
BIST DU DAS, NICHOGI-SENPAI...?
„MAKO-CHAN..."
„MAKO-CHAN..."
„DIE BLUMEN BLÜHEN ..."
ゆさゆさ
MAKO-CHAN...!!!
MHM ...?
STUPP STUPP
ぱちっ
BLINZEL
WAS IST DENN, MINA-CHAN?
ICH BIN SO SCHLAPP...
GUCK DOCH MAL, MAKO-CHAN!
UUUH...
HM? DIE TELLURUN-PFLANZE HAT NEUE TRIEBE BEKOMMEN!?
UND SIEH DIR DIE ANDEREN PFLANZEN AN!
WIE ÜBEL!

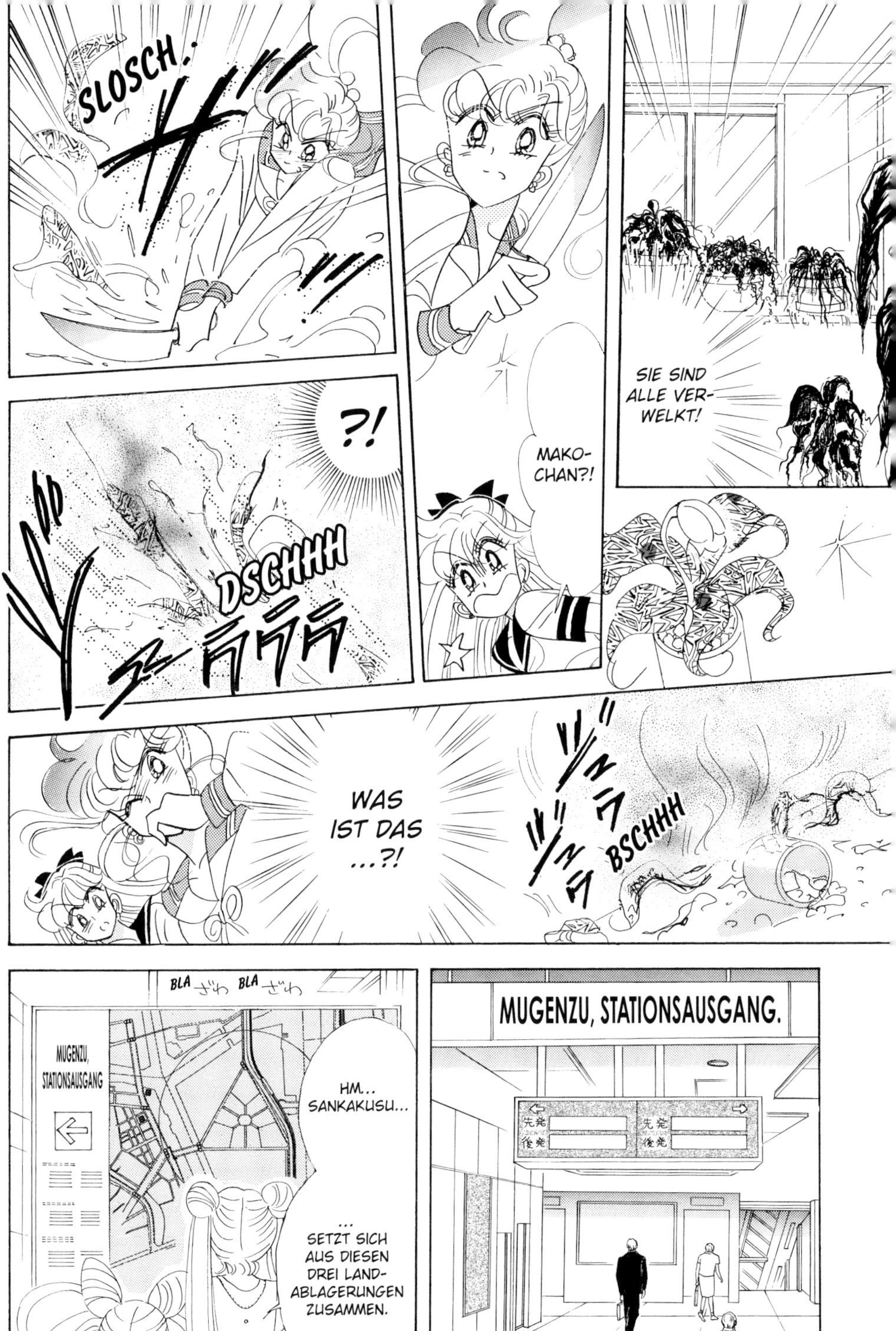

SLOSCH
SIE SIND ALLE VERWELKT!
MAKO-CHAN?!
?!
DSCHHH
WAS IST DAS ...?!
BSCHHH
MUGENZU, STATIONSAUSGANG.
BLA ざわ BLA ざわ
MUGENZU, STATIONSAUSGANG
HM... SANKAKUSU...
... SETZT SICH AUS DIESEN DREI LAND-ABLAGERUNGEN ZUSAMMEN.

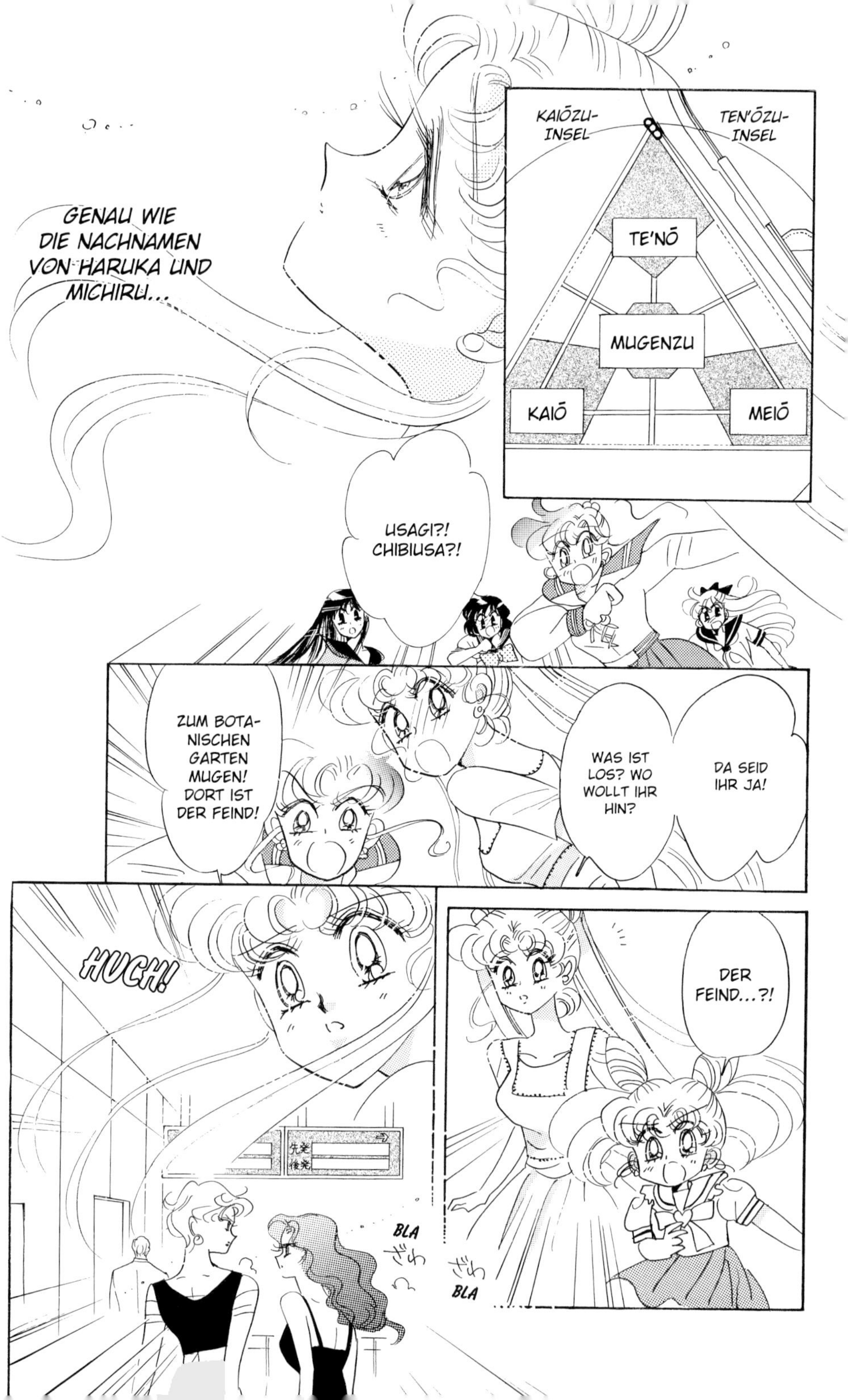

KAIŌZU-INSEL
TEN'ŌZU-INSEL
TE'NŌ
MUGENZU
KAIŌ
MEIŌ
GENAU WIE DIE NACHNAMEN VON HARUKA UND MICHIRU...
USAGI?! CHIBIUSA?!
DA SEID IHR JA!
WAS IST LOS? WO WOLLT IHR HIN?
ZUM BOTANISCHEN GARTEN MUGEN! DORT IST DER FEIND!
DER FEIND...?!
HUCH!
BLA
ざわ
ざわ
BLA

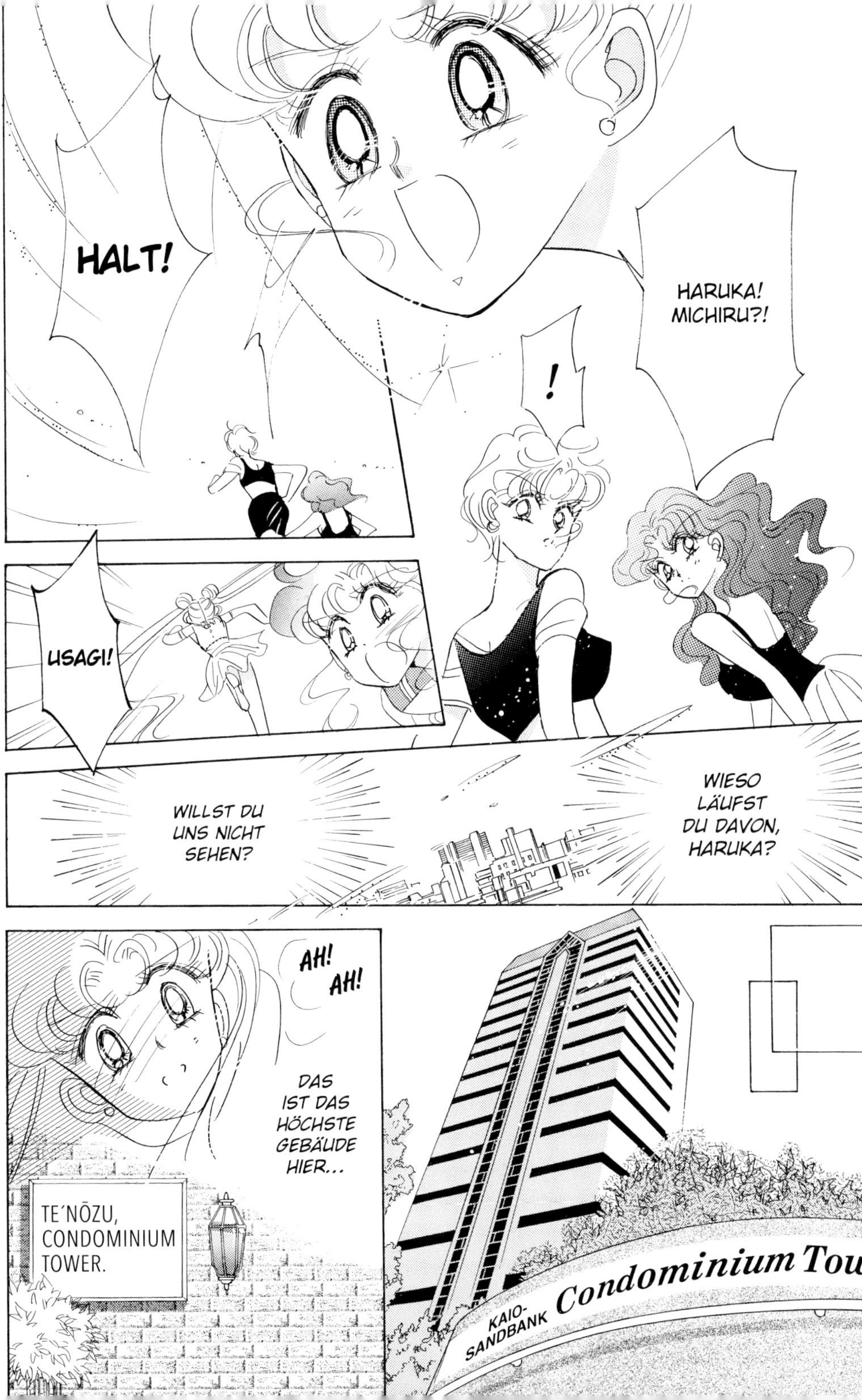

HARUKA! MICHIRU?!
!
HALT!
USAGI!
WIESO LÄUFST DU DAVON, HARUKA?
WILLST DU UNS NICHT SEHEN?
KAIO-SANDBANK Condominium Tou
AH! AH!
DAS IST DAS HÖCHSTE GEBÄUDE HIER...
TE´NŌZU, CONDOMINIUM TOWER.

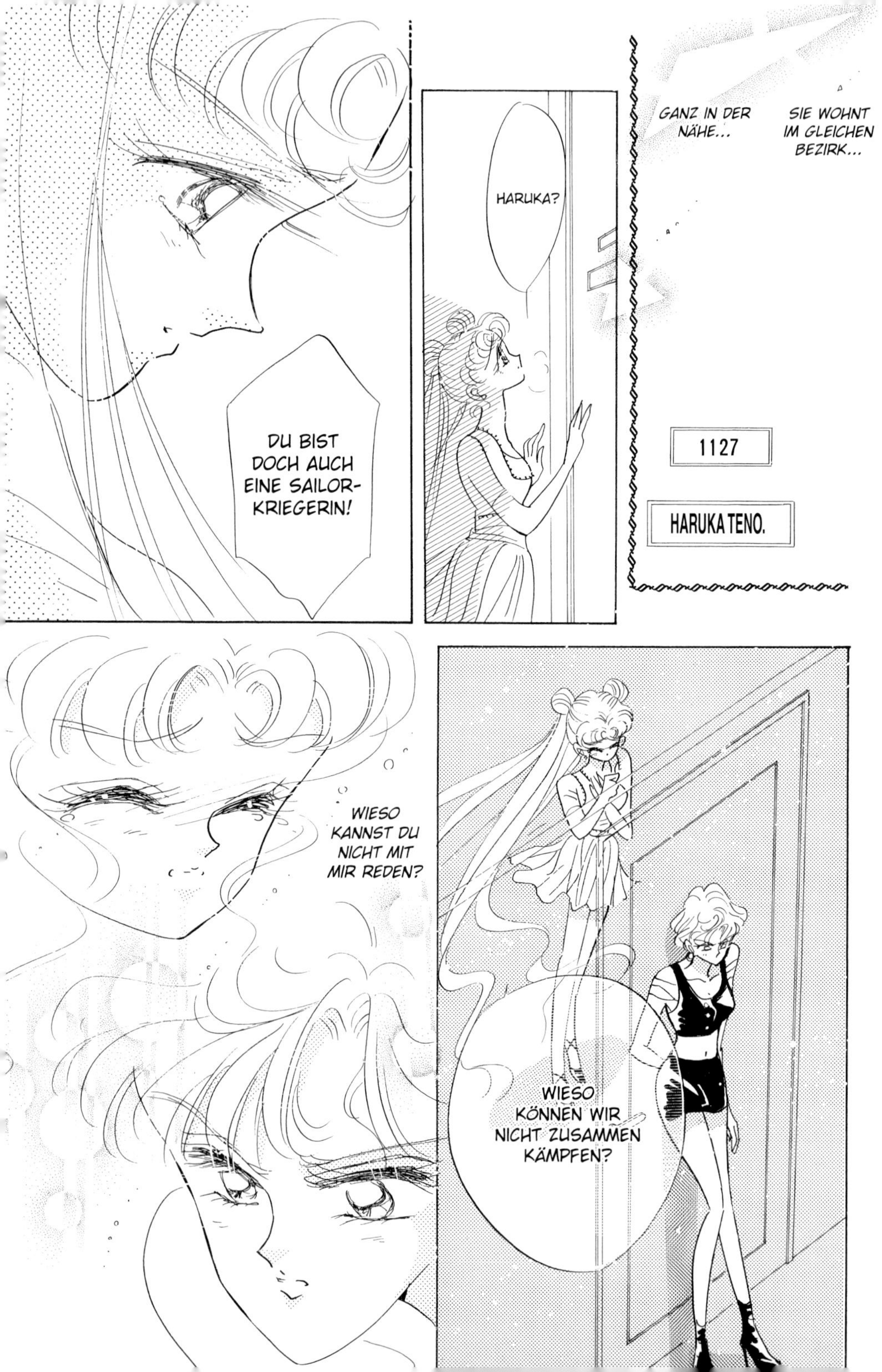
SIE WOHNT IM GLEICHEN BEZIRK...
GANZ IN DER NÄHE...
1127
HARUKA TENO.
HARUKA?
DU BIST DOCH AUCH EINE SAILOR-KRIEGERIN!
WIESO KÖNNEN WIR NICHT ZUSAMMEN KÄMPFEN?
WIESO KANNST DU NICHT MIT MIR REDEN?

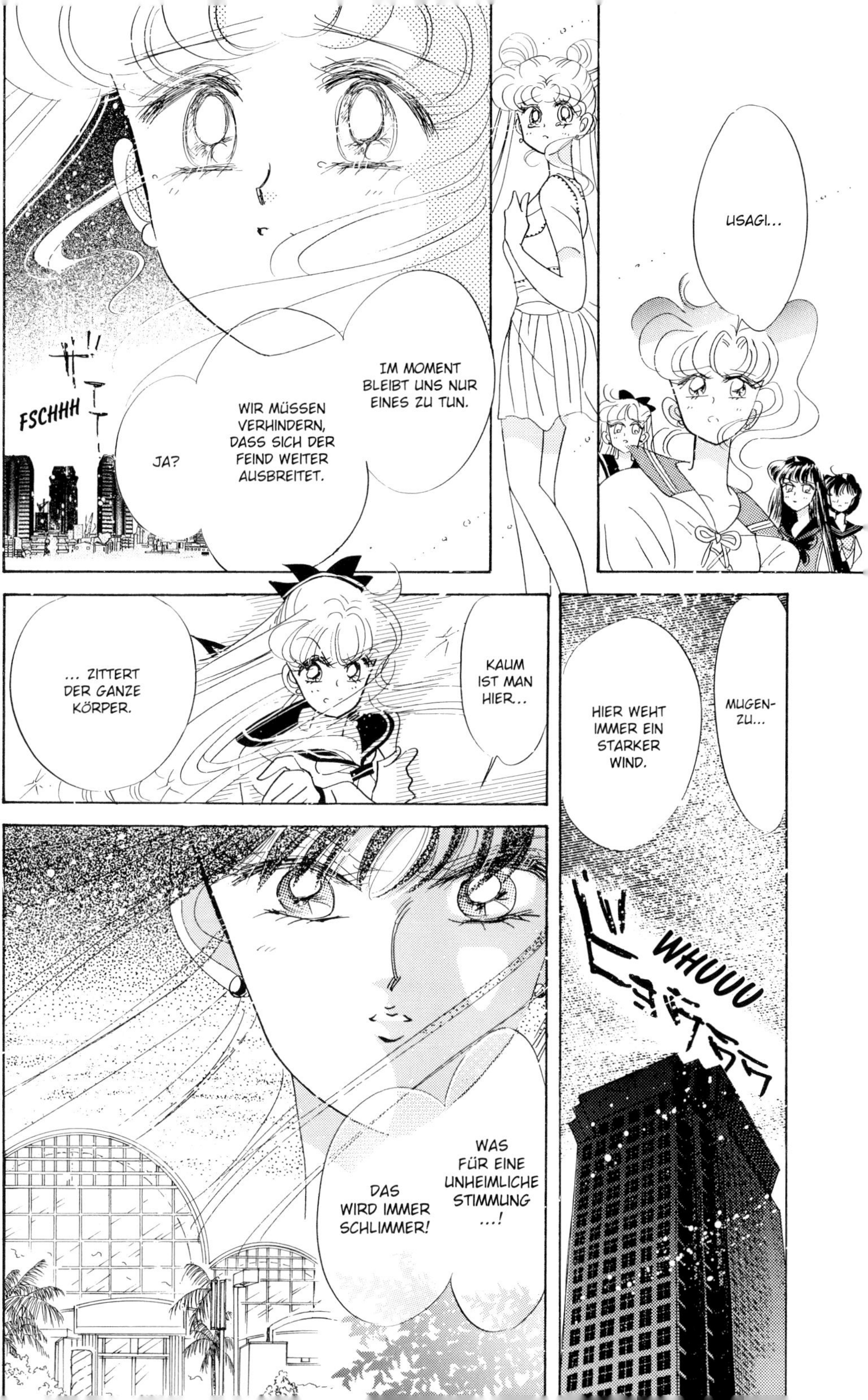
USAGI...
IM MOMENT BLEIBT UNS NUR EINES ZU TUN.
WIR MÜSSEN VERHINDERN, DASS SICH DER FEIND WEITER AUSBREITET.
JA?
FSCHHH
MUGEN-ZU...
HIER WEHT IMMER EIN STARKER WIND.
KAUM IST MAN HIER...
... ZITTERT DER GANZE KÖRPER.
WHUUU
WAS FÜR EINE UNHEIMLICHE STIMMUNG ...!
DAS WIRD IMMER SCHLIMMER!

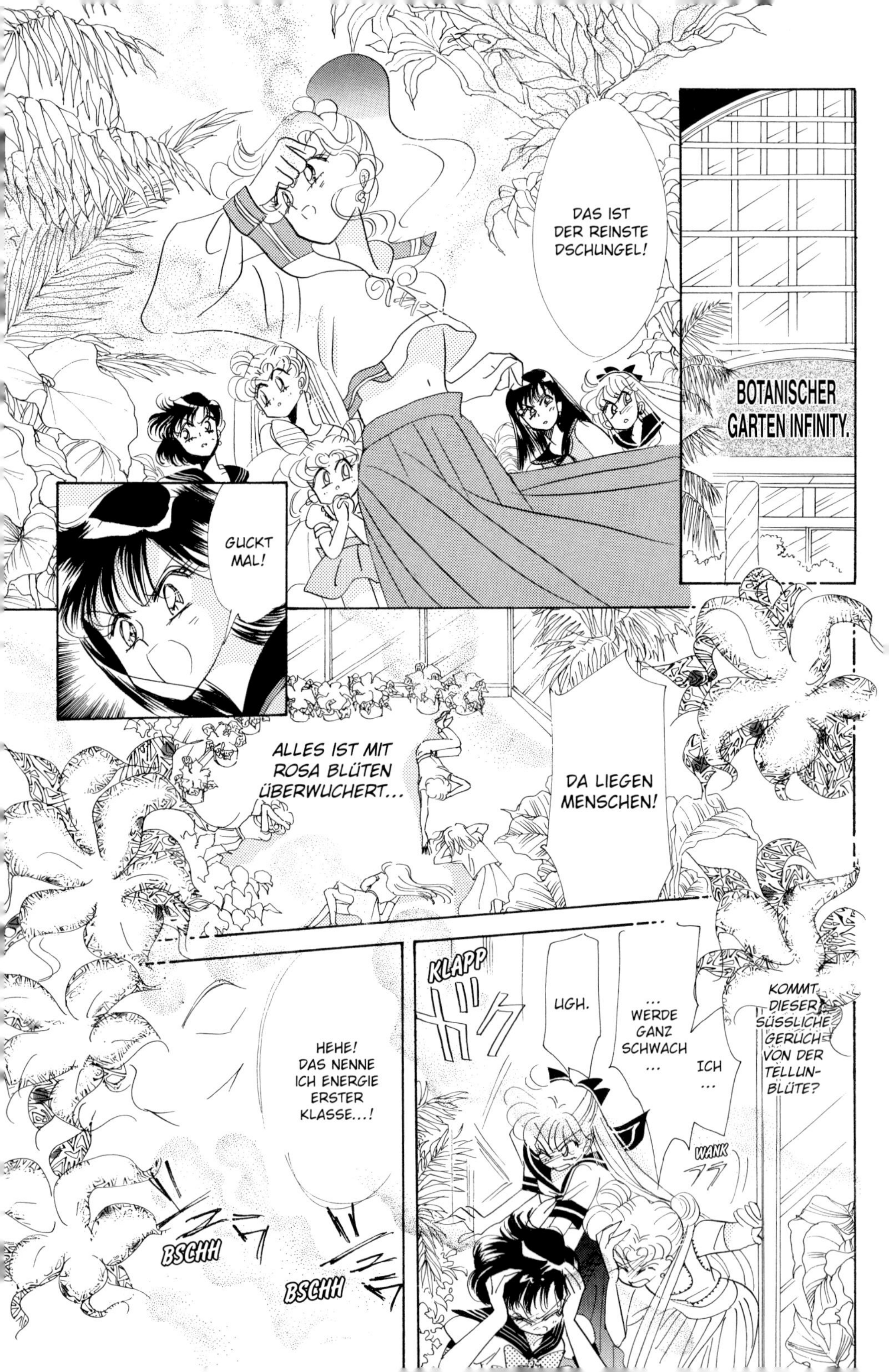
BOTANISCHER GARTEN INFINITY.
DAS IST DER REINSTE DSCHUNGEL!
GUCKT MAL!
DA LIEGEN MENSCHEN!
ALLES IST MIT ROSA BLÜTEN ÜBERWUCHERT...
KOMMT DIESER SÜSSLICHE GERUCH VON DER TELLUN-BLÜTE?
WANK
ICH ...
... WERDE GANZ SCHWACH ...
UGH.
KLAPP
HEHE! DAS NENNE ICH ENERGIE ERSTER KLASSE...!
BSCHH
BSCHH

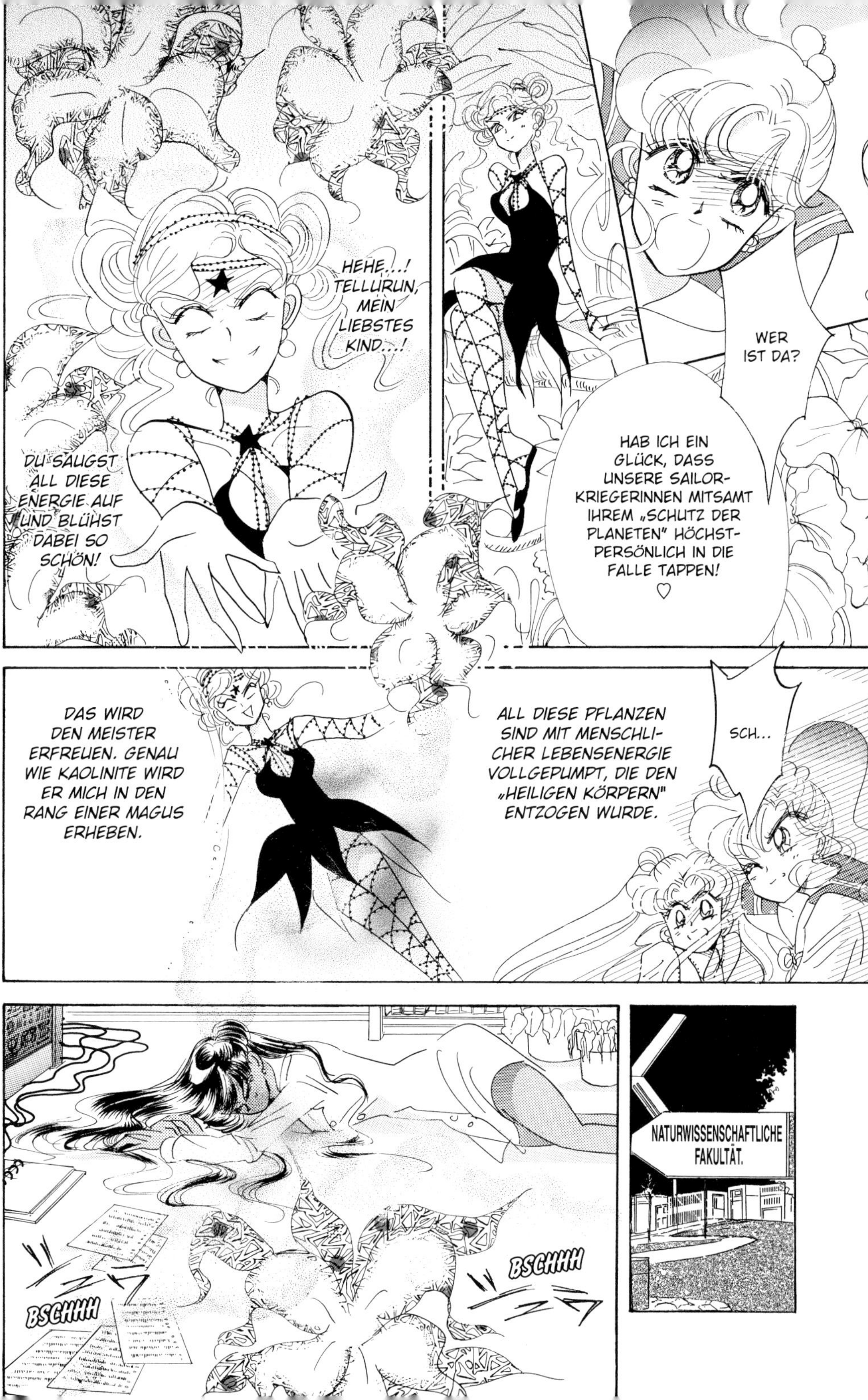

WER IST DA?
HAB ICH EIN GLÜCK, DASS UNSERE SAILOR-KRIEGERINNEN MITSAMT IHREM „SCHUTZ DER PLANETEN" HÖCHST-PERSÖNLICH IN DIE FALLE TAPPEN! ♡
HEHE...! TELLURUN, MEIN LIEBSTES KIND...!
DU SAUGST ALL DIESE ENERGIE AUF UND BLÜHST DABEI SO SCHÖN!
SCH...
ALL DIESE PFLANZEN SIND MIT MENSCHLI-CHER LEBENSENERGIE VOLLGEPUMPT, DIE DEN „HEILIGEN KÖRPERN" ENTZOGEN WURDE.
DAS WIRD DEN MEISTER ERFREUEN. GENAU WIE KAOLINITE WIRD ER MICH IN DEN RANG EINER MAGUS ERHEBEN.
NATURWISSENSCHAFTLICHE FAKULTÄT.
BSCHHH
BSCHHH

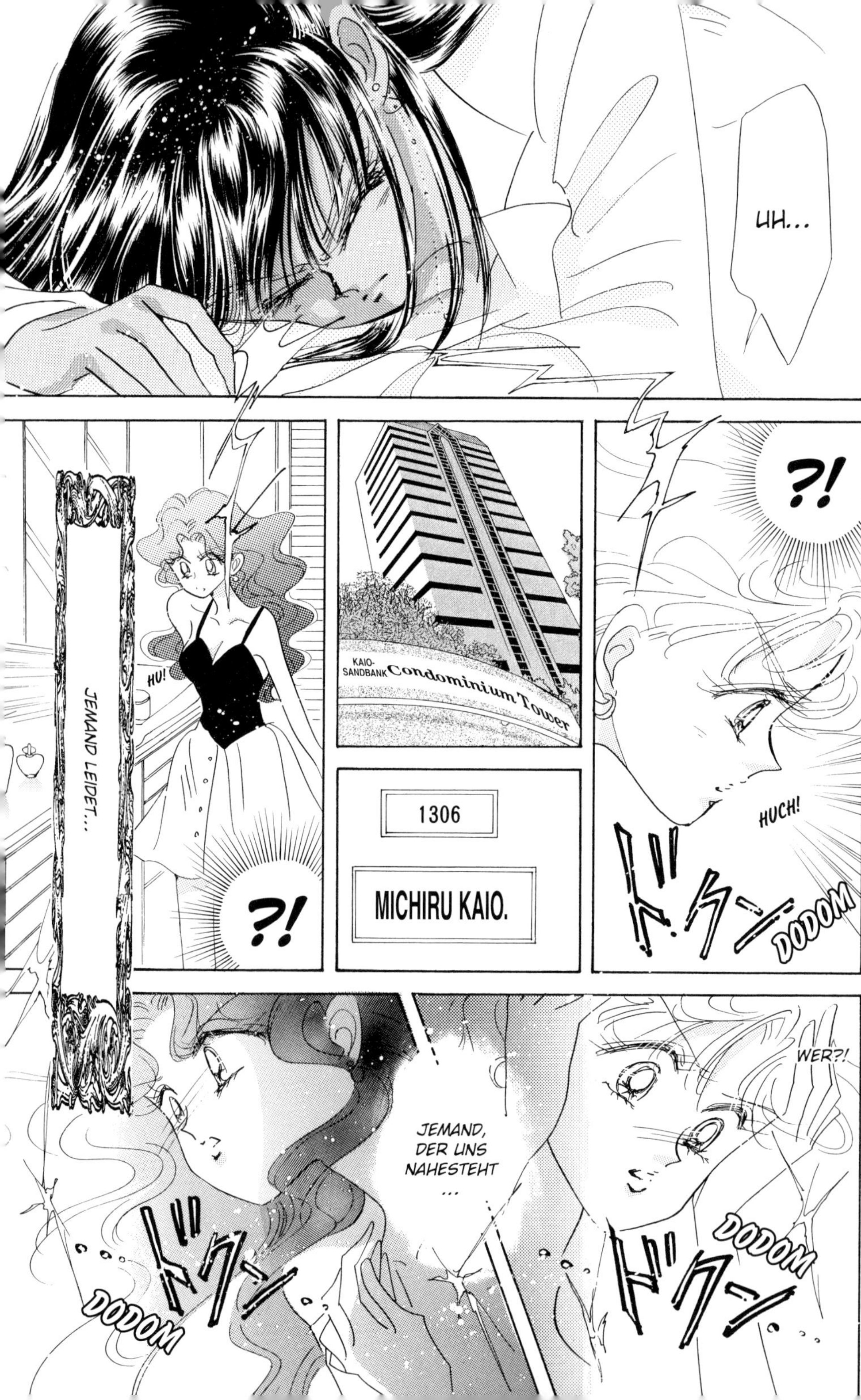

UH...
?!
HUCH!
DODOM
KAIO-SANDBANK Condominium Tower
1306
MICHIRU KAIO.
HU!
?!
JEMAND LEIDET...
WER?!
DODOM
JEMAND, DER UNS NAHESTEHT ...
DODOM

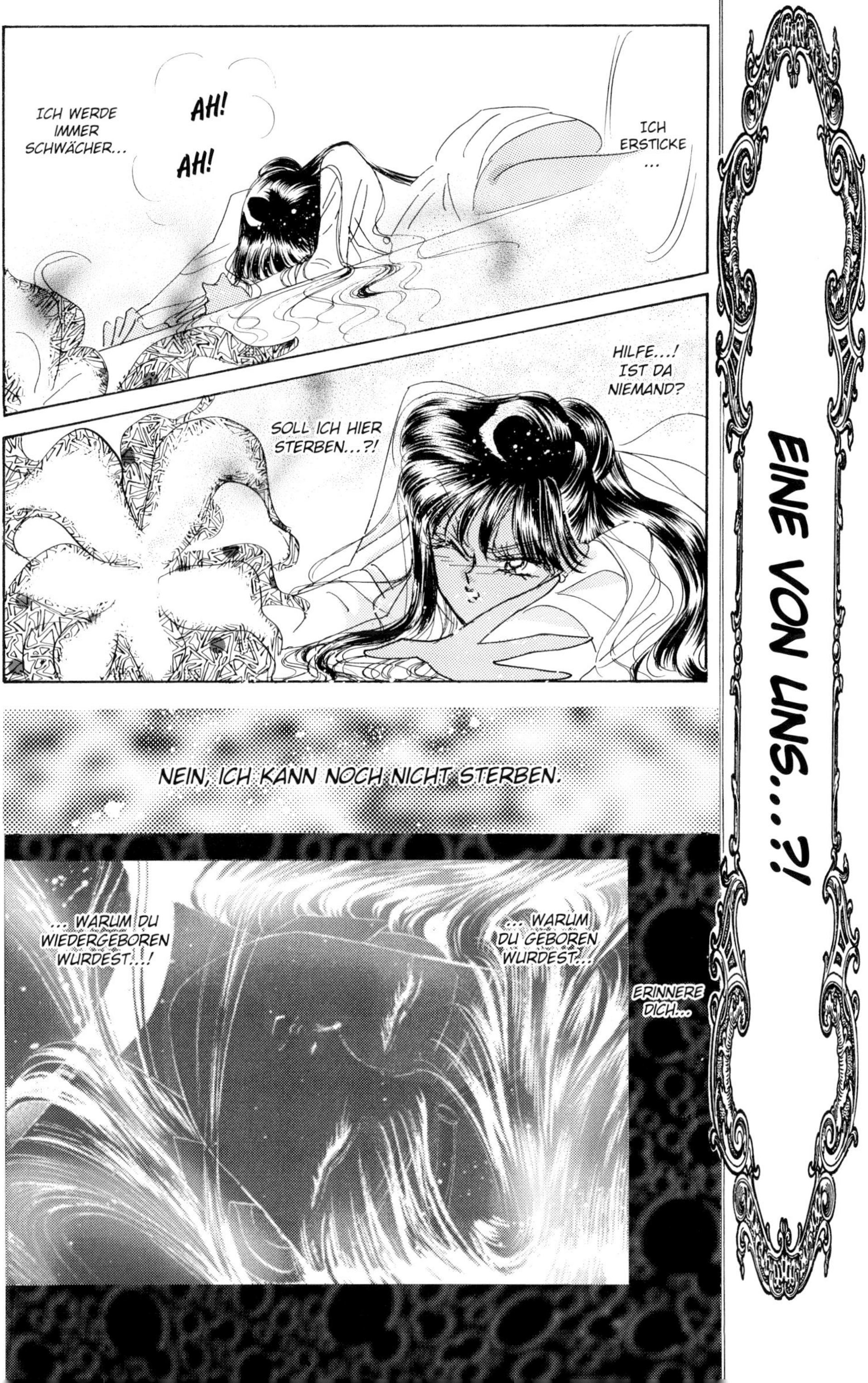

EINE VON UNS...?!
ICH ERSTICKE ...
AH!
AH!
ICH WERDE IMMER SCHWÄCHER...
HILFE...! IST DA NIEMAND?
SOLL ICH HIER STERBEN...?!
NEIN, ICH KANN NOCH NICHT STERBEN.
ERINNERE DICH...
... WARUM DU GEBOREN WURDEST...
... WARUM DU WIEDERGEBOREN WURDEST...!

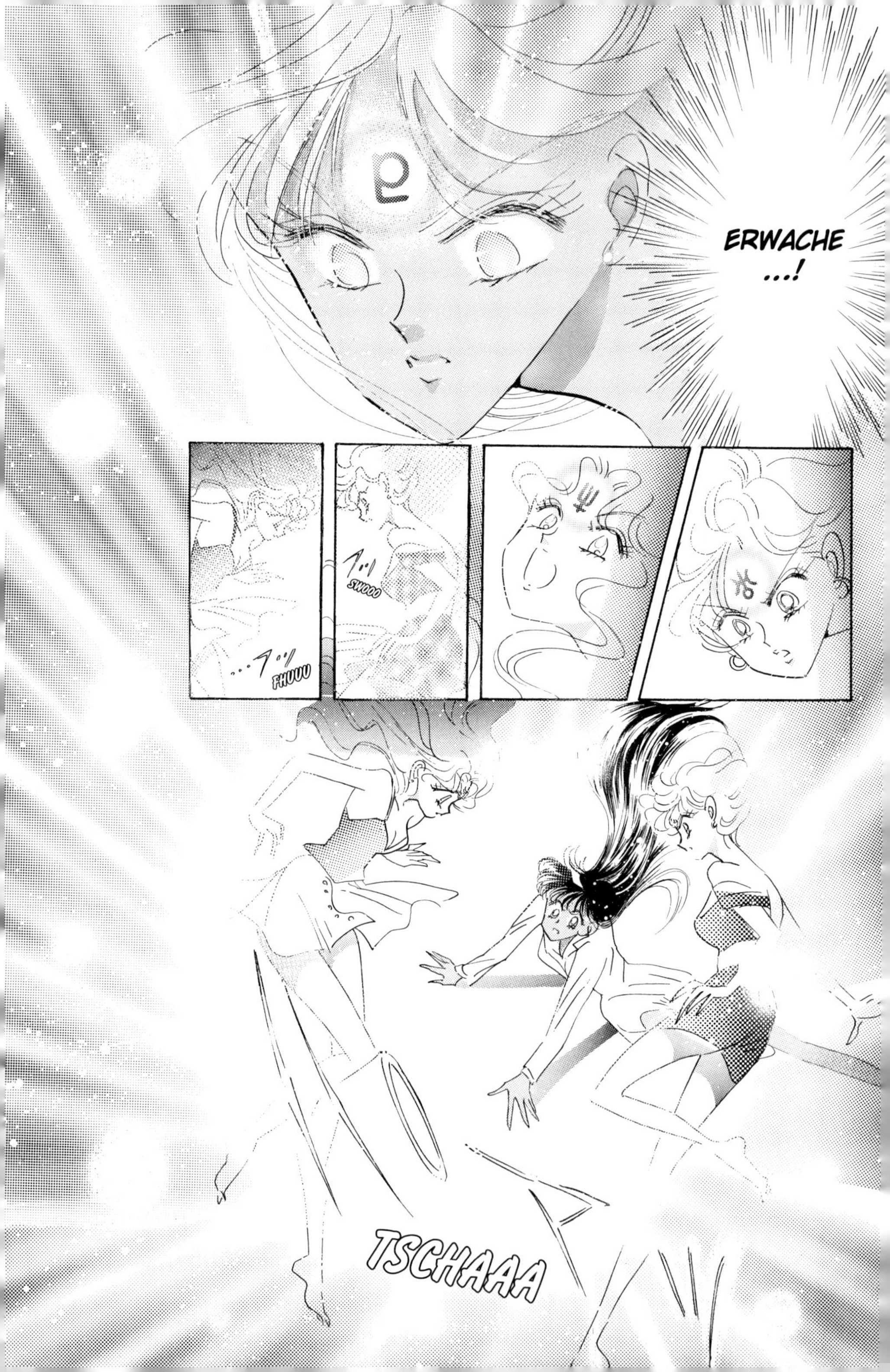
ERWACHE
...!
SWOOO
FHUUU
TSCHAAA

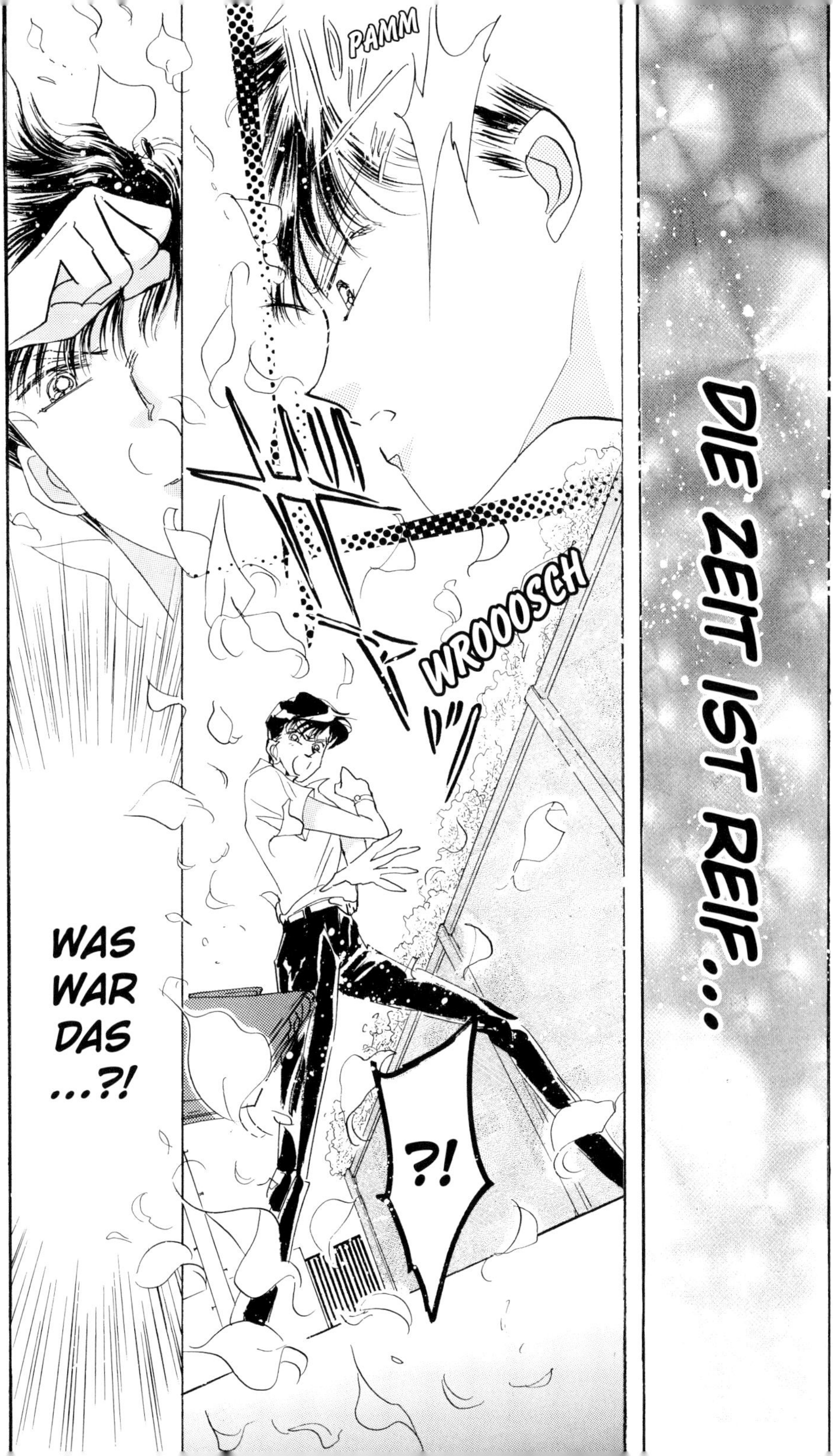
DIE ZEIT IST REIF...
PAMM
WROOOSCH
?!
WAS WAR DAS ...?!

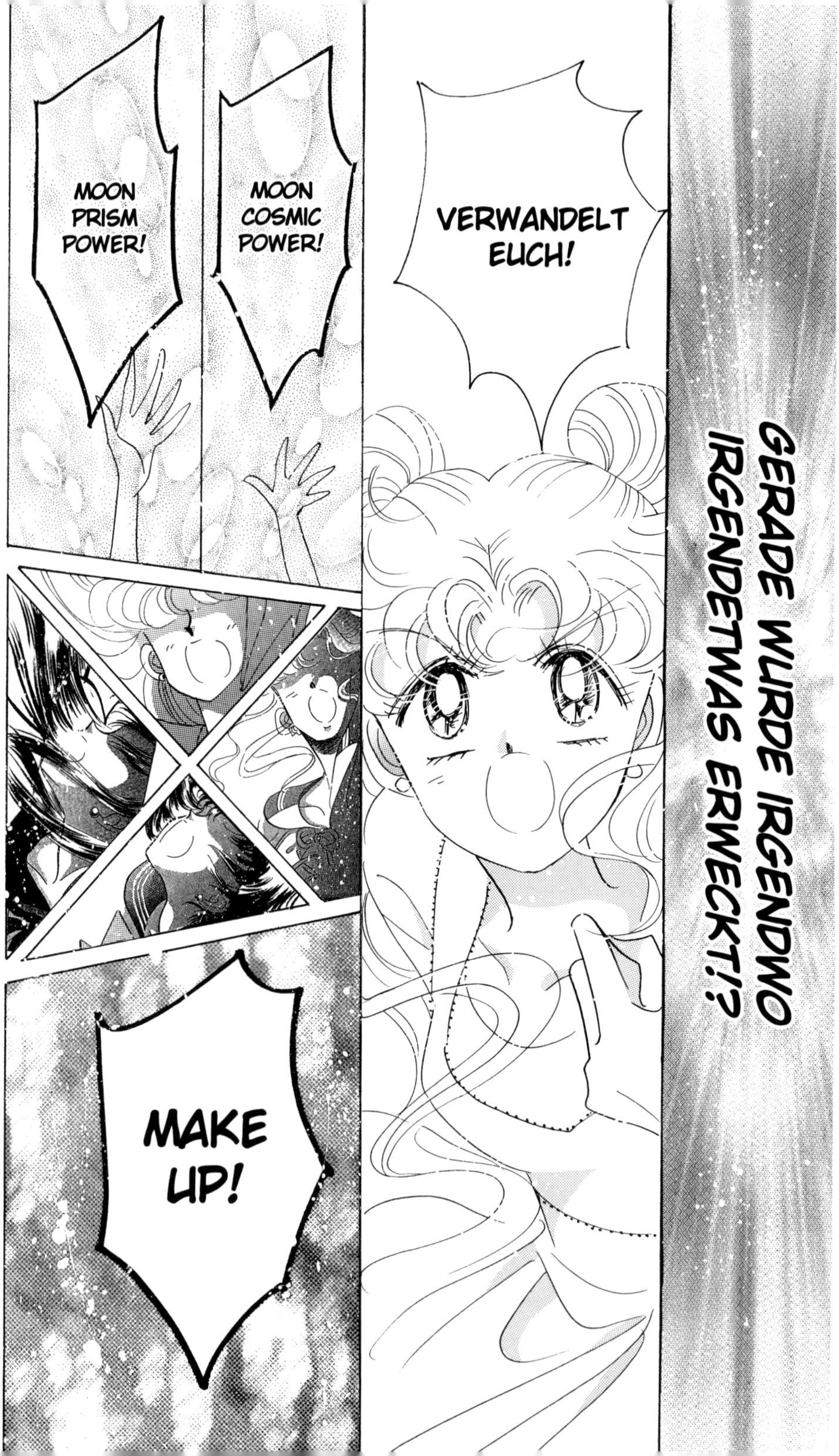
GERADE WURDE IRGENDWO IRGENDETWAS ERWECKT!?
VERWANDELT EUCH!
MOON COSMIC POWER!
MOON PRISM POWER!
MAKE UP!

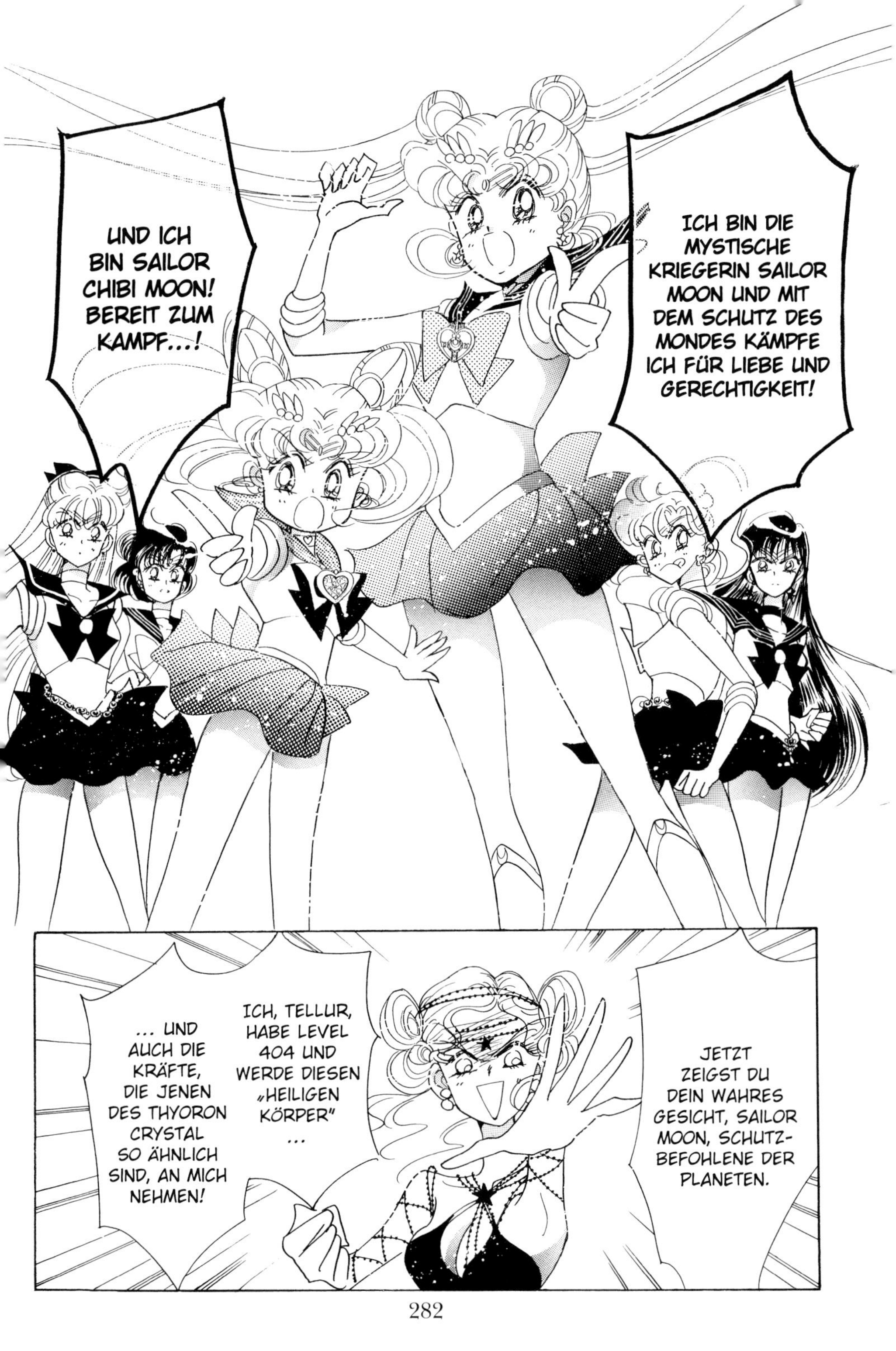
ICH BIN DIE MYSTISCHE KRIEGERIN SAILOR MOON UND MIT DEM SCHUTZ DES MONDES KÄMPFE ICH FÜR LIEBE UND GERECHTIGKEIT!
UND ICH BIN SAILOR CHIBI MOON! BEREIT ZUM KAMPF…!
JETZT ZEIGST DU DEIN WAHRES GESICHT, SAILOR MOON, SCHUTZ-BEFOHLENE DER PLANETEN.
ICH, TELLUR, HABE LEVEL 404 UND WERDE DIESEN „HEILIGEN KÖRPER“ …
… UND AUCH DIE KRÄFTE, DIE JENEN DES THYORON CRYSTAL SO ÄHNLICH SIND, AN MICH NEHMEN!

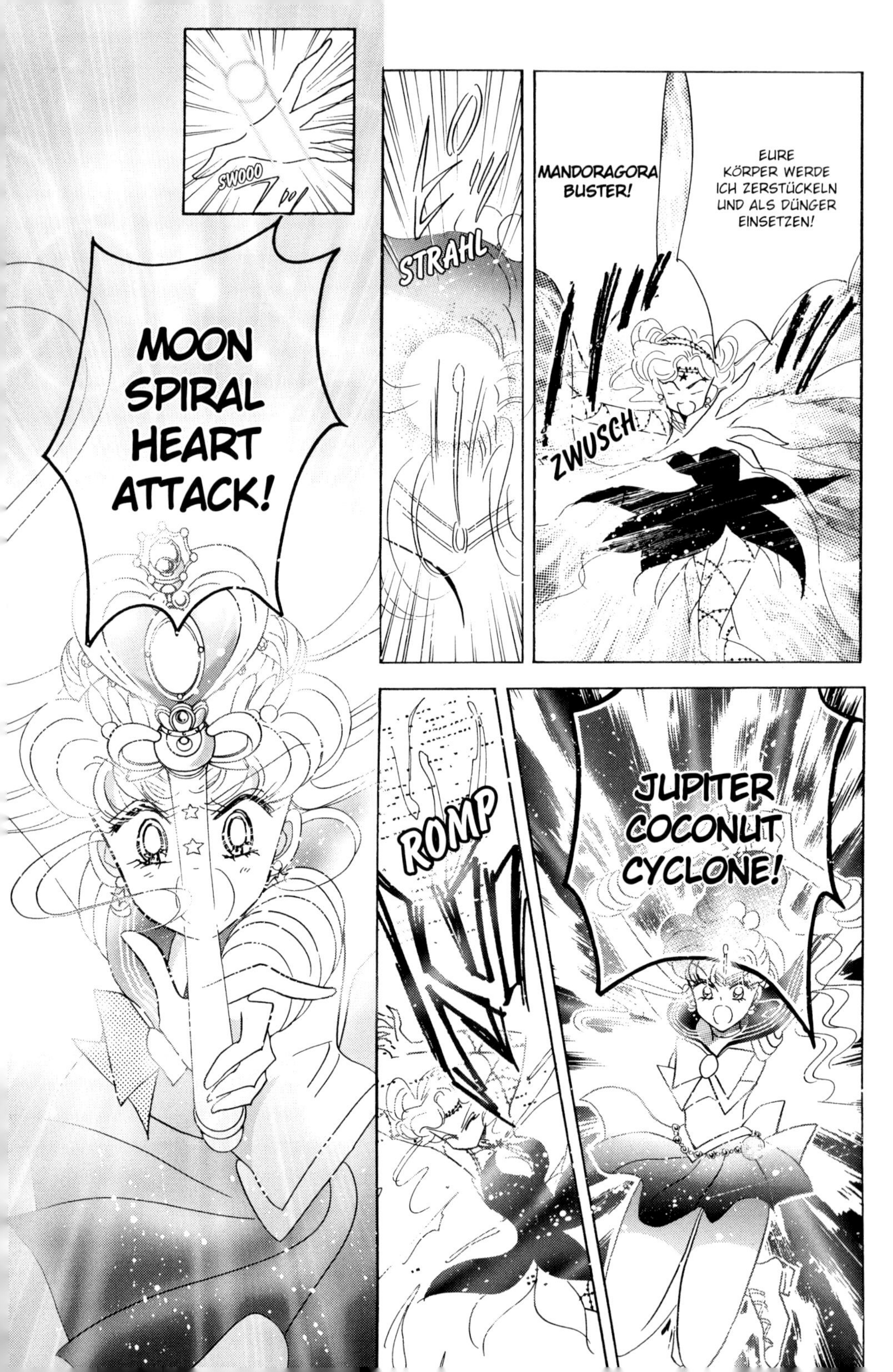

EURE KÖRPER WERDE ICH ZERSTÜCKELN UND ALS DÜNGER EINSETZEN!
MANDORAGORA BUSTER!
ZWUSCH
STRAHL
JUPITER COCONUT CYCLONE!
ROMP
SWOOO
MOON SPIRAL HEART ATTACK!

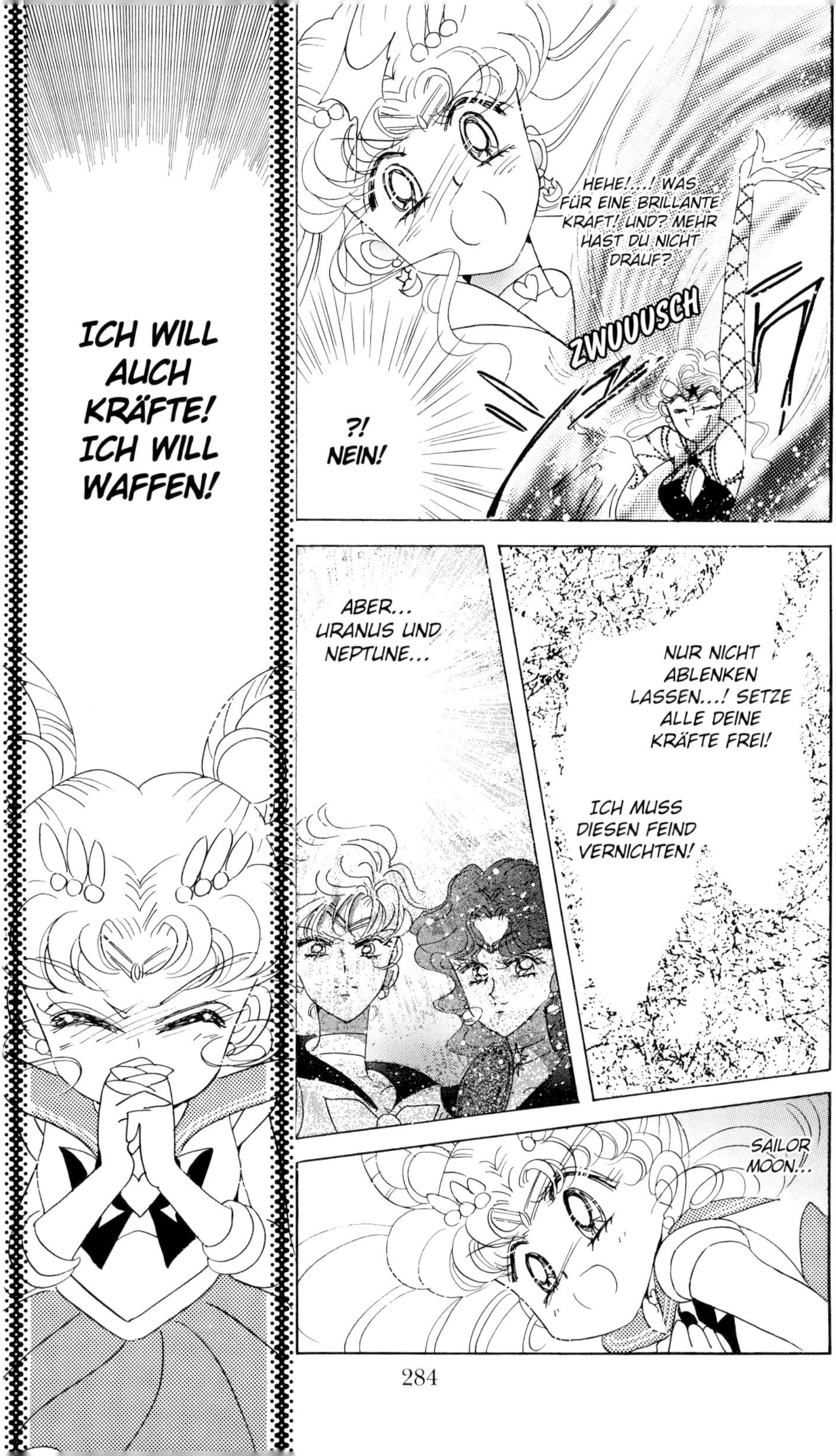
HEHE!...! WAS FÜR EINE BRILLANTE KRAFT! UND? MEHR HAST DU NICHT DRAUF?
ZWUUUSCH
?! NEIN!
NUR NICHT ABLENKEN LASSEN...! SETZE ALLE DEINE KRÄFTE FREI!
ICH MUSS DIESEN FEIND VERNICHTEN!
ABER... URANUS UND NEPTUNE...
SAILOR MOON...
ICH WILL AUCH KRÄFTE! ICH WILL WAFFEN!

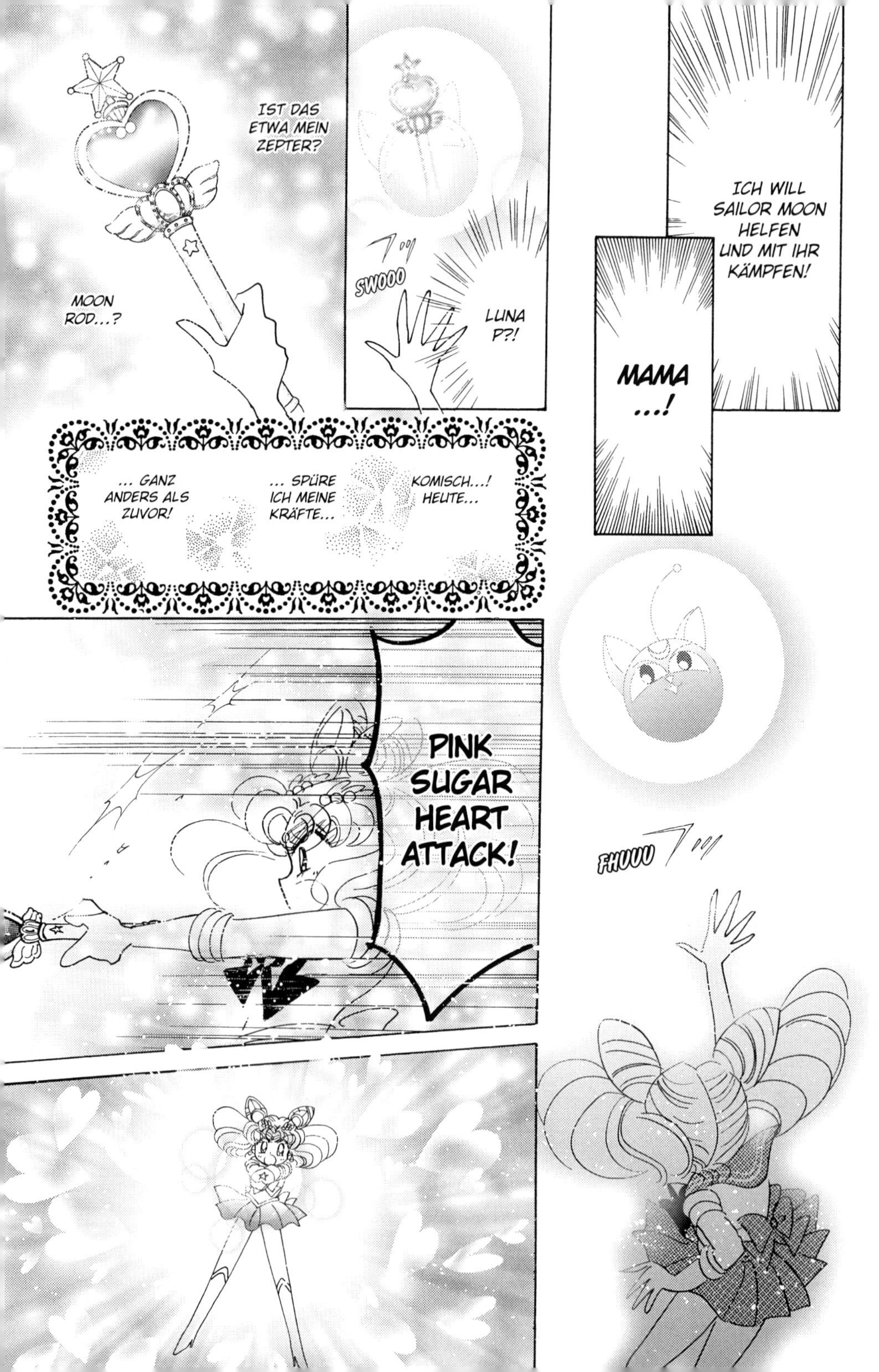
ICH WILL SAILOR MOON HELFEN UND MIT IHR KÄMPFEN!
MAMA ...!
SWOOO
LUNA P?!
IST DAS ETWA MEIN ZEPTER?
MOON ROD...?
KOMISCH...! HEUTE...
... SPÜRE ICH MEINE KRÄFTE...
... GANZ ANDERS ALS ZUVOR!
FHUUU
PINK SUGAR HEART ATTACK!

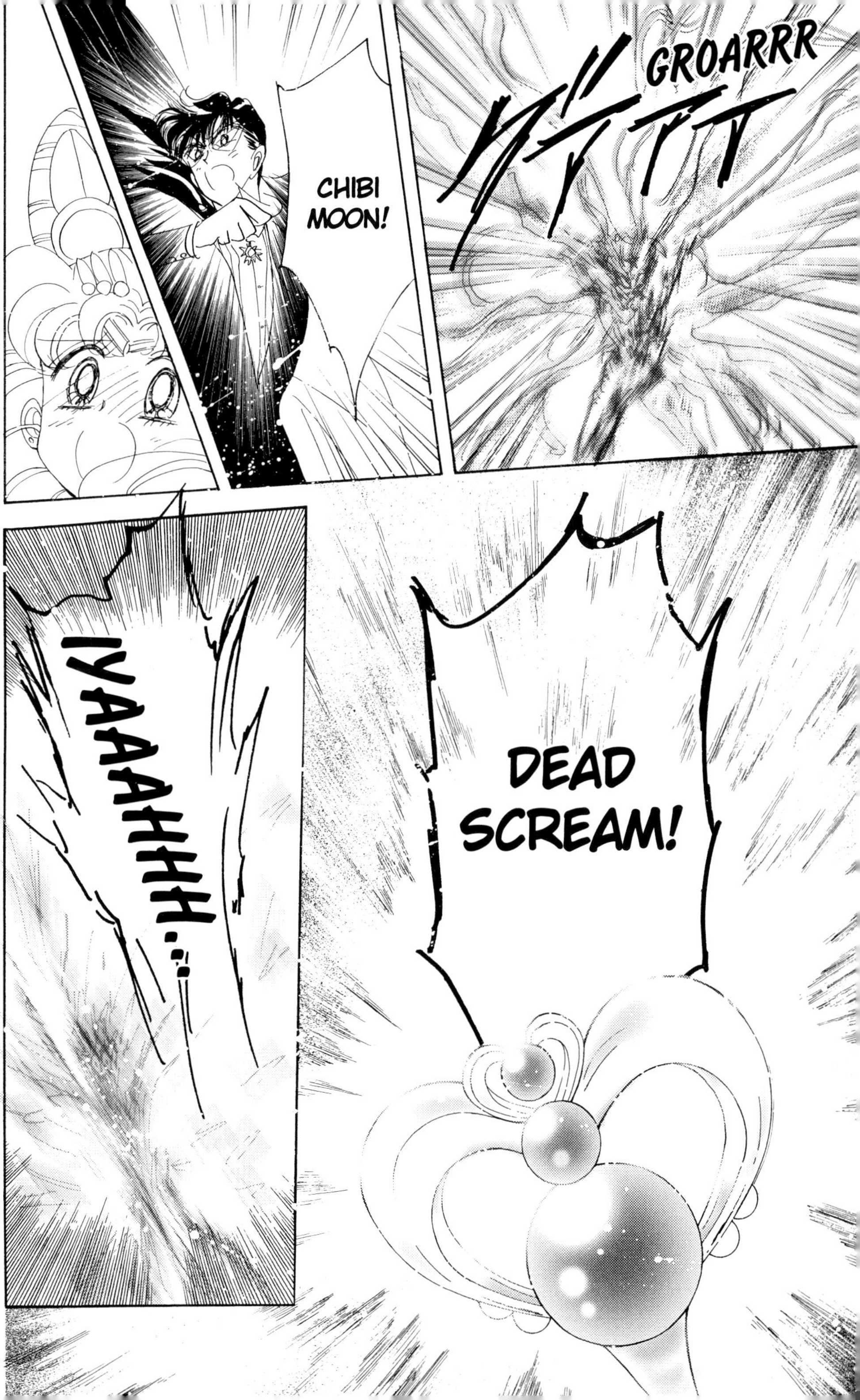
GROARRR
CHIBI MOON!
DEAD SCREAM!
IYAAAHHHH...

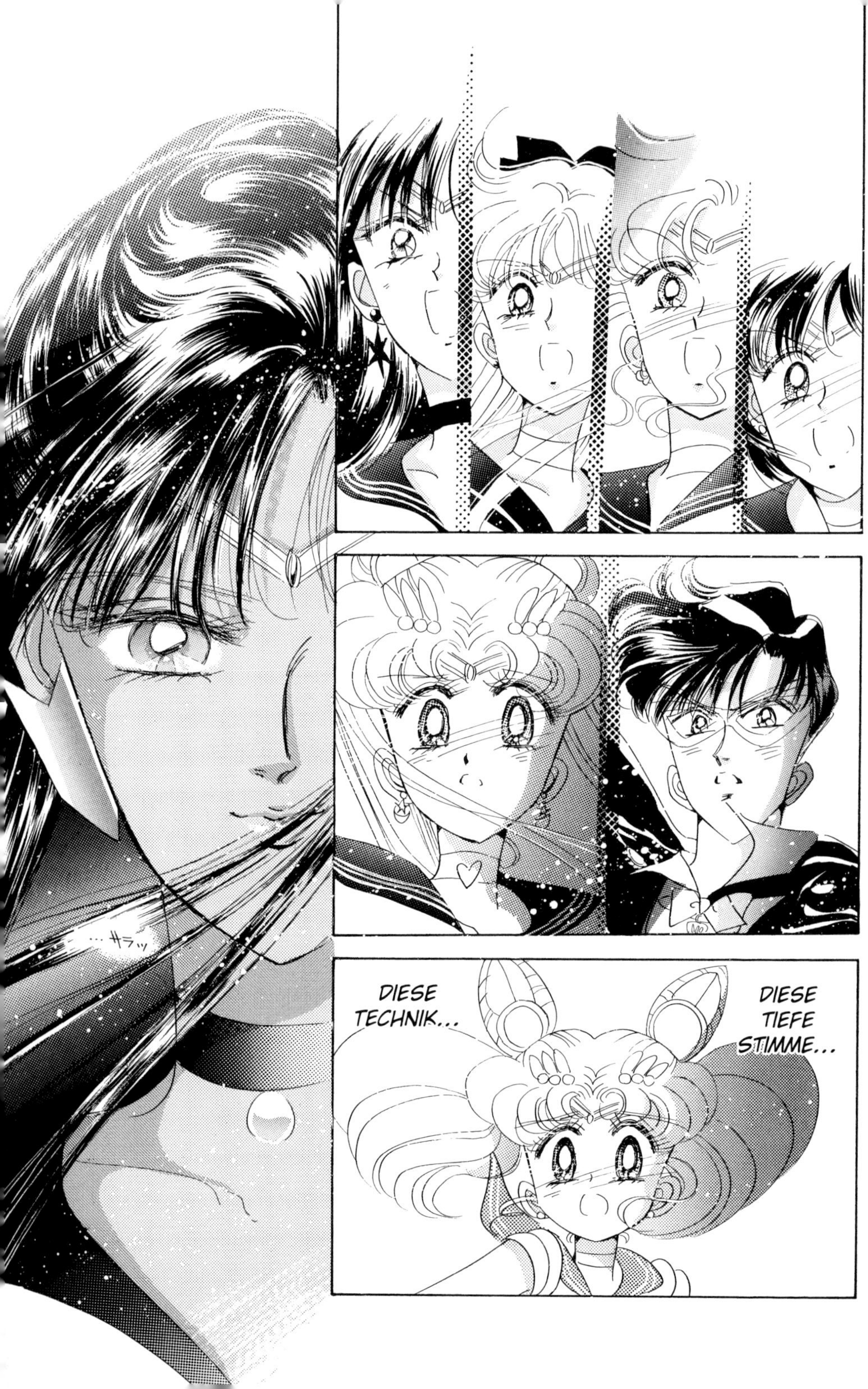
…サラッ
DIESE TECHNIK…
DIESE TIEFE STIMME…

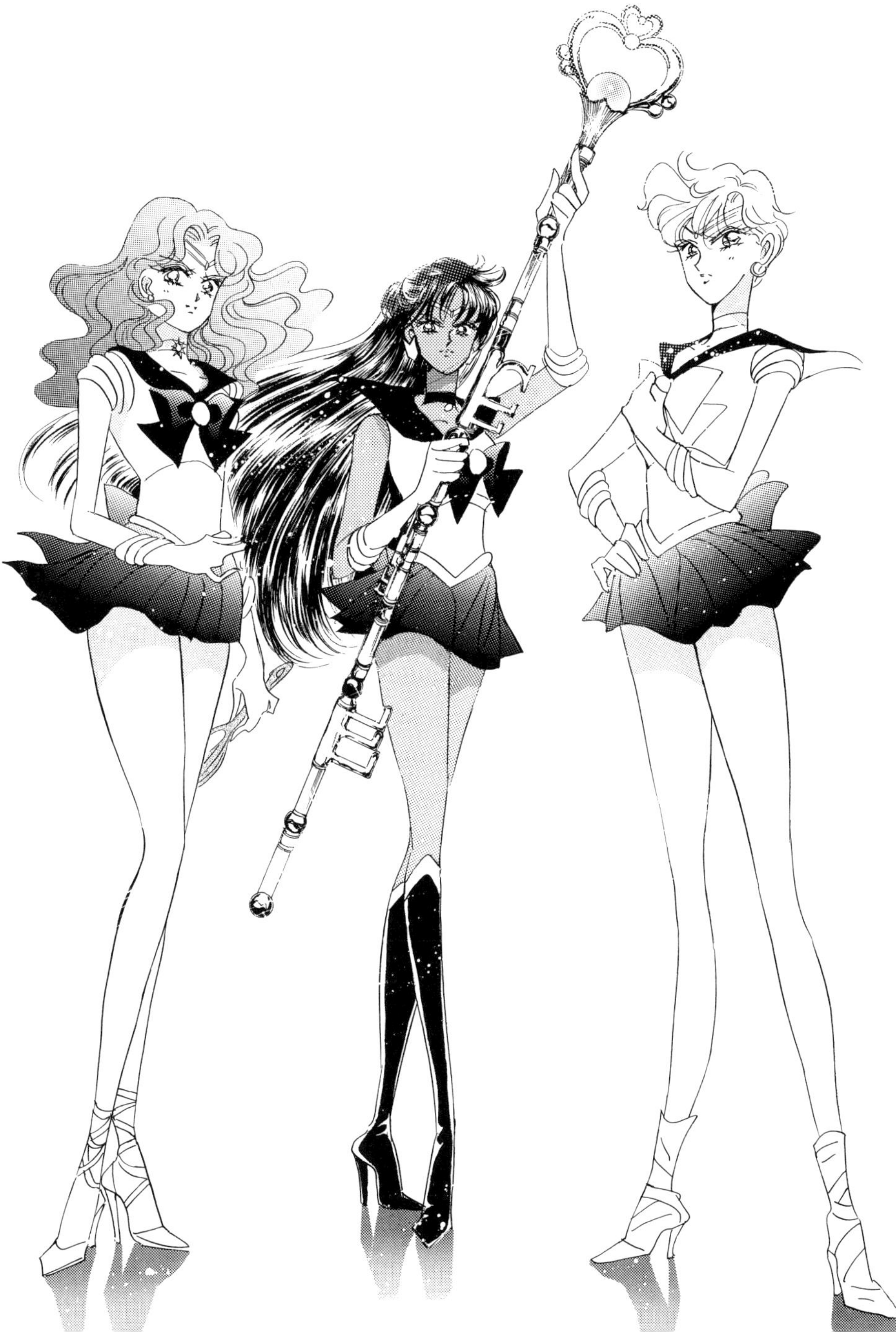

Act 32: Infinity 6 - DREI KRIEGERINNEN

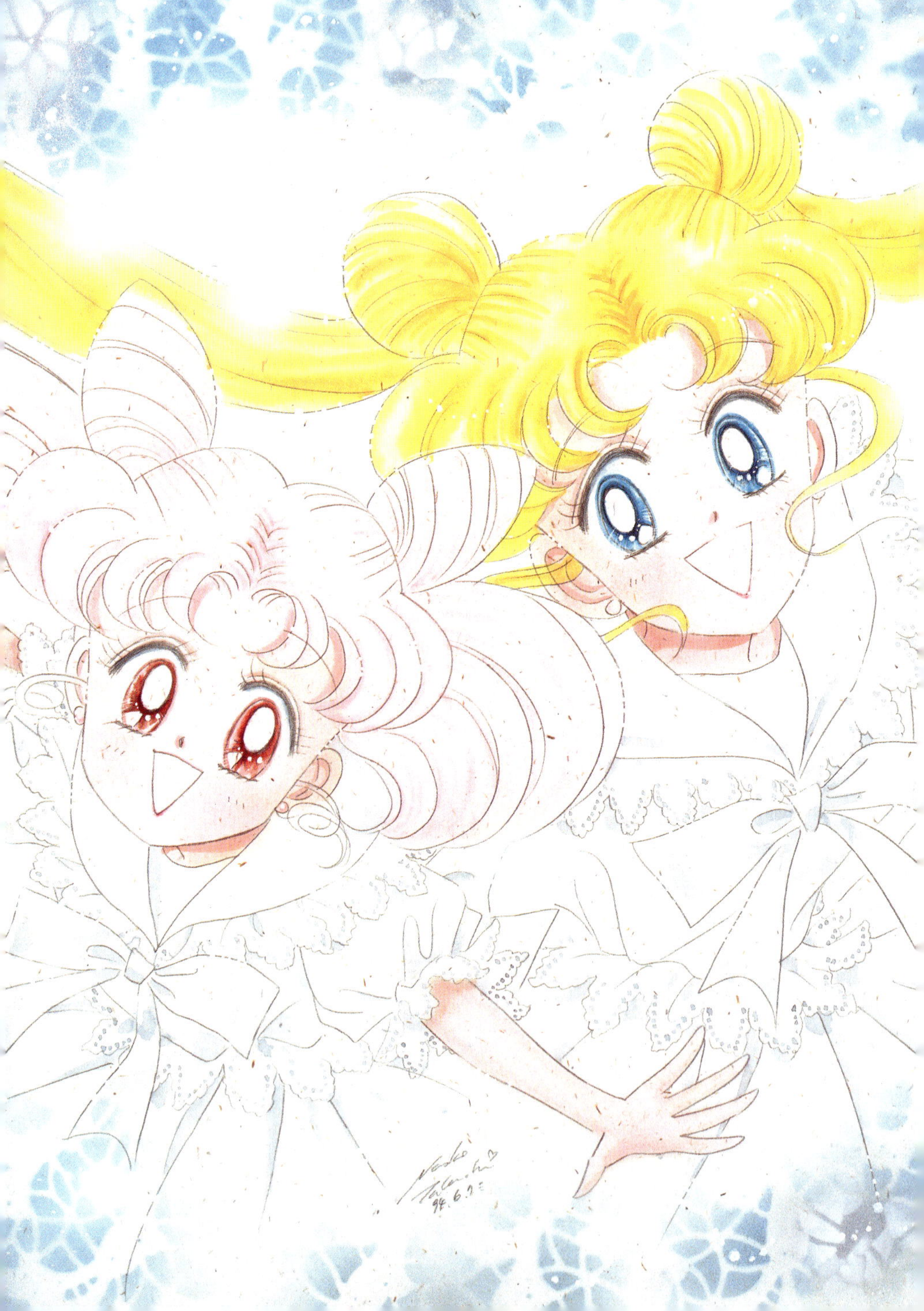

Pretty Guardian Sailor Moon

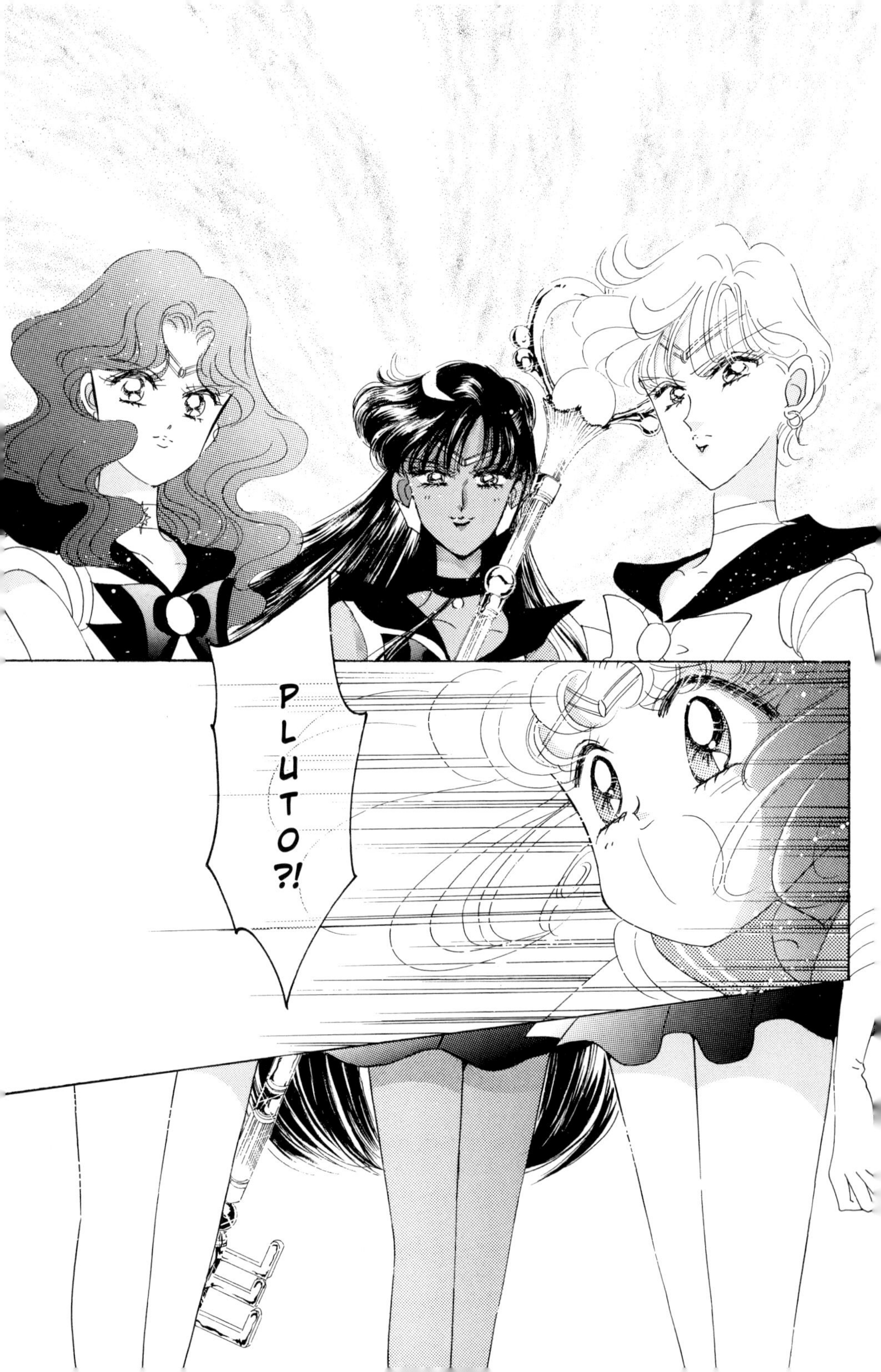
PLUTO?!

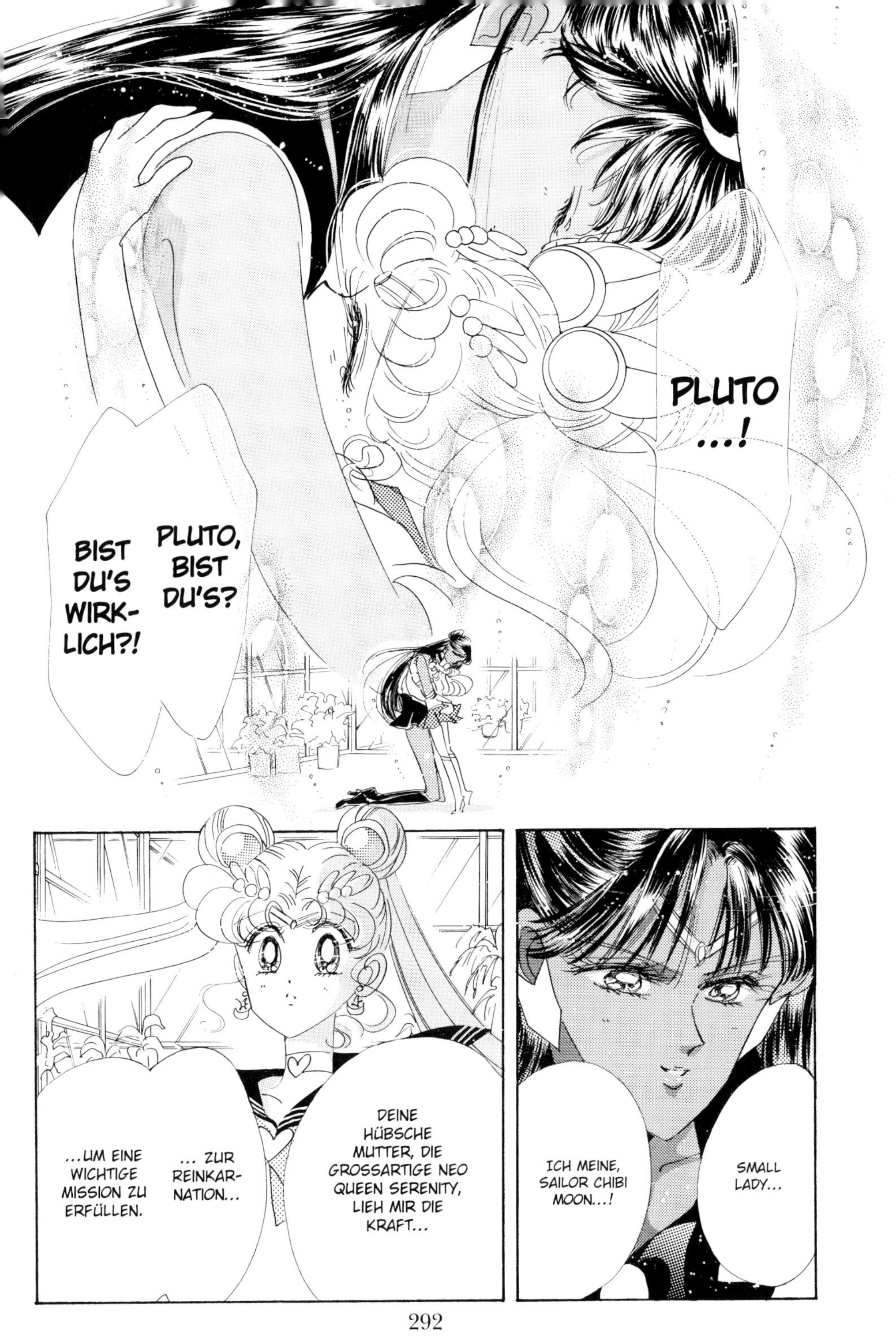
PLUTO ...!
PLUTO, BIST DU'S?
BIST DU'S WIRK-LICH?!
SMALL LADY...
ICH MEINE, SAILOR CHIBI MOON...!
DEINE HÜBSCHE MUTTER, DIE GROSSARTIGE NEO QUEEN SERENITY, LIEH MIR DIE KRAFT...
... ZUR REINKAR-NATION...
...UM EINE WICHTIGE MISSION ZU ERFÜLLEN.

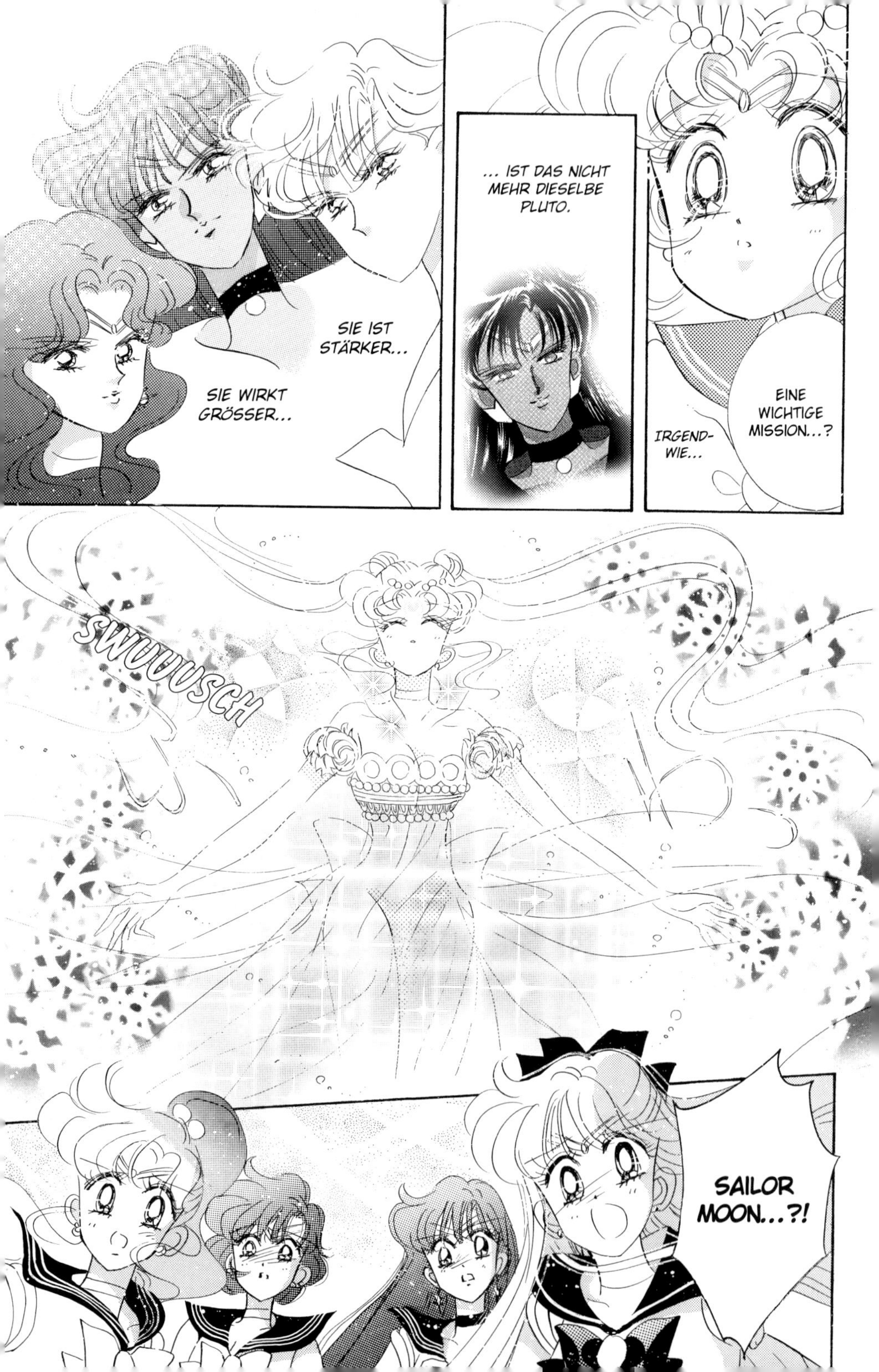

EINE WICHTIGE MISSION...?
IRGEND-WIE...
... IST DAS NICHT MEHR DIESELBE PLUTO.
SIE IST STÄRKER...
SIE WIRKT GRÖSSER...
SWUUUSCH
SAILOR MOON...?!

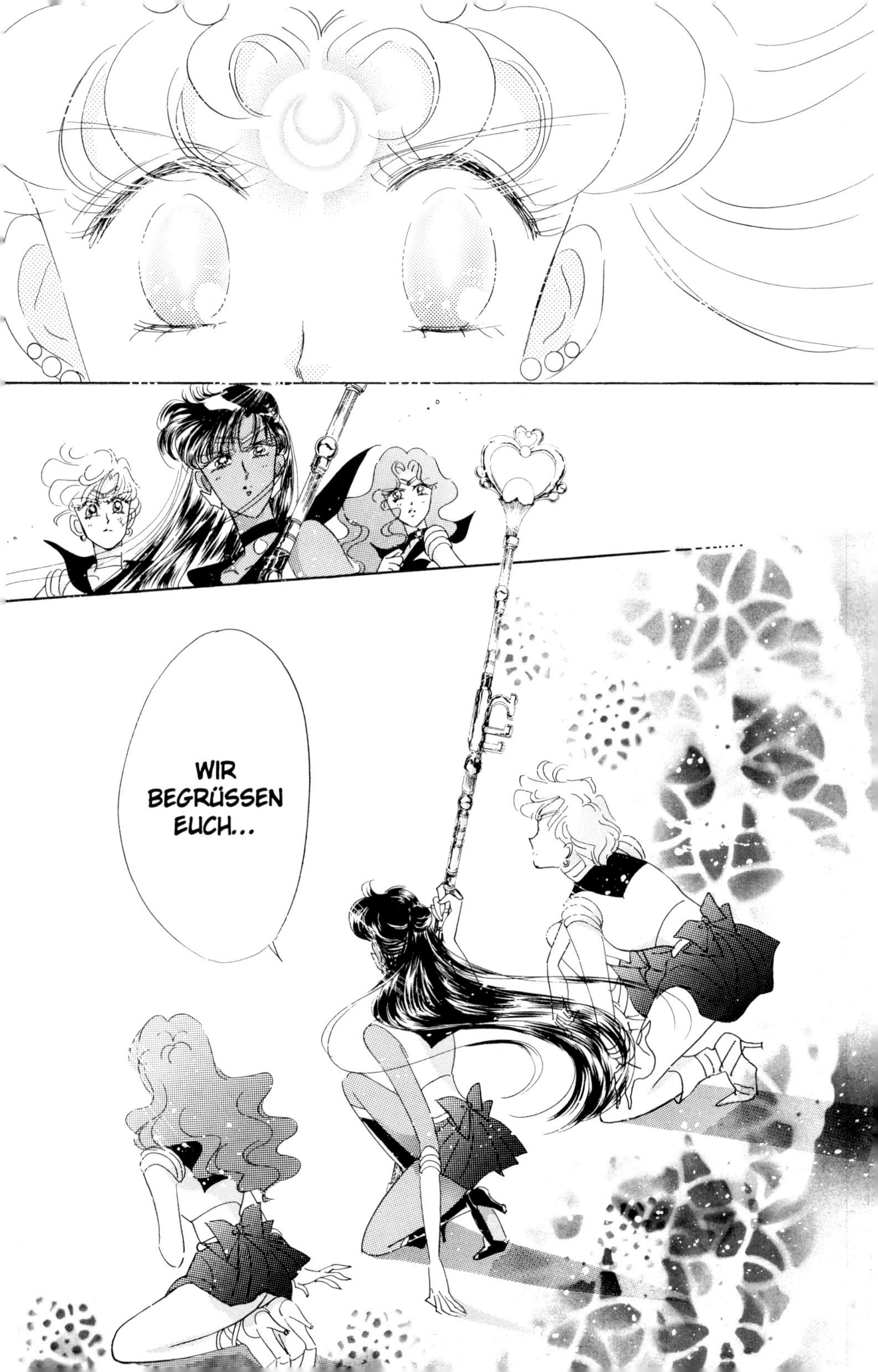
WIR BEGRÜSSEN EUCH...

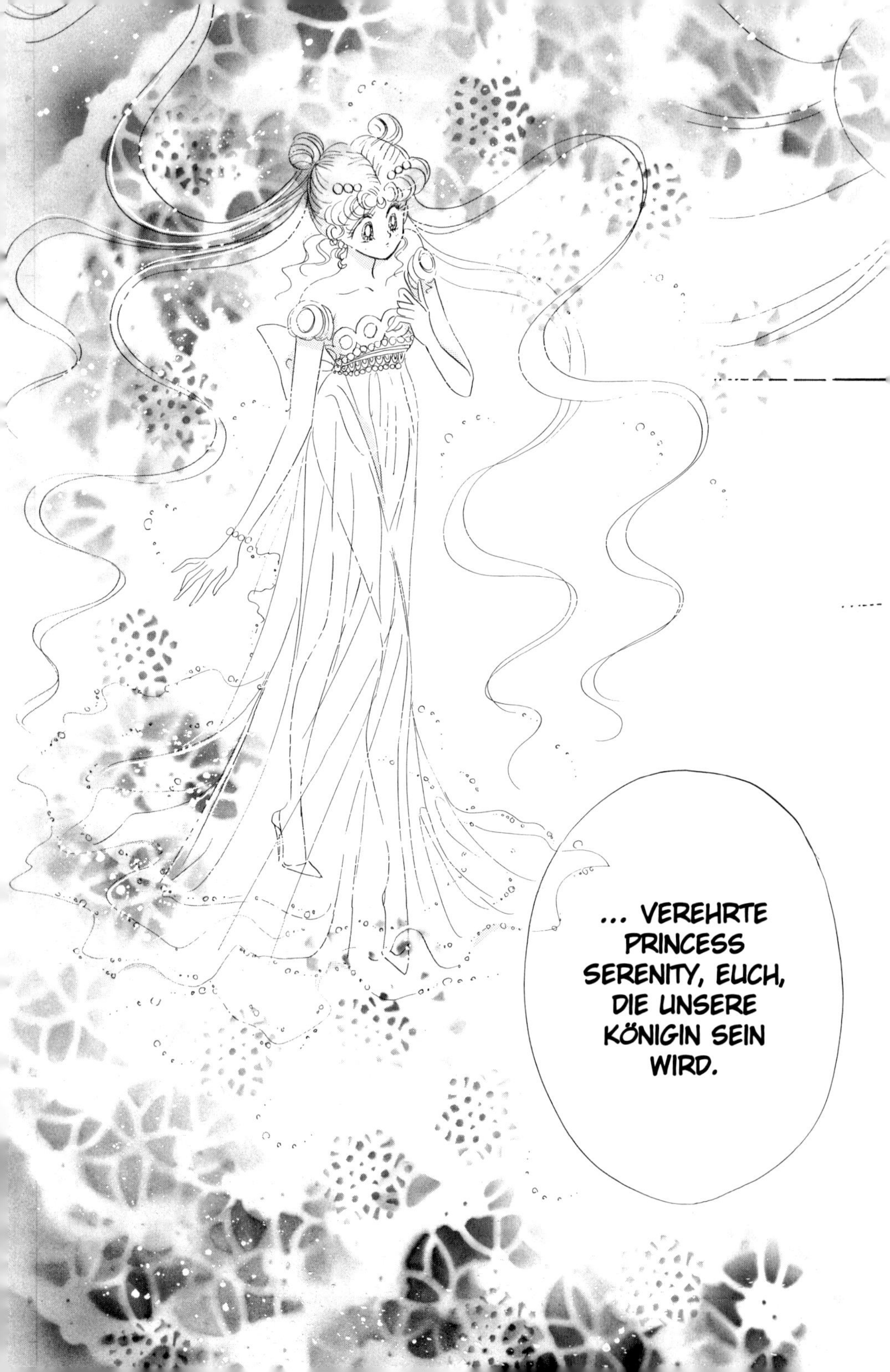
... VEREHRTE PRINCESS SERENITY, EUCH, DIE UNSERE KÖNIGIN SEIN WIRD.

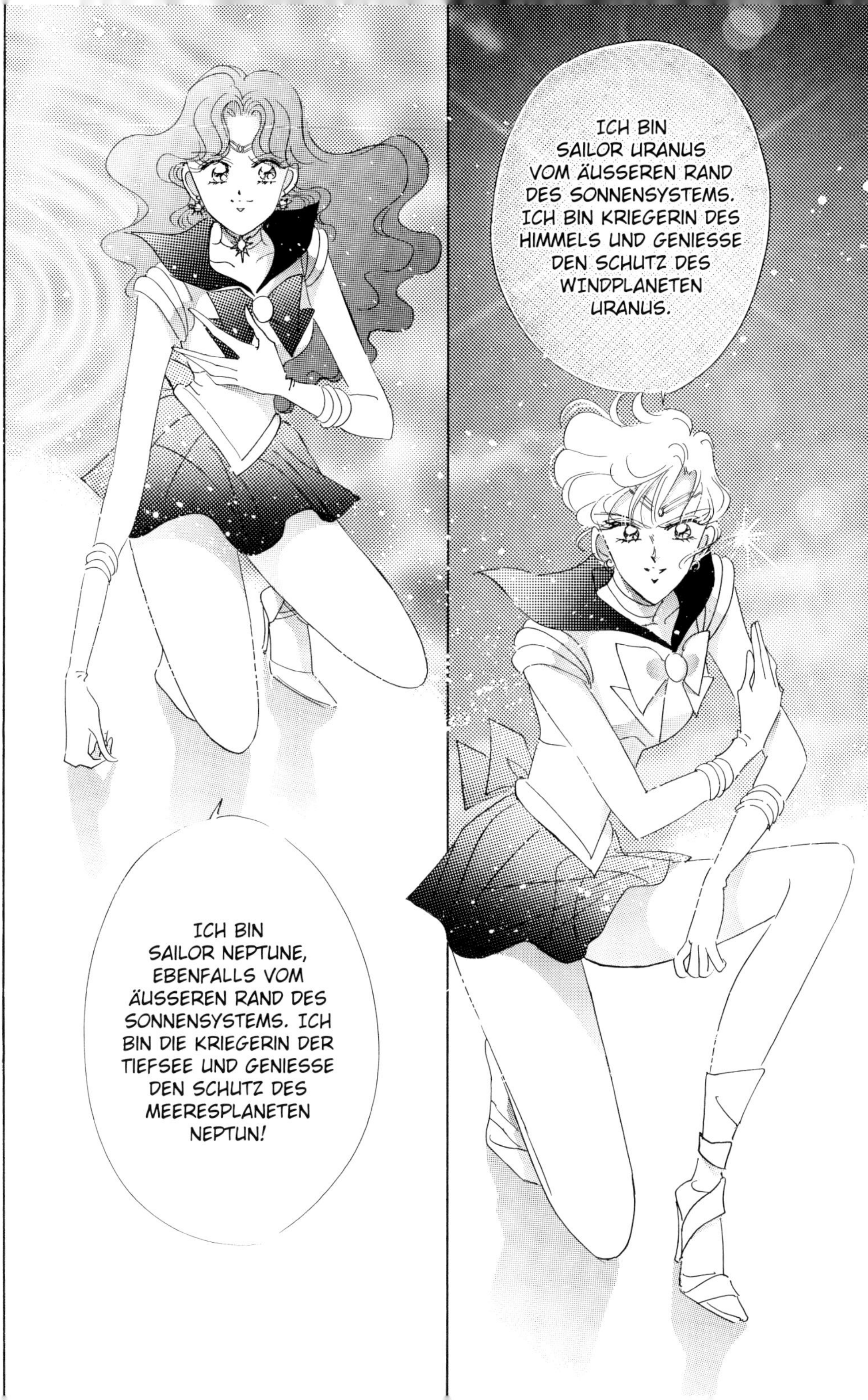
ICH BIN SAILOR URANUS VOM ÄUSSEREN RAND DES SONNENSYSTEMS. ICH BIN KRIEGERIN DES HIMMELS UND GENIESSE DEN SCHUTZ DES WINDPLANETEN URANUS.
ICH BIN SAILOR NEPTUNE, EBENFALLS VOM ÄUSSEREN RAND DES SONNENSYSTEMS. ICH BIN DIE KRIEGERIN DER TIEFSEE UND GENIESSE DEN SCHUTZ DES MEERESPLANETEN NEPTUN!

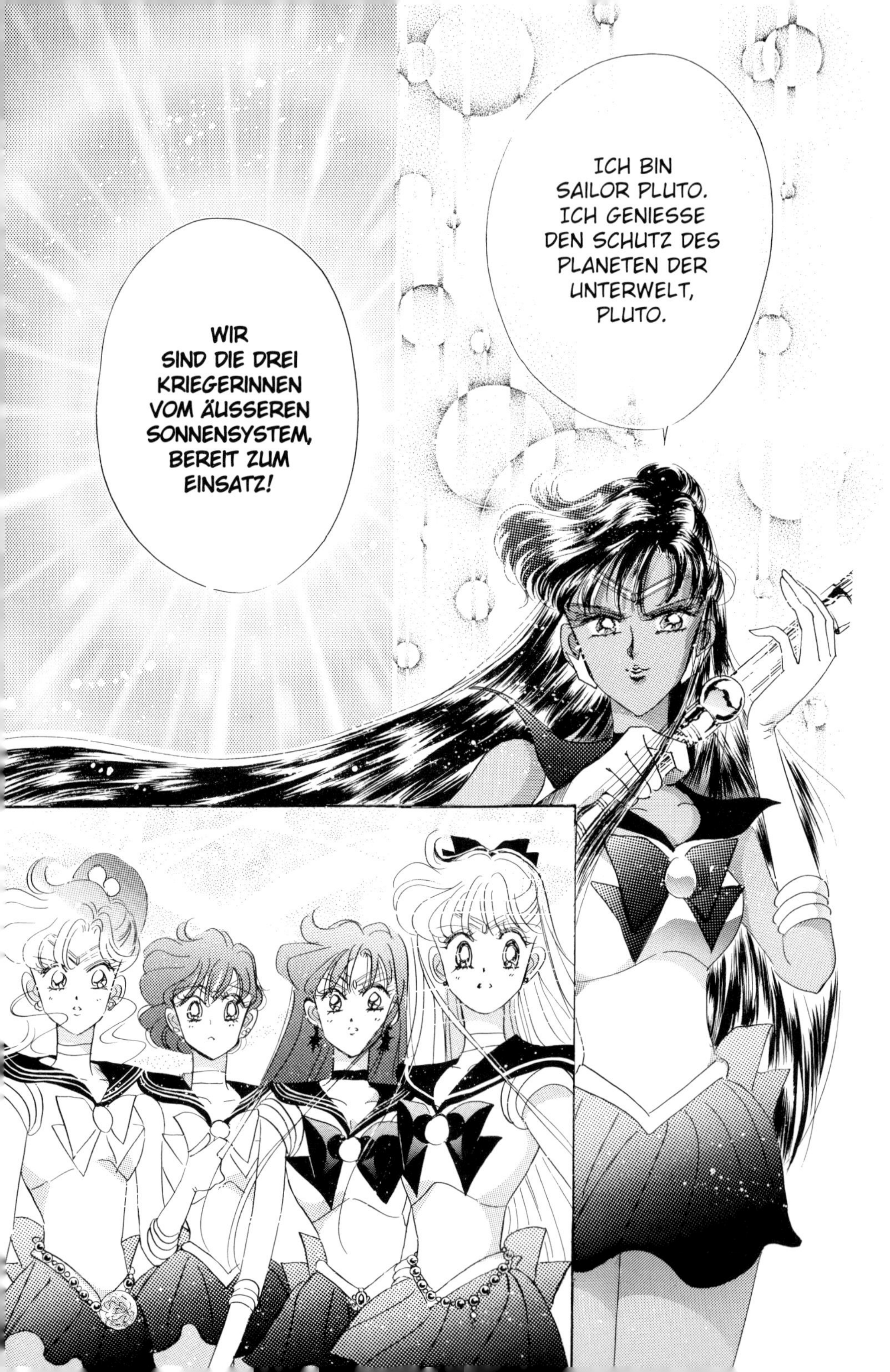
ICH BIN SAILOR PLUTO. ICH GENIESSE DEN SCHUTZ DES PLANETEN DER UNTERWELT, PLUTO.
WIR SIND DIE DREI KRIEGERINNEN VOM ÄUSSEREN SONNENSYSTEM, BEREIT ZUM EINSATZ!

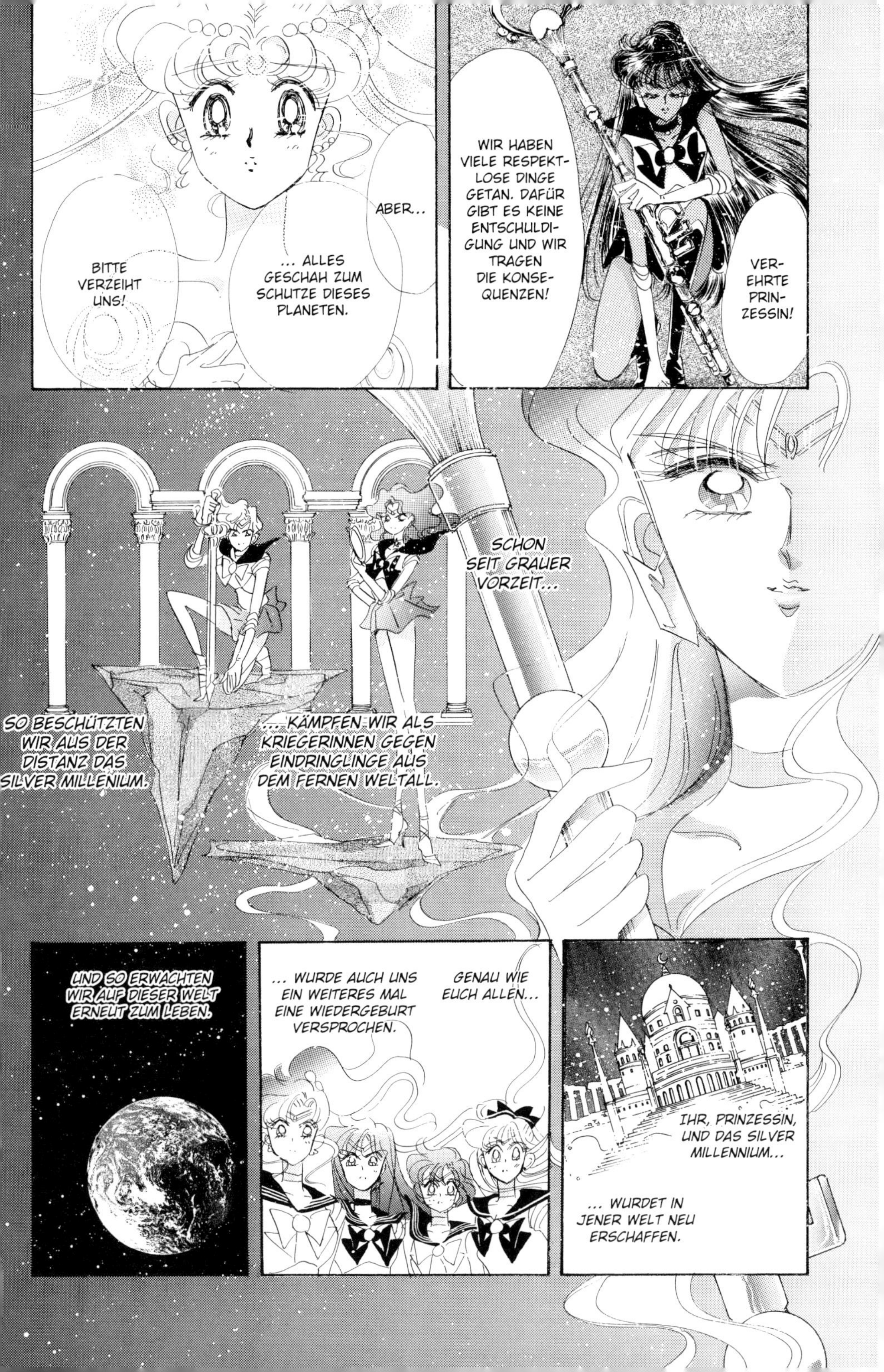
VEREHRTE PRINZESSIN!
WIR HABEN VIELE RESPEKTLOSE DINGE GETAN. DAFÜR GIBT ES KEINE ENTSCHULDIGUNG UND WIR TRAGEN DIE KONSEQUENZEN!
ABER...
... ALLES GESCHAH ZUM SCHUTZE DIESES PLANETEN.
BITTE VERZEIHT UNS!
SCHON SEIT GRAUER VORZEIT...
... KÄMPFEN WIR ALS KRIEGERINNEN GEGEN EINDRINGLINGE AUS DEM FERNEN WELTALL.
SO BESCHÜTZTEN WIR AUS DER DISTANZ DAS SILVER MILLENIUM.
IHR, PRINZESSIN, UND DAS SILVER MILLENNIUM...
... WURDET IN JENER WELT NEU ERSCHAFFEN.
GENAU WIE EUCH ALLEN...
... WURDE AUCH UNS EIN WEITERES MAL EINE WIEDERGEBURT VERSPROCHEN.
UND SO ERWACHTEN WIR AUF DIESER WELT ERNEUT ZUM LEBEN.

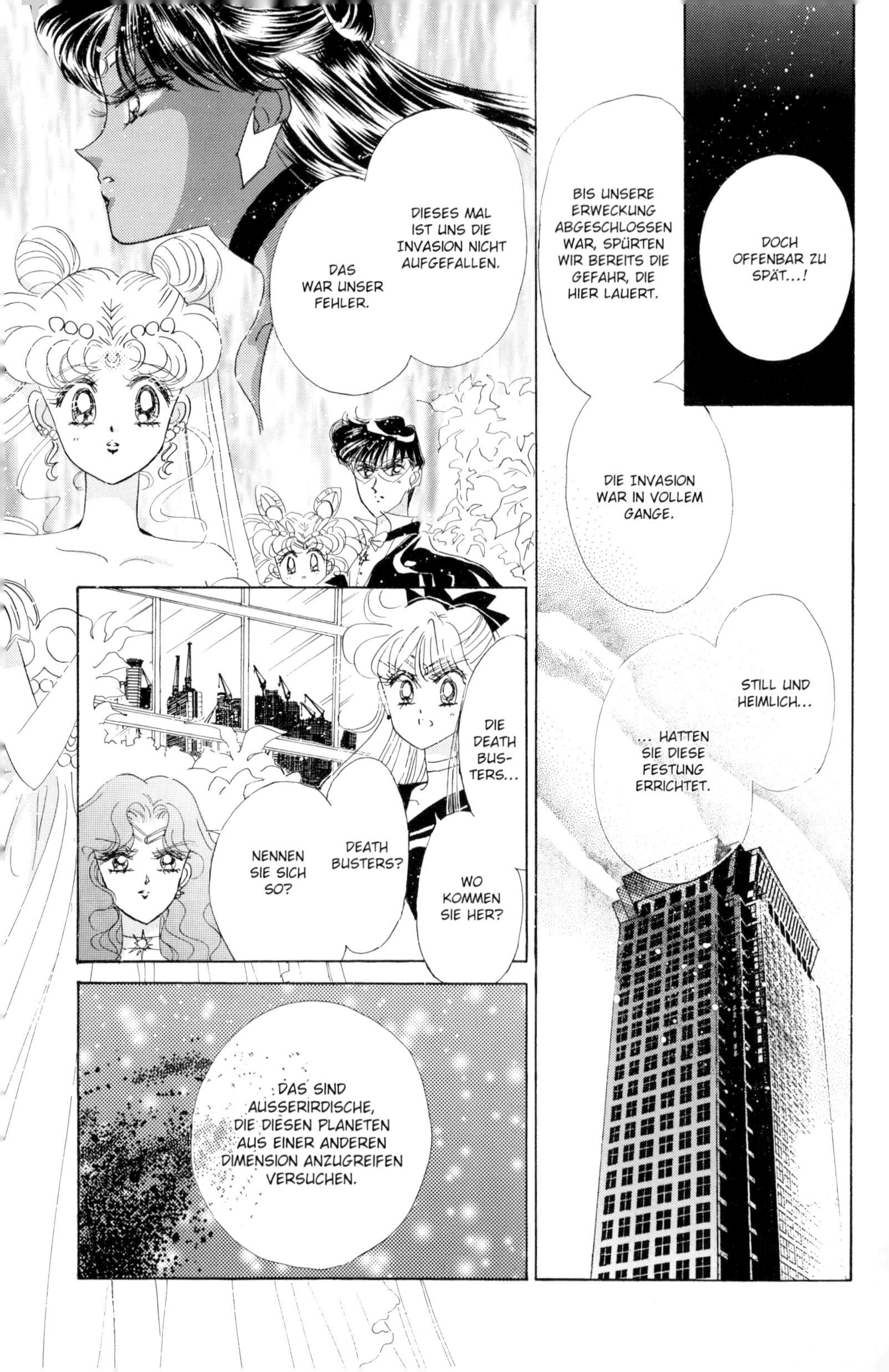
DIESES MAL IST UNS DIE INVASION NICHT AUFGEFALLEN.
DAS WAR UNSER FEHLER.
BIS UNSERE ERWECKUNG ABGESCHLOSSEN WAR, SPÜRTEN WIR BEREITS DIE GEFAHR, DIE HIER LAUERT.
DOCH OFFENBAR ZU SPÄT...!
DIE INVASION WAR IN VOLLEM GANGE.
STILL UND HEIMLICH...
... HATTEN SIE DIESE FESTUNG ERRICHTET.
DIE DEATH BUS-TERS...
DEATH BUSTERS?
NENNEN SIE SICH SO?
WO KOMMEN SIE HER?
DAS SIND AUSSERIRDISCHE, DIE DIESEN PLANETEN AUS EINER ANDEREN DIMENSION ANZUGREIFEN VERSUCHEN.

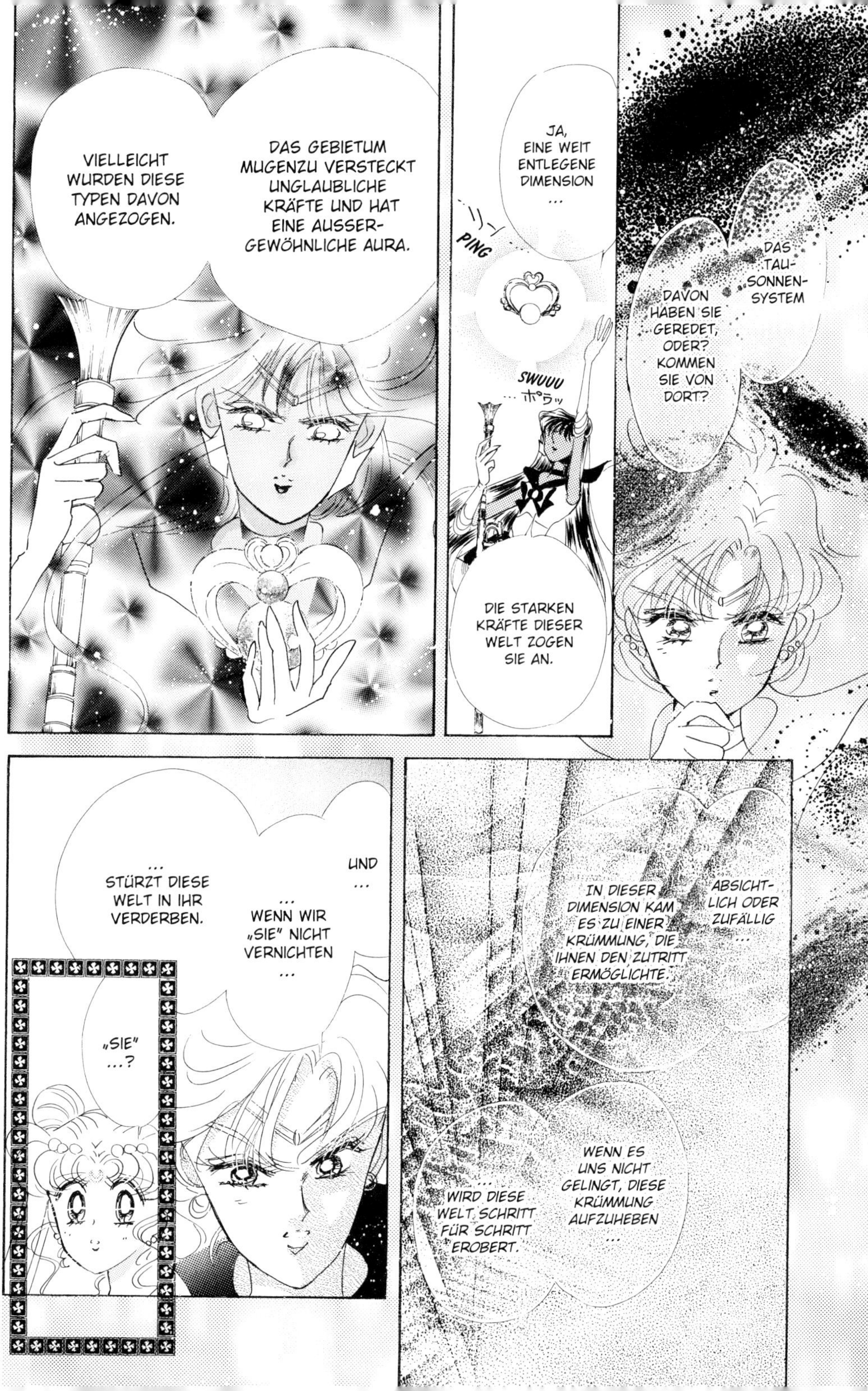
DAS TAU-SONNEN-SYSTEM
DAVON HABEN SIE GEREDET, ODER? KOMMEN SIE VON DORT?
JA, EINE WEIT ENTLEGENE DIMENSION …
PING
SWUUU
DIE STARKEN KRÄFTE DIESER WELT ZOGEN SIE AN.
DAS GEBIETUM MUGENZU VERSTECKT UNGLAUBLICHE KRÄFTE UND HAT EINE AUSSER-GEWÖHNLICHE AURA.
VIELLEICHT WURDEN DIESE TYPEN DAVON ANGEZOGEN.
ABSICHT-LICH ODER ZUFÄLLIG …
IN DIESER DIMENSION KAM ES ZU EINER KRÜMMUNG, DIE IHNEN DEN ZUTRITT ERMÖGLICHTE.
WENN ES UNS NICHT GELINGT, DIESE KRÜMMUNG AUFZUHEBEN …
… WIRD DIESE WELT SCHRITT FÜR SCHRITT EROBERT.
UND …
… WENN WIR „SIE" NICHT VERNICHTEN …
… STÜRZT DIESE WELT IN IHR VERDERBEN.
„SIE" …?

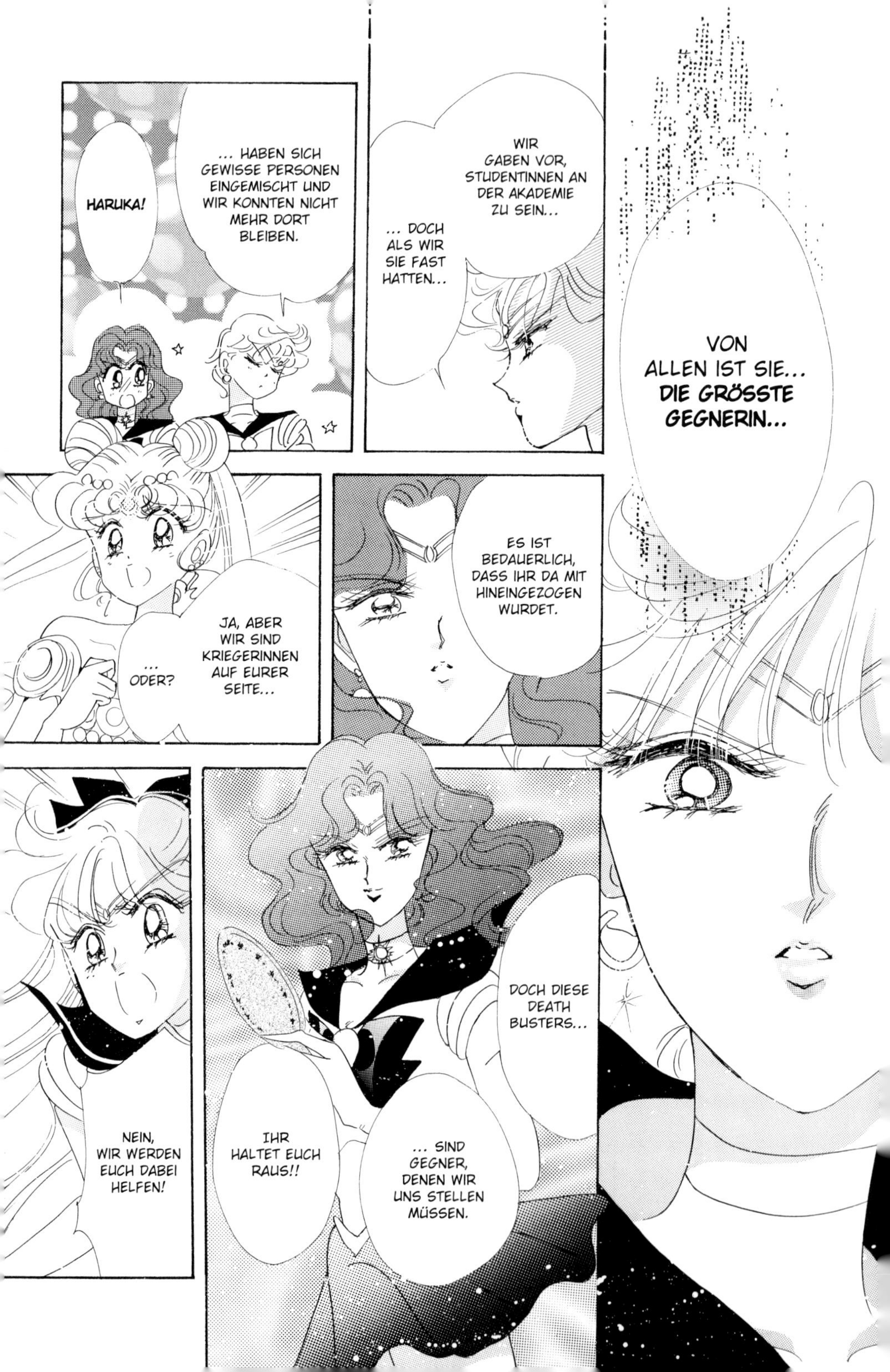
WIR GABEN VOR, STUDENTINNEN AN DER AKADEMIE ZU SEIN…
… DOCH ALS WIR SIE FAST HATTEN…
… HABEN SICH GEWISSE PERSONEN EINGEMISCHT UND WIR KONNTEN NICHT MEHR DORT BLEIBEN.
HARUKA!
ES IST BEDAUERLICH, DASS IHR DA MIT HINEINGEZOGEN WURDET.
JA, ABER WIR SIND KRIEGERINNEN AUF EURER SEITE…
… ODER?
DOCH DIESE DEATH BUSTERS…
… SIND GEGNER, DENEN WIR UNS STELLEN MÜSSEN.
IHR HALTET EUCH RAUS!!
NEIN, WIR WERDEN EUCH DABEI HELFEN!
VON ALLEN IST SIE… DIE GRÖSSTE GEGNERIN…

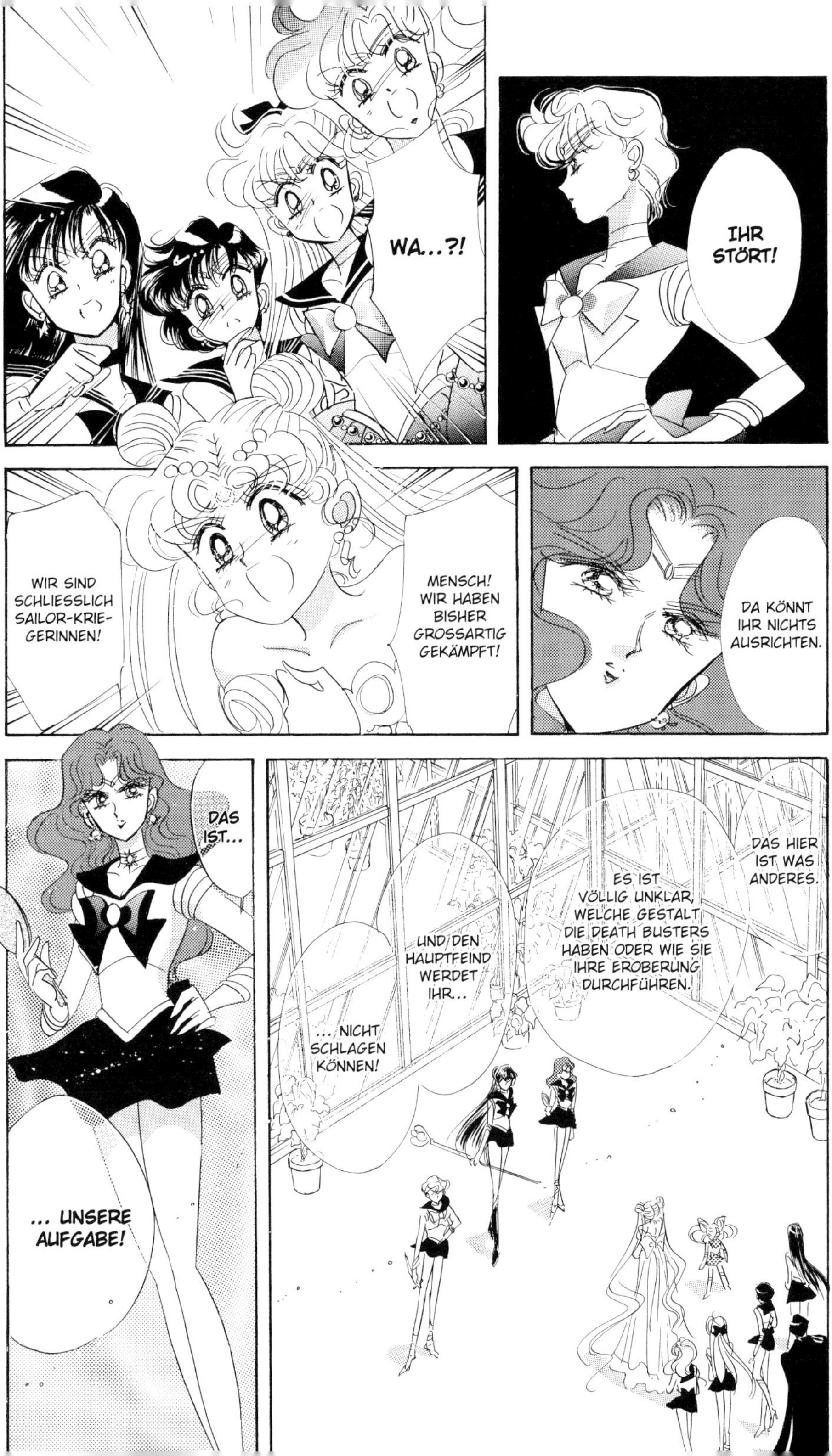

IHR STÖRT!
WA...?!
DA KÖNNT IHR NICHTS AUSRICHTEN.
MENSCH! WIR HABEN BISHER GROSSARTIG GEKÄMPFT!
WIR SIND SCHLIESSLICH SAILOR-KRIEGERINNEN!
DAS HIER IST WAS ANDERES.
ES IST VÖLLIG UNKLAR, WELCHE GESTALT DIE DEATH BUSTERS HABEN ODER WIE SIE IHRE EROBERUNG DURCHFÜHREN.
UND DEN HAUPTFEIND WERDET IHR...
... NICHT SCHLAGEN KÖNNEN!
DAS IST...
... UNSERE AUFGABE!

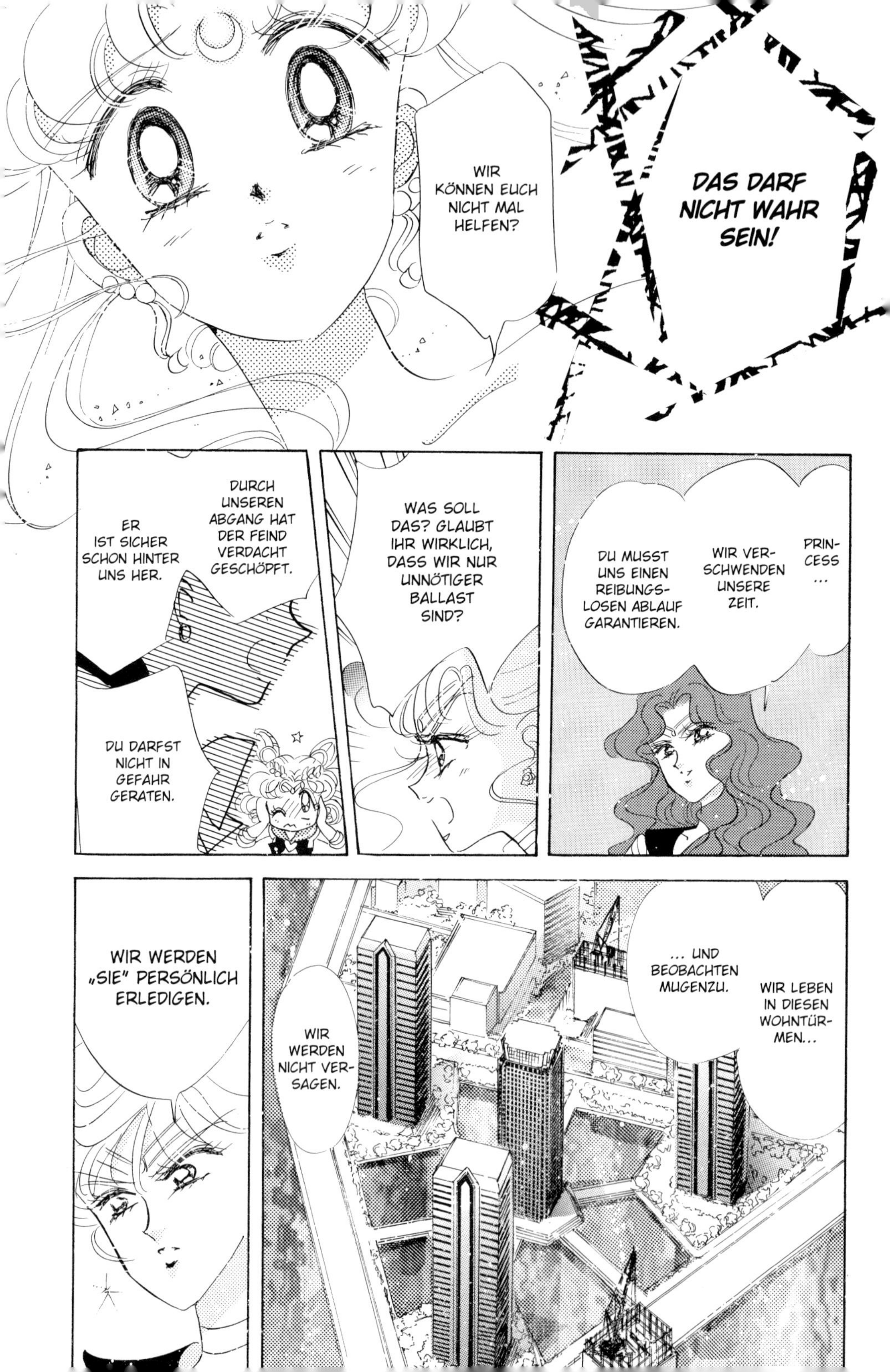
DAS DARF NICHT WAHR SEIN!
WIR KÖNNEN EUCH NICHT MAL HELFEN?
PRINCESS ...
WIR VERSCHWENDEN UNSERE ZEIT.
DU MUSST UNS EINEN REIBUNGSLOSEN ABLAUF GARANTIEREN.
WAS SOLL DAS? GLAUBT IHR WIRKLICH, DASS WIR NUR UNNÖTIGER BALLAST SIND?
DURCH UNSEREN ABGANG HAT DER FEIND VERDACHT GESCHÖPFT.
ER IST SICHER SCHON HINTER UNS HER.
DU DARFST NICHT IN GEFAHR GERATEN.
WIR LEBEN IN DIESEN WOHNTÜRMEN...
... UND BEOBACHTEN MUGENZU.
WIR WERDEN NICHT VERSAGEN.
WIR WERDEN „SIE" PERSÖNLICH ERLEDIGEN.

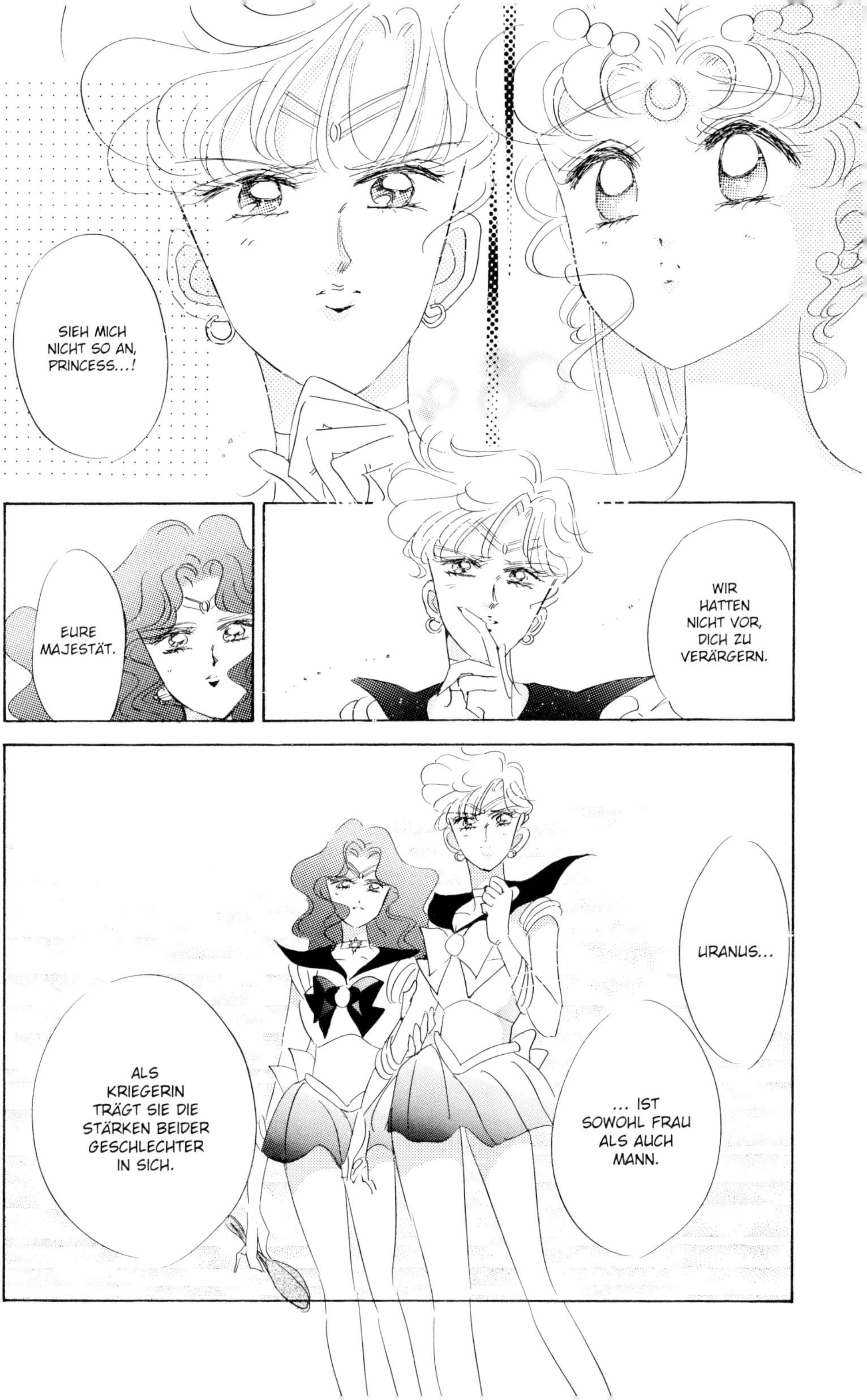
SIEH MICH NICHT SO AN, PRINCESS...!
WIR HATTEN NICHT VOR, DICH ZU VERÄRGERN.
EURE MAJESTÄT.
URANUS...
... IST SOWOHL FRAU ALS AUCH MANN.
ALS KRIEGERIN TRÄGT SIE DIE STÄRKEN BEIDER GESCHLECHTER IN SICH.

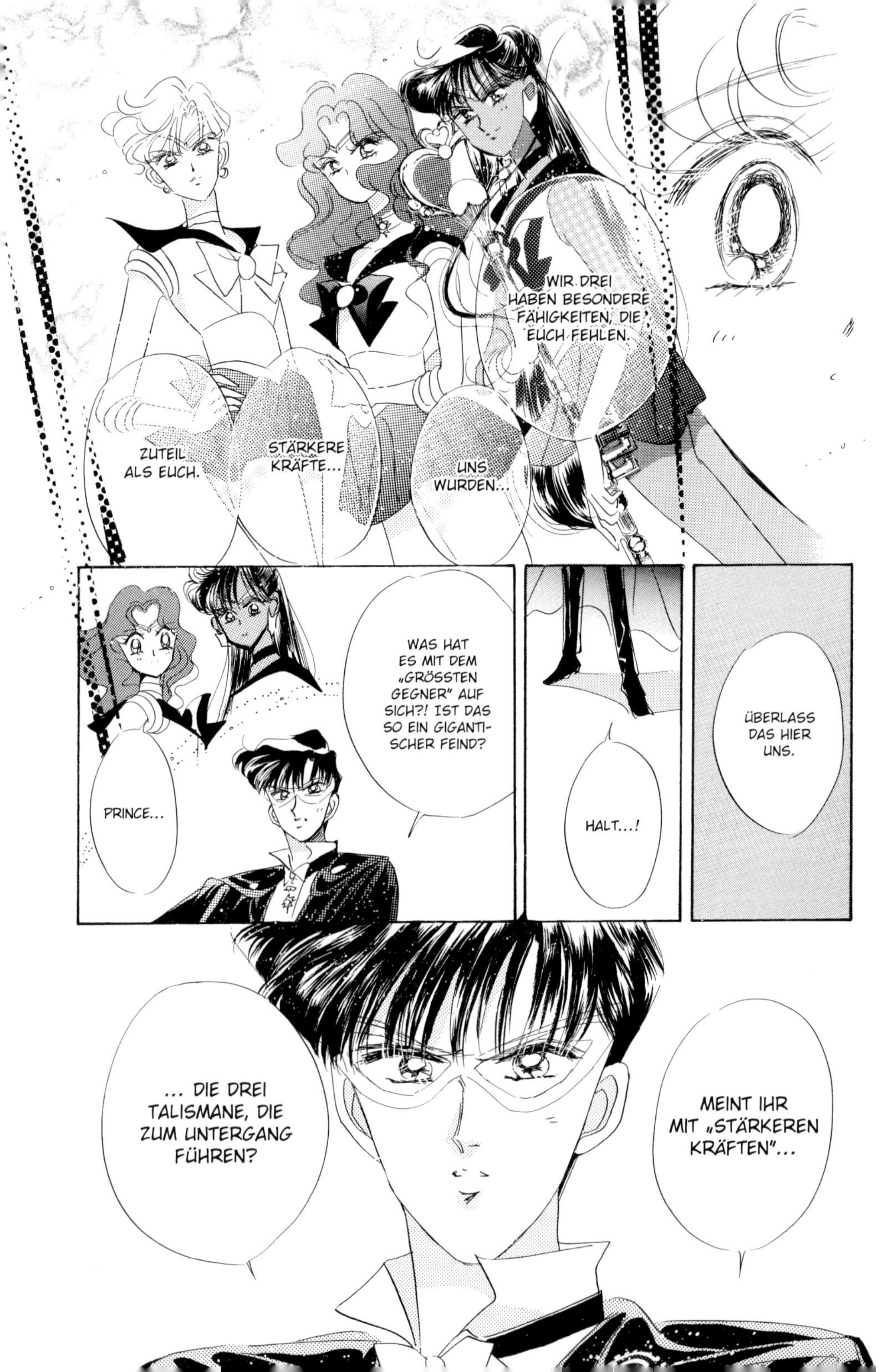
WIR DREI HABEN BESONDERE FÄHIGKEITEN, DIE EUCH FEHLEN.
UNS WURDEN…
STÄRKERE KRÄFTE…
ZUTEIL ALS EUCH.
ÜBERLASS DAS HIER UNS.
HALT…!
WAS HAT ES MIT DEM „GRÖSSTEN GEGNER" AUF SICH?! IST DAS SO EIN GIGANTISCHER FEIND?
PRINCE…
MEINT IHR MIT „STÄRKEREN KRÄFTEN"…
… DIE DREI TALISMANE, DIE ZUM UNTERGANG FÜHREN?

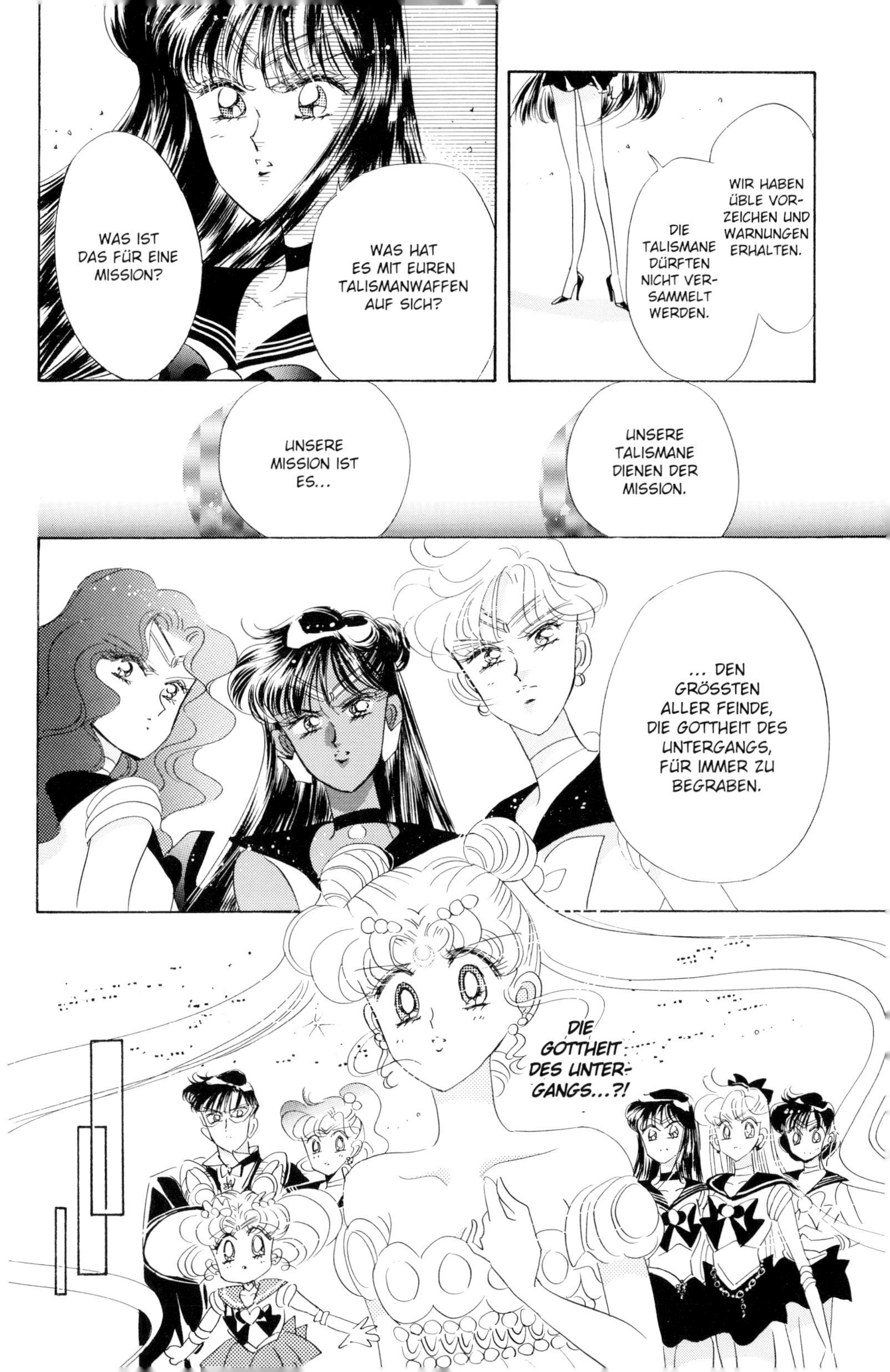
WAS IST DAS FÜR EINE MISSION?
WAS HAT ES MIT EUREN TALISMANWAFFEN AUF SICH?
WIR HABEN ÜBLE VORZEICHEN UND WARNUNGEN ERHALTEN.
DIE TALISMANE DÜRFTEN NICHT VERSAMMELT WERDEN.
UNSERE MISSION IST ES...
UNSERE TALISMANE DIENEN DER MISSION.
... DEN GRÖSSTEN ALLER FEINDE, DIE GOTTHEIT DES UNTERGANGS, FÜR IMMER ZU BEGRABEN.
DIE GOTTHEIT DES UNTERGANGS...?!

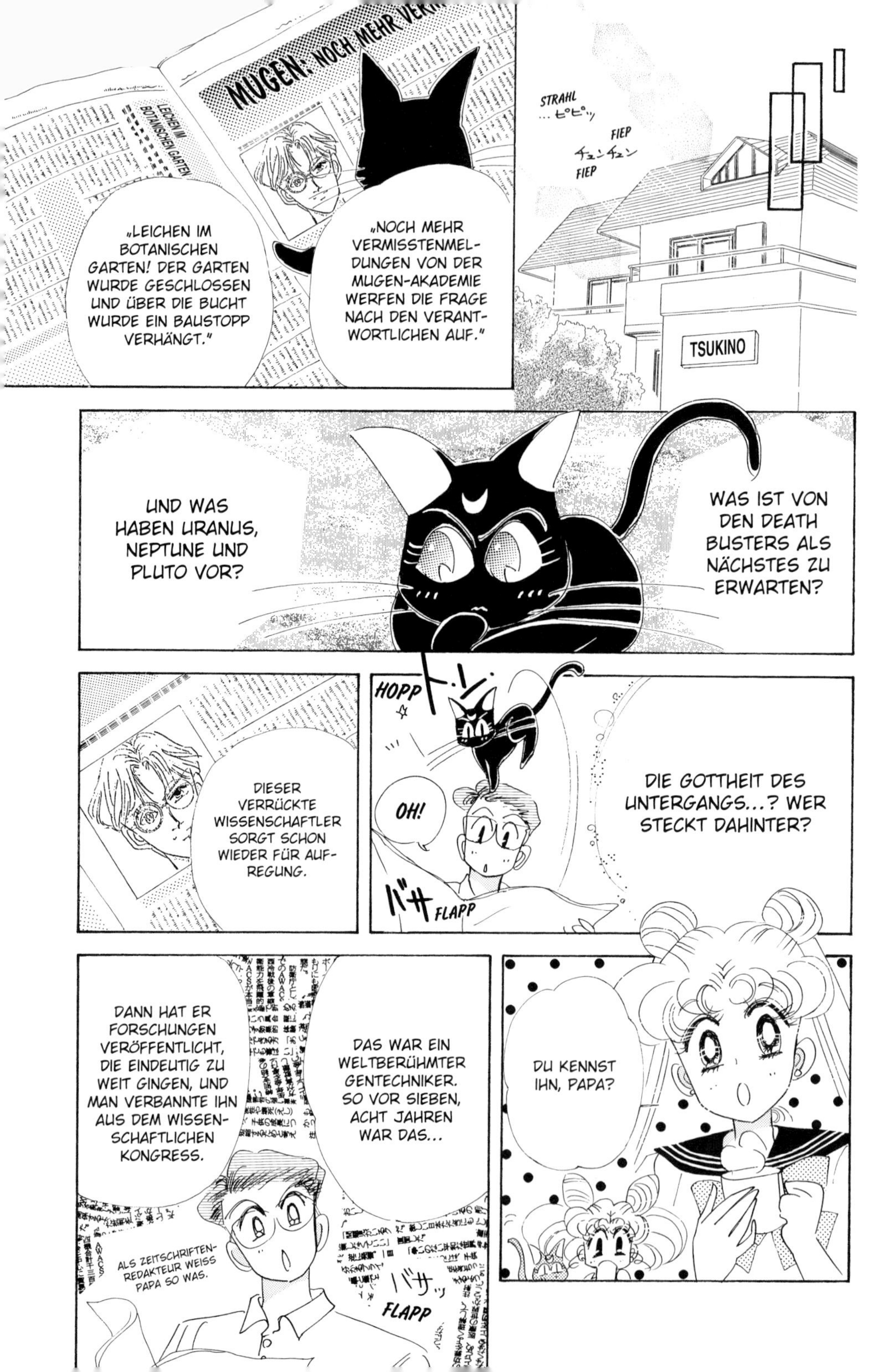
STRAHL
FIEP
FIEP
TSUKINO
MUGEN: NOCH MEHR VERM
LEICHEN IM BOTANISCHEN GARTEN
„NOCH MEHR VERMISSTENMELDUNGEN VON DER MUGEN-AKADEMIE WERFEN DIE FRAGE NACH DEN VERANTWORTLICHEN AUF."
„LEICHEN IM BOTANISCHEN GARTEN! DER GARTEN WURDE GESCHLOSSEN UND ÜBER DIE BUCHT WURDE EIN BAUSTOPP VERHÄNGT."
WAS IST VON DEN DEATH BUSTERS ALS NÄCHSTES ZU ERWARTEN?
UND WAS HABEN URANUS, NEPTUNE UND PLUTO VOR?
DIE GOTTHEIT DES UNTERGANGS...? WER STECKT DAHINTER?
HOPP
OH!
FLAPP
DIESER VERRÜCKTE WISSENSCHAFTLER SORGT SCHON WIEDER FÜR AUFREGUNG.
DU KENNST IHN, PAPA?
DAS WAR EIN WELTBERÜHMTER GENTECHNIKER. SO VOR SIEBEN, ACHT JAHREN WAR DAS...
DANN HAT ER FORSCHUNGEN VERÖFFENTLICHT, DIE EINDEUTIG ZU WEIT GINGEN, UND MAN VERBANNTE IHN AUS DEM WISSENSCHAFTLICHEN KONGRESS.
ALS ZEITSCHRIFTEN-REDAKTEUR WEISS PAPA SO WAS.
FLAPP

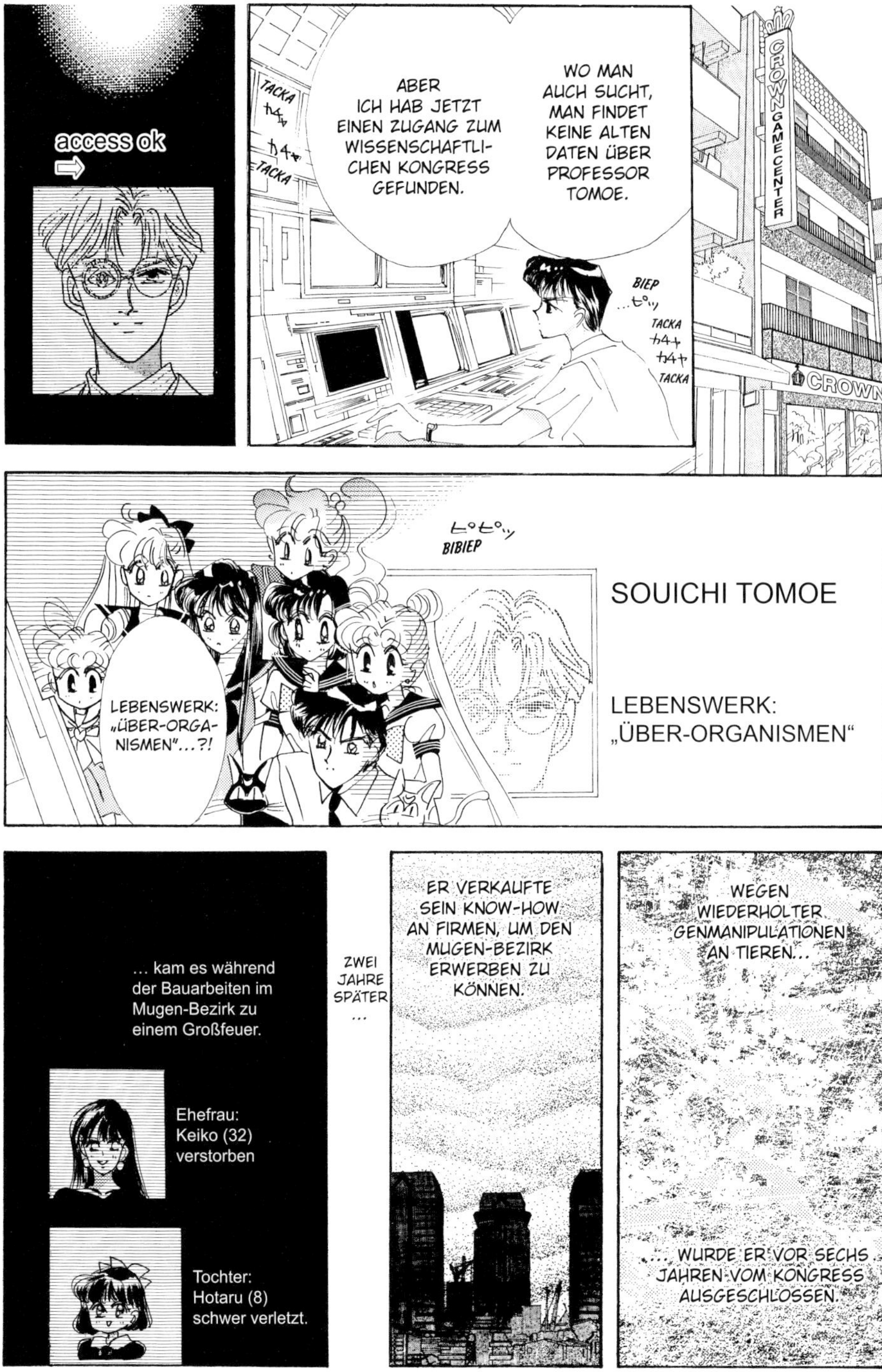
WO MAN AUCH SUCHT, MAN FINDET KEINE ALTEN DATEN ÜBER PROFESSOR TOMOE.
ABER ICH HAB JETZT EINEN ZUGANG ZUM WISSENSCHAFTLICHEN KONGRESS GEFUNDEN.
CROWN GAME CENTER
CROWN
BIEP
TACKA TACKA
TACKA TACKA
access ok
SOUICHI TOMOE
LEBENSWERK: „ÜBER-ORGANISMEN“
BIBIEP
LEBENSWERK: „ÜBER-ORGANISMEN“...?!
WEGEN WIEDERHOLTER GENMANIPULATIONEN AN TIEREN...
... WURDE ER VOR SECHS JAHREN VOM KONGRESS AUSGESCHLOSSEN.
ER VERKAUFTE SEIN KNOW-HOW AN FIRMEN, UM DEN MUGEN-BEZIRK ERWERBEN ZU KÖNNEN.
ZWEI JAHRE SPÄTER ...
... kam es während der Bauarbeiten im Mugen-Bezirk zu einem Großfeuer.
Ehefrau: Keiko (32) verstorben
Tochter: Hotaru (8) schwer verletzt.

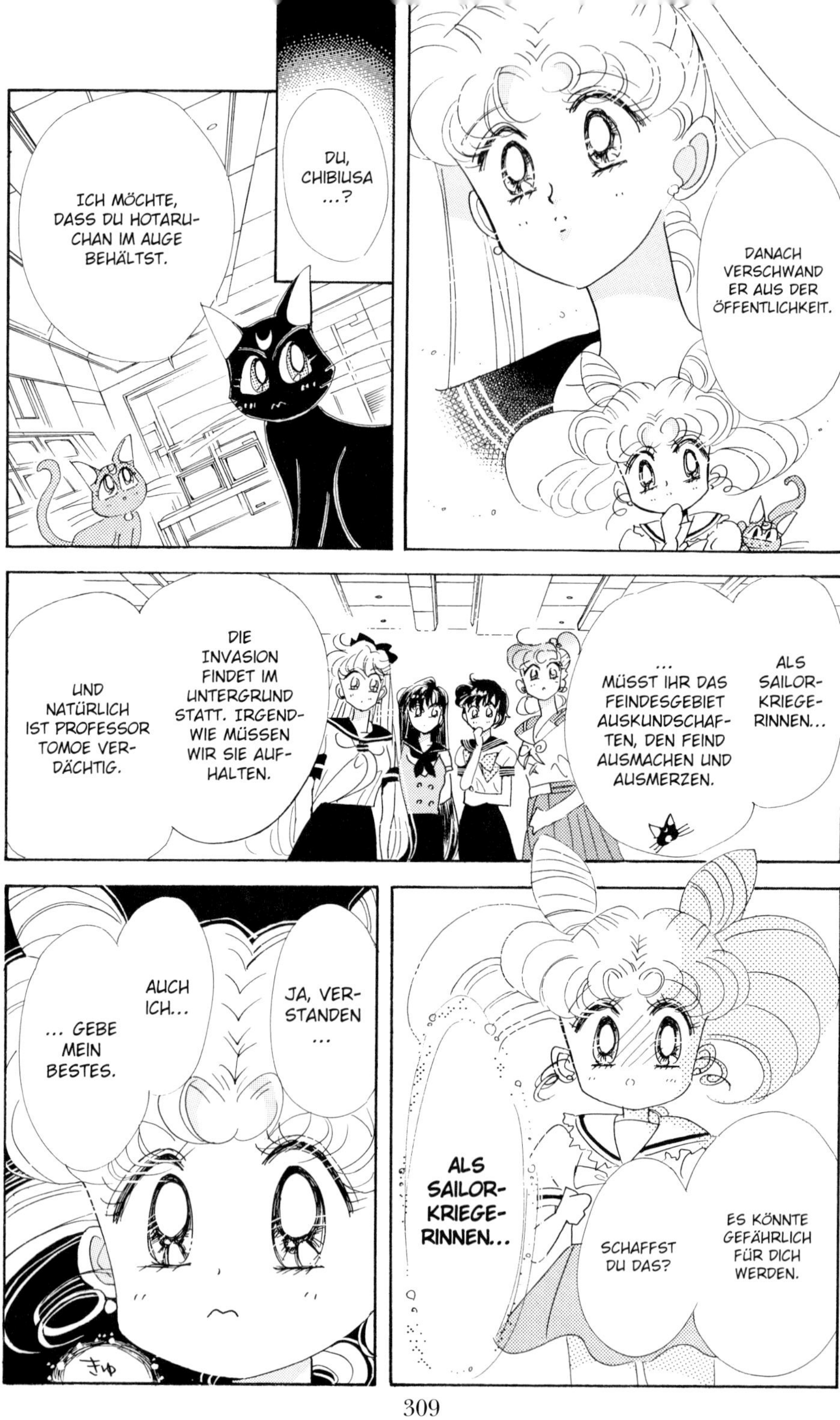
DANACH VERSCHWAND ER AUS DER ÖFFENTLICHKEIT.
DU, CHIBIUSA ...?
ICH MÖCHTE, DASS DU HOTARU-CHAN IM AUGE BEHÄLTST.
ALS SAILOR-KRIEGERINNEN...
... MÜSST IHR DAS FEINDESGEBIET AUSKUNDSCHAFTEN, DEN FEIND AUSMACHEN UND AUSMERZEN.
DIE INVASION FINDET IM UNTERGRUND STATT. IRGENDWIE MÜSSEN WIR SIE AUFHALTEN.
UND NATÜRLICH IST PROFESSOR TOMOE VERDÄCHTIG.
ES KÖNNTE GEFÄHRLICH FÜR DICH WERDEN.
SCHAFFST DU DAS?
ALS SAILOR-KRIEGERINNEN...
JA, VERSTANDEN ...
AUCH ICH...
... GEBE MEIN BESTES.

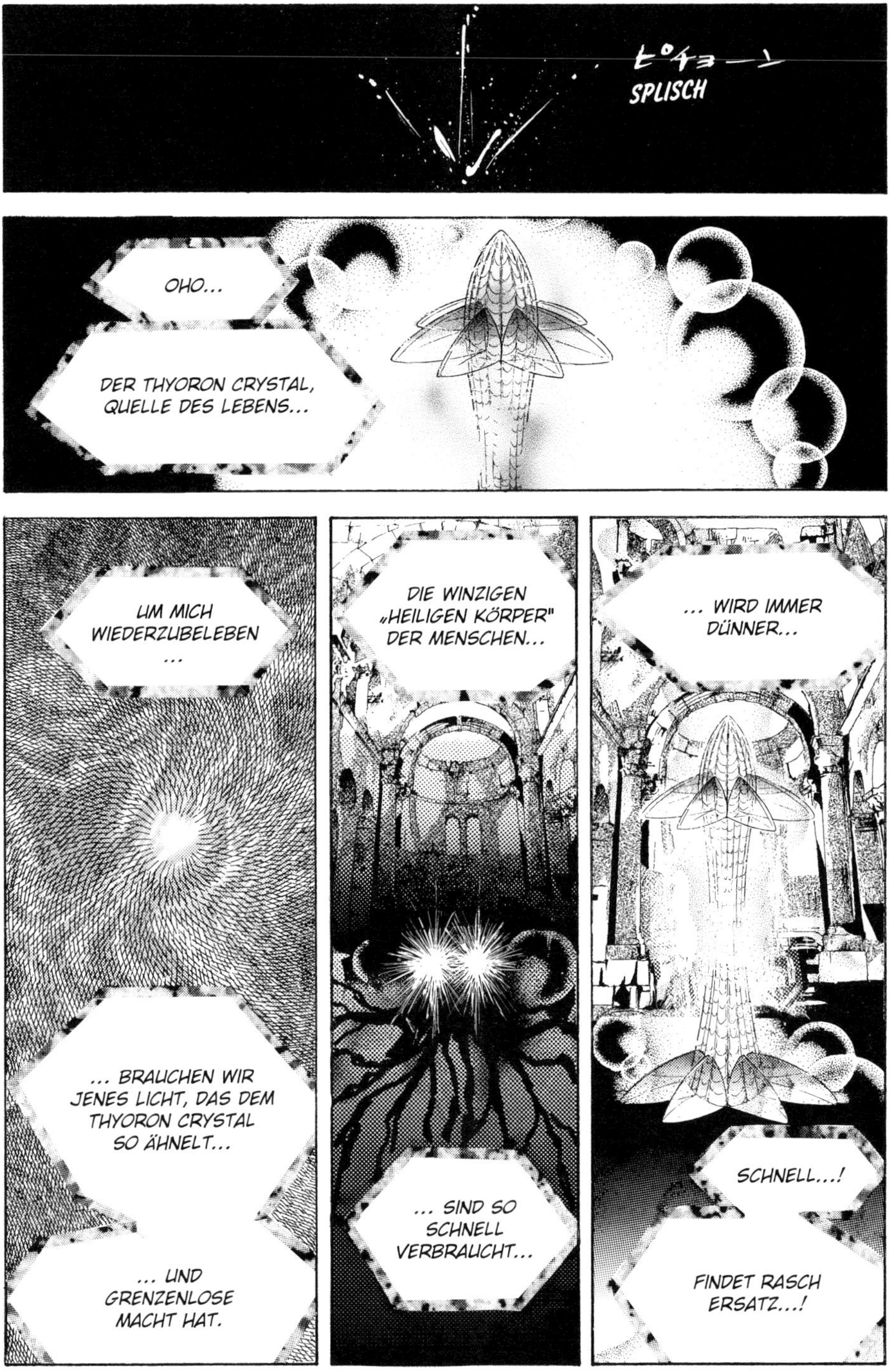
ピチョーン
SPLISCH
OHO...
DER THYORON CRYSTAL, QUELLE DES LEBENS...
... WIRD IMMER DÜNNER...
DIE WINZIGEN „HEILIGEN KÖRPER" DER MENSCHEN...
UM MICH WIEDERZUBELEBEN ...
SCHNELL...!
FINDET RASCH ERSATZ...!
... SIND SO SCHNELL VERBRAUCHT...
... BRAUCHEN WIR JENES LICHT, DAS DEM THYORON CRYSTAL SO ÄHNELT...
... UND GRENZENLOSE MACHT HAT.

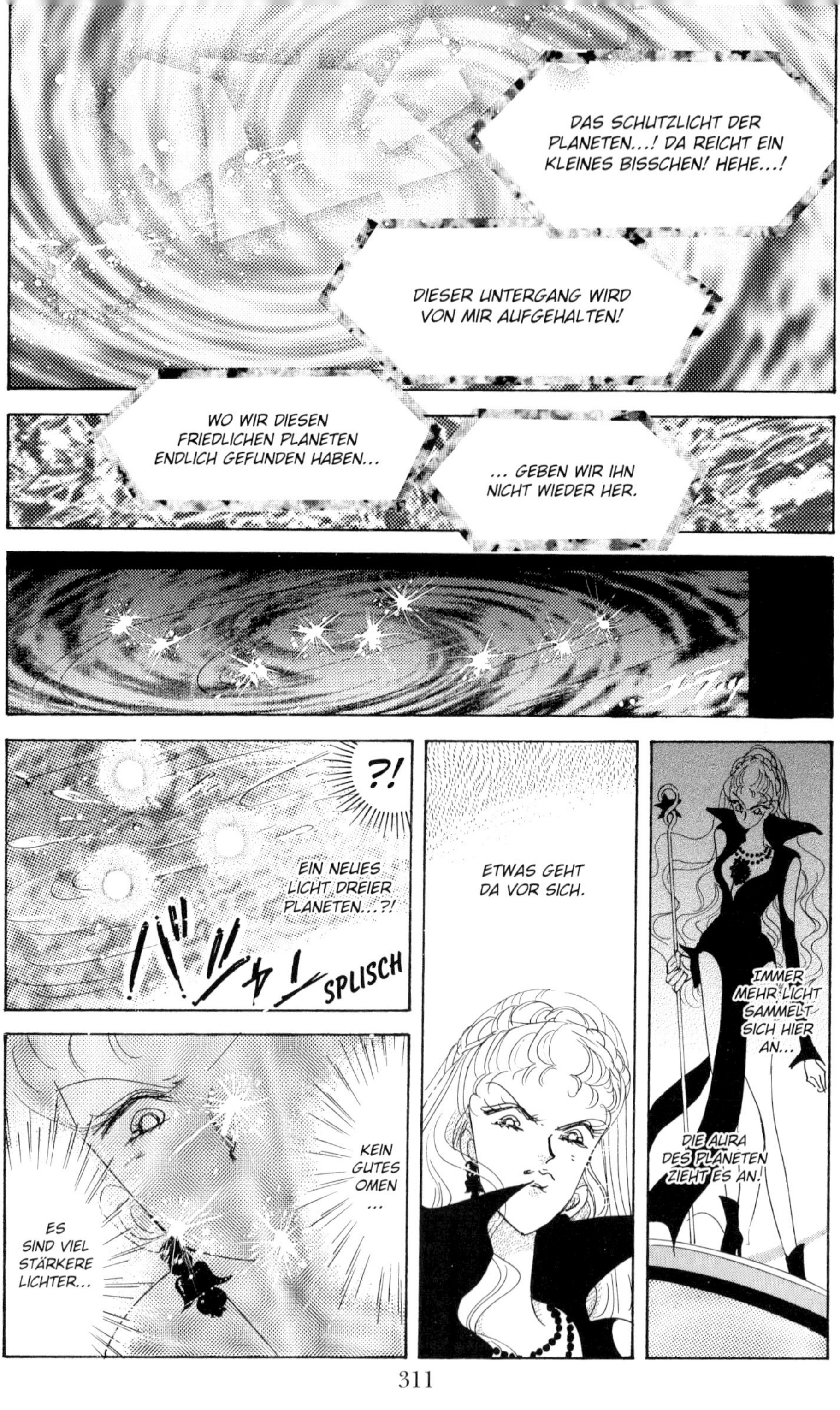
DAS SCHUTZLICHT DER PLANETEN…! DA REICHT EIN KLEINES BISSCHEN! HEHE…!
DIESER UNTERGANG WIRD VON MIR AUFGEHALTEN!
WO WIR DIESEN FRIEDLICHEN PLANETEN ENDLICH GEFUNDEN HABEN…
… GEBEN WIR IHN NICHT WIEDER HER.
IMMER MEHR LICHT SAMMELT SICH HIER AN…
DIE AURA DES PLANETEN ZIEHT ES AN.
ETWAS GEHT DA VOR SICH.
?!
EIN NEUES LICHT DREIER PLANETEN…?!
SPLISCH
KEIN GUTES OMEN …
ES SIND VIEL STÄRKERE LICHTER…

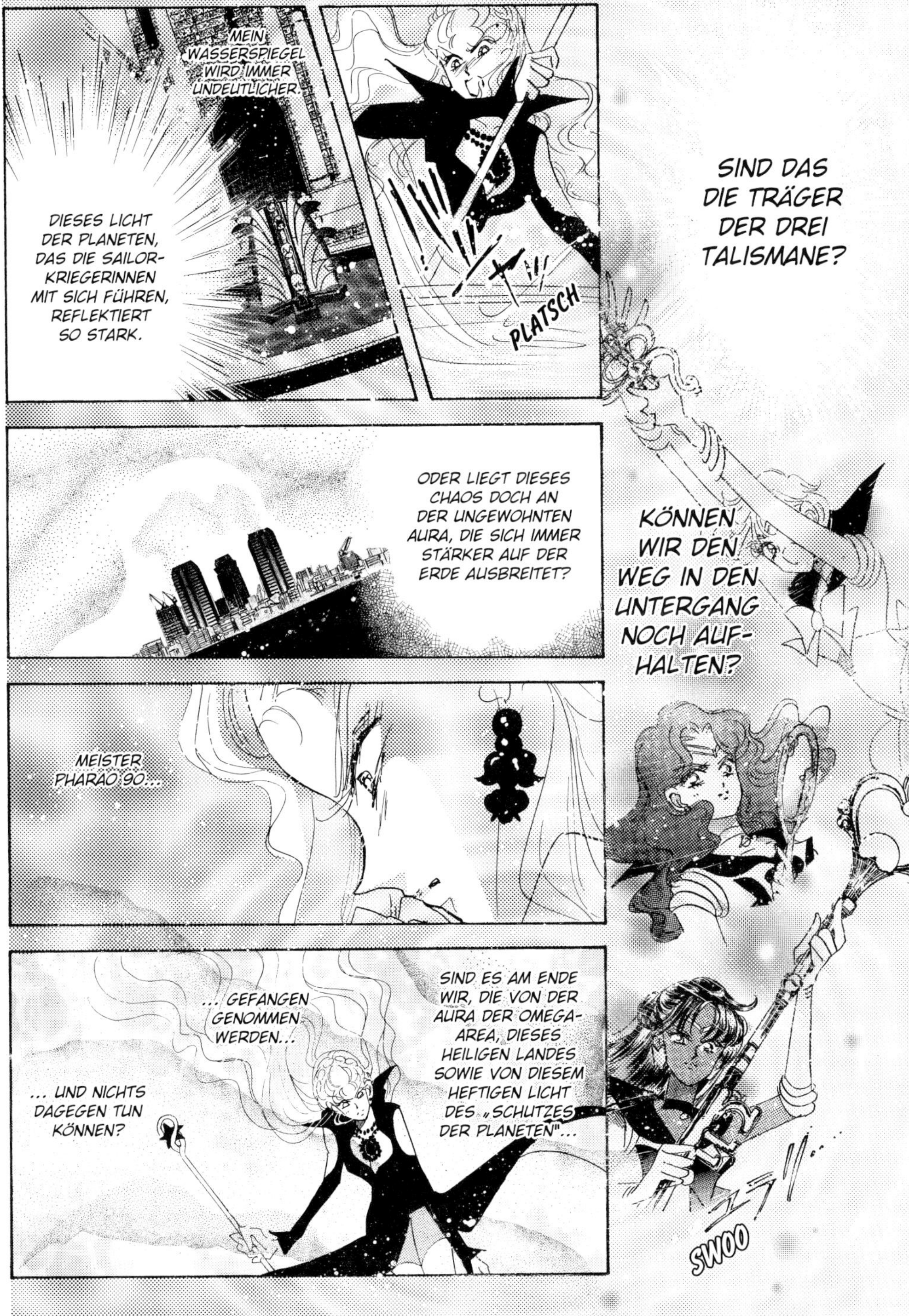
MEIN WASSERSPIEGEL WIRD IMMER UNDEUTLICHER.
DIESES LICHT DER PLANETEN, DAS DIE SAILOR-KRIEGERINNEN MIT SICH FÜHREN, REFLEKTIERT SO STARK.
PLATSCH
SIND DAS DIE TRÄGER DER DREI TALISMANE?
ODER LIEGT DIESES CHAOS DOCH AN DER UNGEWOHNTEN AURA, DIE SICH IMMER STÄRKER AUF DER ERDE AUSBREITET?
KÖNNEN WIR DEN WEG IN DEN UNTERGANG NOCH AUF-HALTEN?
MEISTER PHARAO 90...
SIND ES AM ENDE WIR, DIE VON DER AURA DER OMEGA-AREA, DIESES HEILIGEN LANDES SOWIE VON DIESEM HEFTIGEN LICHT DES „SCHUTZES DER PLANETEN"...
... GEFANGEN GENOMMEN WERDEN...
... UND NICHTS DAGEGEN TUN KÖNNEN?
SWOO

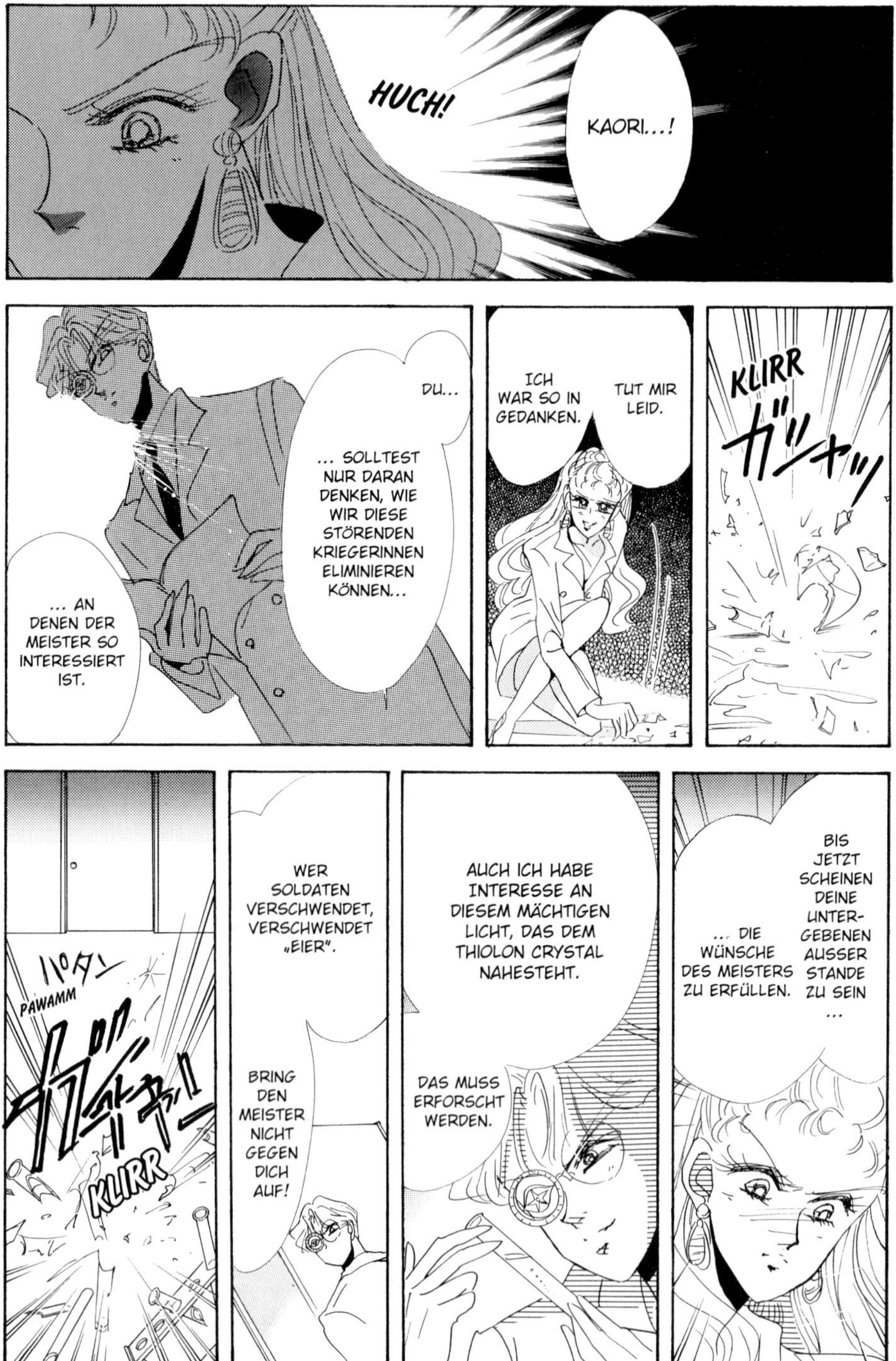
KAORI...!
HUCH!
KLIRR
TUT MIR LEID.
ICH WAR SO IN GEDANKEN.
DU...
... SOLLTEST NUR DARAN DENKEN, WIE WIR DIESE STÖRENDEN KRIEGERINNEN ELIMINIEREN KÖNNEN...
... AN DENEN DER MEISTER SO INTERESSIERT IST.
BIS JETZT SCHEINEN DEINE UNTER-GEBENEN AUSSER STANDE ZU SEIN ...
... DIE WÜNSCHE DES MEISTERS ZU ERFÜLLEN.
AUCH ICH HABE INTERESSE AN DIESEM MÄCHTIGEN LICHT, DAS DEM THIOLON CRYSTAL NAHESTEHT.
DAS MUSS ERFORSCHT WERDEN.
WER SOLDATEN VERSCHWENDET, VERSCHWENDET „EIER".
BRING DEN MEISTER NICHT GEGEN DICH AUF!
PAWAMM
KLIRR

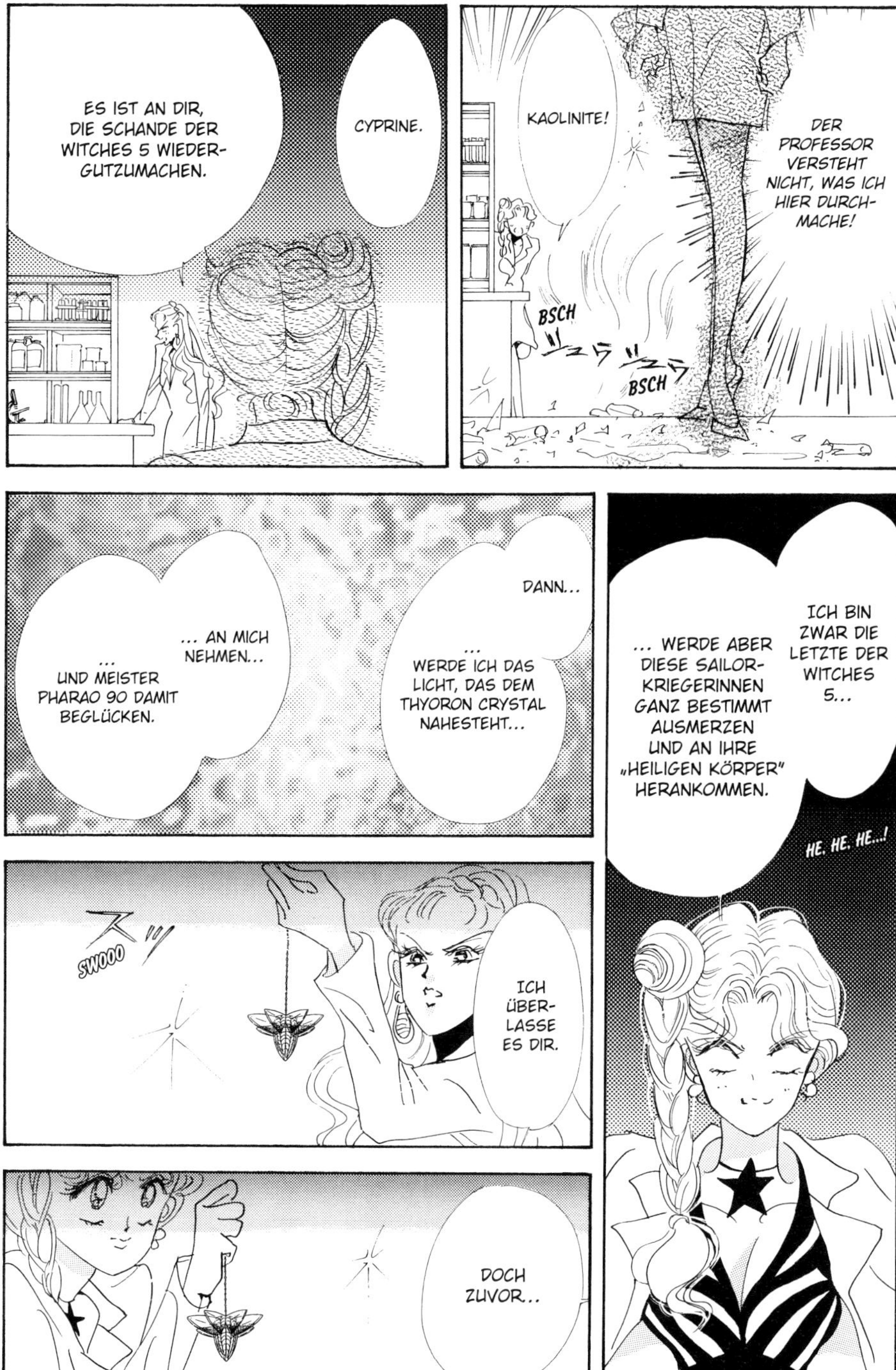
DER PROFESSOR VERSTEHT NICHT, WAS ICH HIER DURCHMACHE!
KAOLINITE!
BSCH
BSCH
CYPRINE.
ES IST AN DIR, DIE SCHANDE DER WITCHES 5 WIEDERGUTZUMACHEN.
ICH BIN ZWAR DIE LETZTE DER WITCHES 5...
... WERDE ABER DIESE SAILORKRIEGERINNEN GANZ BESTIMMT AUSMERZEN UND AN IHRE „HEILIGEN KÖRPER" HERANKOMMEN.
HE. HE. HE...!
DANN...
... WERDE ICH DAS LICHT, DAS DEM THYORON CRYSTAL NAHESTEHT...
... AN MICH NEHMEN...
... UND MEISTER PHARAO 90 DAMIT BEGLÜCKEN.
ICH ÜBERLASSE ES DIR.
SWOOO
DOCH ZUVOR...

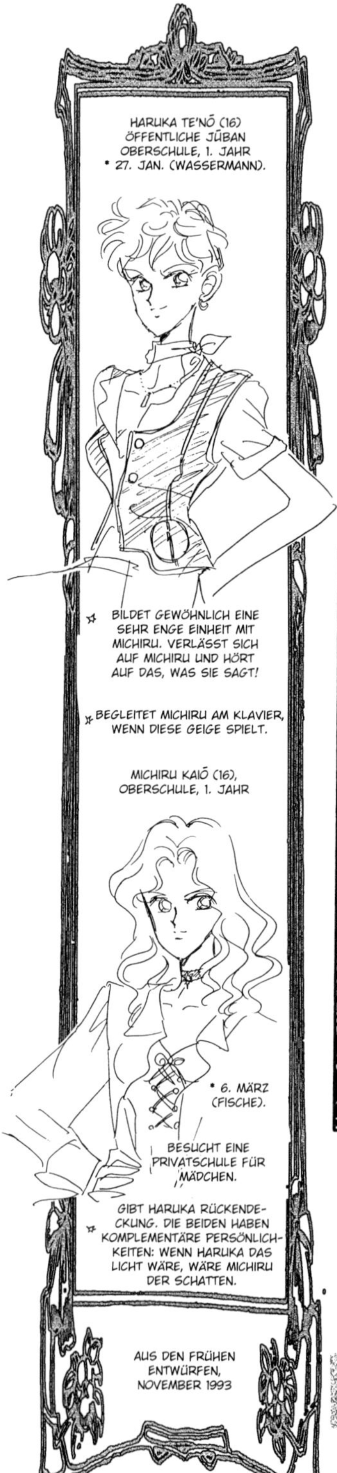
HARUKA TE'NŌ (16)
ÖFFENTLICHE JŪBAN
OBERSCHULE, 1. JAHR
• 27. JAN. (WASSERMANN).
BILDET GEWÖHNLICH EINE SEHR ENGE EINHEIT MIT MICHIRU. VERLÄSST SICH AUF MICHIRU UND HÖRT AUF DAS, WAS SIE SAGT!
BEGLEITET MICHIRU AM KLAVIER, WENN DIESE GEIGE SPIELT.
MICHIRU KAIŌ (16),
OBERSCHULE, 1. JAHR
• 6. MÄRZ (FISCHE).
BESUCHT EINE PRIVATSCHULE FÜR MÄDCHEN.
GIBT HARUKA RÜCKENDECKUNG. DIE BEIDEN HABEN KOMPLEMENTÄRE PERSÖNLICHKEITEN: WENN HARUKA DAS LICHT WÄRE, WÄRE MICHIRU DER SCHATTEN.
AUS DEN FRÜHEN ENTWÜRFEN, NOVEMBER 1993

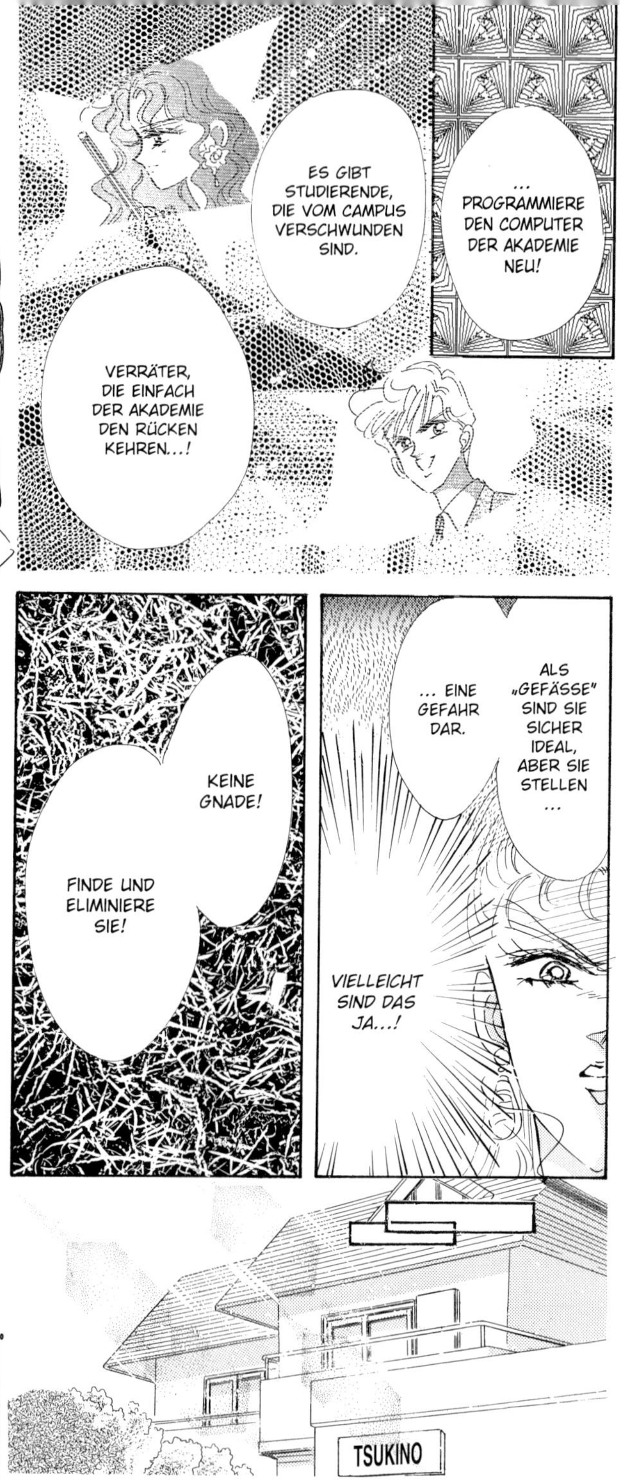
... PROGRAMMIERE DEN COMPUTER DER AKADEMIE NEU!
ES GIBT STUDIERENDE, DIE VOM CAMPUS VERSCHWUNDEN SIND.
VERRÄTER, DIE EINFACH DER AKADEMIE DEN RÜCKEN KEHREN...!
ALS „GEFÄSSE" SIND SIE SICHER IDEAL, ABER SIE STELLEN ...
... EINE GEFAHR DAR.
VIELLEICHT SIND DAS JA...!
KEINE GNADE!
FINDE UND ELIMINIERE SIE!
TSUKINO

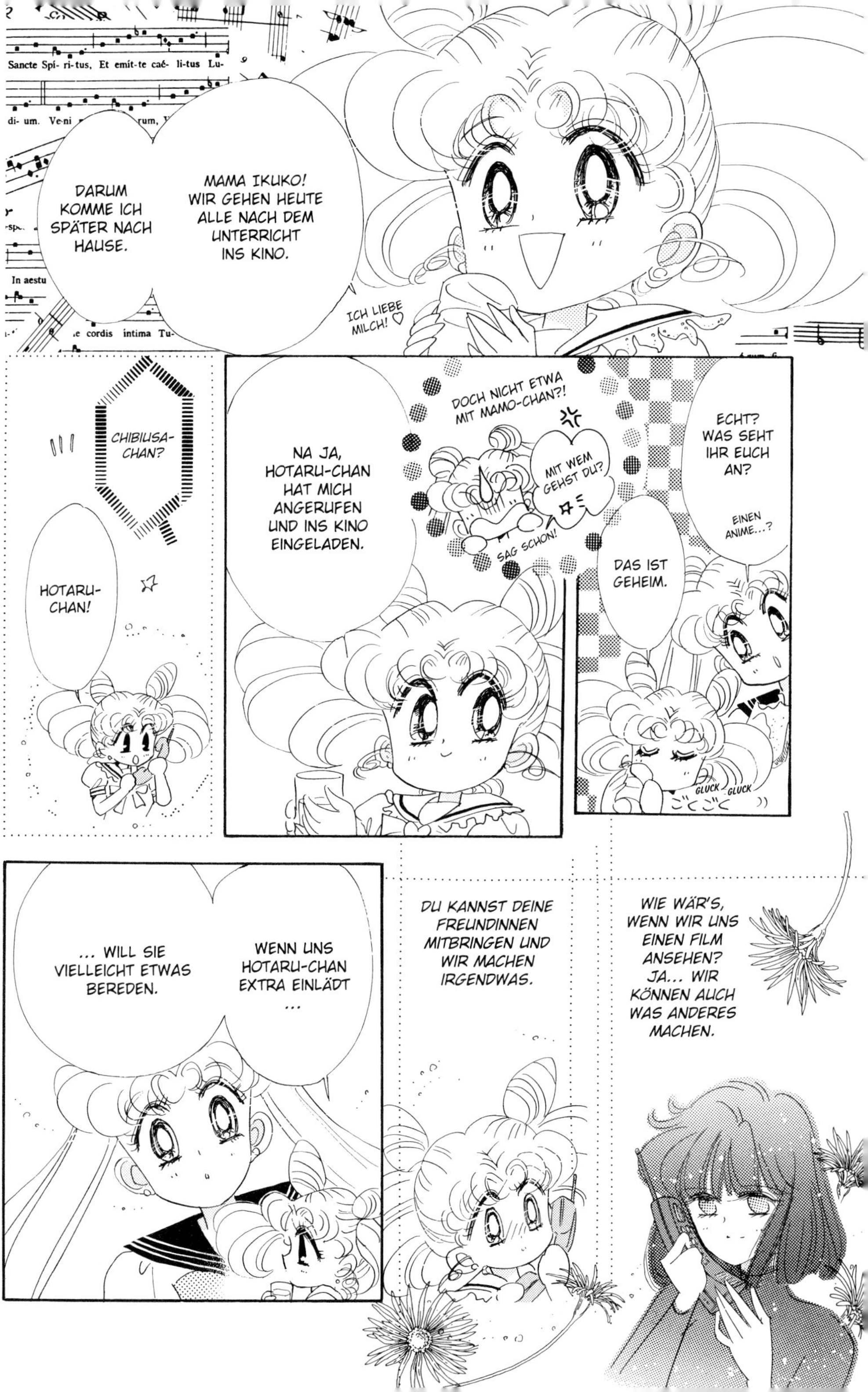
Sancte Spí- ri-tus, Et emít-te caé- li-tus Lu-
ICH LIEBE MILCH! ♡
MAMA IKUKO! WIR GEHEN HEUTE ALLE NACH DEM UNTERRICHT INS KINO.
DARUM KOMME ICH SPÄTER NACH HAUSE.
ECHT? WAS SEHT IHR EUCH AN?
EINEN ANIME...?
DAS IST GEHEIM.
GLUCK GLUCK
DOCH NICHT ETWA MIT MAMO-CHAN?!
MIT WEM GEHST DU?
SAG SCHON!
NA JA, HOTARU-CHAN HAT MICH ANGERUFEN UND INS KINO EINGELADEN.
CHIBIUSA-CHAN?
HOTARU-CHAN!
WIE WÄR'S, WENN WIR UNS EINEN FILM ANSEHEN? JA... WIR KÖNNEN AUCH WAS ANDERES MACHEN.
DU KANNST DEINE FREUNDINNEN MITBRINGEN UND WIR MACHEN IRGENDWAS.
WENN UNS HOTARU-CHAN EXTRA EINLÄDT ...
... WILL SIE VIELLEICHT ETWAS BEREDEN.

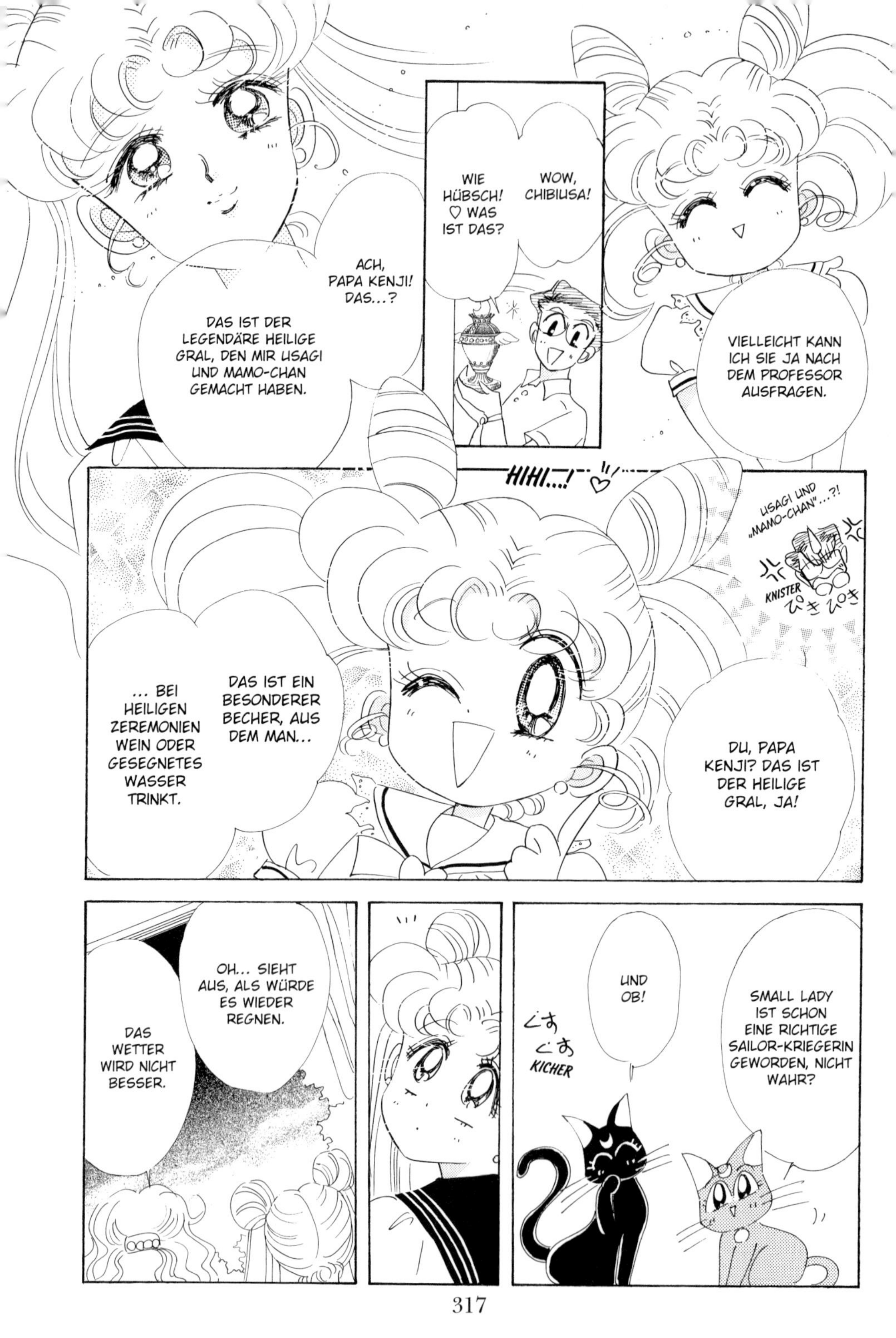
VIELLEICHT KANN ICH SIE JA NACH DEM PROFESSOR AUSFRAGEN.
WOW, CHIBIUSA!
WIE HÜBSCH! ♡ WAS IST DAS?
ACH, PAPA KENJI! DAS…?
DAS IST DER LEGENDÄRE HEILIGE GRAL, DEN MIR USAGI UND MAMO-CHAN GEMACHT HABEN.
HIHI…! ♡
USAGI UND „MAMO-CHAN"…?!
KNISTER
ぴき ぴき
DU, PAPA KENJI? DAS IST DER HEILIGE GRAL, JA!
DAS IST EIN BESONDERER BECHER, AUS DEM MAN…
… BEI HEILIGEN ZEREMONIEN WEIN ODER GESEGNETES WASSER TRINKT.
SMALL LADY IST SCHON EINE RICHTIGE SAILOR-KRIEGERIN GEWORDEN, NICHT WAHR?
UND OB!
くす くす
KICHER
OH… SIEHT AUS, ALS WÜRDE ES WIEDER REGNEN.
DAS WETTER WIRD NICHT BESSER.

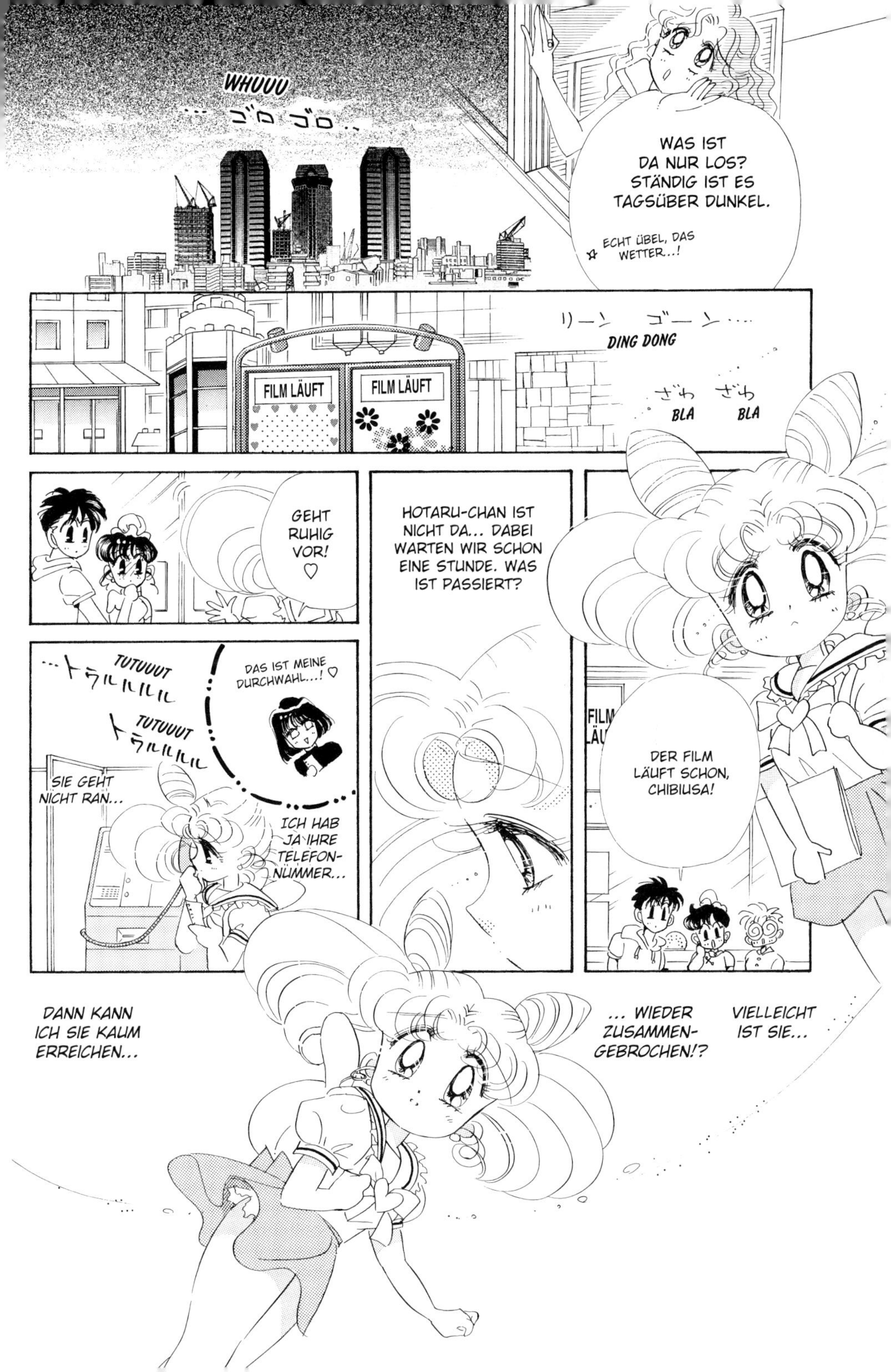
WAS IST DA NUR LOS? STÄNDIG IST ES TAGSÜBER DUNKEL.
ECHT ÜBEL, DAS WETTER...!
WHUUU
...ゴロゴロ...
リーン ゴーン...
DING DONG
FILM LÄUFT
FILM LÄUFT
ざわ ざわ
BLA BLA
DER FILM LÄUFT SCHON, CHIBIUSA!
HOTARU-CHAN IST NICHT DA... DABEI WARTEN WIR SCHON EINE STUNDE. WAS IST PASSIERT?
GEHT RUHIG VOR! ♡
DAS IST MEINE DURCHWAHL...! ♡
ICH HAB JA IHRE TELEFON-NUMMER...
...トゥルルルル
TUTUUUT
トゥルルルル
TUTUUUT
SIE GEHT NICHT RAN...
VIELLEICHT IST SIE...
... WIEDER ZUSAMMEN-GEBROCHEN!?
DANN KANN ICH SIE KAUM ERREICHEN...

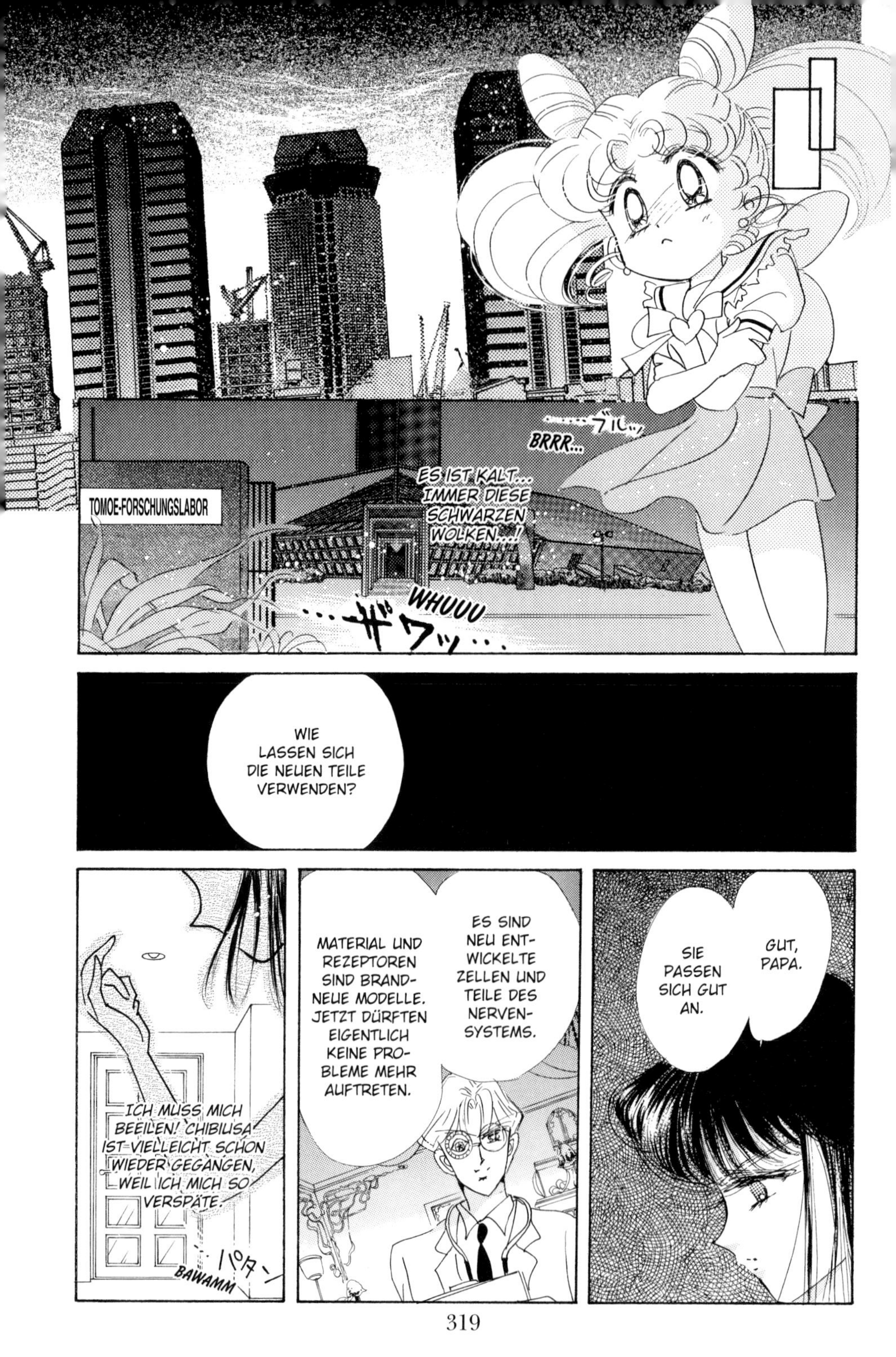
BRRR...
ES IST KALT... IMMER DIESE SCHWARZEN WOLKEN...!
TOMOE-FORSCHUNGSLABOR
WHUUU
WIE LASSEN SICH DIE NEUEN TEILE VERWENDEN?
GUT, PAPA.
SIE PASSEN SICH GUT AN.
ES SIND NEU ENT-WICKELTE ZELLEN UND TEILE DES NERVEN-SYSTEMS.
MATERIAL UND REZEPTOREN SIND BRAND-NEUE MODELLE. JETZT DÜRFTEN EIGENTLICH KEINE PRO-BLEME MEHR AUFTRETEN.
ICH MUSS MICH BEEILEN! CHIBIUSA IST VIELLEICHT SCHON WIEDER GEGANGEN, WEIL ICH MICH SO VERSPÄTE.
BAWAMM

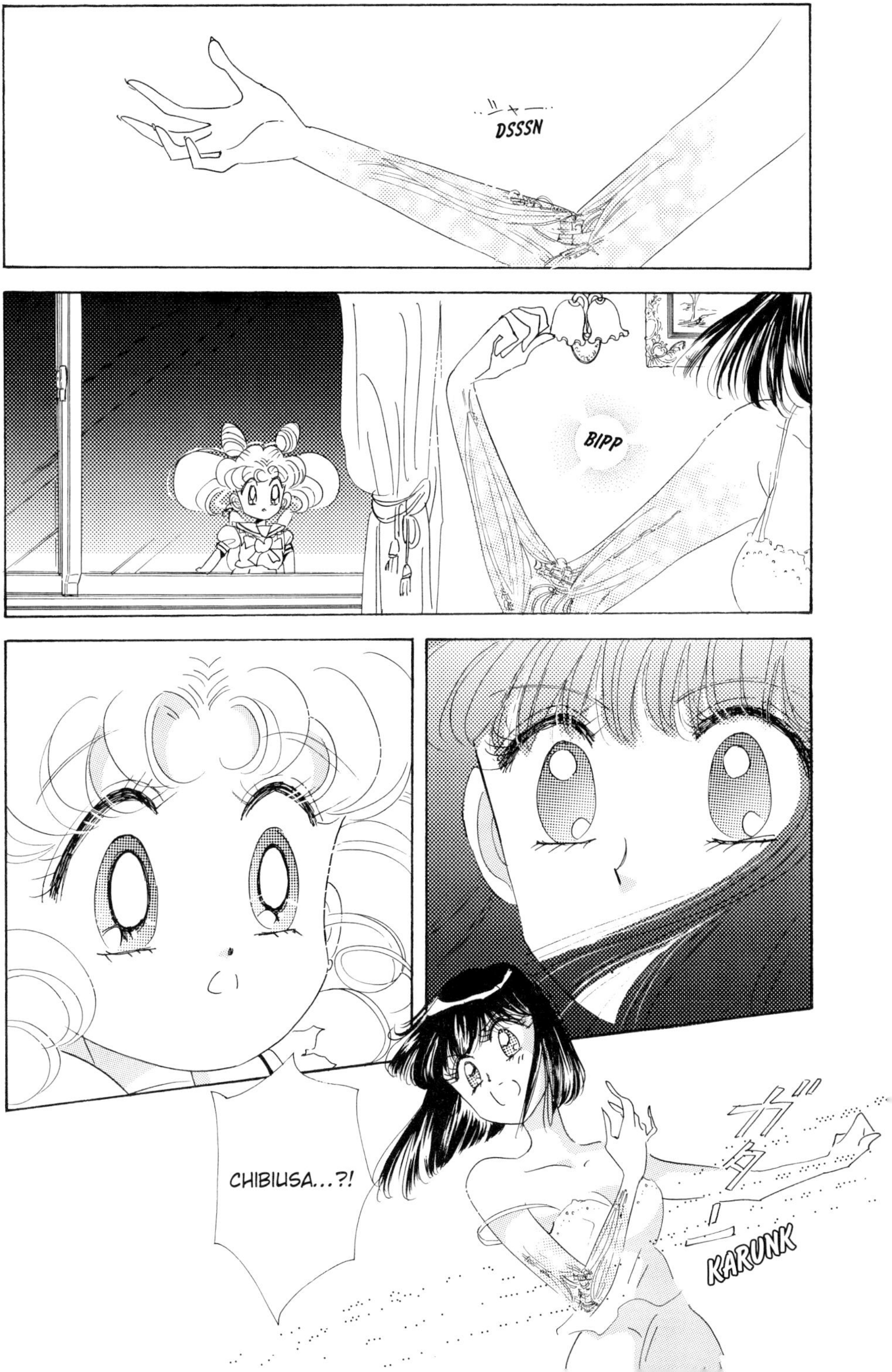

DSSSN
BIPP
CHIBIUSA...?!
KARUNK

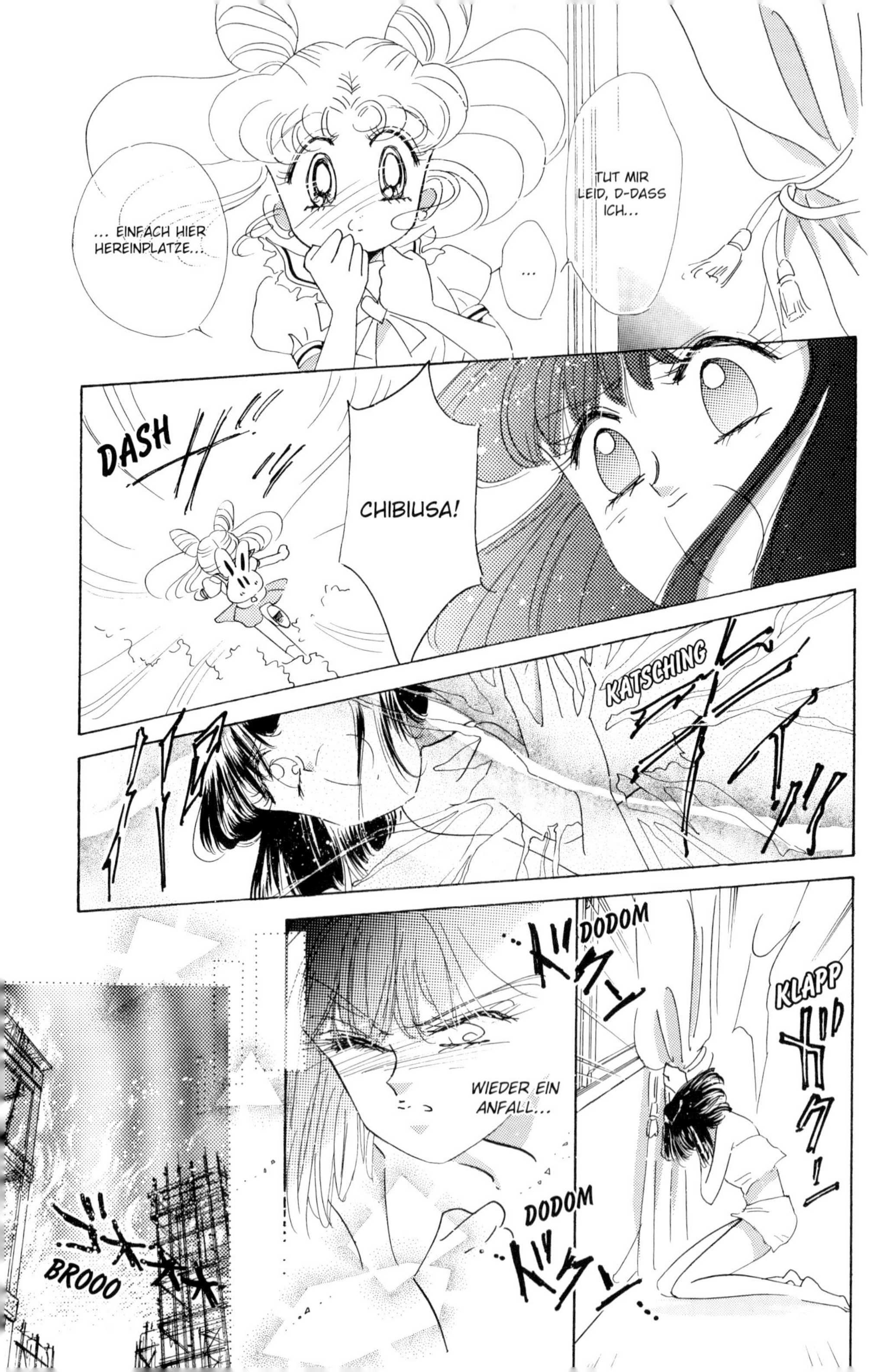
TUT MIR LEID, D-DASS ICH…
…
… EINFACH HIER HEREINPLATZE…
CHIBIUSA!
DASH
KATSCHING
KLAPP
DODOM
WIEDER EIN ANFALL…
DODOM
BROOO

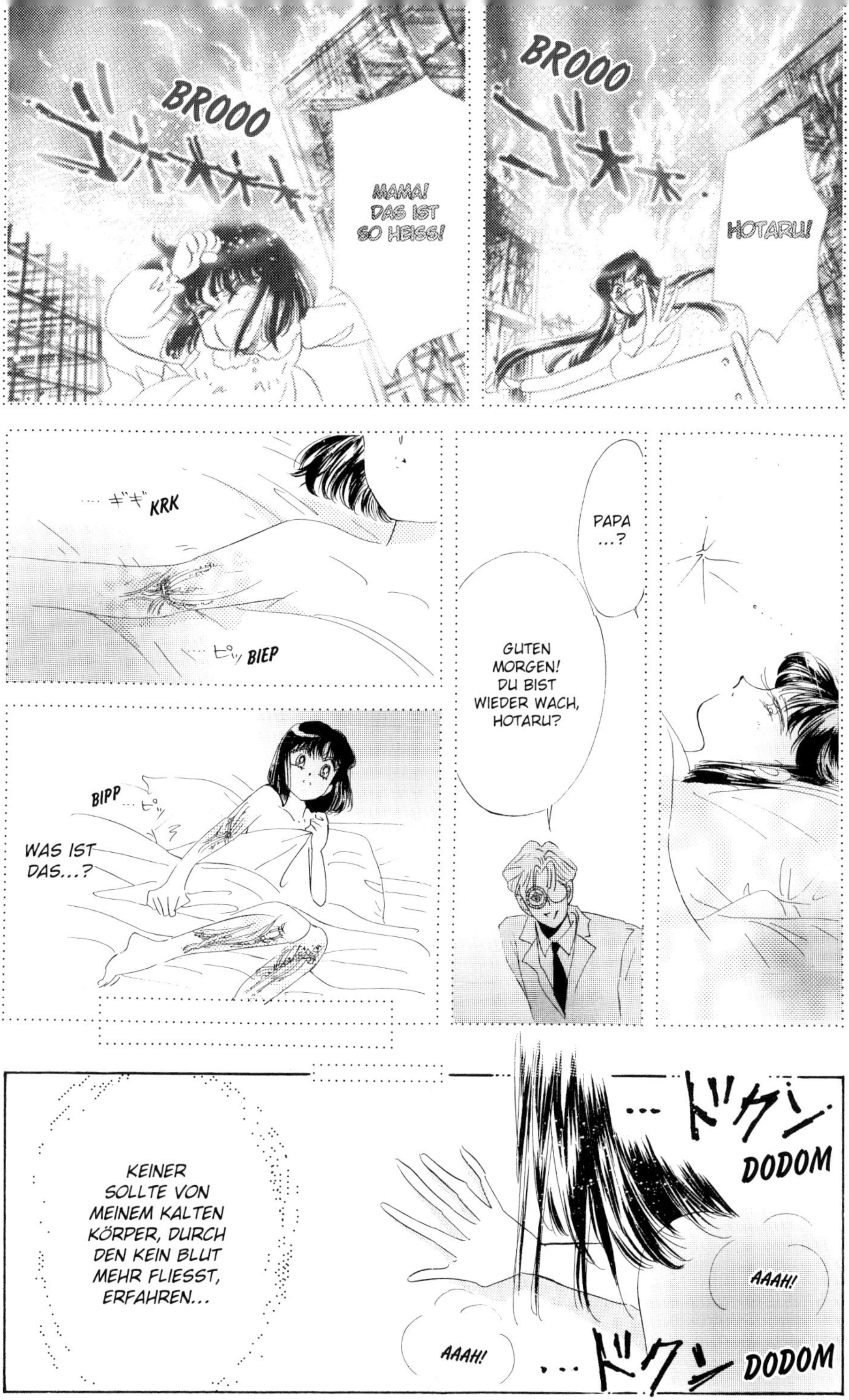
BROOO
MAMA! DAS IST SO HEISS!
BROOO
HOTARU!
KRK
BIEP
PAPA ...?
GUTEN MORGEN! DU BIST WIEDER WACH, HOTARU?
BIPP
WAS IST DAS...?
DODOM
AAAH!
AAAH!
DODOM
KEINER SOLLTE VON MEINEM KALTEN KÖRPER, DURCH DEN KEIN BLUT MEHR FLIESST, ERFAHREN...

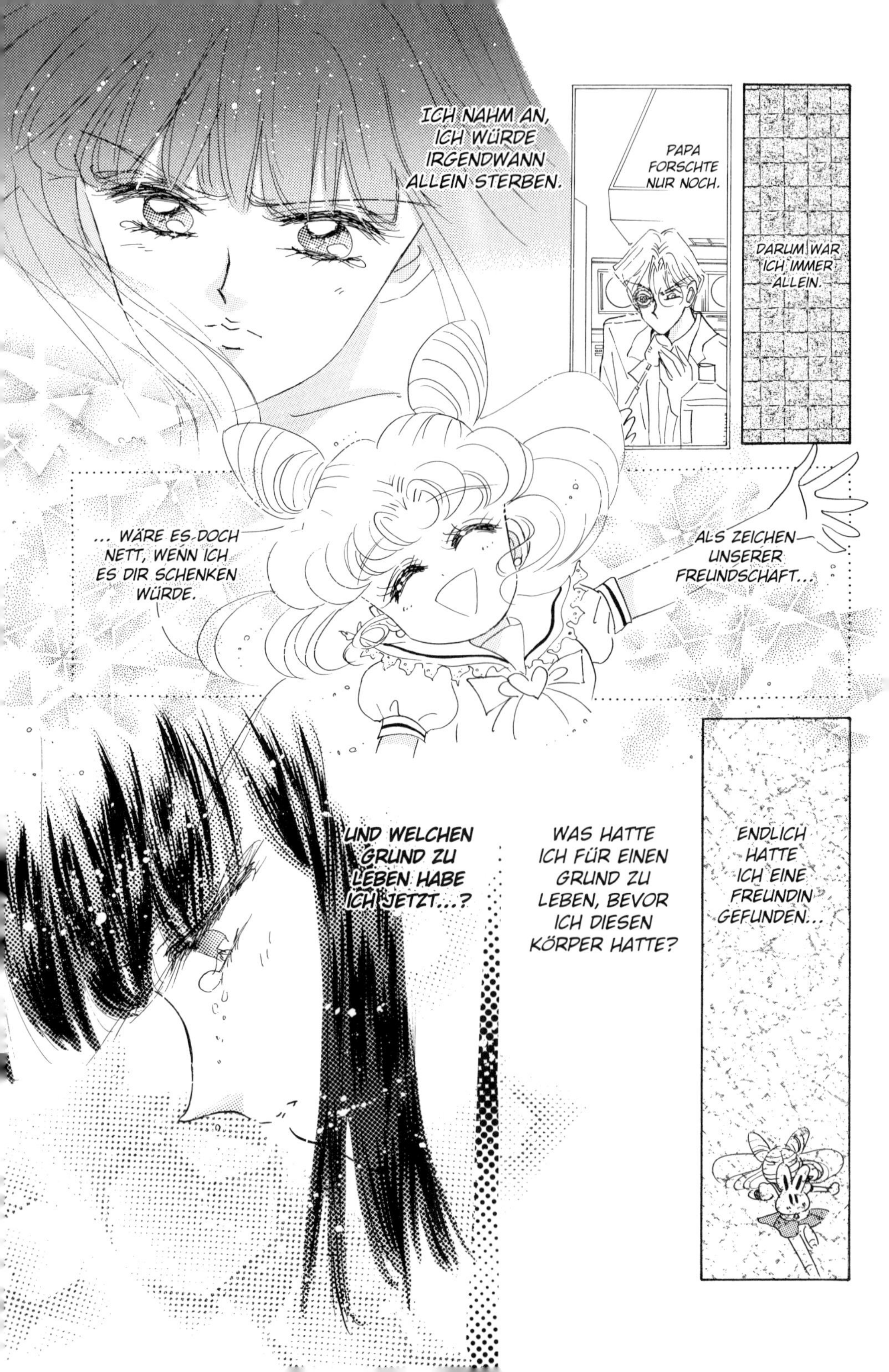
PAPA FORSCHTE NUR NOCH.
DARUM WAR ICH IMMER ALLEIN.
ICH NAHM AN, ICH WÜRDE IRGENDWANN ALLEIN STERBEN.
ALS ZEICHEN UNSERER FREUNDSCHAFT...
... WÄRE ES DOCH NETT, WENN ICH ES DIR SCHENKEN WÜRDE.
ENDLICH HATTE ICH EINE FREUNDIN GEFUNDEN...
WAS HATTE ICH FÜR EINEN GRUND ZU LEBEN, BEVOR ICH DIESEN KÖRPER HATTE?
UND WELCHEN GRUND ZU LEBEN HABE ICH JETZT...?

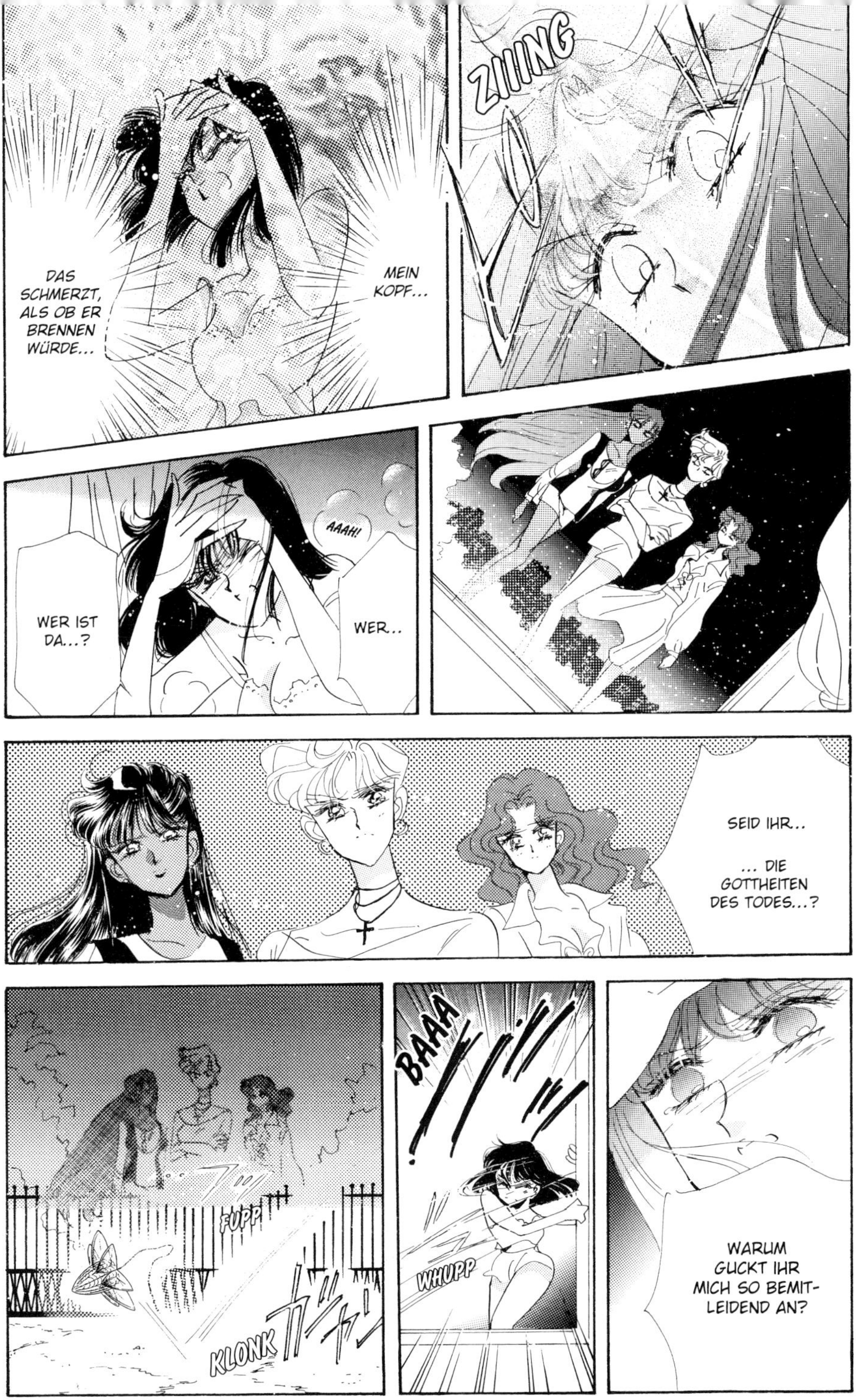
ZIIING
MEIN KOPF...
DAS SCHMERZT, ALS OB ER BRENNEN WÜRDE...
AAAH!
WER..
WER IST DA...?
SEID IHR..
... DIE GOTTHEITEN DES TODES...?
WARUM GUCKT IHR MICH SO BEMIT-LEIDEND AN?
BAAA
WHUPP
FUPP
KLONK

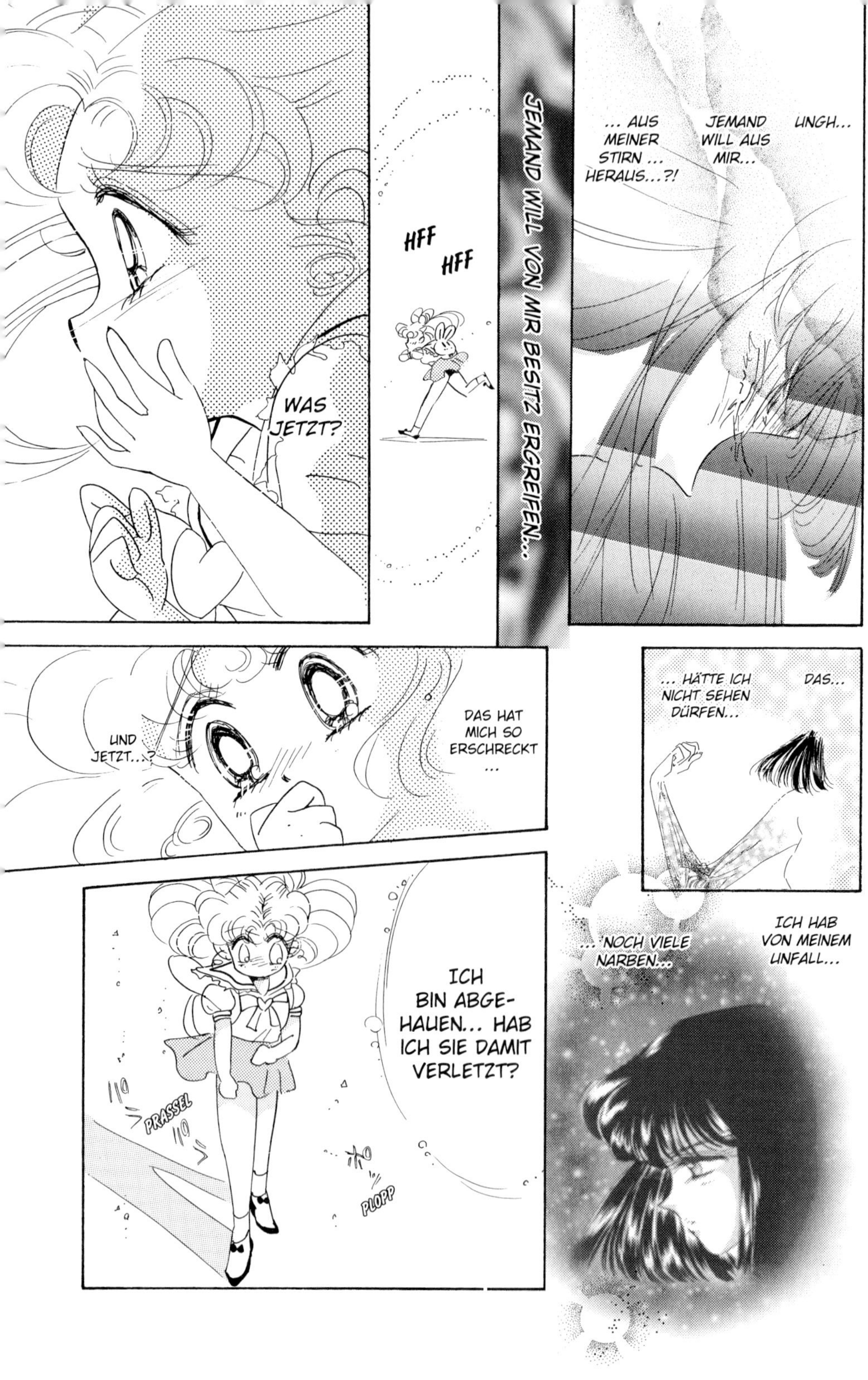

UNGH...
JEMAND WILL AUS MIR...
... AUS MEINER STIRN ... HERAUS...?!
JEMAND WILL VON MIR BESITZ ERGREIFEN...
HFF HFF
WAS JETZT?
DAS...
... HÄTTE ICH NICHT SEHEN DÜRFEN...
DAS HAT MICH SO ERSCHRECKT ...
UND JETZT...?
ICH HAB VON MEINEM UNFALL...
... NOCH VIELE NARBEN...
ICH BIN ABGE-HAUEN... HAB ICH SIE DAMIT VERLETZT?
PRASSEL
PLOPP

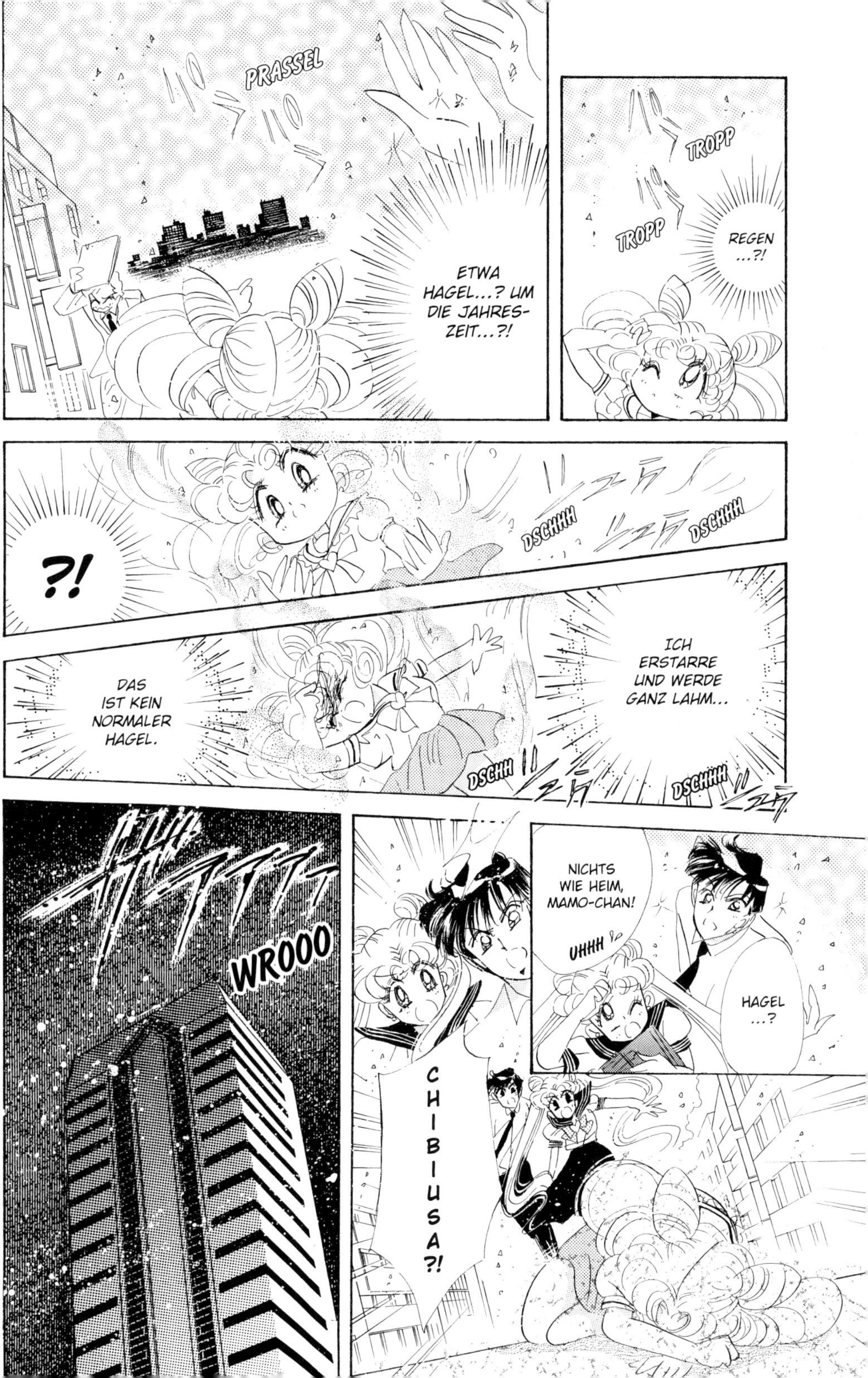
TROPP
TROPP
REGEN ...?!
PRASSEL
ETWA HAGEL...? UM DIE JAHRES-ZEIT...?!
DSCHHH
DSCHHH
?!
ICH ERSTARRE UND WERDE GANZ LAHM...
DAS IST KEIN NORMALER HAGEL.
DSCHHH
DSCHH
HAGEL ...?
NICHTS WIE HEIM, MAMO-CHAN!
UHHH
CHIBIUSA?!
WROOO

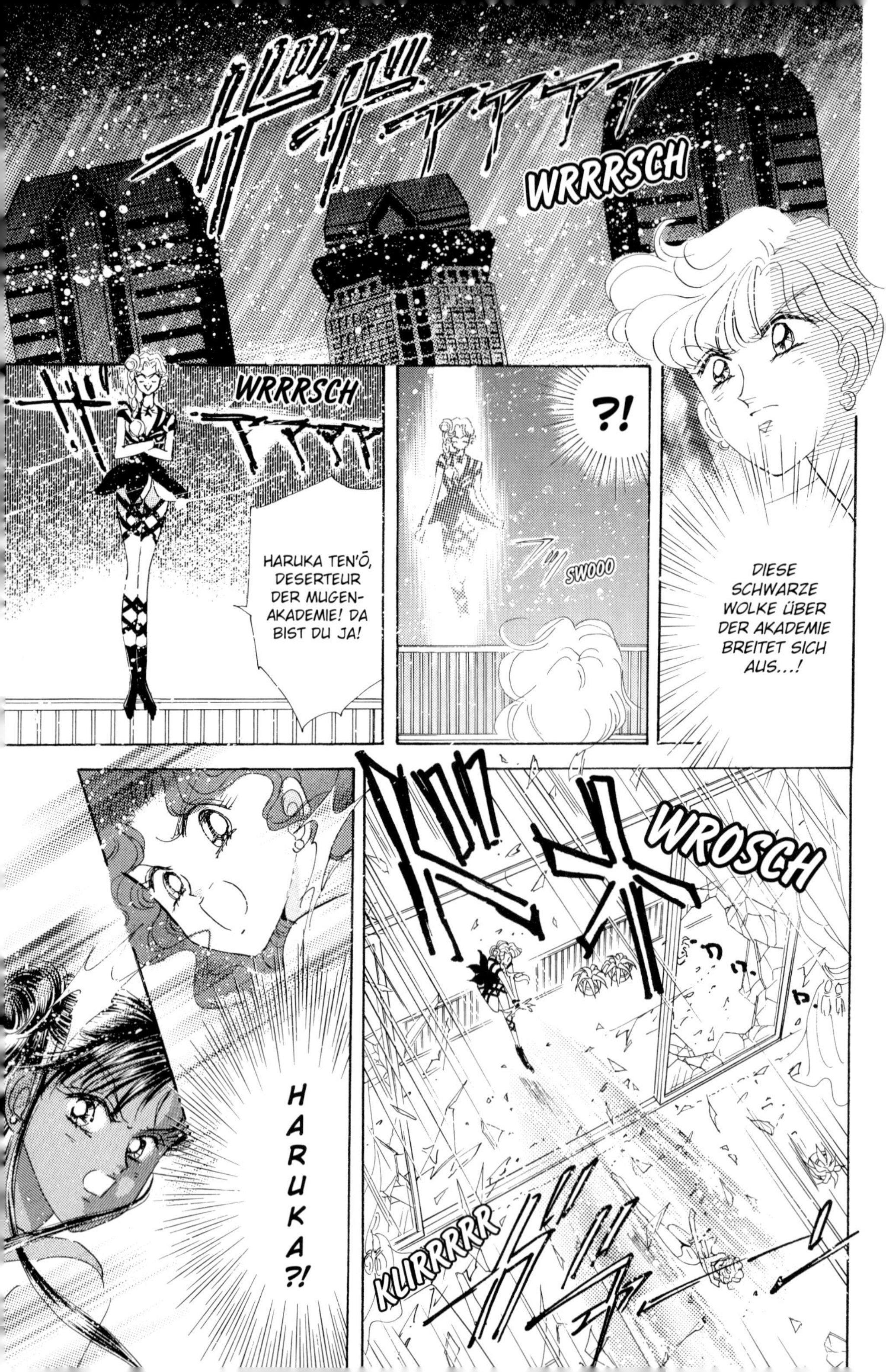
WRRRSCH
DIESE SCHWARZE WOLKE ÜBER DER AKADEMIE BREITET SICH AUS...!
?!
SWOOO
WRRRSCH
HARUKA TEN'Ō, DESERTEUR DER MUGEN-AKADEMIE! DA BIST DU JA!
WROSCH
KLIRRRRR
HARUKA?!

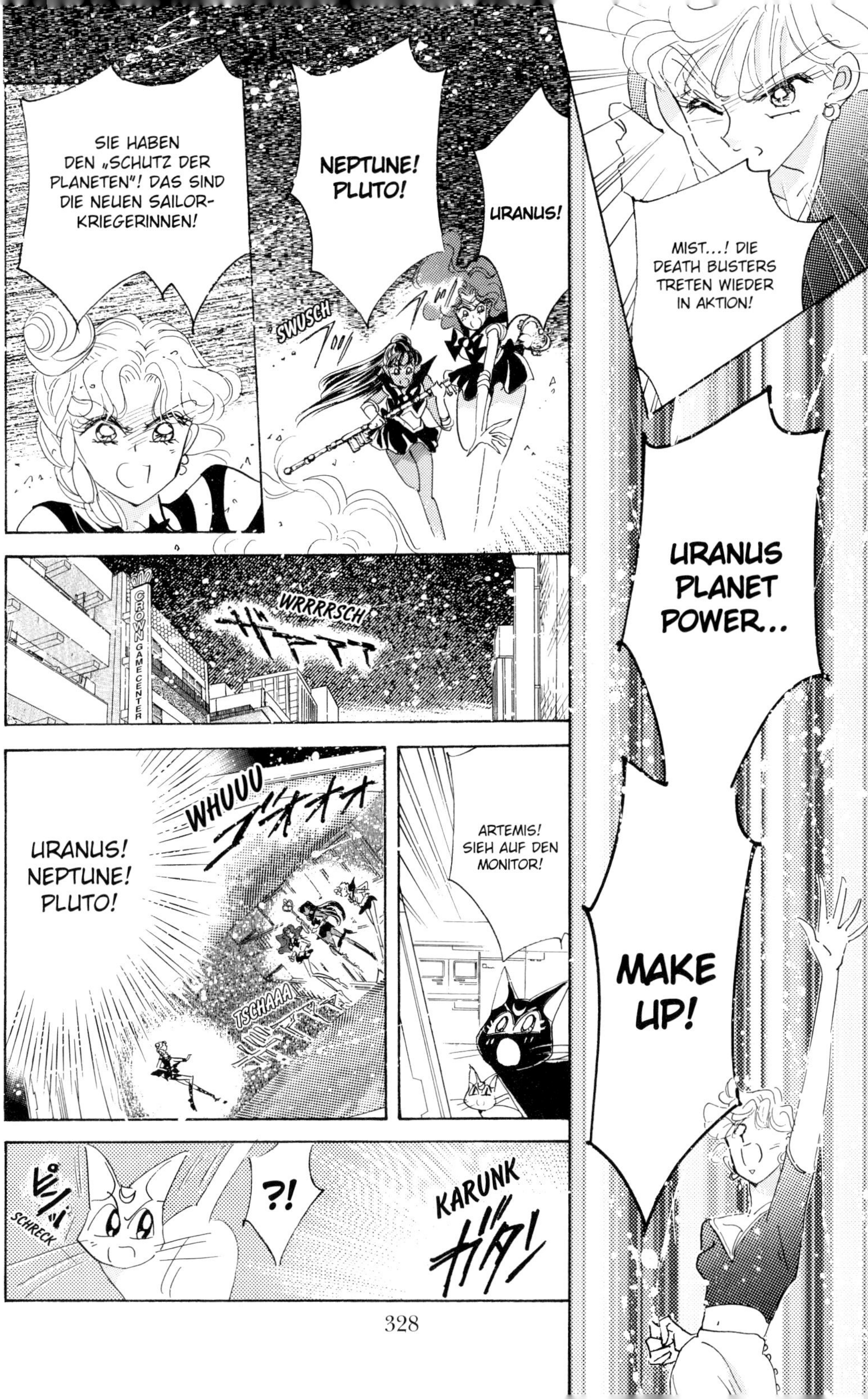
MIST...! DIE DEATH BUSTERS TRETEN WIEDER IN AKTION!
URANUS PLANET POWER...
MAKE UP!
URANUS!
NEPTUNE! PLUTO!
SWUSCH
SIE HABEN DEN „SCHUTZ DER PLANETEN"! DAS SIND DIE NEUEN SAILOR-KRIEGERINNEN!
WRRRRSCH
CROWN GAME CENTER
ARTEMIS! SIEH AUF DEN MONITOR!
WHUUU
URANUS! NEPTUNE! PLUTO!
TSCHAAA
KARUNK
?!
SCHRECK

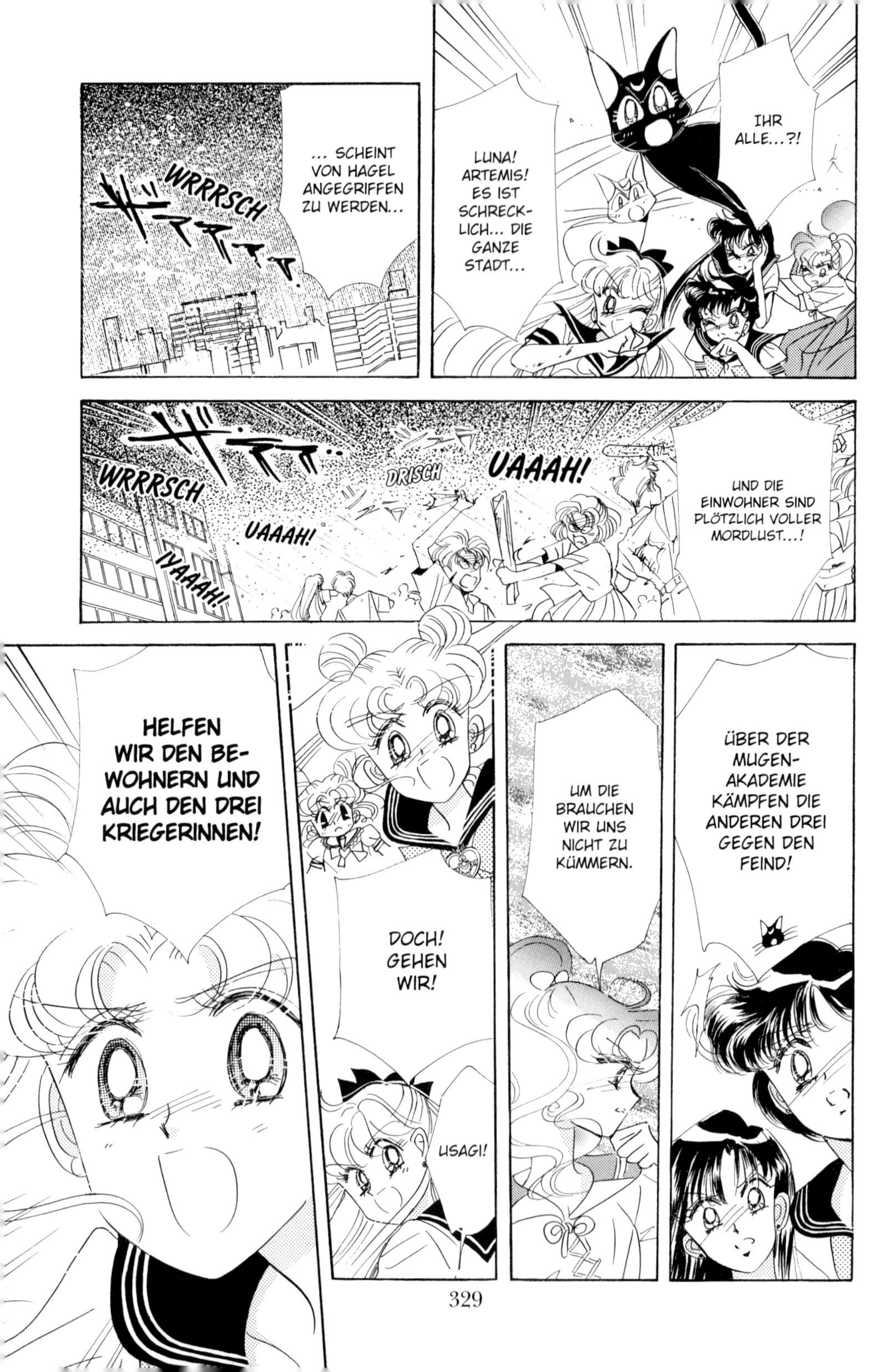

IHR ALLE...?!
LUNA! ARTEMIS! ES IST SCHRECK-LICH... DIE GANZE STADT...
... SCHEINT VON HAGEL ANGEGRIFFEN ZU WERDEN...
WRRRSCH
UND DIE EINWOHNER SIND PLÖTZLICH VOLLER MORDLUST...!
UAAAH!
DRISCH
UAAAH!
IYAAAH!
WRRRSCH
ÜBER DER MUGEN-AKADEMIE KÄMPFEN DIE ANDEREN DREI GEGEN DEN FEIND!
UM DIE BRAUCHEN WIR UNS NICHT ZU KÜMMERN.
DOCH! GEHEN WIR!
USAGI!
HELFEN WIR DEN BE-WOHNERN UND AUCH DEN DREI KRIEGERINNEN!

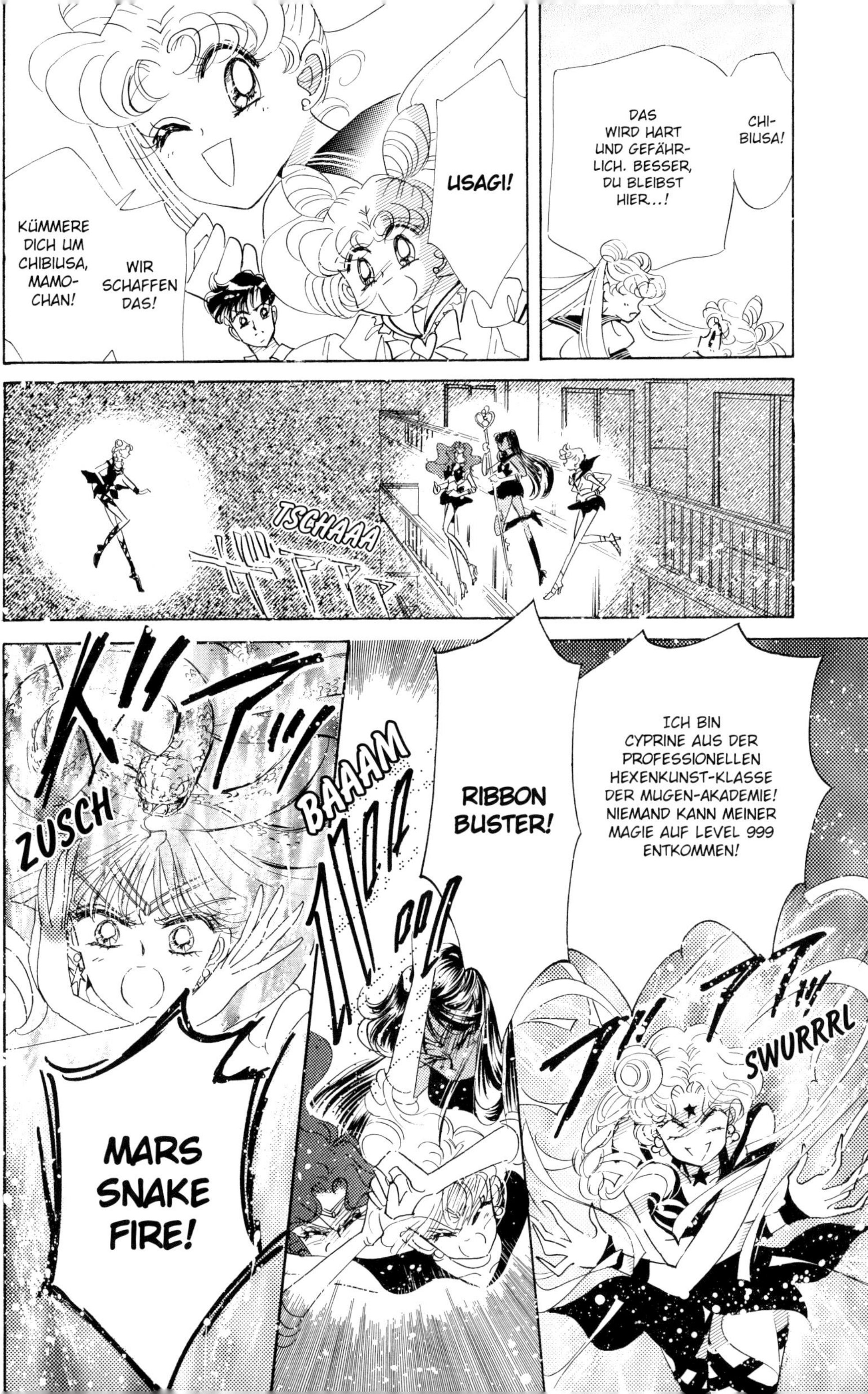
CHI-BIUSA!
DAS WIRD HART UND GEFÄHRLICH. BESSER, DU BLEIBST HIER…!
USAGI!
WIR SCHAFFEN DAS!
KÜMMERE DICH UM CHIBIUSA, MAMO-CHAN!
TSCHAAA
ICH BIN CYPRINE AUS DER PROFESSIONELLEN HEXENKUNST-KLASSE DER MUGEN-AKADEMIE! NIEMAND KANN MEINER MAGIE AUF LEVEL 999 ENTKOMMEN!
RIBBON BUSTER!
BAAAM
ZUSCH
MARS SNAKE FIRE!
SWURRRL

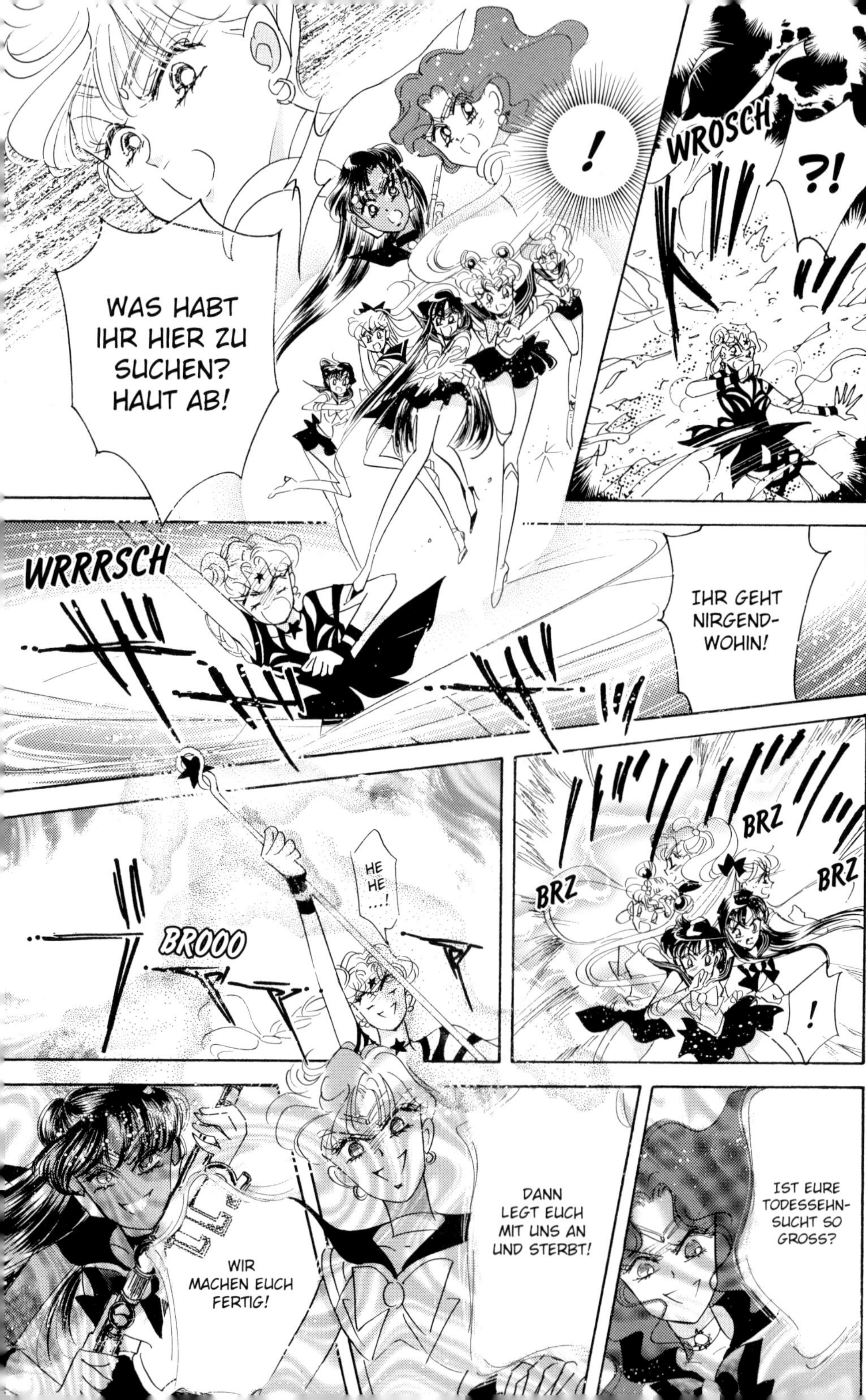
WROSCH
?!
!
WAS HABT IHR HIER ZU SUCHEN? HAUT AB!
IHR GEHT NIRGEND-WOHIN!
WRRRSCH
BRZ
BRZ
BRZ
!
HE HE ...!
BROOO
IST EURE TODESSEHN-SUCHT SO GROSS?
DANN LEGT EUCH MIT UNS AN UND STERBT!
WIR MACHEN EUCH FERTIG!

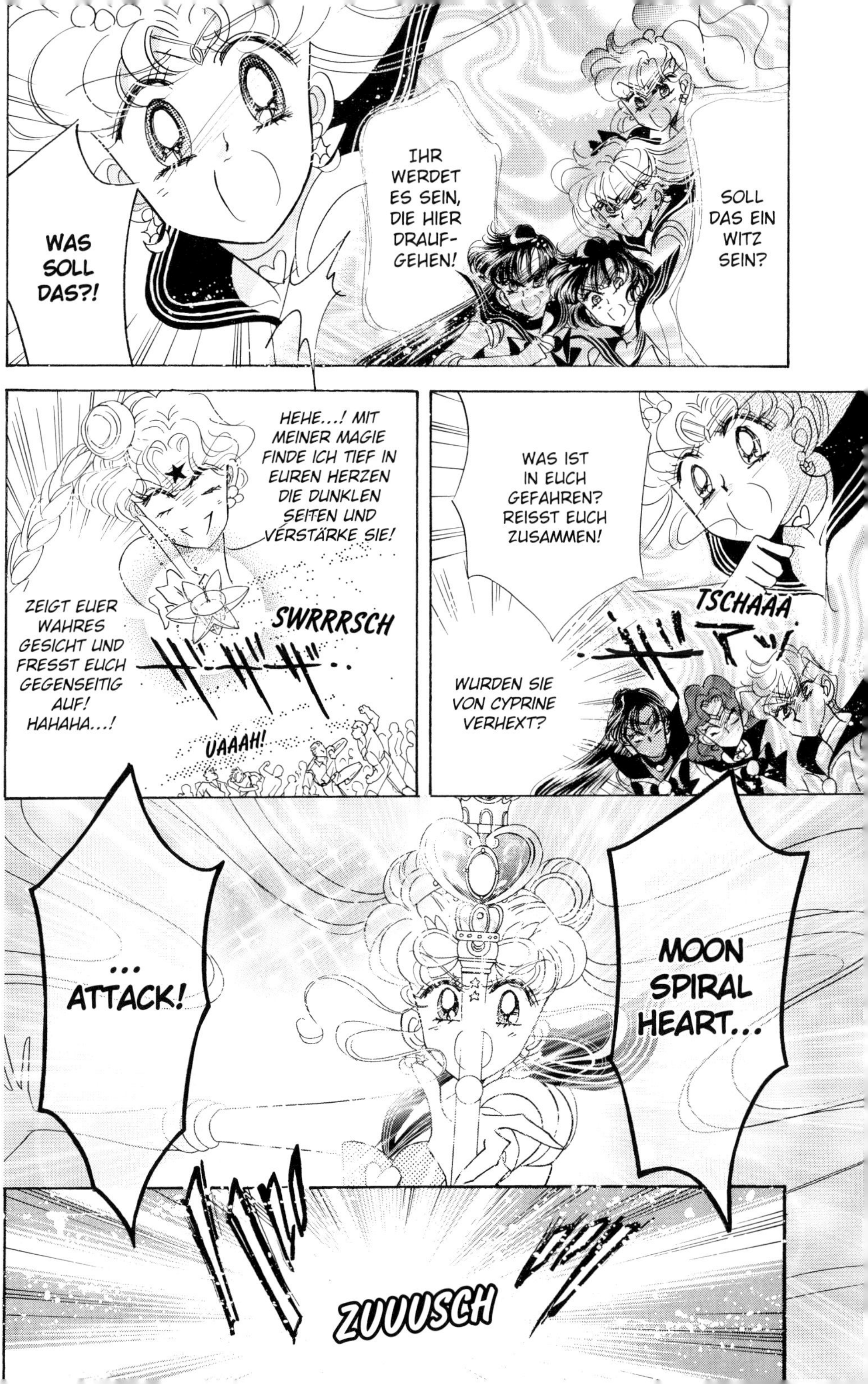
SOLL DAS EIN WITZ SEIN?
IHR WERDET ES SEIN, DIE HIER DRAUF-GEHEN!
WAS SOLL DAS?!
WAS IST IN EUCH GEFAHREN? REISST EUCH ZUSAMMEN!
TSCHAAA
WURDEN SIE VON CYPRINE VERHEXT?
HEHE...! MIT MEINER MAGIE FINDE ICH TIEF IN EUREN HERZEN DIE DUNKLEN SEITEN UND VERSTÄRKE SIE!
SWRRRSCH
ZEIGT EUER WAHRES GESICHT UND FRESST EUCH GEGENSEITIG AUF! HAHAHA...!
UAAAH!
MOON SPIRAL HEART...
... ATTACK!
ZUUUSCH

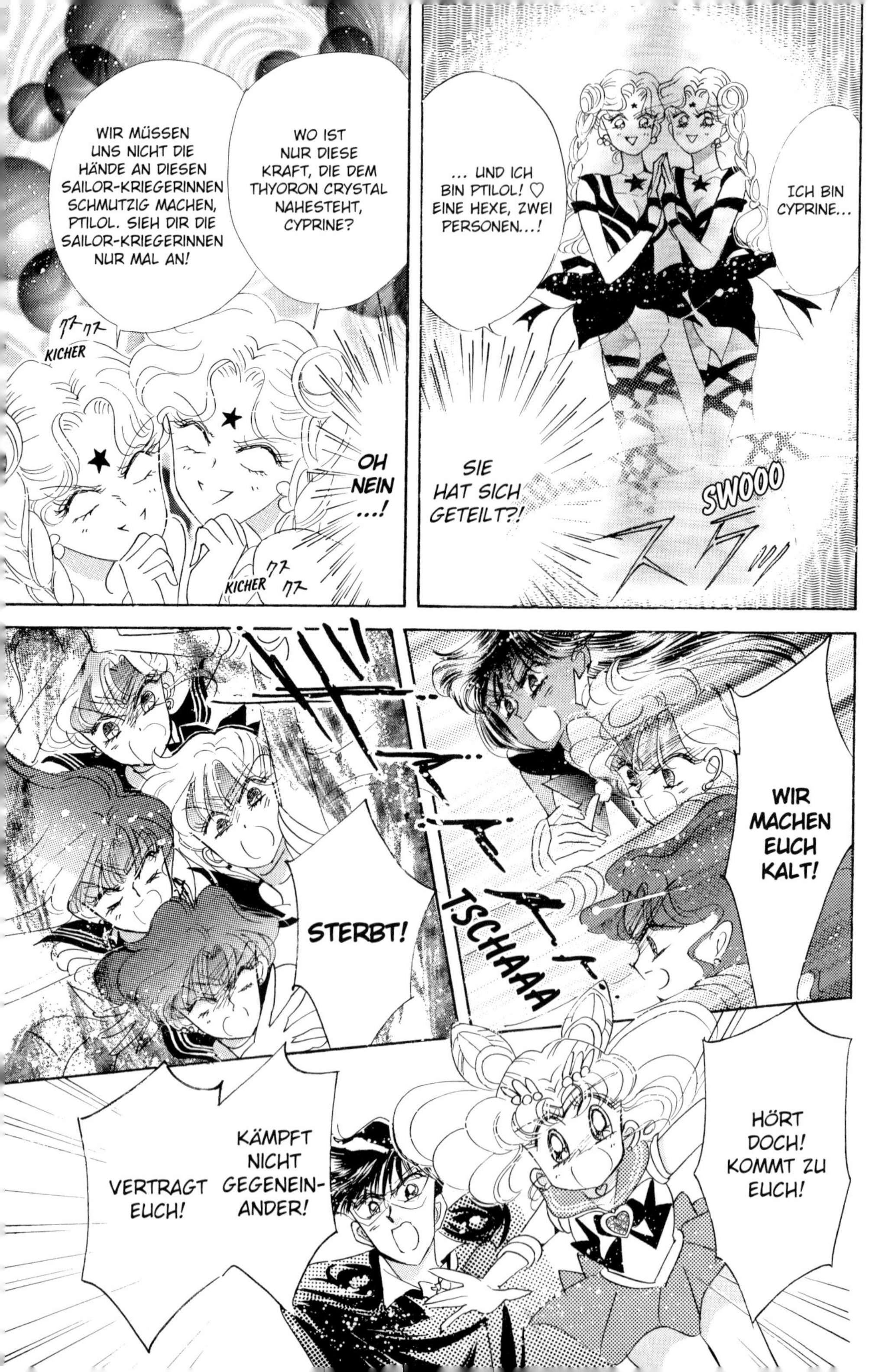
ICH BIN CYPRINE...
... UND ICH BIN PTILOL! ♡ EINE HEXE, ZWEI PERSONEN...!
SWOOO
SIE HAT SICH GETEILT?!
WO IST NUR DIESE KRAFT, DIE DEM THYORON CRYSTAL NAHESTEHT, CYPRINE?
WIR MÜSSEN UNS NICHT DIE HÄNDE AN DIESEN SAILOR-KRIEGERINNEN SCHMUTZIG MACHEN, PTILOL. SIEH DIR DIE SAILOR-KRIEGERINNEN NUR MAL AN!
OH NEIN ...!
KICHER
KICHER
WIR MACHEN EUCH KALT!
TSCHAAA
STERBT!
HÖRT DOCH! KOMMT ZU EUCH!
KÄMPFT NICHT GEGENEIN-ANDER!
VERTRAGT EUCH!

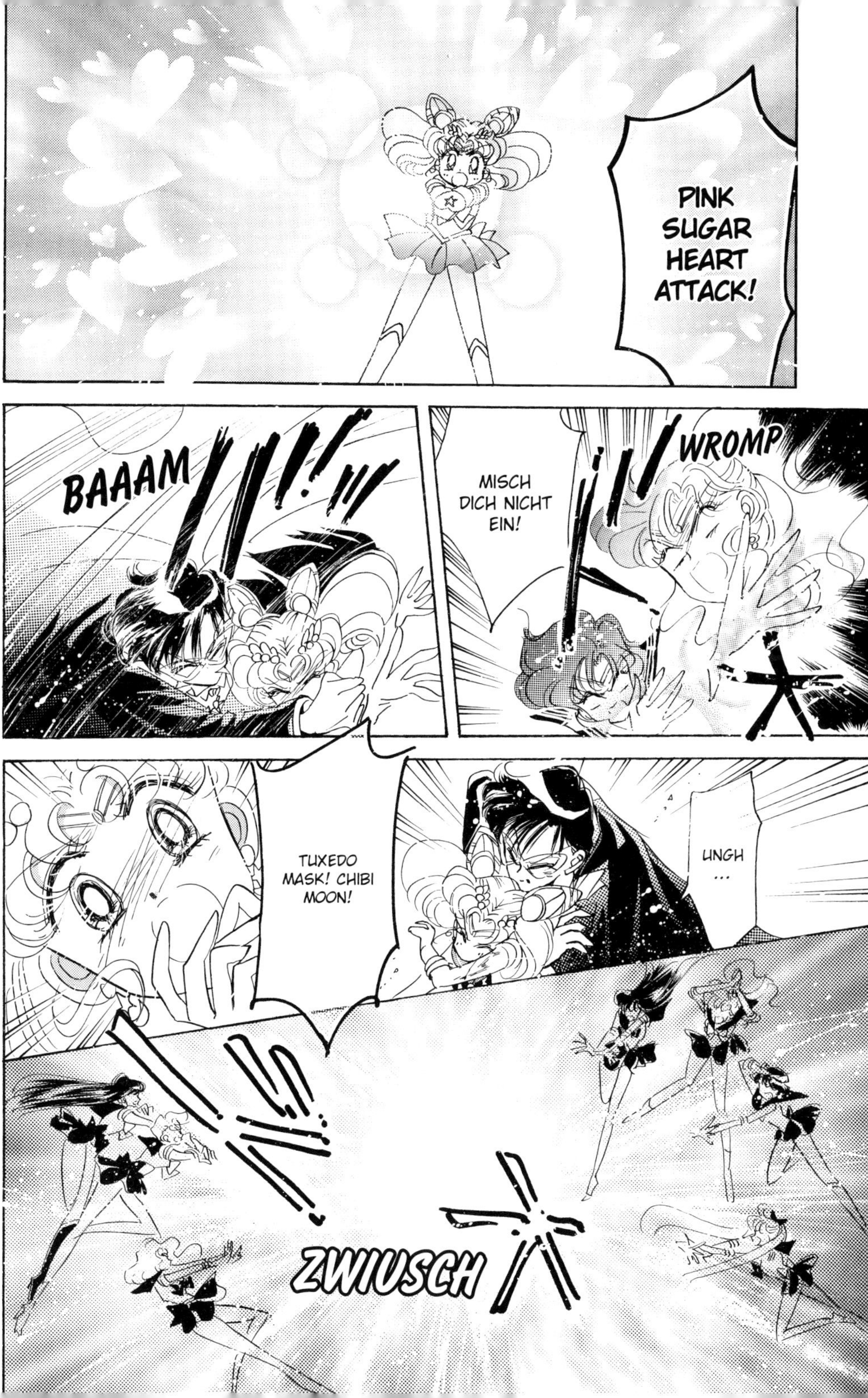
PINK SUGAR HEART ATTACK!
WROMP
MISCH DICH NICHT EIN!
BAAAM
UNGH …
TUXEDO MASK! CHIBI MOON!
ZWIUSCH

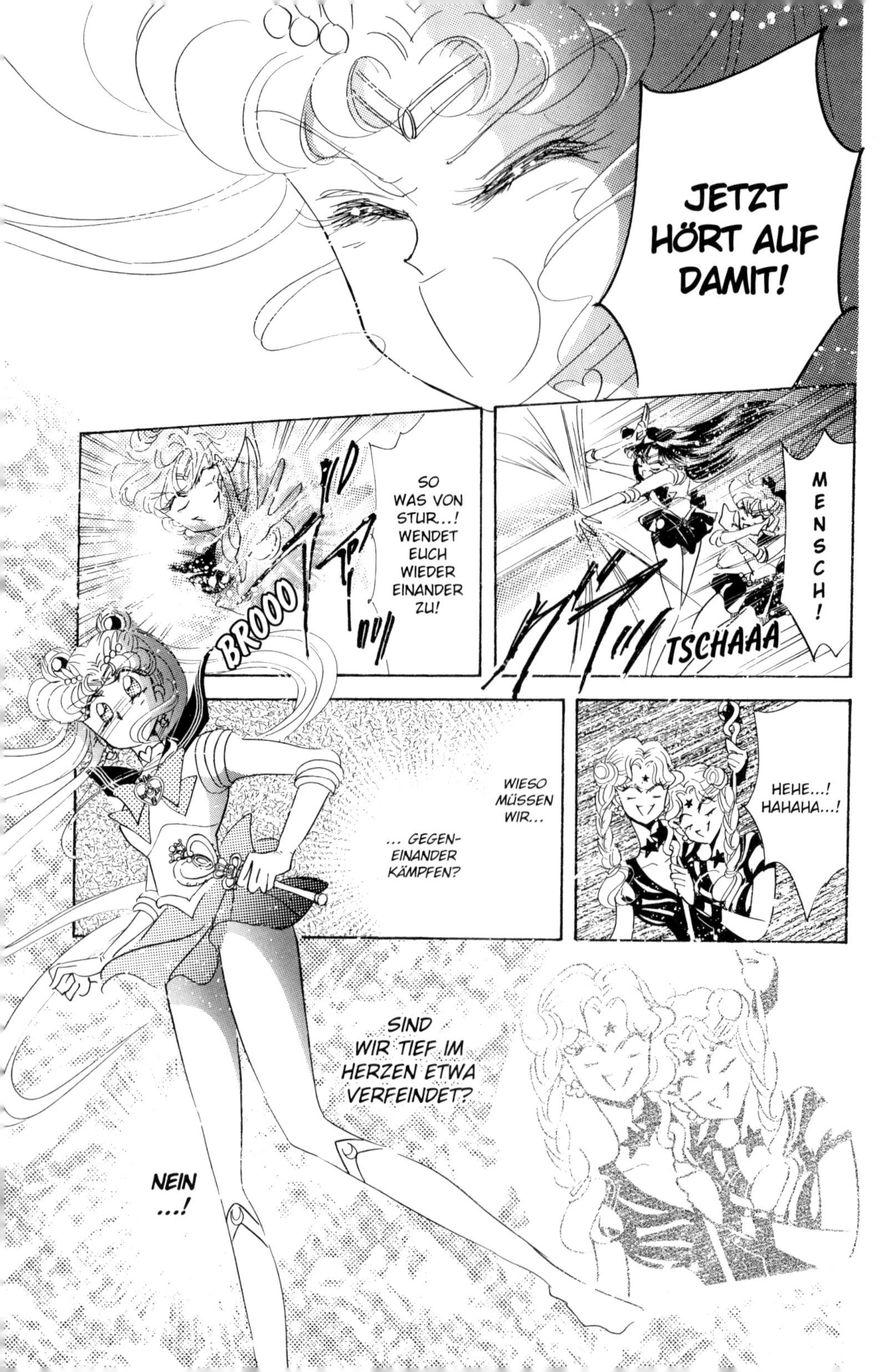
JETZT HÖRT AUF DAMIT!
MENSCH!
TSCHAAA
SO WAS VON STUR...! WENDET EUCH WIEDER EINANDER ZU!
BROOO
HEHE...! HAHAHA...!
WIESO MÜSSEN WIR...
... GEGEN-EINANDER KÄMPFEN?
SIND WIR TIEF IM HERZEN ETWA VERFEINDET?
NEIN ...!

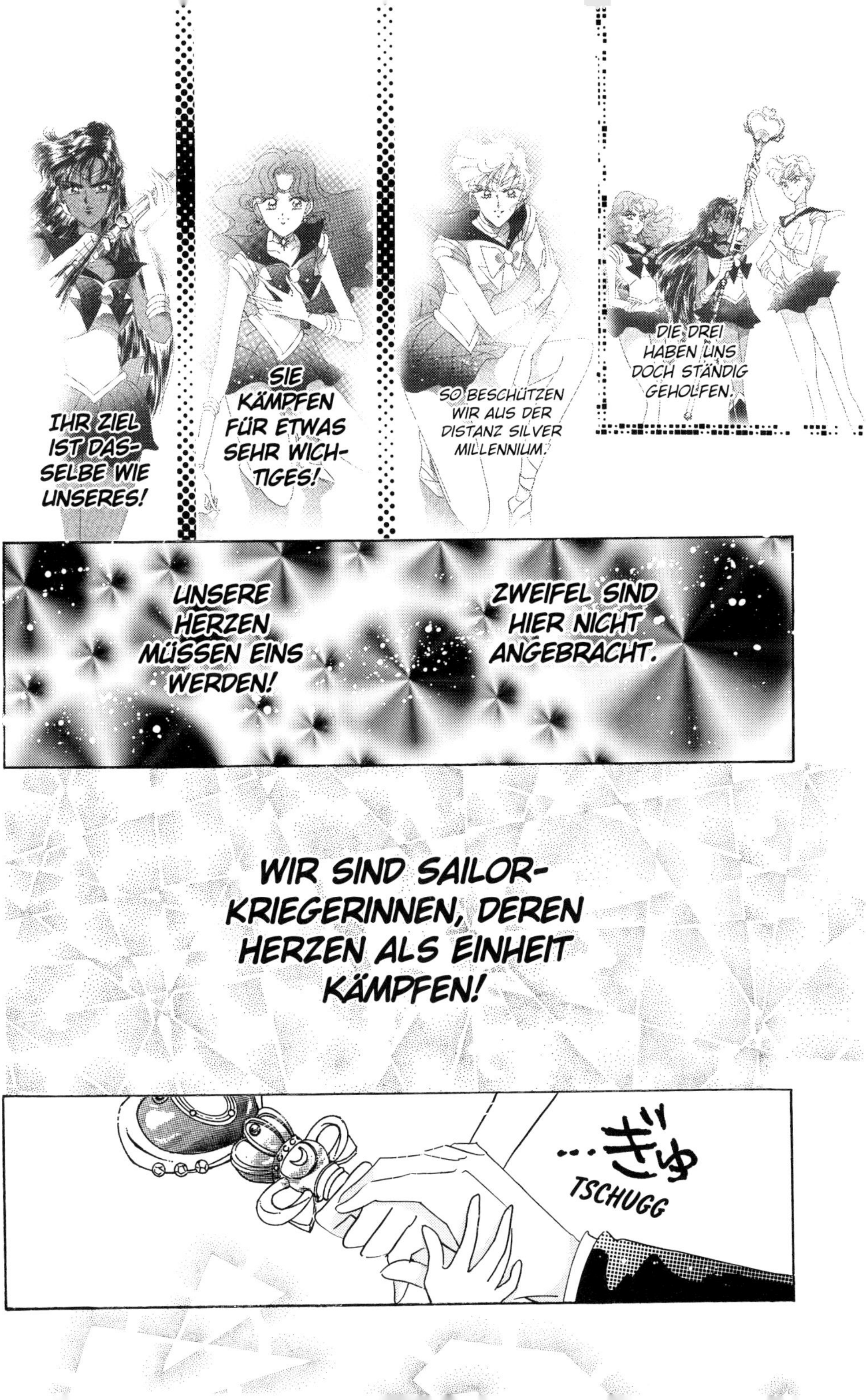
DIE DREI HABEN UNS DOCH STÄNDIG GEHOLFEN.
SO BESCHÜTZEN WIR AUS DER DISTANZ SILVER MILLENNIUM.
SIE KÄMPFEN FÜR ETWAS SEHR WICHTIGES!
IHR ZIEL IST DASSELBE WIE UNSERES!
ZWEIFEL SIND HIER NICHT ANGEBRACHT.
UNSERE HERZEN MÜSSEN EINS WERDEN!
WIR SIND SAILOR-KRIEGERINNEN, DEREN HERZEN ALS EINHEIT KÄMPFEN!
...ぎゅ
TSCHUGG

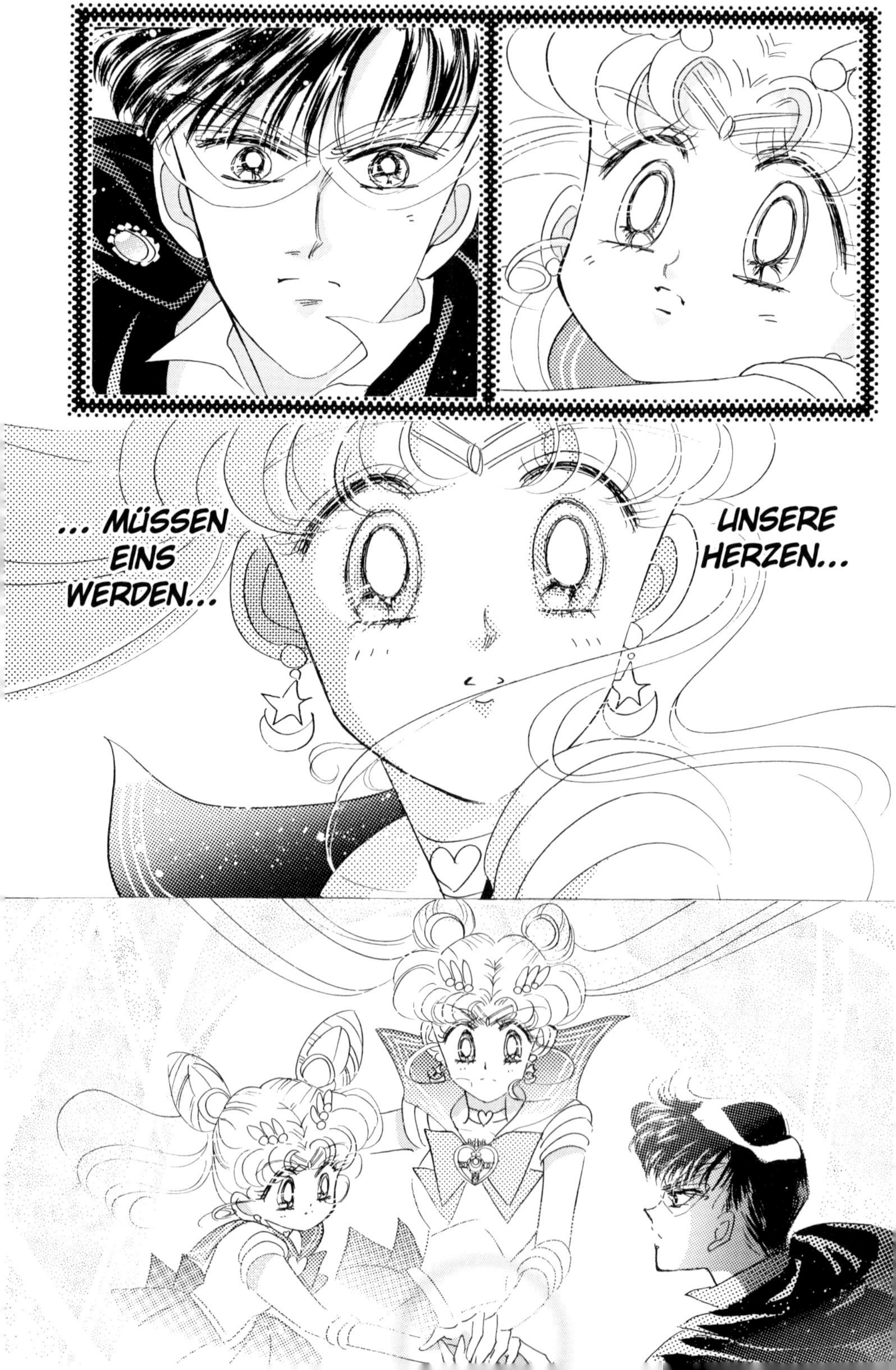
UNSERE HERZEN...
... MÜSSEN EINS WERDEN...

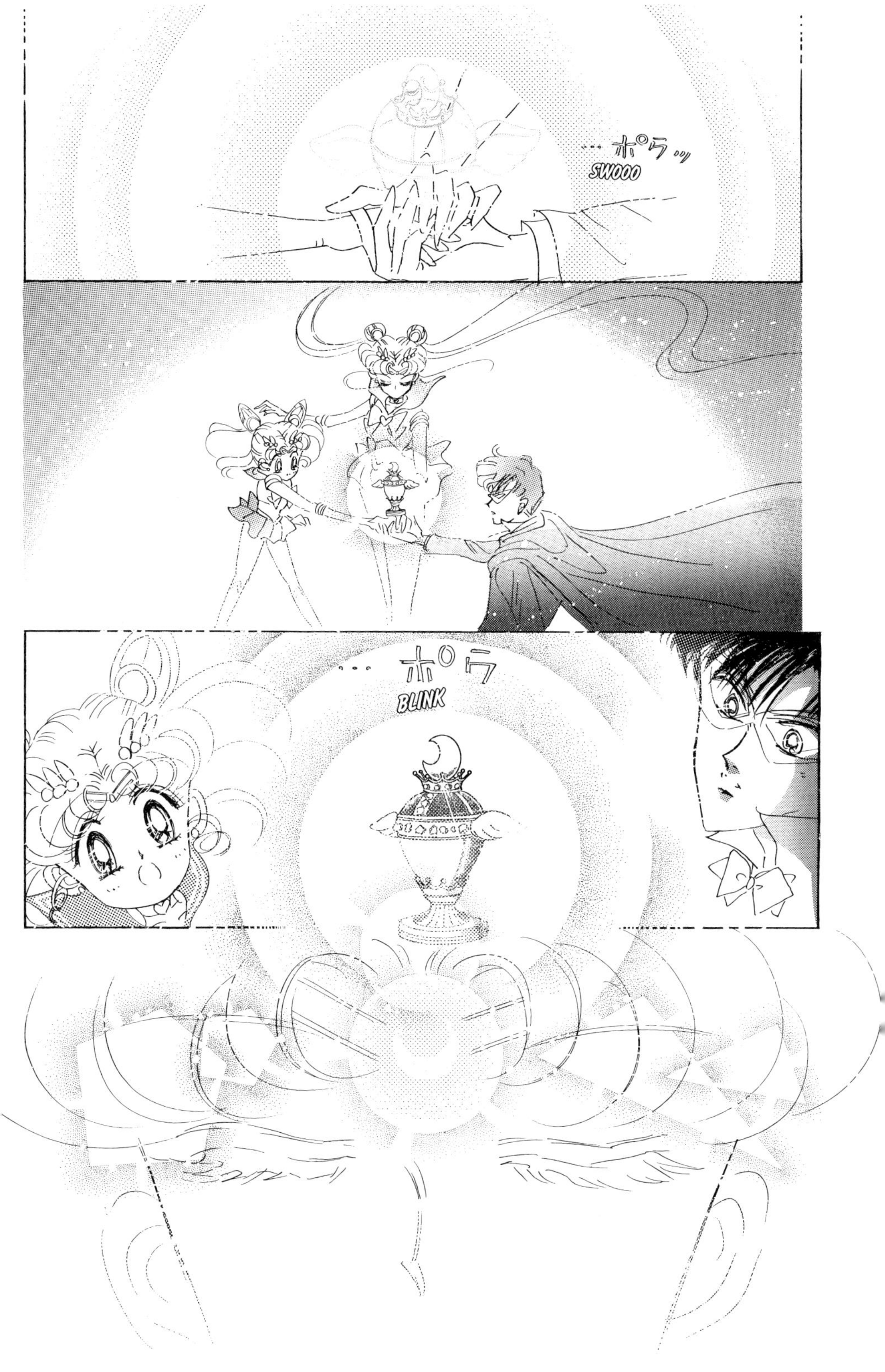
…ポらッ
SWOOO
…ポワ
BLINK

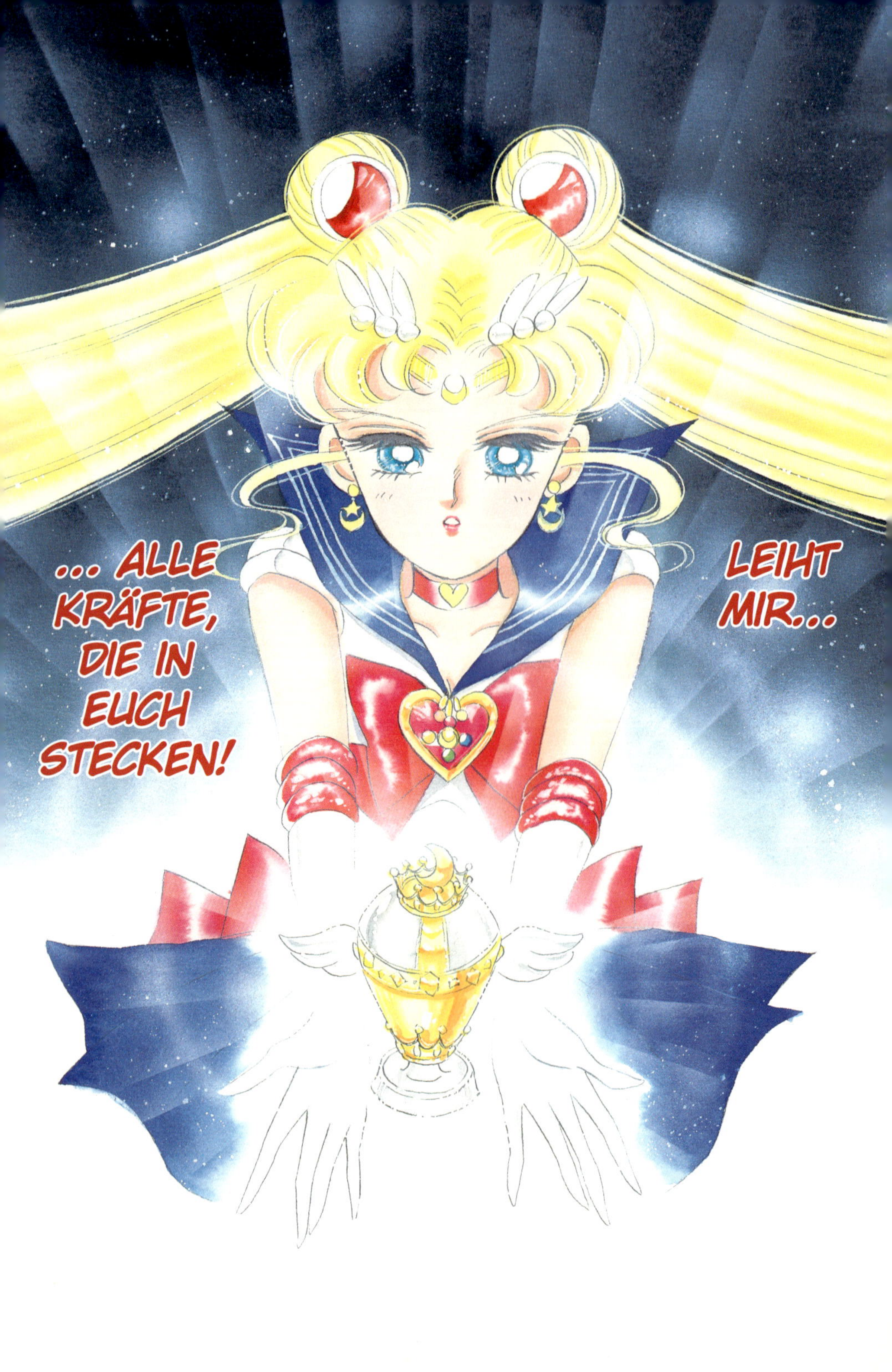
LEIHT MIR...
... ALLE KRÄFTE, DIE IN EUCH STECKEN!

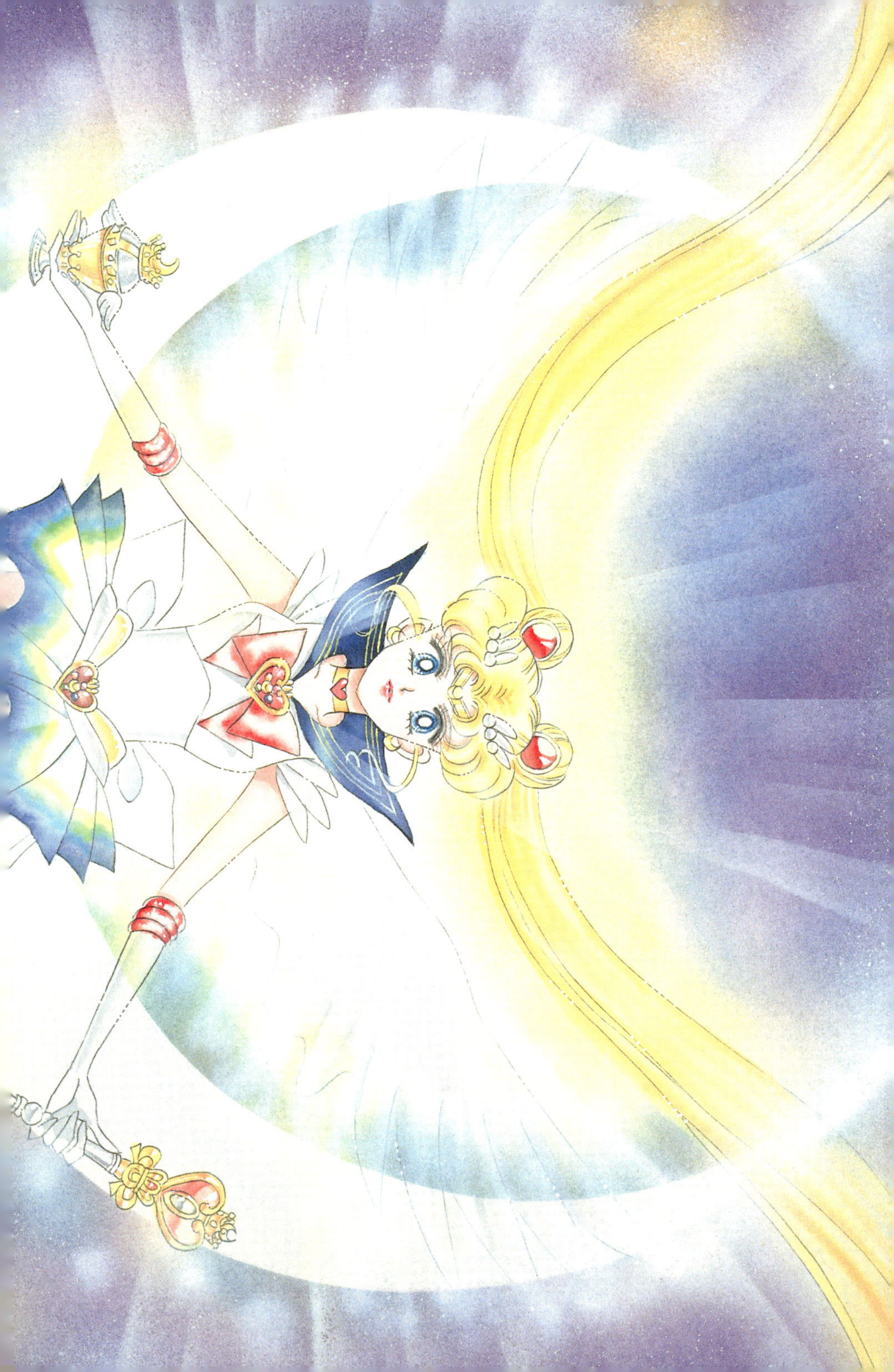

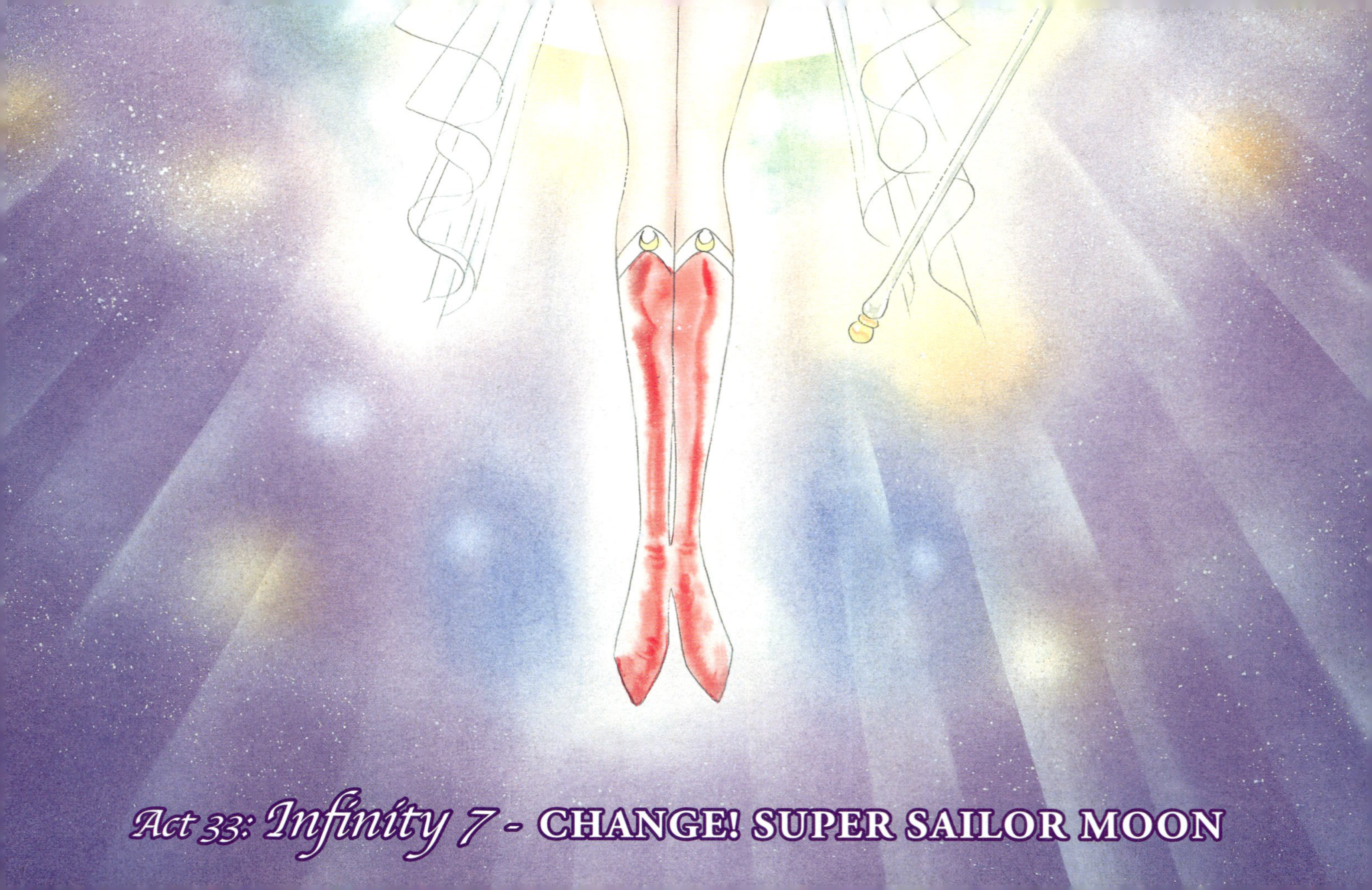

Act 33: Infinity 7 - CHANGE! SUPER SAILOR MOON

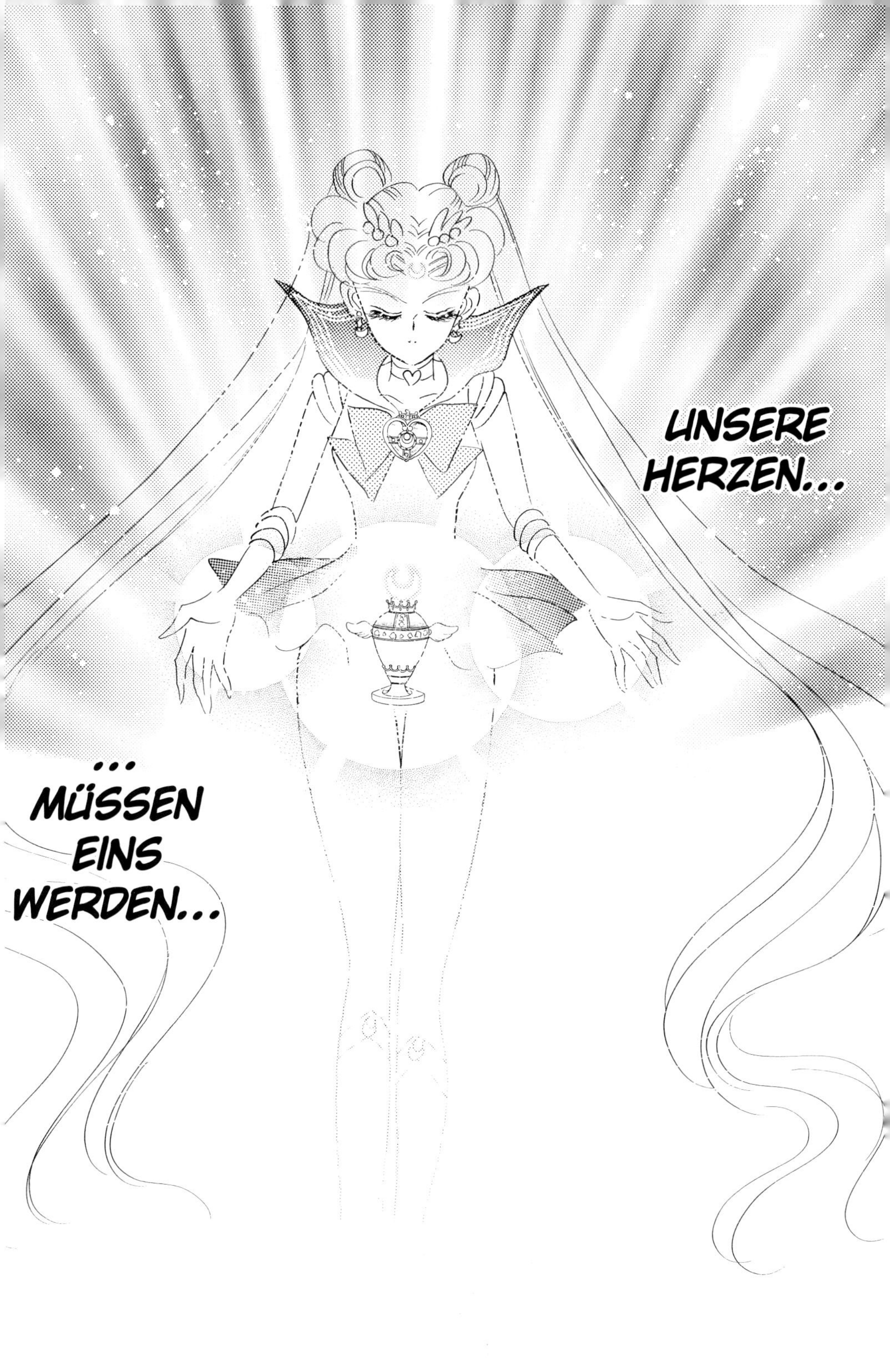
UNSERE HERZEN...
... MÜSSEN EINS WERDEN...

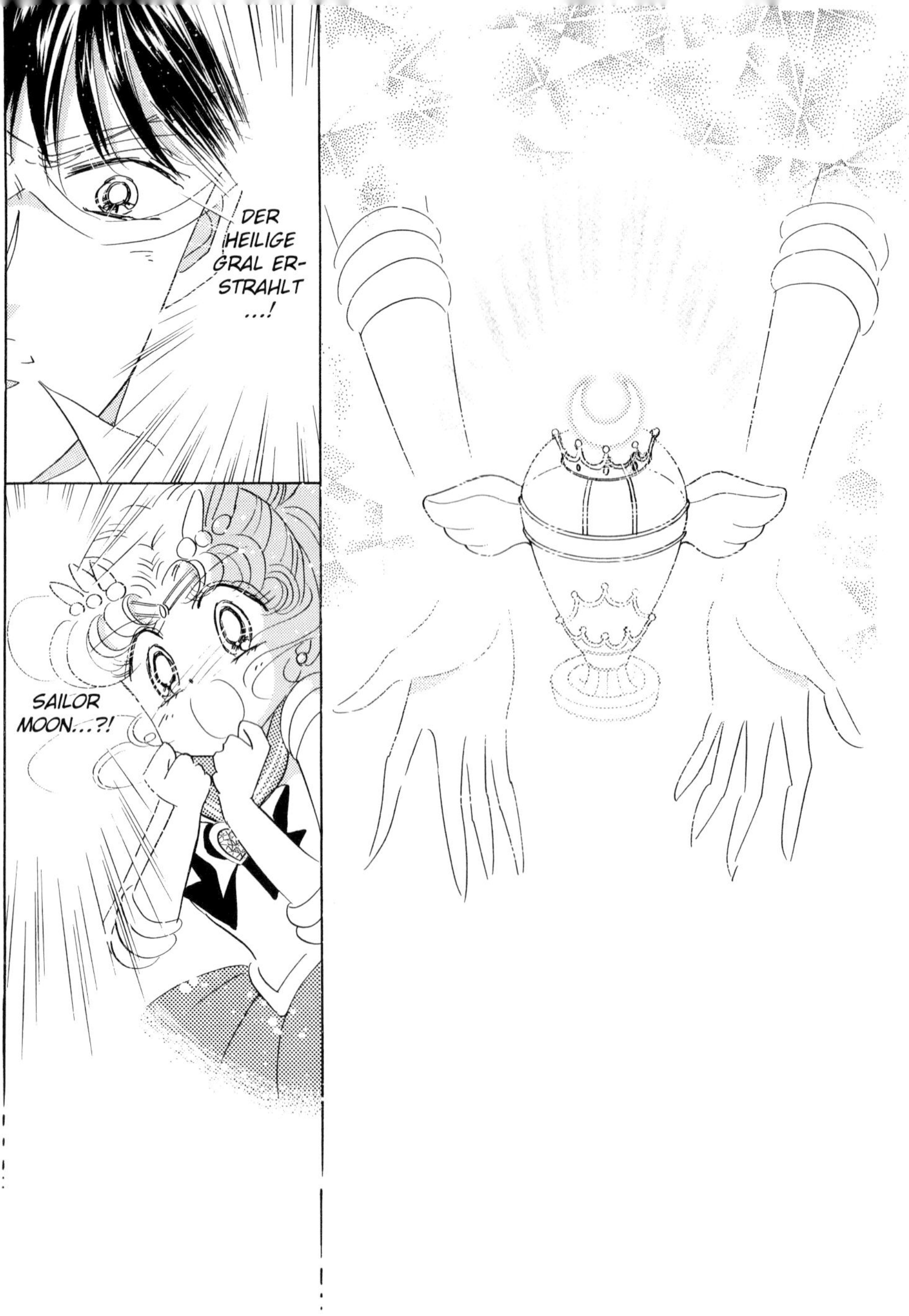
DER HEILIGE GRAL ER-STRAHLT ...!
SAILOR MOON...?!

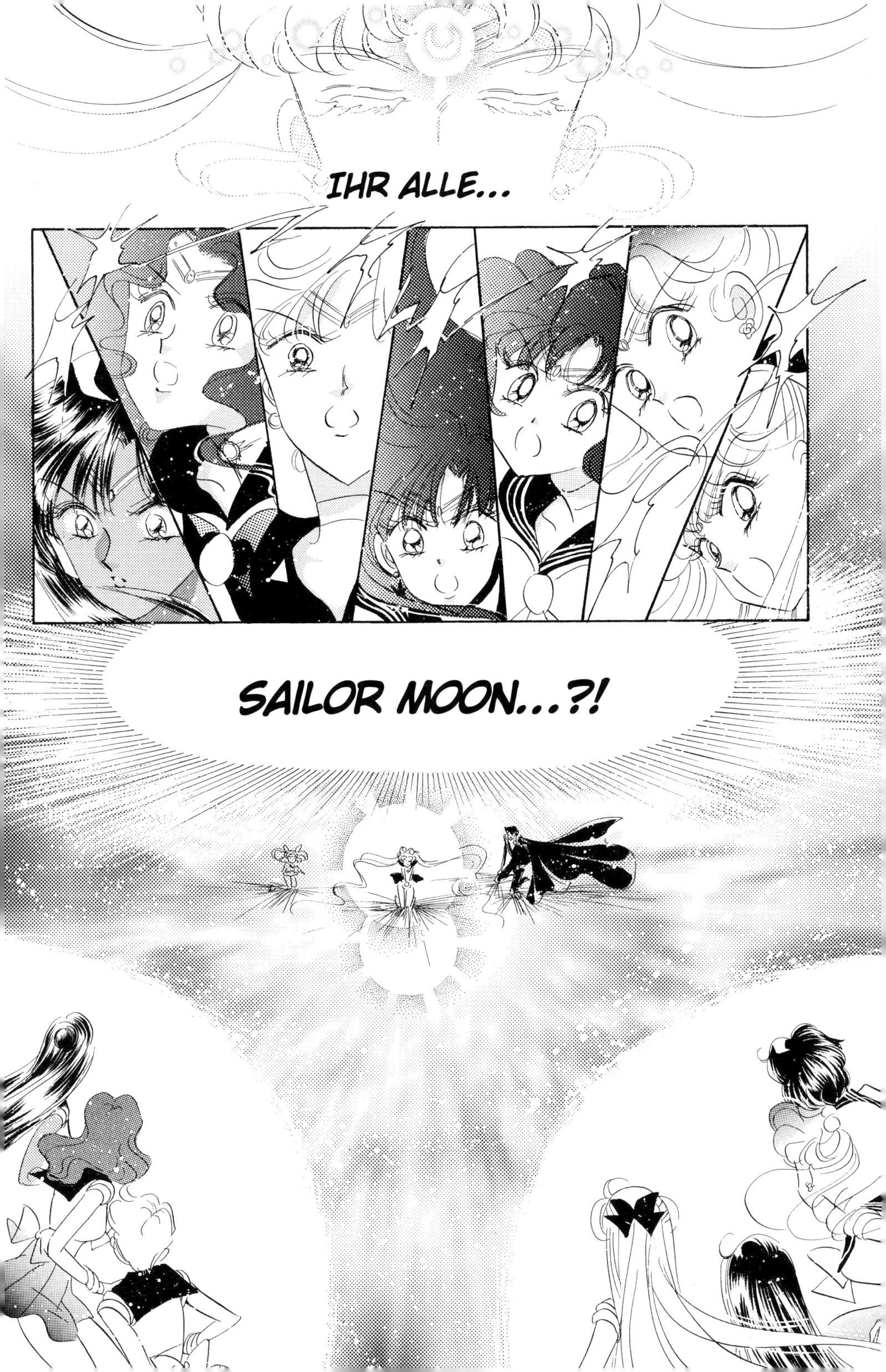
IHR ALLE...
SAILOR MOON...?!

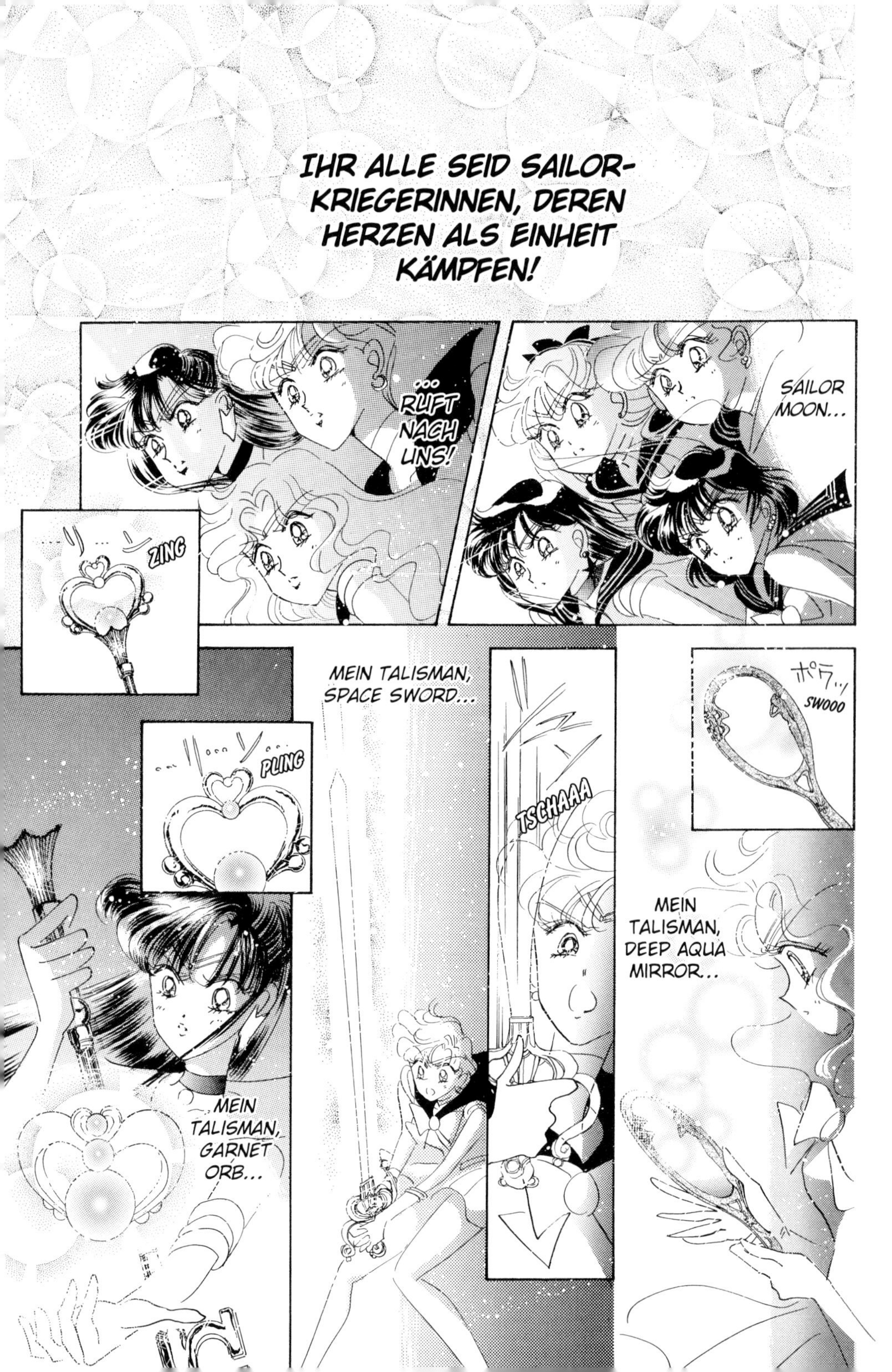
IHR ALLE SEID SAILOR-KRIEGERINNEN, DEREN HERZEN ALS EINHEIT KÄMPFEN!
SAILOR MOON…
…RUFT NACH UNS!
ZING
SWOOO
MEIN TALISMAN, DEEP AQUA MIRROR…
TSCHAAA
MEIN TALISMAN, SPACE SWORD…
PLING
MEIN TALISMAN, GARNET ORB…

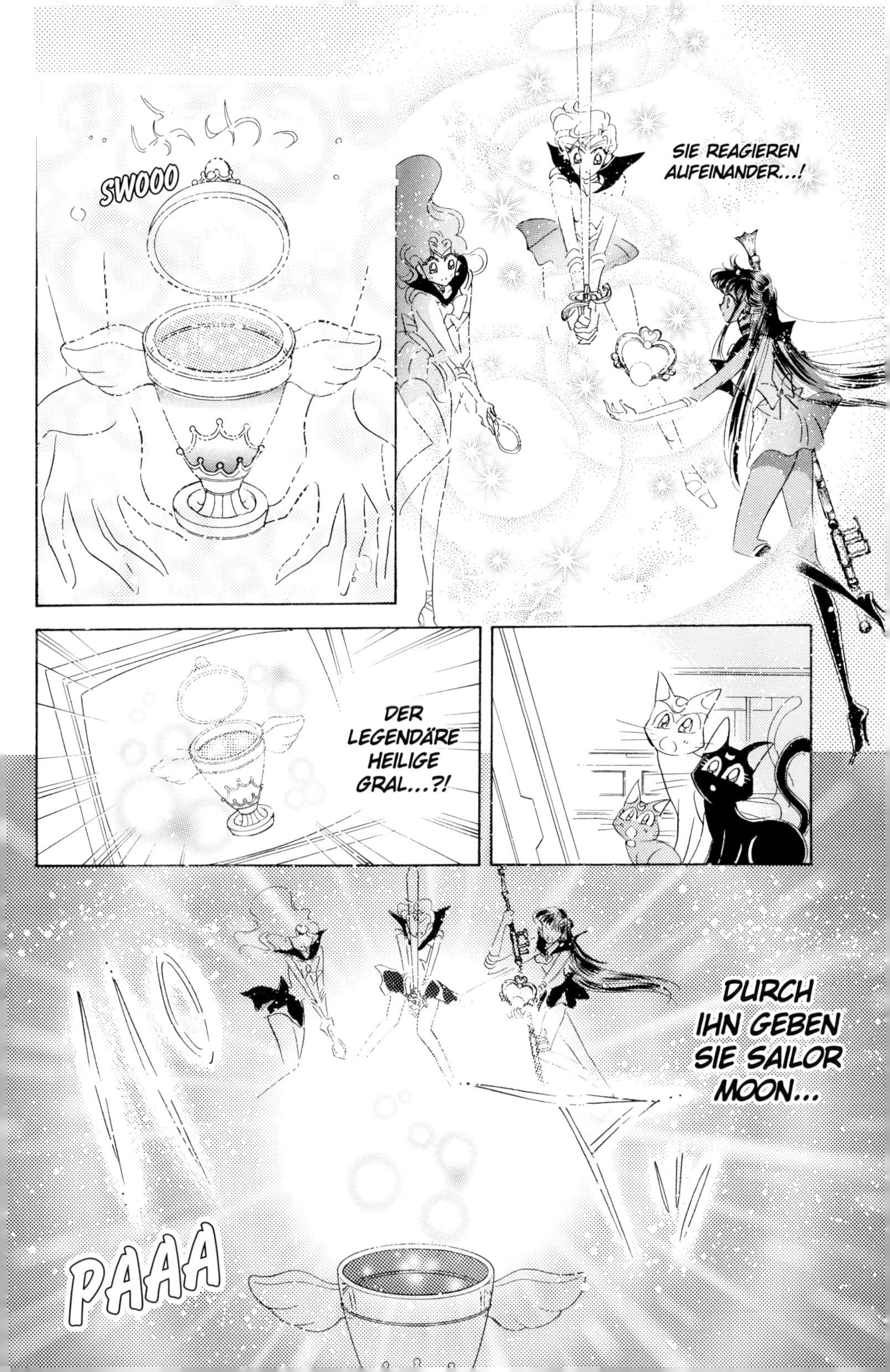
SIE REAGIEREN AUFEINANDER...!
SWOOO
DER LEGENDÄRE HEILIGE GRAL...?!
DURCH IHN GEBEN SIE SAILOR MOON...
PAAA

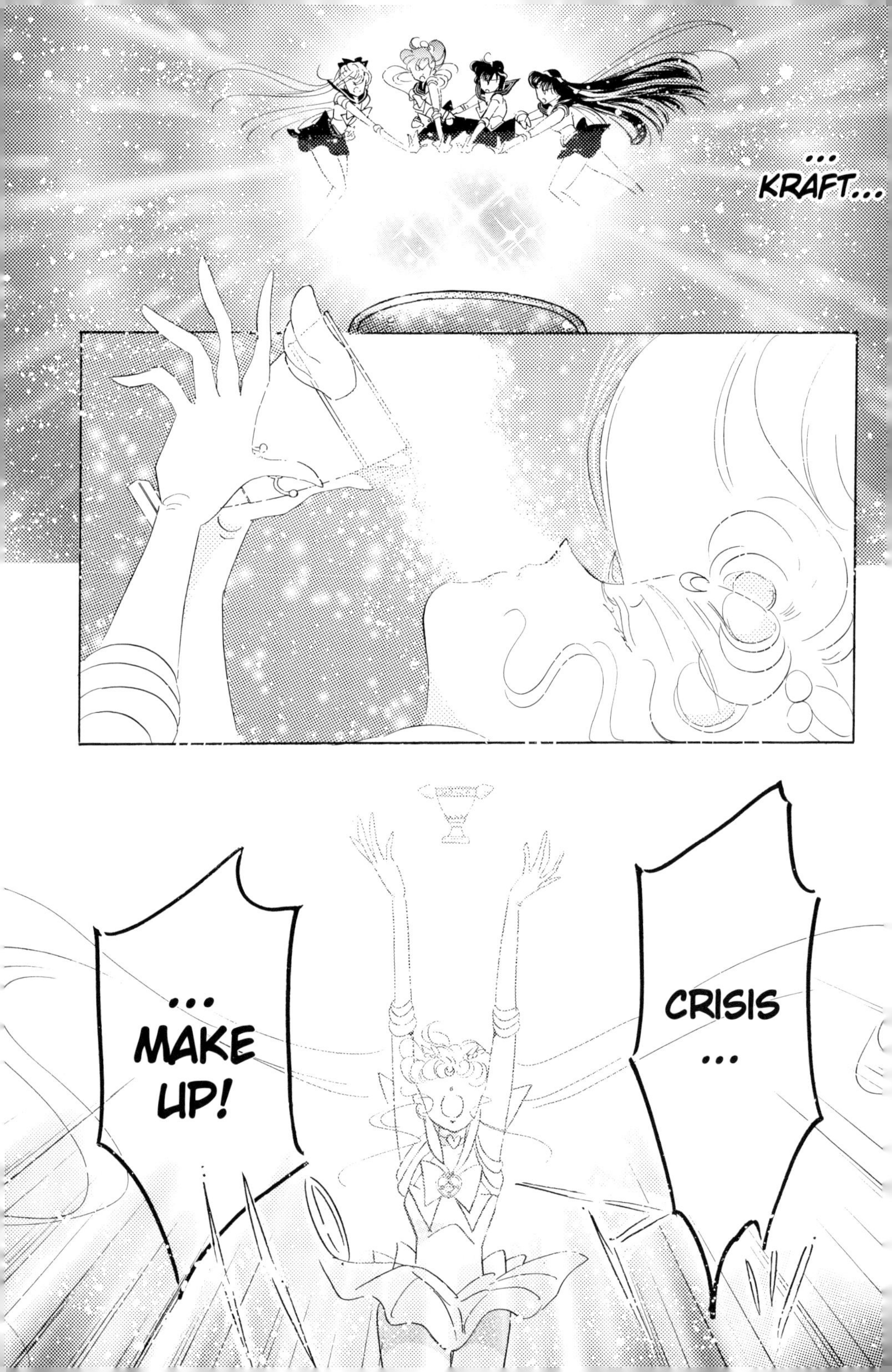
... KRAFT...
CRISIS ...
... MAKE UP!

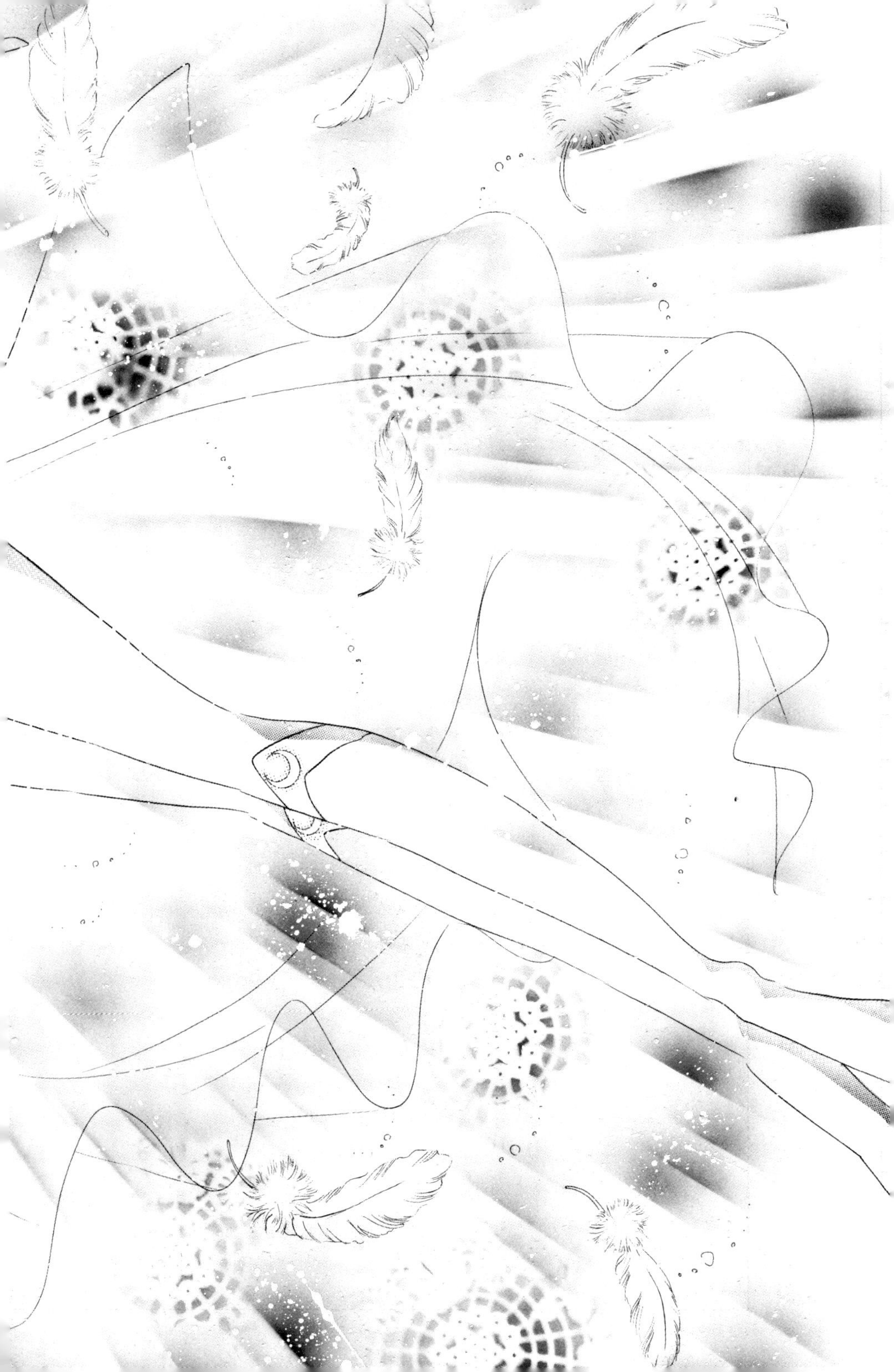

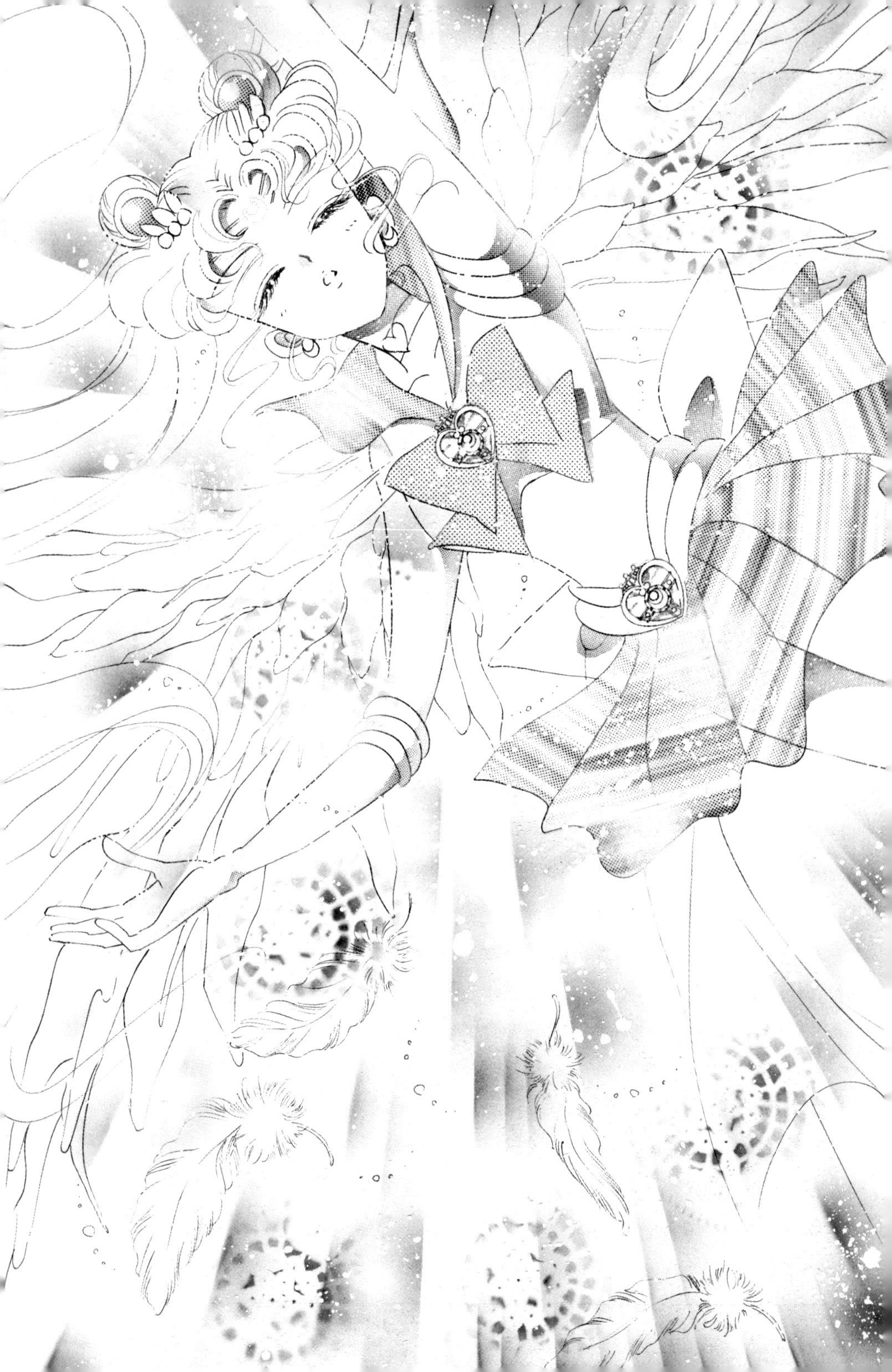

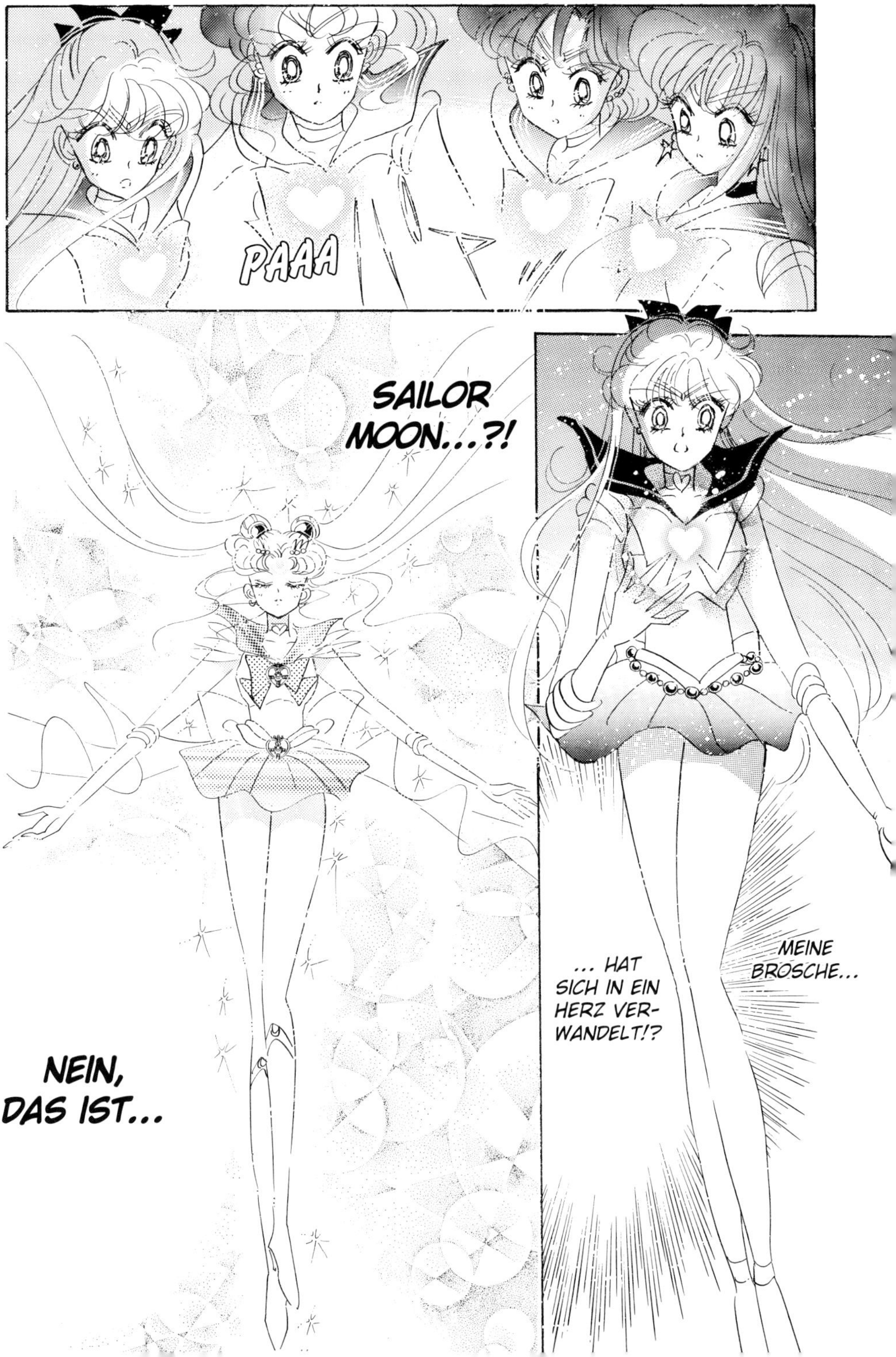
PAAA
SAILOR MOON...?!
MEINE BROSCHE...
... HAT SICH IN EIN HERZ VERWANDELT!?
NEIN, DAS IST...

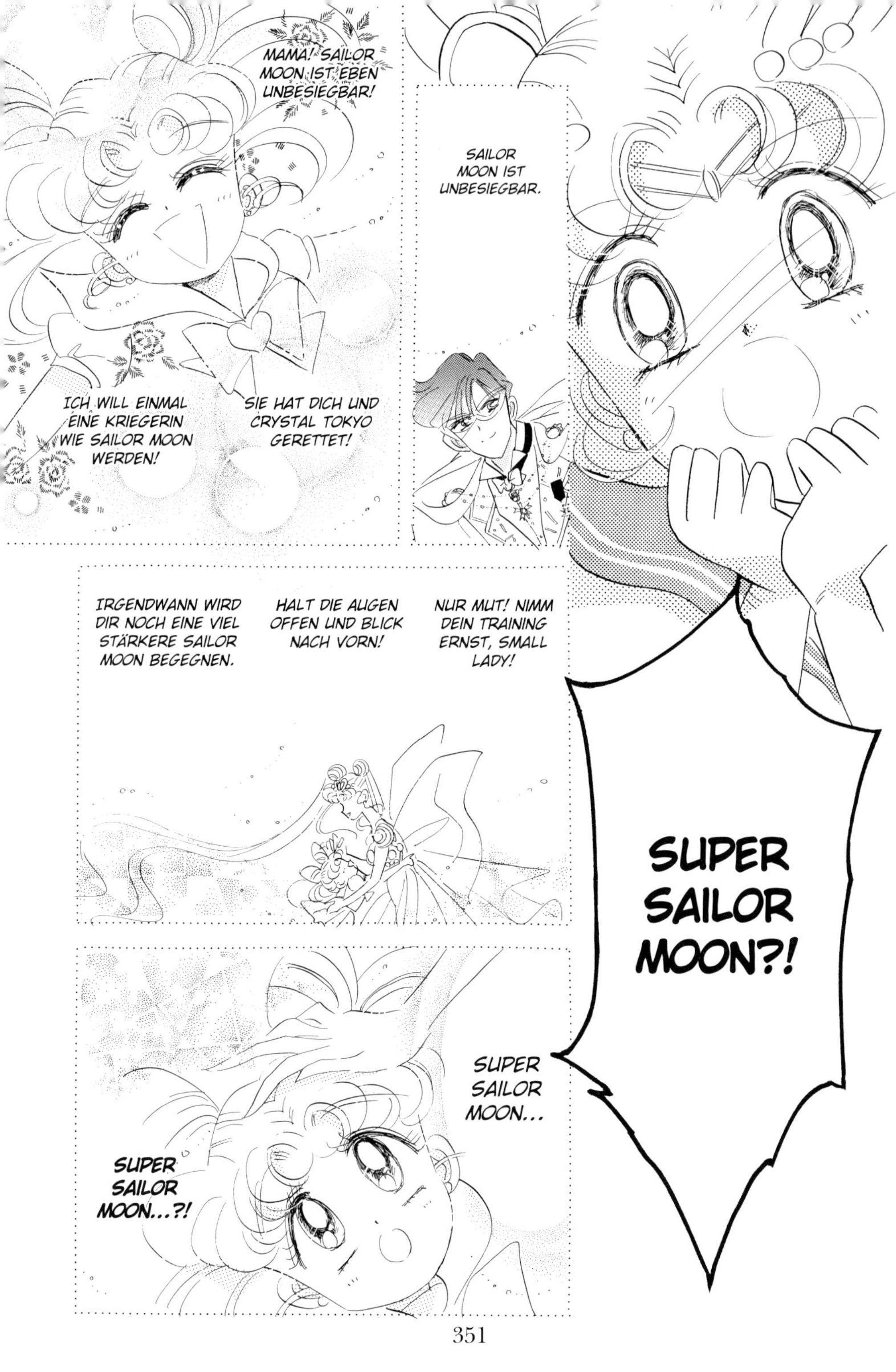
SAILOR MOON IST UNBESIEGBAR.
MAMA! SAILOR MOON IST EBEN UNBESIEGBAR!
SIE HAT DICH UND CRYSTAL TOKYO GERETTET!
ICH WILL EINMAL EINE KRIEGERIN WIE SAILOR MOON WERDEN!
NUR MUT! NIMM DEIN TRAINING ERNST, SMALL LADY!
HALT DIE AUGEN OFFEN UND BLICK NACH VORN!
IRGENDWANN WIRD DIR NOCH EINE VIEL STÄRKERE SAILOR MOON BEGEGNEN.
SUPER SAILOR MOON...
SUPER SAILOR MOON...?!
SUPER SAILOR MOON?!

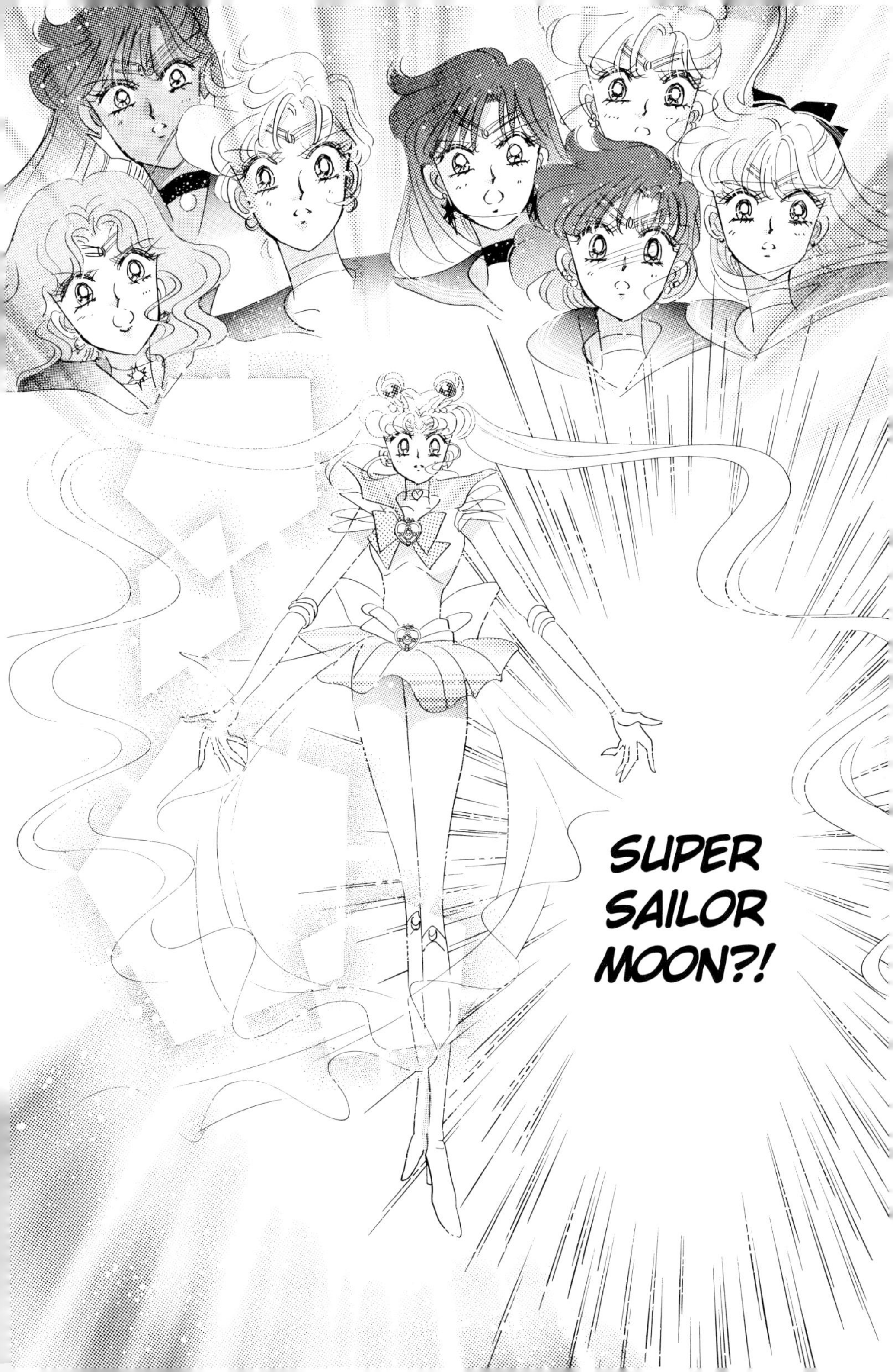
SUPER SAILOR MOON?!

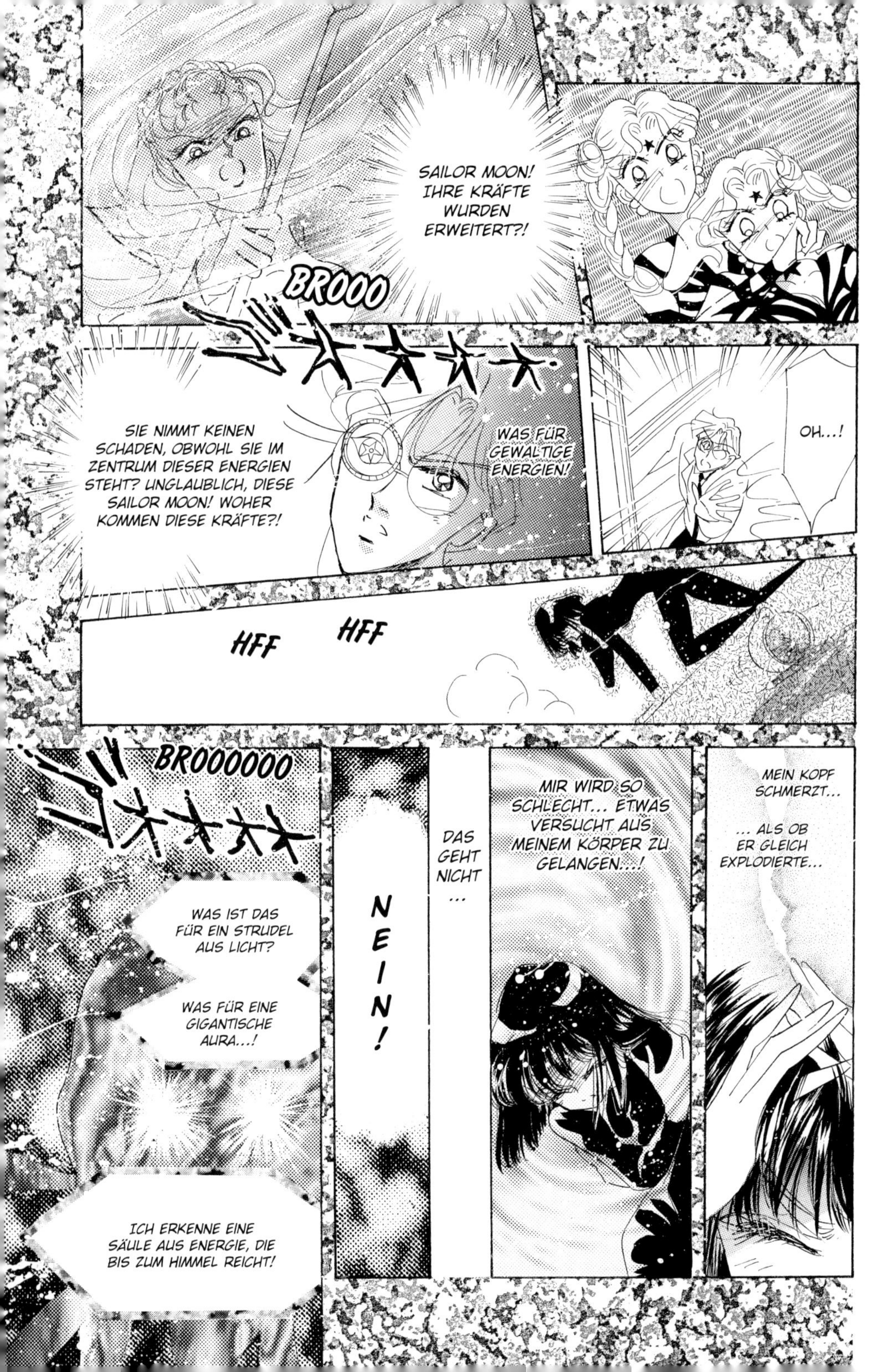

SAILOR MOON! IHRE KRÄFTE WURDEN ERWEITERT?!
BROOO
OH...!
WAS FÜR GEWALTIGE ENERGIEN!
SIE NIMMT KEINEN SCHADEN, OBWOHL SIE IM ZENTRUM DIESER ENERGIEN STEHT? UNGLAUBLICH, DIESE SAILOR MOON! WOHER KOMMEN DIESE KRÄFTE?!
HFF
HFF
MEIN KOPF SCHMERZT...
... ALS OB ER GLEICH EXPLODIERTE...
MIR WIRD SO SCHLECHT... ETWAS VERSUCHT AUS MEINEM KÖRPER ZU GELANGEN...!
DAS GEHT NICHT ...
NEIN!
BROOOOOOO
WAS IST DAS FÜR EIN STRUDEL AUS LICHT?
WAS FÜR EINE GIGANTISCHE AURA...!
ICH ERKENNE EINE SÄULE AUS ENERGIE, DIE BIS ZUM HIMMEL REICHT!

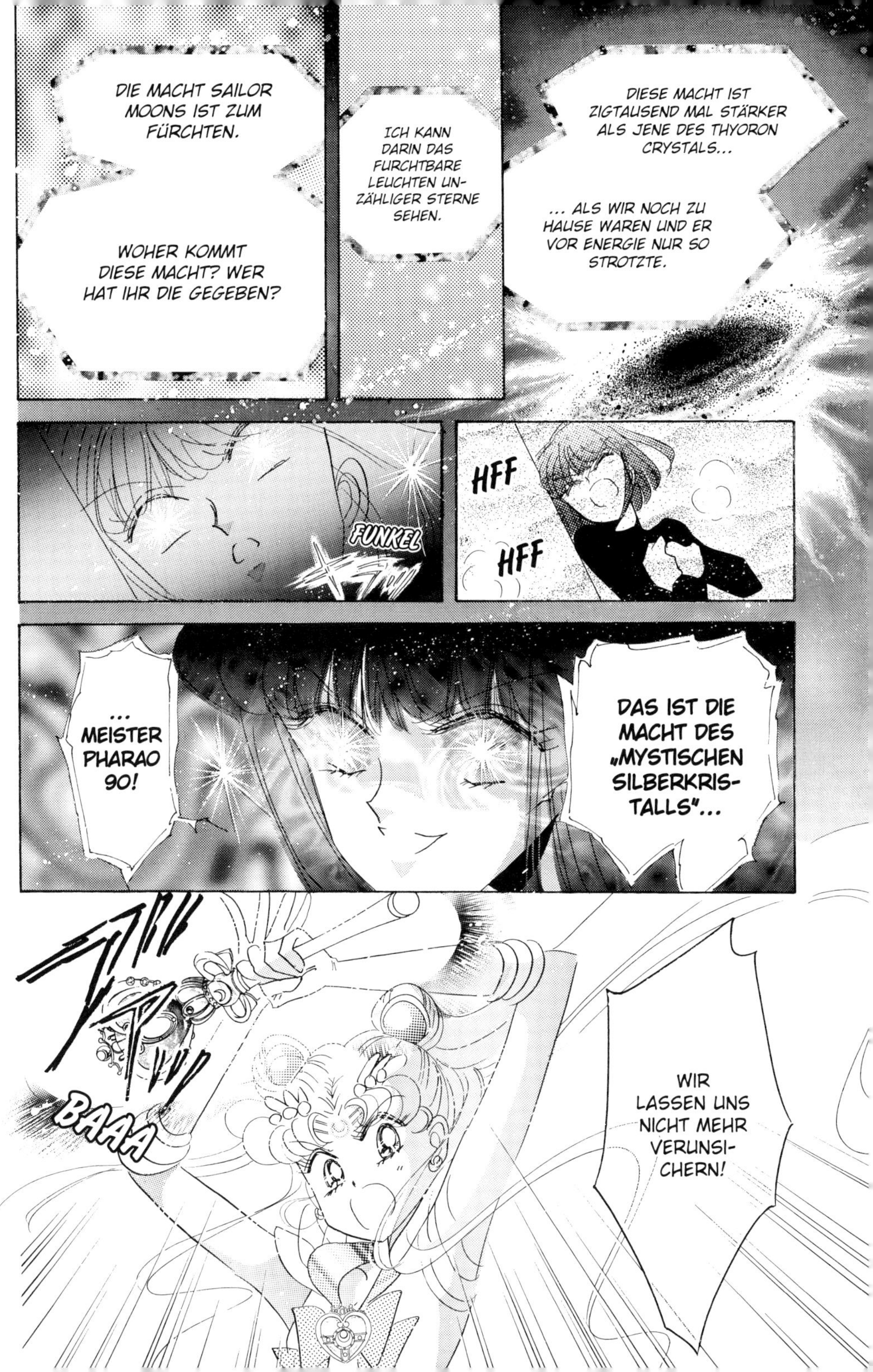
DIESE MACHT IST ZIGTAUSEND MAL STÄRKER ALS JENE DES THYORON CRYSTALS…
… ALS WIR NOCH ZU HAUSE WAREN UND ER VOR ENERGIE NUR SO STROTZTE.
ICH KANN DARIN DAS FURCHTBARE LEUCHTEN UN-ZÄHLIGER STERNE SEHEN.
DIE MACHT SAILOR MOONS IST ZUM FÜRCHTEN.
WOHER KOMMT DIESE MACHT? WER HAT IHR DIE GEGEBEN?
HFF
HFF
FUNKEL
DAS IST DIE MACHT DES „MYSTISCHEN SILBERKRIS-TALLS"…
… MEISTER PHARAO 90!
WIR LASSEN UNS NICHT MEHR VERUNSI-CHERN!
BAAA

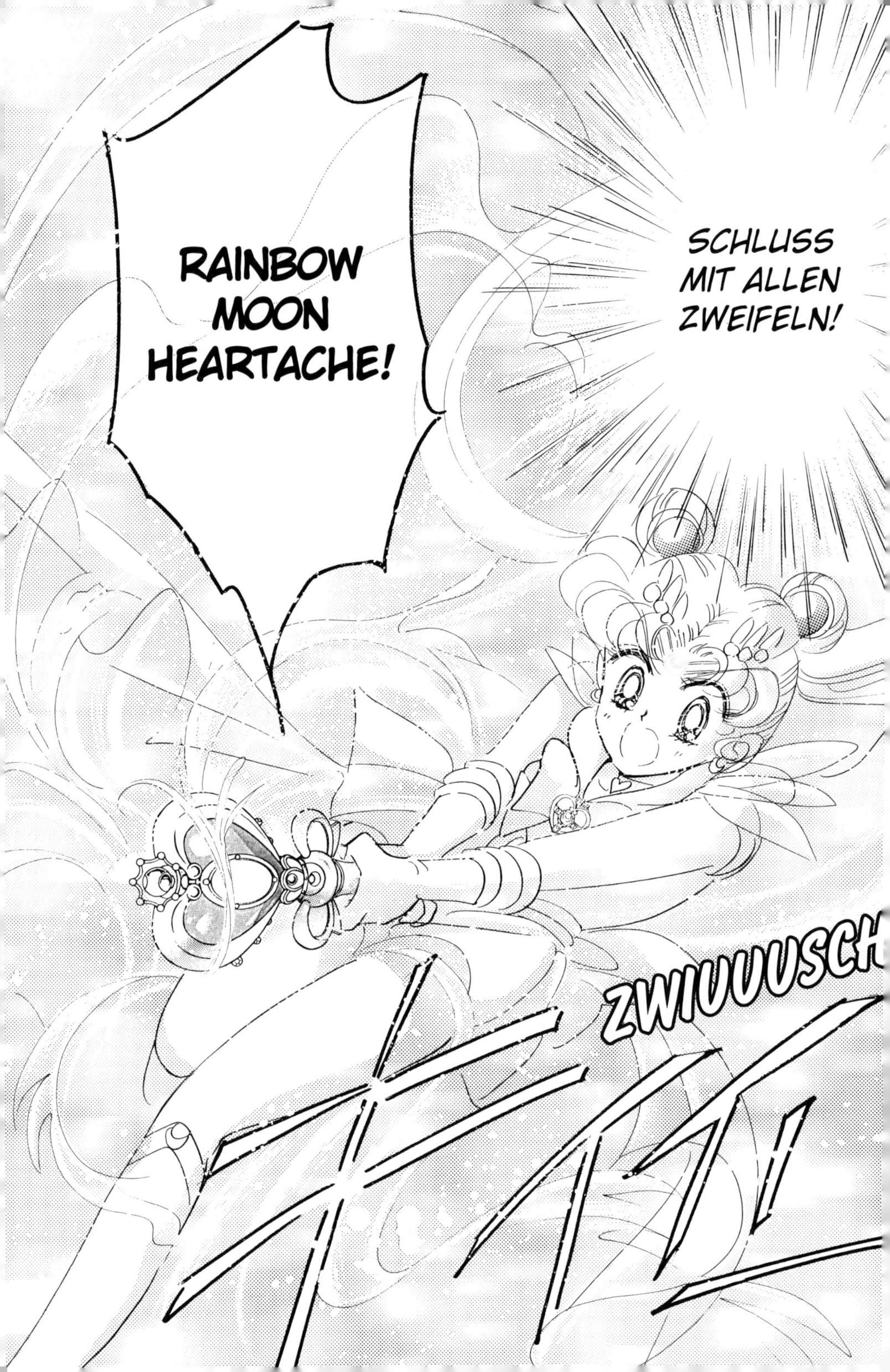
SCHLUSS MIT ALLEN ZWEIFELN!
RAINBOW MOON HEARTACHE!
ZWIUUUSCH

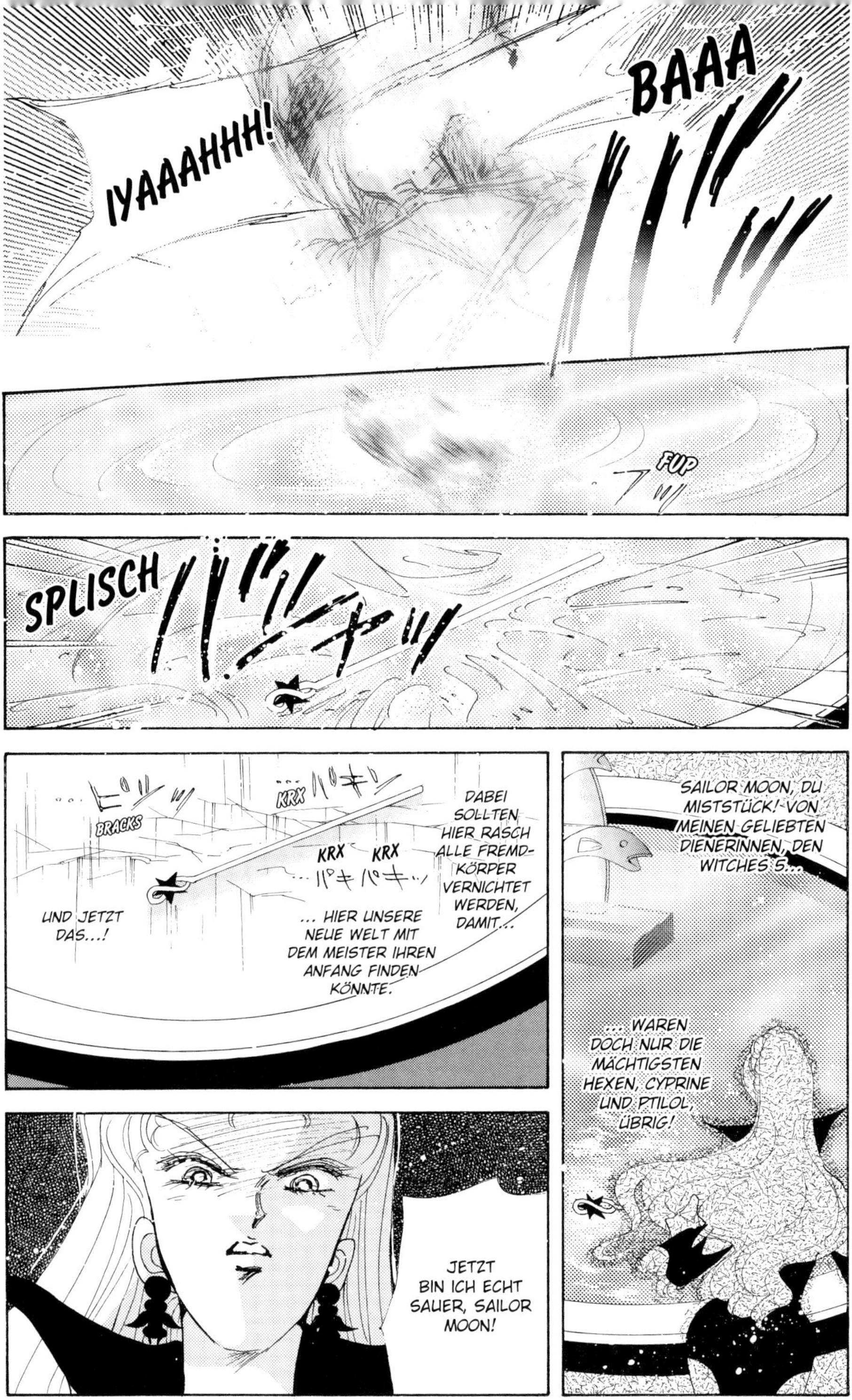
BAAA
IYAAAHHH!
FUP
SPLISCH
KRX
BRACKS
KRX KRX
DABEI SOLLTEN HIER RASCH ALLE FREMDKÖRPER VERNICHTET WERDEN, DAMIT...
... HIER UNSERE NEUE WELT MIT DEM MEISTER IHREN ANFANG FINDEN KÖNNTE.
UND JETZT DAS...!
SAILOR MOON, DU MISTSTÜCK! VON MEINEN GELIEBTEN DIENERINNEN, DEN WITCHES 5...
... WAREN DOCH NUR DIE MÄCHTIGSTEN HEXEN, CYPRINE UND PTILOL, ÜBRIG!
JETZT BIN ICH ECHT SAUER, SAILOR MOON!

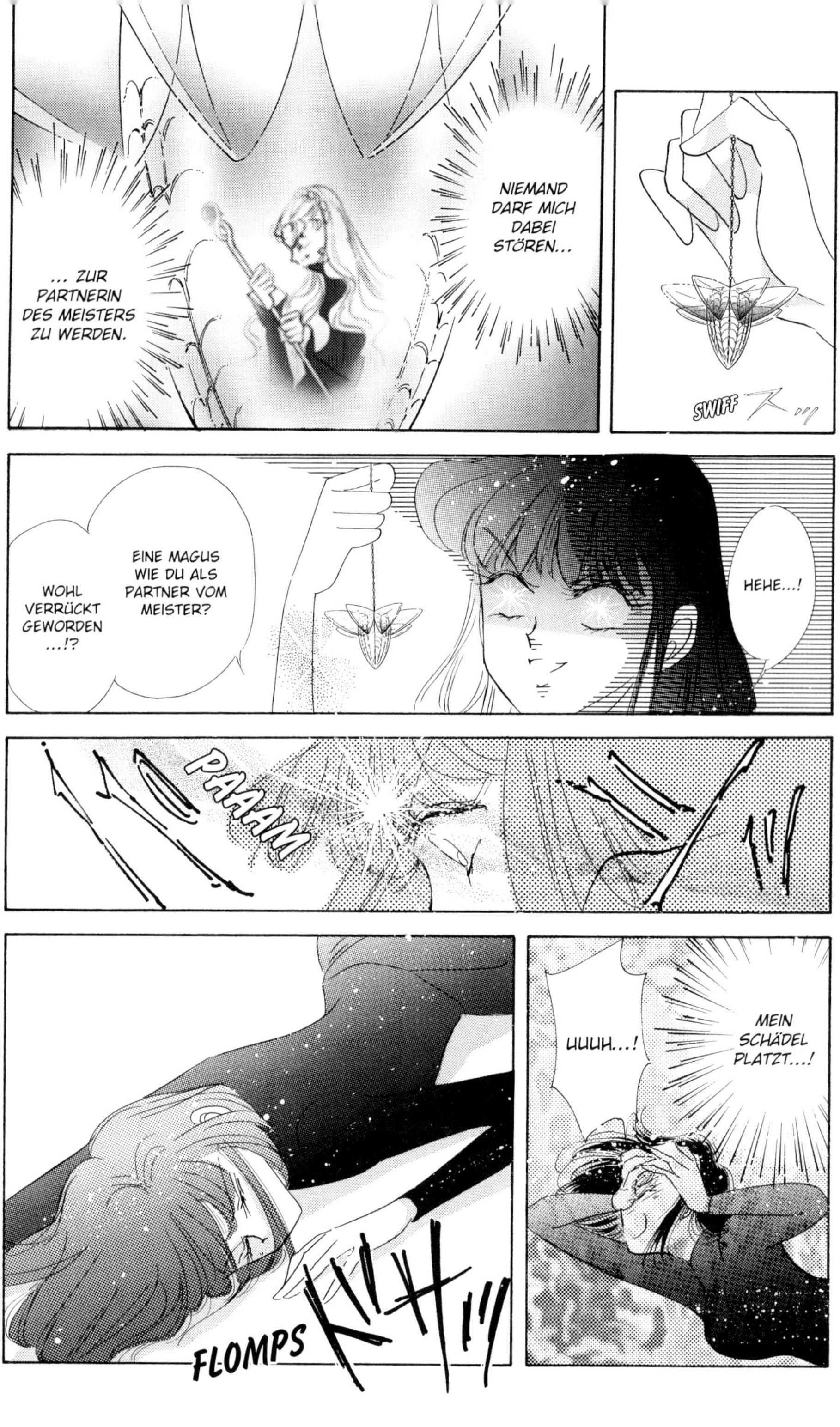
NIEMAND DARF MICH DABEI STÖREN…
… ZUR PARTNERIN DES MEISTERS ZU WERDEN.
SWIFF
HEHE…!
EINE MAGUS WIE DU ALS PARTNER VOM MEISTER?
WOHL VERRÜCKT GEWORDEN …!?
PAAAAM
MEIN SCHÄDEL PLATZT…!
UUUH…!
FLOMPS

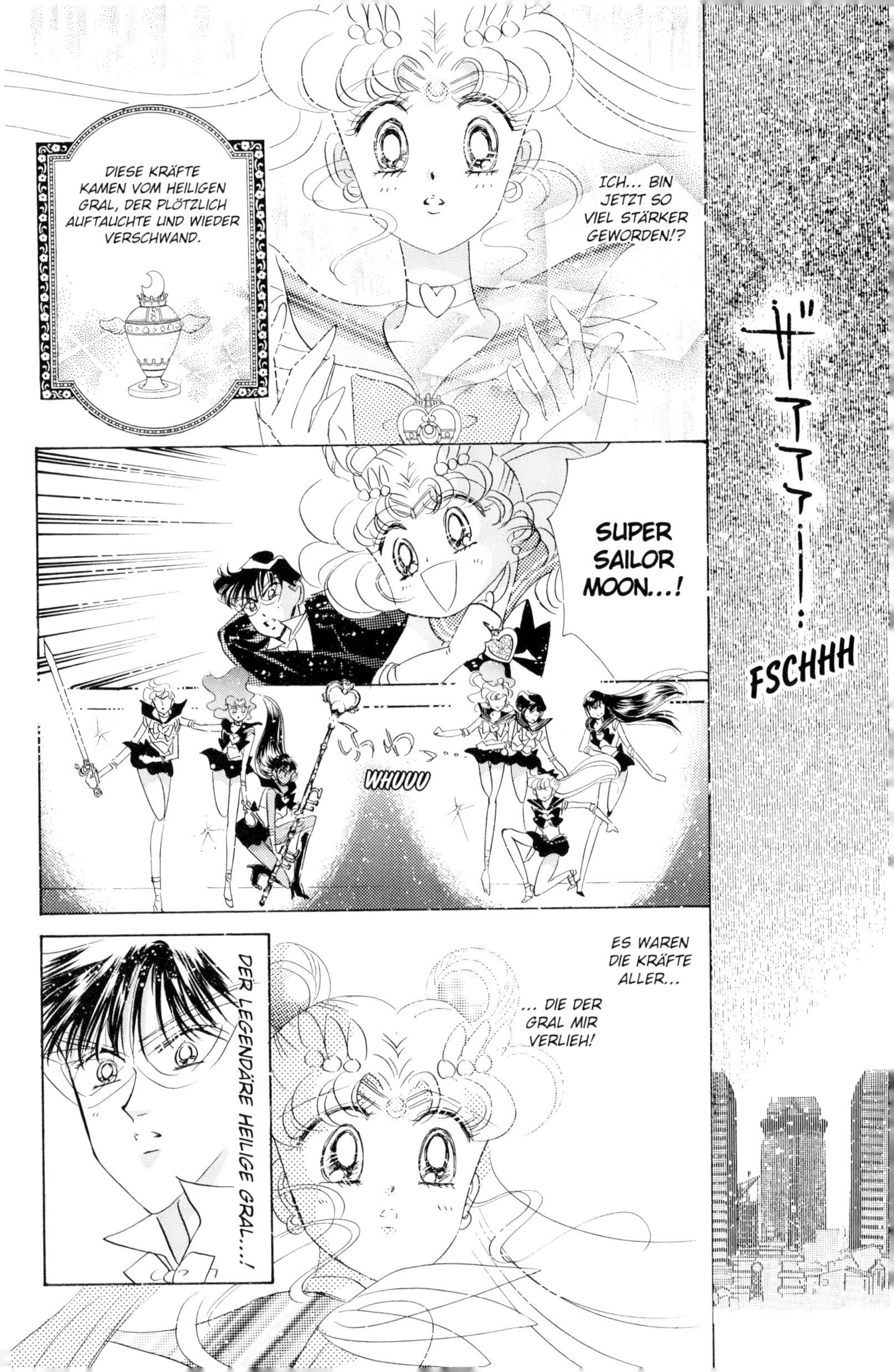
ザァァァー…!!
FSCHHH
ICH... BIN JETZT SO VIEL STÄRKER GEWORDEN!?
DIESE KRÄFTE KAMEN VOM HEILIGEN GRAL, DER PLÖTZLICH AUFTAUCHTE UND WIEDER VERSCHWAND.
SUPER SAILOR MOON...!
WHUUU
ES WAREN DIE KRÄFTE ALLER...
... DIE DER GRAL MIR VERLIEH!
DER LEGENDÄRE HEILIGE GRAL...!

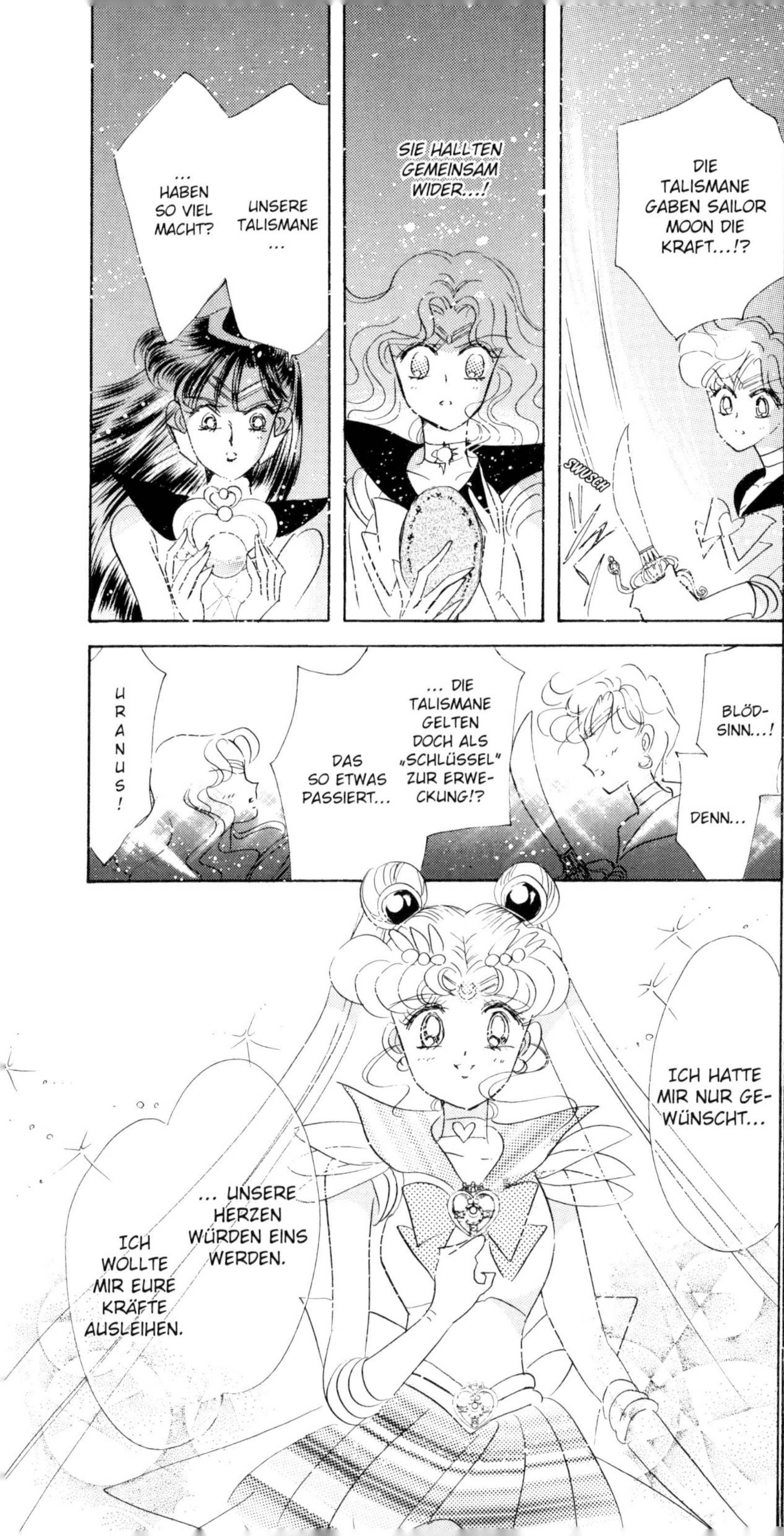

IST DAS DIE MACHT DES LEGENDÄREN HEILIGEN GRALS?!

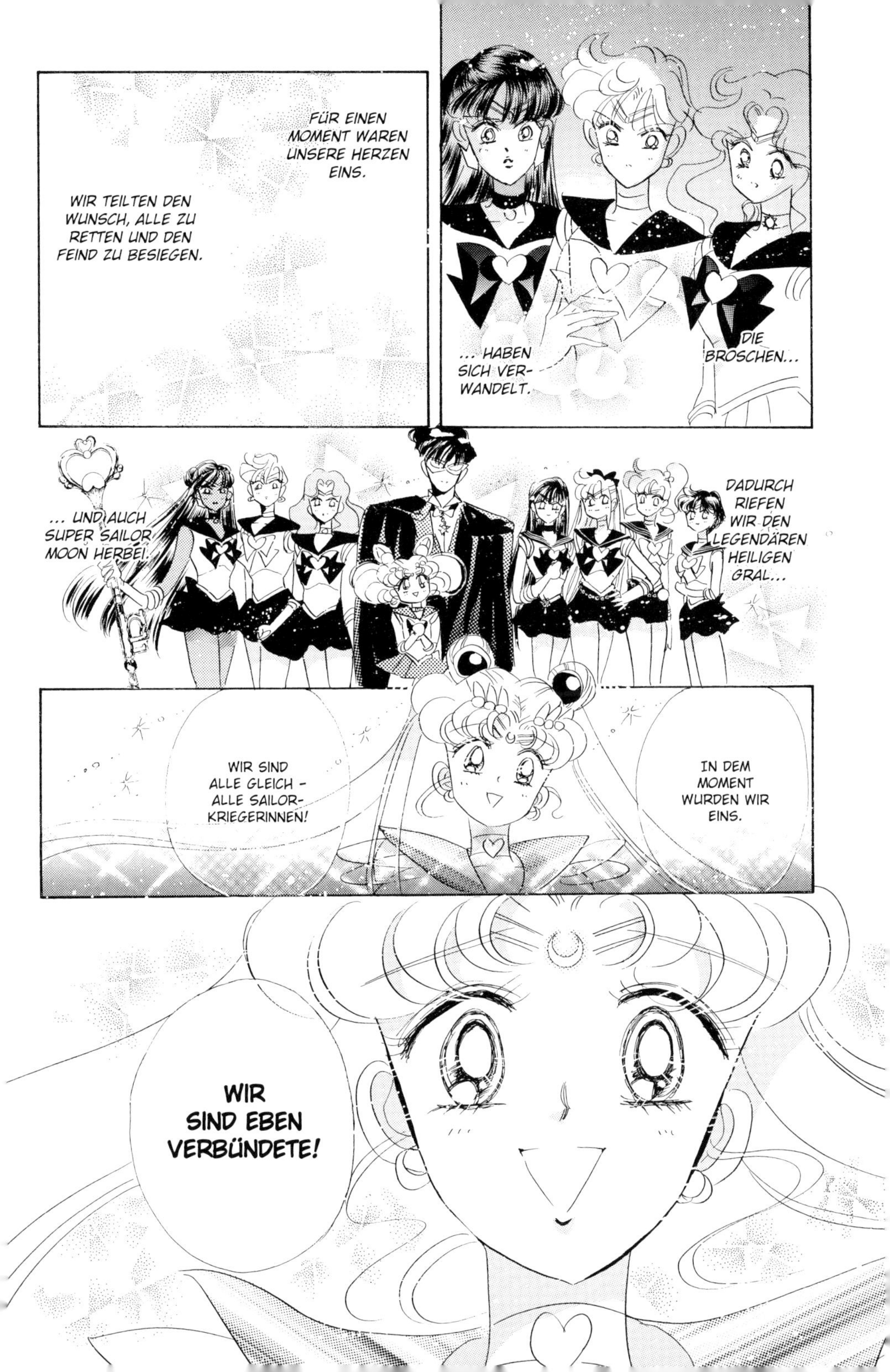
DIE BROSCHEN...
... HABEN SICH VERWANDELT.
FÜR EINEN MOMENT WAREN UNSERE HERZEN EINS.
WIR TEILTEN DEN WUNSCH, ALLE ZU RETTEN UND DEN FEIND ZU BESIEGEN.
DADURCH RIEFEN WIR DEN LEGENDÄREN HEILIGEN GRAL...
... UND AUCH SUPER SAILOR MOON HERBEI.
IN DEM MOMENT WURDEN WIR EINS.
WIR SIND ALLE GLEICH - ALLE SAILOR-KRIEGERINNEN!
WIR SIND EBEN VERBÜNDETE!

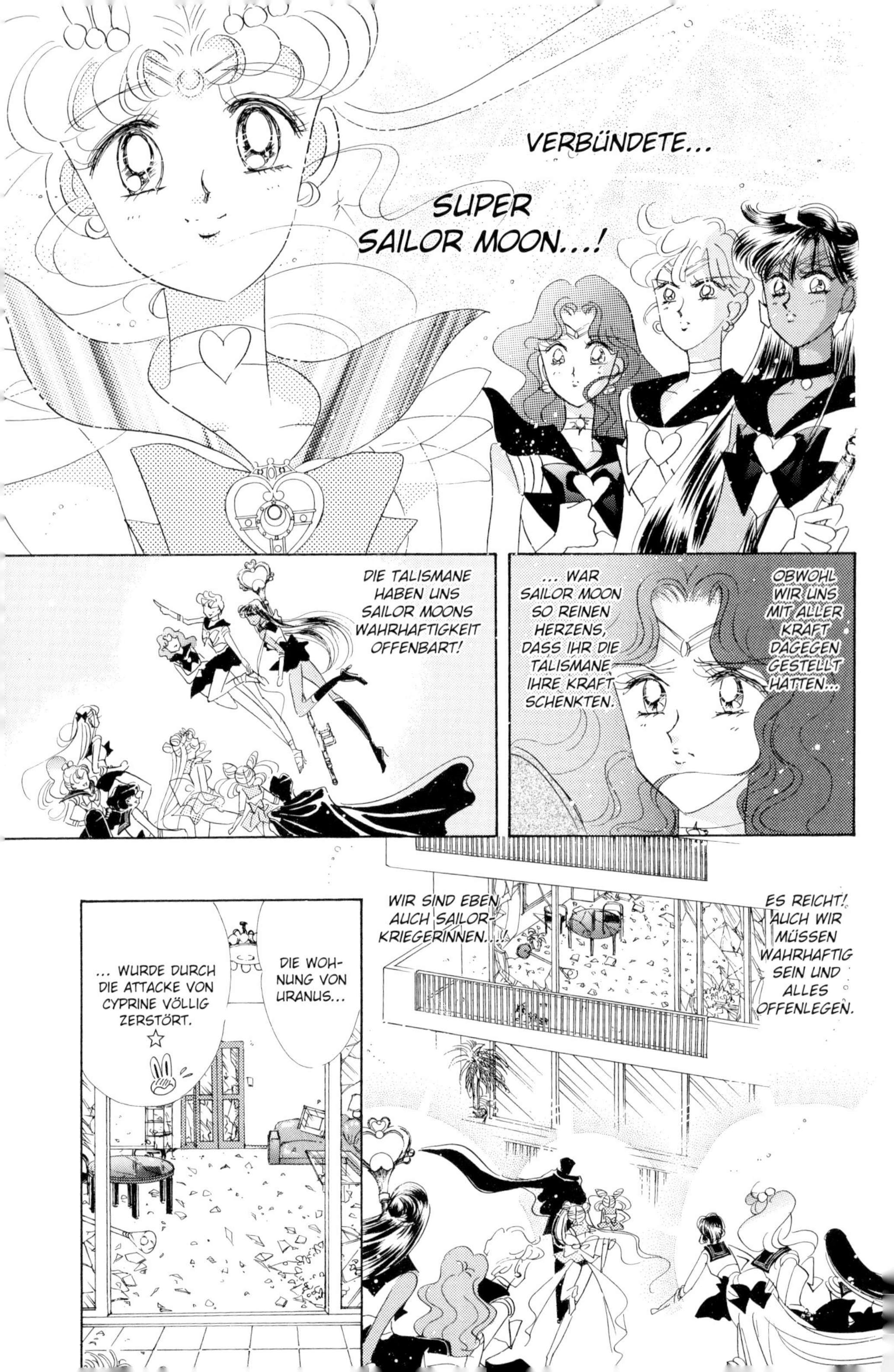
VERBÜNDETE...
SUPER SAILOR MOON...!
OBWOHL WIR UNS MIT ALLER KRAFT DAGEGEN GESTELLT HATTEN...
... WAR SAILOR MOON SO REINEN HERZENS, DASS IHR DIE TALISMANE IHRE KRAFT SCHENKTEN.
DIE TALISMANE HABEN UNS SAILOR MOONS WAHRHAFTIGKEIT OFFENBART!
ES REICHT! AUCH WIR MÜSSEN WAHRHAFTIG SEIN UND ALLES OFFENLEGEN.
WIR SIND EBEN AUCH SAILOR-KRIEGERINNEN...!
DIE WOHNUNG VON URANUS...
... WURDE DURCH DIE ATTACKE VON CYPRINE VÖLLIG ZERSTÖRT.

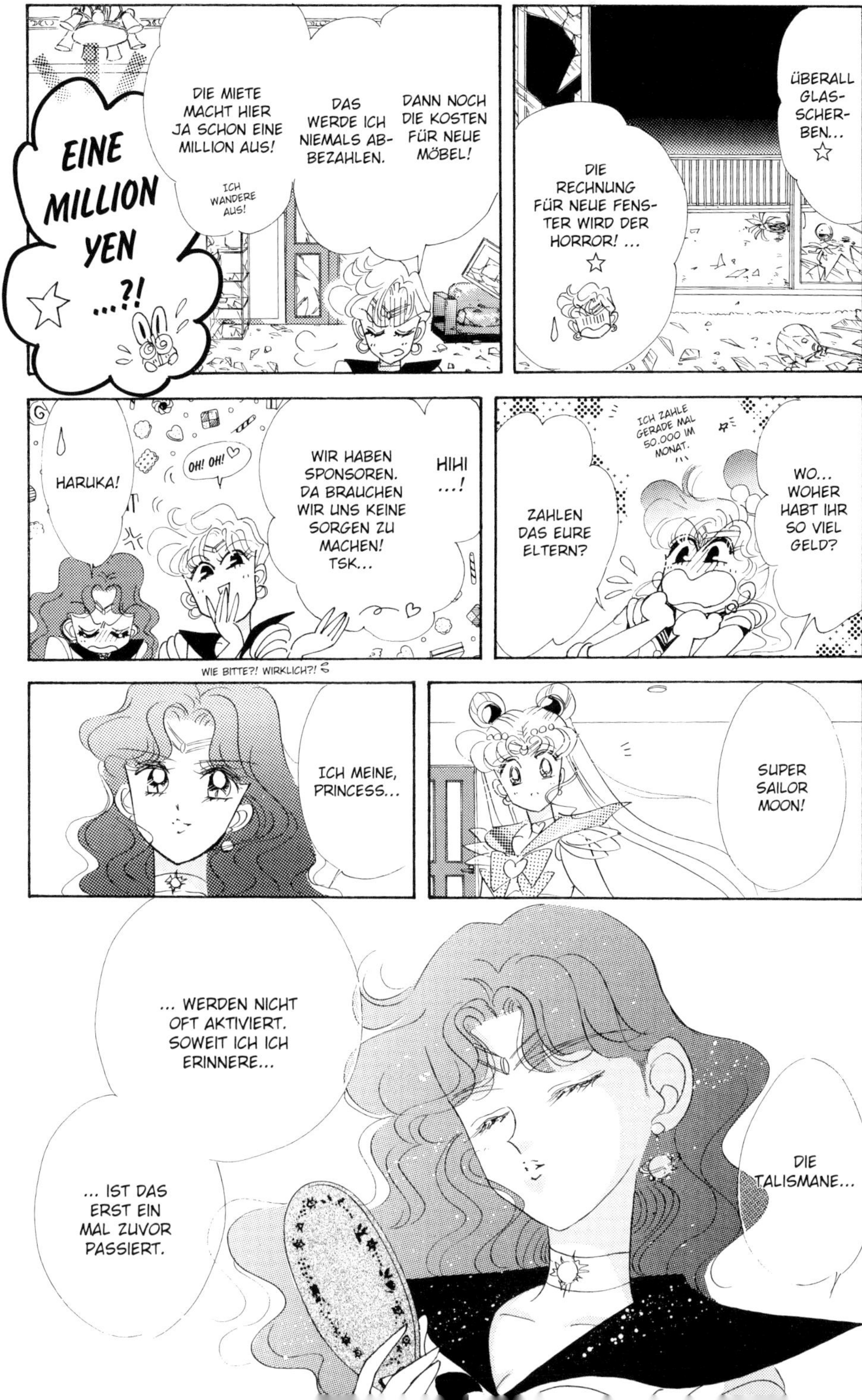
ÜBERALL GLAS-SCHER-BEN... ☆
DIE RECHNUNG FÜR NEUE FENS-TER WIRD DER HORROR! ... ☆
DANN NOCH DIE KOSTEN FÜR NEUE MÖBEL!
DAS WERDE ICH NIEMALS AB-BEZAHLEN.
DIE MIETE MACHT HIER JA SCHON EINE MILLION AUS!
ICH WANDERE AUS!
EINE MILLION YEN ☆ ...?!
WO... WOHER HABT IHR SO VIEL GELD?
ICH ZAHLE GERADE MAL 50.000 IM MONAT.
ZAHLEN DAS EURE ELTERN?
HIHI ...!
WIR HABEN SPONSOREN. DA BRAUCHEN WIR UNS KEINE SORGEN ZU MACHEN! TSK...
OH! OH!
HARUKA!
WIE BITTE?! WIRKLICH?!
SUPER SAILOR MOON!
ICH MEINE, PRINCESS...
DIE TALISMANE...
... WERDEN NICHT OFT AKTIVIERT. SOWEIT ICH ICH ERINNERE...
... IST DAS ERST EIN MAL ZUVOR PASSIERT.

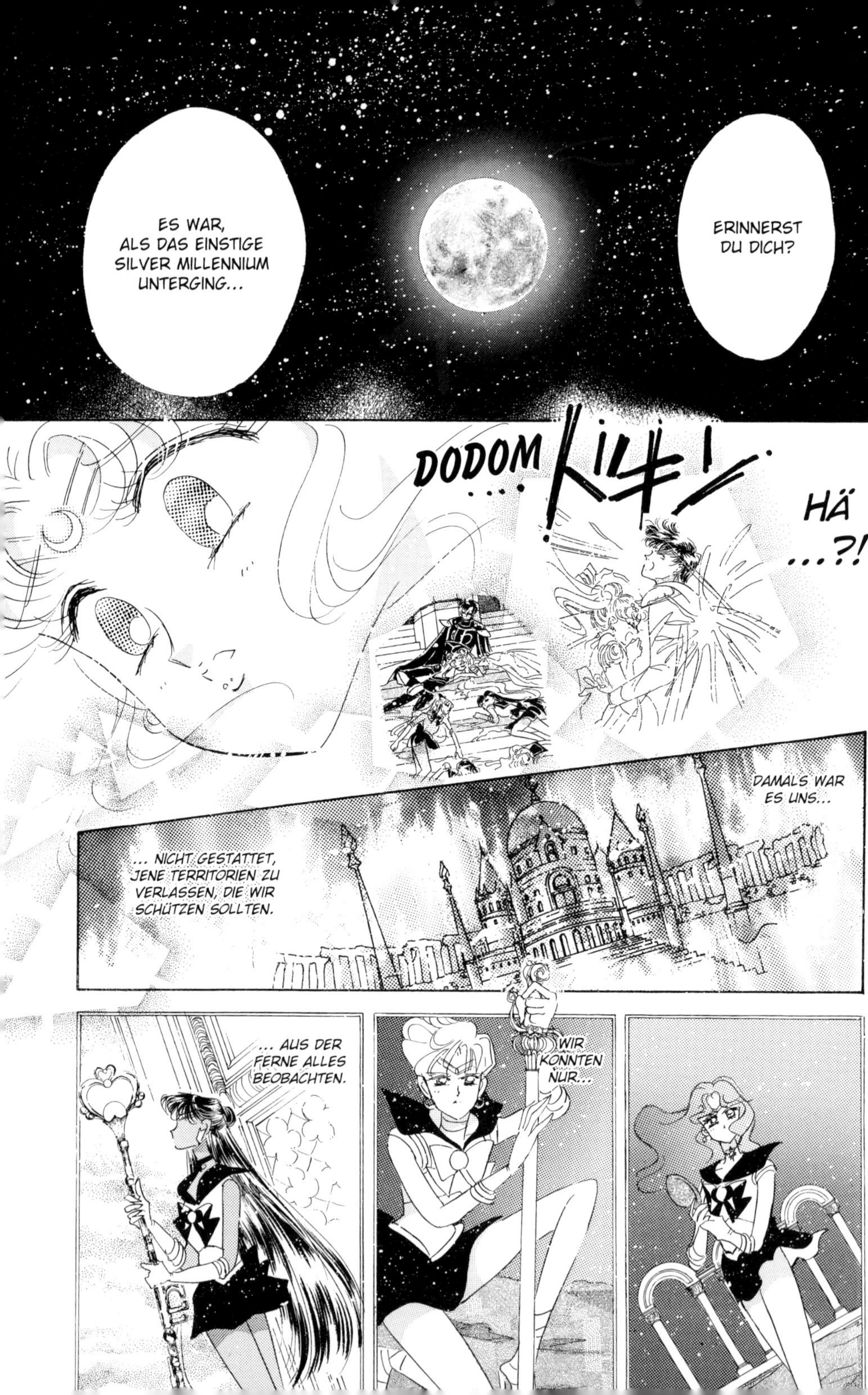
ERINNERST DU DICH?
ES WAR, ALS DAS EINSTIGE SILVER MILLENNIUM UNTERGING...
DODOM
HÄ ...?!
DAMALS WAR ES UNS...
... NICHT GESTATTET, JENE TERRITORIEN ZU VERLASSEN, DIE WIR SCHÜTZEN SOLLTEN.
WIR KONNTEN NUR...
... AUS DER FERNE ALLES BEOBACHTEN.

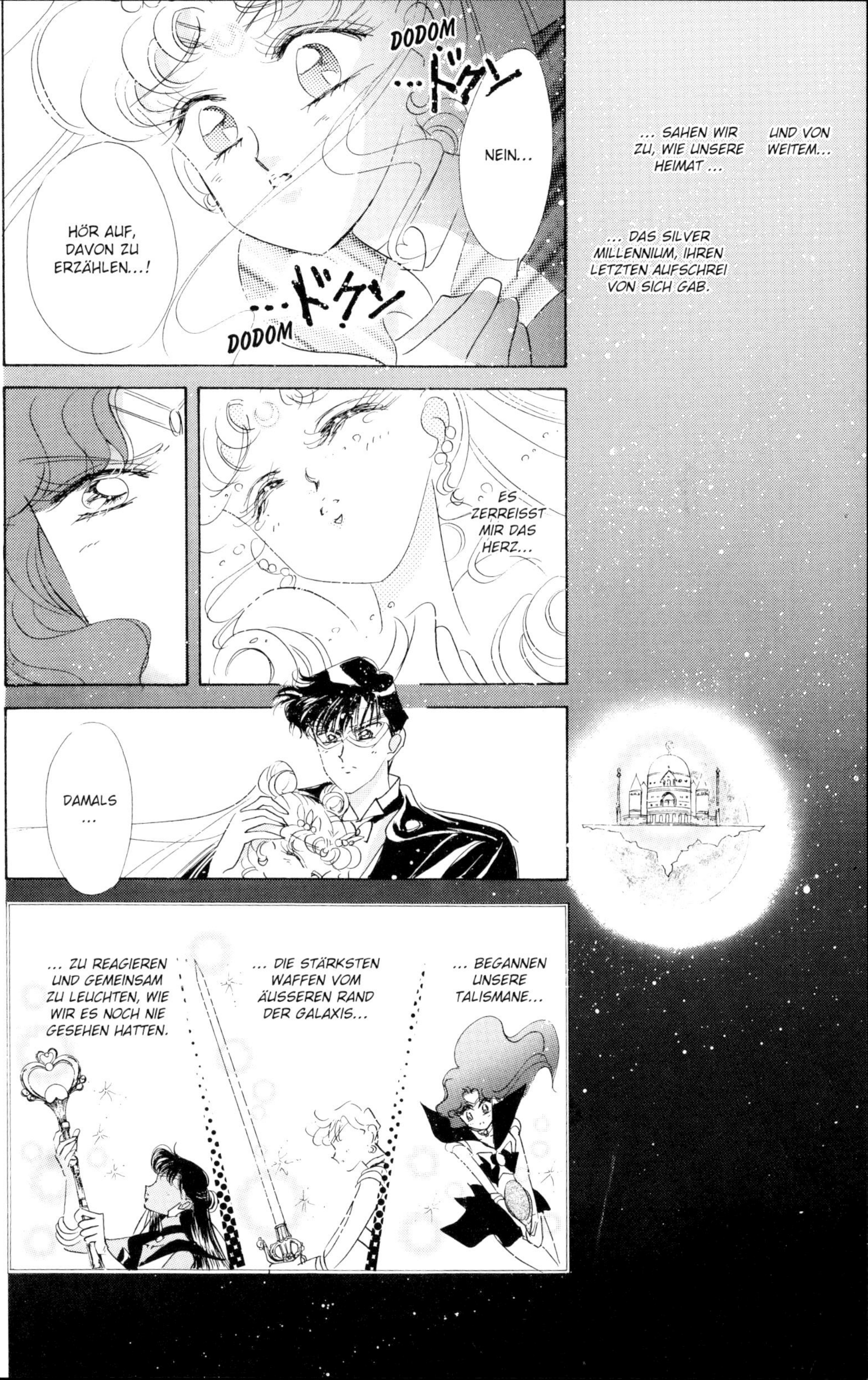
UND VON WEITEM...
... SAHEN WIR ZU, WIE UNSERE HEIMAT ...
... DAS SILVER MILLENNIUM, IHREN LETZTEN AUFSCHREI VON SICH GAB.
DODOM
...ドクン
NEIN...
HÖR AUF, DAVON ZU ERZÄHLEN...!
...ドクン
DODOM
ES ZERREISST MIR DAS HERZ...
DAMALS ...
... BEGANNEN UNSERE TALISMANE...
... DIE STÄRKSTEN WAFFEN VOM ÄUSSEREN RAND DER GALAXIS...
... ZU REAGIEREN UND GEMEINSAM ZU LEUCHTEN, WIE WIR ES NOCH NIE GESEHEN HATTEN.

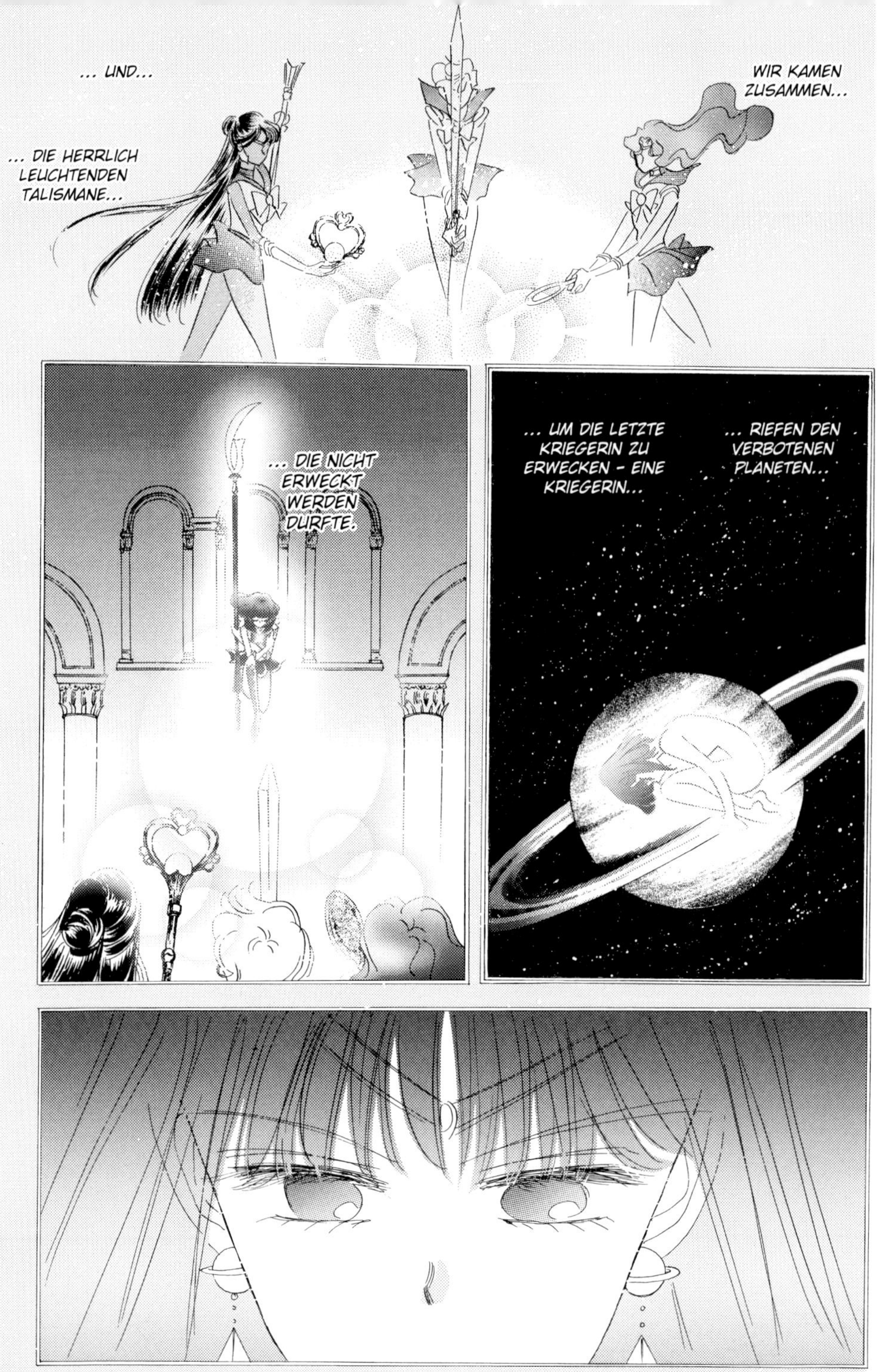
WIR KAMEN ZUSAMMEN...
... UND...
... DIE HERRLICH LEUCHTENDEN TALISMANE...
... RIEFEN DEN VERBOTENEN PLANETEN...
... UM DIE LETZTE KRIEGERIN ZU ERWECKEN - EINE KRIEGERIN...
... DIE NICHT ERWECKT WERDEN DURFTE.

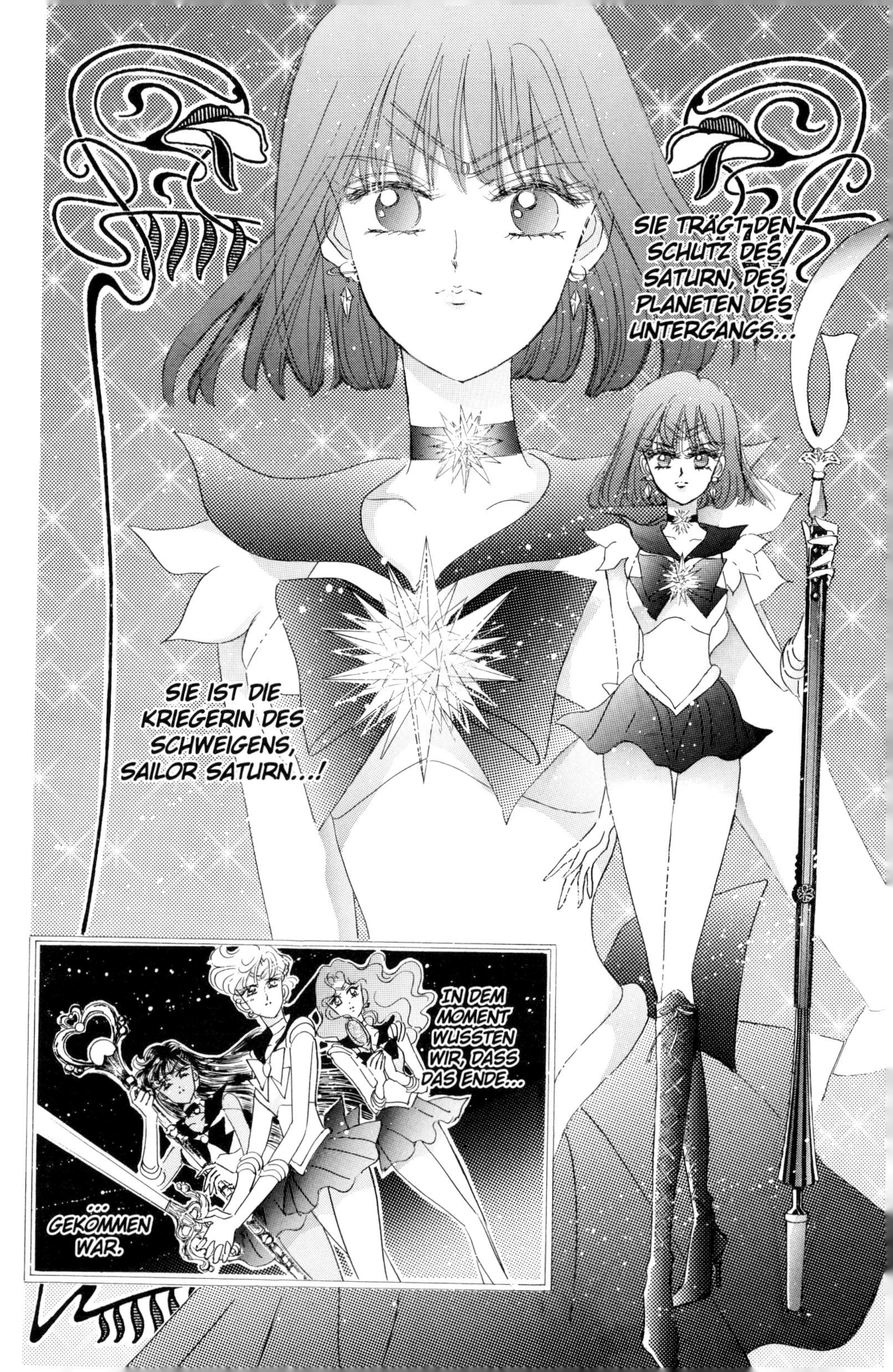

SIE TRÄGT DEN SCHUTZ DES SATURN, DES PLANETEN DES UNTERGANGS...
SIE IST DIE KRIEGERIN DES SCHWEIGENS, SAILOR SATURN...!
IN DEM MOMENT WUSSTEN WIR, DASS DAS ENDE...
... GEKOMMEN WAR.

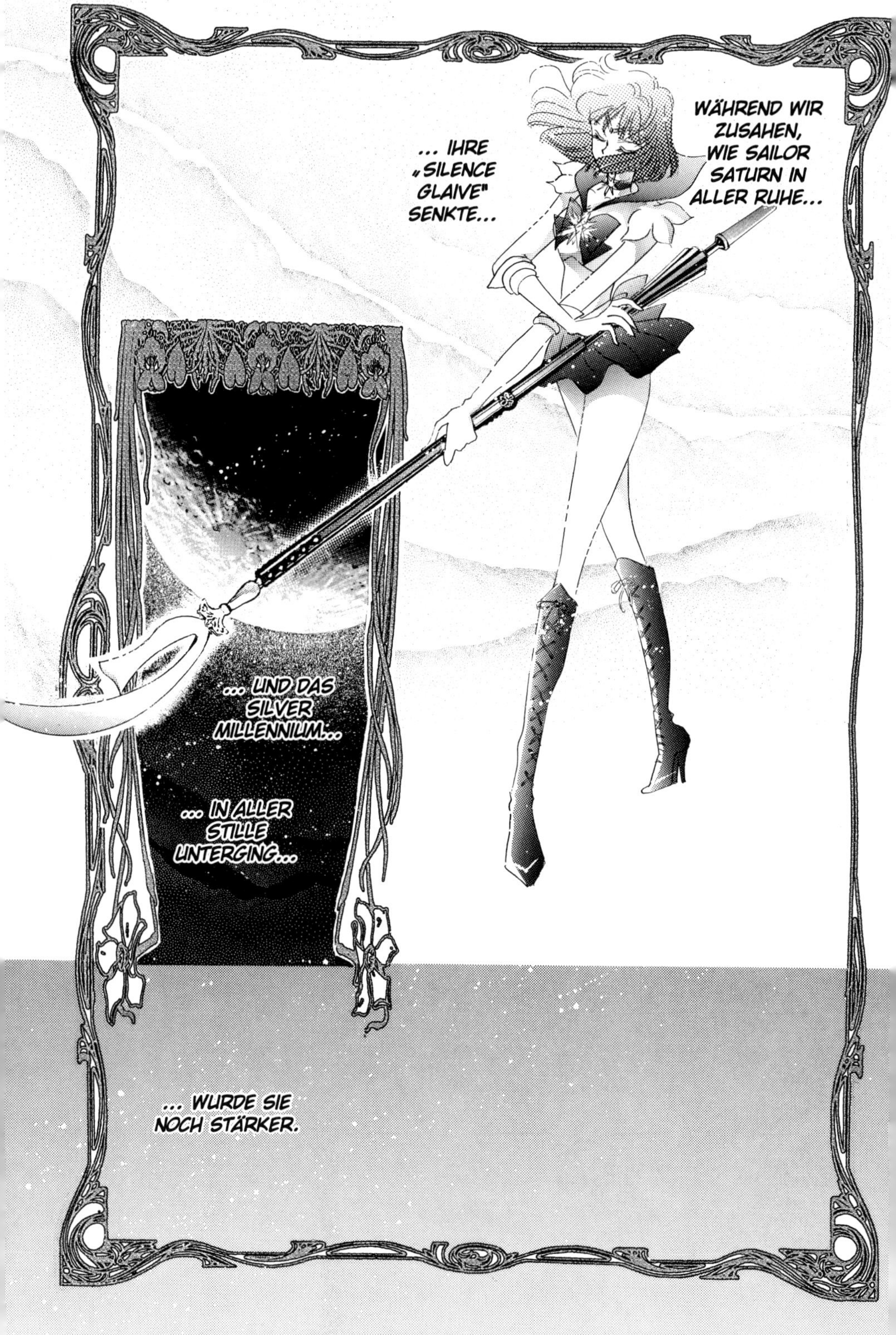
WÄHREND WIR ZUSAHEN, WIE SAILOR SATURN IN ALLER RUHE...
... IHRE „SILENCE GLAIVE" SENKTE...
... UND DAS SILVER MILLENNIUM...
... IN ALLER STILLE UNTERGING...
... WURDE SIE NOCH STÄRKER.

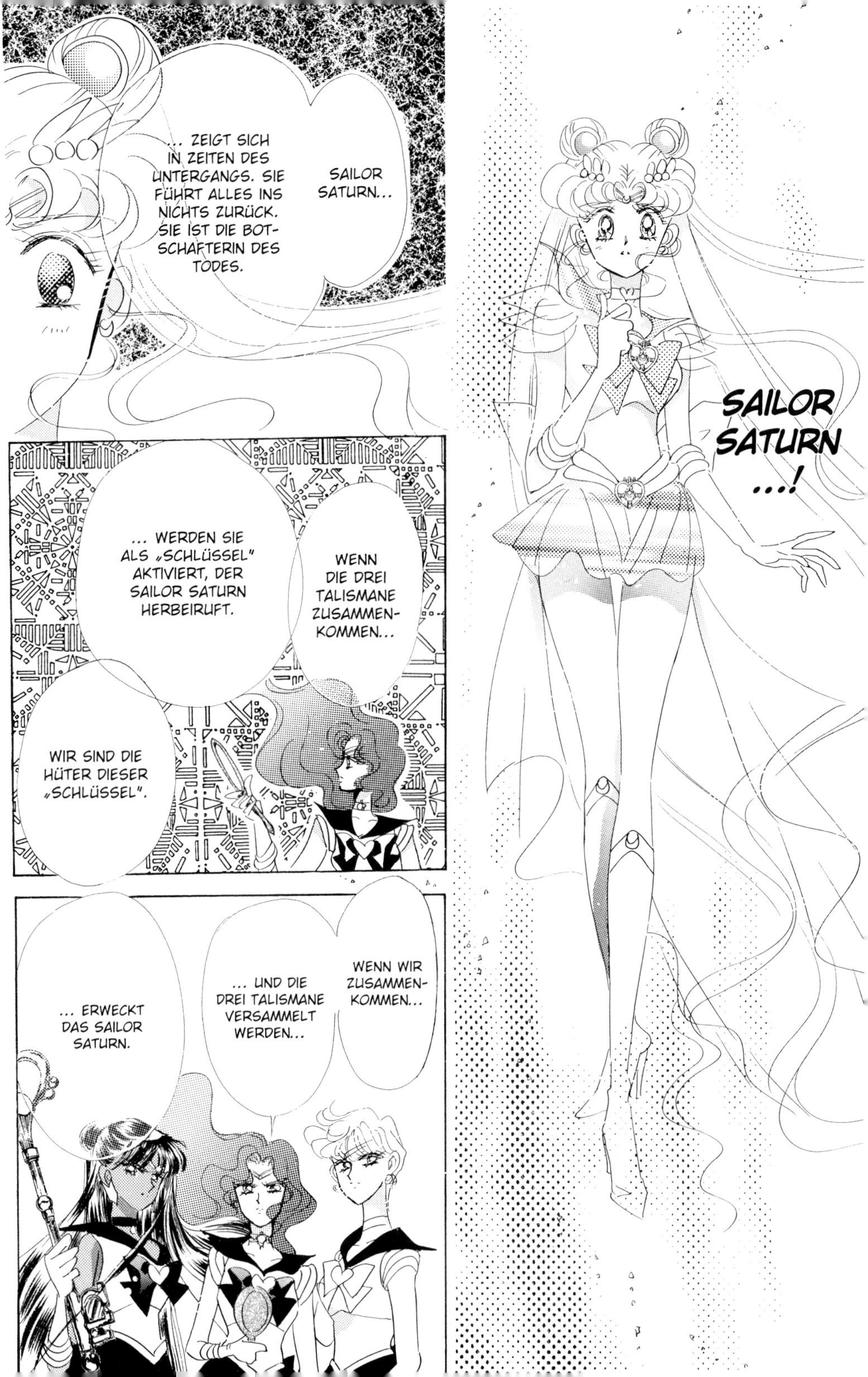
SAILOR SATURN ...!
SAILOR SATURN...
... ZEIGT SICH IN ZEITEN DES UNTERGANGS. SIE FÜHRT ALLES INS NICHTS ZURÜCK. SIE IST DIE BOTSCHAFTERIN DES TODES.
WENN DIE DREI TALISMANE ZUSAMMENKOMMEN...
... WERDEN SIE ALS „SCHLÜSSEL" AKTIVIERT, DER SAILOR SATURN HERBEIRUFT.
WIR SIND DIE HÜTER DIESER „SCHLÜSSEL".
WENN WIR ZUSAMMENKOMMEN...
... UND DIE DREI TALISMANE VERSAMMELT WERDEN...
... ERWECKT DAS SAILOR SATURN.

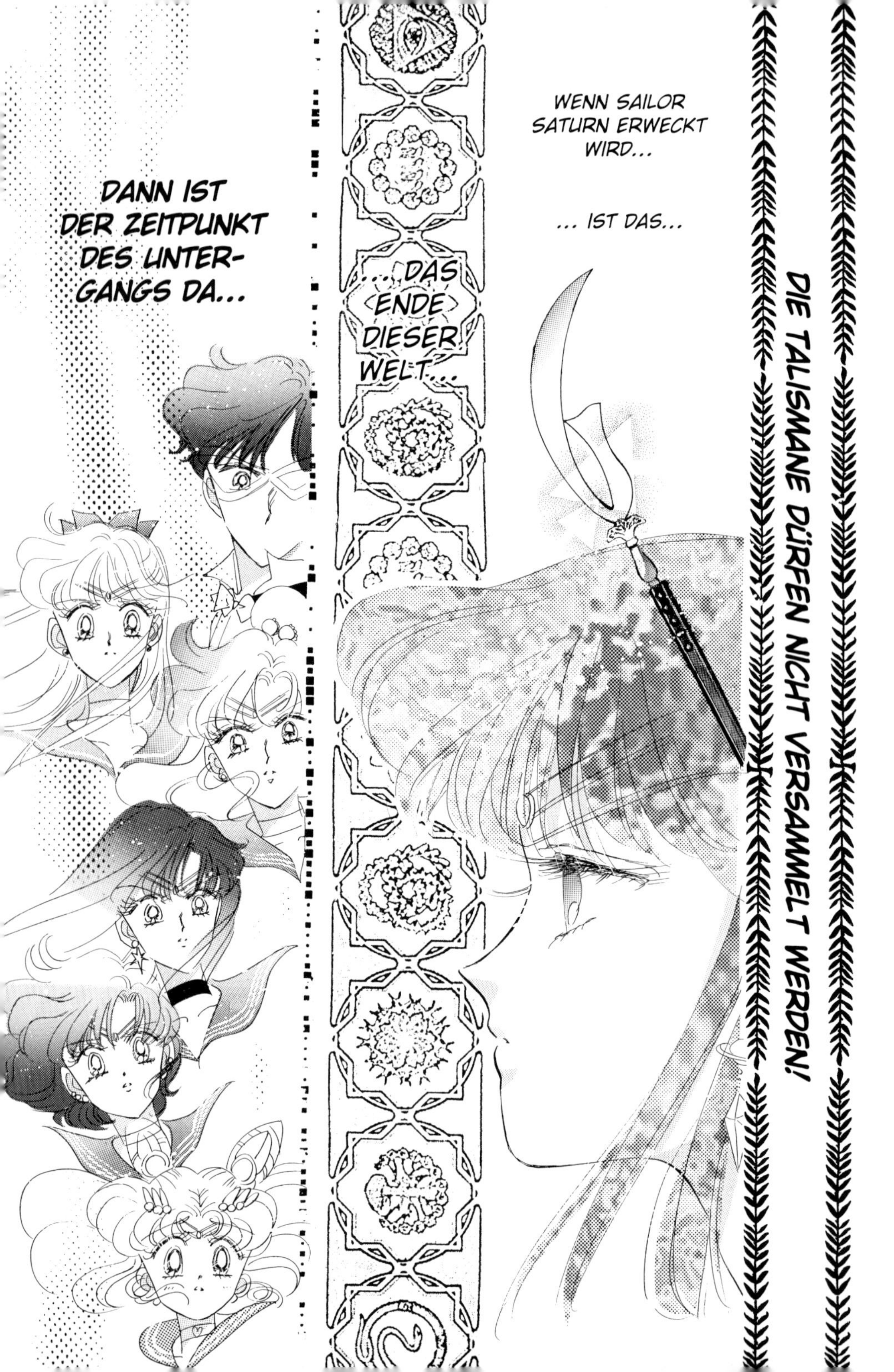
DIE TALISMANE DÜRFEN NICHT VERSAMMELT WERDEN!
WENN SAILOR SATURN ERWECKT WIRD...
... IST DAS...
... DAS ENDE DIESER WELT...
DANN IST DER ZEITPUNKT DES UNTER-GANGS DA...

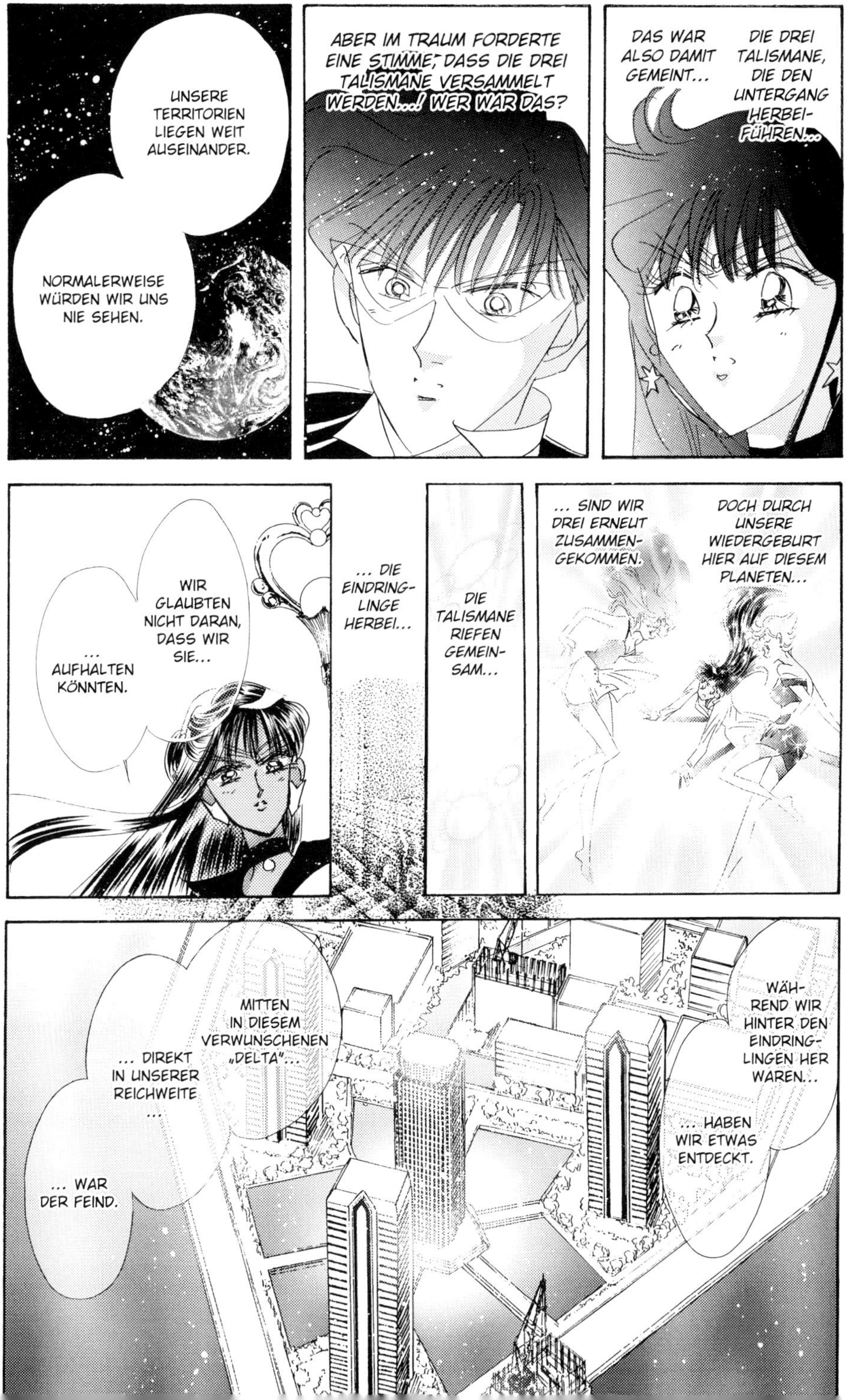
DIE DREI TALISMANE, DIE DEN UNTERGANG HERBEIFÜHREN...
DAS WAR ALSO DAMIT GEMEINT...
ABER IM TRAUM FORDERTE EINE STIMME, DASS DIE DREI TALISMANE VERSAMMELT WERDEN...! WER WAR DAS?
UNSERE TERRITORIEN LIEGEN WEIT AUSEINANDER.
NORMALERWEISE WÜRDEN WIR UNS NIE SEHEN.
DOCH DURCH UNSERE WIEDERGEBURT HIER AUF DIESEM PLANETEN...
... SIND WIR DREI ERNEUT ZUSAMMENGEKOMMEN.
DIE TALISMANE RIEFEN GEMEINSAM...
... DIE EINDRINGLINGE HERBEI...
WIR GLAUBTEN NICHT DARAN, DASS WIR SIE...
... AUFHALTEN KÖNNTEN.
WÄHREND WIR HINTER DEN EINDRINGLINGEN HER WAREN...
... HABEN WIR ETWAS ENTDECKT.
MITTEN IN DIESEM VERWUNSCHENEN „DELTA“...
... DIREKT IN UNSERER REICHWEITE ...
... WAR DER FEIND.

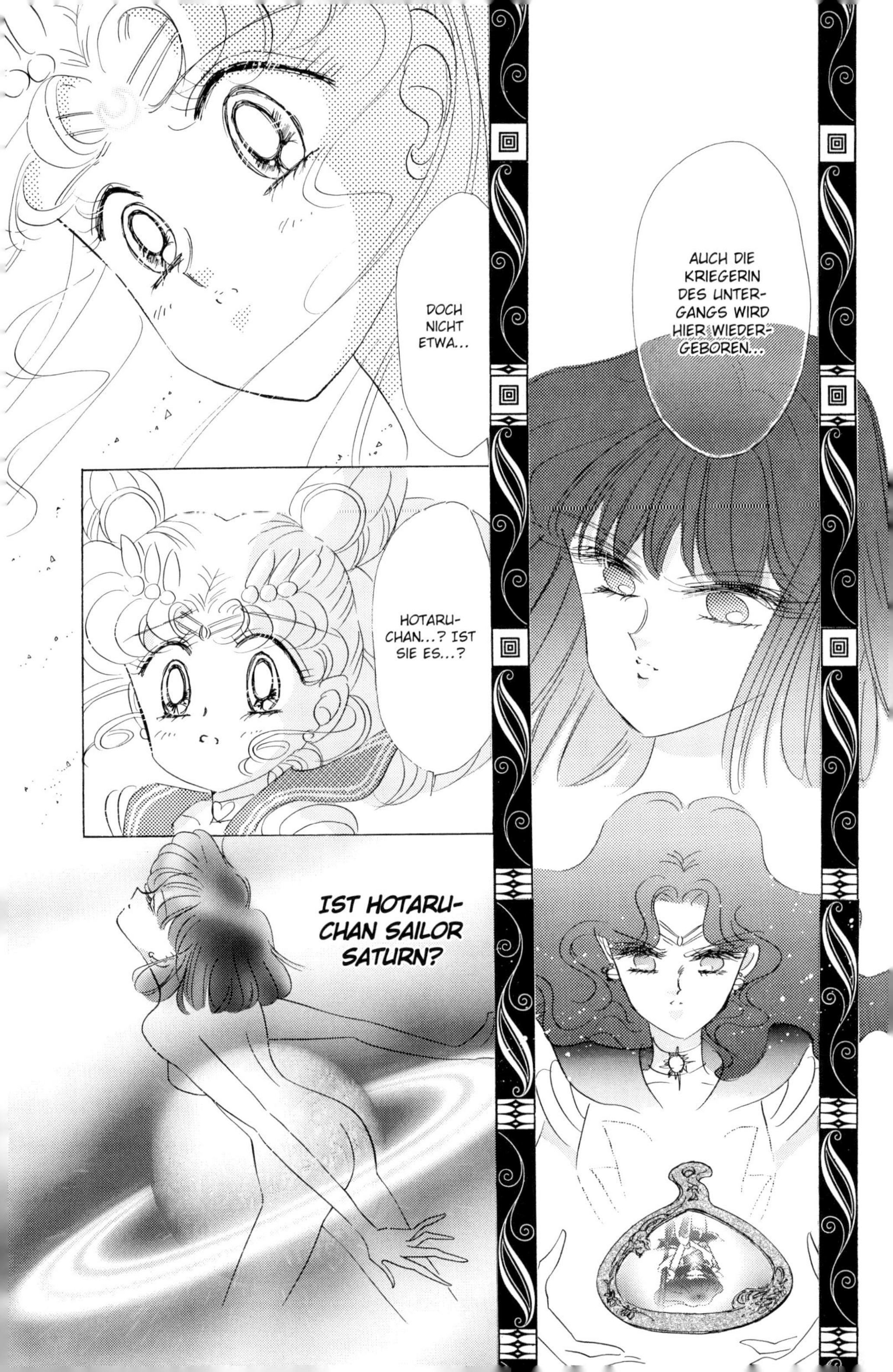
AUCH DIE KRIEGERIN DES UNTER-GANGS WIRD HIER WIEDER-GEBOREN...
DOCH NICHT ETWA...
HOTARU-CHAN...? IST SIE ES...?
IST HOTARU-CHAN SAILOR SATURN?

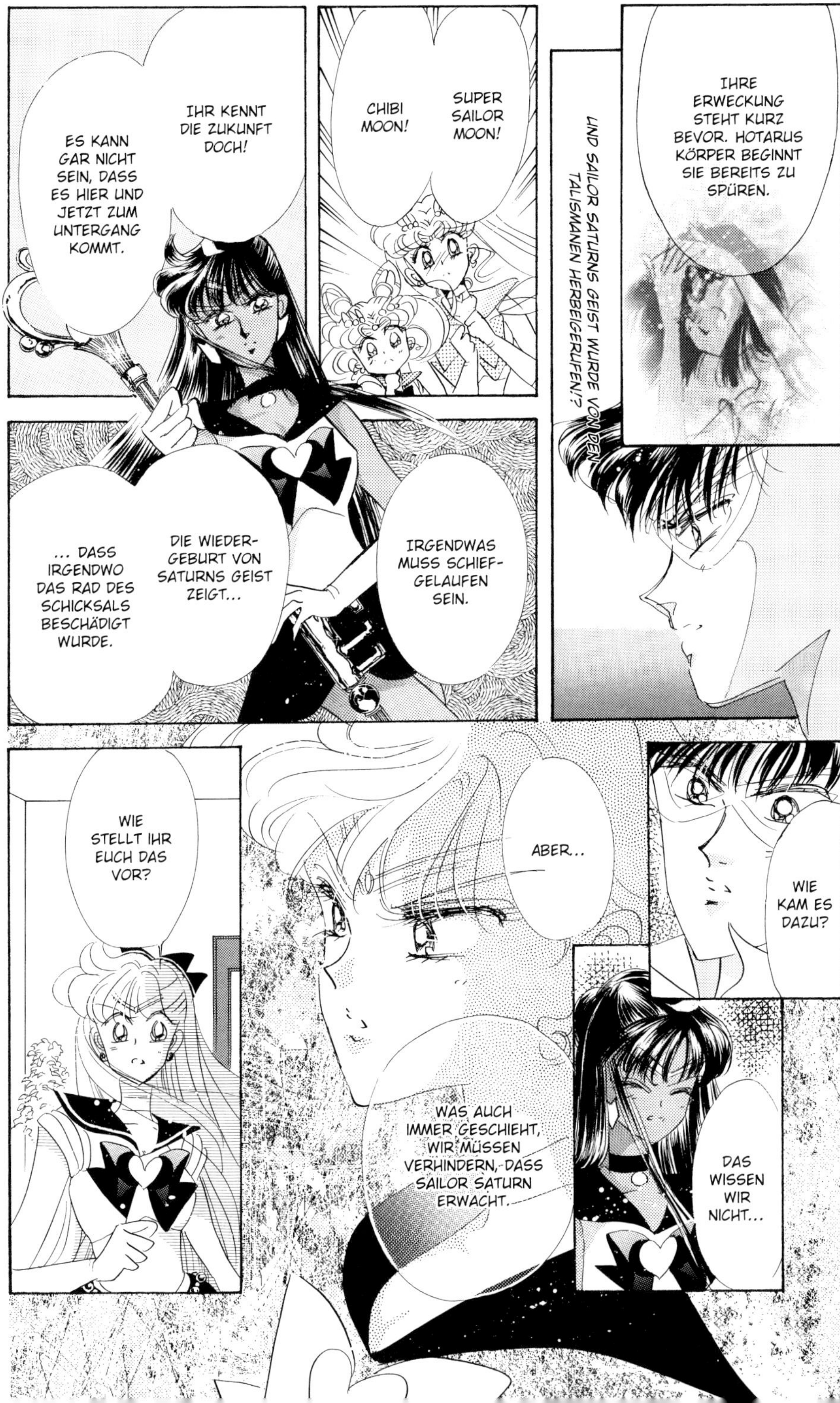
IHRE ERWECKUNG STEHT KURZ BEVOR. HOTARUS KÖRPER BEGINNT SIE BEREITS ZU SPÜREN.
UND SAILOR SATURNS GEIST WURDE VON DEN TALISMANEN HERBEIGERUFEN!?
SUPER SAILOR MOON!
CHIBI MOON!
IHR KENNT DIE ZUKUNFT DOCH!
ES KANN GAR NICHT SEIN, DASS ES HIER UND JETZT ZUM UNTERGANG KOMMT.
IRGENDWAS MUSS SCHIEF-GELAUFEN SEIN.
DIE WIEDER-GEBURT VON SATURNS GEIST ZEIGT…
… DASS IRGENDWO DAS RAD DES SCHICKSALS BESCHÄDIGT WURDE.
WIE KAM ES DAZU?
DAS WISSEN WIR NICHT…
ABER..
WAS AUCH IMMER GESCHIEHT, WIR MÜSSEN VERHINDERN, DASS SAILOR SATURN ERWACHT.
WIE STELLT IHR EUCH DAS VOR?

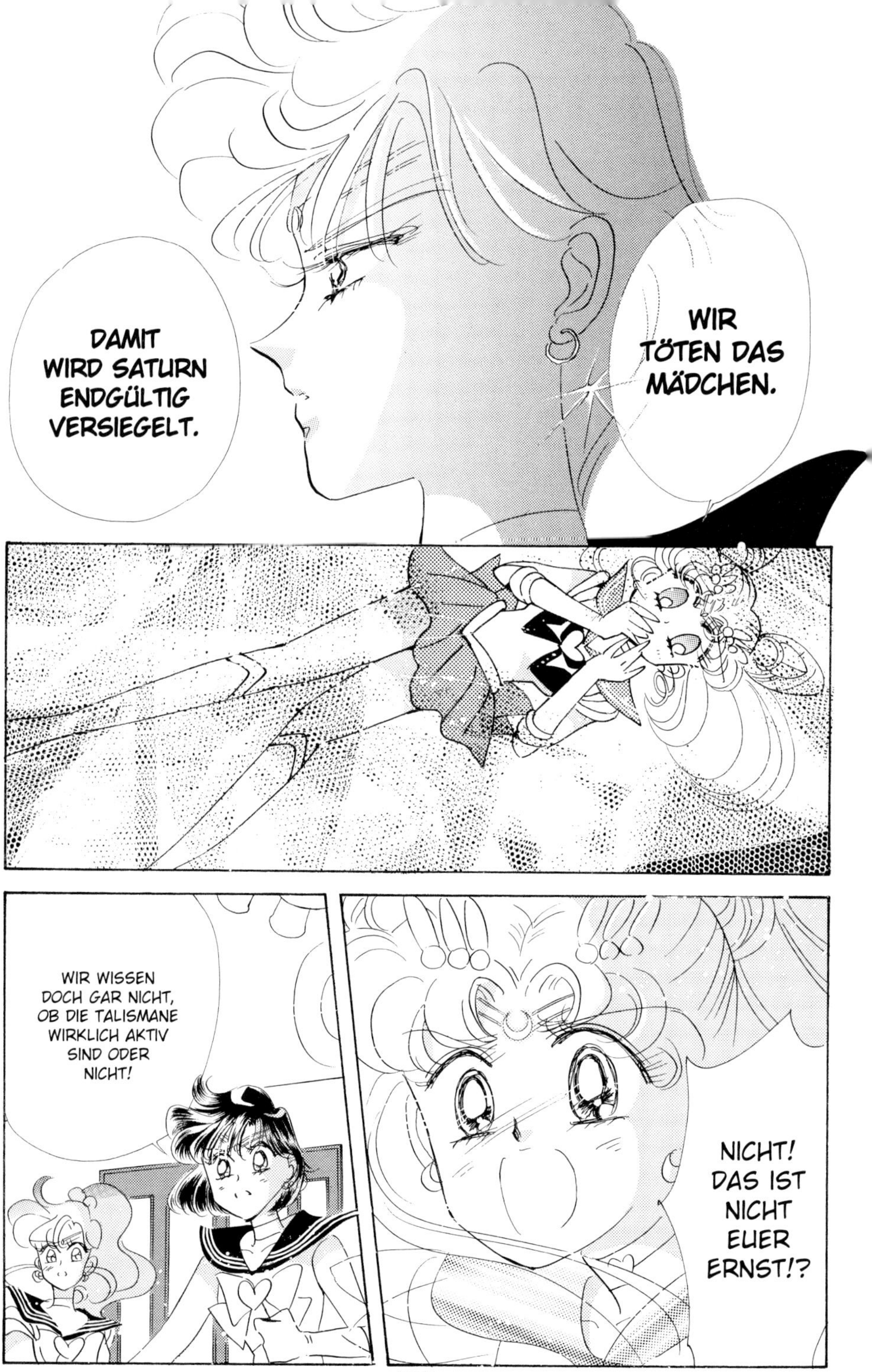
WIR TÖTEN DAS MÄDCHEN.
DAMIT WIRD SATURN ENDGÜLTIG VERSIEGELT.
NICHT! DAS IST NICHT EUER ERNST!?
WIR WISSEN DOCH GAR NICHT, OB DIE TALISMANE WIRKLICH AKTIV SIND ODER NICHT!

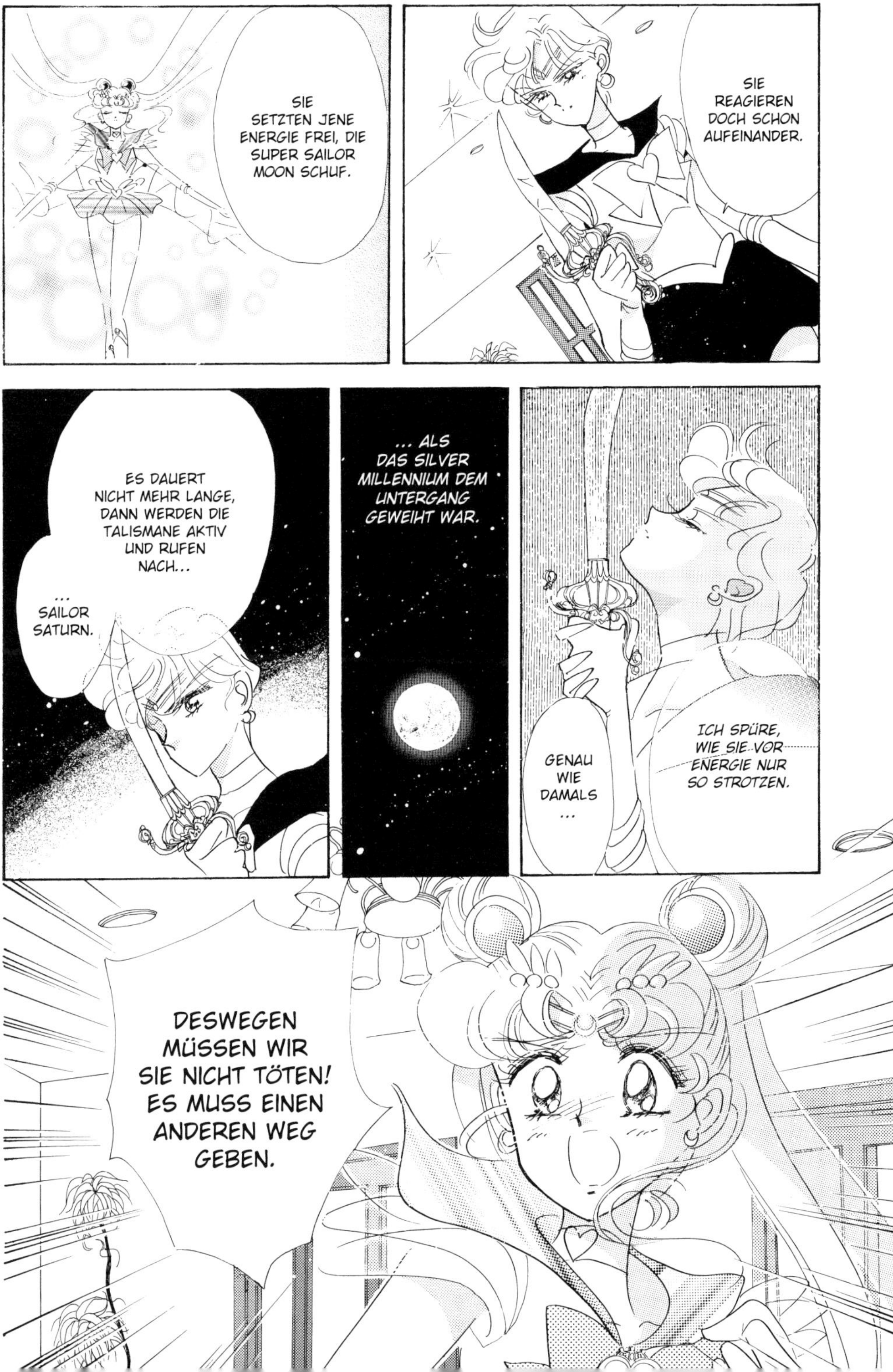
SIE REAGIEREN DOCH SCHON AUFEINANDER.
SIE SETZTEN JENE ENERGIE FREI, DIE SUPER SAILOR MOON SCHUF.
ICH SPÜRE, WIE SIE VOR ENERGIE NUR SO STROTZEN.
GENAU WIE DAMALS ...
... ALS DAS SILVER MILLENNIUM DEM UNTERGANG GEWEIHT WAR.
ES DAUERT NICHT MEHR LANGE, DANN WERDEN DIE TALISMANE AKTIV UND RUFEN NACH...
... SAILOR SATURN.
DESWEGEN MÜSSEN WIR SIE NICHT TÖTEN! ES MUSS EINEN ANDEREN WEG GEBEN.

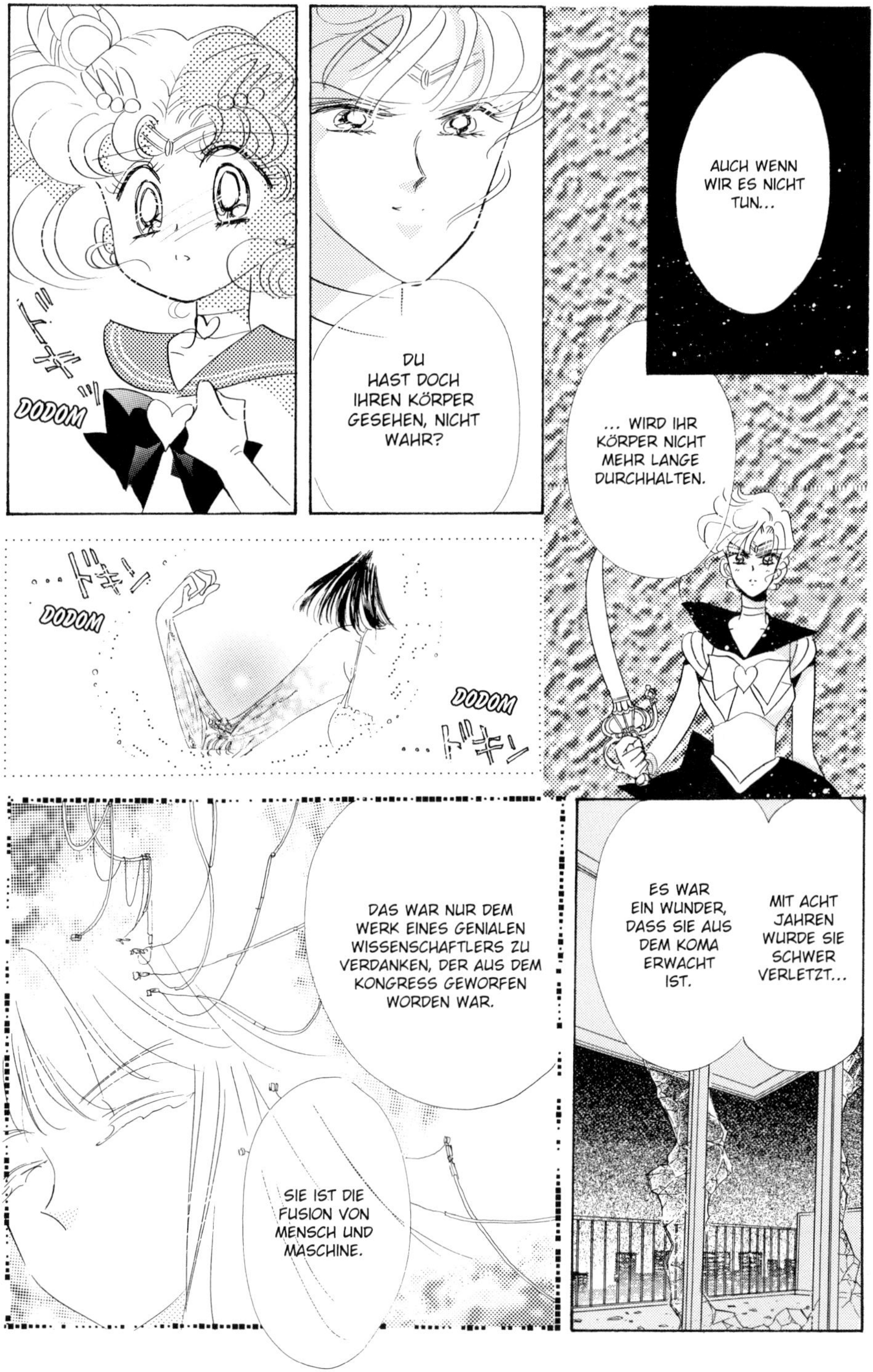
AUCH WENN WIR ES NICHT TUN…
… WIRD IHR KÖRPER NICHT MEHR LANGE DURCHHALTEN.
DU HAST DOCH IHREN KÖRPER GESEHEN, NICHT WAHR?
DODOM
DODOM
DODOM
MIT ACHT JAHREN WURDE SIE SCHWER VERLETZT…
ES WAR EIN WUNDER, DASS SIE AUS DEM KOMA ERWACHT IST.
DAS WAR NUR DEM WERK EINES GENIALEN WISSENSCHAFTLERS ZU VERDANKEN, DER AUS DEM KONGRESS GEWORFEN WORDEN WAR.
SIE IST DIE FUSION VON MENSCH UND MASCHINE.

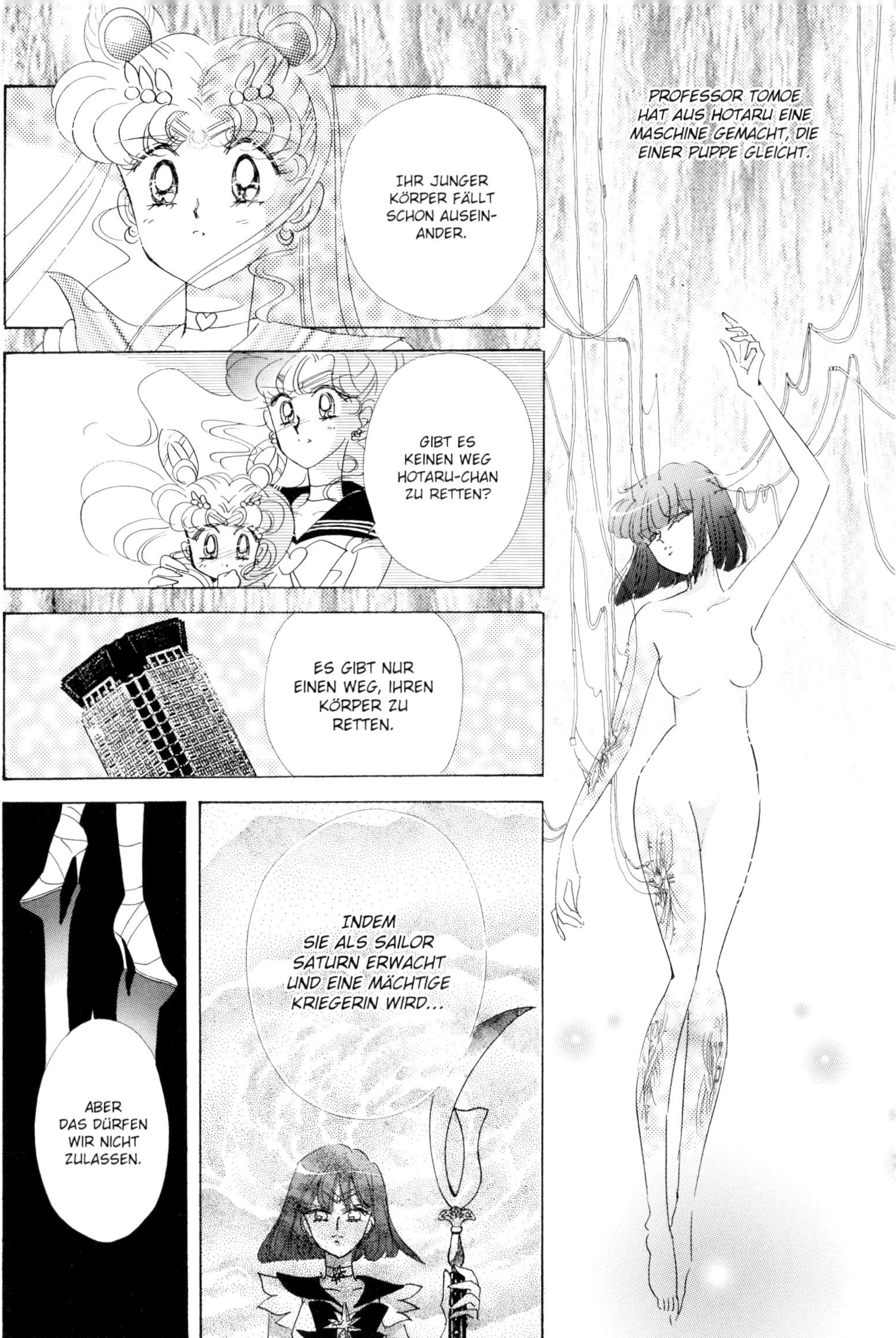
PROFESSOR TOMOE HAT AUS HOTARU EINE MASCHINE GEMACHT, DIE EINER PUPPE GLEICHT.
IHR JUNGER KÖRPER FÄLLT SCHON AUSEIN-ANDER.
GIBT ES KEINEN WEG HOTARU-CHAN ZU RETTEN?
ES GIBT NUR EINEN WEG, IHREN KÖRPER ZU RETTEN.
INDEM SIE ALS SAILOR SATURN ERWACHT UND EINE MÄCHTIGE KRIEGERIN WIRD...
ABER DAS DÜRFEN WIR NICHT ZULASSEN.

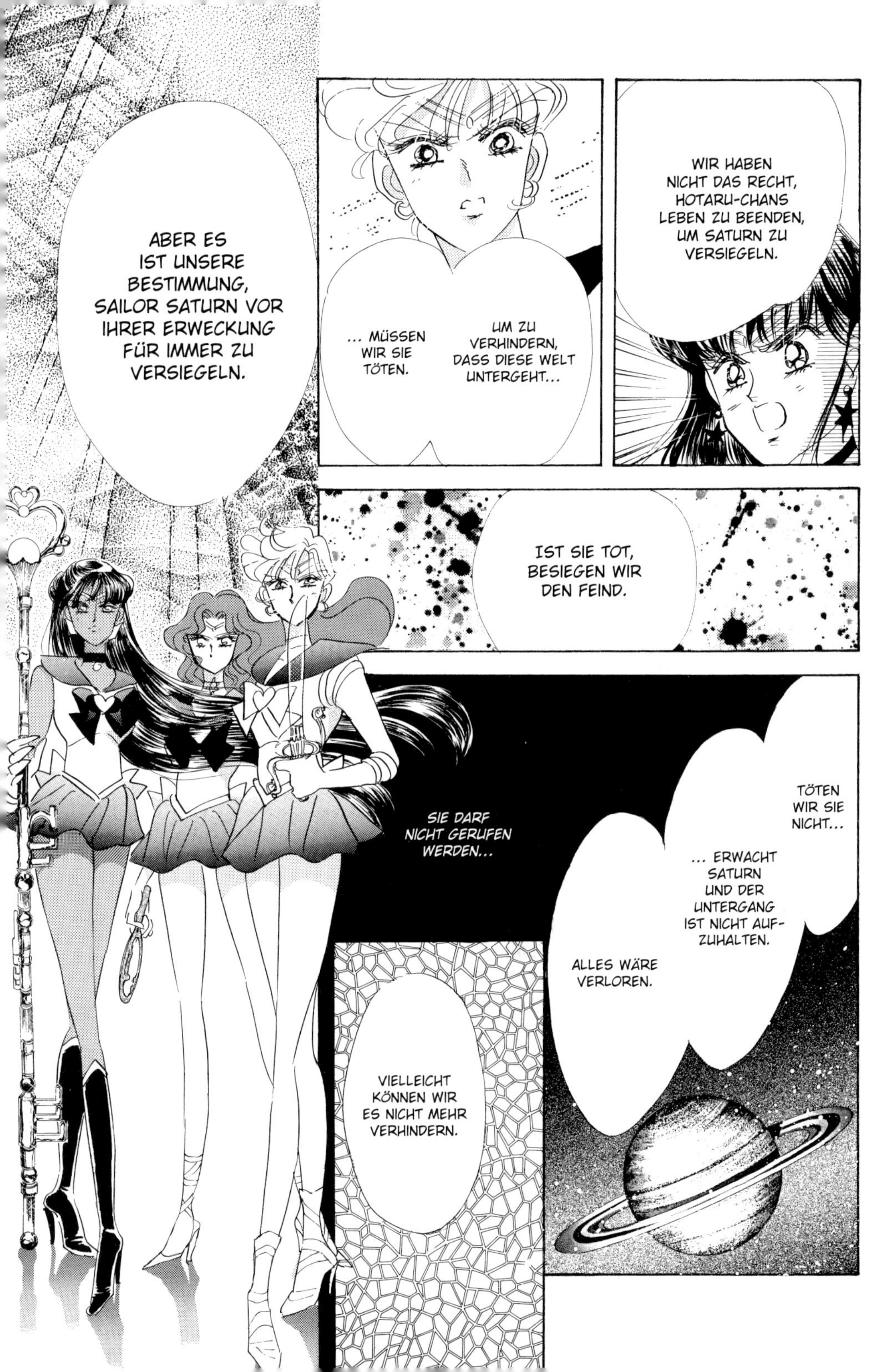

WIR HABEN NICHT DAS RECHT, HOTARU-CHANS LEBEN ZU BEENDEN, UM SATURN ZU VERSIEGELN.
UM ZU VERHINDERN, DASS DIESE WELT UNTERGEHT...
... MÜSSEN WIR SIE TÖTEN.
IST SIE TOT, BESIEGEN WIR DEN FEIND.
TÖTEN WIR SIE NICHT...
... ERWACHT SATURN UND DER UNTERGANG IST NICHT AUF-ZUHALTEN.
ALLES WÄRE VERLOREN.
SIE DARF NICHT GERUFEN WERDEN...
VIELLEICHT KÖNNEN WIR ES NICHT MEHR VERHINDERN.
ABER ES IST UNSERE BESTIMMUNG, SAILOR SATURN VOR IHRER ERWECKUNG FÜR IMMER ZU VERSIEGELN.

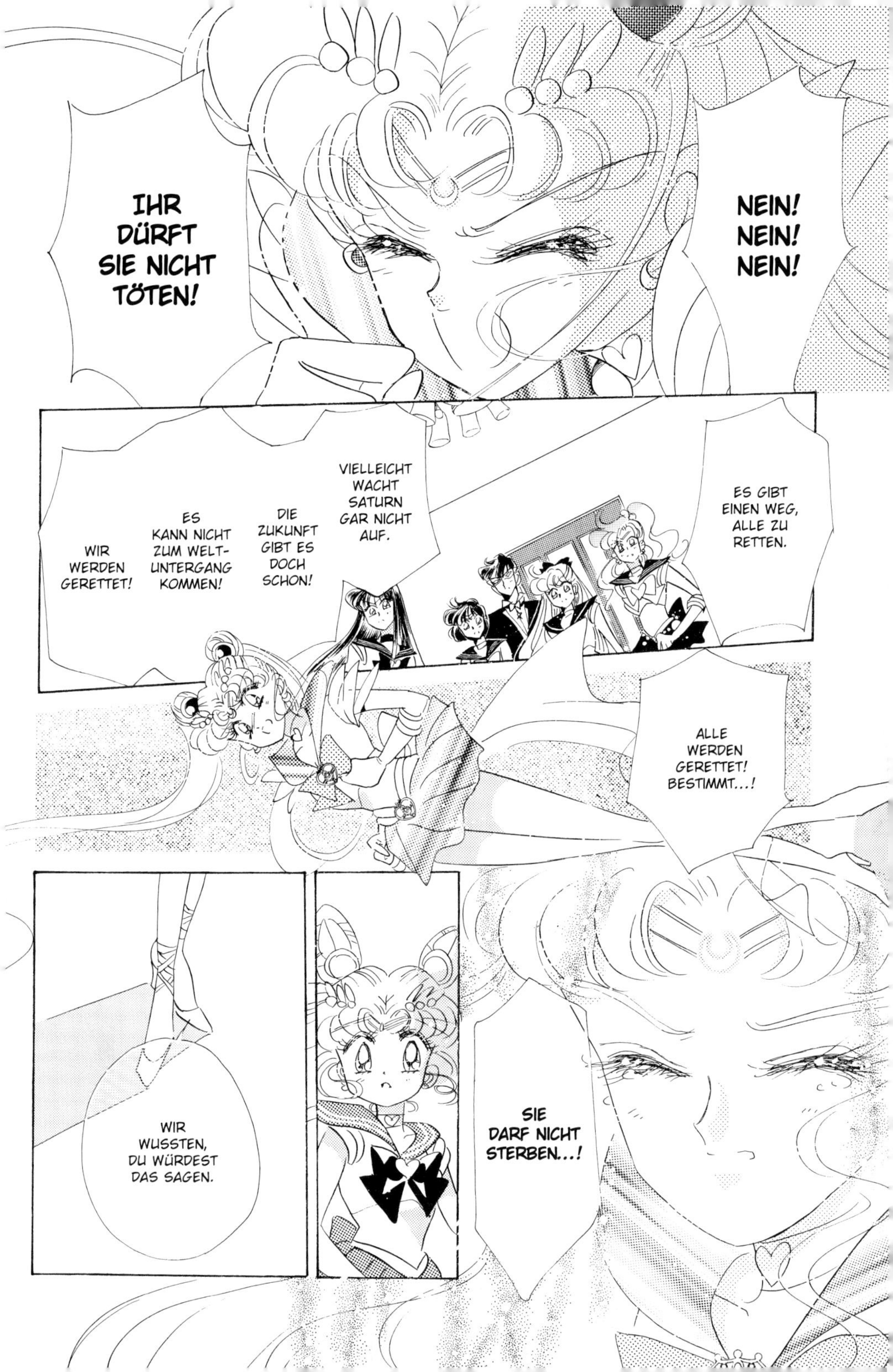
NEIN! NEIN! NEIN!
IHR DÜRFT SIE NICHT TÖTEN!
ES GIBT EINEN WEG, ALLE ZU RETTEN.
VIELLEICHT WACHT SATURN GAR NICHT AUF.
DIE ZUKUNFT GIBT ES DOCH SCHON!
ES KANN NICHT ZUM WELT-UNTERGANG KOMMEN!
WIR WERDEN GERETTET!
ALLE WERDEN GERETTET! BESTIMMT...!
SIE DARF NICHT STERBEN...!
WIR WUSSTEN, DU WÜRDEST DAS SAGEN.

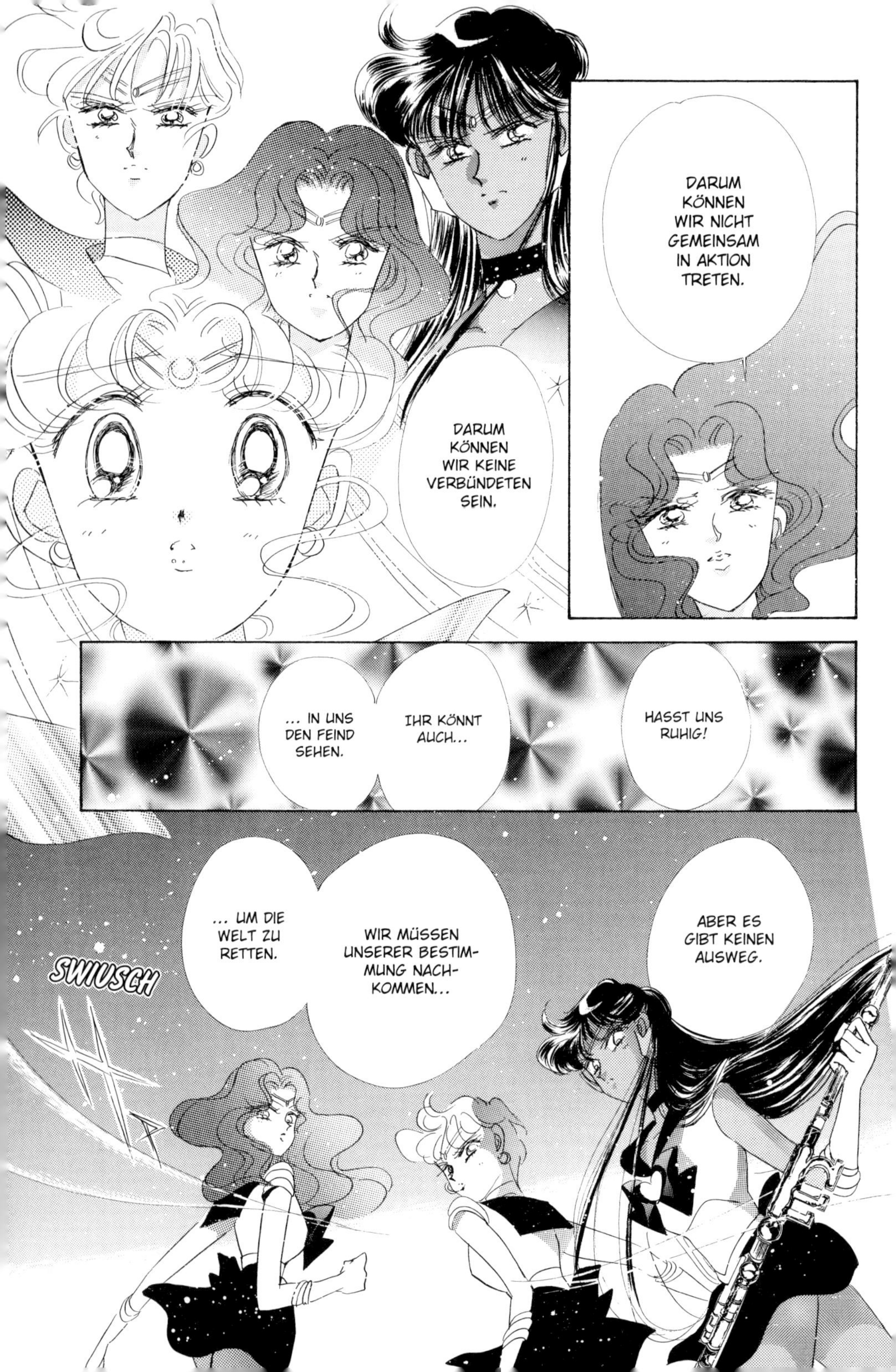
DARUM KÖNNEN WIR NICHT GEMEINSAM IN AKTION TRETEN.
DARUM KÖNNEN WIR KEINE VERBÜNDETEN SEIN.
HASST UNS RUHIG!
IHR KÖNNT AUCH...
... IN UNS DEN FEIND SEHEN.
ABER ES GIBT KEINEN AUSWEG.
WIR MÜSSEN UNSERER BESTIMMUNG NACHKOMMEN...
... UM DIE WELT ZU RETTEN.
SWIUSCH

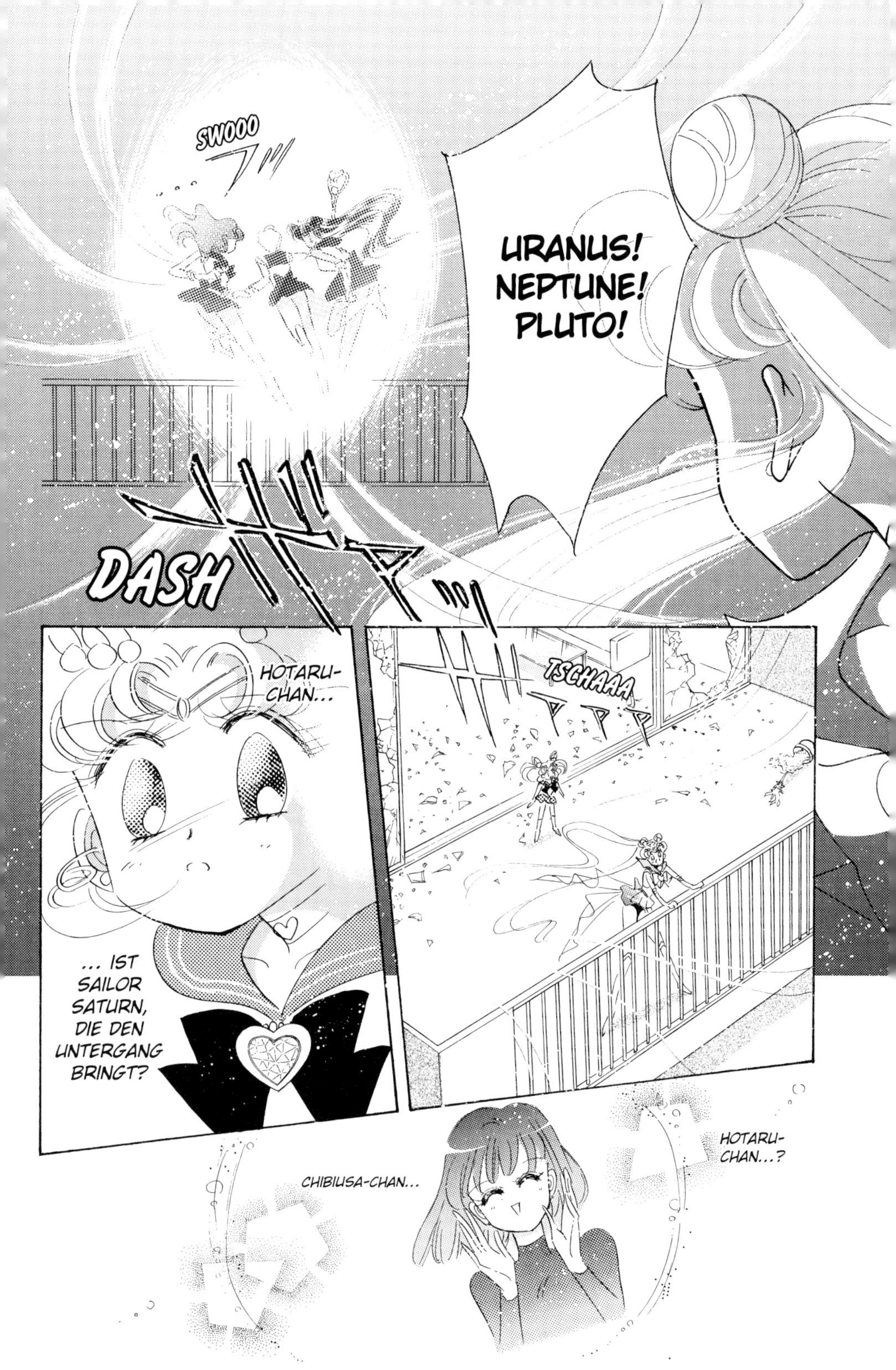
SWOOO
URANUS! NEPTUNE! PLUTO!
DASH
TSCHAAA
HOTARU-CHAN...
... IST SAILOR SATURN, DIE DEN UNTERGANG BRINGT?
HOTARU-CHAN...?
CHIBIUSA-CHAN...

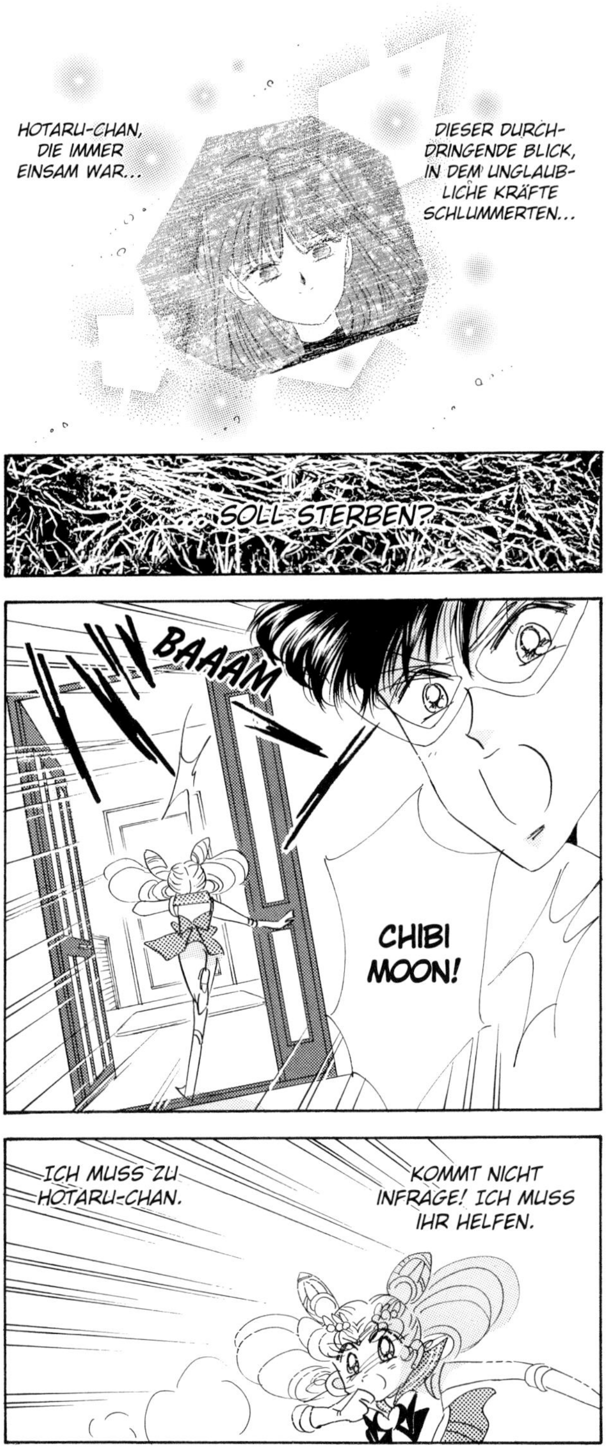
DIESER DURCH-
DRINGENDE BLICK,
IN DEM UNGLAUB-
LICHE KRÄFTE
SCHLUMMERTEN...
HOTARU-CHAN,
DIE IMMER
EINSAM WAR...
... SOLL STERBEN?
BAAAM
CHIBI MOON!
KOMMT NICHT INFRAGE! ICH MUSS IHR HELFEN.
ICH MUSS ZU HOTARU-CHAN.

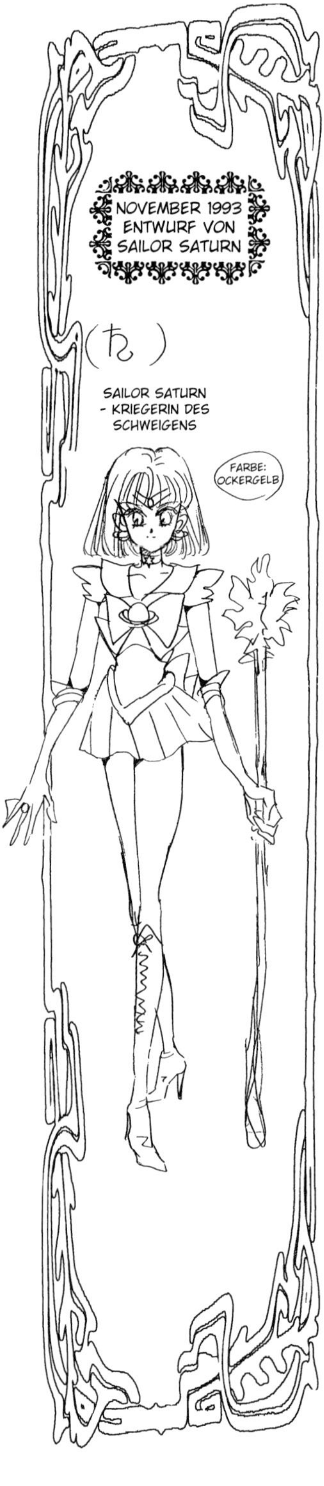
NOVEMBER 1993
ENTWURF VON
SAILOR SATURN
SAILOR SATURN
- KRIEGERIN DES
SCHWEIGENS
FARBE:
OCKERGELB

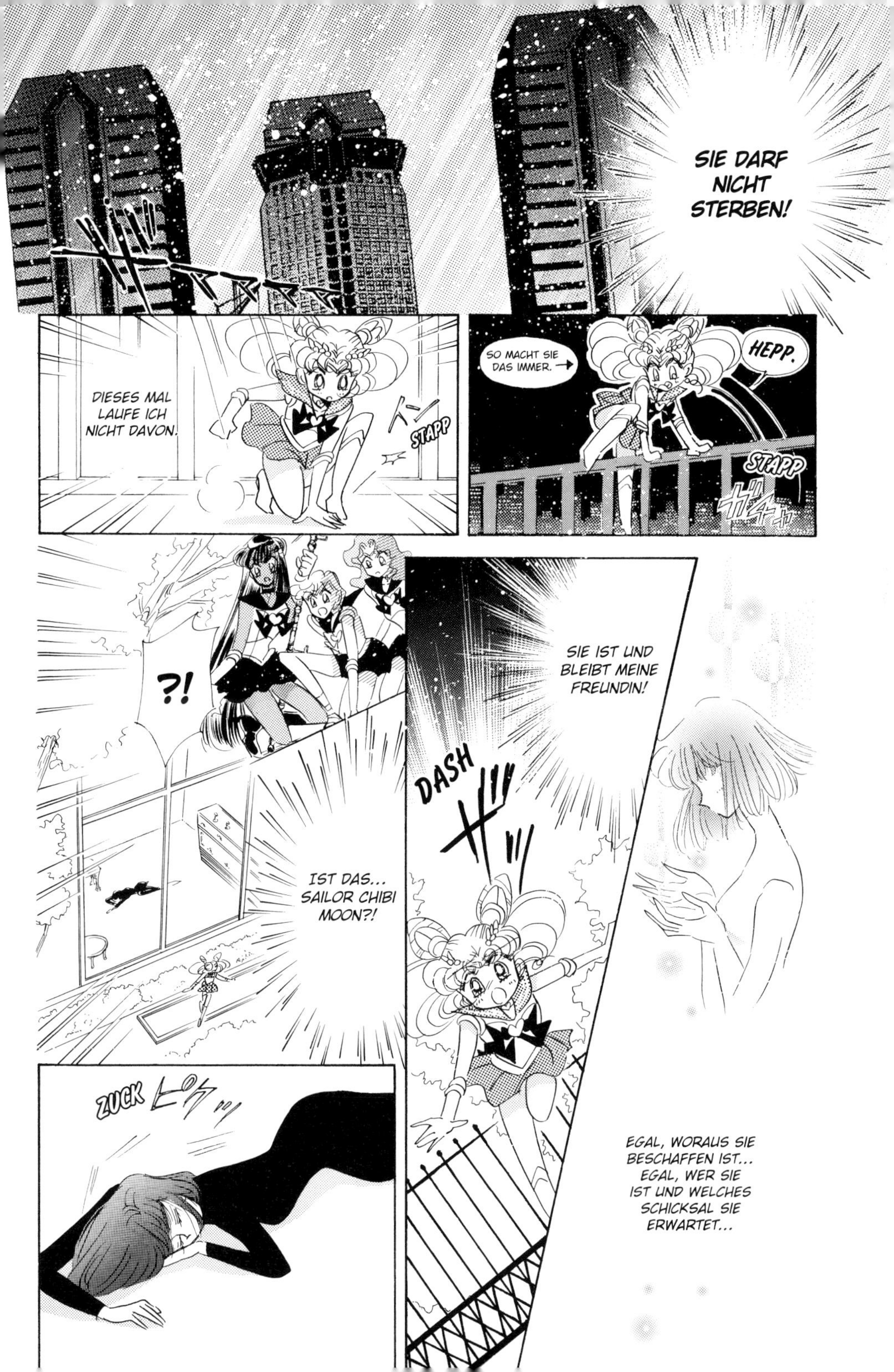

SIE DARF NICHT STERBEN!
SO MACHT SIE DAS IMMER.
HEPP.
STAPP
DIESES MAL LAUFE ICH NICHT DAVON.
STAPP
SIE IST UND BLEIBT MEINE FREUNDIN!
DASH
?!
IST DAS... SAILOR CHIBI MOON?!
EGAL, WORAUS SIE BESCHAFFEN IST... EGAL, WER SIE IST UND WELCHES SCHICKSAL SIE ERWARTET...
ZUCK

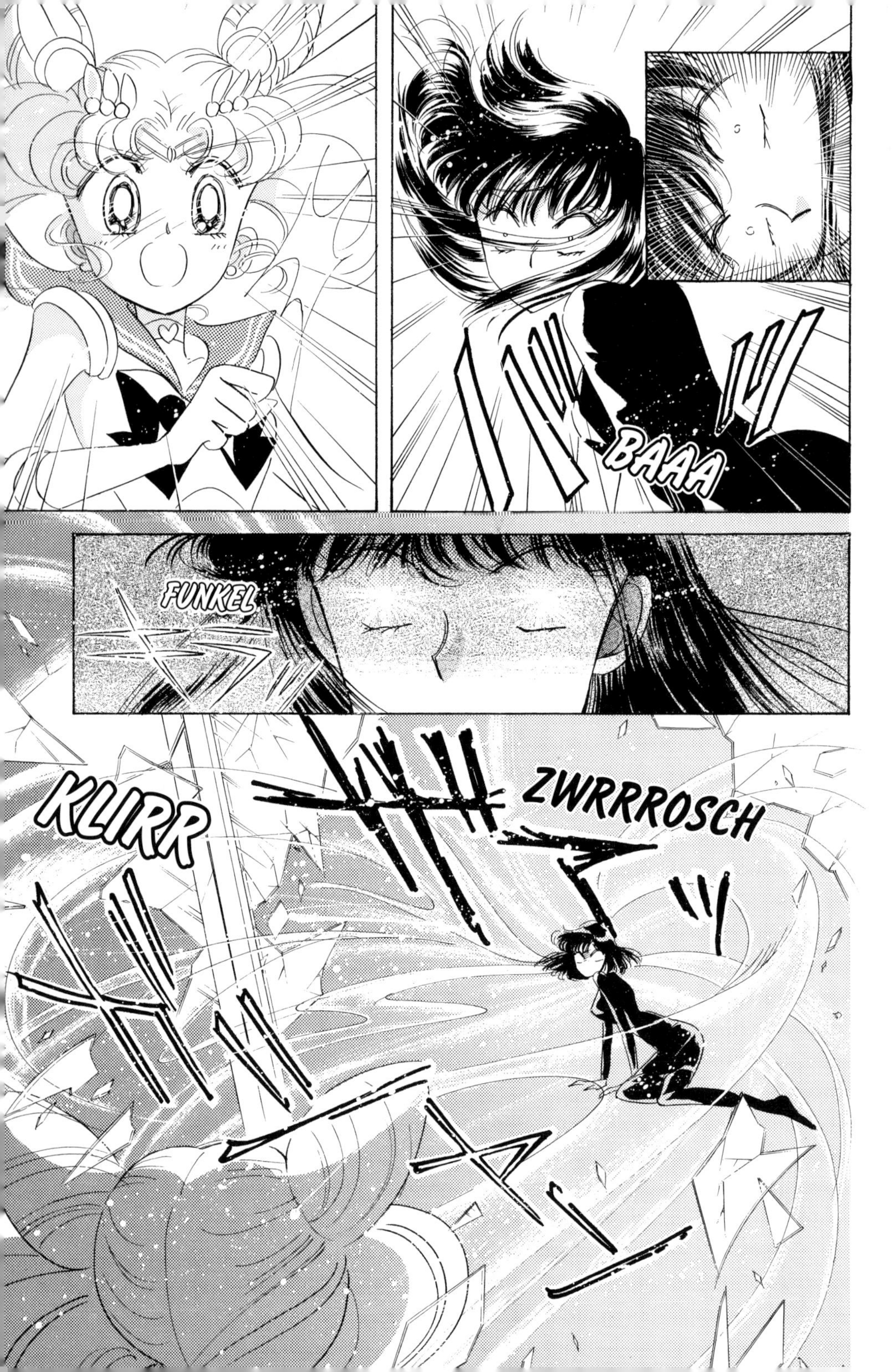
BAAA
FUNKEL
ZWRRRROSCH
KLIRR

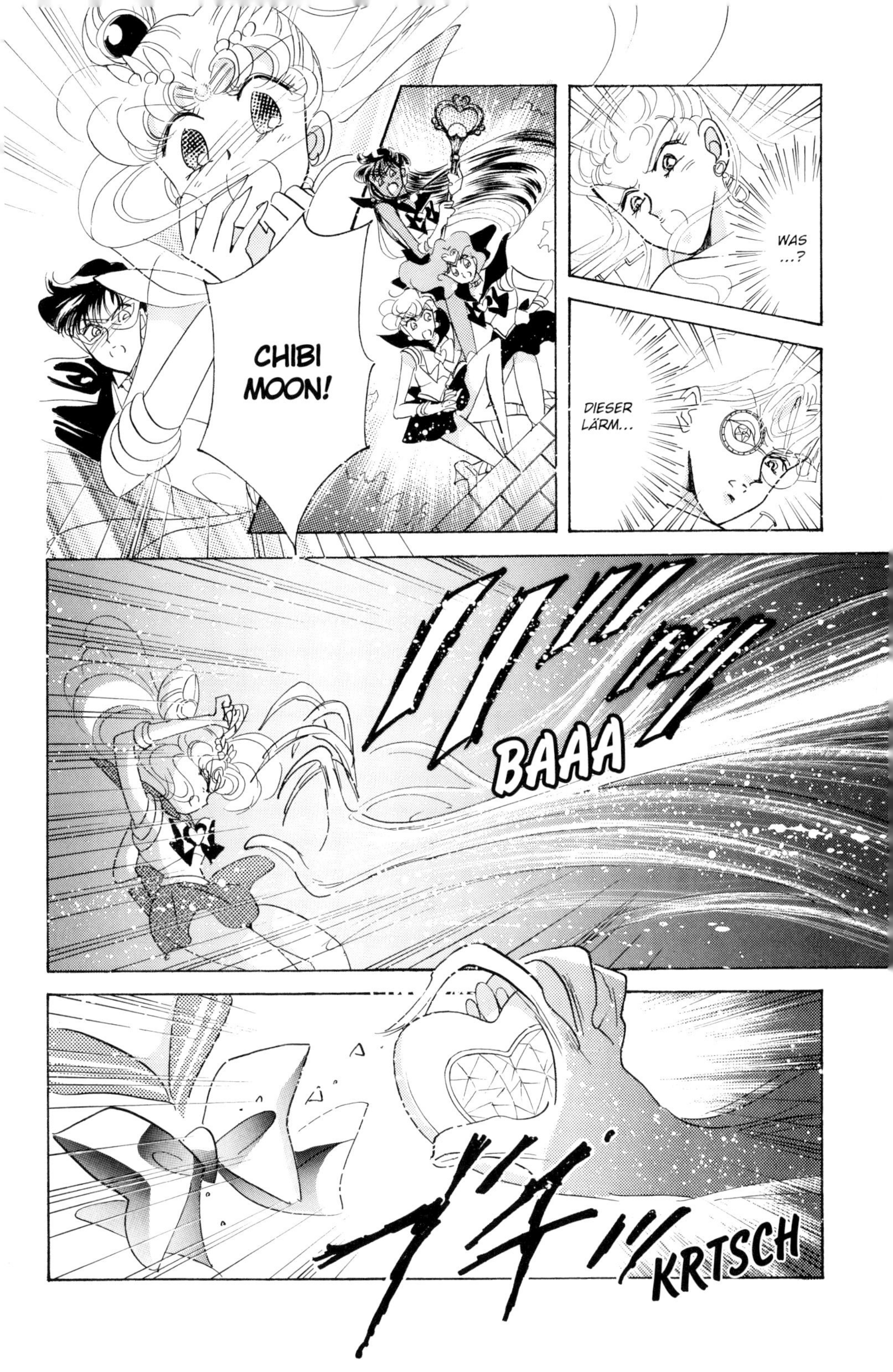
WAS ...?
DIESER LÄRM...
CHIBI MOON!
BAAA
KRTSCH

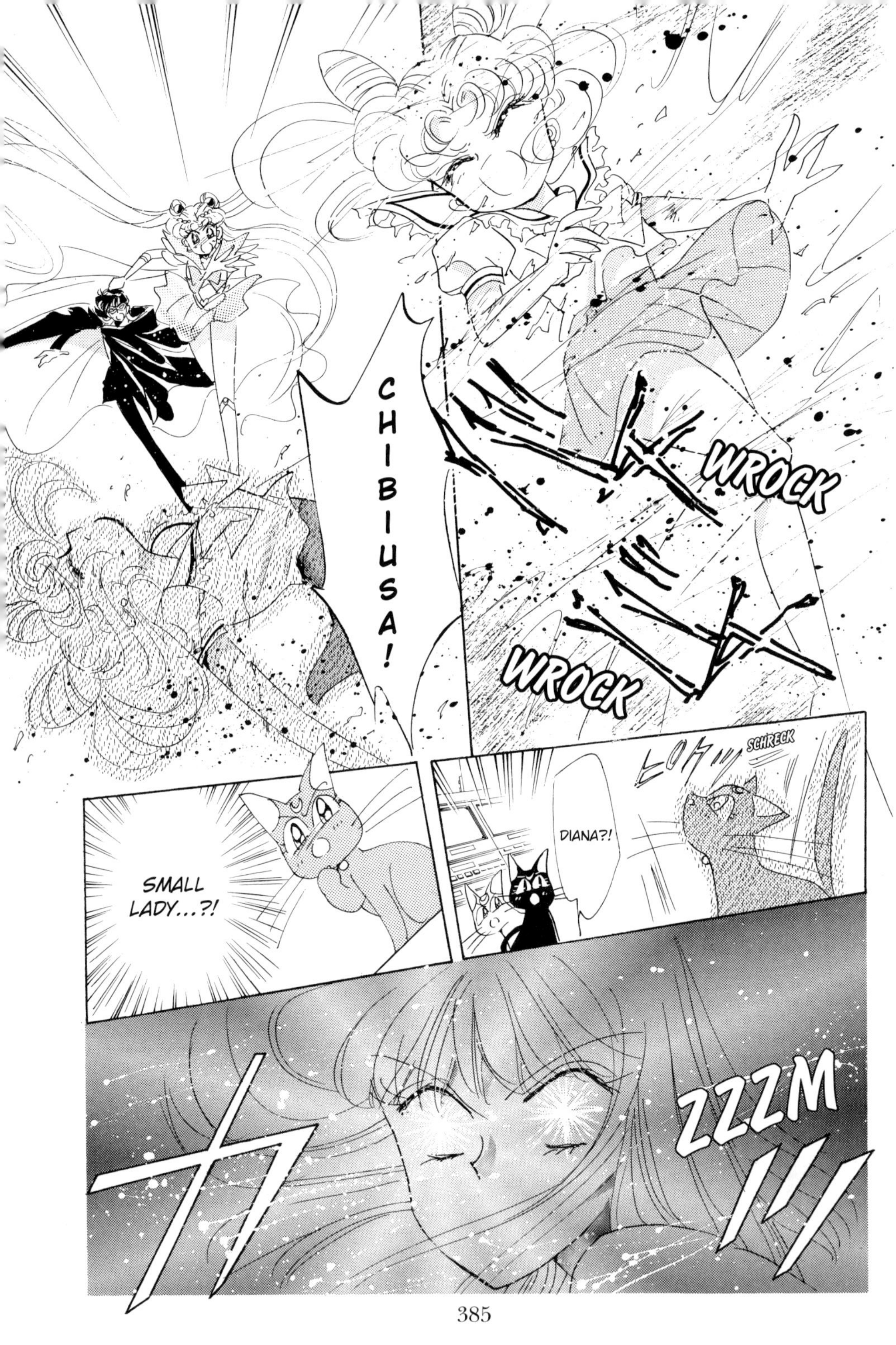
CHIBIUSA!
WROCK
WROCK
SCHRECK
DIANA?!
SMALL LADY...?!
ZZZM

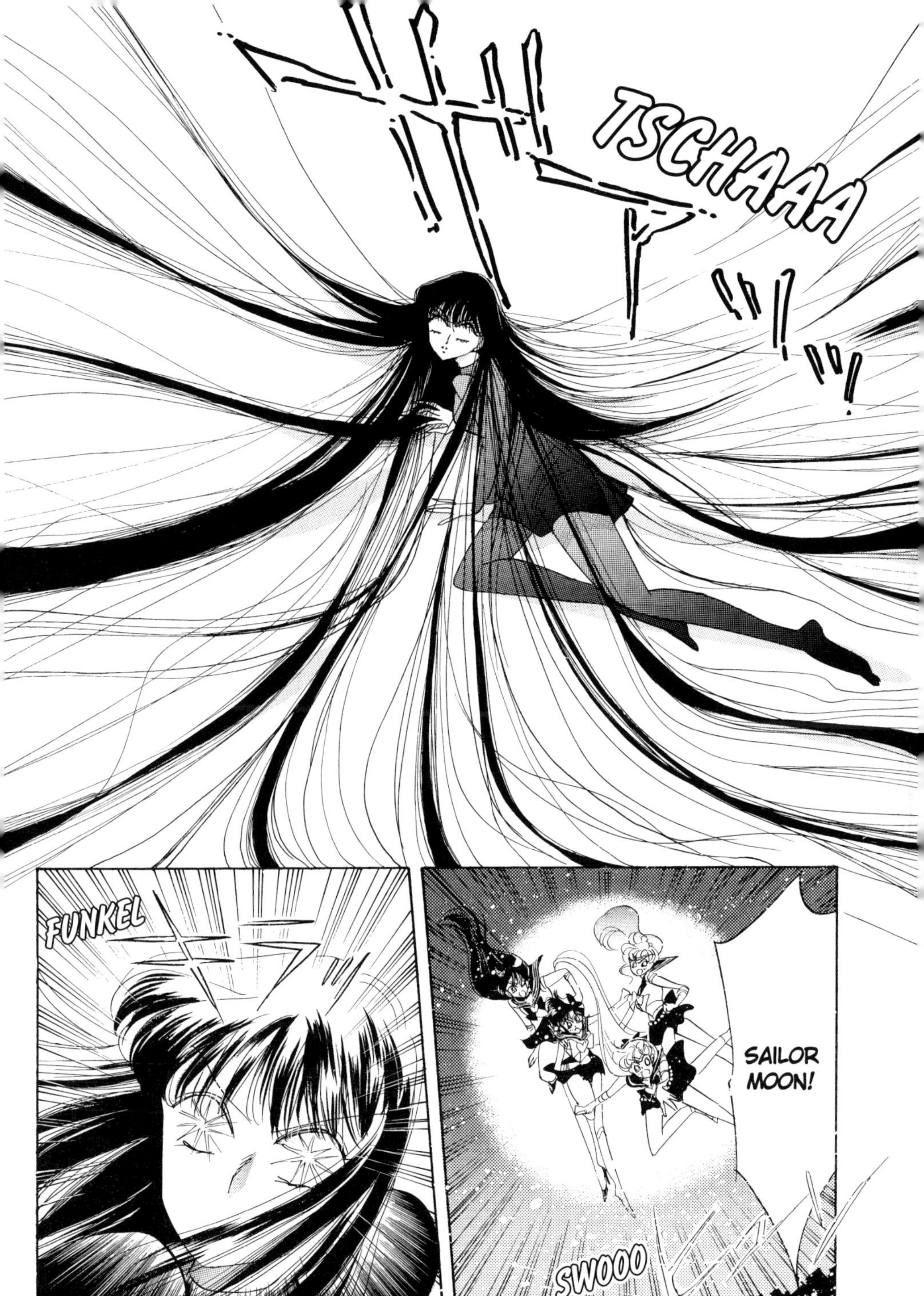
TSCHAAA
FUNKEL
SAILOR MOON!
SWOOO

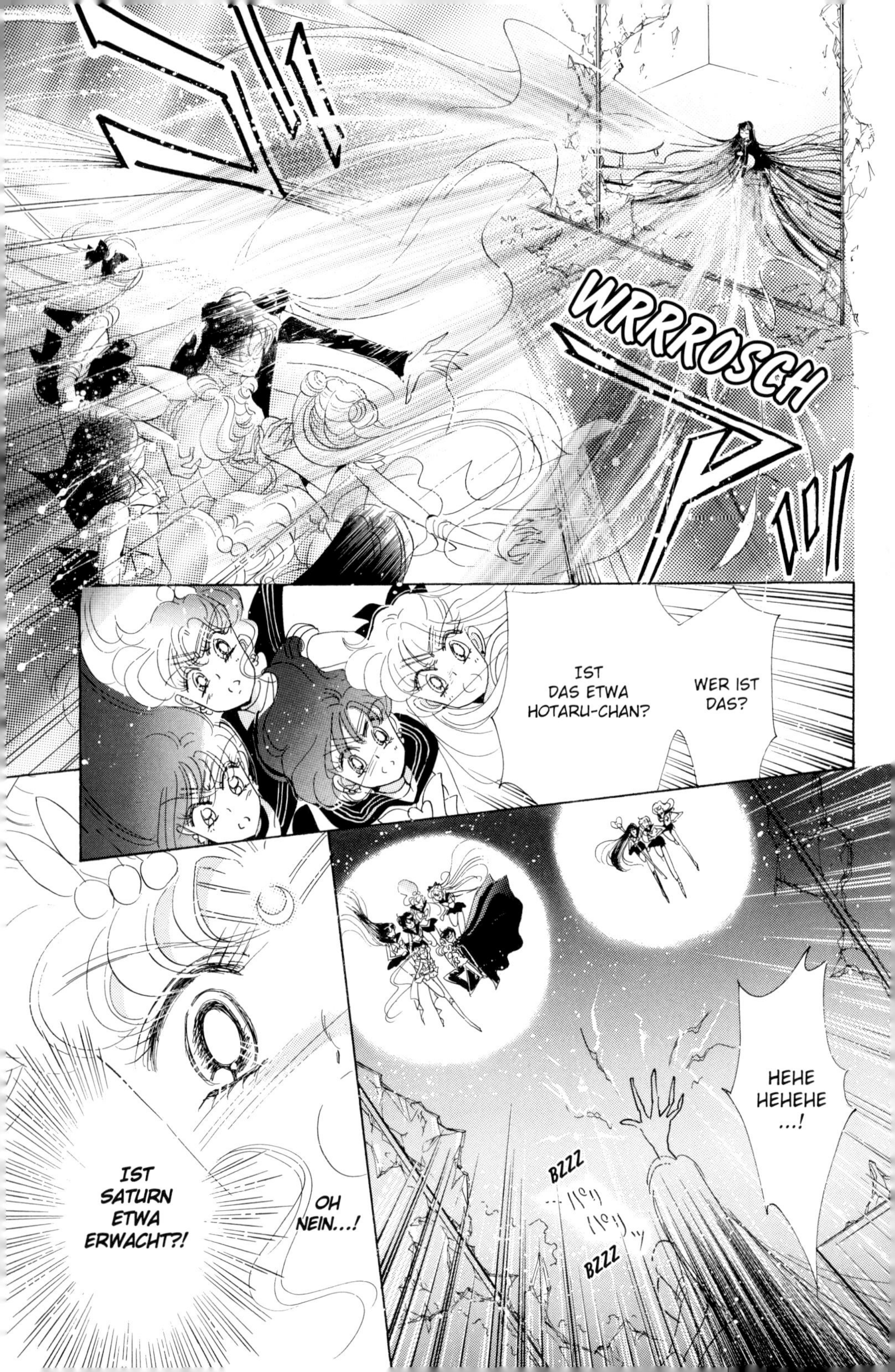
WRRROSCH
WER IST DAS?
IST DAS ETWA HOTARU-CHAN?
HEHE HEHEHE ...!
BZZZ
BZZZ
OH NEIN...!
IST SATURN ETWA ERWACHT?!

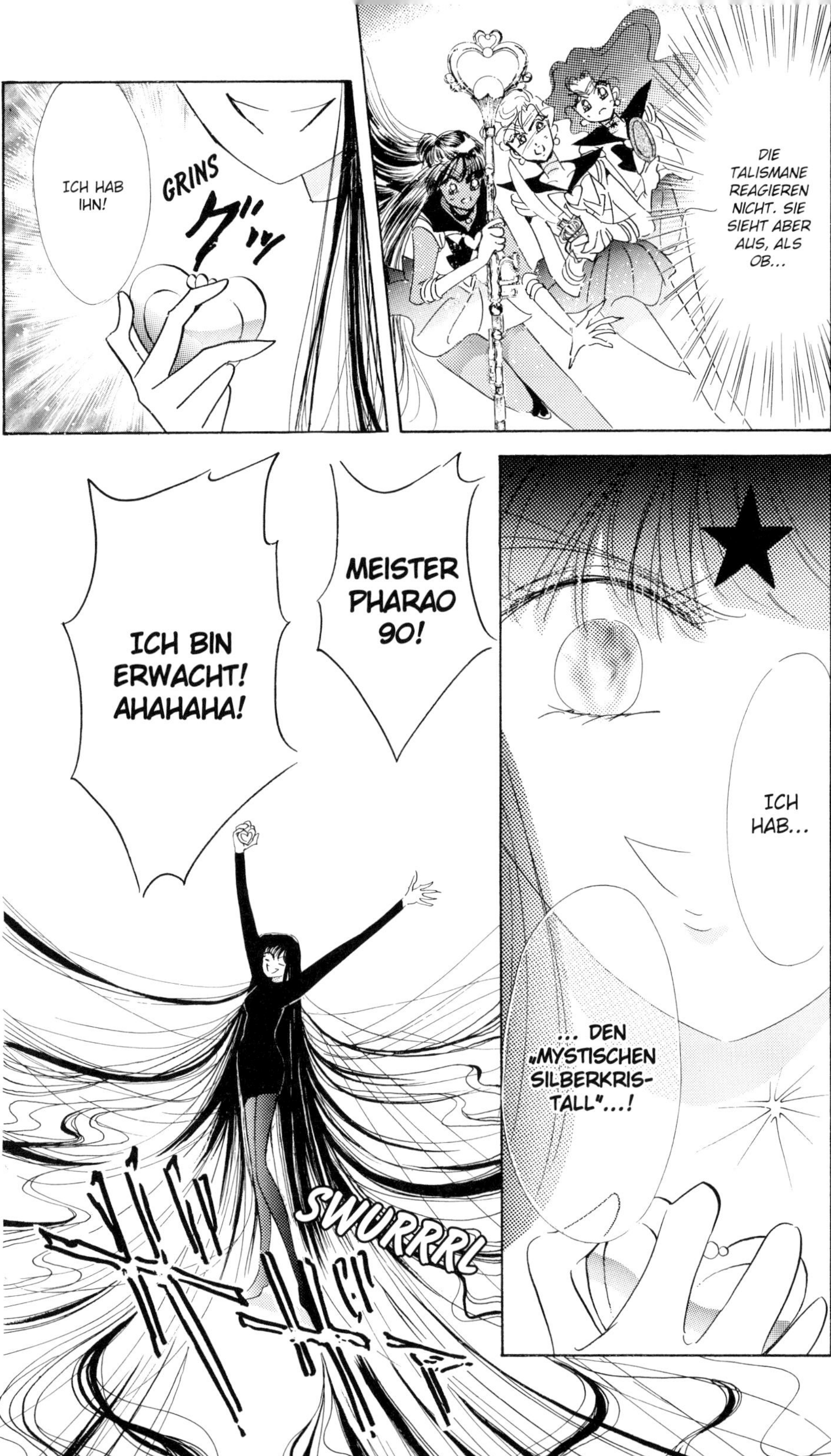

DIE TALISMANE REAGIEREN NICHT. SIE SIEHT ABER AUS, ALS OB…
ICH HAB IHN!
GRINS
ICH HAB…
… DEN „MYSTISCHEN SILBERKRISTALL“…!
MEISTER PHARAO 90!
ICH BIN ERWACHT! AHAHAHA!
SWURRRL

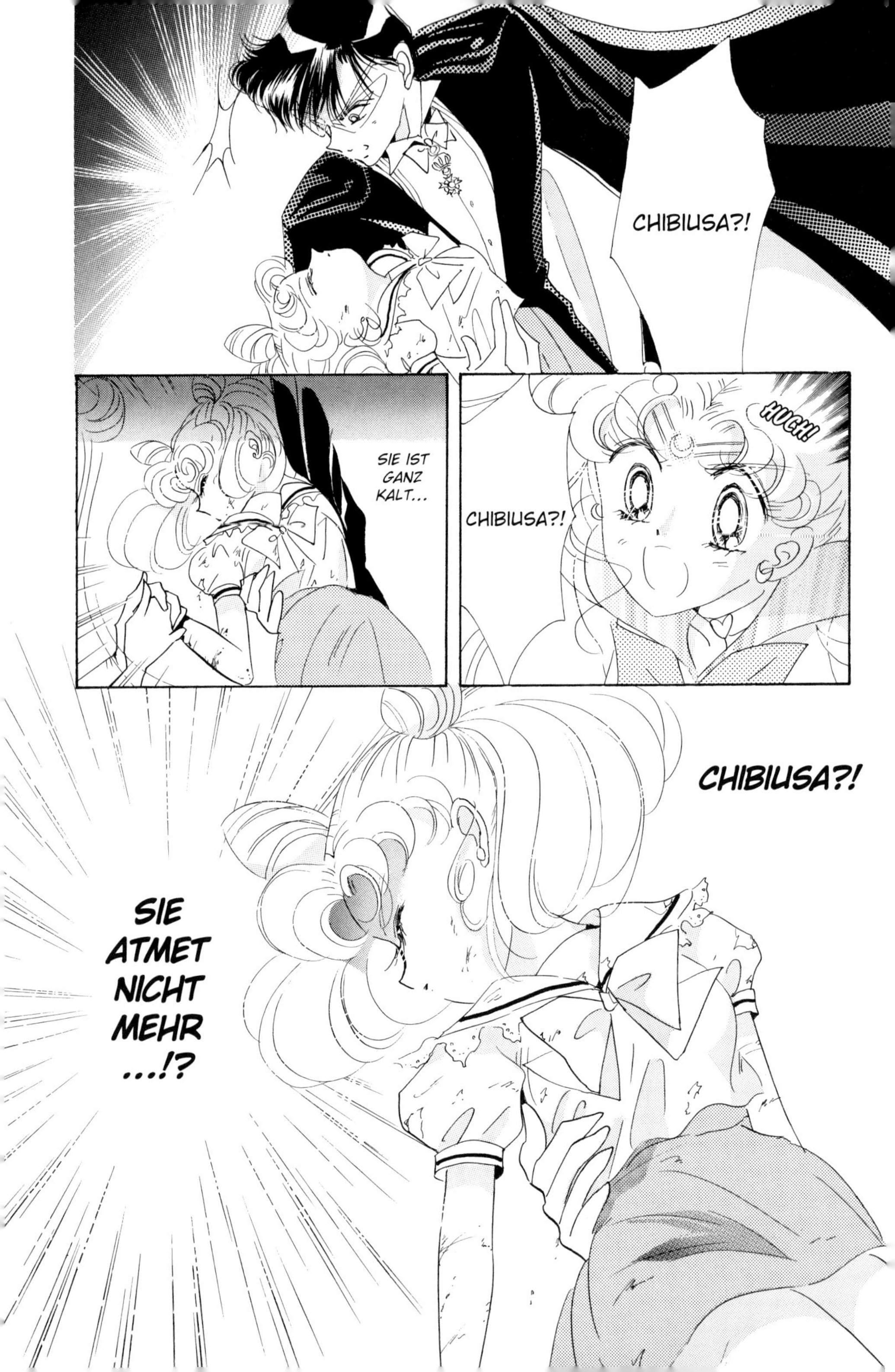
CHIBIUSA?!
HUGH!
CHIBIUSA?!
SIE IST GANZ KALT...
CHIBIUSA?!
SIE ATMET NICHT MEHR ...!?

„Pretty Guardian Sailor Moon - Eternal Edition 05"
von Naoko Takeuchi
Aus dem Japanischen von Costa Caspary
Originaltitel: „Pretty Guardian Sailor Moon Eternal Edition" Vol. 5

Deutschsprachige Ausgabe erschienen bei
© Egmont Manga verlegt durch
Egmont Verlagsgesellschaften mbH,
Alte Jakobstraße 83, 10179 Berlin

1. Auflage 2021
Verantwortliche Redakteurin: Inga Wurzbach
Gestaltung: Sonnenfisch Production – Laura Bartels
Koordination: Angelika Schönhuber
Printed in the EU
ISBN 978-3-7704-5868-4